国|际|中|国|哲|学|精|译|系|列|

成中英 冯 俊 主编

第 2 辑

本体诠释学、
民主精神与全球和谐

中国人民大学国际中国哲学与比较哲学研究中心◎译

温海明◎校

中国人民大学出版社
·北京·

国际中国哲学精译系列
编辑委员会

序一　出版"国际中国哲学精译系列"的重大当代意义

成中英

"中国哲学"的正名与国际发展

1973 年 3 月，我创办的英文《中国哲学季刊》（*Journal of Chinese Philosophy*，简称 JCP 或 JOCP）第一期在欧洲的荷兰正式出版了。这是我经过两年的筹划出版的一份正式学术刊物，目的在于推动中国哲学在国际上的发展。这是我倡导的**中国哲学的现代化与世界化**思想的一个根本性实现。我从 1964 年起在美国的夏威夷大学哲学系任教，同时负责发展当代西方分析哲学与传统中国哲学。那时，西方哲学学者对中国哲学完全没有概念，甚至否认有中国哲学。美国重点大学把中国人的思想研究归到历史课程或亚洲研究课程，欧洲则放在汉学研究所。对我来说，这是一个粗糙而错误的见解，是对中国人探索宇宙本体、生命真实与道德价值传统的一种漠视与轻蔑。我理解的"哲学"正是对宇宙本体存在、人类生命真实以及审美与道德价值的体认与反思，它通过理论化的语言，系统化或非系统化地陈述出来或提示出来。希腊文"哲学"一词已有了这个含义。苏格拉底将对此等问题的考察活动定名为"爱智之学"（*philosophia*），并未排除前苏格拉底（Pre-Socratic）哲学家的各种有关真实与生命或道德的思考。此后，哲学在欧洲的发展经历了一个错综复杂的过程，形成的理论更是包罗万象，但却万变离不开有关形上本体存有、终极真实、知识真理、伦理行为、价值意识、人生目的等核心问题的关怀与讨论。显然，这些论题也都出现在中国从古到今的议论文章与对话记录之中。就实质而论，中国哲学的哲学内涵从先秦到当代也都是高度自觉存在的，而且是丰富多彩、川流不息的，完全可以与希腊哲学、英国哲学、法国哲学、德国哲学或任何欧美哲学相提并论，只是人们碍于表达形式、语言用法与创新方式的特征未能认识到此罢了。

无须否认，中国哲学未能发展成为一个完全系统化的论述或论说形式[1]，形式逻辑的推理也不彰显。但这并不等于说中国没有哲学，而只是说中国哲学需要后来学者的挖掘、形式彰显与系统陈述，使其在现代的语言中能够表露出来。它的原有的非系统化状态，固然是一个发掘的障碍，但却也是一个可以不断发展与不断诠释的原料或资源。基于此，研究中国哲学更为必要，它需要一种创造的眼光、一种分析的头脑、一种理性的建构能力，以及一种综合判断的智慧。中国哲学从来是与人的生命体会、宇宙经验以及自我颖悟而睿智的文理密察结合在一起的，是整体的深刻的心智活动过程纯化为简洁的语言的直接表露。因此，认识中国哲学需要一个过程，一个思考的时间和一个思考的空间。它可以基于中国哲学的语言，呈现在任何人类成熟的语言之中。据于此，我不但肯定了"中国哲学"的地位以及为其正名的重要意义，我也深知并确信我们需要一个中国哲学呈现与发展的国际地盘，一个倡导其丰富内涵的世界平台。

英文《中国哲学季刊》的创立

在此基础上，我决心创办一个国际性的以英文为媒介的中国哲学杂志。我深信中国哲学的理论能够表达为西方的语言，并在此表达中获得一个分析与论证的结构。因此英文《中国哲学季刊》在1973年的诞生，虽然是一件十分艰巨而又庞大的工作或工程，但也是一项重大的历史使命，具有重大的理论意义。它代表了中国哲学表达与再现的突破，也代表了其在西方学界（尤其是西方哲学界）传播与发展的突破。它建立了严格的学术论文标准，在要求专业的学养基础上促进开展性、创发性的思想诠释与理论重建，并与西方专业哲学相互沟通和问难，以促进中国哲学内涵的现代意义、后现代性意义，以及后后现代意义；中国含义、全球含义以及全球视域性含义；发扬中国哲学智慧，西方哲学逻辑条理，乃至超融中西传统，创造人类哲学思考的新境界与新体系。此一工作已经进行了数十年，而数十年如一日，从未懈怠，从未脱期，英文《中国哲学季刊》今日取得在国际哲学刊物中评价极高的地位，并非偶然。

从1973年到2008年，英文《中国哲学季刊》已连续出版了36年，因

本体诠释学、民主精神与全球和谐

而有 36 卷；每卷 4 期，共 144 期；每期 165 页，平均有 7～10 篇论文，约有 1008～1 440 篇论文。它包含了中国哲学的所有部分，从《周易》而下，诸子百家、魏晋玄学、隋唐佛学、宋明理学、清近民国及现代哲学，莫不在宇宙本体、生命人存、知识信仰、伦理道德、美学艺术、社会正义、语言诠释、逻辑建构、概念分析与中西比较等课题中取得了重大的发展与成果，形成了在不同观照下的论题解析与思想发挥。不但如此，英文《中国哲学季刊》还引进了相关的西方哲学的论题与理论或观点，作为比较与相互诠释和分析的参照，以得出推陈出新的命题。自 2006 年开始，它又新加了增订本作为专刊与第五期发行，目前已出版了三卷。

中文"国际中国哲学精译系列"计划的实现

英文《中国哲学季刊》的发行，带动了中国哲学在西方的哲学定位，也鼓动了中国哲学在西方与世界的关注与研究，更提携了海外新一代的中国哲学学者，甚至可以说促进了"中国哲学"这个专业学科的建立。在此理解之下，数年前在国内发生"中国有无哲学"的论争时，我顿感陷入一个新的断层，警觉到中外的沟通还是太隔阂了。原来这 36 年在西方甚至在苏联接触到的"英语中国哲学世界"对中国学者来说却是陌生的，中国哲学的自主观念似乎还没有建立起来。我自问我是否应该在这方面多做出一些努力呢？英文《中国哲学季刊》创立之后两年，它支持的"国际中国哲学会"发展起来了。经过在美欧的二十多年发展，"国际中国哲学会"举行的第九届国际中国哲学会议于 1993 年第一次在北京大学召开。2001 年，第十四届国际中国哲学会议又在中国社会科学院研究生院召开。2007 年，第十七届国际中国哲学会议又在武汉大学召开。经过这些发展后，为了更好地沟通中外，更好地发展中国哲学，更好地建立中西哲学的比较、互动与融合研究，积极引进英文《中国哲学季刊》成为一项刻不容缓的当务之急了。

我把这个引进的计划提议给中国人民大学的副校长冯俊博士时，他立即表示赞同与支持，令人振奋。后来再经过人民大学校方正式认可，决定实行此一翻译出版计划，并由人民大学出版社每年分两辑出版。经过冯俊校长的努力，人民大学校方决定成立"国际中国哲学与比较哲学研究中心"负责翻译与编辑此一浩巨的系列出版物，同时也正式开始推动**中国哲学的现代化与世界化**的学术工作。在此信念下，通过两种语言——英文与中文，中国国内哲学界老中青的学者都可以参与到此一极富时代意义的中国哲学学术发展与推广工作中，对西方的中国哲学思考进行省思，将中国的哲学问题与西方进行对话与比较，从而创造一个激发全球化时代的中国哲学新思维，融通古今，融合中西，而融通不离条理，融合包含多元。如果人类哲学将进入一个新的纪元，这就是一个开始；如果中国哲学要大行于天下，这也是一个开始；如果中国哲学要做出划时代的贡献，这更是一个开始。哲学是人类追求最高价值的自我实现与群体实现，代表人不断的自我界定与自我提升，是一项新意识、新创造。它发展至今，显然已到了融合中西优秀的哲学传统的阶段。

基于以上所述，此一"国际中国哲学精译系列"的出版，不只是一项在中西方用英文写作有关中国哲学的最新著述的介绍，而且是一项中国哲学国际化与世界化的奠基工程。它的重要意义不在翻译，而在激励，在吸引，在带动，在期待，在示范，在推进，在创造。我们称此一出版物为"精译系列"，因为它是基于英文《中国哲学季刊》的论文精心翻译出来的。"精译系列"的每一辑至少包含了两期《季刊》的中国哲学论文，但却不包含该刊的任何书评与哲学信息，故可视为纯粹的当代中西学者讨论中国哲学的论文选集。当然，由于中文本乃系初创，容有许多翻译上或编辑上的缺失，亟盼读者和专家们予以惠正。

对支持者的感谢

最后，我想再次对中国人民大学副校长也是人大哲学院院长的冯俊教授热心促成"国际中国哲学精译系列"计划的实现，表达我由衷的感谢！对中国人民大学校方的大力支持表示激赏与感谢。对诸多参与翻译与校对的人大哲学院同仁和人大出版社同仁表示谢意。温海明博士此次负责联系翻译工作十分尽力，我也在此一并致谢。

2009 年 1 月
序于美国夏威夷大学哲学系

【注释】

[1] 其实在先秦时代，公孙龙子、荀子、韩非子等人的著作已经具备了系统化与推理论证的规模，用现代的西语翻译出来，就是一篇篇极好的哲学论述。我在此可以提出公孙龙子的《白马篇》与《指物篇》，荀子的《正名篇》与《解蔽篇》，韩非的《主道》、《说难》与《解老》作为例证。其实在儒家传统中，除孔子与孟子用对话的形式表达他们的哲学思考外，其他儒者如曾子、子思、子游、子弓等的论述也都或多或少具备了推理论证的形式。如《中庸》所说"道也者，不可须臾离也，可离非道也"，就是一个否定后项以否定前项的逻辑推理（*modus tolens*）。

序二 中国哲学的多重镜像

冯 俊

文化的传播和交流的过程是一个文化的诠释和演化的过程，文化在传播和交流中发展和演变。哲学作为文化中的精髓和本体，自然也在传播和交流中得到诠释、演化和发展。

一种哲学在另一种文化语境中得到理解和认同是一个艰难的过程，是需要许多学者去为之努力的。例如，因为中国哲学有着与起源于古希腊的西方哲学不同的特点，尽管中国哲学实际上已经存在了两千多年，中学西渐的过程也已经历了几百年，但中国到底有没有自己的哲学，至今仍然是一个争论得很热闹的问题。

在哲学的传播和交流中有不同的理解甚至误解并不奇怪，因为任何一种哲学都是以己及人，从自己的思想出发去理解别人的思想和哲学，这种阅读和理解就是视界的融合，就是一种诠释。被诠释者在被阅读和被理解中获得了新的理解、新的意义，它经历的阅读和理解越多，它的意义就越丰富，内涵就越充实，它就更为丰满和充满活力。因此，追求一种哲学的本真状态是难以做到甚至是不可能做到的。中国人理解的西方哲学已经不是原本的西方哲学，例如牟宗三先生理解的康德就不是原本的康德。同样，西方人理解的中国哲学也不可能是原本的中国哲学。这种误解或误差不可避免也无须避免。相反，在这种误解和误差中包含着许多可贵的东西，那就是在他们独特的文化视角和哲学语境中可以给我们提供特殊的镜像，发现和揭示我们中国人自己无法看到和理解的东西，发现许多我们自身看不到的精彩之处。当异域的理解和诠释再传回本土时，就会让本土的人们从异域的镜像中重新认识自己，在本土会激发起新的理解和诠释，然后又会产生出新的哲学。哲学诠释的这种循环往复，也是哲学丰富和发展的不竭动力之一。

成中英先生是一位真正系统受过西方哲学训练的学者，他于上世纪60年代初在哈佛大学追随著名哲学家蒯因学习分析哲学获得博士学位。同时他又是一位中国国学功底很深的学者，在海外教授和传播中国哲学四十多年。我觉得成先生在这个领域做了两件了不起的事，一件就是1973年创办英文版的《中国哲学季刊》，另一件就是1975年在海外成立"国际中国哲学会"。这两件事情起到了三个作用：（1）向西方学术界介绍了中国哲学，让西方主流学术界接受中国哲学，承认有中国哲学这个学科的存在；（2）聚集了一大批海外研究中国哲学的人才，这批人才包括两部分，一部分是研究中国的西方学者，另一部分是留学海外后在海外执教或从事研究工作的中国人，这片学术园地为他们营造了一个研究中国哲学的良好氛围；（3）由于海外这两部分学者都系统地学习过西方哲学，他们在研究中国哲学时就已经具有了比较哲学的眼光，同时他们也吸取了西方哲学的许多研究方法，他们得出的许多研究成果具有跨文化诠释的新意，为我们展现了中国哲学的新的镜像，可以给国内哲学界提供很多借鉴。

本来国内中国哲学界的研究成果和研究水平对海外中国哲学界发生着重要的影响，是他们学术定位和学术评价的重要镜像和参照。反过来，海外中国哲学界由于视角和眼界具有的比较研究性质以及研究方法的独特性，他们的研究成果又成为国内中国哲学界的镜像和借鉴。因此，国内的中国哲学界和海外的中国哲学界组成了中国哲学的多重镜像，相互映照，相互借鉴，相互推动和融合。然而，由于资料的限制和语言的障碍，国内的中国哲学界对于海外中国哲学界的研究状况和讨论的问题以及研究方法并不是十分熟悉，缺乏互知和互动。因此，我们决定翻译成中英先生主编的英文版《中国哲学季刊》的主要论文，组成这套"国际中国哲学精译系列"，以反映海外中国哲学界的最新研究成果，帮助和促进国内中国哲学界和海外中国哲学界的互动和相互镜鉴。

在这里我要感谢美国夏威夷大学哲学系的成中英教授。首先，这个创意是他提出的；其次，由他联络了Blackwell出版公司的翻译版权；再次，他对于翻译的组织和译稿本身也提出了许多很好的意见。我只是这个想法的实施者，为了加强对海外中国哲学界的研究和比较哲学的研究，我在中国人民大学成立了"国际中国哲学与比较哲学研究中心"，成先生和我共同来担任该中心的主任。该中心除了定期组织翻译"国际中国哲学精译系列"之外，我们还将加强比较哲学的研究和促进国内中国哲学界与国际中国哲学界的互动，希望国内外有更多的学者对我们的工作给予支持和帮助。在此也对为本辑的翻译和编辑做出贡献的全体同仁表示感谢。

2009 年 1 月
序于中国人民大学哲学院

本体诠释学、民主精神与全球和谐

目　录

第三编　民主与中国哲学

第四编　全球正义和全球和平

本辑论文导读

成中英

从本体诠释学到民主精神与全球和谐

第 2 辑"国际中国哲学精译系列"又将出版了，我很高兴这一辑包含了 2007 年以来最重要的中国哲学论文，因而具有极高的学术代表性。在哲学的领域里，人们只有在思想的论述中才能体现生命的活力与时代的精神。每一个哲学思想者的深度思考都代表着人类心灵的探索，是人类知识的起点，也是人类面临重大问题的意识活动，指向真实或面对虚幻，因而不可不慎，也不可不具批判性。此辑首要在厘清心灵理解与诠释的基础，如此方能面对重大问题而提出正确的解决之道。两个重大问题——民主精神与全球和谐——为当前国人及世人所必须关注，前者涉及对民主的理解与诠释，要参照历史经验、现实经验及终极价值来进行思考，才能得到具有"实践理性"意义的结论；后者亦然，涉及东西方对当前与未来人类社会的构想与实际组合及整合问题，对现实的人类处境要讲求更实际可行的方法，凸显了理解与诠释所内含的行为规范的含义。尤其在理解与诠释以及和谐与和谐化问题上不能不涉及人类行为的基本的宇宙认知与道德典范。就此言之，理解、诠释为思考、澄清问题之本，而民主精神与全球和谐则为理解、诠释构建价值目标。此都涉及"本体诠释学"的本、体、用、行的思考，故本辑定名为《本体诠释学、民主精神与全球和谐》。

在 2007 年到 2008 年期间，《中国哲学季刊》检讨过去 30 多年中国哲学与世界哲学的历史发展，认为当前最重要的理论哲学问题应该是诠释哲学问题，因为无论就中国哲学的深度发展而言，或就东西哲学的比较研究而言，或就世界哲学的总体开拓而言，诠释是什么以及如何诠释都是关键的问题。但诠释不应只被看做如何理解阐明文字语言的所含与所指的问题，而且应被看做如何理性自觉地而不仅是直觉经验地整合所指与能指、所知与能知，以形成一个具有层次的同异结构，展现共同的水平线，也展现水平线上的多彩空间与奇观异景，更展现视野以内的远近的丰富景观。从这个意义上说，诠释学必然是一套哲学，因为它思考水平线与视野建立的问题，而且必然包含着一套现象学——如何在建立的水平线上与视野内描述呈现的时空与事物结构的现象学。此处我们或许应该对中文"水平线"与"视野"两词有个清楚的认识：两者都包含在英文"horizon"一词的语义之中，但英文却未能分别客观的水平线与主观眼界所及的视野两义，因而必须既分别又联合两义来加以了解，正如我们理解任何事物都必须结合多角度多观点来理解一样。由此对 horizon 的主客理解，我们就可以更清晰地思考水平线以上与视野以内的丰富景观了。当然诠释问题还在探索诠释如何可能的问题，不必等同于康德所提出的先验规范的知识范畴如何可能的问题，而是结合先验与经验产生的己与己之间、己与人之间、人与人之间、传统与传统之间、文化与文化之间的沟通交往如何可能的问题。诠释所需要的机制已不是单纯的先验范畴规范，而涉及人的心灵多面开放的整体存在，也就是心灵或人的存在涉及的本体认识的问题：在什么样的基础上与从什么样的根源里，形成、发展及完善人的理解结构。此即为人的个别存在本体的认同与识异问题，进而面对说明同之所以为同、异之所以为异的主客的本体问题。

伽达默尔在 20 世纪开发出的哲学诠释学已有寻根究底的意义，他说"真理"不应只是与"方法"相对立的真实，而应是方法之所以出的真实；也只有在这个问题上说方法不仅不与真理对立，而且是真理之用，且有推至极端以凸显真理以及导向新的方法的意思。伽达默尔在其《真理与方法》一书中对此并未说得如此清晰，但他用 and 一词就表明了"统合"与"协同"的意义，而非单纯表选择的 or 的意思。这是我们完全能够理解的。但伽达默尔却又隐含地指涉人的存在的"抛出性"或"抛出状态"，接受海德格尔人存学的对人的形式定义。对此，我们却无法接受，至少不能完全接受，因为人的存在是本体发生与发展的存在，而非只是自我质疑的存在；它有其自无到有、自本到体、自真实到现象的创化过程。"抛出"（werfen/throw）如果只是"呈现"（auftauchen/emergence）犹可理解，但如包含了人的存在"无意义"、"无价值"的定性，却是有违经验与体验的。也许不是每个人都能参透人的存在的深意，但我们能够挖掘自身存在的意义、寻求理想目标却也是每个人的存在的一部分。此一认识为中国哲学传统所表露，显然不容轻视。尤其涉及人与自然以及与一个变化无穷的宇宙的关联问题，不能不把人的整体存在看做宇宙本体存在发展中的本体存在，因而其呈现并非没有意义性，自然也和其未来性与理想性同时有时间上的关联与价值上的关联。此即为本体诠释学之为诠释哲学的一个深入发展的理由，同时也是一个对诠释哲学进行整合的前提基础。

在以上哲学背景的理解基础上，我们编辑了以《中国哲学诠释学思维》与《现当代中国诠释学》分别为两个课题的单行本与期刊本，可以看做《中国哲学季刊》的增订本与独立发行的论文集。此一单元的执行编者费乐仁（Lauren Pfister）在第一课题中整合出来的重要理念特别集中在我早期构建有关"和谐化辩证法"的思考上，因而把1979年以来我倡导的"和谐化"作为中心理念提出。用回顾与整合的眼光看，和谐既是整合的过程又是整合的结果。这是基于整合不是消除差异而是在差异的基础上探索与发掘共同根源与出发点，并找出动态说明差异化的过程与结果。差异化与整合化都是自然力量发展的两条道路，而且是同时进行的，故差异中必有整合的可能而整合中也必有差异的存在。但差异与整合如不能兼立并行，势必导致冲突与矛盾，或导致负面因素的彻底统驭，而不得不谋求对治之道。因而，遂有"冲突辩证"与"否定辩证"的可能。两者显然并非全面，故再深入宇宙经验与生命体验的分析，建立和谐化与和谐的概念，以解决冲突与否定所形成的实践困境，积极肯定和谐化的本体、认知与价值含义，以凸显生命与社会发展的积极价值，也就成为可能。何谓"和谐"？"和"为口与禾之趣味相投，"谐"为两人言语一致且具有一定基础上的统合性。和与谐两者均为深度交流的基础，而又同时发自于生命的本源的整一。和谐化即在认清本源与目标上因势利导，建立感性的对应与理解的相通，基于共同目标也张举共同目标，创造出新的整合或融合格局与形势，必然有利于生命的持续发展与自我实现。从这个意义上说，和谐化不但导向一个新的辩证思想，也彰显了本体诠释学自本而体、自本体而用行的创造与实践思维，为本体诠释学的实用与实践打开了一个多向的出路。当然对诠释学的探讨也不必依恃于和谐辩证法的发展与应用，但和谐辩证法显示理解即和谐、诠释即和谐、本体用行指向和谐的具体事实。两辑中有非常杰出的诠释哲学论文，有一篇专门论及伽达默尔、蒯因和我的诠释学取向，并有就诠释学观点来整合不同层次与不同方面的诠释学的意图与努力。

关于民主精神的问题，我们有很丰富出色的论文汇集。我在该卷的序言中指出民主实际上有内在的一面也有外在的一面。内在的一面显示国民的道德与知识素质，而外在的一面则显示国民参与政治权利的方式与程度。两者是相互决定的，正如内在的偏向与外在的行为是相互决定的一样。因而内圣外王的正确理解是双向的决定方式，而非不相应的两端。此点对于民主的启示乃是，不同的公私道德理念与修养必然会导致不同的民主权利的建立与参与，而民主权利的参与形式与程度也会必然影响公私道德行为的发展。我在序言中区别了民治的民主与民享的民主，进而分析了两者的密切关联。当然这也都与可持续的社会和谐化的发展有密切的关系。我也点明了道德良知可以扩大而不必坎陷来实现民治与民享的民主。儒家的宇宙观、伦理观与政治哲学也都在不断发展之中，尤其我们不可不保持一个持续发展与不断学习的观点，以结合或吸纳或改善现代化的社会价值，这也可以说是儒家政治哲学之"日新又新"的精神之所在。在此论文集中，道家、墨家与法家的观点也都得到了伸张。我们面临的问题仍是如何把儒家的政治哲学建立为一个本、体、用、行相关的多元价值体系。其中儒家伦理体系的多元层次化应是一个关键的因素。我多年来主张把功利伦理与权力伦理纳入德性与责任并行的伦理系统，同时也是扩大后者，将为儒家政治哲学奠定一个伦理理性化与法制化的基础，把"齐之以政"与"齐之以德"同时推行，也赋予了民主权利的内外两方面的要求。对此我为该集写的序言可以参考。此一单元的执行编者李晨阳在他的导言中提出"席贩之谬"的故事，是对政治行为中的投机（ad hoc）主义的有力针砭。

最后我们涉及全球和谐化的问题。通向全球和谐化显然有两个层次的问题要加以关注：一是以国际关系为基础的国际和平与正义的要求；一是以人与人之间的根本价值作为推动和谐世界的力量，这就是天下一家、世界大同的理想。学者往往以为前者是现代的，而后者则是前现代的；又以为前者是现代西方的传统，而后者则是中国儒家的传统。还有学者以为两者是不相容的，实现世界大同就必须走向消除国家组织的境地。但这无疑是一个不必要的假设。在儒家《大学》中，平天下并不必意味着国与国关系的消除，正如国之善治并不必意味着家庭的废弃或个人的道德修持的取消。实际恰恰相反，只有国之善治，才有天下和平的实现；只有以家为标志的社会取得伦理的价值，才能使国家的正义得以维护。同样，如果这社会中充斥杀人越货的强盗与贪得无厌的奸人，社会怎得安宁？国家怎得平允？世界又怎得和平？《大学》强调的是从下而上的仁爱、正义、秩序与和谐的逐步实现，以及持续的发展，而不必如《礼记·礼运》篇把升平世与太平世完全分割开来。但《大学》却未能充分提出从上而下的反馈：为天下者如何限制国家、国家如何规范家庭、家庭又如何培护个人等等。要做到此，则必须理性地探讨至善理念的内涵以及对权力形成、晋升性质与其规范及约束的理解。这是要结合历史事实与经验事实以及功利伦理来进行的知识研讨与系统设计工作。这就是西方近代政治科学与国际关系所关注的全球化和平实现与建立问题。康德与哈贝马斯是此方面努力的卓越代表。

康德基于其理性的责任伦理提出普遍的理性规律来应对国家与国际的行为问题。此一理性规律分为绝对的普遍性与相对目标的普遍性两类。显然，前者是他所称的道德律而后者则是可以约束国与国建立的合理性的协定与条约或契约。这是一种外在的规律化的观点，正与儒家讲求内在的德性性向的观点相对应。哈贝马斯也是基于此一观点倡导一部世界国的宪章约法。而我在本辑的论文则举出儒家仁爱同一性与正义差异性相互配合来实现世界意义的全球和谐与和平，但此一努力并不妨碍同时用于国际意义的全球和平与和谐。实际上，我是站在中庸"合内外之道"的立场上结合康德与哈贝马斯的理性主义的观点，来诠释与实践包含国际、国家、社会在内的和平与和谐。我更同时关注从下而上（所谓下学上达）的德性的晋升与从上而下（理性法律规范与道义教化）的权力的落实。如此则上下贯通方能做到左右平衡，真正解决社会正义、国家正义、国际正义与全球正义的问题。至于全球和平与全球正义孰先孰后的问题，本辑第四编的执行编者陈勋吾的论述是正确的。必须要有全球的正义才有真正的全球和平，但我们也要认肯世界和平的价值才能更好地解决全球正义的问题，尤其是有关历史上发生的种种不正义的暴力与屠杀事件。从这我们也就能看到德性伦理与人道主义的力量，但不义者必须对残暴的事实真诚认错（罪）并确保不再蹈此覆辙。人道主义当然是社会正义与全球正义实现的积极力量，但在避免社会不义与世界不义的努力中，理性的规范与德性的教化和示范将永远扮演最为重要的角色。

本辑仍由我和冯俊教授共同主编，在我们主持的中国人民大学国际中国哲学与比较哲学研究中心以及中国人民大学出版社的支持下付梓。助理温海明教授担当联系翻译及集合稿件等工作，在此一并表示感谢。

第一编

>>>>>><<<<<

中国哲学诠释学思维

Hermeneutical
Thinking in
Chinese Philosophy

序 言

成中英 著

郭 昕 译 何丽艳 王 颢 校

今年是《中国哲学季刊》出版发行30周年。在过去的岁月中，它不断壮大，经历了快节奏的发展和探索。尤其是从2000年布莱克韦尔成为我们的出版商以来，《中国哲学季刊》的发展和探索取得了更加丰硕的成果。除了精美的刊印和布莱克韦尔卓有成效的工作，我们应该将成就和成功归结为我们的核心思想，即将中国哲学看成世界哲学的主要潮流，将其作为了解中国文化传统和中国社会、政治变迁的一个途径，将其作为寻求人类生活与自然、宇宙环境中的真理、公正、良善、和谐中人类自我意识的导引精神，而且是举足轻重的并非微不足道的导引精神。

由于对我们刊物感兴趣的知识精英日益增加，我们计划在每年常规发行四期《中国哲学季刊》的同时，适时发行一系列增刊。这意味着每年在发行四期季刊的同时至少出版一期增刊。这些增刊将按照读者感兴趣的哲学主题印制成一个系列。这一系列增刊的作用在于围绕中国哲学和整个哲学领域内重要的哲学命题或主题刊登一系列优秀文章。这种工作不仅可以使我们从两年一届、现已是第15届的中国哲学国际会议中搜集文章，还可以从我们季刊过去刊登的早期作品中搜集好文章，而那些刊物现在已经很难获取了。例如，我们将出版一些增刊，围绕儒家、宋明理学、道家与新道家、中国佛教与禅宗，以及其他一些重要命题，如比较方法论、中国美学、哲学诠释学及本体诠释学。

尽管这些论文以增刊的方式行世，但这些论文可以独立成册，作为学术研究的参考资料和教学参考书。

今年我们将开始印制发行增刊，既将其作为每年的第5期刊物，又将其作为独立的卷册。我们将第一卷的主题定为"中国哲学诠释学思维"。这一卷的主编是香港浸会大学的费乐仁教授，他也是《中国哲学季刊》的副主编。他选编好的续刊将在我们季刊2007年3月出版。我非常感谢他为刊物出版而付出的艰辛劳动，我们的刊物在中国哲学诠释学和本体诠释学的领域内具有重要的历史意义和哲学价值。

费乐仁教授还围绕中国哲学中重要的诠释学命题写成了一篇极有价值的介绍，我也将其添加到刊物中。正如人们所看到的，通过有意识精进不息的本体诠释学思考，现代意义上的中国哲学将成长并发展为一个力量强大的知识领域，使得古老的内容加入未来的元素，东方的内容填入西方的元素，反之亦然。这并不是说每种文化的存在和维系缺乏差异性和独立性，而旨在阐明本体诠释学领域中共有的根基和共享的基准，使我们能够寻找更全面的意义和更好的方式去理解各种传统和亚传统的独特性与创造性。这也同样会引导人们更好地对话、交流，以及产生更多的创造性。

20世纪70年代初期，我在台湾首次将"hermeneutics"一词翻译成中文——诠释学，并在1985年将其核心概念和本体诠释学理论介绍到国内，我随即意识到创造这一概念的重要性和影响。尽管如此，我那时并没有预料到，这两个名词和概念能在当今使用如此频繁，在哲学研究中能产生引起如此广泛兴趣的新领域。事实上，在过去的20年间，在国内出版的许多成果与这两个主题相关，甚至在社会科学以及历史、文化和文学的研究中，都出现了相关成果。这种研究也延伸到了传统哲学这一相对狭窄的领域中。让我感到欣慰的是，在我们这个批判的年代中，通过我对这些问题的介绍和反思，使中国哲学的发展产生了意义重大的转变。

衷心希望《中国哲学季刊》的一系列增刊能够顺利付梓、刊印。

2006年8月

诠释学：哲学理解与基本定向

费乐仁（Lauren F. Pfister）*　著

刘增光　译

　　一个新的关于哲学诠释学的兴趣在 20 世纪 80 年代开始产生了，其原因有二，一是对关于此方面主题之欧洲文本的接触，二是有一位海外中国哲学家，也即这本杂志的主编成中英先生倾力而为的重要努力，第二条原因是尤其重要的。通过探究这一发展的历程和更深入地理解哲学诠释学的独特性所在，以及与哲学诠释学相比较来说更为传统的中国的诠释学实践之间的区别，我们希望能为读者理解面前的这两卷书提供一个广阔的基础。另外，还将有一续辑，作为《中国哲学季刊》的 2007 年春季刊之一部分出现。

通过翻译与比较理解来理解

　　虽然我们可以期望，自马克思式的和马克思主义传统以降，对批判诠释学的研究是哲学诠释学——尤其是 1976 年"文化大革命"结束之后——的最突出形式，但这些研究主要是以黑格尔式的、马克思式的，以及有限的马克思主义的思想资源为基础，而不是以更近期的法国和德国的批判理论为基础。[1] 尽管在学术讨论领域中的主要变化，尤其是中国大陆哲学研究的变化，已经在 20 世纪 90 年代促成了政治经济的新进展，而且在此之后，必须要强调的是，来自马克思主义哲学家们所展现的东西及其影响在

---

　　* 费乐仁（Lauren F. Pfister），香港浸会大学宗教与哲学/人文系教授；《中国哲学季刊》副主编。研究方向：清代哲学，儒家—基督教对话，跨文化形而上学与诠释学。E-mail：feileren@hkbu. edu. hk。这篇文章是 2006 年《中国哲学季刊》中的编者引言。

中国大陆知识景观中都是一个重要的因素。[2]仅仅是到了80年代晚期,中国知识分子们尤其是在中国大陆,开始翻译关于哲学、宗教和批判诠释学的资料,这可以让他们了解20世纪在盎格鲁-欧洲圈内的哲学讨论。也是在20世纪80年代中期,通过海外中国哲学家对中国的访问和讲学,哲学讨论的新机遇呈现出来了。关于中国大陆哲学诠释学的发展,这一时期主要的海外中国人是成中英,他的影响将在下文详述。[3]到了20世纪90年代早期,更多的关于欧洲和北美的诠释学论述通过译介被更为广泛地接触到。[4]保罗·利科、汉斯-格奥尔格·伽达默尔、理查德·罗蒂以及伽达默尔的学生理查德·E·帕尔默的著作,到了20世纪90年代中期变得比较流行。[5]紧接着对狄尔泰著作的翻译,以及对批判诠释学的持久兴趣,都属于21世纪最初几年中的诠释学讨论。20世纪90年代中期,对涉及诠释学的欧洲哲学家做零星研究的专著开始出现,除了以上所说,其中还包括了阿佩尔、德里达和哈贝马斯的著作。然而,总结起来说,在21世纪初,伽达默尔的影响看上去仍然是占主导地位的,尽管更多的关于欧洲诠释学的哲学著作也已经出版了。[6]需要强调的是,2000年5月成中英去海德堡拜访了伽达默尔,讨论了关于哲学诠释学的诸多问题,成中英还对自己有特殊贡献的本体诠释学做了陈述和论证。[7]在这个意义上说,伽达默尔起了联结作用,而成中英在对这些特殊的哲学诠释学趋向的强调上发挥了重要作用,二者在当今中国大陆的哲学景观中已经具有了独特而主导性的影响。

实现这种发展的部分原因,是由于20世纪80年代许多中国研究生能够出国学习,所以他们对写就这些著作的欧洲语言能够使用得比较熟练。[8]这些智识意义中新发的嫩芽已经开成鲜艳的花朵,获得了更加显明的表达:以对哲学诠释学的研究而获得教授职称在中国也存在,而且许多主要的关于诠释学的会议都在中国大陆召开。[9]另外,为中国哲学家所建构的诠释学哲学的国家的和国际的学会出现了[10],与此同时还出现了至少两本新的学术刊物[11],而重量级的专著也在不断增加。最早的学术刊物是《本体与诠释》,尽管最近几期是由潘德荣主编的,但最初由成中英于2000年倡导主编。[12]

正如赫尔墨斯是古希腊神祇之间的信使,一旦关于解释的研究及其现代哲学转向成了哲学学科和兴趣所认可的领域,一个更大的跨学科的问题域就出现了。其普遍性问题是解释和阐释原则的确定和描述,而不是把人类理解本身当做哲学问题的一个哲学派别。在中国,许多关于经典文献和哲学文本（通常被看做阐释学）所采用的解释原则，或者是应用于现代专业包括法学、宗教研究、创作、文学研究、历史和自然科学（通常被看做解释学）的解释原则的书都有出版。从某种意义上说，哲学诠释学和关于中国诠释学的清晰研究，与经典诠释学的维度是相重合的，其部分原因是由于在传统看来，经典文本是同一的。[13]然而，具有讽刺意味的是，哲学诠释学现在几乎不被看做"阐释学"，而是被叫做"解释学"，尽管21世纪为人乐见的中文学术专著和文章的题目也大都写作"诠释学"。

甚至在关于hermeneutics该如何翻译的问题上，《中国哲学季刊》的编者成中英都起了主要的促成性作用。他在北京（1985）和上海（1987）所做的演讲中开始使用"诠释学"和"本体诠释学"的概念，并对二者的使用做了哲学论证。在演讲中，他指出了对文本的人文主义的解释和理解的意思如何被"诠释"一词所包含，而"解释"一词则更多地包含了或多或少的科技问题中的实用性意味。[14]术语的确定固然重要，而更有意义的在于他对中国大陆学者关注诠释学问题和哲学诠释学的推动和鼓励，使诠释学成为当代哲学讨论的一个主要论题。许多会议都由于成中英的兴趣和推动成功举行，现在许多著名的人文诠释学学者都要感谢他对学术发展所做的工作。下文将会看到，他的高产包括了关注传统中国诠释学和各种哲学诠释学的学术刊物的不断出版。

具有重大意义的是，由于成中英所提出的本体诠释学的创造性发展与推广，作为对诠释学哲学的中国贡献，对哲学诠释学与宗教诠释学之间关系的关注也变得越来越重要。[15]正如我们将会在文集中所看到的，许多作者所提到的第二级文献都对《圣经》和基督教诠释学研究有着重要作用，其中包括保罗·利科和南乐山的贡献。汉语中在宗教诠释学方面的工作也在更广的脉络中开始展开。[16]所以赫尔墨斯的幽灵，作为哲学的和宗教的双重"信使"的象征，现在呈现出了新的样式。本体诠释学研究将哲学诠释学和其他新的发展联系起来，包括儒家思想中的特定传统对于宗教本质的看法[17]，同时其他的哲学诠释学也开始被应用于古老的道家和佛教传统[18]，用来解决中国知识圈中经典诠释学的新问题。[19]

虽然我们可以继续谈论过去五年中发表的——与诠释学和哲学诠释学有关的——大量专著和许多文章，但是此处，我们将以在中国大陆出版的两本致力于诠释学研究的刊物——《本体与诠释》和《中国诠释学》为主，通过对二者的内容和基本定位做一简洁的比较，来描述诠释学和哲学诠释学研究中一些新生的复杂性。前一本刊物是成中英（1935—　）所编，成中英先生是国际本体诠释学学会的创建人，夏威夷大学马诺阿分校一位多产的哲学家；后者是洪汉鼎（1938— ）所编，他是山东大学教授，中国诠释学研究中心负责人。毫无疑问，成中英在这一领域的影响是他发现了儒家和道家传统中有本体诠释学式的基调，他最初于20世纪80年代在中国大陆对此做了详细阐发，这导致后来他对多维本体诠释研究工程（multi-dimensional onto-hermeneutic research project）的创造，其中就包括了《本体与诠释》刊物。洪汉鼎的首要贡献是在20世纪90年代，翻译出版了伽达默尔《真理与方法》的上下册。[20]

　　虽然成中英和洪汉鼎都受到了伽达默尔哲学诠释学的影响和促动，但是他们对伽达默尔"效果历史"的接受和回应是颇为不同的。洪汉鼎试图对伽达默尔的立场做进一步解释，将其应用于传统中国的哲学、法律和宗教文本的传统诠释实践中，以及将其应用于现代科学和中国马克思主义传统中。在《中国诠释学》已出的三辑中，他已经明确地提出了"诠释学在中国"，而不仅仅是"中国诠释学"，所以读者在书中可以发现尤其是关于德国诠释学传统（其中包括狄尔泰、哈贝马斯和马克思）的解释性研究。让人感兴趣的是，在韩国和日本语境下所找到的中国学说的诠释学讨论已经引起了学者的兴趣，但仅有两篇文章。[21]与此相比，成中英则在《本体与诠释》中鼓励不仅要对伽达默尔采取更具批判性的接受方式，而且也要对更大范围的欧洲和北美的哲学传统采取这种方式。伽达默尔近期著作的选集已译成中文，但是正如在2000年5月成中英和伽达默尔面对面的谈话（这次谈话记录了下来，并且在2002年第2辑中有译文）一样，每一个问题都可以放进与本体诠释学思考进行的对话中。有鉴于此，在《本体与诠释》第5辑中找到的文章就包括了不仅是对哲学诠释学所做的思考和回应，而且也包含了对分析哲学传统（如维特根斯坦、蒯因和普特南）的思考和回应。而本体诠释学除了对更大范围内的儒家和道家传统做研究之外，还锦上添花地对小传统如墨家思想等做了研究，2005年的第4辑内容就全部是关于日本儒家和佛教思想研究的。这些儒家研究的单篇文章是从17世纪人物中江藤树（1608—1648）和熊泽蕃山（1619—1691）开始，然后延伸至日本汉学家狩野直喜（1868—1947）；紧接着，对西谷启治（1900—1990）的佛教思想、丸山真男（1914—1996）的佛教哲学，以及激进的日本马克思主义者柄谷行人（1941— ）的著作都做了详细论述与评论。所以，这两本刊物虽然有着相重合的主题，但特别是在对中国哲学传统所做的诠释学讨论上，二者在研究方法和研究方向上都是有差别的。

刊物内容和研究方法上的不同是与两位编者信念之不同直接相关的。成中英认为追求真理论断的需要要求一种高瞻远瞩的哲学诠释学，来对分析哲学和解释学传统提出的怀疑论的哲学结论提供建构性的本体论的答案。[22]虽然他把他的本体诠释学看做对这些国家哲学潮流的一个创造性的中国哲学的回应，但也必须看到，这种方法主要是以儒家、道家文本为基础的，而不是以反实在论的中国佛教传统为基础的。[23]成中英以这种方式论证说，中国的哲学家也可以通过采用比较哲学方法，从而对哲学总体上的发展做出贡献，获得关于哲学传统的新的综合视野。[24]单纯地涉足于更为严格的对中国哲学的诠释学研究，或者仅仅涉及并不能解决真理论断问题的诠释学实践，会引人误入歧途——思想方式和哲学路径——而不能穿透当代欧洲和北美传统所遇到的死胡同。在他看来，尽管洪汉鼎承认中国诠释学有责任解决理论和实践的双重问题，但是他实际上是主张离开"纯粹的本体诠释学而靠近诠释学哲学的实践"。[25]正是由于这个原因，他继续推进对各种传统和现代学科中诠释学原则的思考，尽管他可能根本就没有借助于与当代哲学诠释学有关联的任何洞见和观点。因此，虽然洪汉鼎承认成中英的本体诠释学和比较哲学研究对诠释学所做的贡献，但是在他看来这仅仅是对"诠释学和中国"所做的新近研究中的一个方面，而总共至少有六个方面。[26]

最后，《中国诠释学》的描述范围，似乎继续在模糊作为哲学理解中新趋势的哲学诠释学和更为传统的诠释性注疏的进路之间的区别，而《本体与诠释》所特别关注的正是对21世纪在本体论上强化了的哲学转向的强调。成中英关于本体定向在当今哲学中的再生性角色的更为宽广的视野，明显超越了"纯粹本体论哲学的诠释学"，所以包含在本体伦理学和本体美学之中的实践维度会对洪汉鼎所强调的实践关怀形成积极、良好的回应。有人会十分期望对伽达默尔经典著作《真理与方法》的研究，可以继续促进他们在已经从事的伽达默尔——在活生生的经验和理解领域——研究中的多方面进展。然而，尽管在定位和互相理解之间存在着这些主要差别，但是编者和撰稿人都主张需要使用已经熟知的诠释学方法和领悟来"重建"中国哲学传统。因此，最重要的和有意义的是，我们已经选择了去启动这一系列《中国哲学季刊》的增刊，即对哲学诠释学问题以及中国哲学传统的主要文本作诠释学思考。

中国诠释学选择多样性的原因

在 21 世纪的开端处，在中国背景下采取一种哲学定向的诠释学研究，不仅仅是一项让人欢欣鼓舞的工作，而且也是对跨文明和跨文化之间思考的一个具有挑战性的练习。因为在中国古代，就有着关于语词意义的争论，这不仅是因为汉字在不同的环境下具有多样性，而且也是由于对文化模式和某种论点的有疑问的使用的探究使然。所以问题在于汉语的写作形式的多样化，秦始皇（公元前 221—前 206）努力地统一了不同的文字，以至于后来，公元 1 世纪的中国学者不得不发展出训诂的方法来揭示先秦时期在不同的历史文化环境下写就的文本的本来意义。正是先秦时期的儒家、墨家、道家和中国智者派如公孙龙和惠施之间的初期的广泛争鸣，促使古代中国知识分子去探究文本的理解原则，以解决基本的人类问题和一些重要而狡猾的逻辑谜题。在此意义上，先秦时期，当编辑成的中国哲学和宗教文本用来反映那时的文化成就，以及反映在中国经验内部解决所争论的问题时，就已经存在着跨文明之间的对理解的探究了。

当然，为秦始皇所强行促成的统一并没有使汉语的本性变得僵化，也没有损害先秦多样化的文化潮流，而且也决定不了什么会成为日后帝国权威化的经典文献。秦二世而亡，汉承秦之后，在一个世纪的时间内发展出了一系列被提升为"典范"、经典或经的文本，故而对文本意义的探究也变得具有了创造性的必要性，而且在智性上也得到了强化。不论是历史性的探究以论证世界观，还是接受和解释经典文本意义随着时间的流逝而导致的内在转变，诠释学技巧在汉代就已经或多或少具有了自觉的形式，而且在接下来的两千年时间里继续向前发展。最近关于中国诠释传统的英文著作——顾明东所作以及另外两本由涂经一所编的书——强调中国诠释学原则的多样性以及附随性的世界观。[27]

然后，诠释学进一步发展的初期动力是由具有宗教生命的道家和佛教所引起的，这实际上是对诠释学之后发展有着巨大影响的文化间的诠释学动力。这不仅构成了宋代时期儒家诠释学综合发展的形成因素，或者即是我们所说的例如体现在朱熹（1130—1200）著作中本体诠释学的基础；而且也提供了挑战新正统的解释选择生发的土壤，多种解释选择可以共存，表现出新的观点，形成新的不同于以往的世界观。这种以文化间冲突、综合重构的世界观为基础的诠释学融合的孕育时刻一再出现，不仅是因为这些不同的中国之"教"的出现，而且也是因为与有影响的文化因素如明清时期耶稣会学者、清代生活和工作在民间的新教传教士—学者的碰撞使然。随着具有刺激性和冲突性的文化间、国家间知识和精神存在的自觉意识的不断增长，便有着新的文本要探究。不仅如此，新的背景促使对新旧文本做重新定位，形成了对"真实"世界的新的解释，同时也为剧烈变化的中国生活方式提供了思考的可能性条件。

因此，需要了解20世纪充满剧烈多元变革的中国，需要了解在后帝国时代重新发现合适的诠释学基点的努力，其中包括中国经验中关于马克思主义革命的哲学意义，中国共产党一统中国之卓有成效的工作，以及在21世纪的发端处出现的焕然一新的诠释的多样性。重要的是，这其中不仅包括了20世纪外国知识分子对中国的参与，也包含了在欧洲和北美作为哲学界人物的中国知识分子。由此才生发了一些意想不到的、重要的哲学成果。这些成果不仅包括了对马克思主义哲学学说有特色的毛泽东思想的运用，也包括了道家思想对马丁·海德格尔哲学思想起源的隐晦影响，也包含了伽达默尔著作中具有的一些儒家倾向，以及在盎格鲁-欧洲的"文化中国"（他们在种族上不是中国的，但是就文化来说在某种意义上却是中国的）内的许多支持者，他们也参与了诠释学的论争。这些更大范围的诠释学问题，触及了哲学诠释学领域中有重大影响的文本和对重要问题的探究，这便是《中国哲学季刊》所出此两卷本期刊的第一卷以及将在2007年春季出版的第二卷所要试图解决的问题。

历史性地阅读，诠释性地阅读

诠释学本身，涉及确定一种对文本的理解原则，不论是以笔写就的文本还是以其他形式存在的文本，因此诠释学已经成为各种文化和哲学传统的研究形式之一。当然，这一名词源自古希腊，其本来为一个指称"诠释"的阴性名词 herméneia（ερμηνεια），它和希腊诸神的男性信使赫尔墨斯之间的关联也显示出了其起源的神秘性。古地中海世界的哲学家们把文本诠释作为推进不同水平的理解——包括世俗和神圣的理解——工作的一部分，这也使得他们可以探究他们所确认的洞见与谬误的意义。对文本意义进行揭示和做验证的规则的探讨，以及对人类理解本身的本质的探究，也已经在许多其他哲学和宗教传统中展开了研究，所以我们欢迎本卷期刊中就这些领域中的主要问题进行确证和研究的机会。

为了体现本辑内容的概况，我会首先向你们建议阅读这两卷本文章的两种方式，或者说是一个人在阅读它们时内心中同时发生和存在的两种诠释路径。第一种是历史的、发展的眼光；另一种是来自诠释学哲学的和本体诠释学的眼光。

有许多文本和问题一般都被理所当然地认做中国哲学史上的内容，由此产生了各种学说。《中国哲学季刊》自 1973 年创刊以来，其中发表了数百篇文章，由这些文章看来，我们发现其最初的倾向就是试图对这些学说的特点有更深的理解。[28]我们这组文章开头一篇，最初写于 1975 年，发表于 1977 年，论述了中国主要传统对世界进行的描述，以及如何理解世界的不同方式。历史地说，成中英精心写就的这篇文章，对哈佛汉学家本杰明·史华慈所做的中国思想研究中某些主题做了积极回应，这篇文章也是成中英对承自他在台湾的老师方东美先生的诠释建议做出回应的文章，同时也是对自己十年来阅读中国大陆哲学著作的总结。回顾其文章结尾，会发现一位哲学家置身于"文化大革命"所卷起的旋涡中，却努力使得即将发生变化的大陆中国世界的文化哲学选择变得更有意义，更加合理。

自 20 世纪 80 年代开始，比较研究工作兴起。[29]其中包括对以《庄子》为代表的道家哲学与欧洲现象学某些观点所表露出的语言和生命的本质观点的丰富多彩的解释，那一时期，有一篇文章是吴光明所写，另一篇文章中白诗朗对朱熹在儒家文本中所用的诠释学原则做了深入研究，白诗朗的文章发表于 1991 年，论述了朱熹和伽达默尔在思想的道路上是如何趋近一致的，以及二者所体现出的在本体论和诠释学的承诺上之不同。对白诗朗在这篇文章中结论的进一步证据是，帕尔默——伽达默尔学生——所写的对孔子和伽达默尔著作中的共通处进行思考的文章。

从 20 世纪 90 年代开始，在中国和盎格鲁-欧洲背景下，中国哲学的发展就与诠释学问题和诠释学哲学息息相关。因此，在这两卷期刊中，关于伽达默尔、海德格尔、皮尔斯和蒯因的论题是通过许多中国哲学文本和先哲所提出的问题和方法来解决的。其中包括对许多文本和人物的介绍，如《易经》、《论语》、孔子、《老子》或《道德经》、《庄子》、《荀子》、朱熹及其《朱子语类》、印度佛教思想家龙树、最近辞世的印顺及其著作，同时也包括当代中国的许多重要哲学家、马克思主义的和后马克思主义、21 世纪文化中国的主要哲学文本和作者。事实上，以这些研究为代表的诠释学工作要远远超出于我们呈现在读者面前的这两卷期刊所能呈现的，但是领略一下此多样化风景的一点光彩，也将会有助于我们开展进一步的阅读和研究。

阅读这些文本的第二条路径就是接受哲学诠释学的基本问题，去理解我们是如何理解的，去理解源自对我们如何在哲学地解决这些问题前进的道路上不同解释之间的诠释张力。朱熹是重视原文的学者，所以他的诠释学倾向是文本的，更为传统的。但是朱熹并没有意识到当读者在接近文本时所面对的有限的或者曲解的认识论问题的影响，而明白这一点是重要的。所以他的沉思中那些让人感到非常现代的某些提示促使我们去进一步追问。潘德荣、彭启福和白诗朗解决了这些问题，但他们却是采用了不同的方法而殊途同归。前两位是直接深入朱熹谈如何读书的文本，将其与施莱尔马赫和狄尔泰的观点做了扼要的对比。白诗朗则发现朱熹和伽达默尔之间既有许多共同点，也有一些差异之处，他还吸收了20世纪历史学家钱穆关于朱熹的颇有影响的研究洞见。

对诠释学分析抱有怀疑性的观点，可以梅约翰（John Makeham）在关于如何诠释《论语》的发人深省的文章中所提出的方法论问题为代表。梅约翰论述了《论语》的翻译者和解释者使用的许多观点，并采用了一种更富有怀疑性诠释的立场，他质疑伽达默尔的一些前提，反驳了朱熹、有些现代译者和许多中国哲学家所设定的传统方法。正是对孔子学说及其"最具代表性的"文本的多元立场使我们知道并强调这些严肃的问题，这些问题在凯利·詹姆士·克拉克（Kelly James Clark）看来是必须要提出的，但是又非常棘手。克拉克对《论语》文本以及对《论语》的诠释非常了解，并对此抱持非常谨慎的态度。尽管他并不是一个像梅约翰那样的汉学家。克拉克承认他自己诠释的有限性，然而他坚持要探究到底如何能对儒家传统之宗师做出准确的哲学解释，他发现有一系列迷宫似的问题使得通向理解的道路变得艰难而复杂。

因此，当在阅读这本文集以及《中国哲学季刊》2007年5月号的续集时，有一些非常基本的问题又开始浮出水面，不论是什么特别的中国思想学说还是比较性的哲学问题，都有待解决。当我们阅读任何中国哲学的文本时，我们是否只是通过出自我们自身的有限意识而达成一种有创造力的诠释，其中真的不包含来自文本本身的任何"声音"或者"精神"吗？原初的作者是否真的就不重要，特别是在古代许多文本显然都经历了一个长期的编纂整理过程？我们所知道的那些著名知识分子和哲学家如钱穆、成中英或者陈来于 20 世纪后期所写的著作又是如何呢？是否存在一个与我们的诠释相关的原初的"道"和标准文本，根据这个"道"或者文本，我们现在的理解可以转变，或者是否仅仅存在一套文本及对它们所做的诠释（艾略特·多伊奇称之为"传统文本"），而文本和对文本的诠释随着时间的流逝而改变，并没有在任何绝对的开始或者最终所要转化成的目标之中留给我们一个基点？是否作者仅仅是一个（就像罗兰·巴特所说的）"滑稽的"在场，而控制写作这类文本或者用手指指向这类文本的作者的手，是被文化的力量和语言的深层结构所决定的？但是语境是如何制造出文本的，即使它会影响对文本的诠释以及这些诠释后来的历史发展？是否并不存在更为基本的、处于人类存在的创造力和去表达、探寻或者去追问和怀疑的意志之中的东西——以触及他人的心灵与精神中相似的欲望、希望和概念认知？什么样的本体论可以支持这样富有创造性的行为？即使我们可以认可在许多情况下，由多媒体的大肆宣传、广告的催眠以及无知的闲聊等程式化的言语风暴都无可怀疑地揭示出了更多的语境，而不是产生出这些文本的"骗子"，这是否意味着根本就没有某种更为个性化的、创造性的、富有洞见的和发人深省的东西存在的空间？有许多问题在哲学和宗教传统中最好的注释者看来都是非常难的问题。这些问题正在被解决，如这本辑子及其续辑中所做的。值得注意的是，成中英从 20 世纪 90 年代起所提出的本体诠释学解决方案已经在与怀疑论式后现代诠释学的较量中取得了丰硕的成果，因此在 2007 年 3 月号中，有一组文章是寻求解决这些出自皮尔斯主义的、分析的、现象学的和本体诠释学观点的问题的。

为了使这些文章显得更易为人理解，我们对旧的汉字表做了修订，还增加了新词。当然更多的工作是对旧有文章做了仔细的编订，以保证在对中文术语的翻译和表达的确切性上具有一贯性。因此贡献给我们读者的本辑文章，希望能给读者带来关于中国诠释学传统之意义丰富的新洞见，揭示出它们是如何在代表中国哲学的经典文本和现代文本各自的诠释局限中发挥作用的。

香港浸会大学

中国，香港

【注释】

[1] 在这方面，由武汉大学的何卫平撰写的发表于 2003 年的中文文章，名为《西

方解释学在中国的传播与效应——从 1979 年到 2002 年》，对我们既有裨益，也有一些误导因素。虽然是从德文 Hermeneutic 一词的历史开始，这个词出现于 17 世纪中期，但是作者基本跳过了 20 世纪 50 年代到 70 年代之间苏联马克思主义和一些欧洲马克思主义的批判诠释学在中国之重大影响，所以仅仅谈到了关于"超越黑格尔"的某些研究，以及发表于 20 世纪 90 年代的对法国诠释学的各种研究。尽管我们不会试图去总结这几个时期中国的马克思主义批判诠释学，及其与其他哲学流派之间相互交流所发生的重大普遍的影响，但是它作为最近以人文学科为基石的诠释学研究的基础、作为哲学诠释学出现的基础，其作用确实是无法抹杀的。本文在此所作叙述不是以这篇文章为基础，但仍认可何氏在文章中的大部分论述：哲学诠释学的发生，是 20 世纪 80 年代末 90 年代初的事情，而不是在此之前发生的事情。为了让读者了解这一发展的具体情况，何卫平还提供了一个详细的书单来讲述这些发展、译著、学术论文以及主要的学术专著。可参见何卫平：《西方解释学在中国的传播与效应——从 1979 年到 2002 年》，载《中国诠释学》，第 1 辑，211～246 页；书单出现在 227～246 页。

[2] 所以，在描述 2003 年中国诠释学传统的当代转型上，潘德荣提供了他最近一本书中的最后也是最长的一章——"马克思主义和诠释学"。这不仅仅在当代中国是必要的，而且对中国背景下哲学诠释学的思想发展来说也是非常必要的，更不要说哲学学科本身的更大范围。对此感兴趣的读者，可以阅读潘德荣：《文字、诠释、传统——中国诠释学传统的现代转化》，157～210 页，上海，上海译文出版社，2003。

[3] 当何卫平在 2002 年总结了中国哲学诠释学的主要趋向时，他注意到了三位海外华人的影响，同时也注意到了北京大学汤一介的影响。这三位海外华人及其贡献罗列如下：夏威夷大学的成中英及其"本体诠释学"；美国天普大学（Temple University）的傅伟勋（1933—1996）及其建基于大乘佛教和儒家哲学研究的"创造诠释学"；中国台湾哲学家黄俊杰及其以孟学为导向的经典诠释研究。汤一介、傅伟勋和黄俊杰，被何卫平看做代表了中国与欧洲传统诠释学研究一致的诠释学方法论框架的趋向，而在他看来，成中英是反映了中国诠释学传统中从本体论角度出发的"新西方诠释学"（例如，哲学诠释学）趋向的唯一代表。可以参见何卫平在《西方解释学在中国的传播与效应——从 1979 年到 2002 年》224～225 页中的论述。在此意义上说，成中英影响的发生部分原因是由于傅伟勋在 20 世纪 90 年代的不幸去世，以及他在哲学诠释学领域的杰出贡献，尤其是对伽达默尔诠释学的研究，这点下文也指出了。

[4] 20 世纪 90 年代是哲学诠释学变得越来越让人容易接近的十年，以中文出版的第一本书称做"当代西方释义学"，在中国大陆出版，其年代早至 1986 年。此书对 hermeneutics 运用了一个非同寻常的翻译术语"释义学"，当时尚未被认可。参见张汝伦：《意义的探究：当代西方释义学》，沈阳，辽宁人民出版社，1986。在一篇最近讨论朱熹解经的文章（载《中国诠释学》，第 3 辑，226～236 页，2006）中，张汝伦仍然沿用这个特别的翻译术语，但情况依然是，并没有其他人运用这个词来表示技术的历史传统，也没用它来表示作为诠释学这个词的公认的译语。

〔5〕以利科为例，他的《诠释学与人文科学》在1987年已经有了中文译本。伽达默尔的《真理与方法》，这本在中国哲学圈内有重大影响和意义的著作，也是在1987年由王才勇翻译了一部分，这本书直到洪汉鼎译完，才于1993年和1995年分别在台北依次出版。洪汉鼎译本的第二版于1999年出版于上海。至少有两本伽达默尔写的关于合理性的理论的著作也于1988年首次有了中文版。据我所知，尽管理查德·罗蒂的《哲学与自然之镜》在中国也早在1987年就出版了，但是其哲学思想在中国的影响并不明显。

〔6〕所以，举例说，章启群在一本名为《意义的本体论——哲学诠释学》（上海，上海译文出版社，2002）中，用了较长的两章内容来讨论伽达默尔的哲学诠释学，以及他对于艺术的看法，但是对胡塞尔和海德格尔仅用了相对较短的一章进行论述。（后来，他用更简洁的篇幅讨论了伽达默尔所持的观点所受到的来自其他欧洲哲学家的挑战，这些欧洲哲学家包括贝悌、赫施、哈贝马斯和利科）。在这个意义上，一种对于伽达默尔式观点的严厉批判就被强调了，这将在各方面成为当代中国关于哲学诠释学之人文研究趋向的一个特点。

〔7〕对伽达默尔和成中英之间对话的一个概括，以及对此所做的思考，另外还有成中英的一首诗，见《本体与诠释》，第2辑，1～14页，北京，北京大学出版社，2002。此次相见是在伽达默尔的家中，时间是2000年5月17日，二人的谈话持续了将近90分钟，涉及的问题有伽达默尔与海德格尔、哈贝马斯、德里达的关系，以及关于本体论、道家、儒家和本体诠释学发展的问题。

〔8〕关于这种发展的一个主要例子可以在潘德荣的经历中获得体现。1987年，在听了成中英关于诠释学和本体诠释学的讲座之后，潘德荣在1999年凭借他所能搜罗的全部中文、德文和英文书籍，写了一本介绍欧洲诠释学流派的书。参见潘德荣：《诠释学导论》，台北，五南图书出版公司，1999。

〔9〕虽然明显还存在其他的，但我个人注意到了至少五次这样的会议：两次是在2002年，一次在2004年，另外两次是在2005年。前两次在安徽芜湖、上海召开。二者都是通过成中英的推动而得以实现，前者是由潘德荣组织，后者是由洪汉鼎组织。之后，洪汉鼎继续与海峡两岸的学者们一起工作，于2004年在台北佛光大学召开了会议，这就是为什么他之后出版的《中国诠释学》中包括了大量关于佛教诠释学的文章的原因。洪汉鼎在他所组织的会议中仍然有着很重要的台湾学术的成分，而且因为他自己翻译伽达默尔代表作的背景，这些回忆都普遍反映了主要是对德国诠释学传统的学术旨趣。2005年7月，关于哲学诠释学的会议在上海举行，这次会议也是由潘德荣组织的。尤其重要的是，伽达默尔的学生理查德·帕尔默关于诠释学的文字也在90年代中期被译为中文，所以他能够参加这些会议中的三次（安徽、台北和上海）。在上海的这次会议，是在华东师范大学举行的，与会者包括成中英和南乐山，二人都是国际中国哲学会的往任主席。潘德荣和洪汉鼎现在不仅是中国大陆在哲学诠释学领域的多产学者，而且作为教授，都在各自的大学中（华东师范大学和山东大学）设立了研究

诠释学的机构。最后一次会议是在山东举行，由洪汉鼎组织，其主题是关于注释解经、训诂与中国传统的诠释学之间的关系。

[10] 在中国，我注意到了两个国家性组织，一个是在上海，由潘德荣主持，他是一位德国诠释学专家；另一个是在台北，由赖贤宗组织，他出版了几本关于诠释学和美学的专著，对中国佛教和海德格尔领域有深入研究。据赖贤宗在一篇关于成中英哲学观念的发展和意义的文章中所说，国际本体诠释学学会是由成中英在 1966 年成立的。参见《本体与诠释》，第 5 辑，19 页，2005。

[11] 尽管各种学术刊物的一些问题都是关于哲学诠释学的，但到目前为止我比较在意中国出版的两本新刊物。第一个是《本体与诠释》，成中英主编，始于 2000 年，已经出版了 5 辑。第二个是山东大学洪汉鼎主编的《中国诠释学》，至今已经出版了 3 辑（最近的一辑是在 2006 年 5 月）。因为这两本刊物指示了中国学者在哲学诠释学和诠释实践中的特色趋向，所以我们会在下文中对两本刊物做比较。

[12] 刊物已出版了 5 辑，最近的一辑在 2005 年 7 月，是献给成中英 70 岁生日的纪念文集，潘德荣所编。尽管最初的两辑是在其他地方出版的，但是从第 3 辑开始便由上海社会科学出版社出版。

[13] 在此我们意识到了现代"学术原则"的创造中出现的区别，以至于即使是在 19 世纪，可以被看做"与哲学相关的文本"（例如那些为儒家传统所限定的和理雅各《中国经典》中可以找到的）的东西都不再被看做"哲学的"，尤其是在 20 世纪最后的十年中。这包括经典文学和涉及古代历史的经典、诗歌、音乐和歌曲，以及关于家庭的、社会的、帝国的礼仪的更广泛的文本在内。

[14] 对这一术语创造的公众注意，尤其是当它与为支撑中国哲学研究的本体诠释学转向做论证相关时，参见《成中英谈本体诠释学》，载《哲学译丛》（解释学专辑），1986（3）；张春田：《成中英教授谈"本体诠释学"》，载《国内哲学动态》，1986（6）。具有反讽意味的是，尽管何卫平认为成中英和傅伟勋都"很早"就在讨论与他们各自特有的诠释学观点有关的问题，他在详细的文献目录中也列出了这两篇文章，但是他在关于中国大陆诠释学的历史发展的文章第二部分中，并未意识到它们的重要性。鉴于他后来关于中国诠释学主要趋向所做的评论，海外中国哲学家的影响应当受到重视，因为正如我们在此所看到的，成中英 1986 年在北京所做演讲的影响已经是在哲学界普遍受关注的一个事件。

[15] 在某种意义上，甚至从伽达默尔式影响的角度来看，成中英在中国哲学诠释学的发生和发展中都扮演了非常重要的角色，而人们也期望像哲学诠释学给人带来新型理解一般期待宗教传统的诠释学。伽达默尔本人在写于 1984 年的一篇文章中再次质疑了启蒙运动的理性主义及其反宗教立场，认为这在多方面与"科学性宗教"、生命的技术科学形式紧密相关，他为一个更广阔而谨慎的宗教知识和经验的探究做了论证。参见《对宗教和科学关系的思考》（Reflections on the Relation of Religion and Science），见伽达默尔：《哲学、宗教、伦理学》（*Hermeneutics, Religion, and Ethics*, Joel

Weinsheimer trans. New Haven and London: Yale University Press, 1999），119~127 页。

成中英自己的宗教倾向是在儒家和道家传统的实在论宇宙论思想中形成的，但是他在讨论本体诠释学在佛教和一神论（尤其是基督教）传统中的表达时保持开放态度。在这个意义上，他关于"和谐辩证法"的文章（见此处第一篇文章，首次发表于1977年）的轨迹将继续保持，其中突出强调的儒家和道家方式被摆在与佛教的中观论、马克思主义传统并列的地位。而且，成中英意识到，可以对不同的本体论传统做一综合，所以，虽然儒家和道家对"道"的看法、一神论宗教和哲学关于上帝的一神论观念之间存在差别，但是他承认了关于"道的上帝"和"上帝的道"的逻辑可能性（《本体与诠释》，第3辑，24~25页，2003）。正如我们可以从他在1977年时的早期观点中所期望的，他对于在各种佛学传统中确立本体诠释学维度是非常谨慎的。所以在关于日本哲学史中本体诠释学的发展的专辑中（《本体与诠释》，第4辑，2005），他暗示，特别是禅宗以辩证的方式，最终接近和发展了本体论方向的问题（参见他在本辑后面的论述）。

［16］黎志添关于宗教研究和诠释学的精细但有趣的工作，参见黎志添：《宗教研究与诠释学：宗教学建立的思考》，香港，中文大学出版社，2003。

［17］这些趋势已经在以中文和英文写就的著作所做的研究中表现得很明显。例如，在关于《儒教》（*Confucian Spirituality*）（杜维明和玛丽·伊芙琳·塔克编，New York，Crossroad，2003—2004）的两卷本著作中，有些文章诉诸被公认为中国哲学家的有代表性的儒家思想者所持的本体论论断，以此论证一种儒家宗教向度的特殊形式是存在的。北京大学出版社也参与到了促进此宗教诠释学的各方面发展中，如我们下文会提到的，在2004年已经出版了一本王庆节论述海德格尔、儒家和道家之间的关联的书。（王庆节这本书叫《解释学、海德格尔与儒道今释》，是由中国人民大学出版社出版的，并不是北京大学出版社出版的。费乐仁先生记忆有误。——译者注）

［18］有两本关于佛教文本的文本诠释学技术方面的独立著作，已经在中国大陆出版了，一本是在1999年，济群法师著；另一本是在2003年，胡若飞著。但是就我所了解，它们尚未引起哲学诠释学界更广范围的讨论。2002年在台北出版的名为《中国经典诠释传统》的第三册，是专门关于早期道家哲学家的诠释学研究；周裕锴所写的《中国古代阐释学研究》（上海，上海人民出版社，2003），其中有专门研究先秦与汉代、宋代儒家诠释学的章节，还有对魏晋时期道家风格之玄学的诠释学研究，以及隋唐时期佛学诠释学的研究。前面提到的两本主要刊物《本体与诠释》和《中国诠释学》中，也有对佛道两家进行研究的文章，但是在道家传统中，他们都主要集中于对先秦和魏晋时期"道家"的研究，而不是对更为突出的道教传统做研究。

［19］20世纪80年代，有一本对诠释学有深入研究的、易读的著作以英文出版，即戈登·菲与道格拉斯·斯图尔特所著的《读〈圣经〉的艺术》（*How to Read the Bible for Its Worth*，Grand Rapids，MI：Zondervan，1981），这本书已经被译为中文，

由北京大学出版社于 2005 年以《圣经导读》（上下）之名出版。正如读者会注意到的，洪汉鼎所编杂志《中国诠释学》中强调的"宗教诠释学"已经包括了基督教和佛教传统，而成中英对本体宇宙论和本体诠释学所做研究中的一神论可能性也变得较明显了。

[20] 有意思的是，此两卷本最初是于 1993 年和 1995 年在台湾出版的，但是后来另一个版本于 1999 年在上海出版了。这再一次表现了新的哲学诠释学被中国大陆知识分子如何看待，因为这一主要著作当时还不能为大众所真正接受。相比之下，早在 20 世纪 80 年代的台湾和香港，神学和哲学诠释学就已经成了学术兴趣的关注点，许多文章和书也出版了。

[21] 这两篇文章都可以在《中国诠释学》第 2 辑（210～225 页）中找到，前者是关于韩国对《论语》中一段话的特色解释，后者处理的问题是与海德格尔有关系的京都学派所提出的。有人认为它们可以被看做与特定的中国经典和传统相关的解释性发展的"效果历史"的构成部分（韩国儒家发展了《论语》的具体的方面，而京都学派则发展了它自身对禅宗传统的创造性回应）。

[22] 所以在具体而复杂的引论性文章中，提供了对本体诠释学方法的详细论证，此方法克服了现代哲学怀疑论及附庸于它的二元论，成中英主要是通过蒯因的理论发展出了以《大学》和《中庸》为基础的一整套关于真理和知识的体系。在此过程中，他借用了怀特海的过程哲学和海德格尔的本体倾向，来挑战二元论式的本体论和经验主义的怀疑论。他的最终断言是以——关于外在世界和人自身的语言与逻辑中的——本体论指涉的前理性发现为基础的，这就打开了通往活泼泼的——由分析的三重形式所支撑的——关于世界的有机观。这种分析方法涉及了对语用的分析，批判性和理论性的结构分析，以及由逻辑上合理的、形式上有效的论证所支撑的替代论证。参见《本体与诠释》，第 3 辑，3～51 页，尤其是 28～35 页、41～44 页、47～51 页。

[23] 强调一点，2003 年的一辑中有一篇文章把中国佛教的观点看做"非本体论的本体诠释学"。参见《本体与诠释》，第 3 辑，109～127 页。

[24] 所以成中英主张需要发展本体方法学、本体伦理学、本体美学以及本体诠释学。参见《本体与诠释》，第 3 辑，46 页。

[25] 参见洪汉鼎在《中国诠释学》2004 年第 2 辑最后一篇文章中的论证，详见 331 页。

[26] 洪汉鼎认为 2003 年至 2004 年间中国诠释学研究的六个维度是："西方"诠释学基本文本的研究与翻译，对中国经典文本做诠解的诠释学，诠释学与马克思主义（一般指中国化的马克思主义，但不是专门的），诠释学与人文研究（例如文学研究），中国之外的学者所建构的中国诠释学，最后一个是寻求互相理解和丰富的比较哲学方法。洪汉鼎正是把成中英的本体诠释学工作和其他一些哲学家的工作一并放了在第五个维度之中。参见《中国诠释学》2006 年第 3 辑的最后一篇文章，297～320 页，其中对成中英的贡献所做评论是在 305～306 页。

[27] 关于这些诠释学表达的多样性的一个具体例子，在顾明东最近出版的一本

书——《中国的读写理论：通往诠释学与开放诗学之路》（*Chinese Theories of Reading and Writing：A Route to Hermeneutics and Open Poetics*，Albany，NY：SUNY Press，2005）中有描述。在这本书中，作者通过讨论两位先秦思想家之间的不同——在文本上以孟子的儒家诠释学为基础而主张的陈述、从道家视角出发的庄子所主张的"反命题"，展开了对不同类型"阅读"的论述。然后，顾明东提出了在后来的中国和欧洲背景下通向诠释学的不同路径，尤其是当他们处理不同的美学主题和诗性文本之时。特别是，他用一整节的内容论述文本中的诠释学问题和《易传》以及《诗经》中的诠释学问题。尽管我们编的这两卷期刊是针对关于不同的文本和问题的，但我们所做工作的整体方向证实了这——与中国哲学及其传统的发展紧密相关的——2 500 年间的智识历史的诠释学研究的多样性。

　　类似地，在涂经一所编的两本书中体现了对诠释学的广泛兴趣，也再次体现了传统与现代中国诠释学实践与传统的鲜明多重性。这其中包括对儒家经典诠释传统的重点关注，而且也对中国的佛教、道教和法家文本与传统进行了探究。在他的这两本书中也有关于政治批判论题的文章，以及关于以朱熹为典范的宋代理学诠释的丰富性和复杂性的文章。此外，还有关于在晚期中华帝国之智识传统中发现的文本与问题的文章，以及研究 20 世纪现代新儒家和中国马克思主义之间冲突的文章。而且最近，联结欧洲与中国诠释学传统正在进行的比较研究对话，也受到了重视。要了解更多的内容，可参见涂经一所编的两本书：《经典与诠释：中国文化的诠释传统》（*Classics and Interpretation：The Hermeneutic Traditions in Chinese*，New Brunswick，NJ：Transaction Publishers，2000）和《诠释与智识变革：历史视野中的中国诠释学》（*Interpretation and Intellectual Change：Chinese Hermeneutics in Historical Perspective*，New Brunswick and London：Transaction Publishers，2005）。

　　[28] 用"一般地"一词来表示这句话，是因为有人会期望，当逝去的中国和现代的中国的哲学观点的二重化被认可，那么人们也会期望——以选择有代表性的文本资料和体现其诠释倾向的各种世界观的不同范式为基础的——"中国哲学史"的多样性。例如，甚至是对一位主要的思想家冯友兰（1895—1990）的著作中——他对于中国哲学史的书写前后时间长达 70 年——关于哲学史的论述之多样性，这一点也可以为一般的读者所了解。尤其是当把他关于中国哲学史的第一次论述和第四次论述拿来比较时——第一次是在 20 世纪 30 年代早期，第四次是在 20 世纪 70 年代和 80 年代——前者更侧重文本诠释，而后者则具有强烈的马克思主义诠释倾向，如把许多一般并不认为是哲学传统中的历史人物和事件都包含在了七卷本哲学史中——二者之间的显著差别正体现了这一断言的现实性。但是由于二者对"同一"历史做了不同的表述，它们都仍然继续在中国各种形势下得到出版。与此处有关的中国文本是冯友兰的《中国哲学史》（上海，商务印书馆，1931—1934），两卷本，以及他的《中国哲学史新编》（北京，人民出版社，1970—1989），六卷本，第七卷后来更名为《中国现代哲学史》（香港，中华书局，1992）出版，第七卷后来在中国大陆也获得了出版，有几个版本。两

卷本《中国哲学史》之所以能变得国际知名，是因为德克·博德所做的清晰易懂的英文翻译，英文版名之以《中国哲学史》（*A History of Chinese Philosophy*，普林斯顿：普林斯顿大学出版社，1952—1953）出版。专门对冯友兰多样而又相互冲突的旧作进行诠释的专辑是在 1994 年的《中国哲学季刊》，是由欧迪安（Diane B. Obenchain）译介的，专辑的名字是《冯友兰：某种存在》，载《中国哲学季刊》21，第 3—4 辑，1994 年 9—12 月。

仍然值得注意的是，虽然有杂志尤其是中文杂志强调对中国哲学史的研究，对中国哲学本身进行历史性研究的历史才处于探索的起步阶段。例如，可参见柯雄文：《中国哲学史的出现》，载《国际哲学季刊》11，第 4 辑（2000 年 12 月），441～464 页。

［29］早在 1979 年，已经有了从美国哲学家查尔斯·哈茨霍恩的过程哲学理论的角度对跨文化诠释学所做的初步探索，有一篇文章是《中国思想中的过程论》。现在回望当时的努力，我们只会觉得当时对中国哲学及其各种传统的一般理解是多么有局限啊。

构建和谐化的辩证法：中国哲学中的和谐与冲突

成中英（Chung-ying Cheng）*　　著

姜　智　译

一、序言：主题的矛盾性和当前的任务

在最近中国的研究中，对中国哲学以及中国思想中有关和谐与冲突不同方面的讨论和描绘发展起来了，这也许是热衷于从总体上了解中国哲学的本性和发展而造成的。[1]尽管提出了许多观点，但是还没有得出一个明确的结论，这些结论对于理解中国社会和未来发展变化的潜在重要性和相关性也还未达成共识。学者们经常谈论到三个主题，然而，还没有对它们做出明晰而准确的区分。第一个主题是，中国哲学和思想流派中有和谐与冲突，而这些不同形式的和谐与冲突都在这些流派的发展中做出了举例说明。第二个主题是，关于和谐与冲突，中国哲学有着丰富的概念，这些概念被明确详尽地阐述过。第三个主题是，中国哲学中大多甚或所有重要的概念，能够在和谐与冲突——作为两种思考模式，或者作为两个方向的极点，或者作为在变化本体中的两个方面——这一框架中构思并评价。[2]当然，对于任何一个哲学家或者哲学著作来说，所有这些主题都相互关联而且缠绕在一起。

我将把我的讨论限定在第二和第三个主题上，以便明晰、建构、分析并验证中国哲学中主要思想流派中各种类型的和谐与冲突。我的目的是：准确地指出中国哲学关于和谐与冲突的所有主要观点中存在的许多潜在要

* 成中英（Chung-ying Cheng），夏威夷大学哲学系教授，《中国哲学季刊》主编。研究方向：儒家和宋明理学，形而上学和语言哲学，诠释学和本体诠释学。E-mail：ccheng@hawaii.edu

素和统一结构，以便为这些观点提供解释性的理由。首先，我认为，把和谐与冲突理解为两个相互定义的范畴，这种中国哲学的思考方式和方法是很关键的。在做出这种努力的过程中，我将提出一种和谐与冲突的形而上学，以及随之而来的中国哲学术语中的和谐化的辩证法。人们可能会认为，在这一基础上，在中国的形而上学和方法论的哲学背景下，和谐与冲突的概念得以一致地定义和解释。换句话来说，在明白地阐述了基本的中国哲学习惯用语以后，和谐与冲突的直观含义将变得清晰明了。特别的是，我将在一个形而上学和辩证的框架内，说出和谐与冲突——作为现实与经验的两种模式——两个概念之间的密切关系，这一关系在先前已经具体提及或者讨论过。

在明晰并详细阐释和谐与冲突的形而上学以及和谐化辩证法之后，我将着手第二个任务：在中国的伦理、社会和政治哲学领域内，叙述并查证那些与和谐和冲突有关的观念。正是在这些领域内，和谐与冲突的形而上学以及和谐化辩证法将得到最显著的应用，并且，它们将有助于我们理解个体（作为道德人）和社会（作为个人发展和实现的媒介物）的和谐与冲突。我将使之与在本体论和方法论方面可供替代的观点进行比较。这将很自然地导致我们集中于方法趋向上，再考虑一下东西方基本哲学传统的有意义的碰撞。在再思考这一方面，符合和谐与冲突的某些形而上学和辩证法的人类和社会的历史经验以及未来转型将得以更好地解释和理解。

二、儒家学说中和谐与冲突的形而上学

本杰明·史华慈（Benjamin Schwartz）在对宋明理学一些对立范畴的研究中评论道，宋明理学的思想必须在它所处的时代背景并根据整个儒家传统内在的问题域（problematik）两方面来理解。[3]在强调将某一思想流派与产生这一流派的问题相联系，并将后继者与创始人相联系具有重要性这一方面，史华慈无疑是正确的。这意味着，思想的发展历史地连续着，并且至今还有一个能被加以分析研究的历史问题域（a-historical problematik）。在这一假定的基础上，我将分析中国哲学中和谐与冲突的形而上学和辩证法，因为它们是首先被阐明的。对它们的分析理解将有助于理解中国哲学历史进程中其他类型的思想。[4]

从中国形而上学的观点来看，什么是和谐与冲突？在和谐与冲突的形

而上学中，什么样的方法论或者辩证原则是相关而且内在的？这两个基本问题必须根据中国思想中的两大基本流派——儒家学说和道家学说——来回答。没有人能否认从古典时期直到20世纪早期，儒家和道家学说比其他任何哲学流派更好地塑造了中国知识分子的精神。如果我们采取一种更具猜测性的观点的话，那就是，儒家和道家学说自身可能就历史地衍生于中国宇宙论的相同的体验，因此从一开始就回答中国思想中同样的问题域。我将涉及的主要是《易经》和宋明理学的著作[5]中的儒家观点，以及由著名的著作——《老子》和《庄子》——所阐述的道家观点。

为了论述的需要，我将非正式地介绍一下和谐与冲突的概念。直观地说，和谐表达如下意思：对于任何两个共存或者前后相随的各具特色的力量、过程或者实体来说，如果二者之间相互补充和相互支持，以至于每一方都依存于另一方以获得力量、现实性、生产能力和价值，那么，我们就可以说二者形成了一个和谐的整体和有机统一体。相反，冲突意味着两个不同或者相同的各有特色的力量、过程或者实体之间缺乏和谐，以至于到了每一方都倾向于抵消、抵触、伤害甚至可能毁坏另一方的程度。结果，在这相互冲突的元素之间，不存在统一体或者和谐。从和谐与冲突的这一解释来看，很明显，我们可能拥有两个完全不同的或者各具特色的事物——它们相互之间并不冲突，然而二者之间也没有和谐。因而，我们有了一种互不关心、互不关联和相干的情形，它在和谐与冲突之间保持中立。但是，我们必须注意到，在人类的经验过程中，一个互不关心、互不关联和互不相干的情形不是完全保持一种中立的关系，因为这个情形或者更倾向于和谐，或者更倾向于冲突。因此，与已经实现的和谐与冲突不同，人们可能谈论到潜在的和谐与冲突。因此，可以设想，对于任何两个不同的或者各具特色的事物而言，它们二者或者趋向于相互之间的和谐，或者趋向于彼此之间的冲突。

需要指出的是，在自然和人类存在的不同层面上，存在着很多类型的和谐与冲突。和谐与冲突在数量和质量上的复杂性是多重关系的自然反映，在这些关系里面，事物需要被定义和识别。因此，不存在一个简单的公式使所有类型的和谐与冲突得以一致刻画或描述。客观和现实地说，在未明确界定和谐与冲突由以产生的关系背景的情况下，我们甚至不能明确说明和谐与冲突的原因和情形。为了我们的哲学目的，我们可以设定一个一般的形而上学结构，它遍及所有类型的和谐与冲突，并且有助于理解和谐与冲突的原因和情形。我们也可以看到和谐与冲突为人类提出某些价值。一般来说，在正常情况下，与冲突相比，人类个体和社会都普遍期望和喜欢和谐，并将之视为一个更主要的价值，因此通常都倾向于追求后者而不是前者。我们也因此可以认为，和谐与冲突的问题是一个解释并验证创造或追求和谐的问题，并且是/或者是一个为了和谐而给冲突（潜在地或现实地）提供解决方案的问题。

对于儒家来说，和谐是一个基本的状态，是现实的根本性结构。而冲突则在现实中无立足之地，但是它代表了一种不自然的、不平衡的秩序，或者说一个没有持久意义的混乱秩序。依照儒家的观点，这个世界是一个变化和发展的过程。尽管这个世界会出现变异、差别、分歧、紧张、反对和对抗，儒家仍坚持认为，宇宙和社会的进程以及个体的生活总体倾向于统一与和谐。《易经》总结了如下重要的原则，可作为一个强有力的说明：

（1）本体（称做"道"，the way）包含天、地、人和万物，它是变化的过程，也是一个有秩序的结构。

（2）生命的创造是变化的本质，道创造生命的能力是无限的。[6]

（3）在变化的过程中，总是有两个相反但又相互补充的力量或者动力，它们被称做"阴"（the female principle-force-aspect）和"阳"（the male principle-force-aspect）。

（4）道是一，也是所有变化的动力，因此是所有极性的本源。在这个意义上而言，道被称做所有事物的"太极"（the "Great Ultimate"）。

（5）事物的不同和区别是阴阳之间交互作用的表现，所以与道一致。

（6）万物之所以产生，这归因于道的本性，任何能发展或者遵循道的本性的东西都具有善。[7]

（7）人类能理解变化的动力，在行动时能遵循它的原则，因此能获得世界上所有的、全面的善。

（8）在理解变化以后，人类也能参与变化的行动并实现他们与世界的和谐。

（9）不和、不幸以及不完美都起因于人类不理解变化的本性，以及由此而无力实现与世界和谐。

从《易经》中这些抽象的概要描写中，几个涉及和谐与冲突的问题便能明晰了。

首先，《易经》显示出它本身是与事物的统一和产生——和谐的基本要素——相关的。这意味着，对于《易经》的作者来说，世界是一个生成性统一体，变化的过程是一个诸多有始有末的事物自然和谐的结合过程。

事物以和谐开始并把和谐作为它们的目标。其次，即使事物存在暂时的进展，它们这一暂时的进展也是生命的无限创造。相应地，所有事物是在变化和生命的过程中产生的，生命的最终目的能在人们自觉地努力与道保持一致的情况下实现。最后，变化的过程被认为是极性的——它是相反相成地存在的——生成性统一体。就这一统一体而言，变化不仅被阐释，而且事物的种类也被说明。值得注意的是，差异、不完善、冲突、抵触或者斗争的出现被看做判断失误的，是极性之间相互作用的一个不完整的子过程。就极性最终是与道一致这一点来说，通常被看做阴和阳的极性——它由冷与热、坚硬与柔软、静与动、高与低等来表达——并没有显示出真正的敌对或者对抗。就它们是完整的（complete）而言，它们仅仅是对立面。如果阴和阳能以它们内在的自然性和简洁性运行，那么它们之间就既没有紧张也没有敌对。从这一观点来看，极性的所有形式的互动——不管它是处于何种程度的复杂性——都是和谐的代号，即动态意义而非静态意义上的和谐。它们是事物整体和谐的存在状态的象征。

对于《易经》而言，真实、完整、统一和自然都被用来解释和谐的特征。人的本质是这样的，所以他们能无意地或通过自我修养来实现这一和谐。所有人的问题是如何最大限度地与自然的进程——事物特定的状态或者变化的过程——实现和谐。人们认为，通过自我修养，人类能实现他们与自然的和谐。这可由"仁者浑然与物同体"[8]以及"夫仁者以天地万物为一体"[9]看出来。从汉代开始，这就被称做"天人合一"或者"天人合德"[10]原则。在《易经·系辞上》中说道："天生神物，圣人则之；天地变化，圣人效之。"[11]一个人想变成圣人以及因此而与世界实现和谐的途径是，以道德完美为方向来培养和发展自身。《易经》对个人修养和发展以成圣人作如下描述：

> （圣人）与天地相似，故不违。知周乎万物，而道济天下，故不过。旁行而不流，乐天知命，故不忧。安土敦乎仁，故能爱。（《周易·系辞上》）

以上很清楚地说明，为什么儒家非常强调人的道德修养和发展。因为他们想要人与世界以及世间万物实现和谐。在《论语》、《中庸》、《大学》、《孟子》甚至是《荀子》的著作中都进一步说明了这一观点。我们将要看到，道德修养和发展涉及很多复杂而相反的因素。但是儒家坚信，人的自我修养和发展将保证得到善与和谐。宋明理学更简洁地阐明，通过以道德完美为方向的自身修养，人们将获得宇宙万物的和谐——它将消除斗争和紧张。

如果和谐与善是一致的，相反，冲突——作为和谐的对立面——与邪恶和坏一致，那么冲突就需要被和谐化。引人注目的是，《易经》阐明了两个关于冲突本性的重要观点。第一，冲突因人无法遵从本体而造成。因此，冲突本质上表明了个体或者人类共同体的弱势，他们不能领会变化的复杂性，因此无法控制或者调整自己以与自然保持一致。第二，如果一个人通过培养自身的理解力，并在恰当的时间调整自身的行为以努力与自然保持一致，那么，冲突是可以避免的。正是在这两个命题的背景下，《易经》中对邪恶与不幸的劝诫和判断才得以理解。这些判断意义上的冲突实质上意味着个体与他人的情况、时间或者行为之间缺乏和谐。正因如此，它应当被个体或者由个体组成的共同体的理智努力和谐化。

三、道家思想中和谐与冲突的形而上学

我们现在讨论道家思想中和谐与冲突的形而上学。正如《易经》一样，《道德经》宣称最终本体是统一和包罗万象的，即道。在道家学说中，道的最终本体及其统一性、持续性和综合性进一步概括为不受限制的无，即没有任何固定性和明确的质。在这一意义上，道不仅是最终本体（太极），而且还是最高的不受限制的东西——无极。[12]正是这一永远无穷无尽和无边无际的"无"，成了万物变化和创造的源泉。在道家关于和谐与冲突的形而上学中，阴和阳的两极化和相互贯通是道的基本功能。例如，《老子》中，阳的力量、高贵、显赫和仁慈与阴的弱势、柔软、隐秘、消极和谦卑的特征不同。另一方面，前者又是从后者中衍生出来的。很明显，正如《易经》一样，《老子》很显著地强调"相反相成"这一观念。

还有另一个比较之处。就三爻卦和六爻卦的钟摆式摇动方面而言，尽管《易经》已经很明白地确认了反和复的原则，老子则很充分和明确地阐述了反（reversion）和复（return，recurrence）的原则。他谈论"道"："弱者道之用"[13]，他还说："万物并作，吾以观复。"[14]反与复之间的差别很细微。反是对立物的对立面。从过度（overexerted）作为的角度来看，它是对立面的衍生物。另一方面，复，看起来意味着回归到变化的源头或

来源——道或者无。因此，他说到"归根曰静"[15]。复同时也意味着某一反发生之后的再次之反。因此，变化与转换的整个过程就以道的两极之反与复为特征。从以上所提及的极化、相互贯通、反以及反者之反的原则来看，很明显，道家意义上的和谐不过就是事物根据以上所提的极性原则、相互贯通原则、反以及反之反的原则的自然统一与变化的自然进程。它也是事物在道的多个层面的无限创造。老子无疑强调了自然的生成活动，而这在道那里就构成了和谐的一个基本要素。

老子提出，好与坏、美与不美、真与不真的价值是互为条件的，因而，它们相互依存和识别。他将价值间的这种互为条件性推广到人类经验的所有范畴中。他说：

> 有无[16]相生，难易相成，长短相形，高下相倾，音声相和，前后相随。[17]

这是道家相对论原则的最初表述，在庄子的著作中对此阐述得比较多。

据《庄子》所言，世间万物都相互依赖并互为条件。价值与个人判断之间的区别没有客观的基础，而事实之间的区别则是同等的，因为它们仅仅是道——无限和不确定——的有限表示。庄子这样说："物无非彼，物无非是。自彼则不见，自知则知之。故曰：彼出于是，是亦因彼。"[18]从这一意义来说，所有事物都是同一物的部分，它们之间的区分并没有必要性、神圣性或者绝对性。因此，从道的角度看，所有的差异和分歧自身都不明显，并且对没有确定性的道的统一性本体毫无影响。我们可以称其为本体论的平等性原则，或者本体论的相对性原则。在这一原则的基础上，可以断言，在事物和价值的差异和区分之间并不存在冲突、罪恶或者缺乏相关性。可以进一步推断，正如庄子实际上所声明的，所有事物都相互转换，所有的观点都同等有效和重要。因此，庄子说：

> 故为是举莛与楹，厉与西施，恢诡谲怪，道通为一。其分也，成也；其成也，毁也。凡物无成与毁，复通为一。[19]

不管大或小，万物在本体论上都是平等的，这是庄子忽视所有差异和区分的基础。然而，他同时又认可这些差异和区分，并将其视做现象界相对的实体。

不像老子，庄子并不强调反归道——源头或者起源——的观点。但是，和老子看到道的终极性和伟大性一样，庄子也得出了同样的结论。而这一结论是通过认识道所具有的无穷无尽的丰富性——这给道的实存并没有带来困难——得出的。由于道中的万物都是相对和相互转换的，因此，能同时通约为同一物或者同一身份。事物之间的差异和分歧在本体论上都是可以超越的；由差异和分歧造成的冲突、敌对或者对抗都能在本体论上自然地被超越并被道同化。结果，以道的眼光来看，冲突和对抗在本体论上并不具有任何地位。这很充分地说明了，为什么庄子将人类很多不愉快的经历看做道的内化力量，因而并没有将灾难看做不愉快的事情。这样做就理解了自由与创造的真义：解除束缚或对价值的依附，从为某一视角所支配的偏见中解脱出来。他说：

唯达者知通为一，为是不用而寓诸庸。[20]

当一个人能够超越万物并同时以道的精神包容万物时，这个人将不会造成冲突，而且，冲突在产生时——不管何时何地——都能被消除。因为这个人将冲突、对抗、差异或者不同看做仅仅是和谐与一致的补充形式，也是产生和谐与一致的资源。这一点起初是由老子提出的，但是庄子导向一个自然而然的结论。结果是这样：意识到万物的一致与平等的人将最快乐，而在这一快乐的意义上达到最高程度的和谐，即与道等同和一致。因此，庄子提出：

庸也者，用也；用也者，通也；通也者，得也。适得而几矣。[21]

四、和谐化的辩证法

儒家与道家对世界以及人在其中的位置的形而上学观念在方法以及态度上有着明显的不同，我们应该很快注意到，《易经》与道家学说的形而上学有如下的相同之处：（i）它们都将世界看做一个和谐的或者正在和谐化的过程，其间事物的所有差异与冲突都没有本体论上的终极性。

相反，它们为多样化的生活完善了其和谐状态，或者说在变化的本体的创造性动力中更为明显地表现了生命。（ii）它们都认识到，人类在生活中会经历并遇到冲突以及令人不快的情景，但是通过增进他们的理解并使其行动与这一理解相调适，也能将其克服。从这一意义上讲，冲突与对抗都能被人类文明以及人类与自然的调适所解决，这二者都是人类力量所能达成的。

任何特定的形而上学都会确定一种看待世间事物的方式，并提供一种解决困难以及进行质询的方式。它也提供一种分析、评价和管理生活中遇到的事务和问题的方式。从这一意义上讲，我们可以说和谐与冲突的辩证法是基于和谐与冲突的形而上学观点上的。根据以上所讲的儒家与道家和谐与冲突的形而上学概要，我们可以说，儒家与道家有一个共同的、作为方法和方法模型的辩证法，用以思考、分析以及处理世界和人类生活中的和谐与冲突的问题。我们可以称这一共同的辩证法为和谐化辩证法[22]，其原则如下：

（1）万物经由极性（和相对性）而存在。

（2）极性同时包括相对性、相反性、互补性以及互生性。

（3）事物之间的所有差异与区分都由极性的原则、力量和方面产生（以及解释）。

（4）极性明确地产生了生命的无限创造力（《易经》）、复归的过程（老子）、事物的相互转换过程（庄子），以及反的过程（以上三者）。

（5）通过找出一个极性的相关性框架以及它们的生成关系——其间统一性的终极实在与万物在本体论上的相等性可以断定——冲突可以解决。

（6）通过理解本体以及自身，人类可以谈论并发现解决冲突的路径。如果我们将道（本体）看做对事物之间不同之处的调和，以及对它们潜在的极性的统一，将差异与极性视为冲突与对抗的来源和原因，那么我们可以用如下的方式把这一和谐化辩证法应用于解决冲突与对抗。首先我们承认冲突与对抗包括极性和相对性，意味着互补和互生。这将使我们认识到它们有助于并参与现实中的和谐化过程。有了这一理解，在道的无限控制范围内，我们把冲突与对抗的不同方面看做在本体论上具有公正合理性（ontologically equitable），在辩证法上具有同一性（dialectically identifiable）。从而，通过调整我们自身以适应世界的这一过程，我们把自身融入到一个没有冲突与对抗的情景中。这一调适的过程可以称为和谐化过程。

由于极性与相对性的内在动力，冲突与对抗的存在就需要有人类依照和谐化辩证法，进行人的道德（实践的）转型，以及人类（对世界的）理解的本体论（形而上学的）转型。

五、与矛盾辩证法的比较

既然我们可以将和谐的辩证法视做传统思维方式的代表——通过儒家和道家的广泛影响，我们可以将其与其他文化与哲学中发展起来的其他类型的辩证法[23]做比较。这使我们想起两种具有深刻的哲学和文化意义的突出的替代性辩证法：其一是被推崇发展的黑格尔—马克思主义辩证法，它是现代西方主流文化的代表；其二是被完全否定和摒弃的中观辩证法（Madhyamika dialectics），它代表了佛教徒对大乘佛教中大成表达的信仰。我进行这一比较的目的在于，指出儒家和道家的和谐化辩证法在逻辑上不同于黑格尔—马克思主义辩证法，也不同于中观辩证法，在人类历史的进程中，它不得不与这二者相竞争。一开始就应该说明，作为不同类型的辩证法，三者拥有不同的文化背景，并与不同的文化体验、需要和抱负相对应。在这一意义上，就它们的内在价值和缺点方面并没有比较关系。从理论和思辨的角度看，人们可能会声称，即使这三种辩证法是不同甚至对立的，它们之间仍然是互补的。但是如果我们采取了这一观点，我们就已经是在一个更高层次上采纳和谐化辩证法了。然而，没有理由解释，为什么其他两种辩证法不能在它们各自的辩证思考方式内重铸三者之间的关系。这取决于人的最广泛的经验和理智，也与他们最全面的反思相关，然后公正地从三者中做出最终选择。

黑格尔—马克思主义辩证法包括如下命题：

（1）世界是（主体地，subjectively）统一的（正题）。

（2）世界意识到自身在既定存在与否定之间的对立与冲突（反题）。

（3）通过消除并将冲突性的因素合成一个更完整的形态，世界发展并实现更高层次的存在（合题）。

（4）世界依照这一无限的行进秩序而运行，而这最终将接近一个理想的（ideal）完美体。

尽管我是基于黑格尔的基本术语勾画出这一辩证法的，可是正如可以在典型的黑格尔唯心主义的形而上学框架内改述它一样,它也可以体现在典型的马克思主义唯物论框架内。重要的是,黑格尔派和马克思主义者共同拥有三个主要的特征。

第一,这一辩证法确认,在人类的现实或者历史中,存在本体论意义的真实客观的冲突,它表现为一个既定状态与它的否定面之间的反对形式,或者是一个阶级与另一阶级之间的反对形式。这一意义上的冲突和否定意味着对抗、敌意与不合作。这一意义上的冲突与否定之间没有互补或者相互依赖,而这是形成一个完整的统一体所必需的。另一方面,这一统一体不得不被视为对辩证过程的限制。因此,冲突的存在需要挣扎和热烈的奋争,以消除其内在的逻辑矛盾。

第二,解决冲突的逻辑矛盾状态,需要在一较高层面,从冲突中发展出一个将冲突的两方面综合起来的统一体。这一意义的综合统一体由黑格尔的"扬弃"术语和马克思主义的社会革命观点表示。在合题中早期的正题和反题都被全部改造,因此,一个新的实体生成了。

第三,现实的辩证运动被认为是在向持续更高或者更合意的存在状态前进发展。这里有一种很强烈的发展感,它成直线前行。这一发展的目的是高度理想主义的,不管是在黑格尔的框架内还是在马克思的框架内。实际上,就它保持着无限的可接近性这一意义而言,它一定是理想主义的或者是乌托邦的。现在,当我们将这一辩证法应用到和谐与冲突的问题上,很明显,冲突被视为是现实中的一个重要的客观要素,之所以重要,是因为它在将历史推向一个更高的发展阶段中所起的重大作用。和谐化辩证法认为,冲突是能被解决或者避免的,只要个体理解了实体的真正本质。而冲突的辩证法则认为,冲突是实体的真正本性的一个组成要素,因此不能通过个体的理解而被解决或者避免。换句话说,在冲突的辩证法内,变化的过程实质上不是和谐的而是相反的过程。因此,不和谐尽管是客观的,它并未被看做邪恶或者是对价值的破坏,而是进化和发展的必需甚至是工具。由于进化和发展是无限的,我们甚至不能准确说和谐是这一辩证变化——它以冲突与斗争为中心——的目的。斗争,就像和谐一样,在促进持续的、更高形式的综合——它包括现存的冲突之源——方面发挥同样的作用。相反,尽管和谐化辩证法将和谐看做本体的实质本性,然而,它牺牲了明显的发展和前进感——这在黑格尔和马克思主义的辩证法中有过阐述。

六、与超然辩证法的比较

中观辩证法以否定所有关于现实而断定的命题及关于这些命题的命题等等而引人注意。它在大乘佛教哲学家 Nagarjuna（公元 100—200）——他在中国佛教中被称为龙树——的《四象的逻辑》（Tetralemma）[24] 中得以最佳阐述。《四象的逻辑》要求否定所有命题，它的否定面也被否定，它本身和其否定都被否定，其否定本身以及否定之否定也同样被否定。重要的观点是实现完全彻底地超越并与关于现实的任一真实主张（包括对此所做出的努力）相分离。这样一个共轭的否定（conjugated negation）被称做涅槃——真正的理解（般若）和真正的本质（菩提），它们不能被加以描述或者用于任何明确的讲话或行动。用辩证修辞来表达，对待现实的这一方法可用如下观点来清晰地概括其特征：

（1）本体世界是断言（assertion）的结果。

（2）任一断言都涉及一个对立面——这一断言的否定面。

（3）常识承认断言与其否定面之间的冲突，它是不同形式的现实的基础。然而，为了避免这一冲突的任何后果（哲学的、逻辑的和实际的），并为了得到现实背后以及有关现实的终极的真理，人们需要以一种不对二者断言的方式来放弃此二者。

（4）对于现实的真正理解，以及个体从冲突与矛盾中的解放将因此而获得并得到珍惜。

我不想讨论所谓否定论中观辩证法的实际—宗教的方面。有趣的是，当它被应用于和谐与冲突这一问题时，它想通过龙树——他否认现实的起因——的形而上的框架超越这一问题以解决它。和谐与冲突被认为适合于常识层面，或者，就此而言，适合于不真实或者幻想的层面。尽管冲突因此而被认识，它将在不确认任何层次的和谐与冲突的情况下被超越，因为作为目标的和谐本身同样被放弃。结果，人们将在世间发生的事物前变得被动，并将这一世界视为无关的、无意义的和未断言的（nonassertable）表现与过程的序列。与黑格尔—马克思主义辩证法相比，它没有发展感和整合感。与儒家—道家的辩证法相比，它缺乏包容世间所有差异的积极和谐。

对这三种辩证法的简短比较，并没有穷尽我们对这些辩证法以及它们所要比较的优缺点的观点。然而，在指出它们逻辑和哲学的差异时，我们成功地阐述了儒家与道家辩证法中所讲的中国本土观点之外的可供替代的思考方式和处理和谐与冲突的方法。但是，我进行这一比较还有另一个目的：中观辩证法和黑格尔—马克思主义辩证法都是来自中国的历史文化环境之外的中国本土和谐化辩证法的潜在竞争者。历史地讲，在公元4—9世纪中国佛教的成长与发展进程中，超然、否定的中观辩证法与儒家—道家辩证法（互补性与相对性）之间就有了冲突和相互作用。我们看到，这一冲突与相互作用导致渐进的整合——儒家—道家辩证法融入中观辩证法。天台宗的三谛说、禅宗的自由创造性地接纳世界，以及华严宗"一多相融"的全面综合性学说，都证实了和谐与冲突要素介入了中观辩证法。儒家—道家辩证法在儒学流派复兴——宋明理学产生——后最终胜过了中观辩证法。另一方面，即使儒家—道家辩证法成功地战胜了作为一种思考方式的佛教的中观辩证法，我们也不能否认这一佛教辩证法的要素，以及它与人类和世界相关的形而上学也巧妙地融入了宋明理学的血流中。

在本世纪，我们见证了另一场冲突和正在进行的相互作用过程——中国本土的和谐化辩证法和西欧和谐与冲突观——在黑格尔—马克思主义关于矛盾的辩证法中有具体表述。这一冲突与相互作用始于传统中国文化被强制拽入竞争性的西欧与北美列强的勇敢的新世界之时。20世纪初期达尔文和斯宾塞的进化论学说以及"适者生存"观点的引进[25]，1949年中国共产主义的成功，以及随后马列主义、毛泽东思想在大陆的宣传，都证明了西方矛盾辩证法在现代中国社会发展中的力量与影响。它也揭示了儒家思想在面对现代世界的主要思想潮流时的暂时的、相对的弱点。中国儒学的命运，正如约瑟夫·列文森（Joseph Levenson）所说的[26]，是儒家思想在面对现代世界及其问题挑战时的失败。当然，鉴于这两种意识形态之间可能存在的长期竞争，以及当它们参与现代中国的稳定和发展进程时所具有的内在辩证法，这结论恐怕是做作而冒失的。大陆反对孔子及儒学的马列主义和毛泽东思想运动[27]，尖锐地挑起了儒家和谐化辩证法与马克思主义矛盾辩证法之间的战斗，这一战斗在很多战线上展开。这很明显地在"文化大革命"早期关于"一分为二"与"合二为一"的争论中反映出来。[28]将和谐确定为最终目标，接受所有的差异并将其视为对现实的丰富，以至期待没有永恒的进化（正如在不断革命说中所反映的），或者将冲突作为前进的一种方法，将统一性视为一种驱动力，因此坚持发展这一永恒的奋斗历程，这也许至今仍是中国在它所有的文化、政治和经济活动中所遇到的悬而未决而又具根本性的问题。[29]

七、中国伦理、社会和政治哲学中的和谐化辩证法

根据我们关于儒家—道家和谐辩证法所说的，我们就理解了和谐与冲突的概念，以及它们在传统中国的伦理、社会和政治哲学中的作用。很明显，和谐化辩证法在广泛的范围内运用到形成或产生和谐与冲突问题的伦理、社会和政治领域中。

首先必须注意，即使极性与相对性的和谐辩证法包括了相对普遍的极性和相对性，如阴—阳和彼—此，它们在人类经验的其他领域的应用会产生不同种类的更为复杂的极性。这些极性中一些可能不是明显对立的，一些可能不是明显互补的。但是，不管这些极性是什么，它们无疑都由儒家或/和道家创始人关于和谐与和谐化的辩证洞察力归纳或激发。在伦理学、社会政治哲学、思维科学、医学、史料编纂学和历史学以及艺术与文学中，我们总能发现一个包含了和谐化辩证法基本观点的极/相对性的描述或者规定，不管它是儒家或道家的亚型（subtype），还是兼具二者。[30]因此，我们可以说，儒家—道家和谐化辩证法已经确定了中国人体验中的多极结构。这一多极结构由极性的结构群和它们之间的相互关系共同构成。最困难的问题是如何解释并说明这些结构和关系，我们至今对此没有进行全面研究。我将着手的是，根据和谐与冲突的辩证法对这些结构及其相互关系做出一些系统分析。

就我们能判断的而言，可对中国文化和哲学中所发现的有关伦理、社会政治领域以及人类体验的主要极性结构作如下描述[31]：

（1）内与外；（2）文与质；（3）己与人；（4）知与行；（5）义与利；（6）仁与义；（7）礼与义；（8）法与礼；（9）性与学；（10）中与和；（11）天与人；（12）动与静；（13）道与器；（14）形而上与形而下；（15）体与用；（16）理与气；（17）理与欲；（18）修身与治国、平天下。

根据和谐化辩证法，这些极性结构所涉及的极基本上被认为是相互对立而又相互补充的。但是我们应注意到，在人类与社会政治经历的这些领域中，极并不是道家意义上的简单的相对性，因为，除了个别例外，极性的两个方面不仅是合意的，而且也在人类目的中发挥积极作用。另

一方面，这些相关联的相对性不必是人类所想要的，例如，在战争与和平或者善与恶这些相对性中就是这样。有人可能会进一步注意到儒家意义上的极性可能是相对的，但并不是所有道家的相对性都是儒家和谐化意义上的极性。

当我们为一个极性结构（它不一定是相对性的结构）具体指定和谐化的精确意思时，我们也应注意到，人类体验的伦理与社会政治领域的极性结构，在一个方面不同于人类体验的宇宙论和本体论领域的极性结构。在本体论中，存在暂时的或者逻辑的顺序感，因此，我们可以谈及极性的两种状态的交替，例如，我们可以说阴与阳或者无极（没有终极）与太极（至高的极）之间的暂时或者逻辑的交替。在宇宙论情况下，极的基本的象征或范例是在特定完成状态下的空间协调和联合。换句话说，它涉及一个可与高与低、左与右或者外与内相比较的空间范例，它代表了同时共存的两种状态，二者截然不同而又相互补充。在这一情况下，和谐化可通过极性的两方面之间的平衡而又成比例的相互关联与相互贯通而实现，因此，一个性能良好的有机体就这样实现了。

根据以上伦理与社会政治领域中极性结构观点的说明，我们可以讨论并阐述和谐化辩证法在我们的清单所列的一些典型的极性结构中的应用。我们将专注于外与内、知与行、义与利、法与礼、理与气以及体与用这些极。我们将发现，它们当中的第一对涉及大量的其他的可仿效或者可类推的子情况。我们也将发现，义与利和法与礼形成了古典儒家主要和核心的话题或关注点，并因此而为后期哲学思想——不管它是不是儒家——提供了发展与此相关的新的论断或主题的基础。理与气代表了宋明理学的主要的关注点，而体与用则代表了现代中国儒家在 19 世纪末期面对西欧列强的挑战时采取的方法。

八、和谐化辩证法中的外与内两极

外与内这两极观点在《中庸》的一段文章中说得很清楚："成己，仁也；成物，知也。性之德也，合外内之道也，故时措之宜也。"[32]外指的是"成物"，内指的是"成己"。外与内的区别是己之外的事物与己之（人类）本性的区别。通过延伸，我们可以说外指的是文化、客观秩序、环境、社会、世界与他人，而内则指主观的自我存在、心智与人本性或天赋的不同功用。这里也有这一含义：外是在我的意志和修养之外给定的；内，作为人的道德和精神潜能，则可以根据个人自由地发展和培养。因此，我们可以将外与内视为代表了现实的两种秩序。有关外与内的和谐与冲突问题是，产生一个平衡和有机的现实统一体，其间，外与内是两极，即相反相成的。尽管孔子看起来相信外与内能形成一个有机的统一体与和谐的整体，因为外可以在内的自身秩序化基础上加以条理化，然而，他并没有明确提出情况一直是这样的。这可以在儒家"文与质"以及"义与礼"这些极性上得到进一步的说明。

对于孔子而言，个人应该按照礼——社会规范和行为规矩——来完善并陶冶自身。但是，个体同时也应该关注正义感——它内在地嵌入人的本性中，并通过对这一本性的自我实现来表示。因此，"文与质"导向了"义与礼"这两极。很明显，很可能会产生这一情况：一个人在社会行为中表现出所有礼的优雅（文），然而缺乏一种真正的美德与正义感。或者，他们可能拥有正义感，但却不能依照礼来行动。因此，我们不能说这个人存在着和谐，因为在其内与外之间存在着不协调和矛盾。要解决这一不协调和矛盾，就需要在文与质以及义与礼之间同时达到相互关联和一致。一个人可能在一端（at one end）或其他端做不到这样，这一事实本身表明需要和谐化。一端做得好而其他端做得不好，或者相反，说明了冲突的存在。由孔子倡导的儒家伦理学正是为克服这一潜在的冲突，并使人们在内与外之间达到最大程度的和谐化，或者和谐而发展起来的善于是从中产生了。

孔子并没有说明如何保证达到外与内之间的和谐。但是他确实坚信，如果社会中的每一个人和每一政权的统治者都能培养自身内在的德性，那么合乎礼的外在秩序就将产生。鉴于他的这一信念，他的追随者在《大学》、《中庸》和《孟子》中，在不同层面上说明内在秩序如何以及为何是外在秩序的基础，以至于外在秩序从内在秩序中推导出。因此，在《大学》的"本"与"末"、"终"与"始"文中有过讨论。

根据《大学》记载，从培养内在世界（包括：修身、正心、诚意）到调整外在世界（包括：齐家、治国、平天下）之间有连贯的增长与发展。[33]

另一方面，《中庸》则说道："自诚明，谓之性；自明诚，谓之教。"[34]孟子同样赞同性善（天生的道德潜能）及其实现、巩固和延伸说。当这些内在的道德能力在生活中得以实现并延伸应用到其他时，社会和国家将会变得有秩序了。这就是说,社会和国家中的所有美好事物都是基于并衍生于内在本性:和谐的获得是通过内在的发展而外显的。根据这一观点,内与外之间并没有冲突。所有的社会冲突都被认为要么是由于人们没有遵从人的本性,要么是由于没有培养内在的善而引发。人们在社会中所经历的冲突,基本上都是小人的自我利益与君子的美德之间的冲突。《论语》归纳了这两类人的区别。如果统治者致力于培养自身的内在美德以至他人也会跟着做,那么冲突将因此得以避免。很明显,内与外的根本联系在于:内不可避免地显于外并决定外。这意味着,在社会是作为一个整体的情况下,一个人的意图将决定其行动。这也意味着,一个人的行为和举动将不可避免地影响他人并使之仿效。

正如本杰明·史华慈[35]指出的,像"文与质"和"义与礼"一样,在外与内之间必定是有张力感的。在外与内这一空间关系范例上,也很明显,外作为一个与内共存的实体,自身可能有相对独立于内的问题、需要和特质。即使二者之间有和谐(平衡与统一),外也并不必在考虑内的基础上与内和谐。除了单独的个体自身外,社会与国家还涉及一大群人和一个秩序,这一事实的存在,就使得许多哲学家为与《大学》、《中庸》和《孟子》的内在导向性(inner-directed)观点所不同的秩序原则辩解。从告子开始就认为,即使仁是内在的并基于人的本性基础上,然而,义是基于对外在事物和外在秩序理性观察的基础上的。[36]这一观点自然延伸为,所有的社会美德都必须反复灌输和学习,在这一意义上,社会美德没有先天的内在意义,而只有依照礼仪而合理行动的外向意义。这基本上是荀子的观点。根据这一外向性观点,社会和国家(包括它们的秩序和组织)应当考虑决定并指导个体的成长。因此,个体应该接受教育,以便使自身遵从社会的礼仪系统以及国家的规章制度——它们由圣人统治者的理性观点设计。在这一背景下,我们仍然有一种和谐化的意识——首先将社会秩序化,并在此基础上教育个体之后形成的社会与个体之间的和谐。社会的冲突主要是个人利益与社会利益之间不和谐的结果,通过依照社会秩序而规约个体之后就能克服它。

对社会和国家秩序的这一外向性考虑,在法家哲学中采取了激进的形式。在法家的思想家看来,社会和国家的秩序化绝对排斥了个体的内在修养,而且,它由扩大国家权力的效率和控制力,以及增进国家财富这一唯一目的和需要来证明其合理性。结果,我们就看到,这一立场明显反对孟子所说的修身是国家机器和社会秩序的基础和合法性证明的理论。克服外与内的紧张感的可能性不在于寻求二者之间的和谐，而是通过完全抑制这方或那方，这就很明显突出了内与外之间的实质冲突，正如法家学派的法与孟子学派所倡导的德性的自我修养之间的历史冲突所表现的那样。[37]

九、在协调法与礼、义与利之间冲突时所产生的问题

与外和内的冲突相对，我们要介绍另外两种极，它们充满了潜在的冲突，并给儒家学派带来了一个问题。首先是充满矛盾的法与礼两极。孔子和他的追随者都推崇以礼和德来治理国家和社会，并希望削弱或者废除法治。但是，儒家心照不宣地认识到，大多数人都是自私自利和小气的，或许并不能仅靠礼和习俗来规约。因此，他们认为，在依靠政府的规章制度与依照德性之人和教育方面总会产生紧张感。在宋代，王安石的制度与其批评者对待政府政策的道德主义方法的争论中，这一紧张感被更公开地讨论。[38]或许这一张力不仅仅是源于在获得国家与社会秩序的方法上的不同，也是由于在将国家和社会秩序化的目的上的差异造成的。这一目的并没有被哲学家特别地规定过，也没有一致地赞成过，甚至是同一派别的哲学家也未曾这样做过。

这就使我们感受到正统儒家在利与义两极所体验到的强烈冲突。必须注意到，当我说义与利两极时，我并没有假定二者之间相反相成的关系已经解决。我只是假定，这一关系应该而且能够根据儒家的和谐化辩证法得以解决。[39]从那些可供替代的辩证观点来看，这一关系可能从来不会被解决而且不应被解决。但是，那些观点认为，也不必存在这样的两极。然而，对于儒家而言，这两极是存在的，孔子使得利和义的需求和谐化——通过使前者服从于后者的判断而做到的。如果利无害于义，那么人们可以追求利；如果是其他，就应为了得到义而放弃利。还补充说，君子应总是将义视为他的人生目标，而小人却与此相反。这一立场当然被正统儒家（例如孟子）所保持，董仲舒的格言"正其义不谋其利，明其道不计其功"[40]则很好地表达了这一点。

然而，利在本性上是矛盾的：它可能是一个自私的个人的利，也可能是整个社会和国家的利和功用。孟子对义的热忱甚至排除了对国家的利的考虑，即使人们可能坚信对义的考虑会产生利的结果。[41]墨家和法家，在强调财富和/或国家和社会力量的重要性方面，必然地持不同的观点。[42]结

果，墨子根据社会的利或者互利而定义"义"，而法家则提倡废除对儒家的仁与义的考虑，好像它们会抑制任何国家——它们需要增加财富和力量——的发展似的。

在义与利两极所表达的目标与价值之间的各种理论上的紧张和冲突——在法家和/或墨家，以及正统儒家中有相反的体验——导致了宋、明和清代各种形式的儒学的替代式发展。宋代对事功学派的研究与明清实学[43]的发展，都见证了义与利之间丰富而又动态的张力，这暗示它们已经逐渐融入了一个完全实现了的极性联合体中。历史地讲，儒家在面对法家、墨家与自身观点之间的冲突时，已经不得不将其和谐化辩证法应用于解决与其他学派碰撞时所产生的这些内在冲突中。解决这些冲突，也就是要认识、确认和建立真正的极。我们对各种形式的外/内两极的讨论已经表明，这些形式是如何相互关联的。此外，我们还展示了在儒家早期的历史上产生并建立了什么形式，哪些张力刺激了儒家，使它通过其辩证法朝着制定或阐述极的方向发展。

十、知与行两极及其和谐化

现在，我将简要地说明在发展中具有相似情景的另一对极，那就是知与行。孔子认为知和学是行为的指导。他说："不知礼，无以立也。"[44]他也认为，行是自我修养以及社会规范的目标。因此，对他而言，在发展有德性的品格以及良好的社会方面，知与行之间是互相支持和补充的关系。它们是统一体的不同方面，并不需要相互对抗。他说道："言顾行，行顾言，君子胡不慥慥尔！"[45]说与知是相连的，因为如果一个人没有正确地认知事物，他将不会恰当地说出它。尽管孔子坚持知与行之间的基本统一性，他并没有阐述或穷尽知的所有可能的路径、目的和方法，也没有讨论行的动力及其种类。因此，仍然需要探索和解决知与行之间可能存在的张力和冲突。第一，知道什么以及如何组织我们的知识？第二，知是如何产生正确的行的？

对于孔子而言，知不是描述性的就是标准化的，不是事实就是原则。[46]宋代的理学家则认为，知主要是指认知万物的原则，知的对象必须包括世间所有的原则（礼）。一般说来，这是程颐（1033—1107）和朱熹（1130—1200）的看法。但是，这些宋明理学的原则大体上是本体论的判断，它由万物的存在和人类及社会的事务构成。它们不需要阐述或者包括任何现代意义上的科学知识或者技术。在18、19世纪，为了保卫世人并使国家受益，知识的范围变得越来越认同科学的技术原理和技能，或者经世致用和政策制定的方法。这是颜元（1635—1704）、李塨（1659—1735）以及19世纪的公羊学派，如龚自珍（1792—1841）的观点。当知识的内容和范围以这一方式变化时，知与行之间的关系也随之变化到行的概念不得不改变并扩大的地步。朱熹和他的老师程颐认为，穷尽理的知识将有助于并支持实现人的本性。即使知识（正如"穷理"所表达的）与自我修养的本性（正如"尽性"所表达的）之间的影响与协调关系还未得以精确说明，然而，他们认为，二者对于正直而开明的本性的整体发展而言，单独说来，都是必要条件；而合起来，则是充分条件。或许，他们并没掌握抽象形式的理——作为社会和政治行动的条件——的一些形而上的知识。但是，朱熹指出了对这些原则有着深刻了解的人，是如何可能获得关于人类和整个宇宙的景象和观点（或者价值）的。他在《仁说》一文中对此作了描述。

形而上和刻板的理的知识可能会阻止自我实现的全面行动，或者可能缺乏如此做的推动力，王阳明（1472—1529）抓住了这一点，并将其视为批判朱熹的方法的根据，这也是其强调意志的直接、完全的自我启发行动——由良知所激发——的理由。[47] 王阳明的观点是，自我实现的行动，以及由良知判断好坏后所产生的行动，均是重要的。紧随陆象山（1139—1193），王阳明将刻板的知识（抽象纯理论的或者具体的事实知识）视为对人的道德实现的阻碍，因此，他将"知"看做与"行"相对立而不是相补充的。行局限于道德实践。为了在这一意义上与行达到和谐，知不得不重新定义或者描述。朱熹与陆象山[48]之间的争论以及随后的朱熹与王阳明两派之间的论战中，由于知与行的模糊概念而致的知与行的潜在张力与冲突得以充分论述。即使儒家的个别哲学家，如朱熹和王阳明，可能在知与行之间已经达到了一些主观上的和谐，这一和谐既未得到充分解释也未足够全面容纳知与行的范围和内容，以解决二者和谐化的问题。结果，他们个体的解决方案并未最充分地应用并符合和谐化辩证法，正因如此，可能需要按照这一辩证法进一步发展。

在指出朱熹的学术著作与日常生活之间的内在关联，以及王阳明的激进跟随者所提出的通过先验的个人主义以消除外在领域的结果方面，史华慈基本上是正确的。[49] 清朝学者如戴震（1723—1777）、王夫之（1619—

1692）和颜元对朱王二派批评的合理性，强有力地证明了他人在评论朱熹和王阳明在知与行的和谐与冲突问题的解决方案时所感受到的不足和不满。由于知与行在内容、范围、特质和结构方面不断地变化，二者之间的张力与冲突仍然是很麻烦的，因为它可能是任何社会都会遇到的变化。无疑，这也是今天中国的情况。[50]知与行之间的和谐化问题——根据和谐化辩证法克服它们内在的张力与冲突——对于以儒家为本位的当代哲学家而言，仍然是一个基本而严重的挑战。[51]

十一、理与气、理与欲以及体与用

我将相对简要地描述中国思想发展中的最后几对极。关于理与气两极，我要说得多一些，而且在其他地方已经说过了。[52]首先，要注意到对宋明理学而言，理与气主要形成了一对宇宙论的极，它解释了事物变化、生成和转型的过程，以及终极现实的本性。宋明理学的哲学家，例如二程和朱熹，详尽地描述了作为宇宙极的理与气的极性结构。这对宋明理学的发展做出了贡献。甚至是在周敦颐（1017—1073）的论述中，理与气作为现实的相反相成的形式和力量的统一体，被含蓄地认为与无极和太极、太极和阴阳以及阴阳与五行（五种力量）的生成开放性相关。对朱熹而言，理和气的统一得到充分的认识和解释，尽管他似乎在决定理和气的两极性的表面悖论上显得过于严谨了。这样做，他就陷入了二元论的困境中。[53]另一方面，毫无疑问，宋明理学的老哲学家们可能还未将理与气存在的极性结构视为二元论结构，并致力解决二者之间可能的张力和冲突——通过将气提升到主要地位，并将理降为其次。这是张载（1020—1077）的一元论，其中，理变为组织形式内在于气的存在中。[54]

有了这一宇宙论和本体论背景，主要的宋明理学家如二程、朱熹和张载将理与气极性结构应用于解释人类理智与生命力（life-vitality）以及感情、欲望中存在的和谐与冲突问题。在这一与人类相关的极性结构中，我们发现，大多数宋明理学家都认识到理与气在人类生命的产生与成长中的和谐。除了明代时期[55]王阳明学派的一些追随者之外，看起来没有宋明理学家否认理在人性发展与培养中的重要性。但是一旦人性培养的问题被考虑，理与欲[56]之间很快就产生了张力与冲突。所以，明清时期，几乎所有主要的宋明理学学者都将其视为伦理、社会和政治哲学的主要问题，并通过提倡控制欲、削弱或者减少欲的数量来使二者和谐。

由于欲通常指私欲，而理则指天理，二者的对立也可用公众意识（public-mindedness）或者普遍意识（universal-mindedness）与自私或自利的对立来描述。二者对立的解决，宋明理学认为在于抑制个人私利并服从公众意识或者与天、地和所有人类一致的心智（heart-mind）。这相当于是个人主义与功利主义在伦理、社会和政治哲学中的矛盾，也是支持这些立场的政策与组织裁定之间的矛盾。当然，看到这，也就是看到在理与欲之间存在的潜在和谐与冲突可能导致宋明理学采取的立场之外的其他立场的产生。因此，对他们而言，如果在方法论层面上要固守宋明理学的立场的话，和谐与冲突的问题不得不在人性的和谐化辩证法指导下重新考虑。还可以注意到，戴震批评了朱熹和王阳明，认为他们反对欲和生机勃勃的人性。他还提出了普遍原则，并把此作为对保持有活力的人性的人欲（它是普遍的）并弃绝了人类的理（它常被自私地构想和应用）的检验。[57]这样，他就提出了一个认识理和欲极性结构的新范例：二者都是人性善的实例，二者都相互支持人类生活。这无疑是处理人类生活中的理和欲的一个新方法。

另外，在19世纪晚期，为了寻求和谐与和谐化，以消除欧美的现代科学技术与中国文化和人文主义的张力与冲突，儒家的政治家张之洞（1837—1909）关注体和用的极性结构。[58]在宋明理学的背景下制定出来的最初的体—用范例，被应用于永恒而持续的道；它设计出一整套形而上或者哲学的关系，以指出如何实现道的体和道的用之间的和谐，以及二者之间的张力和冲突于何时何处产生。但是，当张之洞将这一范例用于西学与中学之间的新的对抗情形以使二者的冲突和谐化时[59]，并未解决这一和谐与和谐化的系统关系。结果，这一极性结构看起来毫无效果且不吸引人。这就解释了为什么这一结构没有产生一个持续和充分的政策和/或行动路线以表明和谐的存在。这一极的和谐与和谐化还没有解决，或者还需要等到将来。

20世纪初期以及1911年辛亥革命前后的观念、意见、推论和价值之间的张力、冲突和不友好的对立说明，不仅需要证实体用之间的极，而且或许需要探索和建构新形式的极，以有效地应用和谐化辩证法。当中国的马克思主义者1949年执政以后，和谐化辩证法本身受到了强烈的挑战和有意的摒弃。

十二、结束语：和谐化范例的发展

在上面，我们展示并建构了中国哲学的主要流派中和谐与冲突的概念和范例，并发展和概括了儒道两家处理和谐冲突问题的辩证方法。关于儒家体系，我们已经说明了和谐化辩证法在与伦理、社会和政治相关的人类经验方面，如何产生了大量极性范例和结构。可以说，一方面，和谐化辩证法作为一种思考方式，已经含蓄地和潜意识地指引中国的思想家采纳所有范例和结构；另一方面，这些范例和结构，按照和谐化辩证法反过来帮助组织了中国人的思考方式。在每一个向度上，有代表性的中国思想家决意寻找和明确建设新的极性结构，它们与旧的相关联，或者是从生活本身的不成熟的经验中衍生出来。这意味着，和谐化辩证法充分而且必然的是理解所有中国社会、伦理和政治领域中主要范畴和思想方法的主导形式。

此时，儒家和/或道家辩证法下的冲突、和谐以及冲突的和谐化范例，将在何种程度上继续塑造当今中国的价值、社会行为、社会结构和历史发展，以及全部的未来前景？这一问题是很有意义的。显然，我们在这篇文章中回答不了这一问题。然而，在理解中国历史和社会，尤其是与作为它们的形象和方向的中国哲学之间的关系方面，能提出这一问题是一个很有价值的进步。当然，肯定的是，儒家和道家哲学家都倾向于按照他们自己的和谐化辩证法与概念极的范例，以及由此产生的结构来认识历史和社会。事实上，这一辩证观点，正如我所展示的，是基于对终极本体的反映和体验的基础上的——它整个包含于宇宙、历史、社会和生活中。因此，在这一意义上，完全依照儒家和道家辩证法对人类社会、历史和命运的评估和理解，是人文主义的，也是自然主义的。

以上并不是以否认中国历史和社会未经历过张力、冲突和敌对斗争的大变动为目的。关键在于，从儒家和/或道家的观点来看，将所有这些变动纳入和谐化辩证法下。在19世纪晚期和20世纪早期，西欧和北美观念以及它们所代表的思想引入后，中国人的思想就与一个看上去混乱而奇怪的现实相冲突。这一经历可能可以描述为创伤性的，而结果可能是灾难性的。但是，由儒家和道家在过去的世纪所设计的和谐化辩证法，看起来对于理解、组织和评估这一新现实以及它的新的对立和冲突面，仍然是可变的方法。再者，并不否认辩证法本身面对着真正的挑战，而辩证法下的范例可能没有产生实际的解决冲突的方法，也没能达到合意的结果。换句话说，并不否认由于过去的范例的失败，辩证法可能会遇到被消除或替代的危险。中国马克思主义和作为其思考和解决问题方式的矛盾辩证法的建立，可能的确显示了对和谐化辩证法的价值深思的必要性。但是，我们没有权利在不深入分析现存事实，或者未耐心观察将来发生的事情的情况下就贸然得出不成熟的结论。

必须特别地提到一个方法论上的警示。从哲学的立场来看，一个范例未起到作用并不意味着它将来不会发生作用，和谐化辩证法没有建立一个范例以将特定冲突分解为极性结构，这并不意味着辩证法本身的失败。考虑到其连续性和经验，以及对人类需要和人类理智的基本关怀方面，就像其他任何一种已经发挥作用的辩证法一样，儒家/道家的和谐化辩证法是有力和乐观的，因此，仍将是中国可靠的推动力，与世界其他种类的辩证法相竞争，它仍是一种有效模式。

夏威夷大学

夏威夷，檀香山

【注释】

[1] 例如，参见 Derk Bodde：《中国哲学中的和谐与冲突》（*Harmony and Conflict in Chinese Philosophy*），见 Arthur F. Wright 编：《中国思想研究》（*Studies in Chinese Thought*，University of Chicago Press，1953），19～75 页。本杰明·史华慈：《中国思想中的一些极性》（*Some Polarities in Chinese Thought*），见 Arthur F. Wright 编：《儒家和中国文化》（*Confucianism and Chinese Civilization*，New York：Atheneum Press，1964），3～15 页；成中英：《17 世纪理学的礼—体和礼—欲关系》（Reason-Substance and Reason-Desire Relationship in 17th Century Neo-Confucianism），成稿于 1969 年 9 月一个关于 17 世纪理学的会议中，收录于狄百瑞（Wm. Theodore de Bary）编：《宋明理学的演变》（*The Unfolding of Neo-Confucianism*，New York：Columbia University Press，1975），469～510 页。对《易经》的一些研究倾向于关注在一个以和谐为本位的框架内解决或解释冲突。

[2] 第三个主题还未被中国学者明确地确认。这篇文章的一个目的是阐述这一主题，以及在不同历史情况中产生的问题。

[3] 参见史华慈：《中国思想中的一些极性》（*Some Polarities in Chinese Thought*）。

[4] 这些其他形式的思想可以被认为是应用这些基本的形而上学和辩证法的结果。

[5] 这里我指的是周敦颐（1017—1073）、张载（1020—1077）、程颢（1032—1085）、程颐（1033—1107）、朱熹（1130—1200）、王阳明（1472—1529）和王夫之（1619—1692）的主要哲学著作。

[6] 这一论断基本上是《易经·系辞》中中国人"生生之谓易"这一声明的解释和描写。

[7] 这里，nature（本性）用以表示中国人的"行"这一术语，在这一上下文中表示真正的本体。"本性"这个术语与"自然"（表示自然地存在或者产生）的内涵和外延不同，尽管自然通常也译为"nature"。这一声明以及之前的声明是建立在中国人"一阴一阳之谓道，继之者善也，成之者性也"（《易经·系辞上》）的基础上的。

[8] 这是程颢在其《语录》中说的。

[9] 这是王阳明在一篇名为《大学问》的文章中说的。

[10] 汉代儒学中，董仲舒（前179—前104）含蓄地指出，由于天与地的某些一致，天和地合为一；宋代理学家则强调，人与天共同享有同样的德性并拥有相同的潜力，因此，能达到圣贤境界——它体现了天的伟大之处。张载在他的《西铭》以及朱熹在其《仁说》中对此做了具体阐述。这两篇文章的译文，见陈荣捷（Wing-tsit Chan）：《中国哲学资料书》（*A Source Book in Chinese Philosophy*，Princeton：Princeton University Press，1963，554ff.，593ff.）。看起来很明显，与董仲舒的"天人合一"原则相比，儒家的"天人合德"说与古典儒家的中庸之道以及孟子的观点更密切。

[11] 这个以及下一个翻译由作者提供。

[12] "无极"指最终实在（太极）的无限和无穷。"无极"这个术语首先用于《道德经》中，而"太极"这个词首先用于《易经·系辞》中。正是宋代的周敦颐在他著名论断"无极而太极"中将"无极"和"太极"连用起来。

[13] 《道德经》，40 章。

[14] 同上书，16 章。

[15] 同上。

[16] ［最初的英语文本有"being and nonbeing"，但是这使"有无"太过形而上了，而这些含义是学者们普遍认为在早期道家文本里没有的。——编者注］（作者将"有无"译成 something and nothing。——译者注）

[17] 《道德经》，2 章。

[18] 庄子：《齐物论》。

[19] 同上。

[20] 同上。

[21] 同上。

[22] 这一辩证法之所以这样称谓，是因为它指向在世间或者我们的思想中冲突要素之间建立和谐。很明显，儒家和道家都有同样的辩证兴趣。但是我们必须注意，儒家与道家的不同在于，它没有像道家那样如此强调事物和视角的相对性。儒家主要的

辩证兴趣在于，通过综合统一多样性而又在不否认事物的个性的情况下达到和谐。而道家主要兴趣在于，通过指出个体存在的局限性以及相对性而达到事物的统一性。我们或许可以说相对性辩证法是道家和谐化辩证法的亚型，它与儒家辩证法的亚种——互补辩证法——不同。

[23] 我认为"辩证法"一词用以描述一个过程——达到对现实的理解——的结构，因此，辩证法基本上是一个方法，用以揭示什么是真的和有价值的。在辩证法这一广泛意义上，我们可以说出几种不同的辩证法，我们也可以指出柏拉图的辩证法与黑格尔辩证法的共同意义。

[24] 对《四象的逻辑》(Tetralemma) 的解释，见 K. N. Jayatilleke, The Logic of Four Alternatives, *Philosophy East and West* 17, no. 1 (1967)：68-83。参见 Richard S. Y. Chi, Topics on Being and Logical Reasoning, *Philosophy East and West* 24, no. 3 (1974)：293-300。

[25] 20 世纪前 20 年，许多知识分子详细地述说了达尔文主义和斯宾塞的进化论以及"适者生存"说。这一学说首先是由严复（1853—1921）引介的，并得到梁启超（1873—1929）和其他学者的赞同。参见本杰明·史华慈：《寻求财富和权力，严复与西方》(*In Search of Wealth and Power, Yen Fu and the West*, Cambridge：Harvard University Press，1964)。

[26] 参见约瑟夫·列文森（Joseph Levenson）：《中国儒学和它的现代命运三部曲》(*Confucian China and Its Modern Fate, A Triology*, San Francisco：University of California Press，1965)。

[27] 见 1973—1975 年间的《北京评论》(*Peking Review*)。[查阅雷金庆（Kam Louie）：《评论孔子在现代中国》(*Critique of Confucius in Contemporary China*, Hong Kong：Chinese University Press，1980)，以及他的《继承遗产：古典哲学家在当代中国的演出，1946—1966》(*Inheriting Tradition：Interpretation of the Classical Philosophers in Contemporary China*, 1949—1966, Hong Kong and New York：Oxford University Press，1986)。——编者注]

[28] 这一争论的案例，可参见 *Chinese Studies of Philosophy, A Translation Journal 6*, no. 1 (fall 1974)：61ff。

[29] 很明显，这一问题在一定程度上被大陆的大大小小的意识形态和哲学作者明确地讨论过。先前提到的"一分为二"与"合二为一"的争论就是一个很好的例子。有人可能会冒昧地说，在毛和毛派与另一方的温和主义派之间的这一政治斗争中，存在着一个潜在的理论差异。这一理论差异涉及两个方面或者两种方法，正如这一公开的问题所描述的。

[30] 见注释 21 中对这些亚型的说明。（应该是注释 22。——译者注）

[31] 这一极性思考方式普遍广泛地描述了中国人的问题、观点与现实的观念，它们并不限于儒家/宋明理学和道家的著作。在著名的禅宗《坛经》中，六祖慧能（638—

713）在他对弟子的讲话中已经制定出了 36 对极（见 *Platform Sutra of the Sixth Patri-arch*，Philip B. Yampolsky tr.，New York：Colombia University Press，1967，171 ff.）。它清楚地表明，在儒家、宋明理学、道家和佛教中的极远比这里所列举的多。

　　［32］原文为作者自译。［对这一段的其他翻译，见 James Legge, *The Chinese Classics*，Volume 1，Oxford：Clarendon Press，chap. 25，p. 419；Andrew Plaks，trans.，Ta Hsueh and Chung Yung，*The Highest Order of Cultivation and on the Practice of the Mean*，London：Penguin Books，2003，pp. 45-46。——编者注］

　　［33］《大学》说："古欲治国者必先齐其家，欲齐其家者必先修其身，欲修其身者必先正其心，欲正其心者……"

　　［其他翻译，参见 Legge, The Chinese Classics，1：357-358，Plaks，Ta Hsueh and Chung Yung，pp. 5-6。——编者注］最先两步，格物和致知看起来或者从属于外在的理解，或者从属于内在的理解，因此是矛盾的。这一矛盾成了朱熹（他赞成外向的理解）和王阳明（赞成内向的理解）的分歧之源。

　　［34］此由作者译。［参见 Legge, *The Chinese Classics*，1：418，Plaks，Ta Hsueh and Chung Yung，p. 45。——编者注］

　　［35］见史华慈：《中国思想中的一些极性》。

　　［36］见《孟子》6，尤其是 A：1—4 告子的陈述。

　　［37］现当代不同领域和不同形式的思想中，这一冲突依然是可识别的。

　　［38］见 John Thomas Meskill ed.，*Wang An-shih（1021—1086），Practical Re-former?* Washington DC：University Press of America，1991。

　　［39］［以后作者阐述了这个问题，见熊玠（James C. Hsiung）、成中英编：《权力和荣誉的分配：东西方民主和社会正义国际会议记录》（*Distribution of Power and Re-wards：Proceedings of the International Conference on Democracy and Social Justice，East and West*，1988）。——编者注］

　　［40］见班固的《汉书》（台北，世界图书公司，1967）中"董仲舒传记"，也可见董仲舒的《春秋繁露》（北京，中华书局，1982）中"对胶西王越大夫不得为仁篇"。朱熹将这一格言引用在其《语类》中，见张伯行的《续近思录》（台北，世界图书公司，1967）。

　　［41］这一方面，可以看孟子对梁惠王所提的问题的著名回答，见《孟子》第1章。

　　［42］需要简要指出，墨家和法家是出于不同的原因而强调财富和/或国家和社会力量的重要性的。阐述这二者的观点一个较准确的方法似乎是这样：墨家主要强调在社会中财富的重要性，而法家主要强调国家权力的重要性。

　　［43］参见我在《中国和日本的实学》（*Practical Learning in China and Japan*，Wm. Theodore de Bary ed.，New York：Columbia University Press，1975）中的论文《颜元、朱熹和王阳明的实学》（Practical Learning in Yen Yuan, Chu Hsi and Wang

Yangming)。

[44]《论语》，20：3。

[45] 见《中庸》，13 章；此为作者译。[参见其他翻译；见文本 13 章的最后一句，Legge，*The Chinese Classics*，1：395；Plaks，*Ta Hsüeh and Chung Yung*，31。——编者注]

[46] 参见我的文章：《儒家的理论与实践》（Theory and Practice in Confucianism），载《中国哲学季刊》（*Journal of Chinese Philosophy* 1，no. 2，1974：179-198）。

[47] 参见我的论文：《王阳明精神哲学的统一性和创造性》（Unity and Creativity in Wang Yang-ming's Philosophy of Mind），载《东西方哲学》（*Philosophy East and West 30*，nos. 1-2，January and April，1973：49-72）。

[48] Julia Ching（秦家懿）：The Goose Lake Monastery Debate（1175），*Journal of Chinese Philosophy* 1，no. 2（1974）：161-179.

[49] 参见史华慈：《中国思想中的一些极性》，对这一点有详细的阐述。

[50]［即，大体上在 1977 年或者 20 世纪 70 年代。——编者注］

[51] 在面对来自非中国的观点的挑战时，许多现代中国的专家学者看起来含蓄地和无意识地认同和谐化的辩证法，但是还没有人完全意识到这一问题的详尽形式，或者明确地认识到它的重要性。这里的现代中国专家学者我指的如熊十力、梁漱溟、唐君毅和牟宗三。

[52] 参见成中英：《17 世纪理学的理—体和理—欲关系》（Reason-Substance and Reason-Desire Relationships in 17th Century Neo-Confucianism）。

[53] 在朱熹的礼与气玄学和礼与欲道德哲学方面，他被看做二元论者。但是，如果他仅仅是将礼与气的关系视做与周敦颐哲学中的太极和无极关系相似的话，他不应该被看做哲学上的二元论者。相反，他想决定礼或气谁处于优先地位，以及在何种意义上理解这一优先地位。

[54] 张载在其主要著作《正蒙》中发展了他的气一元论体系，王夫之对它作了详尽评论，它也是王夫之自己的哲学的主要灵感之源。

[55] 王阳明学派后来的一些追随者发展了一种强力的禅宗倾向，以及一种浪漫的个人主义，这与宋明理学的礼正统说不相容。

[56] 欲被解释为气质之性，礼被解释为礼义之性。

[57] 要了解对这一问题的讨论，可参见我的书《戴震对善的质询》（Honolulu：The East-West Center Press，1971），第 3 章。

[58] 体—用极性结构在古典儒家以及宋明理学中都出现过。

[59] 参见张之洞：《劝学篇》，保定，河北人民出版社，1998。也见亨利·D·贝斯（Henry D. Bays）博士论文《张之洞和 1895—1905 中国政治改革》（Chang Chih-tung and the Politics of Reform in China 1895—1905，PhD diss.，University of Michigan，1971）。

今日的庄子——现象学试释

吴光明（Kuang-ming Wu）* 　著

汤瑞弘 　译

一、卮言、寓言、重言

本文以一则笑话开始，说："失味之饼比没有东西好，没有东西比上帝好，因此失味之饼比上帝好。"[1]通常我们说，这笑话是以玩弄论证谬误而得，是意义不一贯的中介词（an undistributed middle term）之论证谬误。其中介词"没有东西"连接两个观念（失味之饼和上帝），原需一贯同义。但在这里，中介词"没有东西"用在"失味之饼"上的意思与用在"上帝"上的并不同。因此，我们不能说"失味之饼比上帝好"。

但是这中介词"没有东西"用在两句中各自的意思是什么呢？差别何在？"失味之饼比没有东西好"的意思是说失味之饼是存在的，"没有东西"是不存在的。在此"没有东西"一词是名称、是名词、是物词（thing-word）。"没有东西比上帝好"却描述我们在比较，说梨子不比上帝好，饼干不比上帝好，华厦也不比上帝好，等等，直到我们说绝对没有任何东西比上帝好。在此"没有东西"一词已不是名词而是动词，描述我们的活动，也是形容词，描述我们无法找出任何比上帝好的东西。

从"没有东西"一词的两种意思可得两个用法：第一，"没有东西"可当物词用，它是名词（如用在失味之饼），也可用为行动词（action word）及主格的形容词（如用在上帝）。"没有东西"是行动词，描述一系列的比较活动（梨子不比上帝好，饼干不比上帝好，等等）。它也是主格词（subject-word）和形容词，描述主格徒然无功，发现任何东西都不比

　* 吴光明（Kuang-ming Wu），威斯康星大学奥什科什分校 John McNaughton Rosebush 荣休哲学教授。研究方向：比较哲学，现象学，中国哲学，宗教哲学。E-mail：kmwu2002@yahoo.com

上帝好。

再者，当我们说"失味之饼比没有东西好"时，"没有东西"是主格的评价用语，我们在评断失味之饼的价值。相反地，"没有东西比上帝好"这句话要我们停止评断，让上帝自为上帝，因为上帝不可评断、不可比较。当"没有东西"一词用于失味之饼时，我们全概性地评断失味之饼。没有东西一词用于上帝时，我们本身就成虚无，上帝自为上帝，因为上帝超出一切，不可比拟。

意义不一贯的中介词的谬误呈现同一字词的互悖意涵，同一字可指涉对象或行动。当此字指涉行动时，我们本身的观点改变，因此同一字词指涉的模式也改变。名词描述对象，动词规定我们如何生活。

以上描述了"没有东西"一词的两种用法。庄子的卮言邀请我们虚化，以达绝对灵敏应和事物。卮是酒器，满则倾，空则仰，随物而变，不执一守故，因此庄子的言语看似"荒唐"。"荒唐"的印象因比较恒定的外界与变化的言语所致。但事物与主格俱不断流动，而庄子之言与事物俱变。这些言语从恒定外界的主格来看皆是荒唐之言，但是从与事物俱变应和的眼光看来，庄子之言绝非荒唐，乃是最自然、对事物最确切的反映。只是起初它们表现得荒唐以提醒我们留心。

我们以为庄子之言只是简单词句，自相矛盾而不谨慎、不可解，但同时，我们深深着迷与悠游于其中。《庄子》一书是中国最美的文学。置身书中，我们感受不可思议的清澈洁净，晓悟它们的不可解必非因庄子的笨拙，乃出于我们笨拙、错误的看法。我们必须放弃故意筹划万端，成为无方无为，以至松放自如，悬解天放，而后悟解。

阅读庄子使我们想起一女孩宣言其男友是狗（dog），下一秒又喊着他是神（god）。这男友如果努力协调女孩的话成为前后连贯，就会错失她的心意。她心中并没有前后一贯的肖像，只在倾诉其衷情，他应该敞开自己对狗与上帝极端字眼所呈现的动人感叹。她之所言，不可思索只能意会。读庄子要成为他的知己，感铭意会他之婉转句词，并非思虑他所言为何。

华生说：

> 终究说来，理解庄子最好的方法并非对他的思想做理知系统的分析，而是一读再读他的字句，直到我们不再思考他所说的，只领会字句背后的心意境界。[2]

再者，要注意，庄子的世界同于我们的世界，他荒唐之言使我们诧异不安，激发批判我们思考价值和生活的样式。庄子激发我们看到自己的僵化不变，自以为是，与世界实情冲突而趋向灾难。庄子的话惹人恼怒如牛蛀叮醒，打破僵化与固执。在震撼之后，我们发现庄子如非易解至少是可以理解的，可与庄子自自然然地（naturally）谈自然自如之境（naturalness），庄子自然的（natural）所言方式即是其自然界，是其所思内涵。自然（naturalness）叮咬我们背后，使我们确信我们必须日损自傲，回复自然自我。

"天"字说明了这一点，"天"在欧美有两个意思：一是广覆大地的苍穹，另一是高高在上的上帝。[3] "盛福"（bliss）的含义是后来加上的，如此而已。之后梭罗（Thoreau）又加上一新层面（dimension），即天在足下。梭罗切了一尺厚的冰块丢入冬湖，忽窥

> 充满柔和亮光的洞天犹如诸鱼地窗，夏日沙滩，满溢无波的永恒平静，全等微曙天空。

之后他叹言："天在足下如在头上。"[4]

在此，"天"的意思扩张，高远天空之美弥漫池塘。梭罗看到天"在下"如天"在上"，冬湖冰下存有夏晴天空，俯瞰湖水看到舒适天境。在冬天氛围中布满苏醒朝气，此之谓"天"。庄子继续说"天在内"，天在足下也在心里，苏醒正常的自然（naturalness）。无所不在的自然在此已不是描写词而是我们的常规。

"天"这个字的意涵现已由从上扩下、至内、到无所不在，从天空到上帝、到盛福、到日常的自然，直到生活的常规。我们虽觉奇异困惑，却不可抗地"由衷点头"（nod from inside）。庄子的荒唐使我们惊讶，从而走向健康，他激发我们实现全面健康，这是读庄子的路径。

庄子有"卮言"、"寓言"以及"重言"（即闪烁言），其言如卮器，随物而变，不拘己见。其言"寓"（dwell）于情境，引人入境。这些言语是双重闪烁之言，一方面遵守古人有重量之言，一方面闪耀实况。这些言语皆为"葆光"（遮掩之言），已非纯粹的描述。

何谓双重闪烁之言？猫眼石闪烁蓝、绿、紫和淡红诸种颜色，它一碰即碎，每片则闪烁出不同的颜色，如猫眼一般地闪烁。同样，我们的表现以及所表现的实在俱是猫眼石，不只是我们的观念是如此，一命题多变项，允许诸多模棱两可。我们所处的实在也是模糊暧昧，允许诸多的命

题，皆是真实，虽屡自相矛盾。

例如，我们可相信只有身体和事物是实在的，我们就会做出某种行为。我们也可相信心灵和身体俱是实在的，就会活出另一种样式。我们又可相信身心之外另有第三者，是超自然的，或是不可捉摸的自然，空虚的、奥秘的，等等，我们的生活与行动又显出不同。

我们此时以这样的形态生活和思维，彼时又以那样的形态生活和思维。我们有时不知所言，甚至又不在乎。有时我们又同时掺杂诸多的见解，使同一命题含有很多变项，又可有诸多变迁及掺杂。

客观的世界也是如此异趣万端，希腊神话称之"混乱"（chaos），庄子则称之"混沌"，中西方对它态度之差异很有意义。欧美要克服混乱以达明晰[5]，中国却提倡随从混沌、会同万物以享生命。西方文化通常分析，东方文化通常让步。我们的文法随之而异、欧洲语言澄清分明，中国的语言则委婉暗示，观念也随之如此运作。

庄子活在中国语言中以表现生活，以忘其言，称为卮言，随物而变。寓言暗指邀请，重言遵循闪烁。我们笼统随意称之隐喻。它们是生活之"符"，如庄子的《德充符》与具体世界一同闪烁，而这种句法是言语最自然的描述。《人间世》不可穷意，庄子的言语寓于其中，随物闪烁，我们也需活在具体世界，随物而物物，成为自己。

二、无为而为：走向道家的真理现象学

本节提出一个体系草图来了解"无为之为"（trying which is no trying），（1）描述受困于诸多样式之"为"的自我，产生暴君自己奴役自己。之后其成长经过三个阶段，"回归前"（pre-reductive）、"回归"（reductive），而达"回归后"（post-reductive）。以（2）呈现事物的真理现象学（phenomenology of truth）于自我成熟（self-maturation），显示双重否定和自忘自适于世（the self-forgetful fit-and-comfort in the world）。（3）"适"（合适、舒适）是积极快乐的逍遥游。（4）"适"表现于友谊中，回响于人与人之间共兴共荣。

1."为"（Trying）之"自暴自虐"（Mutual Tyrannies）

杰拉尔德·德沃金（Gerald Dworkin）在《自律与行为控制》（Autonomy and Behavior Control）[6]一文中说一个人也许"欲望"控制另一欲望，

例如想要戒烟，想要控制吸烟的欲望，于是采取步骤来完成戒烟欲望，如设法让他一闻烟就想吐。自我在这里有两层欲望，一是经验性欲望，有因果层次；另一是关涉前者的"欲望"，即反思裁决（reflexive judgment）。德沃金明显以反思层次（戒烟的欲望）视为真我之欲望实现真己。

自我的两个层次可称之经验自我和反思自我，胡塞尔（Husserl）也有相似的说法，称前者为"自然原初的态度"（natural attitude），需"置之度外"（*epoche*）以达更高的层次。胡塞尔的哲学说明可助我们了解庄子，无奈两层自我之说也引起问题。

一方面"经验我"控制"反思我"有其问题（如德沃金所说），但是另一方面"反思我"控制"经验我"也有问题。文化社会中的自我常常不听我们"身体语言"（body language），这是庄子警戒的文化病，即"反思我"的暴虐。

（1）"回归前"

"反思我"暴虐"经验我"，构成回归前的情境，此暴虐始于设立卓越的标准以执行之，它们是道德、知识、技术和经济的卓越标准，各式纠结"人性"（humanness）而毁灭之。

我们把"足拇相连"、"手有六指"视为背反"所当然"（what ought to be），因此"反思我"就开始"修正"（correction），以至于不知不觉地"毁损"（deform）"经验我"[7]，造成生理的悲剧，道德的悲剧。如"仁人忧世"，以为世代道德堕落，以致破坏自然的生命。

错误在于树立所当然的标准，标准本身引起正邪、富穷、珍贵与糟粕之敌对。这种"分辨分立"（discrimination）诱人入于务劳，汲汲奴役于卓越。

奴役"贪欲卓越"转成分"务劳卓越"与"懒惰不努力"，使人深陷"为"与"不为"两个极端之中。有人认为这两个极端俱非，由而被迫分"为"和"为不为"，这些极端都不合乎本然，由而人人皆从一个要不得的情况被赶到另一个不好的情况而陷入坐立不安而挑剔纠缠的筹划挣扎中，无法逃脱。

因此人性自律的炸毁在于"为"（trying），当"反思我"为各样之"卓越"所诱而暴虐"经验我"时，完整的自我就陷入"为"的旋涡自役自虐。

（2）"回归"

道家回归的目的在于脱离"为"的陷阱，即为与不为之冲突，胡塞尔的"置之度外"（epoche）仍然是在"回归前"（pre-reductive）的领域；因为"置之度外"还是一"为"，以除掉"外显的"（external）和"机械性的"（mechanical）操作。相反，庄子所要摆脱的正是这种认知纠缠之"为"，回到认知之为以前的弹性自如，在这里既没有机械性的外显，也没有超然的理想。因此庄子常常有"你知道吗？……我怎么知道？"[8]的问答。

庄子的目的是全人格的"行动性的"（noetic）回溯原来的"前见"（pre-viewing），抛弃对象性（noematic）批判。胡塞尔看到理论性预设把哲学思维完全操纵于特定的方向，这理论性的前提本身是某种人生态度所造成的。虽然如此，他没有完成其改造预设进入"生活世界"（Lebenswelt）的计划，也许庄子完成了胡塞尔的计划。因为如果人生革命前于哲学革命，则"搁置"（bracketed）"为"境的哲学革命就不必要也不需要。如此，我们更深觉悟摆脱"为"与"不为"之纠缠的重要性。

（3）"回归后"

回归后的目的是要达到解脱性的参与生活（life-engagement），既解放离开"反思我"（如孔子、荀子），又解放离开"经验我"（如盗跖、不能鸣之雁）[9]，而参与生活，因为唯有摆脱为（孔子）和不为（不鸣之雁）的纠缠，才能泰然自若地处于人生诸般危险混乱中，伴随每一恒变的处境，"一龙一蛇，与时俱化，而无肯专为，……'以物为物'，物物而不物于物"[10]，而显现存有论性的自由，与回归前之情境显然有异。

因"为"与自我冲突，自我也与世界冲突，纷争而自我僵化，与实在世界脱节。自我受困于自造的两个极端，来回奔波而永无止息。这一切都是源于反思意识肆无忌惮地控制自然本我所致。

掌控与支配只是"为"的两个方面，我们可经几个对照阶段而脱卸这"为"：如为与不为，为不为与"为与不为"，无为而为与"为与不为，为不为与为与不为"等。经过这些阶段，自我虽仍在同一世界，其精神意境却已全变。

看到跟他车子一样的车子，小朋友喊叫："你看！'一样不一样的车子'（a same different car）！"无为而为的自我就是一样不一样的自我，因为眼界的改变而回到同一世界，充满焕然一新的自由。"筌者所以在鱼，得鱼而忘筌。蹄者所以在兔，得兔而忘蹄。言者所以在意，得意而忘言。吾安得夫忘言之人而与之言哉！"[11]我们现在可玩言如玩火而不为火所灼，"指穷于为薪，火传也，而不知其尽也"[12]。

2. 万物真理的现象学

这自由自如有两个特点：一是双重否定，一是自忘自适，描述自我自然的逍遥游自化，在此自我显现万物真理。这是因为离开执著而回归到原始的自在，自然自得而不必辛劳耕耘，返回天地之宗，如同婴孩"终日握而手不挽"[13]。

（1）自我的自化

"虚则静，静则动，动则得矣。"[14]自虚是回归的过程，"介者拸画，非外誉也；胥靡登高而不惧，遗死生也……故敬之而不喜，侮之而不怒者，唯同乎天和者为然……欲静则平气，欲神则顺心，有为也，欲当则缘于不得已，不得已之类，圣人之道"[15]。自我从心所欲而中矩，主观的平静达至客观的自适。

族庖之刀割牛而月断，谓之物于物，庖丁大师"不以目视，官知止而神欲行。……今臣之刀十九年矣。所解数千牛矣，而刀刃若新发于硎。彼节者有间，而刀刃者无厚；以无厚入有间，恢恢乎其于游刃必有余地矣，是以十九年而刀刃若新发于硎"。刀刃"物物"而"与物化"[16]。以"内天"合乎"外天"，以自我的自然合乎万物的自然。

（2）真理的主观现象学

在上述情况下，万物的真理显现于人的自我，通过人的自我显现，在此志与知合而为一。万物的真理以志（conation）而知（known），无知之志开启自我于真理的自显，"知止于其所不知，至矣"[17]。梅洛-庞蒂也说："苏格拉底在《申辩篇》（*Apology*）中忧伤地说：'当我说服别人相信他的无知时，他就以为我无所不知。'其实苏格拉底本身也是无知，借由无知，真理就向我们开启。"[18]苏格拉底说"你不知道你以为所知道"，并不是他比别人知道得多，乃是他知道他本身的不知道，这种不知之自知开启自我到客观的实在。

自我开启即是万物的开启，这种艺术性的开启是生命的邀请。艺术得自生命以贡献生命，这种生命的爆发、发挥，改变人生观，因此人生也改变。这种生命的爆发崛起于生命本身，以成生命中反映生命，如镜子反映另一面镜子。生命的呈现是无限的丰富、生动和自由。庄子曰："至人之用心若镜，不将不迎，应而不藏，故能胜物而不伤……水静尤明，而况精神！圣人之心静乎！天地之鉴也，万物之镜也。"[19]

借用海德格尔的话我们可以说艺术家使存有之"所在"（the presence）显现出来，使日常琐事吐露其实在的生命以反映主体的回归。所在自现，而真人（反思的艺术家）存全所在的自现。因为所在不但是存有的环境，总括性的"肯定"（yes），使一切追求和问题开始及完成，所在更是实在的创造力，使真实与实在合同。这是庄子削木为镶之意，他说：

> 臣工人，何术之有！虽然，有一焉。臣将为镶，未尝敢以耗气也，必齐以静心。齐三日，而不敢怀庆赏爵禄；斋五日，不敢怀非誉巧拙；斋七日，辄然忘吾有四枝形体也。当是时也，无公朝，其巧专而外骨消；然后入山林，观天性；形躯至矣，然后成见镶，然后加手焉；不然则已。则以天合天，器之所以疑神者，其是与！[20]

在此主体不是消极地响应实在，而是积极地对应实在。自我是实在的共创者与启示者，自我是生命的"显现"（phenomenon），是真理的现象学（phenomenology）。

庄子应会同意库萨的尼古拉（Cusanus，1401—1464）所说："上帝是环绕的圆圈，其圆周不在，其圆心无所不在。"我们知道尼古拉的圆圈也不是圆圈，一方面它是个圆圈，因为它有圆心圆周，具有圆圈的属性；另一方面，它并不是圆圈，因为圆圈必须有明确的圆心和有限的圆周。无所不在的圆心不是圆心，不在的圆周也不是圆周。因此尼古拉的"非圆之圆"可说是一种不局限、不环绕的"视域"（horizon）。其圆周不划分排除任何事物，其圆心无所不在，因此每事物皆可自为圆心安居在内，自由生活。

当然这个"圆圈"也不是圆圈，因为它是无形无限。它的无形的形成力，随万物本性形成它们，或更可说使存有自形自成。在存有自形中，其形成隐约地描出无圆之圆，其圆心无所不在，其圆周不在。它是"圆圈"（宇宙全体），同时其圆心无所不在，拥抱了诸多"自我"圆圈。在此一与多不相支持，也不曾相反。这圆圈也是很多圆圈，一个同一实在，一而分殊，使莱布尼茨（Leibniz）的多元性单子成立，也使斯宾诺莎（Spinoza）的"神即自然"之一元论成立。"自然"是诸多单子，而一切单子全是一自然。

可是我们需要说这些话吗？这么一提问，则所答合乎所言：需说，也不需说，其问自答，其答自相矛盾。一方面，我们不需说，因为说是定、是为，僵化知识，伪化实在。庄子吊诡地向某王说每一事物皆有其鬼，因此请王成为自己的鬼。[21]成为自己的鬼成为影子的魍魉（penumbra）[22]，因此自我不需言说，自我存在本身已大声说出其言。

言说是一种为，在为之境地，不为也是一种为；我们必须不为也必须"不不为"。这是不为而为，连"不为"也不为。如此我们不执著于为，自如地脱出为之境，自由地有时为有时不为。

相似地，以认知审视认知本身是一个哲学的错误陷阱，批判哲学自己绊倒自己以至破产。在此，我们既不能再提出可疑的学说，也不能停止哲思。柏拉图的"第三者的问题"（paradox of Third Man），理性的自我批判后新康德观念论的反叛，和维特根斯坦晚期的神秘主义的暧昧这些例子，只是几个从哲学之船所丢出的废物。因为哲学之船触礁了，而礁石是自己本身。总之，超越哲学的哲学是不可能的，因为它是另一哲学，自困于自己的魍魉之影，因此我们不需答，不需说话。

可是另一方面，我们觉得问题仍在，真的不需要说吗？"无言"之言是一矛盾。如上否定"言论"之言论仍陷于言之境而自相矛盾，我们必须要从回归的阶段（reductive stage）再进一步。说明事物的不可言性（unsayability of things）之后，我们必须会悟所不可描述者（即不可化约成言）可用"与真理显现合一"来表现。以言论否定言论之后，我们以存在来否定这些否定论本身。这不是另一种的言论，乃是不执著言论，不可描述者自然地在人生的自由里表现出来，这自由本身是不可言喻。但不由自主地自显，这就是无言之言。

了解志与知、志与言的合一之后，我们就了解知言合一的意义。在此我们遇见庄子之双重否定，非言非默之美，即"言无言，终身言，未尝不言。终身不言，未尝不言"[23]，无为而无不为，而《庄子》全书本身就是自忘于认知的开放中以言玩言。在此生命自忘、自如地逍遥游于双重否定之中，这种存在知道事物之本然即是其所当然。我们现在思考生命的双重否定的意涵。

3. 适：逍乐游

生命路程的三个阶段（回归前、回归和回归后）不仅是生命成熟的时序，双重否定即是这三个阶段，构成人性的存在性活动，不断地出入。"言者所以在意，得意而忘言。吾安得乎忘言之人而与言哉！"[24]惠施是庄子的论友，庄子与他的对话充满快乐，以至惠施死后，庄子在他的墓前悲念不已。这种玩乐是在自忘中而得。庄子曰：

> 以敬孝易，以爱孝难；以爱孝易，而忘亲难；忘亲易，使亲忘我难；使亲忘我易，兼忘天下难；兼忘天下易，使天下兼忘我难。

因此主观的自忘是客观的自适于世界的标志：

> 忘足，履之适也；忘要，带之适也；知忘是非，心之适也；不内变，不外从，事会之适也。始乎适而未尝不适者，忘适之适也。[25]

众人息以喉而机心权谋，相反，真人之息以踵[26]，呼吸发自丹田之下。因为万物的生机在于踵，以成见去操纵必招致灾害，灾害的开始在于感觉你的脚被鞋子磨痛。相对的是，忘足显现鞋子的舒适，这鞋子是我们的环境。如同忘记我们的腰（我们的身体），如一槁木，腰带（日常之生活）就适合如同我们舒适的家。这些现象是外面表现内心，忘记该不该之别，既不争求道德也不争取利益。以致心理适合万物如同死灰，这是回归变化的第一面，倾听人籁。

上述是客观"事会之适"的主观层面。这里，我们不故意倾听，只自然自闻。我们只是不得已而行，因此我们不撄人事而没有操心，"不将不迎，应而不藏，故能胜物而不伤"[27]。在此我们自闻地籁，这是事会之适的客观层面，此"适"一达到则不消失。我们现在悟晓我们一直在听闻天籁，一切的挣扎和舒适都遗忘了，连万物事会之适也遗忘了。在此，万物的真理通过真人显现，这真人逍乐游于万物真理之中。

4. 相与为友（Be-Friending）

值得注意的是世界并无道家（Daoism）或道人（Daoist），因为生命之道不可道，不可认知，也不可言喻。一切认知必须遗忘臻至无知，自我也必须遗忘，自忘逍遥游。人子（son of man）无美可求，我们至多只能说他是道人之友。我们甚至也不能这么说，因为并没有道人，我们只能互为朋友。以混沌之名，诸友"相待甚善"[28]。

> 三人相与友，曰："孰能相与于无相与，相为于无相为？孰能登天游雾，挠挑无极；相忘以生，无所穷终？三人相视而笑，莫逆于心，遂相为友。"[29]

郝大维（David Hall）说"星球大战"（Star Trek）中的宇宙飞船是现代的柏拉图寓言：Kirk 船长代表意志，McCoy 医生代表情绪，Spock 先生代表理智。客观科技理性的宇宙飞船中的三个主角深入太空探险。庄子没有成见，他愿意接受柏拉图的三层自我说，也愿意容纳任何人在宇宙飞船中。

假如我们追问庄子何谓他们的名字，他会微笑着说他们是幽默先生、吊诡博士和引发小姐（Miss Evocation）。其他朋友也可在宇宙飞船上，这艘船名叫隐喻互动（Metaphoric Mutuality）或是与友同游之船（Meandering Friend-Ship），他们不探险，更不向外殖民，只一直逍遥游。宇宙飞船本身是一只轻盈之鸟，"以出六极之外，而游无何有之乡"[30]。从大鲲变化成大鹏，然后又化为小蝉和小雀，然后庄子自己也化为蝴蝶，这一切展示物化与有分之万物特性。

这种存有显现，万物各自个性有分而物化的冒险游历，在西方是连想象都想象不到的，甚至在今日科学的未来视野里也不存在。哥伦比亚大学的物理学教授杰拉尔德·芬伯格（Gerald Feinberg）预测将来人类也许会互相融合各自的自我意识，甚至机械、动物也会互相融合，浑然合成一大宇宙意识（universal consciousness）与能量律动，完全抹杀万物独自的个别性。[31]

相反，庄子以逍遥互动完成事物独特的个性，他们自如地扮演各式各样的存有方式，互为朋友。友谊这观念很重要，诸多朋友互相影响、互相支持、互相享受友谊。在此友善互动中，各自成长成全自己。每一个体完全满足其存在，一无所求，相视微笑，如此各具独特个性的诸多个体共存于世界大同的大社会。

威斯康星大学奥什科什分校

威斯康星，奥什科什

【注释】

西方的汉学一贯以逻辑分析的框架来阐释中国思想。A. C. 葛瑞汉（Graham）遵循奥斯丁（John Austin），C. 何莫邪（Harbsmeier）和陈汉生（C. Hansen）遵循亚里士多德（Aristotle），而郝大维（D. Hall）则遵循怀特海（Whitehead）。我们或可用解构主义来解构他们之阐释中国思想。本文以胡塞尔的现象学来诠释庄子。该文是20年前的旧稿，行文太复杂，笔者现在不以这样的取径阐释庄子，因不符合庄子无为自如的氛围、气息与微妙。

笔者已另撰文"Let Chinese Thinking Be Chinese, Not Western：Sine Qua Non to Globalization"（《以中国思维诠释中国文化：以达全球化》），以及一书 *Chinese Philosophy Alive*，Ⅰ：*Vignettes of Life-Thinking*，Ⅱ：*Story-Thinking*（《生生不息的中国哲学》，Ⅰ：人间思维诸面向，Ⅱ：故事思维方式》，共592页）。

[1] 此例出于 John Morreall, *Taking Laughter Seriously*（Albany：State University of New York Press, 1983），p. 74。

[2] Burton Watson, *The Complete Works of Chuang Tzu*（NY：Columbia Univer-

sity Press，1968），p. 7.

［3］Helmut Traub，"ouranos," Gerhard Kittel and Gerhard Friedrich eds.，*Theological Dictionary of the New Testament*. Geoffrey W. Bromiley trans.（Grand Rapids，MI：Wm. B. Erdmans，1967），5：497-502.

［4］Henry David Thoreau，*Walden and Resistance to Civil Government*，（ed. William Rossi）（NY：W. W. Norton，1992），p. 188.

［5］Edith Hamilton，*Mythology*（NY：Mentor Books，1940），pp. 63-64；*Larousse Encyclopedio of Mythology*（London：Paul Hamlyn，1959），pp. 89，91，92，96.

［6］*Hastings Center Report 6*（Feb. 1，1976），pp. 23-28.

［7］《庄子·骈拇》。

［8］《庄子》，2/64ff.，78ff.，6/68，17/19f.，19/61，28/71f.。

［9］《庄子》，29，20/3-4。

［10］《庄子》，20/6-7。

［11］《庄子》，26/48-49。

［12］在《庄子·养生主》的结语。

［13］《庄子》，23/36。

［14］《庄子》，13/6。

［15］庄子以此结束《庚桑楚》。

［16］《庄子》，3/5-11；20/7；22/78。

［17］《庄子》，2/60。

［18］Maurice Merleau-Ponty，*In Praise of Philosophy*（Evanston，IL：Northwestern University Press，1963），p. 39.

［19］《庄子》，7/32-33；13/2-4。

［20］《庄子》，19/54-59。

［21］《庄子》，19/38-46。

［22］《庄子》，2/92-94。

［23］《庄子》，27/6。

［24］庄子如此结束《外物》。

［25］《庄子》，19/62-64。

［26］《庄子》，6/6。

［27］《庄子》，7/32-33。

［28］《庄子》，7/34。

［29］《庄子》，6/61-62。

［30］《庄子》，7/9-10。

［31］Gerald Feinberg，*The Prometheus Project*（NY：Doubleday Anchor，1969），pp. 181-190.

孔子与伽达默尔之缘

理查德·E·帕尔默（Richard E. Palmer）* 著

尹 哲 译 姜 智 校

前 言

这篇文章将简要论述伽达默尔（Gadamer）同孔子在思想上的一些亲和之处，我在给本科生上"儒家、道教与禅宗"这门课时，已注意到了它们之间的某些共同点。当然，在中国哲学研究领域，我还是一位不甚精通汉语的初学者！但是，身为一个小型学院的哲学与宗教学系的一名教员，我已开设过多年儒学方面的课程。[1] 2001 年以来，我先后三次受邀去中国讲学，并在台湾主讲过一门课，内容都与伽达默尔有关，由此可见华人学者对他思想的兴趣日益浓厚。

2002 年在合肥大学的一次讲座中，我论述了汉斯-格奥尔格·伽达默尔哲学中的七个关键词。讲座开始，我便指出孔子与伽达默尔之间的五个相似点：

1. 在更一般意义上来讲，两人都是教育家；
2. 两人都重视传统；
3. 两人都强调在亚里士多德意义上的美德概念[2]；
4. 两人都赋予文化和诗很高的价值；
5. 两人都重视和谐与平衡在社会生活中的重要性。[3]

* 理查德·E·帕尔默（Richard E. Palmer），麦克默里（MacMurray）学院诠释学研究员。研究方向：诠释学以及诠释学哲学，汉斯-格奥尔格·伽达默尔（Hans-Georg Gadamer）的诠释学哲学。E-mail：richard. palmer@mac. edu

我想在这尝试一项实验，它要论证这样一个大胆假设：**在重要的西方哲学家中，没有一个可以像伽达默尔那样接近孔子思想。**[4] 诚然，这个假说缺乏对孔子及中国哲学的足够了解。但是，我已经强烈地感觉到，在孔子与伽达默尔的学说之间存在着太多的相似之处。这些感觉始于我所讲过的一门课，在那门课上我带领学生阅读了英文版的《易经》（*The Book of Changes*）、《论语》、《大学》和《中庸》。[5] 对于我的这个假设，中国的读者可能会伸出援手，通过添加一些支撑这篇论文的实例来赞成我，或者更加可能的是，他们用更精准的知识来反驳我。西方有句格言"笨人有愚勇"。也许笨人正是在下……但是为了实现这篇文章的意图，我还是会婉转地为我的假设辩护。我想，要反驳这个假设是困难的，因为如果要反驳它，必须找出另外一个比伽达默尔更接近孔子思想的西方哲学家，比如莱布尼茨（Leibniz）或约翰·杜威（John Dewey）。但我对莱布尼茨没有把握，虽然大家公认他是一位对《易经》和中国哲学都很感兴趣的哲学家；而怀特海在《过程与实在》（*Process and Reality*）一书中对过程的强调虽值得赞赏，但我认为他缺乏伽达默尔那般对传统的尊重，也不及伽达默尔对古典语言、古典学以及哲学教育的重视，另外伽达默尔也比他更加强调亚里士多德意义上的美德概念。

伽达默尔很乐意同来自中国的学者交谈，如史蒂夫·陈（Stephen Chan）[6]、尚志英[7]和成中英[8]。但是对于他们来说，一方面，要在整体上熟悉伽达默尔的著作，必须花费大量的时间来学习德语。另一方面，伽达默尔对中国哲学的熟悉程度还不足以让他与孔子进行更深入的思想对话——而这些对话我在他的思想中看出来了。尽管如此，我想如果伽达默尔仔细阅读孔子的著作——即便是借助译本（虽然他一直想要先学习原文所使用的语言），他也会感觉到，在对生命的思考上，孔子与他有很多共鸣。在讲解孔子著作的过程中，我很惊讶他与伽达默尔之间的共通之处，犹如惊讶老子与海德格尔（Heidegger）之间的共通之处一样。

这篇文章的论证程序是：分别论述 2002 年 6 月我在合肥和上海所做讲座中指出的那代表伽达默尔哲学特征的七个词，并说明它们的每一个与孔子思想中我认为有类似的地方，以供大家思考。当然，除了这些语词，我认为还有许多其他可比较之处，但是仅就这篇文章的意图而言，我认为这已足够表明为什么我已窥察到隐藏在我们自己伟大的德国思想家身后那光辉的孔子形象了。

七个关键词

我在合肥和上海的讲座中论述过伽达默尔哲学中的七个关键词（网上可查）[9]，它们是：真理（Wahrheit），时间性（Zeitlichkeit），实践智慧（phronesis），应用（application），传统及效果历史意识（tradition and the wirkungsgeschichtliches Bewusstsein），交谈或对话（Gespräch）和团结一致（Solidarität）。我将在这里论述它们与孔子或儒家的亲和之处。

1. 真理

首先，伽达默尔关于真理的定义是人文主义的而非自然科学式的。它不是西方传统中的"符合论真理观"，这种真理观追求一种与普遍事实恰当相符的客观陈述，也不是那种认为有用就是真理的"效用论真理观"。在伽达默尔的思想中不断回荡的，是古典作家的思想，是柏拉图和亚里士多德的思想。伽达默尔提到了诗歌和视觉艺术作品中令人惊叹的真理和灿烂的艺术光芒[10]，诗歌的独特魅力使得它很具感染力，人们也经常会对悲剧中所表达出的真理感叹不已。伽达默尔的真理观回到了柏拉图，主张真理与正义和美是紧密相连的。我认为这一观点与孔子颇为相似，孔子认为，真命天子的统治，或者"正名"的真理，都可与"天"合一。人只有做到诚实或真挚才配得为父、为子、为妻或者为臣的名分。真理是从人们生活于其中的传统社会结构中成长出来的，由人们"认可"其为真的。在伽达默尔的经典著作《真理与方法》中也有这种对真理的看法。[11]

2. 时间性，也即文本的时代性（textual contemporaneity）

德文词"Zeitlichkeit"在伽达默尔那里指这样一种情况：诗歌、哲学，或者伟大的艺术作品，它的内容在今天看来与它被创作出来之时相比是同样生动和引人注目的——只要它是真正的诗歌、哲学或者艺术。这几乎不可思议。某一作品可以是在 2 500 年之前写成，或者仅仅在 500 年之前甚至 100 年之前被创作出来，但就更深层次意义上的真理而言，只要它符合人性，则它与现时的相关性就不会减少。它跨越了时间。如果它确是"经典作品"，则它的光芒就不会减弱，其正确性也会在我们对它的体验当中一次再一次地被证实。这也是为什么保存过去伟大的艺术、诗歌、哲学和宗教作品如此重要的原因。这是伽达默尔一生所奋斗的目标，也是教育（Bildung）和陶冶的意义及重要性之所在。同样，孔子也认为教育的目的是培养品德高尚的君子和士大夫，教育不仅要训练一个人数学、逻辑上的知识和能力，还要陶冶他在艺术和诗歌、历史以及文学方面的情操。是社会结构（fabric）将人教化为君子。这与伽达默尔的看法如出一辙。

在编订六经时，我想孔子在君子教育中认识到了我们称之为人性的诸要素。孔子一生致力于将这些人性的要素流传给后人。他并不宣称自己拥有的是一种神性的真理，而只是秉承了古人的真理和传统。伽达默尔也非常重视传统。但是对于伽达默尔而言，"古人"指古代的希腊哲学家。伽达默尔认为，诗歌之所以影响巨大在于它的真理性，而不仅是因为它美。它能够捕捉到某些东西。伽达默尔一生的工作就是重新确立艺术、文学和哲学——人的作品，也就是人性作品的"真理身份"。他想告诉我们，这些艺术文献和作品中有着重要的价值。孔子在这点上与他相同。他所推崇的不是简单的实用主义，而是智慧、美和灵魂深处的东西。孔子说过，君子把"义"看得比"利"更重要（《论语》4:16）。在这点上，伽达默尔与孔子并无分歧。过一种真实、正义的生活，并将儒家伦理美德之"德"实现出来，这才是有价值的。伽达默尔的哲学植根于亚里士多德的伦理学，所以在伽达默尔、亚里士多德和孔子伦理思想之间存在着很多可比较之处，我将在下面论述希腊词"phronesis"时指出这一点。

当然，相比之下孔子确实更热衷于观察不同人的行为，也比伽达默尔更注重伦理学。显然，伽达默尔关注的中心是文本及其言说内容，而非社会中人的行为。但是，这并不能阻止我们看到，在"文本的时代性"方面，孔子与伽达默尔和亚里士多德之间存在着深层次的联系。

3. 实践智慧（希腊语"phronesis"）

在亚里士多德的伦理学中，"phronesis"是指一个人在实践、个人和政治事件中进行智慧判断的能力。伽达默尔借用了亚里士多德的这一术语，并且将它整合到自己的诠释学理论中。就这个词而言，伽达默尔和亚里士多德都认为人的理解和判断是社会传统结构的一部分。当人们在处理私人或公共事物时，社会传统都在其中发挥作用。对于伽达默尔而言，一个智慧的判断离不开某人一生（效果历史意识）的社会—历史—语言的结构背景。儒家传统中品行俱优的"君子"亦如此。"君子"对其父母和祖辈非常虔诚，并且通过礼仪真诚地表达出这种虔诚。可以说，"君子"的这种虔诚比伽达默尔对自己的祖先和哲学前辈的虔诚更深。但是，伽达默尔对于文化、传统和权威的尊重仍然使得他有别于大多数其他西方哲学家。当然，如要确切理解伽达默尔对"phronesis"这一概念的看法，还需探讨伽达默尔的"效果历史意识"概念以及他对亚里士多德美德伦理学的看法。我们将会在下面的第五部分探讨这一点。

另一个术语仁（goodness）也可以与伽达默尔的思想进行比较。这个词的含义非常复杂，人们应能在其中找到更多联系与共鸣。例如，它有时候被译作"human-heartedness"，这说明它或多或少与"心"有关。而植根于"phronesis"这种实践智慧下的智慧判断同样带有"仁"的品质。如《论语》3:7所讲，"人而不仁（good），如礼何。人而不仁，如乐何?"尽管这种"仁"（goodness）与亚里士多德"phronesis"的政治智慧也有些类似，但"仁"（ren）已经超出了它们，因为"仁"（ren）还表达出真诚的美德以及与他人的感同身受，也就是我们所说的"仁性"（human-heartedness），以及礼乐的重要性。我们仍须牢记海德格尔和伽达默尔复兴亚里士多德"phronesis"这一概念的初衷，那就是描绘一种复合的、可适应环境的、实践及智慧的思维能力，以此来通达孔子的"仁"之境界，这也是公认的唯一方法。

4. 应用（拉丁文"applicatio"）

"应用"是伽达默尔诠释学中最核心的概念之一。与诠释学传统中的其他人相比，伽达默尔认为理解某一文本不仅要做到知其意，而且还应掌握将其应用到现时、个人生活及理解中的方法。伽达默尔在此借鉴西方法律传统：法律在制定时不仅需要一套原则和规定，或者一部宪法和法律体系，而且还要考虑这些原则在当时情形下的应用。宗教文本亦如此，人们需要考虑它在生活和境况中的相关应用。祭司和利未人（Levite）对路边奄奄一息的被劫者不闻不问，反而是良善的撒玛利亚人（Good Samaritan）对他施以援手，伽达默尔认为仅知道这一事件还不足够；人们还应从这一事件中得到启发，以正确处理与邻里以及弱势群体的关系。

但是伽达默尔并不满足于将"应用"限制为法律判断中解释性的法律体系，或者是对经文的实践释义，这类释义有时也被称做"道（Word）的宣告"。不，他将"应用"抬高到所有理解的一般原则的地位！为了正确理解某一文本，需要了解它的应用、背景以及意义所在；这才是"把握了要点"。这需要懂得文本内容在社会和个人生活中的应用。这样才能最终从文本中得到启发，从而在新的视角下审视人的状况。

回过头来看孔子，我们在他的每一处道德说教中都可以找到这种"应用"的过程。比如《论语》2:4："子曰：'温故而知新，可以为师矣。'"温故就是将旧知应用到新的境况中。同样可参见《论语》2:5那句有名格

本体诠释学、民主精神与全球和谐

言，"学而不思则罔，思而不学则殆"[12]。我认为孔子在此的意思是："学"并非死记硬背，也不是肤浅和虚伪地走过场。而是说，我们必须不停地思索我们的学习，直到我们领会它与我们日常生活之间的关系。

在《大学》1:5中这种"学"通过一种被视做端正行为的"应用"而被清楚地表达出来，它的最终目的在于国泰民安：

> 物格而后知至；知至而后意诚；意诚而后心正；心正而后身修；身修而后家齐；家齐而后国治；国治而后天下平。

但是，孔子更加强调知识既非某种抽象的事物，也非某种描绘本质的科学原则，这比伽达默尔对"实践智慧"的相关叙述要更加清楚。在孔子的思想当中，知识应该是个人的修养以及对他人的真诚关怀，是对家、国、天下的正当统治。和谐、明智和智慧并有利于国泰民安的行为。知之所"至"植根在社会结构中：首先是在人的心中，然后是在家族中的相互之间的行为当中，最后才是在国家乃至"普天下"之中。这才是孔子想要传达的那种"高度伦理化"的知识。

5. 传统及效果历史意识

伽达默尔使用"Überlieferung"一词来指代传统——即被"传递下来"，或被移交给我们，但又需要通过解释在今天重新焕发生命和意义的东西。18世纪启蒙运动曾宣称传统是一种**教条**，必须**被理性**超越和征服，仿佛理性是抽象和精确，并能排除它自身的历史局限的。伽达默尔怀疑这种说法，他认为，理性从另一方面来讲又是复合的、人性的、语言的和历史的。他不赞同尤尔根·哈贝马斯（Jürgen Habermas）的"交往"理论，这一理论好比路透社的广告"绝无编造"，主张有干净、客观和中立的"交往"存在。[13]伽达默尔指出，"编造"已在语言本身之中，也存在于我们彼此的语言交流和对待方式之中。虽然在交往过程中我们会尽量避免有意的歪曲，但我们不能避免那些无意的偏袒，因为它早已存在于我们理解的双向环节之中。

伽达默尔在他的经典著作《真理与方法》中使用了一个关键词"效果历史意识"来阐述这一要点。[14]由于这一术语翻译成英文较难，所以我经常用一个较长的语句来翻译它："一种历史在其中不断发挥作用的意识。"其他的译者不喜欢我这种译法，而是满足于将其译为"效果历史意识"，但我认为这种译法还不甚明确。伽达默尔的诠释学理论认为，在任何情形下，理解都带有一种对相关主题、语言及问题的前理解。而所有这些都是由人所处的历史境遇所塑造的。某些译者称这种现象为理解的"历史性"。简言之，它是这么一种意识：对于我们所理解的，这些理解其实已经由历史先行塑造了。这意味着我们不能避免一种在先的理解，伽达默尔"煽情地"称之为"我们的**偏见**"，我则称之为我们的前理解。伽达默尔甚至为"偏见"辩护，认为它是理解中不可或缺而且在多种情形下是"富有成效的"。他认为在某些特定的偏见中存在着有价值的"编造"，当然不是指种族、文化或宗教偏见。毫无疑问，人们应该试图了解并清除那些不好的偏见。但另一方面，人又不可能摆脱自己根深蒂固的语言习惯，也不可能摆脱自己所处的历史处境，而这些都影响了人们理解和解释某一文本或意见的方式。这就是伽达默尔所谓的"效果历史意识"。人不应该去摆脱自己的传统，而是应该了解其积极和消极的方面，从而克服那些不好的前见。伽达默尔不赞成中国以红卫兵为特征的20世纪70年代，那时知识分子和大学生都被下放到农场。我在麦克默里学院有一个中国朋友，她曾是我一两年时间里的学生兼秘书，在上山下乡的激情退却后，她因年龄超过35岁而与大学失之交臂，于是她只好在夜校学习，随后又来到美国继续大学学业。如今在一个温和的共产党政府领导下，中国人的民族自尊心又让他们重拾本土艺术、宗教、历史及传统文化。伽达默尔赞成尚志英的观点：除了保护孔子像和其他文化遗产，更重要的工作是复兴他们的思想并应用于现实，这不是简单的复古。我们需要发现并理解生生不息的传统与活生生的现实的连接。

我相信，就对历史以及经典著作的尊崇而言，伽达默尔在两方面与孔子类似。首先，伽达默尔推崇古希腊，认为它是现代文化的基础；其次，他相信古希腊语含有奇妙丰富的思想，因为希腊语单词有一些翻译不出的味道，这一点可以在我们的哲学反思中了解到。我相信孔子与伽达默尔一样，都认识到人们对生活的理解脱离不开社会、历史和语言结构。受到历史上经典著作以及艺术熏陶的思想应该是人文主义的。孔子生活在一个礼崩乐坏、群雄逐鹿的战乱年代，所以他追求一种有助于国泰民安的思想和行为。就这方面而言，他的思想比伽达默尔更加的实践化和伦理化，但是我们也能够从伽达默尔的诠释哲学那里得到其他收益。受狄尔泰（Dilthey）和海德格尔的影响，伽达默尔提出了理解的历史角色概念，并认为这是所有思考的基础，孔子则示例了一种历史的、伦理的、人性的理解生命的方法，它同样也是"仁"的，关注理想人格的生活方式，即"仁"人、君子

（"绅士"）。但两者都认为美好的生活应该是有修养和充满人文情怀的生活。两者都视人类的理解是在一个历史—文化结构下发生的（伽达默尔称其为"前理解"），人们是在这个结构中去尝试编织美好的生活的。

6. 交谈或对话

交谈或对话是伽达默尔诠释学的核心元素。[15]这种强调出自于伽达默尔对柏拉图对话的研究，他是这方面的专家。伽达默尔从柏拉图对话中认识到，在苏格拉底式的对话中，他人始终被假定为可能正确的（希腊词为eumeneis elenchoi）；在对话过程中，对话的双方都在追求真理。所以这种假定能够创造一种对他人开放的诠释空间。詹姆士·里塞尔（James Risser）在其近期研究伽达默尔的佳作《诠释学与他者之音：再读伽达默尔的哲学诠释学》（*Hermeneutics and the Voice of the Other*：*Re-reading Gadamer's Philosophical Hermeneutics*）中指出[16]：

> 哲学诠释学的许多议题最终都受谈话的框束……这意味着对于伽达默尔而言……构成诠释性理解领域的，始终是他者的发言以及与他者对话的语言。

哲学诠释学所研究的对话条件有：理解的历史性、双方的在先理解，以及抛开情绪及意愿的对目前话题的关注。哲学诠释学在所有这些方面都非常尊崇他人——这种尊崇承认双方都在寻求真理，并且对方可能正确。总之，对话的目标就是求取真理。诠释学就是一种"聆听他人的艺术"，是一种用深入的对话方式来聆听文本声音的艺术。在希腊语中，诠释学这一语词被认为与在天国和尘世间进行"交通"的赫耳墨斯（Hermes）神有关，因此诠释学是一个在神学研究中颇受欢迎的术语。而在伽达默尔这里，"交通"还意味着真理，意味着孔子所说的"天命"。

在孔子关于"诚"（sincerity）的学说以及"参"（ternion）的形象中，可以看到他也非常尊重他人。在《中庸》第二十二章中，孔子认为只有做到"诚"，人才能使自己的天赋本性得到充分的发展，其他事物的天赋本性才能得到最充分的发展——"可以赞天地之化育，则可以与天地参矣。"在随后的章节中，孔子详细阐明了"诚"在"前知"、"知"及正确行为中的作用。我认为孔子在这里走得更远（在一个正确的方向上），但这仍是一种与伽达默尔相近的诠释学进路：在天之真理与地上的人、事、物之间进行着"交通"。[17]在伽达默尔的诠释学中，这种"交通"是带有教化功能的；它可以教化聆听者的本性。伽达默尔在《真理与方法》一书中的体验（experience）概念中，尤其是在那些改变了人们理解方式的对于艺术作品及诗歌的体验中论述了这种教化的作用。[18]在伽达默尔看来，诠释学的本质正是这种具有教化、养育能力的力量，这也是孔子的"诚"及"参"学说的本质。

对于伽达默尔而言，体验和理解始终是对话性的，牵涉到提问与回答。我们也可在孔子《论语》（论语，即不断地回答提问者的问题）的基本含义中发现这一点。问和答是《论语》的"命脉"。这一经典著作并非孔子自我言说，而是他与那个时代的对话；它不是普通的对话，而是旨在追求教化人们心灵的诠释性对话，它力求给个人、家庭和国家带来一些变化，以有助于国泰民安。就这一点而言，孔子比伽达默尔有更多的东西教导我们。但是我会论证：对话的要素、文本的解释以及具有教化能力的体验都指向一种与孔子关于"诚"和"参"理论相同的方向。

7. 团结一致

最后再来谈"团结一致"。《真理与方法》并没有提到这一术语，它出现在伽达默尔晚年论艺术的一篇重要论文《文字与形象艺术》（The Artwork in Word and Image，1992）中，我已经将这篇文章翻译为英文，并在中国和墨西哥做过关于这篇文章的演讲。[19]在这篇文章中，伽达默尔不仅认为在文字和艺术上，艺术作品在许多基本方面相一致，而且主张我们对于这些艺术作品的一般感受可以产生出一种与他人"团结一致"的感受。

这是一个不寻常的美学论断——艺术作品可以使人类团结一致、休戚与共。但我认为这一重要的功能同样可以在中国人关于诗及仪式的思考中找到。孔子就强调习诗守礼的重要性。因为在仪式进行过程中，人与人之间的"团结一致"可以再一次被强化。我认为"仁"这个概念也有同样的意境：人们会被"仁"所吸引，这种"仁"是如此的绝妙以至于唯有传说中的英雄（并不在历史和现实中存在）才能做到。正如据说是后来加入的《论语》第十七章所讲，能行"五德"（恭、宽、信、敏、惠）者为仁矣。

　　　　恭则不侮，宽则得众，信则人任焉，敏则有功，惠则足以使人。
　　（17:6）

虽然这些美德可以被认为是出于迎合统治者的需求，但是它们也确实有利于社会和谐以及人与人之间的彼此信任和宽诚相待。通过这种方式，统治者与他的人民团结一致，并通过仪式和诗歌作品的颂扬表达出来。

显然，"休戚与共"并不足以结束那个诸侯割据的混乱年代，但我认为这是孔子的愿望和理想。同样，卡尔·马克思也经常使用这一术语来指称那使得无产阶级团结在一起的共同利益。我相信统治者对人民的关爱即来自于天命，也来自于"仁"，它使得统治者与他的人民休戚与共从而实现国泰民安。但是我还是需要更多有关孔子及中国哲学的知识，来确定在那里是否也同样存在社会团结和"团结一致"的概念。

结　论

虽然我的专业知识还不足以得出确定结论，但我在美国一所私立大学的教学实践确实让我感受到在孔子的教导与我的导师汉斯-格奥尔格·伽达默尔的哲学诠释学之间存在着大量的亲和之处。最初，我注意到两者都是重视传统的教育家；两人都强调美德、文化和诗歌的重要性；并且两人都承认和谐与平衡在社会生活中的重要价值。

我在文章开头提出一个大胆假设：伽达默尔比其他任何一位西方哲学家都要更接近孔子。由于文章太短，所以我在这不可能完全证明。因为一个充分翔实的证明还需要讨论其他据称也与孔子思想相近的西方哲学家，然后再论证伽达默尔比他们更接近孔子。于是，我选择伽达默尔哲学中的七个关键词，本来这七个关键词另有他用（在合肥和上海向中国学生介绍伽达默尔哲学），现在则成为一项实验，用来考察它们中的每一个与孔子的思想间是否存有相似处。由于我仅能通过英文来阅读孔子的著作，所以我只能尽量在一些关键性的术语上来探寻两者间的相似性。如果有更多的时间和精力，我相信我本来可以发现更多，但目前我只能谨慎地指出，在孔子的教导与我为了向中国学生介绍伽达默尔而整理出的七个关键词之间所存在的一些可能联系。

麦克默里学院

伊利诺伊，杰克逊维尔

【注释】

[1] 如果对一位西方的哲学教授用译本讲解东方哲学的方法感兴趣，可以登录我

的网页，在"东方哲学"这一栏查看我的授课提纲，网址是：http://www.mac.edu/faculty/richrdpalmer/syllabi/syllabi.html。

[2] 当我使用"在亚里士多德意义上"这样的语句时，并非意味着孔子已经自我意识到这种类似性，而是说，孔子所说的美德与亚里士多德的美德在意义上非常相似。

[3] "汉斯-格奥尔格·伽达默尔哲学中的七个关键词"是我 2002 年 6 月在合肥以及安徽师范大学所做的讲座。一位仰慕我的伊朗学生将讲稿发到了网上，网址是：http://www.vahidnab.com/key.htm。

[4] 在这一比较中，我将成中英排除在外，因为我将他看做一个中国的而非西方的哲学家，当然，如果要进行更深入的比较还需要对他的哲学作更细致的了解。不管怎样，我相信成中英自己也认为他的哲学近杜威甚于近伽达默尔。如果他再想想伽达默尔，或许他会改变这一看法。

[5] 我对《大学》、《中庸》的引用出自于《四书：大学、中庸、论语和孟子》，由理雅格（James Legge）翻译并注释的中英对照本（Oxford：Clarendon Press，1893）。我让学生参见的《易经》版本是，卫礼贤（Richard Wilhelm）德文译本的英文转译本，由卡里·F·贝恩斯（Cary F. Baynes）英译（Princeton：Princeton University Press，1950），我自己偶尔也参见这一译本。

[6] See Stephen Chan, "Orientalizing or de-Occidentalising Gadamer for a Multicultural Twenty-first Century：Chinese Poems and Sacrificium" at http://www.isanet.org/archive/SC. Gadamer. html.

[7] See Shang Zhiying, "An Axial-Interpretation of the Confucian Ethical Spirit," on the webpage of the Council for Research in Values and Philosophy：http://www.crvp.org/Series03/Ⅲ-12/chapter _ iv. htm.

[8] 他告诉我他曾与伽达默尔进行过私下交谈。2000 年 5 月 17 日，他在海德堡与伽达默尔对话（可参见编者在这本增刊前言中的简要介绍）。

[9] 参见注释 [3]。

[10] 参见论文 "Wort und Bild：So Seiend," *Gesammelte Werke* (*Collected Works*)（Tübingen：Mohr，1993），8：373－399。我已将其译为 "The Artwork in Word and Image：'So True, So Full of Being!'" in *Theory，Culture，and Society* 23，no.1（June 2006）：6－8；*The Gadamer Reader：A Bouquet of the Later Writings*（Evanston：Northwestern University Press，2006）。在最近一篇研究此作的未发表论文 "The Breadth and Radiance of Gadamer's Philosophy of Art" 中，我选择了四个关键词来论述伽达默尔的艺术哲学：*Zeitlichkeit*，*kalon*，*Vollzug*，*energeia*。其中 *kalon*（柏拉图作品中的"美"）和 *energeia*（亚里士多德作品中的"活力"）是希腊词，这显明了伽达默尔哲学的古希腊渊源。

[11] *Wahrheit und Methode*（Tübingen：Mohr，1960），1975 年被译为英文 "*Truth and Method*"，随后经过修订出了第二版（Translation revised by Joel Weinshei-

mer and Donald Marshall，New York：Continuum，1989）。它的德文原著被收录于德文版《伽达默尔选集》（vols. 1-10，Tübingen：Mohr，1985—1995）中的第一卷（1986）。

[12] 这部分出自《论语》（trans. Arthur Waley，New York：Vintage Books，1948）。

[13] 参见哈贝马斯：*Theorie des kommunicativen Handelns*，2 vols.（Frankfurt：Suhrkamp，1981），英文版为 *Theory of Communicative Action*，2 vols.（Cambridge：MIT Press，1987）。这不是在质疑这部杰出的作品。可参见我的论文："Habermas versus Gadamer? Some Remarks," in *Perspectives on Habermas*，ed. Lewis Edwin Hahn（Chicago：Open Court Press，2000），487-500。

[14] See "Analysis of Historically Effected Consciousness," in Gadamer，*Truth and Method*，2nd ed,. Rev. trans. Joel Weinsheimer and Donald G. Marshall（New York：Crossroad Publishing Corporation，1994），341-379.

[15] 伽达默尔对话可参见 *Gadamer in Conversation and Commentary*，ed. and trans. Richard E. Palmer（New Haven：Yale University Press，2001）。这是一组伽达默尔与四位不同谈话者所进行的六次对话，内容涉及诠释学、美学、实践哲学、希腊先哲、现象学和他在纳粹时期的经历。

[16] See Jame Risser，*Hermeneutics and the Voice of the Other：Rereading Gadamer's Philosophical Hermeneutics*（Albany：The State University of New York Press，1997）.

[17] 理雅格实际上一共"制造"了四个《中庸》版本。1885 年的最后一个版本是他《中国圣典》（*Sacred Books of China*）系列中的《礼记》部分，这部分是一部 50 卷的《东方圣典》（*Sacred Books of East*）系列丛书中的两卷，理雅格对术语 *Cheng* 的翻译作了重大修改。一个经常被忽略的事实是，理雅格不仅将整本书的译名从 *Doctrine of Mean* 改为 *The State of Equilibrium and Harmony*，而且决定将 *Cheng* 一般性地译作 "moral perfection"，有时也简译为 "perfection"（See *Sacred Books of the East*，28：318ff.）。但他继续使用术语 "ternion"，并小写 "heaven and earth"（即没有大写每一单词的首字母）。这种译法在此还包含一种孔子对于人之地位的理解：人是宇宙中立于天地间的三种伟大力量之一。[此注为与编辑磋商所加。]

[18] 伽达默尔使用一出古希腊的索福克勒斯（Sophocles）悲剧为类比。人们在其中可以感受到自己对生命的理解有了改变和更新。参见 "The Concept of Experience（Erfahrung）and the Essence of the Hermeneutic Experience," *Truth and Method*，2nd, rev. ed. ，346-362.

[19] 参见注释 [10] 以获得关于英文版的更多细节。

一条新的通达古代中国文本的诠释学路径：
以《论语》为例

梅约翰（John Makeham）*

潘兆云　译　姜　智　校

在过去三十多年中，在中国通过考古发现了一批重要的文本[1]，它们引发了有关汉语著作最早的成书年代和传播年代以及应该如何解释这些著作的争论。《论语》——作为人类思想史上最有影响力之一的著作——就是这样的一个文本。直到本世纪之初的两千多年中，作为孔子（公元前551—前479）的教育记录和基本的儒家学说典籍，《论语》及有关《论语》的各种解释作品在塑造中国乃至东亚的思想传统上起到了定向性的作用。有一位学者甚至论证说，自从16世纪开始，儒家学说在西方就已经成为了"'真正的'中国性"（"real" Chineseness）的一种转喻（metonym）。[2]无论我们是否接受这种观点，《论语》在中国古代确实拥有一种权威，这种权威使它在塑造我们称为儒家学说的传统时起到了核心的作用。无论是作为科举体系中正统的文本、作为政治和哲学智慧的指南、作为深奥的教化和道德楷模、作为自我反省的文稿、作为文学风格的模本，还是作为儿童的启蒙读本，这本书至少对中国人的文化影响十分深刻。《论语》在德川日本（1603—1868）、李氏朝鲜（1392—1910）、陈氏越南（1225—1400）以及晚期黎氏越南（1428—1789）也发挥了各种各样的重要作用：作为学习读本、作为伦理模式的化身，以及作为信仰和意识形态的源泉。《论语》曾经被数次翻译成其他语言。在西方，耶稣会士在17世纪就开始了他们摘要性的翻译。这本书不断地被翻译成现代汉语（原本以古代汉语写成），当然了，还有英语。在过去的几年中，几种新的英译本就已经出版了。

＊ 梅约翰（John Makeham），澳大利亚国立大学中国和韩国研究中心，中国学研究高级讲师。研究方向：中国思想史。E-mail：john. makeham@anu. edu. cn

在本篇论文中，我将用《论语》来考察当代（尤其是西方）翻译者/解释者在处理中国古代文本时会遇到的一个诠释学难题：他们是应该优先考虑文本起源的历史语境，从而决定文本的"历史意义"（historical meaning），还是应该优先考虑对该文本随后（和各种各样）的解读，以决定其经典意义？一篇文本的意义是它所言说的东西。我主张文本的意义既不是固定的，也不是不变的。一篇文本的全部意义，正如伽达默尔论证的那样，仅仅"实现在变化着的理解过程中"[3]。"历史的"与"经典的"之间的这种区分不是新的，因为它早就为学者们采纳了。[4]用"历史意义"（historical meaning），我指的是一种文本由其原始的作者（作者们）和（或）其原始的读者构建的意义。用"经典意义"（scriptural meaning），我指的是该文本在历史发展过程中实现的意义。我将会论证，区分"历史意义"与"经典意义"会给我们提供一种实用的策略，借助这种策略可以限制任意解释和无限制的指称（semiosis）。我首先考察在确定历史意义时会遇到的一些问题（尤其是作者意图和历史主义），以及在诉诸文本意图（intentio operis）以避免作者意图的缺陷时会遇到的困难。然后，我描述游戏的类比是如何提供了一个具有启发性的模式，以理解在作者、读者/解释者和文本之间的关系。接下来我论证：（1）正如一个创造者在创造一种游戏时的意图与应该怎么玩此种游戏无关一样，作者在创作一个文本时的意图，也与应该如何诠释该文本没有关系；以及（2）一个文本的经典意义只有在其诠释中才能实现，正如一种游戏的意义只有在它被把玩或展演中才能实现一样。借助于伽达默尔的"效果历史意识"（effective historical consciousness）概念，我继续论证，像《论语》这样的历史文本的经典意义不能固定在一个有限的历史阶段中，因为没有解释者能够脱离该文本正在并将持续下去的接受史。虽然这并不为我们提供一个理由以放弃将历史语境作为一个标准，用来在相互竞争着的各种解释性的论述中进行决断，但是我们也应该将读者/解释者在重构历史语境过程中起到的关键性作用铭记在心。这种情况的一个后果是，即使一个文本的历史意义被"发现"了，也不会有一个独立的标准能使此种意义从经典意义中区分出来。在结论中，我呼吁要更重视《论语》保留在注疏作品中的经典意义。

当然了，存在大量有助于我们理解文本之解释和意义之确定的学科：语言哲学、语言学、诠释学和文本学就是一些明显的选项。我们或许也可以将翻译理论和社会史添加到此清单中。处理意义的语言哲学讨论如下的问题：彻底的翻译（radical translation），实践—语义的区分，人性原则

（principle of humanity）和宽容原则（principle of charity），元语言（meta-language）与对象语言（object-language）问题，以及含义（meaning）与指称（reference）。[5]反过来，语言学有一系列的子学科或复合学科与确定意义相关：语义学（semantics）、语法学（尤其是句法），以及——尤其是与古代中国文本研究相关的学科——古典学（philology）、音韵学（phonology）、碑铭学（epigraphy）和古文学（paleography）。文本学通过研究和对照不同的版本和修订本而确定意义。诠释学，或者更确切地说文本诠释学，与我们应该如何处理文本诠释有关。在这篇文章中，我只考虑文本诠释学。虽然我理解那些其他的学科和知识领域在更广泛意义上的文本阐释理论中占有一定的地位，但是我的目的并不是（当然其也超越了我的能力）要发展这样的一种理论。

就将古代文本当做历史文献、一种过去的人造物来读，人们可能会采纳以下两种策略中的任意一种：（1）将文本看做一种历史上作为增加物或沉淀物而沉积下来的全然不同的各种成分的混合；或者（2）将文本看做一个整体，在这个整体中的每一个部分都有助于仅仅在文本闭合时才会产生的完整性。无论哪一种方式，目的都是试图按照文本的作者/编辑者或者原来的读者的理解来理解该文本。对于采纳这些历史性阐释进路的解释者来说，一个最重要的问题是："文本是在什么时间、由谁来写成或编撰的？"

就像汉朝（公元前206—公元220）之前的大量作品一样，《论语》为那些指望在作者意图的基础上阐释作品的人制造了特别的困难。甚至并没有一个清晰的作者[6]；实际上，有许多作者的意图，然而没有一个作者能够被完全确定。早在汉朝的时候，人们就认为，《论语》是由很多人编辑而成的。一些（传统的和现代的）评论者都试图弄清这些编辑者是哪些人，然而他们的提议只不过是一些有灵感的猜测而已。这样，《论语》的"作者身份"的匿名特征和（或）集体特征没有表现出与诸多诠释学问题——这些问题是在当单一的作者意图被确认为解释的标准时才会出现的——有什么关联性。[7]尽管此种观点可能遭到反对，即接受多重作者从严格意义来说并不需要将"作者意图"的解释观念排除在外——它仅仅使问题多重化了——但是在诠释学意义上，却有一些众所周知的反对把作者意图当做一种阐释方法的意见。D. E. 林格（David E. Linge）的评论就十分恰当：

界定一个文本含义的惯常方式是必须使其与该作者主观性的意图

行为符合一致。那么，理解的任务就被解释成重新获得该原始意图……虽然对于我们来说，可能有关于文本意义（significance）的不同解释，然而文本只有一个含义（meaning），并且那才是作者通过文字或通过他的艺术作品想要表达的东西。

这种理论的基本困难在于，它把含义和理解都主观化了，因此使传统——它向我们传送文本或艺术作品，并且影响了我们现在对它的接受——的发展变得无法理解。当含义被排他性地固定在理智的契约（mens auctorus）之中时，理解就变成了在作者的创造性意识（creative consciousness of the author）和解释者纯粹的再生性意识（reproductive consciousness of the interpreter）之间的交易。[8]

理论上，林格批评（在他称为"含义"和"意义"之间）的区分是可以保持的，但是在实践中[9]，它有多有效呢？虽然在恢复一个句子和段落的语言学意义的过程中，精确性的实用度可能预设相对的信心——尽管gavagais①，否则让我们放弃此游戏——同样的情况对于作者意图却行不通。在尝试避开文本意图的问题时，某些新近的古代中国文本的解释者提倡一种历史诠释学，它的目标是重新恢复"理解文本言说的世界"[10]。此种方法实际上嫁接了两种诠释学方法：历史主义和文本意图（intentio operis）。当然了，历史主义进路曾经盛极一时。保罗-利科对此进行了下述描述：

自19世纪中期以降，文学和《圣经》研究的一般倾向就一直将文学作品以及一般意义上的文化文献，与这些作品产生于其中或它们被用于指导的共同体的社会状况联系起来。解释一篇文本，本质上就是将其看做表达了特定的社会文化需求，以及回应了特定时间和空间之中的特定困惑。[11]

即使它避免了文本意图的困惑[12]，历史主义（正如上文陈述中定义的）仍然在两个方面存在缺陷。第一个缺陷涉及其对理解的反身维度的信念。这正是伽达默尔想要表达的东西。他论及："从事理解的人永远也无法从其诠释学处境的历史关联中反思自己，以至于他自己的解释自身并不成为手头主题的一部分。"[13]林格将此种观点表述如下：

---

① gavagais是蒯因在《语词与对象》中发明的词，用来说明翻译的不彻底性。——译者注

解释者熟悉的场域（horizon）……既是理解之实事（the event of understanding）的一个必需的部分，也是他同化陌生对象的明确的程序。此种场域构筑了解释者自己对传统的直接参与，这些传统自身并不是理解的对象，而是理解发生的条件。[14]

在历史文本的例子中，这意味着：（1）文本的选择能激发我们的兴趣，并且该文本是我们可以获得的，（2）我们将解释、假设和偏见带入我们对文本的阅读之中，（3）我们运用到它们身上的古典学、音韵学、句法学、词汇学、语法学、历史学、文本学和其他形式的知识，以及（4）甚至我们就它们提出的问题，都受到了个人的"效果历史意识"影响，并且部分地由其构成。伽达默尔将效果历史意识描述成"这种意识同时在历史过程中起作用，并且由历史决定，有关存在的意识也是这样起作用和被决定的"[15]。他进一步断言："理解从来不是一种与某个约定的'客体'之间的主体性关系，而是关联于它的效果历史；换句话说，理解归属于被理解的存在者。"[16]

历史主义的第二个问题是它的意义观，它以此信念为前提，即文本闭合起到了某种密封封印的作用，它保存了"原本性"的作品，并且那种"真实的"意义只能在那"原本的"作品中找到。这种意义观（历史意义）与读者意识到的文本意义（经典意义）无关。一个文本的经典意义在它的运作过程中和解释过程中得以实现。和任何传统文本一样[17]，此种意义是其原文的产物：它向各种新的阅读敞开，而其恰恰是由那些传统传承下来的阅读宣示的。

在近代的理论家们和解释者们之间一直都流行这一做法：借助于文本意图这种手段，以绕开作者意图可能具有的危险。例如，艾柯（Umberto Eco）描述了在文本意图和读者意图（intentio lectoris）之间的辩证关系，在这种关系中，前者限制了后者的任意运作。[18]然而，这种区分存在问题，他甚至也承认"很难抽象地界定'文本意图'意味着什么"，并得出结论"谈论文本意图，只有在当它是作为作者推测出来的结果时，才是可能的"。为了让此有所进展，文本意图的概念就无法与读者意图区分开了，因为尽管他建议在文本之中存在一个给定（given）的系统，他仍然被迫承认"我们不能通过我们表达（和建构它们）的语言而将事实和语言区分开"[19]。

当然，人们可以理解艾柯为什么不愿意放弃"文本意图"这个概念：无限指号（unlimited semiosis）的威胁、不确定性的威胁，以及过分放纵闭合的危险；然而，我看不到任何理由去假定文本能向我们提供除了一系列意符（signifier）① 之外更多的东西。作为读者，我们在那些意符之间建立关系，从而形成融贯的模式（pattern）。反过来，融贯是在我们带入对文本的提问的（符号学的、语义的、句法的、词汇的、隐喻的、交互文本的、文化的和历史性的）编码基础上判断得来的。然而，不确定性从来都会在场。当弗兰克·凯尔莫德（Frank Kermode）将经典描述成"通过对解释的忍耐"[20] 而在变化中生存下去时，他论述了一个相似的观点。在我们尝试从文本的符号中抽取出一种融贯性时，某些关系群将会比其他关系群更好地融贯起来（或在其他关系群之先保持一致），但是，甚至这些也容易遭受不稳定的视角、语境或关系变化的影响。正是我们在文本中所发现的在相对的确定性和不确定性之间的张力，提供了解释运行的基础。

一旦我们具体涉及某个文本，赋予那些具有意义的原初意符丛以生机——通过提出一个它们可能提供某个答案的问题[21]——而破坏诠释学循环时，诠释就不再是一个单向的进程——在这个进程中，解释者将某种特别的解释栅（interpretative grid）强加到有待解释的文本之上。或许能说明此的最好证据是：我们都共同体验到文本的抗拒方式，因此导致我们修改对它的解释，这样才使我们得以扮演读者的角色。诠释学循环的活动（operation）揭示了游戏（play）中来回妥协的比赛（game）过程。我们继续谈论游戏这一隐喻：游戏的创造者、玩家和游戏之间的一体三面的关系为理解作者、读者或解释者与文本之间的关系提供了一种有益的具有启发性的模式。[22] 首先，它强调，与创造者在创作一种游戏/比赛时的意图对于该游戏/比赛应该如何玩没有影响一样，作者在创作一个文本时的意图与该文本应该如何被解释无关。（进一步地说，由游戏的创造者原始阐明的规则"属于"该游戏，而不属于创造者，并且总是受游戏者共同体的重新解释（reinterpretation）、重新谈判（renegotiation）甚至修订。）第二，它让我们可以理解一篇文本的（经典）意义如何仅仅在其解释中才能实现，正如一种游戏的意义仅仅在它的运作或展演之中才能实现一样。[23] 正如一块象棋板和象棋子并不形成象棋游戏，一副扑克牌也不构成扑克游

---

① 索绪尔认为，一个符号（sign）分成意符（signifier）和意指（signified）两部分，前者是符号的语音形象，后者是符号的意义概念部分，二者构成的整体，称为"符号"。——译者注

戏。同样的道理，在纸上的一系列符号也并不形成一个文本；只有在解释的行为中一个文本才能说是存在的。[24]以戏剧表演为例，只有在表演之中，戏剧才变得生动，并且仅仅在其表演的重复和延续之中它才真正实存（exist）。[25]第三，就像游戏者一样，读者/解释者的参与是关键的；没有他们，游戏和文本就不过是物理对象而已。然而，同样，游戏并不可还原为游戏者的行为。这是因为就像游戏者玩游戏展演着游戏一样，游戏的运作也展演着游戏者。

《论语》最近的两种英语译本——由两对卓有建树的汉学家完成[26]——证明了当采纳历史方法和经典方法这两种替代性方案时，对于同一个文本的解释，会产生多么的根本性不同。我深信，两种方法就其自身而言都是不足的。[27]需要的东西是一种既不会为斯库拉（Scylla）的回溯（retrospection）所击败也不会为卡律布狄斯（Charybdis）的前瞻（prospection）所吞没的策略。[28]①回溯涉及的是复原的诠释学：一种历史语境——文本于其中被创造——的考古学。前瞻涉及的是读者现在对一篇文本正在进行着并将持续下去的接受过程，也涉及其经典意义的展开和说明过程。除非一个人过分地把读者强调成文本意义唯一的决定因素而急于为潜在的无限指号打开闸门，否则，就必须强调历史语境。对于《论语》，存在着负责的和不负责的读法或解释[29]，通过承认历史语境的合法性边界，我们更能够在各种彼此竞争的解释性论断之间进行判断和取舍。例如，如果一种解释是以假定一种历史语境不能独立地证实为前提的，而另一种是以假定历史语境能够独立地证实为前提的，那么在其他情况等同的条件下，第二种解释更可取。然而，我并不认为《论语》的经典意义可以在一个有限系列的历史添加物（historical accretions）的范围之内确定，并且仅仅以历史主义的模式来阅读的时候才可以理解，没有一个解释者——无论是当代的还是其他类型的——能够凌驾于文本正在进行的接受过程之外。伽达默尔根据"效果历史意识"、传统以及偏见（prejudice）或前见（prejudgement）的积极作用详细阐明了此种维度，这正如艾柯所要表达

---

① 斯库拉和卡律布狄斯是古希腊神话中的人物。前者本是海洋女仙，后来在被喀耳刻（Circe）陷害之后，变成一个可怕的怪物，身体的上半部和头还保留着一个美丽少女的形象，但身体的下半部腰间却伸出个长脖子，上面长着六个狂吠的狗头。有船经过时就吃掉六个水手。后来她跳到意大利和西西里之间的大海里，变成了礁石。后者是该亚和波塞冬的女儿，她在陆地生活时曾偷吃赫拉克勒斯的一部分牛，宙斯惩罚她而把其打入海里，成了大旋涡。卡律布狄斯大旋涡和斯库拉大礁石面对，从她们之间经过很危险。《荷马史诗》的《奥德赛》有对此的专门描述。——译者注

的内容一样，即"给定语言的文化百科全书式的理解以及对相同文本先前的系列解释"[30]卷入一种给定的解释。如果我们认真对待伽达默尔的"视域融合"（fusion of horizons）理论——在其中，解释者对文本的理解和文本的意义[31]以一种问和答的辩证关系而彼此互相需要，并且在其中所有的解释都是历史性的、偶然的（以及总是推测性的）——那么，恰恰不是通过重构某些不变的、假定的孤立式真理，而是在为读者或解释者所实现的经典意义中，解释的价值才有所依托。即使一篇文本的历史意义是"复原性的"，也不会有独立的标准使其能够与经典意义区别开来。

在此种关联中，很值得铭记古代中国人解释《论语》的方法。阿瑟·丹托（Arthur Danto）已经建议我们需要"追问：古代中国哲学的经典文本典型地由对话体写成，这一事实具有什么样的认识意义呢?"[32]就《论语》这个特定例子而言，杜维明提议：

> 对话用来表明孔子处于思想和行动之中，他不是作为一个孤立的个体而是处于诸多关系的中心……那么，编辑那些以孔子为核心的遗留下来的陈述的目的，似乎就不是呈现论证或者记录事情，而是向读者提出邀请，以使其参与正在进行中的对话。通过《论语》，数世纪的儒家学者学会了再次制定一个令人惊叹的程序，通过这个程序参与到与孔子的对话中去。[33]

事情果真如此的话，相比于保存更先前的注释（exegesis）记录来说，注释者引用更早的注释者的传统做法更多的是利用对话和讨论[34]的展演性力量，以重新创造与孔夫子对话的语境。丹尼斯·唐纳诃（Denis Donoghue）将这种阅读方式称为"寓身其中的阅读"（epireading）：

> "寓身其中的阅读"是读者用来弥补当他阅读书面文字时所具有的生疏感和距离感的形式。"寓身其中的阅读"并不想按书面文字在书本中的样子去理解它们，而是想要将这些文字重新恢复到本源处，恢复到包括语言、品格、个性以及像具有个人性的命运那样的人性状况，等等。"寓身其中的阅读"唯一的要求是，那种阅读被解释为一种私人性的遭遇，读者进入一种与讲话者的实际关系之中。知识以了解一个人而不是以发现一种秘密的方式出现。[35]

解释者对文本的接受和手稿的经典意义在问与答的辩证过程之中互相限定，并不意味着解释将会倒退到相对主义或者任意性之中。相对主义没能得到接受，是因为在传统语境之中，随着解释的增长，传统文本也在增长。因此，一系列相互竞争的"可选择的"阅读敞开了前景，相反，当回顾性地查看（和预期性地期待）时，真正出现的是迄今尚未实现的经典意义的持续展开过程。当然，某个特定的解释者/读者共同体将会运用其自己的融贯标准，以评估对历史传承下来的各种解释的接受程度。任意性，同样受到这一需要——通过接受其而理解历史上已经传承下来的东西——的限制。正如艾柯已经论证的，文本的内在融贯性和"一个读者——或文化——共同体的共识判断"[36]在此处起到了明显的作用。

我在其他地方已经论证过，直到大约在公元前150年到公元前140年，《论语》才开始作为一本书的形式存在，而这本书是以孔子早先大量的"辑结的言论"（collected sayings）为基础的。[37]我的解释可以概述如下。后来以《论语》知名的这本书的主要来源据称在汉武帝（公元前141—前87）统治时期在孔子家的墙壁中发现的21篇辑结的言论，这就是《古论》。[38]从根源上来说，这21篇是记录孔子和他的弟子的言与行的篇章的合集，并且仅仅在发现它们之后这些合集才被认为是一本独立的书。同样也没有任何理由认为这21篇就是夫子如此久远的言论的全集，也没有理由认为在先秦时期它们就已经被赋予了独立成集或者是合集的地位，并优先于任何其他早期的夫子言论合集。这些篇章被认为组成了一部完整的书，而这一地位只不过是在西汉时期（公元前202—前8）为了引起人们的特殊关注而赋予的——就因为据称它们是从孔子家的墙壁中发现的。一旦认为这21篇自己就构成了一本书并且给它们命名以标识这种身份和同质性，那么文本闭合的过程就开始了。随后，预设就变成了这21篇最初就是作为一本书而被记录下来的，而实际上此书是西汉时期的产物。我们并不知道那些章节于战国的何时编辑而成，我们同样也不知道在西汉早期它们首次得到发现之后，接下来又被编辑和安排到了什么程度。简而言之，我们关于文本起源的历史语境的知识知道得太少。

当然，这并不意味着我们在裁定各种竞争性的解释论断时要放弃历史语境这一标准——即使由于古中国"作者身份"的性质和作用以及在那段时期编辑和传播的文本在结构上迥异并增生这一事实，而使其成为一个很难实现的目标。除此之外，我们对于古中国的句法学、音韵学和语法学的理解是有限的，并且我们对于这段时期的历史和社会的知识也仍然很

本体诠释学、民主精神与全球和谐

少。简而言之，虽然在解释古中国的文本方面，用历史编纂学的方法来说，精确性和确定性是值得追求的目标，但是那些目标的确证是成问题的。当然，我们可能有理由确信历史上有一位真实的孔子存在——他生活于公元前 500 年左右。然而，当我们追问"谁写了《论语》"或者"《论语》中有多少孔子或其同时代的作者之原话（ipsissima verba）"这些问题时，同样的信心却不是证据。尽管如此，我确实认为在一定意义上，尝试确定《论语》的某些部分乃至整本书的作者或编撰者的做法是值得的。正如米歇尔·福柯观察到的："在意义增值中，作者采取的是节俭的原则（principle of thrift）。"[39]就我们可能在此种努力中获得成功的意义上，我们为意义增值进行划定界限可能付出的代价是承认，正是我们——"传统文本"即《论语》的继承人——将作者或者编辑者重新导入了文本之中。[40]"传统文本"是艾略特·道伊奇（Eliot Deutsch）用来描述权威或基础文本以及围绕该文本的各种注疏的术语："在印度思想中建构了（传统）文本的正是佛经（sutra）（或颂，karika）和/或者其他权威性的来源，以及从未间断过的解经作品。"[41]从这一视角看，人们应该根据不断壮大的整体及其不断积聚的部分来思考：

> 一种传统文本……其权威性的根源植根于口头传统之中、其各种概要之中及其正在被书写的阐述之中。诠释学式地讲，疏（bhasya）、章（vrttis）以及解疏（tikas）①，构成了一个连续的、完整的论证或文本不可或缺的部分。与其说它们是一部要不然就已确定并完成的作品（佛经）的附属物——仿佛作者、哲学家仅仅是作为学者被牵扯进为其他人所说和所相信的意义之曲解之中——倒不如说它们贡献于一部更大的、正在发展着的作品。[42]

当把《论语》当做一种叙述而非一种纯粹的历史性文本阅读时，甚至是历史的或原本的孔子概念都扩展了，而不是取代了《论语》中的孔子。作者意图以一种相似的方式在解释之中起到了作用。其重要性来源于它作为我们元叙述地重建的（metanarrative reconstruction）元素——对这些元素，我们要尽力给出一种内在融贯的解释——之一所发挥的作用。历史主

———————

① bhasya，疏；vrttis，章；tikas，解疏。在印度哲学中，疏指的是讨论某一流派或某一系派基本经典的长篇评论，而章则是短篇评论，解疏是对疏的再解释。——译者注

义地阅读《论语》也可以被理解成叙述的重写，在这种重写中后来的读者利用其他的文本和事件，通过提供一种新的情节来重新安排（rearrange）、重新构造（reframe）、重新描绘（refigure）、重新改写（rework）、重新定向（reorient）及重新发明（reinvent）。实际上，或许能够论证，即使当代对《论语》的最诡辩的历史主义阅读也采用了一种叙述体来将多重的和全异的事件整合进一个全面的和完整的故事之中，这使他们获得了一种至今尚未被认识到的详细程度。[43]

假定我们对于文本由以产生的历史语境的知识贫乏，但是，历史语境大体上也可以适用。在这种情况下，更应该重视了解文本保存在注疏传统中的经典意义。这并不是说经典意义仅仅因为其在某段时间存在或时髦就必须参考，也不是要声称一个正确的解释必须是所有其他各种解释的总和。毋宁说，理解一个传统的突出典型怎样解释了该文本，就等于是去反思我们自己理解的各种前提（和诸多成见）。

澳大利亚国立大学

澳大利亚，堪培拉

【注释】

我要感谢 *Sophia* 杂志的诸多匿名评审颇有价值的反馈。尤其是，有一系列评论使我澄清我的主要论证，并删除一些令人困惑的观点。

[1] 在马王堆、定县和郭店发掘出的"哲学"文本是尤其重要的。因为有很多以前未经证实的文本也被发现了。目前要注意，上海博物馆收藏的并将在今年〔即 2002 年。——编者注〕出版的竹简文本也同样重要。

[2] Lionel Jenson, Manufacturing Confucianism (Durham and London：Duke University Press，1997)，79.

[3] *Truth and Method*，2nd rev. ed.，trans. Joel Weinsheimer and Donald G. Marshall (London：Sheed and Ward，1989)，373.

[4] 对于应用到古代中国文本的研究中的划分，与我理解不同的，参见 *Michael La Fargue，Tao and Method：A Reasoned Approach to the Tao Te Ching* (Albany：SUNY Press，1994)，5—21。

[5] 我要感谢 *Sophia* 杂志的某位匿名评审提供了此概要性清单。

[6] 著名的文学家和翻译家西蒙·雷斯（Simon Leys）将会强烈不同意此论断。在他的译著 *The Analects of Confucius* (New York and London：Norton，1997) 的导论 xxi，xvii 中，在描述他有能力倾听孔子的"独特声音"时，他写道："孔子强烈和复杂的个性是这本书的主心骨，并且界定了它的统一性……孔子能够为自己说话——穿

越了 25 个世纪。"当然，雷斯并不是第一个持此观点的人。古代中国人的一个例子是孙绰（公元 320—377），这是皇侃（公元 488—545）在他的《论语义疏》中对 3.24 做的疏中引用的。孙绰的评论与一个据说是和孔子同时代的人卫国仪邑的封疆官有关，这位封疆官断定"天"将把孔子当做木铎：

> 达者封人，栖迟贱职。自得于怀抱。一观大圣，深明于兴废。明道内足，至言外亮。将天假斯人以废德音乎！夫高唱独发，而无感于当时。列国之君，莫救乎龙首，所以临文永慨者也。然玄风遐被，大雅流咏。千载之下，若瞻仪形，其人已达。木铎未戕，乃知封人之谈，信于今矣。

[7] 到汉朝末年（公元 220 年），《论语》的各种注疏在解释《论语》时具有了相当的重要性。

[8] 在他对伽达默尔《哲学诠释学》译本的导论中，详见 Hans-Georg Gadamer, *Philosophical Hermeneutics* (Berkeley：University of California Press，1977），xxiii-xxiv。

[9] 对于作为承载传统的读者和解释者的我们来说，它的用处见伽达默尔在效果历史意识概念中的讨论。

[10] LaFargue, *Tao and Method*，10，19.

[11] Paul Ricoeur, *Hermeneutics and the Human Sciences*，ed. and trans. John B. Thompson (Cambridge：Cambridge University Press，1993），183-184.

[12] 它通过移除作者作为意义产生的源泉的做法而做到这一点。

[13] Hans-Georg Gadamer, "Rhetoric, Hermeneutics, and the Critique of Ideology：Metacritical Comments on *Truth and Method*", in *The Hermeneutics Reader：Texts of the German Tradition from the Enlightenment to the Present*，ed. Kurt Mueller (London：Basil Blackwell，1986），282.

[14] 见 D. E. 林格对伽达默尔《哲学诠释学》译本的导论，xii 页。在伽达默尔评论诠释学的任务时，他说："它的任务并不是发展出一套理解的程序，而是澄清理解发生的条件。"见 *Truth and Method*，295。

[15] Gadamer, *Truth and Method*，xxxiv.

[16] Ibid.，xxxi。

[17] 沿用艾略特·道伊奇的"传统文本"（tradition text）的概念，这个概念是在他的文章中得以发展的。详见 "Knowledge and the Tradition Text in Indian Philosophy," in *Culture and Modernity：East-West Philosophic Perspectives*，ed. Eliot Deutsch (Honolulu：University of Hawaii Press，1991）。见下文的讨论。

[18] 见他的 *Interpretation and Overinterpretation* (Cambridge：Cambridge University Press，1992），45~66 页；*The Limits of Interpretation* (Bloomington and Indi-

anapolis：Indiana University Press，1990），44～63 页。

［19］Eco，*Interpretation and Overinterpretation*，65，143.

［20］Frank Kermode，*The Classic*（Cambridge：Harvard University Press，1983），143.

［21］乔纳森·库勒（Jonathan Culler）:《为过度解释辩护》（In Defense of Overinterpretation），见艾柯编:《解释与过度解释》（*Interpretation and Overinterpretation*）。其提供了下述的例子:"理解是询问该篇文本坚持的问题并找到该篇文本坚持给予的解答:'曾几何时有三只小猪'要求我们追问'那么发生了什么?'而不是'为什么是三只?'或者'精确的历史语境是什么?'"（109～123 页）关于他的能力理论的完整陈述，参见他的《结构主义诗学:结构主义、语言学和文学研究》（*Structuralist Poetic：Structuralism，Linguistics and the Study of Literature*）（Ithaca：Cornell University Press，1975），114 页。（当"能力"要求我们追问"精确的历史语境是什么"的时候，也并不难想象许多其他的境况。）迈克尔·拉法格（Michael LaFargue）卓有成效地将库勒的能力理论应用到对《道德经》的解释上。尤其参见他的《道与方法》（*Tao and Method*）。然而，我确实同时注意到由 *Sophia* 期刊的某名匿名评审提出的提示:"我们没有必要预设古代中国的概念图式或者哲学历程激发了任何对于我们紧迫性的问题的回答。"

［22］虽然游戏的类比也适用于一门整全的语言，并且文本也由此更大的游戏规则而被告知，但是文本并不是由语言游戏的协定排他性地限制了的一系列步骤。就如游戏一样，文本有它们自己的习俗和它们自己的运作。

［23］然而，我并不赞同伽达默尔在《真理与方法》102 页中的断言，即"游戏有其独立于玩该游戏之人的意识之外的自己的本质"。

［24］正如保罗·曼（Paul de Mann）说的，只有在"单独结构着的问题的影响之下，正如历史学家式的解释者所理解的那样"的情况下，文本才获得了"其组织和潜在转变之必需的内在一致性"。参见他写的导论，详见 Hans Robert Jauss，*Toward an Aesthetic of Reception*，trans. Timothy Bahti（Minneapolis：University of Minnesota Press，1982），xiv。

［25］意义是通过阅读行为产生的。当一篇文本未被阅读时，它仅仅是纸上的符号。试图将戏剧剧本的模式转变成游戏模式并不需要使表演者和观众变成一个"读者"。同样在游戏的例子中，可以既存在表演者又存在观看者。对于此点文本上的类比是，一个人为了另一个人或许多人受益而阅读某文。

［26］E. Bruce Brooks and A. Taeto Brooks，*The Original Analects*（New York：Columbia University Press，1988）；Roger T. Ames and Henry Rosemont Jr.，*The Analects of Confucius：A Philosophical Translation*（New York：Ballantine Books，1998).

［27］我在《国际中国评论》（*China Review International*）第六卷第一期（1999）

的特约评论中对这两种研究做了评论，见1～33页。

[28] 我理解那些方法中的任何一种都有其自身的优点。回溯使我们能够对历史文本的解释进行某些最小的限制。预期使我们能够理解经典意义的开放性。关于"回溯—前瞻"（retrospection-prospection）的区分，参见 André LaCocque and Paul Ricoeur，*Thinking Biblically*：*Exegetical and Hermeneutical Studies*，trans. David Pellauer（Chicago：The University of Chicago Press，1998）。

[29] 这并不是说只有"负责的"解释才应该被流传。不同的解释者或翻译者当然会有他们自己的理由去保存和传播某些不负责的读法。那些原因可能从不当的、不寻常的、离奇有趣的或者奇异的偏好，到想要记录具有历史意义的读法的欲望。在《论语》这个特殊的例子中，它过去是，并且将来仍是一个向各种可相互替换的读法开放的文本。一种胜任的注释译本应该能够传达这些。

[30] Eco，*Interpretation and Overinterpretation*，143.

[31] 在此处，意义指的是经典意义。

[32] 参见他的 "Philosophy as/and/of Literature," *Proceedings and Addresses of the American Philosophical Association* 58，no. 1（1984）：8。

[33] Tu Wei-ming，"Confucianism"，*Encyclopedia Britannica*，http://www.britannica.com/bcom/eb/article/printable/9/0，5772，109629，00. html.

[34] 这能解释"注疏辑要"（collected commentary）的盛行原因。

[35] Denis Donoghue，*Ferocious Alphabets*（New York：Columbia University Press，1984），98-100。与此相关，马克·爱德华·刘易斯（Mark Edward Lewis）在 *Writing and Authority in Early China*（Albany：SUNY Press，1999，83）中做出的如下评论就很有意义：

> 为了与通过它发表言论的多重主体保持相容，子（master，刘易斯在此处指的是在古代中国"子"的一般谱系，并不仅仅指孔子）表现出来的并不是以一种具有普遍性的形式而宣讲出的一种连贯性的哲学论调，毋宁说是一系列的个人化命题，其中的根本原理，或者在其中是否缺乏这样的原理，不得不由读者推论。这种对内在动机的关注，也使研究子而不是他断言的任何哲学学说成为最终的目标。

[36] 艾柯在《解释与过度解释》的三篇文章和答复中已经经常使用内在融贯性原则了，参见 65ff. 。

[37] 与其复述我的长篇论证的各种细节，我推荐读者阅读相关文章："On the Formation of *Lunyu* as a Book," *Monumenta Serica* 44（1996）：1-25。

[38] 王充：《论衡》4：1136，见黄晖编：《论衡校释》，北京，中华书局，1995。

[39] "（他）不是充斥一部作品之意义的模糊的泉源……他是某种功能性原则，借

助于这种原则，在我们文化中的人限制、排外和选择；简而言之，借助于这种原则，一个人才能阻止虚构的自由流窜（circulation），才能阻止虚构的自由操控，才能阻止虚构的合成、分解和再合成。"此处和文中都引自福柯的《规训与惩罚》，详见 Michael Foucault，*Discipline and Punishment*，trans. Alan Sheridan（New York：Vintage/Random House，1979），159。

[40] 参见 Roland Barthes，"From Work to Art," in *Image Music-Text*，trans. Stephen Health（New York：Hill and Wang，1977），161：

> 并不是作者可能在他的文本中不"回归"于文本，而是他此后作为一个"客人"而做到了此点。如果他是一个小说家，他就像他的一个角色一样嵌入该小说之中，被描绘于表层之中；再也没有家长式作风的和真理论式的特权，他的嵌入是游戏的。他——如其所是的——成为了一个文本作者：他的生命再也不是他的小说的起源，而是一个对他的作品有所贡献的虚构。

[41] Deutsch，"Knowledge and the Tradition Text in Indian Philosophy," 169.
[42] Ibid.
[43] 此处的观点，详见注释 [26]。

本体诠释学、民主精神与全球和谐

小论三种孔子研究

凯利·詹姆士·克拉克（Kelly James Clark）*　　著

赵　琦　张红安　译

引　言

在我开始论及这篇文章的主题之前，我想先坦白，我不会读中文的典籍，也不是一个训练有素的汉学家。但是，虽然我不是一个受过专门训练的汉学家，我是一个热爱中国文化的分析哲学家。我的专长是宗教和伦理学，并且深受分析哲学的训练和熏陶。我自 1998 年始，致力于中国哲学的研究。当我第一次阅读《论语》时，曾经觉得《论语》的开篇隐晦、深奥，而且似乎有些老生常谈。

> 子曰："学而时习之，不亦说乎？有朋自远方来，不亦乐乎？人不知而不愠，不亦君子乎？"[1]

当然，我认为学习并且能及时实践所学是件好事，有朋友也是这样，别人不了解你，你却不气恼也很好。但是，为什么这些会被认为是一部经典呢？《论语》后来的篇章并没有给出多少解释，它们只是让我进入了一个更加隐晦和深奥的孝、仁、祭祀和礼的世界。《论语》提出的问题远比它解答的多得多。例如，为什么给亡者献祭能让生者有德？（《论语》1：9）在刻板程式化的"礼"的活动与"和"的轻快之间可能有什么样的关联？（《论语》1：12）我相信这样一本卓越的著作一定有比我的了解更为深邃的含义，这让我投入了《论语》解释的汪洋大海之中。

孔子思想的基本轮廓，"仁"、"恕"、"礼""德"进入了我的视野。

---

* 凯利·詹姆士·克拉克（Kelly James Clark），加尔文大学哲学系教授。研究方向：宗教哲学，伦理学，中国哲学。E-mail：kclark@calvin.edu

"仁"有人道、仁爱、仁慈（humaneness, benevolence, human-heartedness）的意思；"恕"则表示互惠、顺从、利他、尊重他人、关怀他人（reciprocity, deference, altruism, respecting others, being other-regarding）；"礼"在英语中一般翻译为"宗教礼仪"（ritual），但是显然它比宗教礼仪的意思更广，而且不仅仅局限于宗教的"仪式"，它既包括普通的社会礼节，也包括宗教仪式，所以我以为最好把它翻译为 propriety（"社会习俗礼节"）；"德"则有道德、卓尔不群、才赋和效力（virtue, excellence, power, efficacy）的意思。

然而，当我阅读《论语》的现代二手文献时，我的不安感越来越强烈，因为这些解释非常不同，而且往往在关键问题上彼此冲突。我疑惑如何能在众多的解释中拣选出一种解释，让我了解孔子本人的真实意图。当我所学日多，我开始将那些《论语》评注分成两派：（1）一派试图给出普泛的解释；（2）另一派试图发展出一套对他们自己和现代人适宜的解读。这只是非常粗略的分类。我见到某些属于第一派的孔子学者非常关心什么样的解读能适应现代人。同样，属于第二派的学者也有关心给出普遍的解读的。但是研究所使用的方法、希冀达到的目的和最终得出的结论需要一种指导性的分类，也给诠释学提供了经验教训。

作为一个好奇的圈外人，我亲身经历了这场诠释学的论辩。我认为这场论辩对于诠释学，也对中国哲学提出了重要的诠释学问题。这里，首先，我将陈述这两派对孔子的描述；其次，我会讨论这两种不同描绘所产生的诠释学问题。我对诠释学的讨论将先论述历史的鸿沟和哲学的鸿沟，我要论证的是孔子解读的多样性应该是预料之中的事。继理查德·罗蒂之后，各种各样试图克服隔阂并且提供融贯有力的孔子诠释的尝试无不陷入历史的建构，或者理性的建构。这些孔子诠释可以分成三类孔子研究。这三类方法的目标非常不同，很可能存在互相矛盾的孔子诠释。但是，我认为这些矛盾的解释实际上并不对立，每一种类的孔子研究能容许不同的孔子诠释并存，而且每一种都可以非常合理。

这两派当代重要的孔子诠释常被认为是互相对立，只有一种合乎理性，让我们就从这两派当代重要的孔子诠释谈起。

哪个孔子？

我会按照这两个对立派别各自对孔子的理解来陈述他们的诠释。我将把两个派别称做"传统诠释下的孔子"（CT）和"革新诠释下的孔子"（CI）。我把前者理解为主要是关于断定孔子确切地说了什么和他所说的意味什么，我把这一解读当做比较传统的诠释。这是"传统诠释下的孔子"，一个好古而不愿意接受变革的孔子。我以为革新诠释主要关注孔子的价值，在当代背景下孔子会对我们说些什么。我把这种解释看做相对修正的孔子诠释。这就是作为革新者的孔子。

传统诠释下的孔子（CT）

孔子认为他的思想属于古代周朝（约公元前1050—前250）的早期传统和商朝（约公元前1600—前1050）部分时期的传统，古周和古商体现了天的公正，并且由公正的领袖统治。子曰："周监于二代，郁郁乎文哉！吾从周。"（《论语》3：14）他认为自己的使命在于传承周的典范："述而不作，信而好古。"（《论语》7：1）在另外一个地方，孔子悲叹他实现理想社会之梦破灭了："甚矣吾衰也！久矣吾不复梦见周公！"（《论语》7：5）比起先驱者，孔子更是一个传统主义者。当孔子回顾商周时，是什么让他钦佩呢？

孔子认为自己是古代商周黄金传统崇尚和平与和谐的盟友，他效仿伟大的君王文王和武王，以及周公，他们是智慧、美德和仁慈的道德典范。对于孔子而言，这个理想是真实的，天道就完美地体现在这些智慧仁慈的帝王身上，也完美地体现在他们开创和统治的社会之中。天子受天的旨意约束，如果天子不公，天可以废黜天子。理想的君王是圣君，他们依照天和天道来统治。孔子拥护圣君的典范，并且把之延伸成为人类的典范。孔子相信以圣君为代表的人之至善，不仅君王可以达到，普通人也能达到。然而，这里或许正是孔子的独特见地，天下不是由世袭获得，而是由德行取得。世袭制度任命公侯的问题在于，那些公侯们或许不善于治国。根据孔子的看法，帝王必须明智、公正，否则天会废黜这个帝王，而把权力交给一个明智且有德的人。这一创见打破了传统以血统和财富为基础的社会角色分层制。孔子认为应该依照功劳和能力来分配社会角色。

对孔子而言，帝王的美德是通过教育和"礼"来培养的，修身对于美德的获得至关重要，修身包括对礼的严格理解和实践。孔子的教育哲学主要是关于道德的；教育让一个人成为仁者和好子民。孔子似乎肯定了某种实在论（本质先于存在），认为完全的人性只能通过人的先天本质和"礼"的修养，这两者适当、和谐的调和才能达成，先天本质是"质"，是自然本性或者先天实体，修养则是"文"（《论语》6：18）。孔子谈到的教育主要发生在家庭范围内，最初（并且最重要）针对儿童。家庭是儿童从父母那里，通过特定的"礼"，学习尊重、服从、忍耐、仁爱、工作和玩耍等等的地方。对于早期儒家而言，社会是家庭的扩展，所以毫不奇怪，对于教育，家庭具有核心的位置。因此，孔子认为，公正的社会就像家庭那样，等级分明。等级制的和谐是对孔子社会的最好描述。而且考虑到孔子对孝（从家庭延伸到城市，从城市延伸到国家，直到天下）的重视，人乐于安于本分，个人的本分出于他们自愿的、自然的服从，却也是由"礼"式的尊重和服从来确定的。

孔子最重视的美德是"仁"，英语中被翻译为人道、仁慈和仁爱。其他美德包括孝、恕、忠、义、信和智。具有仁之美德的统治者不通过频繁扰民的行为改变社会，而是通过道德劝诫改变社会。对于他们的子民和敌人，他们同样不费力地展示充满魅力、非强迫的道德力量和道德劝诫。君王的修养能显耀其人格魅力，并影响国家；修身是社会改革的基础。对于孔子式的社会而言，实现道德改革的关键在于有一个这样的君王，他能像父亲培育孩子那样教化他的子民；实现道德改革也在于有一个这样的体制，它鼓励道德教诲和适当的始于家庭的"礼"的活动；实现道德改革还在于一个有效的社会和经济基础建设，能够满足人民的物质需要。[2]

对此，我的观点属于少数派，我认为孔子肯定了一个超越的、非人类的、牢固的道德来源——"天"，对于天而言，人、个体和群体都是子民。孔子对"天"和"天命"的热情而坦率的言论表明，孔子相信天是拟人的、非人格化的神（《论语》2：4，7：23，6：28，9：5，9：12，8：19）。[3]对于那些否认孔子信仰一位具有人类形态的神的人，史华慈劝告他们：

> 那些坚信孔子认为天仅仅变成自然的"非人格化的秩序"的人，必定具有一个先天的前提，这个前提使得他们不能按照字面意思理解前面提到的孔子学说。这是最最危险的假设。[4]

普洱特（Puett）曾就这个论题做出过最为繁复和仔细的论述，他主张孔子尊敬天。他说："天是神力中最伟大的。"[5]他主张孔子信仰一位超越的、非人的但是具有人类形态的道德来源的神并不能说明孔子不是绝对现世（this worldly）的哲学家，因为他哲学的大部分关于在现世我们该如何

本体诠释学、民主精神与全球和谐

依据天、地安身立命。无论肯定或者否认孔子是有神论者，传统的观点是，对于孔子而言，并不是所有的和谐，而是将人类与最终实在（即天）统一起来的和谐才能给人提供安身立命之本。地上的等级秩序应该仿照天的等级而定。艾文贺（Ivanhoe）说：

> 我认为孔子把周朝遗留下来的文化当做宇宙本身的结构，一种动态的结构，但是它的基本形式并不会改变。孔子从不创造任何礼，也不创造乐，他述而不作。简言之，他从不创造什么。他只借用并传授传统的行为方式，并且用之解决当时的问题。在对传统规范的应用上，孔子善于变通，但是他从不质疑这些规范。[6]

在另一个地方，艾文贺似乎反对自己提出的这个观点。他说："道始于圣王（既然如此一个传统主义者还能提出什么别的解释）。"[7] 道怎么可能源于圣王而同时又是宇宙的秩序呢？如果孔子最终诉诸宇宙本身的秩序——我认为事实如此，那么他的元伦理学的诠释不是简单诉诸传统。

对于孔子述而不作的主张，我认为它可能更多体现了孔子的谦卑或恭顺而不是绝对反对革新。对孔子的传统主义诠释把他当做一个传统主义者，但是孔子也是个革新者。譬如，"君子"的原意是"君主的儿子"，指出身高贵的男子。孔子一方面继承了这个词的传统含义，同时他把君子的意思扩充为任何能实行孔子的孝、信、修身、仁与义的美德的人。君子是高尚的人，他们依照自己的善念行动，而不准许自己受到恶念的干扰。[8]君子在英语中被译为 gentleman（绅士）或者 superior man（出众的人），孔子所说的出众不是关乎血统、财富、社会地位、性别或者职业。一个人只有成为明智、有德、人性更加完满的人才能成为君子。伟人是道德和精神上出众的人。因此，孔子对于他所继承的传统提供了一些重要的创见。

对于礼而言，孔子也考虑过革新。孔子同意将麻冕改为祭祀用的丝绸帽子，并且至少同意臣子可以在堂下给君王磕头（《论语》9：3）。但是这些并不能使得广泛的宗教创新具有合理性。戴祭司的帽子和给君王磕头都不是随性而为的。事实上，孔子肯定传统，他认为，升堂后磕头，而不在堂下磕头是傲慢的做法。此外，大量的礼的规范支持传统周的礼仪。在《论语》中确实存在很多非自愿选择的"礼"。就礼而言，除了很小的变动，孔子主要是周朝传统的保守者和继承者；他或许准许了某些小小的变化，但却不是一个革新者。

革新诠释下的孔子（CI）

传统的诠释认为孔子坚决拥护周的文化模式，它体现宇宙之大道，以及一个秩序井然的社会所有的人类繁荣的稳固并且真实的范式。革新的诠释认为，孔子开始允许从周的古老的礼中有所自由发挥。这两种解读有许多共同之处。这里，我将着重强调那些同传统诠释有冲突的革新诠释的部分。一种区分这两种派别的方式是，革新诠释渴望一个更加现实、更加现代的孔子。当代的革新诠释认为孔子是一个革新者，而不是一个传统主义者。这种语境下的孔子更加自由和民主，更加关心人权和个人的自主性，而且喜好创新和自发性。芬格莱特（Fingarette）以前说孔子是"视野狭窄的说教者"，后来则认为孔子是一个"伟大的文化创造者"和"新理想的创造者，而不是古老理想的辩护者"。[9]相似地，郝大维（Hall）和安乐哲（Ames）反对把孔子的《论语》当做"仅仅是受文化限制的道德范式的储藏库"，他们赞同在"当今哲学对话"的背景下看待孔子。[10]那么，革新诠释对孔子研究做出了什么贡献呢？

在芬格莱特对孔子丰富和富有洞见的解释中提到，作为一种"圣洁的仪式"或者"神圣的典礼"的"礼"，具有改变世界的神奇力量。礼在《论语》中占有核心的位置[11]，事实上"礼"比个人生活更加重要。[12]孔子赋予那些熟练掌握礼的人神秘而且奥妙的力量，神奇（magic）一词最能形容他们。人们或许认为这种力量更适合赋予"德"与"仁"，而不是礼，尽管芬格莱特承认仁和礼在《论语》中同等重要。芬格莱特对礼的重视让他低估了义、孝和对君王长辈的权威的尊崇。[13]他也无法相信如果面对我们今天遇到的文化多元性，孔子会以为周礼（周王朝的礼，孔子所珍视的文化）是特别而且享有特权的。除了符合传统这一点，周礼实际上没有任何特别之处。事实上，对于孔子对礼的维护，芬格莱特赋予了它一种政治动机，而没有接受孔子提供的形而上学的基础。[14]与芬格莱特所说的相反，礼更有可能具有神奇的力量，而且如果将礼结合实在（比如天道）的力量或者人性的力量，而不是将礼与偶然的过去的微薄力量相结合，礼会比个人的生命本身更加重要。芬格莱特也否认孔子的观点使得自由选择成为可能。

郝大维和安乐哲对孔子的解读博学而富有挑战，他们认为孔子非但不是一个本质主义者，他对人的看法与本质主义截然对立。孔子并不赞成固定的人性观，而是主张一个自由选择、自我创造的人性观。他们把孔子的思想理解为存在主义和实用主义的结合："我们应当看到，孔子对做人的理解与众不同。在西方哲学的传统中，存在主义和美国实用主义的部分思想与孔子最为接近。"[15]郝大维和安乐哲从当代哲学家理查德·罗蒂的角度理解孔子的"做人"，把做人理解为"自我形成、自我表达（self-articula-tion）和自我更新"[16]。孔子没有完全拥护先人严格的礼的纪律，而是积极的革新者。他主张自发的创造性高过"礼"的特殊性，远不是坚持客观的、固定的道德规范。孔子是一个实用主义者，他能根据人的需要、喜好和环境的变化改变道德规范。郝大维和安乐哲不认为孔子的思想是"保守、强加秩序的哲学系统"，他们认为当孔子支持"传统的告诫"，而他主张的修身却需要评估和改变传统，以"追求中道"。[17]事实上，孔子更多地被描述成善于权变的伦理学家。这一类型的伦理学家认为人只受到喜好的驱使，并且只受个人对于独特情况下如何才能产生最好结果的判断所引导。孔子的道德规范没有普遍性，普遍性被绝对的个别性所取代。自发性和创造性的孔子代替了三千种礼的孔子。孔子的循规蹈矩被个体性所代替。

孔子不具有超越的观念，取而代之，他具有根本的内在观（认为天无所不在）。郝大维和安乐哲承认天具有拟人的形态，但是他们否认孔子具有任何超越的观念。他说："或许在对孔子思想的融贯解释的所有前提中，影响最为深远的是排除任何超越者的存在，或者超越的原则的存在。这是根本的内在观的前提。"[18]如此，孔子的道德规范和社会失去了与"天"相关的超越的基础。

对孔子的革新诠释最好被称为"儒家学派"（The Confucianism School），因为其支持者经常有意或者无意地通过儒家的传统来了解孔子，虽然这种传统与孔子的联系远不如人们想象的那样紧密。郝大维和安乐哲的解读基于上自《易经》下至董仲舒的非常思辨的阴阳、过程宇宙学（process cosmology）① 和人类学。董仲舒是一位孔子的修正主义者，郝大维和安乐哲毫无顾忌地使用他的哲学：

让我们来正面应对一个可能的方法论批评。例如，一些汉学家肯

---

① 过程宇宙学指的是怀特海，即 Alfred North Whitehead（1861—1947）所开创的宇宙学思考，"过程"一词源于怀特海的代表作《过程与实在》（*Process and Reality*），完成于 20 世纪 20 年代。——译者注

定要问，我们怎么可以用董仲舒在《春秋繁露》中对某个词的定义来解释它在《论语》中的用法呢？同样，就如同说可以完全接受董仲舒的定义那样，说儒家的董仲舒（公元前179—前104）与传统儒家的词汇完全不相干，也是不负责任的说法。问题是需要发现在董仲舒对儒家词汇的陈述以及阐述中，哪些与《论语》一致，哪些偏离了《论语》。这个问题与另外一个问题相关，那就是区分对孔子的"过程"阅读（"process" reading）和对孔子的阅读，对与西方读者而言，过程阅读是我们能见到的唯一最适合让孔子思想变得明晰的来源。我们并不是陈述汉代对孔子的解释，而是针对董仲舒的评注中那些让我们更容易理解孔子思想的那部分评注，试图进行批判性地使用。[19]

他们同意："在这种方法中当然有不严肃的成分，但是它也承认了汉语复杂的有机性质。"[20]不严肃，实在不够严肃！结果，儒家有了丰富的形而上学，修正的道德，而且有意思的是，它的魅力不亚于郝大维和安乐哲发现的过程哲学和实用主义哲学的魅力。

理解上的鸿沟

那么多的孔子解读，那么少的时间。我们如何理解这个真实的、历史的孔子和《论语》中所表达的真实的历史观呢？在这个部分，我将提出两个重要的问题来理解孔子，第一个是历史的，第二个是哲学的。让我们先从历史的角度讨论为什么了解孔子是困难的，那就是说让我们考虑传统和我们当代背景之间的历史性鸿沟。接下来，我们将要考虑哲学上解释孔子的证据不足（underdetermination）的问题。

历史的鸿沟

孔子自称是"儒"的古代道德和社会传统的传承者（scholar-gentleman-leader），儒在以前朝代的黄金时代出现。这个传统体现在权威的五经中：《易经》、《春秋》、《史记》、《诗经》、《礼记》。把孔子当做传统的传承者，让孔子成为第一个伟大的儒家评注家，也让《论语》成为第一个最伟大的经典评注。[21]如果这种观念不错，那么我们已经远离了最初的传统（尧、舜、大禹、文王和周公）——在孔子《论语》中的那些最初的文献，许多是基于更加原初的口耳相传的资料，包括经过编辑、修订、增删、剪辑的文献，以及《论语》中孔子的评注。[22] 既然传统发生了变化，我们就很难理解《论语》，我们因此需要评注家来解释孔子对儒家的评论。

对于《论语》与传统的背离，我们可以加上另一个方面。那就是孔子没有写《论语》，它是由孔子的门徒和追随者在 20 年至 400 年的时间里（对这个时间的估计差异很大）所作而成。有些作者似乎把自己的思想和风格加入到孔子的原初观点中，我们可以比较一下第十篇长而详细的关于礼制的教导，以及第一篇至第四篇特有的简短就不难发现这一点。以前的传统是，学者把《论语》的每字每句都当做孔子的话，尽管它们是后来由孔子的门徒写下来的。对于孔子教诲的真实性，现在学者的意见多有分歧，所以这个方式很少被现在的学者所采纳。孔子没有写作《论语》，而且现存的《论语》是经过口耳相传、重构、后人的添加和修改混合而成的。此外，《论语》出现在不同于孔子言传身教的儒家传统的时代。麦克哈姆（Makeham）主张："《论语》，作为一部书，它的出现不早于公元前 150 年至前 140 年。"[23] 无疑，《论语》的部分文本的确含有孔子的真实思想。但是，基于对风格和内容的考察，其他部分似乎并不出自孔子。那些部分似乎更多关注那些把自己的话附在《论语》上的叙述者或编辑者，而不是孔子的想法。他们或许告诉我们在什么样的场合，那些叙述者为何说那样的话（sitz im leben），而不是孔子说话的场合和意图。最为大胆和令人难忘的识别孔子教诲真实性的尝试是怀疑主义的论断：白牧之和白妙子夫妇（E. Bruce Brooks and Taeko Brooks）主张《论语》只有很小的一部分来自孔子。虽然他们的观点遭到驳斥，有一点似乎不容置疑，那就是即使孔子和《论语》之间存在着关联，这种关联也是非常松散的。[24]

如果我们想要理解孔子而不是儒家，那么我们必须进行全面和思辨的考察，哪些段落出自孔子，哪些是后人增加的段落。譬如，叙述"无为"的段落是否反映了孔子的思想，还是那些受道家影响的门徒添加上去的呢？唯一明显指涉"无为"的是第十五篇的第五节，尽管其他段落，诸如第二篇的第一节和第三节似乎与"无为"的思想一致。但是学者几乎普遍认为，第十五篇是后人加上去的，虽然第二篇被认为可能是孔子本人的思想。在"无为"部分提到的无为比第十篇中提到的严格的礼的活动更加吸引现代人。但是，在那些被孔子称为"经"的经典中没有哪里明显提到无为，或许有一些隐晦的提法。即使我们接受孔子提供了某些关于"无为"的创见这一观点（尽管他也有相反的声明），《论语》中对"无为"的颂扬真的是孔子自己承认的创见吗？对此，冗长繁复的关于"礼"的段落，譬如第十篇，真的都是孔子的思想吗？它们的风格显然和《论语》的其他部分不同。它们是否可能出自于一个更后来的统治集团，他们在礼制方面非常熟练，却缺乏仁的思想？魏礼（Waley）主张第十篇是后来一个重视礼的细节超过一切的儒家派别加上去的。[25]

另一方面，孔子无疑熟悉礼，而且能敏锐地意识到礼，并受到《礼记》（礼制的经典著作）的影响。既然如此，第十篇还显得得如此突兀吗？魏礼认为第十篇《论语》更真实的部分不是关于"礼的细节"。然而，《论语》有不少的部分对礼的论述非常细致，它们都集中在被认为真实和相对具体的第一篇到第九篇。[26]此外，虽然《论语》的某些片段不甚详细，我们没有理由认为孔子完全避免谈及礼的细节。

最后，孔子自己真的说过或者赞同"人能弘道，非道弘人"（《论语》15：29）吗？是否像某些解释者认为的那样，孔子主张道德只是相对的、实用性的人类构建物，而不是超越的、绝对的和客观的?[27]其余的解释者就《论语》中某些对道的参考，提出了一种更为固定、先在的人的存在理想，它不是由人创造的。这就是说，孔子所走的道路是古人圣王的道路。[28]需要注意的是，几乎每个当代研究者都把《论语》第十五篇当做后人加上去的，但是他们却常常强调15：29是理解孔子的关键。

如果经典和《论语》不完全是明了易懂的，那么对它们的解释就不可避免。随着解读的层层深入，依靠那些无法被直接或者间接从文本自身得到证实的解释原则，我们愈来愈深入到棘手的诠释学中。每个注释者必须做出能够指导他们解读的哲学假设。不幸的是，或许由于哲学假设的影响，在注释的传统中，对于孔子和儒家没有固定的看法，对于经典也没有固定的解读。丹尼尔·加德纳（Daniel Gardner）认为：

> 浩瀚的注释文集自身就证明了，无论个人评注者怎么想或怎么主张，儒家的传统不存在对于经典的永恒不变的规范解读。对于每个经典文献的许多注解明确了一点，那就是任何注释对不同的人能够具有，也的确具有非常不同的意义。[29]

此外，儒家是哲学观念和文本及其影响的集合，它们被调和论者董仲舒综合，在汉代（约公元前206—公元220）汉武帝时期（约公元前136）兴盛。事实上，在历史上发展的《论语》自身或许是不和谐音，而不是唱出同一音调的团队。如上面提到的那样，董仲舒的哲学高度调和而且修改了之前的传统。尽管孔子曾经被认为写作或者至少编辑了《易经》，学者现在认为孔子和《易经》没有多少关系，而且孔子肯定没有留意高度形而上学化的"十翼"，后者很可能是在孔子身后，后人由六十四卦组成的用于占卜的文本上加进去的。思想零碎、不太思辨、讲究实际的孔子开创了儒家思想——一个高度发展、非常形而上学化的抽象体系。在孔子最为忠诚的评注者的著作《孟子》中，我们看到朴素、简洁的《论语》不曾有的体系。

　　评注者们假设，在各种各样的文本背后藏有一个简单的模式（"一条线索"）。汉代语源学所用的术语"经"就是把不同的竹简串到一起的线，文本写在一片片串起来的竹简上，象征着意义的统一性。但是经的类型的多样性抵制简单的诠释，每种类型都被给予同等的地位。在五经中，我们发现历史、前历史、后历史的建构，还有官方文件、法律、神学、诗歌、占卜、道德劝诫、传说、形而上学的思考、社会批判、治国之术、宗教、礼制和迷信。尽管五经显然彼此不同、不完整，而且经过很长的时间方才形成，它们整个被认为是包容万象、统一和谐的整体，被用来相互诠释。事实上，即使《论语》是从许多资料中编辑而成的集子，人们认为或许应该把它当做和谐的整体来看，毕竟，除非有相反的理由，编辑者应该被假定为有理性的人。

　　之后的评注包括更多体系的建构，人们根据这些体系来解读孔子，这说明了在包罗万象和具有权威性的文本面前，智识的上层建筑处于不活跃的时期。早期佛教传入中国之后，毫不奇怪，为了回应佛教的感染力，有些佛教的评注家会从佛教的线索来理解儒家，或者会补充儒家的形而上学，让它变得更加丰富。为了回应儒家的衰弱和佛教的崛起，宋代的理学家追随孟子，变成彻底思辨的和形而上的。

　　一方面存在孔子和儒家的历史鸿沟，另一方面，我们的世界创造了巨大但是并非不可超越的理解文本的鸿沟。但是即使假设有一个固定的经典，一个作者或者几个作者（关于这些作者，我们具有大量独立的证据），也假定关于作者的生活和著作，我们具有社会历史性的文本知识，还会出现证据不足的哲学问题。

证据不足①

对于科学哲学，人们几乎普遍承认证据不足的理论。但是这一理论具有更广泛的应用：很多当代哲学认为某个人的世界观（包括哲学、伦理观和政治立场）无法被证据所决定。关于这个世界，存在对立的假设，每个都有足够和充分的数据支撑（无论人们如何解读这些资料）。多元的信念或许都有合理的证据，但是这并不能说明所有的信念都是得到充分证实或保障的，也不能说明它们就是真实的。根据培根天真的想法，我们能直接收集"事实"，并从中推断出解释事实的正确理论，当人们根据事实进行实验，自然界本身会告诉我们对立的观点中的哪个是真实的。然而，证据不足的理论主张，只要对某人的信念做出足够的调整，世界上的任何理论能解释所有的"事实"。"事实"本身，即这个世界，无法告诉我们哪个理论是真实的。证据本身无法告诉我们哪个对立的理论是正确的。为了通过信念来确定哪个是好的，我们必须考虑其他非证据的方面——哲学的或者实用主义的考察。[30]

我们可以把证据不足的理论延伸到文本的解读中，尤其是那些内容含糊、有明显的不一致、有许多作者、很少关于作者的信息和没有得到充分论证的观念（诸如我们在《论语》中看到的）。之前提到的作者和解释者之间存在社会历史方面的认知差距，导致文本的证据不足的问题加剧。当然，证据不足造成了严重的认识论问题：对我们而言，同一组数据，当对立的假设或者解释能够同样好地解释文本，相信哪个才是理性的呢？

让我们在《论语》显然冲突的文本中提出证据不足的问题。假设一个人在读《论语》的时候为同一个问题的不同答案所困扰，或者为同一个概念的不同阐释所困扰。例如，对于"仁"和"礼"的难以捉摸的关系，《论语》的有些篇目暗示"仁"产生于"礼"，所以有些人就试图以此证明"礼"在产生"仁"方面只具有工具性的价值，如果他者被证明在生产"仁"方面同样有用，"礼"甚至就成为可有可无的了；另一些篇目则把"礼"和"仁"等同起来，所以一些人主张"礼"不仅仅具有工具性的价值，而且对于孔子的道德视野来说不可或缺。如果说我们能够在这点上确定孔子准确的观点，我们就能决定孔子是传统主义者还是革新家。让我们

---

① 根据维基百科的解释，underdetermination（证据不足）是一个术语，用于讨论理论和支撑理论的证据之间的关系。证据不足的论证可用于支撑认识论的相对主义，它主张没有一种好的方式能保证一个理论的绝对准确性，无论基于一套怎样的证据。——译者注

考虑一下对这个明显冲突的解释：

1. 孔子的言论不是一致的。

2. 孔子改变了他的看法。

3. 这对冲突的观点提供了（或许是针对不同的问题）两个同样好的答案，它们提供了一个答案所无法提供的微妙差别。

4. 对立文本中的某个（或者两个）是后来编写的，反映了不同场合下作者和视角的不同。

5. 不同的视角是根据提问者的情况做出的，在社会状况、道德背景和精神方面，他们或许还无法接受孔子的最佳答案，孔子只能把最好的回答告诉另一些在这些方面更加出众的人。[31]

6. 有一个孔子从未明显提及的更加广泛的解释，它能够适应并且调和貌似明显的冲突。[32]

考虑到文本自身，我不觉得有任何理由赞成（1）至（6）条中的任何一条。这就是说，没有任何文本的证据证实（1）至（6）条；文本并不使得他们必然成立。尽管为了明确孔子的观点，人们做出了许多不同的尝试，他们得出的更多的是非决定性的事例，而不是更加有说服力的证据。文本资料并不必然产生一个单一的、强有力的解读。

如果有人考虑文本外的信念问题，那么他或许有理由更赞同其中的某一个假设。例如，如果有人相信《论语》的作者是一个圣人，而且《论语》确实是这个圣人之作，就像许多古代注释家认为的那样，那么他会反对（1）、（2）和（4），选出一个更加调和的方案，例如（3）、（5）或（6）。如果有人认为孔子不是一个圣人，而且《论语》是合多人之力、历时几个世纪才完成的作品，他或许会赞同（1）、（2）或（4）。但是，即使依照文本外的信念来看，仍然有互不相容的假设符合原文，许多假设超出了我们的想象。

证据不足的问题不只是在明显矛盾的文本中出现，它也能在任何段落或者概念，甚至翻译中出现。[33]让我们来看一下《论语》中的某一节（2：11）的翻译和解释①，这一节能阐明孔子对于过去所起到的调整作用的理解。我们来看这几段比较传统的翻译：

　　一个人对于他早已熟悉的知识，能够牢记不忘，举一反三，从已

―――――――――――――――――

① 这一节的中文原文如下：子曰："温故而知新，可以为师矣。"——译者注

经知道的知识里面有新的发现和体会，他就能够做老师了。（Lau）

一个人能活用过去所学的知识，并且用以理解当下，这样的人就能够做老师了吗？（Slingerland）

如果一个人能做到温故知新，这样的人适合为人师。（Dawson）

在温习旧的知识的时候能够有新的体会、新的发现，这样的人就能做老师了。（Brooks and Brooks）

对于这段文字，斯林格伦德（Slingerland）注意到，在解释孔子的传统中有两种占主导但并不相容的解释。第一种主张孔子抱定决心要让过去复活，第二种主张孔子仅仅表达了："利用过去的所学来了解未来遇到的东西。"当然，第一种解读站在传统的立场上，第二种则比较中立。白牧之和白妙子夫妇（Brooks and Brooks）对于这段的简要评论肯定了传统主义的观点："第二篇的第二节（2：2）肯定了孔子为后世解经的诠释者的立场，而且加强了经自身的权威。"[34]

对《论语》第二篇第十一节的翻译和解读中，也有容许甚至建议革新的：

温故并且知道（如何）更新它们，这样的人或许能被当做老师。[35]

霍怀特可（Wawrytko）的解读允许更新过去，甚至修正过去。而就解读孔子的对立的描述而言，郝大维和安乐哲的解释似乎比较中立。但是他们的评价则不是这样。他们写道：

"学习"和"反思"（在广泛利用文化传统和通过自己的创新详细阐释之间）的相互作用在《论语》中是一个反复出现的主题。每个事件都是自成一格的原则，需要将学到的东西创造性地运用到新的环境，以使得所学变得更加适宜："温故能够知新的人具有做老师的素质。"（2：11）一个人必须足够有创见才能充分利用以往的文化，无论是使得文化适应自己的时代和环境，还是把文化当做实现他自身可能性的结构。他必须勤劳地工作来学习传承古代的文化，但是他也必须更进一步，扩大其占主导的可能性。[36]

总体说来，反思旧学能够让人革新传承的文化并且开发出新的意义来。[37]郝大维和安乐哲主张那些无法利用传统的人将缺少与他们的社会"交往的必要基础"。[38]因此人们能够创造性地从事和扩展传统的"礼"，甚至最终完全抛弃它，但是这个过程必须进行得很慢，以免对于文化的其他部分显得过于疯狂："一个生活在自己独立世界中的人通常被认为是疯子和对公共意义和价值的威胁。"[39]文化可以被改变，但是必定要经历漫长的过程，才能维持其稳定性。孔子是一个革新者："一个权威，一个仁者，通过个人的重要影响，他实现了或者创造了礼。"[40]

这个具有各种解释的段落被两种非常不同的孔子解释拿来作为证明自身的证据。文本自身无法确定哪种解释是正确的。请注意在这个例子中有两个层次的证据不足：首先是翻译的层面，其次是解释的层面。尽管我不打算在这里论证，但是我还是要说这些不同能够蜕变成一个层次，因为可以证明所有的翻译本质上是一种解释。

历史重构与理性重构的对抗

如果理解孔子受到之前提到的历史和哲学鸿沟的负面影响，那么会出现孔子解释的不同版本就不足为奇。文本之外的判断，即"诠释学"必然引导我们达成对这个文本的某种解读。在这里我使用诠释学的传统含义即解读文本，它与解释《论语》，或者更精确地说，孔子的本来教导有关。我认为追随伽达默尔，所有的理解，而不仅仅是文本解释都是解释，因此所有的理解都需要诠释学。然而，我把我自己在这里的评论限于文本理解。虽然我认为有一些一般和普遍被接受的或者是默认的规则，它们指导人们解读文本时的理解（如果没有这些规则，我们无法理解任何人对我们说的任何话或者任何我们读到的东西），我并不认为，当文本自身因为以上已经提到的理由无法获得一致时，有一种诠释学方法，一种阿基米德支点能够解决争论。我以为这个观点几乎是一种由经验证实的主张，在人类历史上各种非常重要的文本都有许多各种各样无法调和的解读。当然，在这个问题上，孔子的文本也不例外。除非我们想把那些和我们持有不同观点的解读者都贬为非理性的，甚至是不道德的；若非如此，我们应该认同同样理性的真理的忠实追求者能够得出非常不同的，但在某些情况下，同样理性的文本解读。考虑到历史和哲学的理由——文本自身抵制同一的解读，各种不同的解读可能无法避免。

但是有些不同意见来自于解读孔子的不同目的。如同罗蒂所做的那样，我将发展出两种非常不同的方法，即历史和理性的重构，来理解历史上重要的哲学家，这两种方法能生成对思想家的不同解读，因为它们对思想家提出了不同的问题。[41] 在简单陈述历史和理性建构的不同之后，我将提出三种使解读孔子得以进行的不同方法。事实上，它们能产生非常不同、显然无法调和的孔子解读，但是追溯它们无法调和的具体原因，这些解读又不是对立的。

历史重构对抗理性重构

在理查德·罗蒂的文章《哲学史学：四种类型》（The Historiography of Philosophy：Four Genres）中，他主张研究哲学史有两种主要方法，这两种方法都应该进行，但是应该分开进行。[42] 历史的建构者让历史的对象自己言说，理性的建构者用当代的哲学语言来引导他们对历史对象的理解。

历史重构让被研究的哲学家用自己的语言来描绘自身："重新创造古人用他们自己的生命谱写的智识画卷是非常有用的。"[43] 他们的工作是"确保古人事实上说了什么。"[44] 通过将某个思想家自己的哲学偏好和语言归类，以便历史人物能更好地自我言说他们的哲学漏洞和其余的一切，历史的建构将继续进行。历史的建构并不关心历史对象的看法是道德的或者在思想上是否是蒙昧的。罗蒂主张历史的建构是专业人士的工作，他们应该对思想家的观点达成一致的见解。通过把思想家的语言放入他们的社会历史的语言学背景（以校正使用不同语言的问题），使用同情的理解的原则，专家们可以对历史的建构达成一致意见。

在另一方面，理性的建构寻求在历史人物的著作中找到对当代讨论有用的内容。理性的建构者常常超越时代的界限，把他们的历史对象当做现在辩论的一部分。理性的建构者们怀疑，对于某个话题，特定的历史人物到底说了什么，这点与现代有关。罗蒂写道：

当我们超越时代的界限，认为他"真的"持有这样的学说时，我们的意思是在一个他与现代哲学家的想象的争论中，讨论他是否应该具有其他的观点，他或许会被推到一个他自己从未表达过的前提，处理一个他未曾想到过的问题——友好的理性建构者给他提出的前提。[45]

罗蒂认为，这种超越时代界限的理性建构本身并没有问题，只要专家们承认这就是他们进行研究的方式。理性建构是一个超越时代而且高度推断的方法——一个历史学家会怎么评论一个思想家本人从未明确处理，而且也很少有文本涉及的哲学问题呢？考虑到年代的差距，推断和缺乏直接的证据，我们不难预料理性建构存在诸多分歧。[46]

作为一个圈外人，我的观察是那些辩护孔子是传统主义的解读者更多属于历史建构的阵营，那些为孔子是革新的诠释者辩护的人则更多属于理性建构的阵营。传统主义的解读者试图在《论语》的社会历史背景下无限制地解读它，主张革新的解释者试图发展出一种对当代学者或许有用的版本。在重点和程度方面，这两派有所不同。主张革新解释的专家似乎对历史的建构比较感兴趣，但是在我看来，当走到极致，他们又会滑到理性建构那边。在另一方面，传统主义诠释的专家似乎非常重视把孔子论证为一个与当代哲学讨论有关的思想家。然而，这两种诠释的分野似乎偶然遇到了历史建构和理性建构的区分，如果双方都承认自己是在从事历史或者理性的建构，我们就能看到两种解读不再是对立的。错误似乎在于：主张革新诠释的孔子研究者希望人们认为他们是在进行历史的重建，而实际上他们（有的时候是有意识地）提供了一种理性重建。

三类孔子研究

考虑到历史和理性建构的区别，孔子研究至少有三种方法，每一种都说明了非常不同的孔子解读。前两种方法，即历史批判和经典批判，属于历史建构的范畴。第三种是理性建构的方法。让我简单勾勒这三种方法并且讨论它们的利弊。

历史建构之第一种：历史批判的方法

这个方法最接近罗蒂概述的历史建构。这一方法试图从《论语》和其他著作归于孔子之言的不同话语中发现孔子的本来意图。从这种方法中产生的孔子解读或许被删去了后来受到道家影响的那部分，或者被去除了礼制的外在仪式的部分。利用白牧之和白妙子夫妇、万白安、斯林格伦德或者艾文贺的哲学方法，这些孔子诠释者竭尽所能确定孔子真正的教导。他们让孔子自己言说，而不涉及当代的哲学话题。我怀疑这个解读将会揭示传统的、相对保守的孔子研究（传统诠释）。在我看来，这种方式的好处在于它更有可能忠实于《论语》中的孔子，其代价是孔子的意见或许被当做地方性的、陈旧的甚至是不道德的，例如，对于人权、女性或者是非统治者而言。所以，孔子或许被非汉学家当做与现在的哲学和社会问题基本无关，因此可以顺理成章地继续忽略他。孔子的解释者意识到这一点，常常渴望表示孔子提供给现代人不少东西，例如关乎家庭价值、人权、女性或者非统治者的那些主题。但是当他们在这些情况下这么表达时，他们开始超越《论语》所能提供给我们的直接证据。那就是说，他们开始朝理性建构的方向发展。然而，即使是历史的孔子也具有与当代讨论相关的观点，我们也应该承认这一点。

历史建构之第二种：经典批判的方法

就关注文本而言，经典批判的方法与历史批判的方法无关，经典批判对经典的孔子提供了一种解读，这就是对《论语》中发现的孔子学说的解读。经典的批判家或许意识到或者赏识这种历史的批判方法，但是在整个《论语》文本的背景下，他们开始做出理解孔子的不同方案。经典批判家比历史批判的学者更有可能调和不同的解读。他们的任务是让所有的文本都有意义，而不是丢弃那些初步看来与所谓的更"核心"或者所谓的"祖传"部分不合的部分。调和看似古怪，但有两个原因让我们觉得其合理。第一，虽然孔子的思想貌似简单，它也颇有深度和宽度。从表面上看，看似矛盾的话语或许仅仅是一个伟大心灵更加深刻和更加和谐的观点，它们需要解读者能综合它们并具有敏锐的感受力。

第二，即使《论语》是一个或者一系列校订者的产物，同情理解的原则需要我们把他们当做理性的人，那就是说，我们不应该把他们当做愚蠢的收集者，收集不同的传统，而没能意识到或者不关注矛盾。这个方法的好处在于我们可以理解那些完整和颇有影响力的文本。此外，我们或许会发现我们的某些洞见无法从历史批判的方法（关于前汉时期中国人的信念）中得来。经典批判方法的代价与历史的批判相当。

理性建构

当代的理性建构抛弃孔子较为传统的、保守主义、绝对主义、关于礼制和等级的因素，而偏好一种能在我们时代和我们对话的儒家。这个方法不需要忽视历史的重建，但是它具有自己的独特标准。例如，郝大维和安乐哲主张有两种方法可以理解孔子原本的教导和后来对孔子解读的关系：

> 孔子或者是出于某种原因被当做一个媒介，用于隐藏无数创造性个体的新奇意图，或者孔子事实上是一个"集体作者"，在文化价值的传播过程中，通过后来思想家的参与，人们不断以新的方式重塑他。[47]

理性重构者反对前者，热情地拥护后者。正如我们见到的那样，儒家和集体作者（即一直被以新的方式看待的孔子）的当代重构版本常常强调个体的创造性，反本质主义、人权、实用主义和"仁"。在我们的时代这是正确的。在过去的时代，儒家发展了与道家、《易经》的形而上学或者佛教教理极为相近的方法。理性的建构者趋向于更加变通地看待孔子的传统，他们发现当代哲学的范畴适于解释儒家。

重构孔子的好处在于：当合适的当代重要哲学家投入到这项事业时，儒家显得相关而且有益。理性的建构是有益的，因为人们或许不太考虑孔子的所言和所思，而更加关注对于我们的本性和我们在世界中的位置，一个仍然生机勃勃、不断发展的传统要告诉我们什么。那就是说，人们或许认为儒家的传统在某种程度上洞见了真理，历史的孔子或许有或许没有的洞见。依照儒家的谱系，人们自然想把儒家学说固定在其源头上，而且出现了一些显然对《论语》颇有偏颇的解读。但是考虑到理性建构的目标是一个一致并且可行的世界观，这些有偏见的解读是能够容忍的。当然，世界观的诠释学不同于了解一个古人的诠释学，也不同于理解一部经典文本的诠释学。孔子被认为真理在握，他通过激发传统使得传统能够以非常不同的方式被改变，从而把握真理。[48]

理性建构的代价是三重的。对于研究而言，人们或许会怀疑理性建构和历史人物之间有什么样的关系。对于理性建构与当代哲学范畴的关系，人们或许会怀疑儒家是否是必要的；如果对人们的自我定义和在世界的位置而言，当代的哲学范畴足矣，为什么我们要大费周折去理解晦涩的古汉语术语呢?[49]第三，理性建构所依靠的当代哲学范畴可能被认为无法充分利于任何严肃的思考，如果与儒家联盟的当代哲学并没有说服力，儒家或许也不具有很强的说服力。

结　论

这篇文章的论点是，考虑到历史和哲学的鸿沟，对孔子迥异的解释在意料之中。事实上，我们提出了三种孔子研究：前两种是历史批判的方法和经典批判，它们是历史重构的形式；第三种是理性的建构。由于它们具有不同的目的和方法，每一种研究都产生对孔子和儒家的不同描述。

那么应该做些什么？我建议，作为第一步，人们应该有意识地认同他们方案的本质不是历史建构（历史批判或者经典批判）就是理性的建构。仔细追随这些不同形式话语的现代规则，一些一致的解读至少应该出现在历史重构的层面。当每一个历史的建构必须克服历史的鸿沟并且承认证据不足，普遍接受的文本之外的信条能够确定我们对一些孔子教诲的理解（直到一些更好的或者其他文本之外的信条获得主宰）。普遍接受得到一定程度证明的学说并不能削弱证据不足的说法。我们接受某些解读而反对另一些解读，这是由其他非文本的假设决定的，我们做出并且认同这些非文本的其他假设。考虑到现在所接受的批判经典，没有一种对孔子的合理描述可以忽略社会交往的黄金规则——仁、礼、义和恕。没有一个可以忽略强烈的孝（顺从）和等级观念。但是，我仍然要问，孔子使用那些术语究竟是什么意思？它们的关系如何？对其哲学而言哪个概念更加关键？可惜的是，不同的学说尚未被确定，并且对于经典文本之外的批判人们的意见非常不同，对历史重构的不赞成也无法避免。就理性的建构而言，没有多少理由期待意见一致，因为孔子被要求用他平时不用的术语来解决完全不同的问题。但是，如果我们理解每个解读都是一种描述——无论是历史的还是理性的建构，那么在某些情况下就不会再有冲突。通过仔细关注某人的目标和目的，我们或许能看到不同的解读未必是真正对立的。

我们如何面对令人迷惑的种种解读而且试图理解孔子？这里，除了阅读文献或者与汉学家一同研究与讨论之外，我觉得鲜有他法。不要把自己限制在现在，也要阅读古代的评述。从多角度阅读多种类的文献。阅读历史学家的著作，这在我看来能够在意识形态方面较少受孔子的任何特别见地的约束。但是，更为重要的是阅读原著，而且要一遍又一遍地阅读。读各种译文，记住每个翻译都是一种解读。不要成为当今孔子诠释的俘虏，也不要成为某种理解孔子的流行潮流的俘虏。倾听文本，如果能够阅读古汉语，尽量阅读那些我们力所能及的哲学著作。批判性地从事所有这些事情，知道每个学者都有特定的言说角度，他们的视角甚至连他们自己和别人都不太清楚。不要逃避困难的问题，不要接受敷衍了事的答案。最后，在文本中寻找答案，记住你必须依靠专家，但是他们也是从某个视角去理解孔子的。接着，再次阅读原著！

最后，最为重要的是，实践所学。孔子的思想首要是一种生活方式，而不是等待人们去理解的深奥文本。我并不赞成实践孔子的每一句话，在"仁"、尊重他人、"恕"和家庭价值中有无穷无尽的智慧。毕竟，"学而时习之，不亦说乎？"

加尔文大学

密歇根，大急流

【注释】

我要感谢费乐仁（Lauren Pfister）、大卫·田（David Tien）、瑞安·尼科尔森（Ryan Nicholson）、特内斯·库内奥（Terence Cuneo）、德尔·雷切（Del Ratzsch）、李·哈迪（Lee Hardy）、丹尼尔·贝斯（Daniel Bays），尤其是马特·霍特曼（Matt Halteman），他们给予了我批判性的和建设性的意见。

[1] 如无特别说明，均引自 Edward Slingerland, trans., *Confucius Analects* (Indianapolis, Indiana: Hackett Publishing Company, 2003)。

[2] 关于儒家观点的这段文字，参见 Bryan Van Norden, ed., *Confucius and the Analects* (New York: Oxford University Press, 2002), 18-23; Slingerland, *Confucius Analects*; D. C. Lau, *Confucius: The Analects* (New York: Penguin Classics, 1979), Introduction; and Raymond Dawson, *Confucius: The Analects* (Oxford and New York: Oxford University Press, 1993); A. C. Graham, *Disputers of the Tao* (La Salle: Open Court Publishers, 1989), 18-22 (他似乎同意将孔子作为一个革新的诠释者); Philip Ivanhoe, "Review of *Thinking Through Confucius*," *Philosophy East and West* 41, no. 2 (1991): 241-254; and Benjamin Schwartz, *The World of Thought in Ancient China* (Cambridge, Massachusetts: The Belknap Press of the Harvard University Press, 1985)。

［3］参见我的文章 "The Gods of Abraham, Isaiah, and Confucius," *in Dao: A Journal of Comparative Philosophy* 5, no. 1, （2005）：109－136, and "Objectivity, Relativism and Transcendence in Masters Kong and Rorty," in *Morality, Human Nature, and Metaphysics: Rorty Responds to Confucian Critics*, Yong Huang, ed., Global Scholarly Publications, 2006。

［4］Schwartz, *World of Thought*, 123.

［5］Michael Puett, *To Become a God: Cosmology, Sacrifice, and Self-Divinization in Early China* （Boston: Harvard University Press, 2002）. 其他持同样观点的当代汉学家包括：Slingerland, *Analects*, xviii－xxii; Julia Ching in "The problem of God in Confucianism," *International Philosophical Quarterly* 17, no. 1, （1977）：3－32; Lauren Pfister, "Discovering Monotheistic Metaphysics: The Exegetical Reflections of James Legge （1815—1897）and Lo Chung-fan （d. circa 1850）," in *Imagining Boundaries: Changing Confucian Doctrines, Texts and Hermeneutics*, ed. Ng On-cho, et. al. （Albany: SUNY Press, 1999）, 213－254; and Schwartz, *World of Thought*. It is rejected by Van Norden, *Confucius*, Introduction; Robert Louden, "'What Does Heaven Say?': Christian Wolff and Western Interpretations of Confucian Ethics," in Van Norden, *Confucius*, 73－93; and David Hall and Roger Ames, *Thinking Through Confucius* （Albany, NY: State University of New York Press, 1987）.

［6］Ivanhoe, "Review," 244.

［7］Ibid., 250.

［8］我谨慎地使用单一性别的术语，因为《论语》似乎主要是对男性领导者的教导。

［9］Herbert Finagarette, *Confucius: The Secular as Sacred* （New York: Harper Torchbooks, 1972）, vii, and 60.

［10］Hall and Ames, *Thinking*, 6.

［11］Fingarette, *Secular as Sacred*, 7.

［12］Ibid., 17.

［13］关于芬格莱特这些问题的详细批评，参见 Charles Wei-hsun Fu, "Fingarette and Munro on Early Confucianism: A Methodological Examination," *Philosophy East and West*, 28, 2 （1978）, 181－188。

［14］参见 Fingarette, *Secular as Sacred*, 57ff。

［15］Hall and Ames, *Thinking*, 73.

［16］Ibid., 72.

［17］Ibid., 100.

［18］Ibid., 206.

［19］Ibid., 42－43.

本体诠释学、民主精神与全球和谐

［20］ Ibid. , 43.

［21］ 人们或许持完全不同的看法：孔子是如此伟大，以至于千百年来他的哲学比出身更重要！

［22］ 这方面的观点，参见 John Makeham, "On the Formation of *Lun Yu* As a Book," *Monumenta Serica*：*Journal of Oriental Studies* 44（1996），1−25 and *Transmitters and Creators*（Cambridge，MA and London：Harvard University Asia Center，2003）；Daniel Gardner, "Confucian Commentary and Intellectual History," *The Journal of Asian Studies*, 57, no. 2（1998），397−422；John Berthrong, *Transformations of the Confucian Way*（Boulder, Colorado：Westview Press, 1998）；Michael Nylan, *The Five "Confucian" Classics*（New Haven, CT：Yale University Press, 2001）；Van Norden, *Confucius*；and E. Bruce Brooks and A. Taeko Brooks, *The Original Analects*：*Sayings of Confucius and His Successors*（New York：Columbia University Press，1998）。

［23］ Makeham, "Formation," 1.

［24］ 反驳的论点，参见 Edward Slingerland, "Why Philosophy is Not 'Extra' in Understanding the *Analects*, a review of Brooks and Brooks, *The Original Analects*," *Philosophy East and West* 50, no. 1（2000）：137−141, 146−147；and Van Norden, *Confucius*, 13−18。

［25］ Arthur Waley, *The Analects of Confucius*（Repr. , New York：Random House, Vintage Books, 1983），55.

［26］ 例如，参见 *Analects* 2：5；3：4，15，18，7：18；and 9：3。

［27］ 例如，参见 Hall and Ames, *Thinking*, 227−229。

［28］ 例如，参见 *Analects* 1：2；3：24，4：15，17：5；and 19：22。

［29］ Consult Daniel Gardner, "Confucian Commentary and Intellectual History," *The Journal of Asian Studies*, 57, no. 2（1998）：398.

［30］ 这一观点由 Duhem 提出，蒯因同意。蒯因最早为证据不足辩护，并接受其结果，参见 Quine, "The Two Dogmas of Empiricism," in *From a Logical Point of View*（New York：Harper and Row, 1953），20−46。蒯因提出语言的证据不足问题，见 *Word and Object*（Cambridge, Massachusetts：the M. I. T. Press, 1960）。在彻底翻译的例子中，有一些不相容的翻译手册用以理解母语言说者的行为。蒯因把证据不足的问题延伸到本体论上，见 Quine, *Ontological Relativity*（New York：Columbia University Press, 1969）；存在不相容的本体论，且每一个都完全把握我们的感官情况。

［31］ 这是皇侃 Huang Kan（488 AD−545 AD）的策略。参见 Makeham, *Transmitters*, 123−127。

［32］ 参见 Kwong-Loi Shun, "Ren（仁）and Li（礼）in the Analects," in Van Norden, *Confucius*, 62−70。

[33] 如果要了解在翻译中它们如何起作用，请参见郝大维和安乐哲的评论，如：A. C. Graham, "Review of *Thinking Through Confucius*," *Bulletin of the School of Oriental and African Studies*, *University of London* 51, no. 3（1998）：591-592, and Ivanhoe, "Review"；或参见傅伟勋对芬格莱特的批评，"Fingarette and Munro," 181-189。

[34] Brooks and Brooks, *Original Analects*, 303.

[35] Sandra Wawrytko, "Prudery and Prurience：Historical Roots of the Confucian Conundrum Concerning Women, Sexuality, and Power," in *Confucius and the "Second Sex*," ed. Chengyang Li（Chicago：Open Court, 2000）, 174.

[36] Hall and Ames, *Thinking*, 48.

[37] Ibid., 47.

[38] Ibid., 49.

[39] Ibid.

[40] Ibid., 178.

[41] Richard Rorty, "The Historiography of Philosophy：Four Genres," in *Philosophy in History*, ed. Rorty, J. B. Schneewind, and Quentin Skinner（Cambridge：Cambridge University Press, 1984；reprinted in Rorty, *Truth and Progress：Philosophical Papers Volume 3*[Cambridge：Cambridge University Press, 1998], 247-273）.

[42] Rorty, *Truth and Progress*, 247-254.

[43] Ibid., 248.

[44] Ibid., 252.

[45] Ibid.

[46] 尽管当代大部分关于儒学的学术研究都属于理性建构，但我所知道的明确承认其研究属于理性建构的汉学家只有大卫·田（David Tien）。参见 David W. Tien, "Warranted Neo-Confucian Belief：Religious Pluralism and the Affections in the Epistemologies of Wang Yangming（1472—1529）and Alvin Plantinga," *The International Journal for Philosophy of Religion*, 55, no. 1（Feb. 2004）：31-55。有关理性建构的论述见注释[20]。

[47] Hall and Ames, *Thinking*, 243.

[48] 但是，人们可能要问，究竟为什么要坚持某人的儒学之根？为何不说某人之尼采和海德格尔思想源于《庄子》？我对《庄子》的理解几乎完全可以和某些儒家学者对孔子的理解相匹配。自从我把《庄子》理解为有意识地反儒学，我发现奇怪的是儒家思想提出了看起来其实与《庄子》的道德完全相同的东西。参见我的文章 "The Polished Mirror：Reflections on Natural Knowledge of the Way in Zhuangzi and Plantinga," in *Chinese Philosophy：In an Era of Globalization*, ed. Robin Wang（Albany, NY：State University of New York Press, 2004）, 163-183。

[49] 当然，这关系到一般意义上的哲学史，而不只是中国哲学。

论朱熹的诠释学说

潘德荣，彭启福（Derong Pan and Qifu Peng）*　　著

王韬洋　译

在中国的解经史上，对经典文本的具体解释一直是学者们关注的焦点。朱熹可以被视为中国古代第一位相对系统地阐述过（经典）阅读和解释的方法论的学者——尽管他并没有提出一套完备的诠释理论体系。本篇论文希望通过对朱熹诠释思想的梳理，揭示中国诠释传统在（经典）理解与解释的方法论方面的某些根本特征。

中国的诠释传统一直以解释经典的原义为宗旨。而在朱熹的诠释思想中，（明）"理"取代了对经典原义的追寻，成为理解的最终目标。欲理解"理"就必须阅读经典。朱熹认为，天理要妙精微，深奥难解，唯有古代圣贤才能领悟其玄妙。而圣人之言（经）也已一再被历史所证实，"顺之者为君子而吉，背之者为小人而凶"。凡此种种，都见于经籍之中。因此，朱熹强调，读经才是理解"理"的唯一途径。朱熹将阅读和理解经典的目标划分为三个层次：第一个层次是要把握经典文本的含义；第二个层次是要理解作者（圣人）的意图；第三层次是在原义的基础上有所发挥，形成阅读者自身对经典的独特感悟。最后一个层次也是最为重要的一个层次，因为在这一层次上，对经典的阅读和理解成为阅读者理解与完善自身的手段。"借经以通乎理耳。理得，则无俟乎经。"[1]可见，朱熹对阅读与理解的目标的论述，已经涉及一系列与诠释学的应用相关的问题。

---

* 潘德荣（Derong Pan），华东师范大学哲学系教授。研究方向：诠释学，比较哲学，辩证法。E-mail：pandering@citiz.net

彭启福（Qifu Peng），安徽师范大学政法学院哲学系教授，芜湖人。研究方向：现代西方诠释学，比较哲学。

理解经文之原义

　　中国解释经典的传统早在汉代就出现了两个对立学派：一个依据今文经典，称为今文学派；另一个则依据古文经典，称为古文学派。今文学家认为，解释的重点在于发掘文本背后的作者意图，以及其对当今社会的指导意义。而古文学家则认为，解释的重点应在文字考据，希望借此来解释文本的原义。中国的解经学，亦即训诂学，就是在这种争论的基础上发展起来的。这之后，古文、今文两个学派在很长一段时间内彼此对立且各有兴衰（over the accumulated interpretive process of many centuries），争论的焦点也时有变化。

　　而朱熹的独到之处在于，他力图摆脱门户之见，将上述两种对立的解释方向视为解释的两个层面，并指出，在解释经典的过程中，执其一端则偏，兼顾两面方全。对此，他曾有这样的批评：

> 　　秦汉以来[2]，圣学不传，儒者惟知章句训诂之为事，而不知复求圣人之义，以明夫性命道德之归。至于近世，先知先觉之士始发明之，则学者有以知夫前日之为陋矣。然或乃徒诵其言以为高，而初又不知深求其意，甚者遂至于脱略章句，陵籍训诂，坐谈空妙。[3]

　　在朱熹看来，对于阅读者而言，经典文本之原义与古代圣人之原意都应求解，因为阅读者只有通过对文本的理解与解释才能达到对圣人的理解。朱熹有言："唯本文本意是求，则圣贤之指得矣。"[4]

　　因此，朱熹将对文本原义的解释视为解经的第一个目标。在他看来，文本的真正含义只在于文本之中，那种从文本之外来寻求文本原义的做法是不可取的，正所谓："解书须先还他成句，次还他文义。"[5]朱熹将文字训诂视为经典解释过程的第一步。众所周知，中国古代的著作没有标点，因此，正确的句读——判断句子的起始与终结之处——就成为解读古代文本必不可少的基础性工作。它要求阅读者具有扎实的文字学知识。要想准确地断词断句，须对词性反复揣摩，且兼顾文本前后语境。（而且，）尽管句读过程已经包含了对文字的初步理解，但在句读以后，仍需对个别文字的含义和使用作进一步的研究。若有任何疑义，或若文本含义不甚畅通，

120

本体诠释学、民主精神与全球和谐

都须重新修正句读。如此反复参详，方可知经典文本的原义。

但遗憾的是，许多与朱熹同时代的解释经典的学者认为，研究古代文本的句法语义是在浪费时间，不愿意花力气做这样的工作。他们显然没有意识到，许多对圣人之说的误解或曲解，正是由"章句看不成句"造成的。[6]因此，朱熹在解释论语时，"训诂皆存"，且"字字思索到"[7]。正如钱穆所说，朱子解释经典的最大用心处是为每一个重要的字都仔细界说。[8]与其他经学家相比，朱熹确实更为重视概念的界定。曾有这样的记载：尽管在朱熹出生之前就已经去世，但一直被朱熹奉为（精神）导师的程氏兄弟，给"仁"下过这样一个定义："仁者，天下之正理。"有学生问朱熹如何看待这个定义，朱熹回答说："此说太宽。如义，亦可谓天下之正理；礼，亦可谓天下之正理。"因此，程子用"天下之正理"来解说"仁"，虽然不能说是错误的，"但少疏，不见得仁。仁者，本心之全德"[9]。还有记载说，朱熹曾指出，"心"这一概念的含义会因人们理解它的视角的不同而发生变化。[10]朱熹尤反对当时的某些学者"嗜简易而惮精详，乐浑全而畏剖析"，认为这样只会造成"不见天理之本然"的后果。

我们还必须认识到，尽管上述的训诂方法作为理解与解释的技术性方法是必需的，但是仅凭这些，仍然无法达到把握经典文本原义的目标。为此，朱熹又提出几条实现充分诠释的原则。首先，是要反复阅读[11]（以求文本之主旨）；其次，每次阅读时集中于文本思想的主干，避免因思绪的旁逸斜出而带来理解上的混乱[12]；最后，若有学者对某一处文本提出不同解释，应对其发起诘难和质疑（以期通过这种方式将各自的见解推论到极致）。此种"诘难"不仅可以在自己的思考中完成，也可通过与他人的讨论达到目的。[13]

总而言之，与其他经典解释者相比，朱熹更为关注对文本的分析。朱熹诠释经典产生的终极效果是厘清经典章句的诠释限度。他解读文本原义的方法，具有兼顾分析与综合的特点。由于中国古代始终未能发展出语法学，所以朱熹的分析虽然也包含可以称为"语法分析"的内容，但主要还是侧重于个人的阅读经验和体会。也就是说，他特别关注的是实践意义上的"话语"的使用，而不是经典文本中"语言"在语法或句法上的含义。由此可见，在朱熹的诠释学说与施莱尔马赫的诠释理论之间，存在着重大的差别。与朱熹不同，施莱尔马赫特别强调在诠释经典文本时应关注语法和句法的重要性。在他看来，无论是书面文本抑或是口语交谈，它们的意义都是经由语言来传达的，而语言本身就是思想的表达。我们通过理解人们在书写或交谈时所使用的语言，就可以理解作者的思想和会话的内涵。因此，施莱尔马赫认为，诠释学必须建立在语法研究的基础之上，它同时也是获得语言知识之途径。在施莱尔马赫看来，诠释的目标就是"找到与作者用于表达自我的语法相同的语法理念"。正因为如此，他认定一般诠释学与具体语言的语法紧密相连。[14]

理解圣贤之原意

面对同一个文本，我们其实可以作出多种解释，而且这些解释也都能在训诂学和文字学上找到一定的依据。朱熹就曾批评那些以道家和佛家的观点来解释儒家经典的人。在朱熹看来，这些人并没有真正理解（儒家的）经典文本。他们不过是在圣人的言辞中找到与自己观点偶合的只言片语，然后完全从自己的观点出发来解释这些段落甚至圣人的基本观点。（在这种情形中，）圣人的言辞实质上沦为诠释者表达个人观点的工具。这些解经者所做的，与其说是在解释经典，还不如说是在毁灭经典。即使对那些从儒家思想出发来解释儒家经典的诠释者而言，也很难觉察到，同一句话，在不同的作者那里，其含义仍是有差别的。例如，先贤们在使用《易经》卦辞第一行的"元亨利贞"时，就提出过迥然不同的解释。在文王编撰经典的时期，"元亨利贞"四字只是表示"大亨利于守正"的含义。而到了夫子的时代，夫子则把"元亨利贞"理解为分别指涉四种不同的美德。"看文王重卦，当看文王意思。到孔子文言，当看孔子意思。"[15] 以此观之，理解文本的原义只能被视为理解作者原意的基础，至于对文本意义的解释是否就是作者的原意，还需考查作者的整体思想，以及他的所言所行。

在朱熹看来，儒家经典的作者之原意并不难理解，因为圣人本以平易立言。但不幸的是，一些解说者巧言穿凿，曲意附会，将圣人之言解释得玄而又玄，高深莫测，支离蔓延，这才使圣人之言变得难懂起来。只要人们"从浅近平易处理会"，并"应用切身处体察"，便能领会圣人之言之无穷意趣。[16] 也就是说，人们应该在自己日常生活中去理解圣人的原意。朱熹所谓"应用切身处体察"与施莱尔马赫和狄尔泰建立的现代西方诠释学所主张的"心理移情"是不同的。事实上，朱熹明确反对用"心理移情"的方法来理解作者原意。在他看来，解经之人生于圣人千百年之后，而千百年之后之人又如何能够理解与我们生活背景迥异的圣人的所思所想呢？他认为，各种建立在简单的心理移情基础上的解释是不足为信的。读者以文本为媒介，从自己的日常生活体验出发去理解，这是理解作者原意的一项原则。它假设圣人之言揭示了生活世界的经验和智慧，若读者能按照从文本中获得的理解安排自己的生活，就也能领悟圣人的原意。

尽管人们的日常生活经验因此成为理解圣人原意之基础，但是对于阅读者而言，要想真正理解圣人原意，还必须遵守另外一个规则，那就是要排除一切"先入之见"。在朱熹看来，"先入之见"常常是理解经典文本的障碍："某如今看来，唯是聪明人难读书，难理会道理。盖缘他先自有许多一副当，圣人意思自是难入。"[17]唯有摒除先入之见，读者或解释者才能具有一种相对比较客观的和公正的态度，而这种态度乃是正确理解圣人原意的前提。所谓"客观"的态度，是指无论阅读还是理解都不依赖自己的先入之见。读者应当暂时放弃自己全部的先入之见，做一个不知不会的人，仅仅依傍文义来推寻句脉，这样才能做到"客观"地理解隐含于文本中的圣人之原意。[18]而所谓"公正"的态度，乃是指无论阅读还是理解都应该免受读者个人好恶的影响。也就是说，要借由文本分析来发掘圣人原意，如若纠缠于诸如作者是谁（是尊是卑、是否为我所憎恶）之类的问题，无异于缘木求鱼，开山采珠，不得其门而入。[19]

因此，在朱熹看来，阅读经典之人只要能在读经时摒弃先入之见，并顺着文本的脉络反思日常生活中发生的事，就能够从圣人平易的言辞中理解其高远之意。

理解读者所悟之义

中国传统诠释原则早在先秦就已出现。可以说，中国古代知识分子对经典的解读，从一开始，就不仅仅以发掘文本原义和作者原意为目标，更以在文本诠释的基础建立理想的社会道德原则体系和个人行为规范为己任。因此，中国的解释传统一直具有强烈的实践性倾向，也就是说，它倾向于分辨前人对各种解释的实践情况。表现在朱熹的诠释思想中，就是将对经典的理解与解释视为完善个人的操守践行之手段。文本的原义（或者作者的原意）是属于文本（或者作者）的，对于读者而言，它们可以归结为意义的客观层面；而读者由此领悟到的意义（commentarial elaborations），则属于读者自身，因此可以归结为读者的主观性层面。因此，读者在理解文本原义的基础上所获得的感悟表明，阅读和理解经典只是达到读者自我领悟和修养的手段。对于朱熹而言，这种自我领悟与修养才是阅读经典的终极目标。

朱熹认为："大抵圣贤之言，多是略发个萌芽，更在后人推究，演而伸，触而长，然须得圣贤本意。不得其意，则从那处推得出来。"[20] 众所周知，圣贤所言，大都是对身边发生的个别事件有感而发，并非其自身就是"天理"。既然经典所述乃是对个别事件的描述，代表了一种个别性，那么，解释圣人之言、理解义理就变得非常重要了。解释者应该领悟出圣人之言中蕴涵之"义理"。换言之，我们需要从个别性的事件中提炼出一般性的"理"。而圣人身边所发生之事与读者所经历之事又不尽相同，因而读者在反观自己的日常生活进而理解"义理"时，总会融入一些新的因素。因此，所谓"义理"也不是一成不变的定则。圣贤之所以能成为圣贤，在于他们不但能把握经义大旨，而且还能根据当前的境况作适当的"变通"。这里的"变通"既是"义理"在新的境况下的运用，也可被视为读者在应用"义理"过程中获得进一步领悟与修养。故而，朱熹认为，历代圣贤之言，只是"略发个萌芽"，给出的只是"大法正当的道理"，而后世读者在首次阅读之后必须也应当循着这一精神所开启的方向深入钻研。

将圣人之言视为"萌芽"的另一层含义是，圣人所言之本意只是促进读者进一步思考（乃至形成自己的理解）的出发点。个人领悟之所得称为"意味"（the textual significance）。在朱熹看来，"大抵文义，先儒尽之。古今人情不相远，文字言语只是如此。但有所得之人，看得这意味不同耳"。（事实上，）这种所得意味之间的差别不但因人而异，即使同一个人在不同时期对经典文本的领悟也会有所不同。朱熹曾援引程颐的话来表达自己的经义理解易而切身体悟难的观点："吾年二十时，解释经义，与今无异，然思今日意味，觉得与少时自别。"[21] 所得之意味来自于一种切身的体验，它不仅是对圣人之言的反思，更重要的是按照圣人之言勉力践行。（理解的目的是要）"见善必为，闻恶必去，不使有顷刻悠悠意态。"[22] 读者应该把圣人之言"反之于身"，践行不辍。因为唯有通过个人体验，并在圣人之言与个人体验之间反复体会，方知圣人之言真切无虚。如果阅读者仅仅以理解圣人之言为目标，而不去践行圣人之道，那么可以想象的是，他根本不能理解圣人之言的本旨，更遑论那种深刻的个人所悟之"意味"了。朱熹以下文概括了他的阅读原则：

读书之法，要当循序而有常，致一而不懈。从容乎句读文义之间，而体验乎操存践履之实。然后心静理明，渐见意味。[23]

　　朱熹在谈论读者所悟之"意味"的重要性时，他所意指的实际上是在生活中切身体验对经典的理解和解释的问题。（读者）在践行圣人之言的过程中思考经典文本的理解和解释。朱熹认为，理解、解释和践行，三者是一个不可分割的整体。而个人体验，无论在理论层面还是在现实层面，对于经典文本的理解和解释而言，都是不可或缺的。众所周知，对经典文本的切身体验受到读者个性及特性的影响，它受制于读者对文本直接知识的欠缺，或读者个人生活经历之局限。因此，读者理解文本的方式与作者并不相同。读者在形成自己的理解时还会融入一些新的因素。朱熹认为，这种新获得的体悟是读者对作者原意和文本原义的扩展。它形成于读者对圣人之言的切身体验，以及遵循圣人教导的践行。

华东师范大学；安徽师范大学

上海；安徽，芜湖

【注释】

[1] 朱熹：《朱子语类》，卷 11，192 页，北京，中华书局，1986。

[2] 指从公元前 221 年到公元 220 年。

[3] 朱熹：《朱文公文集》，卷 11，425 页，北京，商务印书馆，1936。

[4] 同上书，卷 13，96 页。

[5] 朱熹：《朱子语类》，卷 11，194 页。

[6] 参见朱熹：《朱子语类》，卷 56，1327 页。

[7] 同上书，卷 11，191 页。

[8] 参见钱穆：《朱子新学案》，卷 4，331 页，台北，三民书店，1971。

[9] 朱熹：《朱子语类》，卷 25，606 页。

[10] 参见上书，卷 62，1486～1489 页。

[11] 参见朱熹：《朱文公文集》，卷 3，123 页。朱熹指出，在读经时，要"逐章反复，通看本章血脉。全篇反复，通看一篇次第。终而复始，莫论遍数。令其通贯浃洽"。

[12] 参见朱熹：《朱子语类》，卷 10，167 页。朱熹言道："只就那一条本文意上看，不必又生枝节"。

[13] 参见上书，卷 11，192 页。朱熹认为："两家之说既尽，又参见而穷究之，

必有一真是者出矣。"

［14］Cf. F. D. E. Schleiermacher，*Hermeneutik und Kritik*（Frankfurt am Main：Suhrkamp，1977），84.

［15］朱熹：《朱子语类》，卷76，1942页。

［16］参见朱熹：《朱文公文集》，卷2，56页；卷5，214页。

［17］朱熹：《朱子语类》，卷139，3317页。

［18］参见朱熹：《朱文公文集》，卷5，86页。朱熹指出："读书且要虚心平气，随他文义体当，不可先立己意，作势硬说，只成杜撰，不见圣贤本意也。"

［19］同上。如朱熹所说："先儒旧说，莫问他是何人所说，所尊所卑，所憎所恶，一切莫问，而唯本文本意是求，则圣贤之指得矣。"

［20］朱熹：《朱子语类》，卷62，1512页。

［21］朱熹：《朱文公文集》，卷1，30页。

［22］同上书，卷3，99页。

［23］同上书，卷8，345页。

捉贼：朱熹的诠释学艺术

白诗朗（John H. Berthrong）* 著

谢仁生 译

汉斯-格奥尔格·伽达默尔在《美学与诠释学》一文中这样定义诠释学："诠释学是一门澄清和协调的艺术，它通过我们的解释的努力转达我们在传统中遇到的人们所说的东西。"[1] 本文基于此定义来讨论朱熹（1130—1200）的诠释学艺术。然而，为做到这一点，笔者颇费工夫地浏览了诸多不同文化解释的问题，这些问题使相应的哲学和神学理解变得更为复杂。正如伽达默尔所言，对西方传统本身及其实质的理解并非是一件易事，当我们试图去研究其他文化时，将会面临重重困难。因此，任何对朱熹的诠释学艺术的考查必定是一种投石问路式的，但是这倒也可以为文化间的交流提供不少新的洞见。朱熹对儒家的"道"的重新解释的尝试，以及出于学术上的应有的慎重促使我们考虑对两者进行比较。本文的首要问题是：在何种意义上朱熹是一位哲学诠释学家？

如果我们认同伽达默尔把诠释学定义为理解、解释和适用于传统的一门科学，那就很容易认同朱熹是一位哲学诠释学家这一说法。任何研究过朱熹的有关诠释学观点的人都会轻而易举地承认这一点。在他的对话集——《朱子语类》中有两卷（第 10 卷和第 11 卷）朱熹专门讨论了解读儒家文本的艺术（即读书）。[2] 正如本文稍后要讨论的，朱熹所谓的"读书"和伽达默尔定义的现代"诠释学"概念之间存在着相当的类似性，这一点毋庸置疑。

我的疑问是一个得到重新理解的朱熹会在多大程度上与伽达默尔诠释学艺术吻合。在朱熹看来，通过恰当的解释艺术来传承儒家文化是儒家学

───────────

* 白诗朗（John H. Berthrong），美国波士顿大学神学院学术行政事务副院长、比较神学副教授。研究方向：比较神学和哲学，宗教多元论，中国宗教，儒学。E-mail：jhb@bu.edu

者的重要使命。丹尼尔·K·加德纳（Daniel K. Gardner）在其最近一项对朱熹的研究中表明，朱熹关心的是学习和教育的作用。[3]对朱熹而言，诠释学艺术更多的是推荐用一种恰当的哲学方式阅读文本：它要求的是把维护儒学自身的发展和使儒学得到新的阐释两者协调起来。[4]

事实上，朱熹和他的不少追随者如陈淳（1159—1223）遭到的一种常见的批评是他们过于把诠释学当成了学究式的注解。[5]这种批评显然是基于对朱熹的"读书"过程的根本误解之上，"读书"仅仅是朱熹的修身计划中的一部分而不是枯燥乏味照书念经。更具体点说，读书是朱熹的整个修身计划的一个分支，他称之为"格物"或研究事物。因此，如果要从技术层面上理解何为朱熹的读书，就得先弄清楚他的格物的过程是什么样。"格物"是朱熹修身理论的一个极为重要的元素，是他的诠释学艺术赖以建立的基石。

朱熹谨慎地勾画了他哲学中的核心部分，即修身和学习计划。计划的第一步是任何想要修身的人所必须做到的，即理解和持敬。[6]为了确保儒学的准确承继，学者必须自始至终地持敬。学者应以敬的态度来开始诠释学的探索。朱熹所倡导的探索方法淋漓尽致地体现在其著名的格言"格物穷理"之中。本文先探讨"格物"，然后再探讨修身等其他方面。

朱熹关于"格物"最为贴切的解释见于他对已失传的《大学》第五章所作的评论中。[7]他确信所公认的《大学》文本是残缺不全的，之前必定曾有过详细解释"格物穷理"的第五章，为此，他采用程颐（1033—1107）的东西来填补第五章之所缺。[8]毫无疑问，他对儒家经典的这个填补曾挑起了儒学界激烈的争论，至今仍然余波不止。[9]

鉴于朱熹对《大学》失传部分所作评论的重要性，本文对此予以全文引用：

> 右传之五章，盖释格物、致知之义，而今亡矣。吾窃取程子之意以补之："所谓致知在格物者，言欲致吾之知，在即物而穷其理也。"盖人心之灵莫不有知，而天下之物莫不有理，惟于理有未穷，故其知有不尽也。是以大学始教，必使学者即凡天下之物，莫不因其已知之理而益穷之，以求至乎其极。至于用力之久，而一旦豁然贯通焉，则众物之表里精粗无不到，而吾心之全体大用无不明矣。此谓物格，此谓知之至也。[10]

朱熹断言，我们总是意识到某物，并且，我们应该既观照我们的自我意识，又要同时观照对事物的对象性意识。我们是满怀诚敬地对待感觉经验的，因而事物也因我们对它们的观照而变得有意义了。然而，我们的感觉经验很难做到不偏不倚的客观，也根本称不上"原始"感觉。[11]我们完全是带着情绪去感知事物的。尽管我们能够把对世界的原始的经验抽象化，但是它仍然是一种与我们的意识有关的对事物的经验。知识的对象都是与我们的意识有关的事物，包括道德行为。知识关涉的是事物的整体，并且只有与我们意识有关时它才有意义。知识是一种事件，假如忽视对象或对象意识，我们肯定对知识性事件（knowledge-event）产生错误的印象。[12]

朱熹努力通过下列方式来避开纯主观主义或纯客观主义的陷阱，他主张，在严格的意义上，知识的一部分表现就是其客观性，不过这种客观性是与我们主体有关的，涉及一种具体对象的客观性，尽管我们可以说，在某种程度上对象（的存在）要先于我们对它的认识，但是，一个事物、事件，或他人是在认识过程中获得对我们而言的意义。朱熹的解释理论既具有客观性又有主观性。例如，他相信，世界万物并不是像华严宗派如圭峰宗密（780—841）主张的那样通过同一种方式印入人心。[13]正是把客观性和主观性进行了这样糅合，朱熹才得以用儒学现实的一面来应对佛家的空，朱熹的知识论还不折不扣地展示了宋明理学的现实主义一面。

在《大学或问》的第一部分，朱熹捍卫了程颐的主张，"学"包含了两个基础即作为学习前提条件的"敬"和在意识中认识事物的实际过程。他在此处区分了作为真正学习的前提条件"敬"和他称之为"思"的认识中技术层面上的理性。"敬"是一种对外界现象虔敬的开放状态，而"思"是一个对凭借身体和感觉进入人心中的对象实际思考的过程。这是一个极为重要的前提条件，因为在朱熹看来，"学"作为一个修身的过程，包括了"格物"（主要处理来自对事物和事件的外部的感知）和"诚意"（通过格物的过程实现正确的目的）两个方面。[14]如果对学者在学的过程中心理这两个方面不予以同等的重视，知识的获得过程是不可能认识的。朱熹所谓的知识是试图理解影响世人的道德价值知识。一个人如果只勤于准确的理解，而不懂得如何付出实际行动，那么所有对事物和事件的观察都丝毫不能有助于他最终成为圣人。他打了个形象生动的比喻：如局促于客尘什物，则如深林游骑，迷途而难返也。[15]

对朱熹而言，唯有把道德培养和实际行动相结合的知识才称得上真正的知识。知识不是通过呆板的方式或者感官经验来发挥作用，而是为了自身的完善。[16]朱熹认为，这个过程并不只是使人的认识能力得以完善，因为人心远不只是认识能力。如果人心对外界知无不尽，且能对整个世界深入体察，那么就能心包万理。[17]事物之理能从外部世界找到，但人心能够区分内心世界与外在世界，事物之理既存在于一些事物或事件之中，然而它又使事物和事件与认知者的心相连。[18]为了敦促学者趋近"敬"这一认识事物之理的必要前提，圣人告诫学者，应该把握人心的超越性一面。[19]

朱熹"格物穷理"的第二层含义亦须加以重视。对他来说，"穷理"不仅仅是按一定的顺序穷尽事物之理。"穷"，即永不停息地、竭尽所能地研究事物，以获得广博的知识和理解文本的专门知识。这点毫无疑问是正确的，但是"穷"也意味着要用体察的方式恰当地理解或认识事物。[20]学者不但需要具有关于事物或事件的描述性知识，而且应该懂得如何获得这些知识并知道如何用知识来指导人生。朱熹提倡的并不是那种纯粹理论知识；知识必定能通达智慧和引导人如何成为圣人。[21]

在朱熹理论中，"读书"是"格物"过程中的至关重要的一环，对学者来说也许是最重要的过程。为什么他要不遗余力地推荐读书作为一种修身的方法？钱穆在他的《朱子新学案》的第3册中认为有以下几点原因：其一，钱穆认为，朱熹真正想的是，他仅仅是在劝勉学者遵循儒家一直恪守的所有有价值的东西，敦促他们把读书与践履相统一。[22]用《中庸》中的语言来说，我们应当：

> 博学之，审问之，慎思之，明辨之，笃行之。有弗学，学之弗能弗措也。[23]

无论是汉代之前还是宋代及其以后，这种劝学方式都是儒家的生命线。钱穆认为，朱熹企图用诠释学方法来纠正错误的偏见和启迪心灵。[24]在朱熹看来，世上有不少并没有多少智慧的名不副实的假圣人，换句话说，朱熹想用"读书"的方法来纠正当时普遍存在的禅会（quasi-Chanism）和虚浮现象。[25]

大体上，钱穆恰当地分析了朱熹为何敦促他的信徒们把读书作为一种修身的方法。但是他没有就此停下来，而是继续问道，求学之人通过读书能获得哪些积极有益的东西？对此，朱熹曾作过精辟的回答，他的回答充分展示了自己的诠释学理论。在近来一项有关朱熹圣人观的研究中，丹尼尔·加德纳认为，朱熹创造性地提出这种具体的求学之道，旨在方便学者学习儒家知识。[26]

朱熹推崇读书的最为引人注目的理由也许是出于他笃信儒家的经典会聚了过去的圣贤，即汉代以前的辉煌时代的哲学家和君王之言。在朱熹看来，这些文本记载的是一些行为典范。朱熹知道，语言、语义和文字或历史传统所传达的信息并不总是清清楚楚，但是我们可以凭借诠释学把历史传统融入当下的经验中。关键的任务是要寻找文本的意义和考察其对人心的影响。如果忽视了对内心作用的考察，纯粹观察外部事物是毫无意义的。

朱熹对读书的功效如此深信不疑的真正的原因是他确信，学者之心与圣人之心根本上是相通的。[27]当然两者也不是完全的相同，世上并不存在这种完全相同的情况，因为在世上，学者众多而真正的圣人少之又少，人人皆有可能成为圣人，尽管实际上极少有人能做到。当时朱熹所在的北宋时期不少有才之士主张读书学习可以使人成为圣人。如周敦颐（1017—1073）的一条语录："'圣人可学而至与?'曰:'然。'"[28]对朱熹而言，世界万物各安其位，我们不可以措意其间，或者自以为比圣人高明。当然，他也反复告诫不可"舍吾意以求圣人之心，弃我说以徇先儒之说也"[29]。不仅如此，他还注意到，上古未有文学之时，学者无书可读，圣贤之智慧皆体现在"道"之中，但道之载于经者则可谓是凤毛麟角。在这里，朱熹强调的是"道"体现在道德行为之中。[30]

从钱穆对朱熹读书理论的分析这一点来看，我们可以发现朱熹的看法与伽达默尔的偏见理论极为相似。[31]伽达默尔认为，我们的人生实际上是从一无所知（ignorance）的状态下开始的，如果想要正确地理解我们的生活状况，只有通过诠释学。我们往往始于错误，然后才上升到理解。朱熹也持同样的观点，他认为，我们所有的人都是在开始时对真理不甚理解或者是错觉，只有反复涵泳，庶几久久才会自见其意味。[32]朱熹发现学者在学习中存在着一个基本问题，即大多数学者毫无批判地学习，只求把圣人圣言牢记于心。朱熹在《近思录》中引用程氏兄弟的话来反对这种学习方法:"学者先要会疑。"[33]朱熹赞同程氏兄弟的观点，在读书、学习的过程中，"会疑"是很关键的;我们也不应当简单停留在圣言的表面意思上，而应当阐发出其中的新意。唯有如此，才能称得上学习儒学。学习的过程不是死记硬背，也不是天马行空地想象，用他的话来说我们应该懂得，若非温故，不能知新。[34]将来的完善靠的是牢牢地立足于过去，而且儒家圣人的经典就是通往理想人格的最佳向导。

朱熹对于如何克服人的有限、无知和错误等方面的问题，有独到的理解。他认为阅读经典文本是人的精神上的修炼，人应该学会他所谓的"虚心平气"地走进那些文本。[35]学者应当敞开心胸，虚心平气地认真研读文本，不可先立己意，作势硬说；先立己意，横生他说，如此读书便不是为学之道。[36]这倒可以提醒那些研读荀子的人，因为荀子主张，问道者心灵的真正状态是"虚、一、静"[37]。尽管朱熹十分明确地把孟子列入儒家道统，但实际上，倒是荀子的心灵理论与朱熹的诠释学及其对人心的思考方面更具有可通达之处。[38]

那么，阅读文本时所应该具备的虚心到底是什么呢？朱熹回答说，它是"诚意和虚心"，很明显此处的关键是"诚意"，学者开始解释活动之前必须先有问"道"之笃志。[39]朱熹注意到，与他同时代的人（他称他们为现代人）的主要问题是，他们往往轻易附会，匆匆下定论，结果一叶障目；或者陈腐地依靠前人的注解，疏于稽考。这样的双重错误的结果便是："所以日诵圣贤之书，而不识圣贤之意。"[40]但是朱熹同时也希望学者不要忽略前人对经典文本的各种注解，这些注解是儒家的继承者们对经典文本的思考的结晶。按照朱熹的话说，这些注解中有些还是可以通达圣人难得的真知灼见的。[41]

早在《朱子语类》有关读书的论述中，朱熹就对读书的过程提出了一个比他之前更有趣的见解：相比成为圣人的行动而言，文本的阅读是次要的。[42]对朱熹来说，语言，正如怀特海（Whitehead）所说，是能引起别人做出适当反应的象征性的表现符号。或者就像他自己所说："初学每以名言限隔，而止于意表之浅，曾不察幽谛之深也。"[43]文本中的义理层次造成了认识的鸿沟（fissure），因为其中的层次不是可以清清楚楚地看得出来的。朱熹坚信，只有在读书之始弄懂了那些晦涩之处，才能深入文本探寻它的真正含义。为了把难以用三言两语说明白的读书过程表达清晰，朱熹用了一个很常见的隐喻，他说，读书的过程犹如官府捉贼。[44]正如盗贼会努力逃避抓捕，书中的含义也常常晦涩不清让我们难以掌握。

或许可以这样问，如果朱熹鼓励学者去犯那种所谓的意向谬误，那么了解作者比理解作品的原初的创作过程就要更好点。他曾说，阅读文本一个非常好的方法就是使文本与我们进行"面对面"交谈。[45]然而，朱熹却努力避免使这种主张成为一种意向谬误。他主张，学者应该铭记的是读书不只是弄懂作者及其文本的含义，读书之本应当是见善必为，有恶念必去。[46]

读者在真正理解文本之前，应当先具有一定的洞察力和道德涵养，朱熹的意图可以概括如下："读书以观圣贤之意，因圣贤之意以观自然之理。"[47]用他自己的话来说，圣人理解的是宇宙万物之本质。

朱熹又用另一个隐喻来谈论读书的方法，即读书的恰当方法是遵循概念的次序。只有先懂得"正确"先后次序才能理解真理。在这里，朱熹捍卫的是成圣之道的当然性和对事物本质的体照性。包括文本在内的一切事物，"亦各有序，不可乱也"[48]。这表明，要使学习循序渐进地进步就应当遵循适当的次序并且只有着紧用力，方运得精神。[49]他深信，只有这样，心灵才能宁静："盖宁静则心虚，道理方看得出。"[50]在这点上，他又重新强调虚心对读书重要性，"读书不贵多，只贵熟"[51]。他慎重地指出"泛滥惘然，则非博也"[52]。

朱熹一直强调他读的那些书中的要点和深层的义理结构，例如，他认为，《易经》阐发阴阳之理，《诗经》重在培养德性。[53]他劝勉学者读书时先要找到文本呈现的结构，然后再深究细微之处。[54]他一再强调这种可被理解的涉及文本本身和文本的一般性质的"次序原则"。只有掌握了文本的次序原则，我们才能有效运用从文本学到的洞察力。

应当简单提一提朱熹诠释学理论的另一个方面，钱穆称之为朱熹的解经思想，尽管它不如"格物穷理"或"读书"那样重要。作为一名儒家学者，朱熹自然喜欢读儒家的经典，就像他自己所说的，对经典详加注解的工作是一个儒者应该全身心倾注其中的使命。[55]那么，依照他的说法，怎样才是理想的注解？他认为理想的注解应该是文本的意义向读者"开放"。例如，他指出，从许多方面来看，《易经》只是一部卜筮之书，但是通过儒家的注解，它成了一部指导正确行为极为有用的经典。[56]它用一种崭新的、恰当的方式为读者开放潜在的世界视域，能帮助他（她）过上有序和道德的生活。

在朱熹看来，这并非是一件轻而易举的事情，因为他非常清楚他处的时代与古代的圣人哪怕是与早期的儒家的解经者已经相隔久远。尽管不是现代欧洲的解释者的那种时代间隔，在朱熹对经典的解释和经典的意义之间仍然有差距，朱熹并不是个幽默的哲学家，但他在谈及对古代文本的理解时却颇为幽默。在注解《尚书》时，他认为，《尚书》中有不必解者，有着意解者，有须详解者，有难解者，有根本不可解者。[57]在注解《易经》时，他用了一个漂亮的双关语："《易》不易读。"[58]他用一种较为严肃的方式评论道："《易》者，以相立言者也，故于今而难解矣。"[59]他的意思是，《易经》中使用的是晦涩的和已经不再通用的用语，在当时的南宋几乎不可能通过其中丰富和启示式的象征符号来理解它的意思，他清楚古代象喻和当时具体现实之间的差距。朱熹常常认为，在周朝晚期的曾子死后，真正的儒家传播就中断了，直到南宋的程氏兄弟才得到充分的恢复。[60]从朱熹的观点看，这样造成的结果便是，儒家经典意义的正确理解就存在千年之久的中断。

最后，我们可以恰当地评论：朱熹对文本的兴趣超过对儒家传统的兴趣。实际上，在他遗留下来的书中有两处对早期道家修身作过简短评论的手稿。[61]朱熹对诸如《老子》、《庄子》等道家经典文本饶有兴趣并常常运用他的诠释学概念来理解它们。[62]例如，当谈及《老子》中的第六章的难以理解的"谷神"（spirit of the valley）的含义时，他认为，绝大多数注解者完全忽视了《老子》中一个常见的问题，或问："谷神者何？"他认为："谷乃虚空领纳，神者感应之机也。"[63]朱熹试图表明在"谷"和"神"两者之间存在一个平衡点，毫无疑问，这样的解释受到"阴阳"这对代表了宇宙中接纳与感应的永恒节奏的哲学思想的影响。不管朱熹把自己的解释概念用在《老子》的文本上是否得当，毕竟是对"谷神"一种重要的形象性的描绘。

伽达默尔在《真理与方法》一书中指出：

> 我的观点是，即使在使得历史的延续和传承的对象如同实验结果一样确立了的现代历史科学方法被广泛应用于传统理解的地方，效果历史的组成在理解传统时仍是可操作性的。——从我们人类的视角看，传统似乎是一个疏远的、不可理解的自然物。[64]

这段文字清楚地表明了朱熹与伽达默尔之间的异同，对朱熹而言，诠释学艺术的目的在于当学者（他或她）面对传统时产生"效果历史"。朱熹十分清楚现代欧洲学者敏锐地感受到的那种历史间隔，当然他仍然认为自己有资格成为儒家传统的继承者。朱熹与伽达默尔之间的分歧在于：伽达默尔把传统的断裂看成是历史意识的复活，而朱熹却不这样看，但他可能同意伽达默尔关于解释活动结果的观点："时代不再是一个以桥相通的海峡，因为它是分离的，但实际上，正因如此，现在才能有根基。"[65]

另一个更大的差别也是值得注意的，对朱熹来说，修身的极致是成圣人之德性。根据朱熹（以及其他所有宋明理学）的理解，诠释学艺术的目的在于融通人的内心与外在生活以练达完美的圣人之德性，它将在任何处境中发挥有效的或及时的作用。朱熹主张，学者应该能够运用通过解释经典文本而获得的传统的洞见，这点，朱熹也许会赞同伽达默尔对德国神学家在现代欧洲诠释学发展历程中所起的作用的分析。伽达默尔认为："在我们的思考过程中，我们看到理解总是涉及诠释者把文本放在自己的当下处境去理解。"[66]对朱熹而言，诠释学的洞察力如果不加以应用，那么它只不过是一种虚假的学问。因此，很容易看出朱熹的读书理论很类似于伽达默尔的诠释学。

这样的比较是合乎逻辑的，因为它体现了这两位思想家在关于阅读文本方面的一致意见。当然，尽管他们之间存在许多共同之处，但两者的差别也和共同点一样显著。尽管朱熹没有那种影响现代欧洲诠释学理论的对传统所产生的强烈的疏离感，但是他当然应该能体会这种困境。

如这样的比较可能的话，它最终又表明了什么？充其量是陈词滥调：相同的情景引起相同的反应。他们两人为了更好地理解生命和更好地生活，都对文本解释有着浓厚的兴趣。然而，仅仅在两位思想家的处境和概念化相似的情况下才会这样。例如，能否想象现代的普世科学在朱熹的世界中是什么样子？朱熹如何形成自己的宇宙观并且在其中文本的意义如何显现？南宋时的学者们所处的是一个世俗化和儒家风化并存的世界，其复杂性何在呢？尽管文明本身是那样纷繁复杂，但他们不时地弹奏一些让我们怀疑自己之前是否聆听过的乐章。这里既有一些看似相同的东西，也有只存在于每一位伟大的哲学思想中所独有的东西。

波士顿大学

马萨诸塞，波士顿

【注释】

[1] Hans-Georg Gadamer, *Philosophical Hermeneutics*, trans. David E. Lingo（汉斯-格奥尔格·伽达默尔：《哲学诠释学》，大卫·林格译），Berkeley：The University of California Press，1976，p. 98.

[2] Li Jingde（fl. 1263），ed.，*Zhuzi Yulei Daquan*（黎靖德编：《朱子语类》）（*The Great Compendium of the Classical Dialogue of Zhuxi*）（8vol.）（Tokyo：n. p.，

1973; a reproduction of a Japanese edition of 1668), 1: 465-541. 这里包括第10、11卷。

[3] 参见 Zhu Xi, *Learning to Be a Sage*: *Selection from the Conversations of Master Chu*, Arranged *Topically*, translated with commentary by Daniel K. Gardner (朱熹:《学做圣人: 朱子语类提要》，丹尼尔·K·加德纳译)，Berkeley: The University of California Press, 1990, pp. 3-81。加德纳已经翻译了在注释[2]中提到的节选的《朱子语类》第10、11卷。

[4] 伽达默尔在讨论德国虔诚派传统的作用时，也强调通过诠释学艺术获得理解。参见 Hans-Georg Gadamer, *Truth and Method*（汉斯-格奥尔格·伽达默尔:《真理与方法》)，New York: The Seabury Press, 1975, pp. 274-275。

[5] 关于朱熹理论的概要和他对宋明理学的贡献，请参见 Donald J. Munro, *Images of Human Nature*: *A Sung Portrait*（孟旦:《人性的影像: 一幅宋人的肖像》)，Princeton: Princeton University Press, 1988；陈荣捷:《朱熹: 生活与思想》，香港，香港中文大学出版社，1987；Wing-tsit Chan, *Chu Hsi*: *New Studies*（陈荣捷:《朱子新探索》)，Honolulu: University of Hawaii Press, 1989；Wing-tsit Chan, ed., *Chu Hsi and Neo-Confucianism*（陈荣捷编:《朱熹与宋明理学》)，Honolulu: University of Hawaii Press, 1986。阐释朱熹的注解在东亚儒家传统中的地位和影响，见 Wm. Theodore de Bary, *The Liberal Tradition in China*（狄百瑞:《中国的自由传统》)，Hong Kong and New York: The Chinese University Press and Columbia University Press, 1983；Wm. Theodore de Bary, *Neo-Confucian Orthodoxy and the Learning of the Mind-and-Heart*（狄百瑞:《宋明理学的理学与心学》)，New York: Columbia University Press, 1981；*Confucianism*（狄百瑞:《儒学》)，New York: Columbia University Press, 1989。

[6] 在很多方面，"敬"意味着全神贯注地注意状态。朱熹说:"固非木石无感，却也充耳不闻，视若不见，遗世远矣。其操存也凝神，举意也庄肃，敦诚而不息，是之谓敬。"参见钱穆:《朱子新学案》，第5卷，第2册，299页，台湾，三民书店，1971。

[7] 此翻译和讨论，参见《汉学经典》，理雅格译，122~126、365~366页，香港，香港大学出版社，1970。朱熹注解的也是宋明理学重要文本，参见 Daniel K. Gardner, *Chu Hsi and the Ta-hsueh*: *New-Confucian Reflection on the Confucian Canon*（丹尼尔·K·加德纳:《朱熹和〈大学〉: 宋明理学对儒家经典的反思》)，Cambridge: Council on East Studies, Harvard University, 1986。

[8] 引自 Wing-tsit Chan, *A Source Book in Chinese Philosophy*（陈荣捷:《中国哲学资料书》)，Princeton: Princeton University Press, 1963, 89, n. 24。

[9] 赵泽厚详细讨论了朱熹对《大学》的注解，参见赵泽厚:《大学研究》，84~88页，台北，中华书局，1972。此书为理清朱熹对文本编排列了一个有用的表。

[10] 本人的译文。我力图强调文本的诠释学特征。可供选择的译本有：Leege, *Chinese Classics* （理雅格：《汉学经典》），1：365-366；Chan, *Source Book* （陈荣捷：《中国哲学资料书》），p. 89；D. C. Lao, "A Note on Ke Wu," *Bulletin of the School of Oriental and African Studies* （刘殿爵：《格物梳义》，载《亚非学院简报》），30 (1967)：354。

[11] 与怀特海（Whitehead）的《过程与实在》（*Process and Reality*）类似。假如诠释学的价值论是哲学领域的中心，就很难把事实与价值分开，参见 Alfred North Whitehead, *Process and Reality：An Essay in Cosmology*, corrected edition by David Ray Griffin and Donald W. Sherburne （怀特海：《过程与实在》，大卫·格里芬和唐纳德·W·舍伯恩编撰），New York：The Free Press, 1978, pp. 81-82, 162-163。

[12] 徐复观曾经定义过各种文化，中国文化在周朝是"焦虑"文化，相对以色列的"畏"文化和希腊的"好奇"文化。这种解释突出了思维的取向性和关联性，什么样的人关注什么样的人和事，关注的行为不会受到被关注的对象的影响。考虑到焦虑意识的指向性，就需要了解意识与指向的对象的相互关系。因此，认识论的问题就变成了道德思考。在现代西方话语中，这似乎有点古里古怪，要不就是天真，因为在西方（至少是在理论上）事实和价值是分离的。

[13] 有关心物关系的读本可选择朱熹的著名的论敌王阳明的有关著作，参见 Julia Ching, *To Acquire Wisdom：The Way of Wang Yang-ming* （秦家懿：《获得智慧：王阳明之道》），New York：Columbia University Press, 1976。有关华严宗派的圭峰宗密，参见 Alfonso Verdu, *Dialectical Aspects in Buddhist Thought：Studies in Sino-Japanese Mahayana Idealism* （阿尔弗索·威杜：《佛教徒思想的辩证方面：中日大乘佛教唯心论研究》），Lawrence, KS：Center for East Asian Studies, 1974, pp. 3-74。一种观点认为，朱熹坚信圭峰宗密对心和心力的理解有不当之处，参见 Yoshito S. Hakeda, trans., *The Awakening of Faith* （《大乘起信论》，约西托·S·哈克达译），New York：Columbia University Press, 1976, p. 31。哈克达主张：

> 通过对教义的分析，大乘佛教所能形成的原则的真实意义展现了，一个人心灵有两个方面，一个方面是抽象，另一个方面是现象。每一方面都包含了当下的状态。为什么会这样？因为这两方面掺和在一起了。
>
> 当然，《大乘起信论》与朱熹对此教义的理解是否一样，还不是很清楚。

[14] 这个过程的概要，可参见赵顺荪（fl. 1242）：《四书纂疏》，28 页，高雄，1973。

[15] 同上。

[16] 参见上书，32 页。

[17] 参见上书，33 页。

［18］同上。

［19］同上。

［20］朱熹对"穷理"的理解显然源于《周易·说卦》里面的："穷理尽性以至于命"。参见《易经的和谐》，49 页，台北，汉学资料和研究服务中心，1966。

［21］参见赵泽厚：《大学研究》，208～233 页。此书广泛讨论了朱熹的"格物"观点。尽管作者不同意朱熹的解释，但认同朱熹解释的伦理意义（220 页）。赵认为，朱熹对"格物"曾作过三种解释，但三者并不总是一致。

［22］参见钱穆：《朱子新学案》，第 3 册，613 页。

［23］参见 Wing-tsit Chan, *Source Book*（陈荣捷：《中国哲学资料书》），p. 107。

［24］相关的观点，参见 Daniel Gardner, trans., *Learning to Be a Sage*（《学做圣人》，丹尼尔·K·加德纳译），p. 151："今天的学者有两个不足之处：一是受他们自身的偏见束缚，另一个是头脑中已有的理论。"此处，钱穆确有充分理由。

［25］参见钱穆：《朱子新学案》，第 3 册，613 页。

［26］参见 Daniel Gardner, trans., *Learning to Be a Sage*（《学做圣人》，丹尼尔·K·加德纳译），pp. 44-45。

［27］参见钱穆：《朱子新学案》，第 3 册，615 页。

［28］引自 *Reflections on Things at Hand：The Neo-Confucian Anthology*（朱熹、吕祖谦编，陈荣捷译：《近思录：宋明理学选集》），New York：Columbia University Press，1976，p. 123。

［29］钱穆：《朱子新学案》，第 3 册，615 页。

［30］参见上书，616 页。

［31］比较 Gadamer, *Truth and Method*（伽达默尔：《真理与方法》）。

［32］参见钱穆：《朱子新学案》，第 3 册，617 页。

［33］引自朱熹、吕祖谦编：《近思录：宋明理学选集》，94 页。

［34］参见钱穆：《朱子新学案》，第 3 册，619 页。

［35］参见上书，643 页。

［36］参见上书，621 页。

［37］梁齐雄：《荀子简释》，294 页，台北，1974。

［38］参见黎靖德编：《朱子语类》，第 1 册，481 页。

［39］参见钱穆：《朱子新学案》，第 3 册，622 页。

［40］同上。

［41］参见上书，622～624 页。

［42］参见黎靖德编：《朱子语类》，第 1 册，465 页。

［43］同上书，467 页。

［44］参见上书，471 页。

［45］参见上书，467 页。

［46］参见钱穆：《朱子新学案》，第 3 册，630 页。

［47］引自黎靖德编：《朱子语类》，第 1 册，467 页。

［48］引自钱穆：《朱子新学案》，第 3 册，634 页。

［49］参见上书，643 页。

［50］同上。

［51］同上书，651 页。

［52］钱穆：《朱子新学案》，第 3 册，672 页。

［53］参见上书，677 页。

［54］参见上书，第 4 册，234 页。

［55］同上。

［56］同上。

［57］引自钱穆：《朱子新学案》，第 4 册，236 页。

［58］同上书，238 页。

［59］同上。

［60］参见上书，265 页。

［61］参见朱熹：《朱子遗书》，第 12 卷，第 12 分册，台北，艺文书店，1969。

［62］陈荣捷（Wing-tsit Chan）在《朱熹新论》（*Chu Hsi：New Essays*）486～508 页中讨论了朱熹对《老子》和《庄子》积极的解释。

［63］引自钱穆：《朱子新学案》，第 4 册，262 页。

［64］引自 Hans-Georg Gadamer, *Truth and Method*（汉斯-格奥尔格·伽达默尔：《真理与方法》），p. xxi。

［65］同上书，264 页。

［66］同上书，274 页。

第二编

>>>>>><<<<<<

现当代中国诠释学

Modern

and

Contemporary Chinese hermeneutics

序　言

成中英　著

郭　昕　译　何丽艳　王　颢　校

　　本期刊物以"现当代中国诠释学"命名，是 2006 年费乐仁（Lauren F. Pfister）编辑的以"中国哲学诠释学思维"为主题的增刊的续刊。这一期刊物也是由费乐仁编辑，展示了诠释意识如何在中国基本文献的基础上成为当代哲学必不可少的内核。这项工作的重要性基于这样的事实，即中国传统文献往往被置于关乎真理、事实、人类回应的特定背景下来考察，因而不管是儒家文本，还是道家文本，抑或是佛家文本，既是历史的，也是本体诠释学意义上的。这里对于理解建立在中国《易经》传统上的诠释学原则给予了深切关注，因为正是中国《易经》传统引导我产生了本体诠释方法。

　　辨别这种方法的关键在于本体的概念（用于替代哲学或本体形上学），这一概念根植于人类存在与体现为天道变化的终极存在的统一中。而本体则体现于语言阐述与内心的理解中，本体有一个极其活跃的方面，能超越语言的既定形式，导向对实体的最终理解，也有可能被另一种语言形式所修正。另外，对本体的体验为精神自由和道德行为提供了源泉。与《易经》相关的观点在我的文章《探索大道：〈易经〉与本体诠释学传统》中就有所体现，这篇文章刊登在本刊 30 周年纪念刊上（总第 30 期，3～4页，2003）。

　　在本期中，伍安祖（On-cho-Ng）对古人（朱熹、邵雍、王夫之）的《易经》哲学诠释进行了研究，并详细阐述了这一观点。另一方面，欧阳剑（Jay Goulding）向我们展示了一幅本体诠释学如何帮助我们理解海德格尔、杜威、罗蒂以及他们哲学成就的生动画卷。有趣的是，在第三篇相关文章中谈到雍·哈士曼（Hyun Höchsmann）对海德格尔和伽达默尔提出质疑，为另一种本体诠释学观点辩解。吴有能（Yau-nang Ng）对印顺和马克·赫尔曼（Marc Hermann，中文名"马海默"）对方东美的研究文章一定程度上体现了本体诠释方法在研究当代中国哲学家方面敏锐的洞察力和取得的累累硕果。

南乐山（Robert Cummings Neville）介绍了皮尔斯符号学对此争论的思考，这一介绍对于发展和诠释中国哲学有着特殊的重要贡献，这是因为，在中国哲学主题诠释的变迁中，我们可以看到实用性因素如何发挥重要作用。更为根本的是，我们必须将中国诠释学既看成重视理解力实用方面的思维系统，又看成与本体论的理解一起能同时产生道德行为和宇宙意识的系统。

衷心感谢为搜集这些独一无二的文章而进行辛勤工作的人们。另外，我要再一次感谢费乐仁进行的及时编辑修订，以及顾林玉在关键时刻所做的协助工作。

2006 年 11 月

本体诠释学、民主精神与全球和谐

编者按

费乐仁 著

郭 昕 译 何丽艳 王 颢 校

这期刊物所集文章是 2006 年以"中国哲学诠释学思维"为主题的《中国哲学季刊》第一期增刊的续刊。通过这个续刊，我们可以将本刊早期所反映的中国古代和近代诠释传统与中国现当代诠释学走向贯通起来考察。

在这些文章中，除了南乐山主要讨论皮尔斯诠释思想，最后部分讨论中国相关思想外，其他文章都是关于中国文本或哲学家的。伍安祖讨论宋明理学对《易经》注解的本体诠释学评析，主题涉及自宋到清初，即 11 世纪到 17 世纪的文本，其余的都是 20 世纪的问题。基于这个原因，伍安祖的文章放在首篇。总之，本期收录的文章，包括南乐山的在内都致力于清晰的诠释学，并由此生发出最新解释性评述。

这些文章中的主题是我们期刊以前从未涉及的领域，吴有能与马克·赫尔曼对两位重要的台湾著名人物——佛教研究者印顺和极富影响力的比较哲学家方东美——进行了深入研究。由于他们有大量反传统的文稿，因而留下了众多颇具争议的文化遗产。从吴有能那里我们了解到印顺对佛教净土思想与实践的批判，我们也会知晓他在广泛研读佛教书籍和训诂传统基础上收获的对诠释性证明的理解。我们将会看到，方东美在他作为专业哲学家的长期职业生涯中创作的许多内容广泛的比较哲学论文；赫尔曼则从比较哲学的视角切入，对这些进行了全面的探讨，既指出了方东美著述中的贡献，也指出了其中的争议。

南乐山坚持为自己美式诠释体系的一贯性辩护，阐明它是如何帮助读者理解人类经验和思考中的困惑，以及中国哲学的主题。这都基于他在比较哲学研究中取得的丰硕成果，而这些成果又有着较为浓郁的中国特色。因而，我们将另外两篇文章辑录在本期中依然合适，这两篇文章可以将中国哲学推进到新的兴趣点所引领的探索中去。从欧阳剑那里我们首先了解到理查德·罗蒂的语用和解构工程是如何在伽达默尔和道家主题中引起反响的，但欧阳剑主要向我们介绍海德格尔如何通过他与熊伟的对话，运用并重释道家主题。在这些古老的对话背后所强调的是，欧阳剑发现了成中英本体诠释学探讨中的开创性影响，尤其是他们解读《易经》的方式，为人们展示介于实用怀疑主义和海德格尔的诠释学之间的全新中国本体论选择。在这些争论中，雍·哈士曼提出了蒯因与维特根斯坦分析哲学研究中存在的问题，指出他们如何在伽达默尔的诠释学中制造障碍。她也分析指出，成中英对本体诠释学的贡献为我们解决这些重要的哲学问题提供了全新且合理的方式。

当前比较哲学研究既是中国哲学所关注的，也是中国哲学所为之贡献的，这里的每一篇文章都为比较哲学的研究提供了新视角，因而真诚地希望这些有启发意义的文章能解决哲学诠释学中的问题，并推动其发展，为诠释学的未来争论提供新的给养。

香港浸会大学
中国，香港

存在与意义的持续性：所有的认知都是介入式的诠释

南乐山（Robert Cummings Neville）* 著

李林洪 译

在本文中，我将阐述并为之辩护的，是查尔斯·桑德斯·皮尔斯（Charles S. Peirce）符号学理论中关于诠释和存在的一个假设。皮尔斯认为所有的认知无一例外都是诠释。诠释认可了对象的存在。诠释者熟悉符号系统，并运用它们去把握对象。诠释是在特定意义上以符号代表对象。这是所谓的皮尔斯公式。[1]诠释本身也作为符号被纳入进一步的诠释当中，不一而足。诠释者的注意力可能会转向别的方面，但诠释的诠释是一个不间断的链条，在逻辑上是没有尽头的。检验一个诠释的正确与否需要引用别的诠释，对一诠释进行调整需要多种方法。

约翰·杜威（John Dewey）认同皮尔斯关于诠释的基本观点，但强调诠释者是环境的有机成分，诠释者按照自身意愿以及构成环境的其他要素的要求在环境中与事物实现互动。[2]据此，杜威指出诠释者无时无刻不在诠释，其中的大部分诠释并不被人所注意或重视。比如，一个驾车者可能边开车边思考哲学问题。但同时他的眼睛在诠释道路和交通状况，运动感知力在诠释车的速度并根据弯道和山路作出调整，他的文化心态在诠释道路标志和经过地区的习俗，他的驾车速度也可能引起一些突发奇想，而这些突发奇想与对哲学问题的思考毫无关系。倘若一辆车迎面而来插入诠释者的车道，哲学瞬间被抛到九霄云外，诠释者专注于应付这个突发事件，他采取减速以规避来车。过后，诠释者将自己的心跳加快和反胃诠释为恐惧的标志。在此例子中，诠释者面对变化的环境出现的很多事物并不断转换注意力以维持物际平衡。

---

* 南乐山（Robert Cummings Neville），波士顿大学神学院教授。研究方向：东西方哲学，宗教哲学，形而上学。E-mail：rneville@bu.edu

在西方传统中，杜威是第一个这样强调人类在其自然和社会环境中对原因的追问和诠释的复杂性。但在中国传统中，从荀子开始就已经意识到这一点了。对荀子而言（在更普遍的意义上，对儒家传统），人类仅凭自然天赋还不足以对环境和事物作出适当的反应。[3]人类需要从礼学习掌握各种符号才能对环境作出反应。礼包括基本的礼仪，如学习站立、行走和眼神交流的特殊方式，包括社会习俗、语言的使用和制度性行为，包括家庭、政府和宗教的详尽礼仪。礼是符号系统，它为人们在生活的广泛内容中诠释什么是真实的和应该做什么提供了符号工具。人们在进行诠释的时候，总会涉及很多很多作为礼仪的一部分的舞蹈。其中的部分礼仪必须与其他礼仪相协调。因为这样那样的原因，人类的合礼性行为在一些生活领域因为各种各样的原因而不能自动生效，这时候就需要别的方法引导人们的自觉意识，这与驾车时碰到一个不遵守交通规则并有发生事故危险的司机，是一样的道理。

这种诠释假说与两种主要的知识理论大相径庭。一种是从笛卡尔以来西方所流行的二元论，这种理论认为心灵有知识，它反映自然，但心灵与它所认识的非精神事物之间没有因果关系。这种理论很成问题，当将心灵中的观念与心灵所认知的事物进行比较时，它显然是站不住脚的。唯物主义哲学家抛弃这种理论，他们转而主张心灵是虚无的，是一种副现象。相反，知觉哲学家则认为物质是虚无，存在是观念或精神。"知识即诠释"，这种理论认为对象与知识之间存在因果关系，从而挽救了笛卡尔的二元论。认识是自然过程的组成部分。如符号系统所定义的那样，在自然过程中诠释者以符号为工具参与到世界中。大自然存在着一些非诠释的自然过程，比如化学反应、强力推动，等等。但具有复杂神经系统的生物如人类对环境作出的反应过程包含有诠释性行为。人类首次发现神经科学有助于理解我们如何以认知的方式参与到世界中。

在儒家传统中，向来就有这种对待知识的因果态度。沃伦·弗里西纳（Warren Frisina）令人信服地指出，王阳明在其知行合一理论中以非常哲学化的方法预告了实用主义者的出现。[4]王阳明的学说建立在中国深远的传统文化之上，首先，心身之间同体而异形，是"气"与形结合而成的连续体。其次，知识从某种意义上说是注重实效的，它使东方的智者获得他们理应掌握的知识。正名与正行密切相关。

二元论方法弊端甚多，它在西方哲学中正受到严厉批判，在中国哲学历史上也历来不受欢迎。但二元论有一个优点，即它可以清晰明白地指出真理与谬误之间的差异。当一种主张如其所是地反映对象的时候，它是正确的；反之，则是错误的。真理是理论与对象之间的某种符合。

二元论者认为诠释只是一种追求原因的、符号学结构意义上的对对象的反映，它并不断定对象究竟存在与否。对此，我认为在正确与错误的问题上诠释对对象的态度确实是二元的或二价的。在一个诠释中，一个符号在特定意义上反映对象，如果这种反映与对象相符合，这个符号就是正确的，反之则是错误的。假设你正在从颜色上诠释你的车，你说"这辆车是红色的"。如果这辆车事实上是灰色的，那么你的诠释是错误的；而如果它就是红色的，那么就是正确的。或者举一个动力学的例子，如果你正在从走向上诠释迎面而来的车，你觉得"这辆车会走自己的车道"，如果这辆车真是走自己的车道，那么你的诠释无疑是正确的；但如果它闯进你的车道，你的诠释就是错误的。真理是诠释与对象之间的二价关系，而对诠释的正确性的确定则是三价的，因为诠释本身也必须被诠释，这种诠释可能是多方式的。对于你的车的颜色，你可以以下列几种方式去确定：自己再看看、叫朋友帮忙看看、拿比色表进行对比，等等。显然，在光线不是很差或者异常情况下，很容易检验你对坐骑颜色的诠释是否正确。要检验你对另一个驾车者行为的诠释是否正确，有时候就要看你对他的行为的反馈：如果他闯进你的车道，你必须立即采取避让措施。检验哲学理论是否正确就要复杂得多，因为哲学理论与实际对象的关系相当复杂并且被其他诠释所隔断。同样，哲学也经常搞不清楚应该在哪个层面上对它们的对象进行诠释。哲学，虽然判断关于真理的主张是对是错，但判断它们正确与否的标准可能涉及无限多的诠释。如二元论者所说的，真理是一个二价关系，真理的标准在给定的诠释中是三价关系，真理总是可以被无限诠释。"认知即诠释"这种观点强调需要以因果式的不断诠释检验诠释是否正确，但在根本上，它与二元论"诠释非真即假"的立场并无二致。

我的"所有的认知都是诠释"不同于其他对待知识的共识性态度，比如直觉主义。康德把直觉定义为知识，知识与对象之间是直接的、非中介性的关系。就是说，直觉是非符号的知识。直觉知识直接把握对象的本质。现代欧洲思想中存在两种形式的直觉。一种是理性主义者的直觉，笛卡尔、莱布尼茨和斯宾诺莎称之为"理性之光"或者"自然之光"。数学与逻辑之间的关系就是这方面的例子。你就看看这个公式"2+2＝4"，你只需要用眼睛看，就能够理解它。但在复杂一些的数学公式中，你就必须借助符号阐释才能理解公式的真正意义。所有这些步骤都是直觉性的，到最后你的思路会改变，你会发现这个公式是如何成立的。另一种流行的直觉观念是欧洲经验主义者的"感觉信息"。意识被动地接受色块和差音，并从这些信息建立起精神意象。

皮尔斯声称笛卡尔的直觉理论是不一致的，以此为"认知即诠释"观点辩护。[5]皮尔斯质疑道："你怎么判断一个特殊的命题是直觉性的?"如果你判断它是直觉性的，但你这个判断本身并不是直觉知识，那它就需要不断地再诠释。于是，这个判断所断定的直觉知识就是存疑的，不确定的，从而也都需要无限地诠释，也就是说，存疑的直觉知识都是阐释的。如果你判断它是直觉性的，而它也真的是直觉性的，那么你如何从中推出第二个判断呢? 这又陷入了无穷后退。经验主义者声称感觉信息是被直觉地给予的，与此相反，皮尔斯运用大量的实验显示视觉和其他感觉本身就来自于不断的诠释。比如，视觉神经输入眼睛的地方没有标尺和锥体，因此看不见东西。但我们一般意识不到眼睛当中存在这么一个盲点，这是因为我们马上想当然地认为一定有什么东西覆盖在这个盲点上。通过特殊的实验我们才意识到这个盲点的存在。

在中国，直觉主义并没有发展成为专门的认识论理论，但作为常识性理论它在中国要比在欧洲更受欢迎。道教比儒家更清楚地表达了要以开放的态度去感受事物，以及对自发鉴赏的美学感受性。那托普（F. S. C Northrop）是美国现代东西方文化比较研究的先驱者之一，他认为西方哲学"依靠假设"来创造概念，而东方文化则"依靠直觉"来创造概念。[6]东方文化追求直觉，强调认知是对对象的直接把握，在这个意义上是与我的"认知即诠释"相左的。但我认为中国文化对直觉的追求，其真正意味是作为诠释性的探索圆满完成后，通过归纳而获得对事物的和谐的整体的美学性把握。这与杜威的观点是很相近的。他认为经验包含着事物的质的整体性和美的感受，但在大多数时候这种整体性被打断，原因包括自然的偶然性、我们本身注意力的不稳定性，或者我们意识到我们并不理解正在发生的究竟是什么现象、我们应该做什么。在整体性被打断的情况下，我们有意识地去追求那种可以带来整体性并使艺术的和谐更丰富、更深刻和更持久的知识。对于杜威来说，生活的目的在于获得最大化的美学意义上的经验，为此我们需要理解自然并在一定程度上控制自然；思考和行动的目的，在于理解并改造自然，使其最大程度地实现美学的和谐。在他最著名的著作之一《艺术即经验》中，杜威强调创造艺术和享受艺术是经验世界的范例。如果我们不是把美学的直觉综合作为某种存疑的前提来思考，而是把它作为思考的最终结晶来思考的话，我们将看到，美学的直觉综合与我的"认知即诠释"是并行不悖的。

我的观点的关键问题在于，就"认知即诠释"而言，诠释把握存在这一存在论主题是如何可能的。皮尔斯提出了一个假说，认为人类的诠释行为与自然界以及非人类事物一起持续存在，因为非人类事物也具有诠释性的因果构造。因此，他主张应该把原因作为诠释的对象，把相关的因果律作为对象的代表符号，把结果理解为诠释，这种诠释以结果的方式使对象符合因果律的要求。换言之，结果以自然律作为符号工具诠释原因。杜威的这种观点与他的主要观点——追求贯穿自然界的连续性，是相互呼应的。但我认为这种观点过于轻率。在天体物理学、化学、人类学以及其他学科中，因果关系是否适于作为诠释模型，这本身就是一个问题，需要进一步的探索去解决。或许，说因果关系具有不同的模型，要更为恰当些。

与皮尔斯的理论相比，我的假说认为因果关系理论本身就是可以在所应用的领域里发挥作用的复杂符号，这些领域包括天体物理学、化学、人类学，等等。在这些领域当中，因果关系理论非对即错，它们代表了这些领域中实际存在的因果关系。但要对它们进行评价却不是一件容易的事情，因为它们很复杂，同时很难直接运用它们去解释事项，必须借助工具。研究者常常调整理论，因为它们存在瑕疵。随着时间的推移，研究组织最终确认某个因果关系理论，该理论能够回答相关的问题，但它并不是放之四海而皆准的。新问题、稀有现象会不断出现，从而因果关系理论也需要不断地被修正。我们或许可以将这个问题交给研究组织，由他们来找出可能存在哪些存疑的因果关系，我们所能确定的，是皮尔斯所说的自然即诠释。

如果所有的知识都是诠释，而非二元论式的反映或直接的感知，而诠释是以从某些层面表征对象的符号为工具解释现实，那么知识的整体对现实的诠释就是片面的。大至世界整体，小至单一的对象，都可以从无限的层面进行诠释。但人类会选择那些对于自身生活而言是重要的或有价值的事物，从这些方面入手将生存环境作为现实进行诠释。我们殚精竭虑，试图弄清楚现实中究竟哪些东西是真正有价值的、需要诠释的。但不论我们从多少个方面诠释现实，我们始终无法彻底诠释整个现实。那么何谓"整个现实"？这并非不言而喻的。[7]任何一个我们没有真正理解的东西都可能被当做现实，任何一个我们没有真正理解的东西都具有某种符号诠释。我们的所有认识只是指我们进行认知的整个历史过程，而不是说我们获得了对于一个对象或整个现实的完整认识。

不过，我们可以就事物如何与现实相统一提出假说。这是哲学的使命所在。哲学旨在从知识和美学的角度揭示现实，即从各个层面上对现实进行诠释。可见，在这里我们面临的问题就是海德格尔所提出的"存在论问题"，即"存在是什么"或者"存在意味着什么"。这个问题引人遐思，它暗示存在具有符号特征。比如，我们可以把存在当做像物质或者精神观念一样的万物共同具有的某种特性。如果是这样的话，那么存在与那些具有存在这一特性的事物之间的共同特性又是什么呢？这就陷入了无限推论。或者我们把存在当做像黑格尔的精神一样的总体性的东西。如果是这样的话，那么联系这个总体性的存在与它所包含的具体存在之间的桥梁、中介又是什么呢？那就需要更高一级的总体性存在。这也是一种无限推论。"存在是什么？"任何试图给存在以规定性的尝试都将导致无穷后退，因为给存在以规定性意味着要在存在与它的具体存在物之间找到更高一级的存在。[8]可见，存在是非符号的，因此我们不能用存在论的存在问题来解释"认知即诠释"这个问题，因为诠释需要符号介入对象。

幸运的是，辩证性假设作为整体可以发挥符号功能介入对象，而我们刚才讨论的存在不是一个辩证性假设。辩证性假设证明了存在确实是无法规定的。存在无论是什么，它都是不能被规定的。这个辩证性假设的言外之意还在于，存在规定存在物，但它本身是不能被规定的。虚无与存在物之间的互动行为以及根本关系都需要诠释。中国文化通过若干隐喻性的方式论述过这种创造活动或根本关系。比如在《道德经》里，不可说的"道"派生出可说的具体的道（规定过程）。王弼认为无乃有之源泉，言下之意，有是被规定的。周敦颐写过无极和太极之间的关系，太极分化出阴与阳、五行等。在西方哲学中，以类似的方式解决存在问题，首数神秘主义传统。神秘主义传统认为神从虚无而非神性中随机创造了这个世界；相反，神性是从创世活动中体现出来。在这里，我无意对这个辩证假说进行补充说明，而只是描绘它的基本意思。[9]

必须看到，这样来解读中西文化传统肯定会引发争议。例如，郝大维和安乐哲认为中国哲学不研究超越性的存在，他们会认为我对《道德经》、王弼和周敦颐的诠释背离了原文。这是一个争论。如果他们抛开那种认为中国哲学没有超越性存在的先入之见，他们将获得对这些文本的与我的诠释一样的理解。周敦颐在《太极图说》序言中认为虚无就是太极、太极就是虚无。尽管虚无与太极密不可分，但虚无具有存在论的优先性，因为虚无是世界的来源。在西方，大部分相信创造"出于无有"（God creates the determinate world out of nothing）的基督徒和其他思想家都认为上帝是在虚无和被创造物之外的大而无边的存在。与此相反，我认为上帝从虚空中创造世界的活动离不开神的仆人的作用。这与司各脱主义（Scotistic）的传统是一致的。司各脱主义认为上帝的自由选择权决定神性；相反，托马斯主义（Thomistic）传统则认为上帝的本性决定上帝的行为。对目前实际应用来说，我们可以断定，我的关于存在问题的基本假设在东西方哲学中都可以找到根据，在其他文化中也是如此。真正的意义在于，存在问题的选择性假设被归为辩证性假设，这种辩证性假设认为存在是可以被诠释的，但它否认存在是某种可以用符号表示的特性。我们姑且认为存在或许就是辩证性假设所描述的那样。

本文认为，辩证性假设在对存在问题进行哲学诠释中能充当复杂符号。在存在问题领域，"认知即诠释"能很好地介入现实。因此，存在与意义的持续性不在于所有的存在都具有意义的符号特征，也不在于这种持续性意味着诠释的无限延续。存在与意义的持续性在于能够形成某种假说并以这种假说去解释具体现实的性质，也可以解释不能自明的存在问题。从长远来看，我们是否能形成可信的关于现实和存在本身的假说，决定着我们是否能够有效地介入现实。在驾驶车辆的时候，假如交通指示完备，我们能有效地加以利用，我们就能畅通无阻；在生活中，假如现实的本质被淋漓尽致地揭示出来，且我们能有效地加以利用，我们的生活将如鱼得水。

波士顿大学

马萨诸塞，波士顿

【注释】

[1] 皮尔斯（Charles S. Peirce）没有专门论述他的诠释理论的著作，他的诠释理论散布在他的作品当中。参见哈茨霍恩（Charles Hartshorne）和保罗·韦斯（Paul Weiss）编辑的六卷本《皮尔斯文选》（*Collected Papers of Charles Peirce*，Cambridge：Harvard University Press，1932—1936），特别是卷2，同时见卷1、卷5和卷6。我引用了很多《破碎的符号》（*The Truth of Broken Symbols*，Albany：State University of New York Press，1996）一书的内容，以及《现代主义大道》（*The Highroad around Modernism*，Albany：State university of New York Press，1992）一书的第一章

中有关皮尔斯符号理论的文本。同时参见文森特·科拉彼得（Vincent Colapietro）的《皮尔斯对待自我的态度》（*Peirce's Approach to the Self：A Semiotic Perspective on Human Subjectivity*，Albany：State University of New York Press，1989），以及科林顿（Robert S. Corrington）的《人物：皮尔斯，哲学家、符号学家和自然主义者》（*An Introduction to C. S. Peirce：Philosopher，Semiotician，and Ecstatic Naturalist*，Lanham：Rowman & Littlefield，1993）。

[2] 例见《杜威晚期作品》卷2《经验与自然》（*John Dewey：The Later Works*，Dewey's *Experience and Nature*，ed.，JoAnn Boydston，Carbondale：Southern Illinois University Press，1981）。

[3] 这方面的恰当例子，参见拙著《规范文化》（*Normative Cultures*，Albany：State University of New York Press，1995）第七章。

[4] 参见王阳明的《答顾东桥书》（*The Unity of Knowledge and Action：Toward a Nonrepresentational Theory of Knowledge*，Albany：State University of New York Press，2002）。

[5] 参见皮尔斯的著名文章《关于人类所必需的几种能力的问题》（*Questions concerning Certain Capacities Claimed for Man*），此文收集在在各种皮尔斯作品集，包括《皮尔斯文选》。

[6] 参见那托普的《东西方会谈》（*The Meeting of East and West*，New York：Macmillan，1946）。

[7] 康德在他的"二律背反"中对此提出了疑问，见康蒲·斯密（Norman Kemp Smith）翻译的《纯粹理性批判》（*Critique of Pure Reason*，reprinted edition，London：Macmillan，1956，pp. 208－238，B218－265）。拙作《现代主义大道》对此有详细说明。

[8] 拙作《神是世界的创造者》（*God the Creator*，Albany：State University of New York Press，1992）第一部分中对存在的非规定本质在理论上带来的问题作了探究。

[9] 见《神是世界的创造者》，也见《道与恶魔》（*The Tao and the Daimon*，Albany：State University of New York Press，1982）第四章和第七章。

本体诠释学、民主精神与全球和谐

对方东美广大和谐哲学的评论

马克·赫尔曼（Marc Hermann）*　著

王祖哲　译

本文意在概述并评价方东美提出的广大和谐哲学。方东美的英文名是 Thomé H. Fang，他是 20 世纪中国台湾的一位知名的哲学家和学者。

方东美于 1899 年生于安徽省。[1]从 16 岁开始求学于南京大学。南京大学在当时是中国最先进的现代学校之一，为基督教传教士机构所办。方东美是一个活跃的学生，在学生时代早期，他就创建了"中国哲学协会"并任第一任会长；他还是两份杂志的主编；五四运动期间，他在发动南京和上海的学生运动中起了重要作用。[2]著名的实用主义者约翰·杜威是他西方哲学的启蒙老师。方东美 1921 年毕业后到了美国，留学三载，得到关于西方哲学内容与历史的扎实知识。正是他所熟悉的柏格森、黑格尔和怀特海的哲学帮助他意识到了中国哲学中机体主义和过程思想的价值。1924年，方东美开始在武汉教哲学。他目睹国共的分裂，极度沉痛，因此其余生远离现实政治。1948 年，他迁往台湾。在 1973 年退休之前一直教学，也曾在美国教了几年学。后于 1977 年去世。

一、方东美广大和谐哲学中的诠释学潜流

方东美吸收中国传统哲学，即儒家、道家和墨家哲学而形成了自己的

---

　　* 马克·赫尔曼（Marc Hermann），中文名为马海默，德国波恩大学汉学系博士生。研究方向：文学，美学。E-mail：mherman2@uni-bonn.de

广大和谐哲学。在晚年，他逐渐欣赏佛教，尤其是大乘佛教。这已经表明，为方东美贴上一个新宋明理学家或者当代儒家的标签过于简单。这一点在作为本文主要资料来源的《中国生活观：广大和谐哲学》（台北，1980）[3]以及其他著作中都是很清楚的；与历史上其他中国义理比较而言，方东美并不为儒家指派任何主角、优先地位或者优越地位。方东美的方法基本上是**综合的**；他试图把中国哲学的许多传统**和谐**起来，并表明这些传统在精神上是同一个；上文提到的那几个哲学流派，仅仅是**同一棵精神大树、同一个主干**上的枝权。

其实，若干枝权属于同一个主干（本末），中国传统的这一形象化的说法，有综合同一之功。[4]在中国传统思想的这种自我认识当中，显然存在（不总是存在，但常常存在）一种趋势，就是对同一性的看重或者强调，超过了多样性。事情之所以如此，是因为同一性可以保证一种**集体的身份**或者**定性**，这身份的基础是文化和历史的连续性。在传统社会中，这种连续性是至关重要的。中国历史像一条流动的河，连续而沉静（或者消极地说，它停滞不前），对这个在西方和中国都大量使用的形象化的说法的使用，从求知的兴趣本身而言易于解释。发明这个关于连续性的形象化说法，"修补"历史的断裂，是中国历史编纂最重要的功能之一。[5]这种功能的实现，比方说，是借助于革新时代，并且恢复一个"黄金时代"的古代的榜样功能，是借助于维持王朝兴衰的循环模式，一种把人类秩序作为一个部分被整合到宇宙秩序中的模式。[6]据说是在**宇宙意义上建立的一种模式的连续性**，导致了作为一个和谐整体的中国历史这样一个形象化的说法的发明。[7]现代中国历史的深刻断裂，不曾弱化这种对连续性的渴望。恰恰相反，对那些想"挽救"传统的人而言，"修补"断裂的需要，在过去，甚至在现在，似乎比任何时候都更加强烈。[8]方东美把中国不同的哲学传统和谐起来，其主旨多半是他有这么一种印象：只有一种广大和谐的完整统一体，才能保住"中华传统"，才能以此抵抗西方的强势和想当然的优越性。

中国哲学传统似乎连其存在也岌岌可危，从这一历史背景来看，方东美关于中国文化与历史的那种高度理想化的比喻，变得更可理解了。方东美夸张地声称，在中国历史进程中，人性已经**证明**是**纯洁无瑕的**，中国文化已经证明它自己是诸多文化中最优秀的，因为它有和谐精神。在历史"事实"（23）中得到证明的是，只有中国文化才把人的那些具有破坏性的内在力量消解"为平和的福祉"（26）。在此，中国历史似乎已经达到了一个尽头，中国文化似乎已经臻于所谓的"至善"。关于帝国时代的中国，连同其比较晚近的文化结构在一起，方东美的这个比喻，代替了黄金时代的古代，功能却似乎是一样的：把来自往昔的乌托邦理想往回投射到往昔上。然而，对中国历史中也存在邪恶这么一个简单的事实一相情愿地视而不见，也仍然属于孤芳自赏，带着些非尘世所有的天真的微光。方东美哲学有这么一个侧面，原因似乎有两个：第一，一种**补偿**功能，把据说是西方所有的那种优越性来个乾坤颠倒；第二，一种高度的**说教**功能，其被写在文本中，是为了**唤醒**和**拯救**中国人民，而且也要**唤醒**和**拯救**整个世界。除此之外，方东美似乎也有某种典型的中国式的"大胆取舍"，大大方方地忽视细节，以及但能保留就予以保留，为的是得到某种类似**集体文化精神**的东西（"东方的"、"西方的"、中国的、欧洲的精神）。方东美难得有兴趣细查哲学史的细节——特别是西方哲学史的细节，将西方哲学史主要当做一个负面的对照物，为的是把中国哲学史显得格外熠熠生辉。他更希望推广这种和**道德相关**的洞见，一种将被付诸实践的知识，使人发生变化的知识——一种典型的中国的知识概念。[9]

更有甚者，方东美不仅明显坚持历史连续性，而且还坚持对文化的传统理解，把这种文化看做中国人精神的显现，特别是他们的道德理想的显现。"我们的这种道德文化"的意思，如方东美说的那样，就是"我们自身的真正的道德生活的实现"（26）。历史，**作为人们道德精神的展开**[10]，不仅与令人不快的历史事实相当抵触，而且，最重要的是，它还假想了一种**民族精神**，这种民族精神是历史过程的本质[11]，一种在所有的时代都保持不变的本质。[12]因为每个单个的中国人都参与到了这种精神之中，他就是一个"真正的中国人"（cf. 60f.）[13]，那么哪个中国人不想成为一个真正的中国人呢？

具有讽刺意味的是，中国哲学也由于中国人自己的无知而陷入险境。和同时代的其他学者一样，方东美担心的仅仅是中国传统是否能够幸存下来。在清朝于1911年崩溃之后，又在1949年共产主义时代开始之后，特别是对儒家正儿八经的尖锐批判，方东美就有足够的理由真正担忧了。在此危机之中，"传统主义者"试图让传统活着或者复活传统，自然就不大可能强调这个传统内部的不同与矛盾，更不必说要强调作为这个传统的一脉的儒家内部的不同与矛盾了。这些传统思想的异质性是一目了然的。宋明理学家（道学），比方说，尽管可以算是一种特别合法的传统解释基础，也远远不是铁板一块，因为朱熹和王阳明各自的支持者们之间的那种百年之久的争论就可以轻易地表明这一点。事实上，这种争论如果说不以和谐的方式化解的话，我们可以清楚地看到方东美自己的立场。他苛评朱熹强烈的二元论倾向，显然青睐于王阳明的有机论哲学，这是耐人寻味的。[14]

如方东美在他的书的前言中关于广大和谐提到的那样，这本书本出自1937年春季在南京做的一系列广播讲座，其时正是日本入侵的前夕。这些讲座"是在生死存亡之秋我对中华民族的呼吁"（前言，ii）。该书在1956年首版于香港，照方东美自己的说法，大不同于原来的演讲，尽管中国和全世界的危机意识一如既往。方东美担忧的严重性可以从如下言辞中感觉到：

> 中国精神的丧失，对我们中国人，对世界，都是沉重的打击。我们正在流着眼泪遭受着这种惩罚。世界也要遭受这种苦果。（前言，i）

很清楚，该书不仅保持着以前那些讲座的危机意识，而且也保持着其基本的作用与意图，那就是要**呼吁**读者改变自身。由于这种意图，批判性的读者必须**从善如流**地接受该书的某些说法，而不必**吹毛求疵**，因为该书和比较严谨的学术文本是断然不同的。它无意于**描述**世界以求真，却要试图**改变**世界。然而，有待于改变的那个对象，在该书展开的当口却自己改变了。在原来的讲座中，应该改变的是中华民族，而在该书当中，方东美却"呼吁英语世界在中国精神的广大和谐立场上的一种心领神会"（前言，ii）。和1958年的《为中国文化告世界人士宣言》的那些作者相似，方东美想要外国人欣赏中国的传统思想。中国哲学能够也应该对世界文化做出贡献，此乃方东美的基本信念之一。其实，显著的印象是方东美简直不想发起东西方之间的一场对话；在对话的基础上双方才能处在平等的条件下，中国哲学也才能对世界文化做出贡献。然而，他却想把所谓西方的那种优越性颠倒过来，想证明中国智慧为现代人类的诸多问题提供的是**唯一**可靠的解决办法。方东美的主张可以如此归纳：统治西方世界的那种无所不在的二元**分裂**精神导致灾难；只有中国的广大**和谐**精神才能挽救人类。考虑到当时的历史背景，考虑到当时任何一个中国人都有理由感觉到自己遭到了这世界其他地方的人的轻视甚至羞辱，那么这种夸张的主张就变得可以理解，也可以原谅了，特别是这种主张有**补偿**之功。

然而，尽管方东美的文化类型学（类似于许多其他中国当代哲学家的文化类型学）明显脆弱，易于被指责为过分简单化[15]，但结果却最终证明他的方法很有道理。方东美展示对当代中国哲学做的那种文化间比较的方法能够富有成果，特别是这种比较的方法试图"在理解西方的时候来理解中国的心智，反之亦然"[16]，尽管许多"西方人"或许被他对他们的"传统"的苛评惹恼了。首先，讲论"西方传统"和"中国传统"是有道理的吗？在一个人的传统**内部**，特别是在西方传统内部，我们自然地得到了连续的断裂性这么一个印象，一个一系列的断裂和争议的印象。然而，**从外部**来看我们自己的传统，从一个全然不同的文化的立足点来看，我们或许就意识到了某种潜而不露的无意识和前逻辑的思想模式与认识模式，这模式权当成了我们的文化和别人的文化的主要模型。这方法的一个扎眼的例子，可以在于连（François Jullien）的著作中找到。这么一种关于"心领神会之事"的苦心经营，走得太远了，超过了"科学的"对"人文的"这种常有的梗概性的对立面。方东美对**两种**文化都颇为熟悉，他能以不容置疑的方式指明这两种文化之间的重要的区别：西方文化强烈趋向于许多矛盾对立面框架中的**二元论**的思维[17]，而东方文化趋向于把所有对立面看做一些**相辅相成的**两极，这些成对的两极可以追溯到其共同的本源上，即作为内在超越的终极现实的那种同一状态。这一区别，多半是"西方和中国思维方式之间最常为人所注意到的区别"[18]，或许已经成了比较哲学的一种老生常谈，但这区别的全部意义仍然难以为人所洞悉，方东美自己就是表明这一点的例证。

因此，方东美关于中国文化与历史的综合、和谐观点，不仅服务于其自身内部的某种实用主义的知识兴趣，而且最终建立在一种相辅相成而非二元论的思维方式上。这么一种方法趋向于把不同观点看做相辅相成的一些方面，因此也试图把它们整合到一个综合的新整体中去。[19]把这种中国典型的相辅相成的方法付诸现实牢记在心，方东美对哲学争论——更准确地说，是文化间的争论——的"补救"，不仅实现复活中国传统以有利于将来，而且也真的表明了几派传统中国哲学（特别是作为古典哲学的道家和儒家）的某些最根本的普遍特征。**有机的、整体的思维范式**，把所有的对立面看做一个更高级的统一体的互补面，确实是儒家和道家常见的思维方式。通过坚持这种方式，方东美不仅参与了中国哲学的主流，而且他也和当代中国哲学相协调。除了胡适之外，所有中国当代主要的哲学家"都以这样那样的方式投身于保存中国哲学传统的体用有机统一体的范式"[20]。因此，难怪《易经》在当代中国哲学中发挥这么一种核心作用。[21]《易经》在历史上就处在中国哲学的根本上，以其"体用本体宇宙学的统一性"[22]提供了一种中国哲学**原始统一**的权威基础。它是把"中国精神"统一起来并抵抗"西方"挑战的一个理想的根据。

尽管他把中国传统与文化理想化了，方东美却完全是跟心智狭隘的人相反的一个人，如下文他的自我描绘所显示的："在家庭传统上我是一个儒家，在脾性上我是一个道家，在宗教启示上我是一个佛家；除此之外，在学术训练上我是一个西方人。"[23]这种学术上的开放心态以及对中国传统之外的传统——包括他反对的西方主流——的彻底理解，为他的论著贡献了许多价值。这些论著有一种简单化和以偏概全的趋向，这必定和它们的说教作用有关，也常常和它们的争辩动机有关。但是，在这趋向背后的激情，是这些论著的美与吸引力的一部分。这激情是这样一个人的激情：他写作不为自己，也不为象牙塔内的学者精英们，他坚持古老的信念，即哲学有力量，也有义务，让基本的学术面对广大的人民。

接下来，概述了方东美的哲学之后，我将对他提倡的这种学术方针，特别是对他的道德断言，做一个批判性的评价。一方面，他能够提供一个循循善诱的中国哲学传统的一般版本，它的某些特点使它即使在今日看来也是不同凡响的：一个**有机的和整体的**维度、一种关于人和自然的**精神提升**的生气蓬勃的组成部分，以及一种**内在的超越**。因此，可以充分地承认，中国哲学可以对如今的"永恒哲学"（philosophia perennis）做出贡献。比方说，我们已经开始意识到，"西方人"对自然缺少一种整体的方法，试图统治自然，而这将破坏自然，也最终毁掉作为自然的一个部分的我们自己。另一方面，说到底，方东美看起来是一位先驱者，对现实采取了一种具有整合性的**后后现代**的新看法，根本在于他的那些哲学资源的**前现代**起源。方东美把他的广大和谐这一传统概念直接应用于现代政治领域，表明了这种起源极其危险，因为这暗示了一个倾向，即为了集体的和谐，就要压制多元状态和个人自由，无论手段是不是强迫。

要理解方东美的广大和谐哲学，至少有两种可能的方法。第一种方法，是暂且信从他的说法，他说他仅仅是维护、萃取和阐述中国哲学传统的精华；然后以学术的方法，通过把他的文本与原来的文本进行对照，来检查他的说法在多大程度上是可信的。这种办法确实是非常必要的，也是值得的。然而，在这里，我将选择第二种方法：严肃地把广大和谐哲学看做对世界哲学的一个贡献[24]，如此将其置入世界哲学的背景中。这种方法基于这么一个事实之上：无论方东美多么深地植根于中国哲学传统当中，通过萃取、强调和综合，他仍然创造了一个他**自己的新**概念。尽管配料或许尽人皆知，但这个综合的整体却是方东美的创造。有的时候——尽管很少——他甚至走得如此之远，以致他鲁莽地和他的传统来源发生了抵触；

特别是关于人性在多大程度上具有与生俱来的天真无邪，方东美走得比他的那些前辈都远。他以自己的创造性思想对中国传统思想做出了贡献，尽管他一般是竭力制造一种**印象**，好像他仅仅是在复述传统思想。我们不应该被传统社会（特别是中国的传统社会）中的这种典型的言谈方式所误导，就是说，把自己的思想"隐藏"在一个人自己文化的那些文本权威之后。[25]除此之外，我也严肃地把方东美的哲学看做一种**道德召唤**，如此我将试图以一种设身处地的但仍然是批评性的方式来处理之。由于论题范围广大（特别是过去和现在的世界哲学的整体，包括不同的社会的和文化的背景），还因为我的知识、见识、空间和时间都有限制，那么这些个人的阐发将难以周全。[26]

二、方东美广大和谐哲学的诸方面

方东美区分了三种基本的哲学方法："宗教的"、"科学的"和"人文的"。**宗教**的哲学方法，是在古希腊俄耳普斯（Orphic）教义的影响之下发展起来的，最早的代表是柏拉图，趋向于轻视人和这个现实世界的价值——这与宗教把人类和现实世界看得有罪是相协调的。方东美认为此乃一般意义上的宗教的一种倾向，而非某一种特别的宗教（如俄耳普斯教或者基督教）的倾向。

科学的哲学方法，由于自然科学的影响，以批判的方式关注知识的可能性，以其极端的表现方式，拒绝对实际的生活问题（特别是**道德**问题）提供答案。由于道德定位构成了中国哲学的传统的焦点，无怪乎方东美把那些视野狭窄且不把道德定位包含其中的哲学称为没有意义的或者"软弱的"思想体系（cf. 4f.）。

在这里，方东美脑子里想的显然是罗素、维特根斯坦和其他一些人的逻辑经验主义，这派哲学在 20 世纪前半段在很大程度上铸造了哲学的言谈方式，尤其是在英语国家中。对这个哲学流派而言，只有经验的和分析性的句子才算有意义的句子。道德判断不可证实；哲学被还原为一种科学理论。这种哲学也统治着 19 世纪后半段的哲学气候，其时实践哲学被质疑为非理性的。为什么这种哲学被叫做科学的，是容易理解的；尽管这种还原论在笛卡尔、斯宾诺莎、莱布尼茨和康德的哲学中并不那么明显，方东美仍然把他们囊括在"科学的"这一类型里。毕竟，他们确实提供了某种道德定位。但是，重要的是这些哲学家通过为任何可能的哲学知识寻求客观的基础，就在主体和客体之间，也在人类和世界之间，造成了一道**主观主义的裂缝**——在本体论、认识论和价值论之间的裂缝（cf. 9，and also Fang，*Creativity*，82）。因此，比方说，现代西方道德缺少自然的客观基础，而仅仅是主观的（cf. 90）。此外，像笛卡尔这样的哲学家，呈现出经典自然科学的那种趋向，那种趋向导致机械的还原论（"世界是机器"）和唯物主义（cf. ibid.，79）。

最后，**人文的**方法是"唯一可靠的哲学样式"；只有这种方法（也确实是货真价实的中国方法），才赏识人类的价值与尊严；而西方哲学，无论宗教的方法还是科学的方法，都在人与世界之间制造了分裂。在方东美看来，这是西方思想的最突出的普遍特点：它趋向于**二元分裂**。对这种世界观，欧洲人（常常简单被称做"西方人"）似乎有一种普遍的心理秉性，一种"憎恶感"（73）和"分裂的本能"（75）。跟小孩儿荡秋千似的，他们不遗余力地扰乱平衡或和谐的每一种可能的状态。人类，比方说，被惯常地描绘成拥有一种二元的本性。在"西方的"宗教二元论的表达方式中，

> 人是一个彻头彻尾的矛盾，岂止是个矛盾，简直是一个与生俱来的自相矛盾。在这个尘世上的肉体生活干脆就是邪恶，而灵魂的生活，是好的，适于来世。在这两者之间，你只能找到一种无意义的空虚。（7）

宗教和"宗教的"哲学中的这种"对整体的人性的恶毒分裂"（7），使我们想起了英国小说《化身博士》中的杰基尔医生和海德先生，这对应于上帝和撒旦、超自然和自然、理想世界和现实世界这种二元状态。现代"科学的"哲学以另外一种方式，继续了这种恶毒的分裂。"科学的"哲学趋向于把人类只等同于心灵，并且把心灵和基本的客观现实对立起来。在这样一个分裂的宇宙中，"一个宛如一场战争的惨剧"（11）的宇宙中，没有什么和谐的希望。

然而，在古希腊，对这种智慧的缺乏尚未到达如此程度。但是，那种致命的"分裂本能"在古希腊也发挥着作用，特别是在苏格拉底和柏拉图之后。尽管人类和宇宙之间的关系一方面被构想为和谐的，而非仅仅基于某种尖锐的二元论的和不相容的分裂之上；然而，另一方面，也是存在二元论的，那就是上文提到的那种在现实世界和理想世界、物质（或身体）和精神之间的分裂，而且人类在宇宙中只扮演着一个微不足道的角色。

本体诠释学、民主精神与全球和谐

现代欧洲思想与中国思想呈两极对立之势，因为现代欧洲人意识不到人类生活是如何不可分离地与宇宙生活互相贯通的，恰恰相反，他们永久地建立了一道"自然和人性之间的鸿沟"（73），制造了一个在敌意中分裂的宇宙：心与身为敌，现象与实在为敌，自然与超自然为敌。因为它们互相对立，总是互相争斗以分高下，人类和自然就"处于永不停息的敌意中"（90）。与此天差地别，中国哲学传统建立于无所不在的广大和谐的基础之上。方东美把与这个概念有关的一些基本观念勾勒如下：

宇宙学：宇宙（1）作为一个有机体；（2）作为价值领域；以及（3）作为人类道德的基础。

（1）方东美提出的第一个特点，在他自己的解释中特别突出：中国的宇宙学是**有机的**；宇宙[27]是生命的会聚，是无所不在的生命推动力。生命是所有的存在——包括像石头这样的无机实体——**共同具有**的；生命使它们构成了一个**有机体**，一个深刻联系着的完整的整体。例如，无所不在的"气"（30，33，34）这个概念，可以轻易地演绎这种思维方式。[28]尽管这种有机论在古希腊也是明显的（但仍然不曾使方东美质疑他自己的文化类型学），但是，由于科学的影响，在现代欧洲处于支配地位的思维方式却是**机械论**的，宇宙是一个物质性的机械系统。因此，如果这还算是精神的话，这精神却是从物质那里分裂出来的。与此不同，在中国的宇宙学中，物质和精神处于渗透状态中，如此就形成了一个生命的广大领域。[29]

（2）宇宙是一个**价值**领域。宇宙既是**美的**，也是**道德的**，"渗透着道德价值"（43）。方东美相信某些道德价值，爱是其中的一种，在宇宙生活中具有客观基础。除此之外，万物都有内在的价值，这是道家哲学的一个最显著的信念。在这里方东美旨在说明一种"价值论的统一性"，即"存在与价值的合并"（Fang, *Creativity*, 104f.）。[30]在这个方面方东美称赞柏拉图达到了"全部价值的融合"，"善、真和美"的三位一体（ibid., 171）。与此相似，对中国的宇宙学而言，"一个本体论体系也是一种价值论"（13）。**存在的**就是**善的**（因为它存在）。但是，不像柏拉图的宇宙，中国的宇宙在本质上是动态的，而且是活的。**存在是生机勃勃的生命**。在这方面，中国宇宙学是"自然主义的"（cf.12），**肯定**生命是有价值的。因此，"自然"（通常以一个大写字母来写，表示它的广大的精神意义）是普遍的、无所不在的生命的汇合，因此，是一个价值领域。存在的万物都有内在的价值，因为它参与了普遍的生活。

　　自然，作为普遍的生命的汇合，是神性的表现。"它不受任何超越于它、凌驾于它的东西的限制"（即不受"超自然"或者一个超越的上帝的限制）（11f.），在这种意义上，自然是**"无限的"**。换言之，自然是一种**内在的超越**。[31]尽管方东美的哲学和泛神论有亲密关系，但我们不应该把这种哲学和"自然主义"混为一谈。泛神论中的所谓自然主义的成分，是由一种**"唯心主义的"**成分组合并补充而成的："自然"已经浸透了价值、美和精神意义，但是它**仍然**在向**"至善"**创造性地前进。"生命的原则"（44）——指向无所不在的"生命"的本性——因此和"创造的提升的原则"（48）相联系。"生命"处于一种创造性的转化与变化的过程中，这过程通向"至善"的完满。

　　人类是和"自然"相宜的，而非与之战；人类协同自然，**一起创造**，共同达到"至善"。人与自然亲密无间地联系在一起，特别是通过文化的发展而联系在一起。"历史，作为一个文化理想的实现过程，是书写得更美的自然"（19）。自然**需要**人的帮助以臻于最高水平的完美。借助于人类创造的文化价值，"单纯的生命变成了优雅的生活"（17）。[32]方东美哲学的这种唯心主义成分，与黑格尔多有相似，即通过文化和历史的进展，而达到终极的至善，"精神的胜利"（26）。然而，方东美却批评黑格尔（cf.10），因为黑格尔的自然必须被绝对精神所"灌注"，才免得无意义，而方东美的自然自身就有价值，这种价值得到了人类历史和自然历史的**增强和提升**（cf.96）。方东美坚信这种生动而有机的本体宇宙学，在阴阳中得到最佳的呈现。[33]

　　宇宙的"道德"是"爱的原则"显示的（46）；"爱的原则"是生命精神的一种表现。各种形式的生命，通过爱而得以实现，这意味那是最广泛意义的"爱"，不仅是指人类那里的那些爱的表现方式，也指诸如阴和阳、天和地这样的极性面之间的亲密的交流与相互作用。不仅如此，宇宙的"道德"也借助于"平衡与和谐原则"而得以展现（49）。和爱的原则一样，社会生活与政治生活的这种根本原则，也植根于宇宙本身。它包含着一种平等的无私精神，这种平等建筑在与所有其他事物的**移情**与**同情**上，并且设想万物是**平等**的，因此万物各有其尊严与价值。任何人进入了一种宇宙的同情的统一状态中，都将意识到或体会到这种"原初的统一原则"（48）。按照这个原则，万物在"道"的怀抱中本为**一体**，因此在现实的较深层面上，杂多事物的多样性，仍然构成一种彼此不可分离的统一状态。

出于对这种统一状态的感情，一种对万物的无私的爱就诞生了。因此，事情就清楚了："至善"意味着建筑在一种人类与自然的**同情性的统一状态**基础上的，由此也是建筑在**爱**的基础上的一种高级的精神福祉。这意味着我们作为人类的全部潜能的实现，特别意味着我们内在固有的真正的**道德生活**的实现。

方东美旁征博引，大胆举证，意在证明这种思维方式（由此衍生出作为人类和宇宙之间的那种同情性的统一状态的结果的广大和谐），"在中国哲学中几乎可以随处"（76）找到。他最欣赏汉代之前的这种关于天人合一论[34]的较早类型，那就是儒家、道家和墨家。和后来的类型不同，它们不趋向于以人与宇宙相比而使人显得渺小，因此作为合作者的人和宇宙之间有一种平等的互惠关系。[35]一旦人类意识到了宇宙是宇宙生命的汇合，而且人类自身也是这汇合的一部分，他们就会对普遍的善的成就以及对生命的增长做出贡献，而与普遍的创造性提升会聚一处了。

（3）关于**人类道德的宇宙学基础**，方东美最重要的目标之一，是显示道家、儒家与墨家基本上享有同样的这种道德基础。首先，它们不约而同地肯定生命和生命的价值。其次，它们都把生命追溯到其起源，追溯到其原初的源头；至于它们把这源头叫做"天"或者道，则无关宏旨，因为"天"或者道都是生命的起源、价值的起源和道德的起源。因此，在方东美看来，事情很清楚：这三种理论仅仅是广大和谐或者同情性的统一状态的同一种精神的不同体现而已。

人性

方东美的另一个目标是显示人性的**内在的善**。由于普遍的自然是善的，人性本来源于神圣的自然，因此也必定是善的。

方东美的出发点是批评西方的**原罪论**。方东美指出，不仅是西方的宗教，它的哲学也深受这一思想的影响，因为西方哲学采纳了宗教的思想[36]；与此相反，在中国"人文的"哲学思想中，性恶论是陌生的，是不为人知的。不仅如此，这种理论也发现于印度的**佛教**哲学中。因此，中国的佛教也不被方东美"看做真正中国的"，因为不仅佛教的根在印度，它也有西方的和印度的倾向，即贬低人性和一般意义上的现实世界，听起来就似乎有道理了。[37]与对人性、对身体的或物质的世界的这种谴责相比，"真正中国的思想"就显出一种与众不同的最根本的品质。"真正中国人"深信生活的美、现实世界的价值，以及人性天真无邪的善。

宇宙是一个生活于其中的地方，而非一个从中逃出来的地方，因为它是一个价值领域。与此相似，人性是某种可以依赖的东西，而非某种要摒弃的东西，因为人性已经被证明不是有罪的，而是天真无邪的。(60)

对**历史证明**人性天真无邪的这种孤芳自赏的断言，已经得到了讨论。在其他地方，方东美以最显眼的方式与这一断言发生了矛盾，我们在稍后会看到。然而，在这里，方东美不曾成功地为如下问题提供一个答案：在进步的过程中，恶扮演了什么样的角色？神正论（theodicy）关于这个问题，即道德上的恶，如何得到解答？他的理论本身**暗示**了一个答案，但起码在方东美关于广大和谐的这本书里，解释得不充分。恶的品性，如**自私**，是**本体论的蠢事**中的一种，即相信人类在他们自己的实体之内，其实他们与整个宇宙基本上是一体。[38]

但是，中国哲学家为人性这个问题提供了什么答案呢？显然，他们提供了很多答案，孟子和荀子的两种极端答案最为显著。前者相信人性善，不过有一些不同的方面（照方东美的说法，如孔子和王阳明、戴震和其他人），荀子却认为人性恶。其他一些哲学家取中间的立场，认为原本的人性部分是善的，部分是恶的（朱熹和其他人的"混合论"[66]），或者认为人性是中性的（老子、庄子以及其他人的"中性论"[66]）。包括朱熹在内，他们全都同意一点："心"（就其传统的和基本的意义而言，与其原本的秉性不同），全然是善的。

方东美追随的是一种"'温厚的'理论"(66)。它的基本论点如下：人性的主要来源是天，天的精神"不可能不是善的"(66)。在这一论点的框架内，**没有**哪个部分的人性是例外，没有哪个部分的人性可以看做恶的。甚至一般意义的**欲望**与特别意义的淫欲，也不是恶，尽管事实上它们已经被全部的中国哲学家斥为恶，18世纪的戴震和焦循是例外。[39]如此一来，方东美自己的哲学观点就变得很清楚了，你或许会纳闷，在漫长的中国思想史上形成的所有那些哲学思想之间的矛盾，如何像方东美宣称的那样，"能够解决得不留痕迹"(69)。显然，由于上文提到的那个基本论点，方东美的意思是：中国关于人性的那些早期的理论，甚至连"温厚的"理论，以至于等次较小的那些理论（戴震和焦循是例外），**就它们自己的理论根据而言**，必须承认自己是矛盾的。如果这个世界是一个价值领域，像中国思想中的那样，那么人性也必定在完满的程度上是"有价值的"。

美与艺术

像人类道德一样，方东美的美与艺术概念，也有其本体论的基础。宇宙自身是美的；宇宙的美直接与其本质相关，存在于普遍**生命**中，存在于宇宙的蓬勃的生命力当中，以及存在于宇宙的连续的创造过程当中。对美进行沉思，就是进入一种与宇宙的同情性的统一之中。艺术美的本质，直接响应于宇宙美的本质；它是**宇宙的蓬勃的生命力的一种表现**。这就是被方东美认做中国全部的艺术形式的基本价值所在。因此，中国艺术就是"宇宙秩序模式的一个'精装本手册'"（Fang, *Creativity*, 159）。方东美强调道家和儒家共同具有这一洞见（只有墨家，由于其功利主义，不曾发展出这种恰当的艺术观）。

中国艺术必须被理解为某种**精神的显现**，而非对物质现实的描绘。因此，它既是"符号性的"，也是"表现性的"（而非模仿性的）。这些特点将在以后详细讨论。在这里，重要的是要理解：在方东美的概念里，中国艺术是如何建立在他所认为的中国人自己的那种基本特点上的，即"他们与大自然的亲密交流"（143）。艺术家"在心里感觉到与最广大的宇宙生活的交响曲是一体"（145）。

政治

关于政治——他强调，并非现实的政治，而是**理想的**政治——方东美强调国家之上的**道德**观点。照他的说法，国家不仅是一个形式组织，而且也是一个旨在实现某些道德观念的共同体；它不仅是一个教育机构，一所对人民进行文化熏陶的学校，而且也是一个文化价值领域。中国的政治思想集中在政府的三种类型上：（1）**依靠德行**的政府，（2）**依靠文化熏陶**的政府[40]，以及（3）**依靠法律**的政府。早期的道家、早期的儒家以及墨家，全都认可（1）；后来的儒家认可（1）和（2）的结合；法家认可（3）。

和许多其他思想家恰恰相反，方东美指出法家的思维方式和另外两种政府形式是很相容的。平等无偏地对待人民，显然与德行的精神相协调。然而，方东美维护大多数中国哲学家的那个信念：依靠德行的政府是最好的，等而下之的是依靠文化熏陶的政府，第三等是依靠法律的政府。方东美认为最后这一形式的政府，只在法权被邪恶的统治者腐化后才有价值。但是，一般来说，即便对方东美这样的传统主义者而言，在我们的当代世界中，法律也是不可缺少的。

三、作为对世界哲学贡献的方东美哲学

方东美对西方哲学的看法，有时显然太简单化了。他仅仅把古希腊思想和现代欧洲思想区别开来，并且简单地把古希腊思想等同于"宗教的"哲学，把现代欧洲思想等同于"科学的"哲学。但是，比方说，关于浪漫主义哲学，关于席勒、黑格尔、柏格森、怀特海和许多其他人，又怎么样呢？如何可能合理地给这些人贴上"科学的"标签？方东美不曾考虑到延续了一千多年的拉丁哲学传统，也是很令人吃惊的。他脑子里想的多半是那种极端"宗教的"哲学这种印象吧？因此他似乎就没有必要来处理拉丁哲学传统了。[41]至于古希腊，方东美的观点甚至更简单化，因为他话里话外把柏拉图等同于古希腊思想。他关于二元论的解释（现实世界与理想世界之间的断裂），从某些方面来说，在用于亚里士多德的时候，已经成问题了；而就斯多葛学派这样的较晚的思想流派而言（它们具有一个强烈的泛神论方面，而且提倡一元论的唯物主义），方东美的解释干脆就是不对的。在他有意揭示西方文化的"精神"的时候，方东美把这精神的诸多表现简化为古希腊的一种"宗教的"路子，简化为现代的一种"科学的"路子。柏拉图和康德——尽管后者不如前者显赫——是这两种路子的代表。因此，在与中国的"和谐精神"的比较中，就是说在与一种允诺拯救世界的哲学的比较中，方东美得到了一个关于西方哲学的扎眼的负面印象。

然而，不像他在《中国的生活观》所暗示的那样，事实上方东美的哲学，西方世界也并不陌生。在后来的一些著作中，他更愿意修正他的文化类型学。其实，他很知道自己的哲学和某些现代西方思想家多有相似之处，特别是柏格森和怀特海，但也和柏拉图相似。

对作为一方的怀特海和柏格森与作为另一方的方东美做一番详细而深刻的比较，是一项在这里难以完成的工作。然而，在此提示几点，或许就能够表明这么一种比较研究可能得到的几个论点。亨利·柏格森[42]在他的书《创造进化论》（1907）中，试图发展一种通向进化的哲学方法，与当时占支配地位的自然科学（精确地说，是生物学）并驾齐驱。处于永久变化中的生命，由创造力构成的生命，是柏格森的主旨，正如这也是方东美的主旨。照柏格森的说法，生命是一种永远流动的转化（durée），这与无生命的物质不同。通过寻常的那种机械的、静态的时间概念（作为与

durée 相对的 temps），生命是得不到合理的理解的。永久转化的过程，受原初的"生命冲动"（élan vitale）的推动。从本源上说，这些生命力与其共同的本源是和谐的。于是，"生命冲动"开始展开，使自己异化，使其表现方式变得多样。然而，与方东美不同，柏格森的动态的本体论，没有一种目的论的最终目标。另一方面，柏格森也提倡把形而上学**发展**到得到提升的存在层面上。耐人寻味的是，创造进化论（évolution créatrice）无意于到达一种广大和谐；恰恰相反，它甚至常常伴随着不同存在物之间的那种越来越多的不和谐。和方东美相似，柏格森也想通过一种直觉的和**神秘的沉思默想**来得到对现实本质的洞见。他把神的观念等同于一种无所不包的活的统一体的观念；自然是神的一种展现。[43]在这种动态的宗教中，人类可以超越他们的个体性中的限制，走向一种生活和终极的统一状态中。在晚年，柏格森把**"生命冲动"**看做神性的**爱**的一种表现方式。这个看法或许启发了方东美把生命的两极，如阴和阳，解释成"爱的原则"（46）的一种表达方式。

说到怀特海[44]，最显著的相似性是：他的哲学也是一种**过程**的哲学；在过程中，**"创造性"**这个术语采取的是最高的意义——它是一种普遍的力量，以与柏格森的"生命冲动"的相似方式，支持与促进动态的存在。在怀特海的《过程与实在》（*Process and Reality：An Essay in Cosmology*）（1929）中，"'创造性'是一般中的一般，具有终极事实的特点"[45]。因此，"世界"，作为一个有机的和一体化的整体，"是自我创造的"[46]。柏格森和怀特海都反对把自然科学作为哲学思维的范式，因此在他们的哲学活动中，也和方东美一样，具有这么一种基本的冲动。由于这种冲动，他们都把关于本体的本体论相对化了，把主体和客体的区分相对化了。和方东美一样，怀特海也反对关于物质和精神的那种普遍的二元论。

怀特海体系中的神的双重性质问题，在这里不可能得到充分的讨论。指出怀特海不曾放弃极端超越的神的观念，或许就足够了。[47]他却把这个观念与一个无所不在的神的观念（一个参与现实过程的形成中的和变化着的神）结合了起来。因此，神既是无所不在的，也是超越的，但却采取了一种二元论的方式，这方式不同于中国的"内在的超越"。后者不知道任何绝对的超越或者任何外在的领域（realm of exteriority）。

方东美与古希腊哲学主流的基本相似性，使他也提倡某种形式的哲学**客观论**。按照客观论在其**认识论**中的表现来看，我们感知和认知的对象，是客观地给定的，而不是像康德宣称的那样，是依赖于我们主观的感知和认知结构的。在方东美看来，康德的"哥白尼转变"所代表的认识论的主观论，在人类和宇宙之间制造了一种深深的疏远，因此无论如何也要敬而远之。或许不需要说的是，这种主观论也同样会制造一种对方东美自己的中国哲学传统的深深的疏远[48]，因此它在哲学上是不可取的。

方东美属于**柏拉图类型**的哲学家。他希望通过一种直觉的、超理性的和神秘的[49]冥想，来得到一种在哲学上基于对**统一状态**的、关于**太一**的体验的"绝对知识"。[50]最高的洞见形式，是一种具有吸引力的**爱**的形式，一种**性爱**的形式。[51]如方东美自己说的那样，"哲学既是爱，也是理性"（Fang, *Creativity*, 172）。因此，在他的文章《哲学的荟萃》（"The Philosophical Assemblage"）（ibid., 165–179）中，方东美表达了他对"柏拉图的天才"的"羡慕"（ibid., 173），就不叫人惊讶了。显然，他认为自己有某种哲学秉性，这把他和柏拉图连在了一起，那是一种同时身为先知、圣人、诗人的秉性，是被某种神圣的迷狂激发起来的秉性。在这种语境中，"宗教的哲学"令人惊讶地不再被方东美看做有缺点的（cf. ibid., 172–175）。由此，他得出了一个结论，这结论必定是《中国的生活观》的读者不曾预料到的："我认为东方和西方确实臻于哲学的智慧的巅峰；只有群氓不曾意识到这一点。"（ibid., 175）[52]

方东美和柏拉图的联系，不仅在于一种认识论的客观论，而且在于一种**价值论的**客观论，后者对现代西方哲学也同样是奇怪的。**生命的价值**，显然既不是功利主义的（例如，为了保全自己的生命而保全其他的生命形式），也不基于一种主观的（或主体间的）理性，而是提倡一种客观给定的价值。在这个方面，方东美与他的德国同代人、哲学家汉斯·乔纳斯（Hans Jonas）有某种相似之处。在其名著《责任的原则》（*Das Prinzip Verantwortung*）[53]中，乔纳斯也宣称生命自有价值。为了避免虚无主义，为了避免现代科学技术思维导致的对自然的疏远，乔纳斯复活了亚里士多德哲学代表的那种对自然的**目的论**理解。然而，与亚里士多德的**圆满实现**（entelechy, 字面的意思是："生命之中有目的"）相比，在乔纳斯看来，仅仅是在一种内在的和非宗教的意义上，自然才是目的论的。在所有的生物体（不仅是人类）的那种求生存、求发展的方式中，在乔纳斯看来，蕴涵着一个**目的**（telos），也可以作为生命自我肯定的一个证据。在"生命之肯定"（"Yes of life"）当中存在一种客观的价值，这显示的"是一种对不存在断然地说不"（as an emphatic No to non-being）。[54]其次，乔纳斯看到了一种超过了作为一个整体的自然进化的意志，"一种超越自我的意志"[55]，这种意志导致了人类这个类的出现。

为什么生命对方东美具有这么伟大的价值？为什么全部中国的哲学传统不约而同地"肯定生命并且肯定其宝贵的价值"（99）？存在什么宝贵的价值？乍看起来，你不大容易相信宇宙既是美的，也是"道德的"。比方说，一个蜘蛛把自己的"爱人"吃了，这怎么为我们提供一幅美丽的景象？或者说得更刺激一点，这怎么提供宇宙的"道德"证据？方东美在这里关心的，多半是我们首先必须把我们自己"从狭隘的人类偏见中"（140）解放出来，从我们**人类之道**的限制中解放出来，然后进入具有无所不包的"大"道的这种广大的观点中。从这种"整体的"观点看，甚至想当然地被看做"丑的"那些现象，也显示了它们的"美"和"道德"，因为它们构成了自然整体的一个不可分割的部分，而且对这整体的和谐做出了贡献。然而，"道德"似乎是一种太人性的标准。道家的道超越了所有相对性的极性，如善和恶、道德与不道德，难道这不是道家的那种最高的、神性的道的基本特点之一吗？如此说来，"道德"是宇宙**神圣性**的一种有些笨拙的表达方式吗？是一种宇宙有价值这么一个事实（或者信念）的一种有些笨拙的表达方式吗？问题仍然在：我们**人类的**道德，如何可能建筑在宇宙的"道德"之上？[56]方东美阐发的人类的道德价值——如爱、同情和怜悯这样的价值——在自然中显然不那么容易发现，就是说，不容易发现一种具有全面意义的价值，而非仅仅在本能的一些片段中发现的那些价值。意识到了解释上的哲学麻烦，我打算以如下方式理解方东美的"道德的宇宙"。进入一种与宇宙的同情性的统一状态中，我们就直觉地意识到：（1）生命自身是一种价值（或许和乔纳斯的"生命之肯定"相似），以及与此有关的（2）生命是弥漫于万物的神性本质的一种价值，是像中国的"气"的那种神性的表现，也像希腊的"元气"（pneuma）；因为每个人、每个事物都参与这种"太一"，那么万物就在爱的精神中统一在一起了[57]，并且在我们身上创造了一种爱的精神。

这么一种思维方式，既不奇怪，也不特别是"中国的"或"东方的"。那是一种**神秘的道德原则**[58]：由于对万物的统一状态或者"**存在的共同体**"[59]（像用有机体这种形象化的说法所表达的）的认识，万物通过爱而进化，进而产生一种广泛而无私的团结。法国哲学家阿尔伯特·施韦策（Albert Schweitzer）称之为"对生命的敬畏"[60]。卡尔·弗里德里希·冯·魏茨泽克（Carl Friedrich von Weizsäcker）曾经以漂亮的方式表达过这个意思：科学的、分析的和理性的思维方式牵扯到"识而无爱这种危险"[61]，爱却把自己表现得与此相反，那就是**对整体的感知**。[62]对统一状态的体验总是暗示存在是**善的**和有价值的。[63]无论谁体验到生命的这种统一状态，都只能肯定它。如此一来，方东美的"道德的宇宙"确实是有意义的，尽管他讲论它的方式仍然是令人遗憾的。

似乎是这样：方东美最终希望强调他的这种道德原理，那和古代中国的道德原理相似，说那是有本体宇宙学意义的基础的。一个"道德的宇宙"是一个为人类道德当做基础的宇宙。在这种意义上，"道德的宇宙"这个术语表示对宇宙的相关看法不是"分离主义的"或"科学的"，而是"人文的"，以人类为中心的，在道德上专注于有关的定位。然而，与此同时，"人文的"方法的方东美转化，却是和某种人类中心主义的道德原则相反的。作为"道德的"宇宙，它也配受合乎道德的方式的待遇。神秘主义的伦理学的一种重要结论是：它超越传统伦理学的那种居于支配地位的**人类中心主义**定位。[64]方东美的立场显然不是人类中心主义的，也不像乔纳斯和施韦策的伦理学的那种**"生物中心主义的"**（biocentric）。毋宁这么说，因为他从神秘主义的伦理学中抽取了全部的推论，方东美的立场就是**"物理中心主义的"**（physiocentric）[65]，因为他承认宇宙生活弥漫于每一种存在形式中，包括像石头与河流这样的无机物中。方东美极力主张万物平等，他不曾提到这种思想主要是道家的，儒家却趋向于建立一种等级制的、以人类为中心的宇宙。当然，这一主张不应该以绝对的意义得到理解，因为照《中庸》的说法，天、地、人构成一种三位一体；然而，在儒家看来，人类肯定比石头、植物和蟑螂重要和有尊严得多。这么说不那么有道理吗？这里涉及的问题是一个整体性的或者生态性的伦理学的问题：我们在多大程度上愿意承认其他形式的存在的权利？方东美没有提供一个答案，却似乎卡在了一个内在的自相矛盾中：一方面，他主张一种万物的"彻底的平等"（49）；另一方面，他强调可以"成为像神一样的"（17）人类的伟大性与特别的尊严——"由于"他们在创造性的艺术领域中"展现了更伟大的创造力"（19）——甚至能"起而反抗"[！]自然。在这一点上，方东美说起话来很"西方"，就其整个理论背景而言，这似乎像是一个无意识的口误：人类就像尼采的"超人"（*Übermensch*）似地设立自己的价值观，或者像在现代科学和"科学的"哲学中那样，极力追求凌驾于自然的**力量**。

在对**艺术**的反思中，方东美于是也就坚持他的客观论。因此，他一般地回避"审美"这个现代术语，就不是偶然的，因为这个术语通常多少是在一种主观的意义上使用的。[66]然而，在方东美看来，美并不仅仅是人心投射到世界的一个观念，而且是世界本身的一种客观品质或者属性。宇宙就**是**美的；宇宙的美不依赖于人类观察者的感知。在这一方面，方东美的理论，无疑为接近中国传统艺术及其自我理解提供了道路[67]，与前现代的那种从**宗教**或**形而上学**得到启发而成就的关于美的理论，如柏拉图和普罗提诺的理论，多有相似之处。因为在这两个人看来，美是一个形而上学的论题；最高层次的美，与最高层次的现实是殊途同归的。因此，美就具有**本体论**的意义，而非仅仅具有审美的意义；美无非就是对终极现实的一种**神秘**的显示。[68]

　　另一方面，这样的理论趋向于贬低**物质现象**和**艺术**美的价值。比方说，在柏拉图看来一幅画仅仅是它所画的那个东西的"真实的"理念的影子。[69]这么一种**模仿**的概念统治着前现代的地中海背景；与现实相比，艺术只能是有缺陷的，而且与神性的创造者相比，艺术家仅仅是一个浅薄的二流创造者。于是，艺术是自然的奴仆。方东美明确地提倡一种"表现"理论，而非模仿。18世纪以来的西方的许多这样的理论，围绕着进行自治的创造的天才，天才把以前的那种自然和艺术的等级翻转了过来，直言不讳地设想自己是自然的统治者，尽管同时也意识到自己也是一个"自然的存在"。在方东美的概念中，艺术家和自然之间的关系，更复杂得多。尽管在这里艺术家也表现他或她内在的心灵状态，这内在的状态却总是从某种外在的**氛围**（cf. 142）中演化而来的；而且，最重要的是，这状态是被一种与自然的**亲和**（换言之，一种**神秘的统一状态**）所框定的。[70]这不允许任何自我中心的优越感。艺术家表现这种与某种"客观的精神现实"同声相应的"精神的狂喜"。[71]在这个神秘的方面，方东美的概念可与叔本华和尼采的概念相比。尼采的酒神原则，像在他的书《悲剧的诞生》（*Die Geburt der Tragödie*）中解释的那样，是一个关于神秘的审美经验的概念，打破了与之对立的日神原则所代表的个体化原则（principium individuationis）。[72]当然，另一方面，酒神原则的那种狂暴而激烈的强度，在方东美看来，一定是怪异的：方东美维护在东西方审美中都能发现的那种内在和外在的艺术与精神都平衡的古典理想。在尼采看来，在一个乏味、无意义和令人恶心的世界上，只有音乐这种作为酒神王冠的艺术，才提供一种远离各种苦难的避难所。[73]在方东美看来，艺术和音乐演化于在这个世界上的一种深刻的精神性的安全感，因此是对普遍生命的那种奇妙的交响乐的表达（或者响应）。

　　但是，尽管这似乎暗示在方东美看来艺术是与自然"平等的"，然而艺术实际上可以**超越**现实，并且指向作为全部道德理想的完满实现的"至善"。因此，艺术能够"统辖天地"(138)，因为人类具有变得"像神一样的"潜能。最高的艺术美，有了这么一种解释这种潜能的能力，就站在比自然美高的位置上。乍看起来，这似乎和黑格尔相似，但是不同之处大于相似之处。尽管在黑格尔看来艺术也是一种表达神性的方式，它却通常不采取神秘的方式[74]；不仅如此，在自然和"精神"之间有一道深深的鸿沟。方东美多半会称之为"分裂"。因此，黑格尔并不高看自然美，因为他似乎认为自然美缺少精神。然而，在方东美看来，自然美和艺术美是"手拉手的"，尽管它们不是等同的，却反映着自然与人类的和谐共存与"联手创造"。

对西方美学的讨论趋向于表明方东美的基本假设是，西方文化被一种分类精神支配：

> 一言以蔽之，西方的审美意识，一开始就和被疏远了的由事物构成的世界处于清楚的对立中，由事物构成的世界不曾被意识到是属于艺术领域的。受到赞扬的审美主观性与［世界］其余部分处于反感的关系中。(Fang, *Creativity*, 158)

与这种分裂的精神相对照，中国艺术表达"爱的精神"(163)。中国审美经验是一种爱的状态，是关于神秘的统一状态的哲学的一种并不令人吃惊的结论。[75]然而，方东美宣称西方和东方可以首先在艺术的基础上相会[76]，因为全部的艺术，甚至西方的艺术，都带有爱的精神。[77]

方东美的广大和谐理论最成问题的部分，是把这理论运用到政治哲学领域。引人注意的是，只有在这个背景下，方东美才不批评西方哲学。相反，意味深长的是他三次肯定地引用柏拉图。方东美的政治思想，主要是从儒家传统取得的，其基本的前现代特点与西方的对等物相似。古希腊罗马和中世纪的传统政治思想，呈现在亚里士多德哲学和斯多葛—基督教自然法这两大思想脉络中。[78]亚里士多德把人看做政治的动物（zoon politikon），一种在天性上就是与其他人共同生活于社会中的动物，而且也只能在社会中得到完满的实现。社会，即城邦（polis），在本体论和伦理学上都优先于个人。一种善的、公正的因而幸福的生活，只对城邦的一员才是可能的。个人生活和共同幸福汇合一处。不像现代自由国家在道德上那么无所谓，古代社会具有道德功能，正如方东美的社会概念中的那种情况。

亚里士多德的概念建筑在对自然的一种形而上学和目的论的理解上。**城邦就是**自然，一种自然的秩序模式。斯多葛的自然法基于相同的关于自然的形而上学和目的论概念上；自然秩序包含着人类政治秩序的理想和可理解的原则；自然秩序成了政治秩序的一种样板，这又是和方东美的方式非常相似的；方东美在说到客观的自然秩序的时候，意思是"宇宙与政治的社会"是"具有相同模式的"（158）。在他的理论中，方东美习惯于把"国家"（state）这个词的首字母大写，写其他的具有形而上学意义的实体（"自然"、"天"等等）也是如此，这在修辞学上是意味深长的。

自现代西方政治理论的奠基人霍布斯以来，政治秩序被呈现为某种与自然**相对**的东西；人类和自然处于战争中，国家是人类制造的某种人工之物，并不反映某种宇宙秩序。某种客观秩序（"自然"或者神的秩序）已经失去了正统的力量。于是，政治哲学就是**个人主义的**。个人，只寻求自己的好处，已经变得自治了，这意思是说，他不在形而上学的意义上被整合进任何据说是"自然的"社会背景或者更高的秩序中。非但不是这样一种秩序，反倒是理性的个人成了政治秩序唯一可能的基础和理由。[79]正是由于这个原因，霍布斯的契约论后来成了**自由主义**的合法模式，而与本来的独裁意图相反。对自由主义理论的这种契约模式的最出类拔萃的应用，见诸约翰·罗尔斯在其名著《正义论》（*A Theory of Justice*）——20世纪最有影响的政治理论著作。

与罗尔斯相反，方东美的哲学具有一种**集体主义**的倾向。在中国哲学史中，"个人主义得不到任何赞扬"（147），方东美明显维持这一信念。他甚至懒得批评墨子的那种极权主义国家理想。相反，他却采纳了墨子的"尚同"（114），不加怀疑地将此看得与天相同，因此就是广大和谐精神的一种表现（cf. 115）。政治秩序不为个体人类的"原子"的集合而存在，而为人类臻于最终实现（"至善"）而存在。方东美多半受了黑格尔的影响，或许也受了浪漫主义哲学的影响。在黑格尔看来，社会的道德精神（Volksgeist），是国家的神性灵魂；这种道德精神"在道德上"比个人更有分量、更重要。[80]相当清楚的是，这种理论的危险可以追溯到柏拉图：如果只有社会是真实的，是完全存在的，个体的人类仅仅是它的部分，那么后者就不可能有任何本质上的个人权利。"他存在于社会之中，为社会所造就，并服务于社会"[81]，因此个人是社会实现其目的的手段。

方东美理想的政治社会，由于其道德的、集体的和"完美主义的"特点，是一种强有力的趋势，它通过把某种道德强加于它的个体成员，来限制个人自由。方东美用音乐的和谐来比喻政治生活模式（cf. 158），把一个特别的问题隐藏在其漂亮的表面之下：如果有人不想为这种集体的和谐做出贡献，如之奈何？[82]方东美拒绝正视社会和谐可能是强制性的，赢得了和谐，却以压迫为代价。这是方东美广大和谐概念的最大危险。正如他的有机论的先驱者柏拉图的情况一样，它提倡一种精神，这精神反对开放的社会，反对多元状态，反对自愿参与一种真正民主理性的政治学话语之中。与此相似，我们也可以把卡尔·波普尔（Karl R. Popper）对柏拉图的著名批判，用来批判方东美；波普尔批判试图以政治手段实现某种终极目标的整体性的乌托邦主义。[83]方东美并非一位典型的乌托邦主义者，因为他缺乏希望建立一种全新的社会秩序所需要的激进精神；毋宁这么说，他是某种"保守的乌托邦主义者"，或者一个乌托邦的保守主义者。然而，方东美的理论有一种"唯美主义的"成分，波普尔会这么称呼之，他的理论趋向于把个体的人类贬低为单纯的手段，以构成一种集体展现的美，把个人裁抑得适合于一种美的和谐模式。"因此，在其中展现人性之高尚的政治组织的框架，必须采取诗歌的优美音调和音乐的恰当和谐的模式"（158）。

　　波普尔倡导的那种审慎而现实的政治思想，或许对一个人的美感和感情没有吸引力，但是对批评性的讨论是有吸引力的，这种探讨对自身的限制和不可靠性是知道的。这么一种政治思想，关心的是此时此地的人，关心的是真实的现实，不像方东美的"理想政治"那样的概念，构造这么一个概念，却"不管它对在短期内的人类生活的实际影响"（148）——这是一种随便却高度可疑的说法。观察一下"实际的"政治和方东美在此建立的"理想的"政治之间的那种尖锐而又似乎不可调和的分裂，是令人震惊的。"实际的政治"是一个"魔鬼政治"（149）领域，一个打入"地狱之火"的"一些恶魔似的怪物"（148）的领域。你为了坚持自己理性的纯洁性，你必须"远离实际的政治"（148）。照他自己的文化类型学，方东美在这里出奇地像"西方人"。"实际的"和"理性的"政治之间的这种尖锐的分裂，从心理学上说意味深长，因为那显然反映了一种深深的政治创伤和无力回天的体验。撤回到理想的纯洁性之中，意味着逃避现实。这种理论上的"与权力之间的距离"[84]，就当代中国哲学而言，方东美是相当典型的。

　　其次，方东美在这里也是自相矛盾的。早些时候他声称"中国文化是唯一不曾沦落为受这种吞噬生命的魔鬼政治摆布的文化"，这是一个"历史事实"（23）。然而，在讲到方东美的政治理想的语境中，中国政治领域似乎和别处一样深陷这种"魔鬼政治"的险境之中。第三，也是最基本的一点，"魔鬼政治"这一比喻，在广大和谐这个概念中，显得太异己了；作为一种本体伦理学理论而言，他的广大和谐，从根本上说既是说明性的，也是描述性的。但是，这个"恶魔似的"比喻却得到了一些几乎是启示录似的方面：

> 如果这种恶魔似的情况——那种凌驾于整个自然之上的破坏性的精神，降临于人类社会，它将采取恐怖的形式，将阻碍它的任何人都吞噬掉。这种巨大的权力意志，在性质上残酷，浸透了毒药，人类已经熟悉它了，那就是军事的、经济的、政治的，以及最坏的文化的魔鬼政治，使全世界都胆战心惊。(23)

这种魔鬼政治是从哪里来的？如果它果真仅仅凌驾于自然之上，它就是某种超验的恶之类的东西，是无所不在的善的一个终极的对立面。如果它是一种"权力意志"，它就显示是自然所固有的。如果他承认是第一种情况，那么方东美理论的内在的一元论就失败了；如果他承认是第二种情况，他的本体伦理学的乐观主义必须被摒弃。"权力意志"本来是尼采为自己选来的核心价值观。尽管方东美颠覆了尼采本来对"权力意志"的正面评价，但他的哲学或许很受这种关于所有生命、万事万物固有的自我提升的**动态的**和**充满生气的**生命力原则的影响。"无论我在哪里发现了生命，"尼采的查拉图斯特拉宣告，"我都发现了权力意志，"那就是"无穷无尽的创造性的生命意志。"[85]

然而，在上面这段引文中，方东美提到的似乎并不是尼采的原则本来的核心意义。从这段引文的上下文来看，方东美显然把"权力意志"和"现代西方"的那种统治自然的"科学的"企图联系起来了，这种企图已经导致了对世界的最终的异化。这种极端的异化，任由人类的破坏力胡作非为。统一状态可祛此疾。但是，这种统一状态必须以**政治和社会的方式**来体现吗？奥斯维辛集中营之后的伦理学必须吸取的一个历史教训是，**人类特有的某种社会统一状态，有可能是错误的**。"**整体可能是错误的**"是每一种当代道德概念必须反思的"20 世纪的基本道德教训"。[86]一种"普遍的"伦理学在这里注定是要失败的。

现代环境中的政治，是一桩涉及一些同等地会犯错误的人类的事情，不涉及受到某种终极洞见的启示的一些圣人似的权威人物。广大和谐或许可以用做一种一般的理想，但是如果它被用做政治的一种指导原则，它就趋向于怂恿和谐这枚硬币藏着的那一面，那就是说，怂恿一种依靠压迫来获得的秩序。在儒家思想中占支配地位的"舆论的绝对优越性"，即便在20世纪后期[87]，也是需要受到约束的，需承认和谐**当中**有冲突。在政治和社会言谈中，这么一种冲突采取的形式，不是传统儒家的那种独角戏似的不对称的说教方式，而是理性的论辩这么一种对话式的、对称的方式。[88]

当代儒家必须理解，现代化要求不同的生活圈子有着不同的生活方式。这意味着把政治从道德那里分开，把国家和社会分开，还得承认基于政治之上的而非基于形而上学之上的权力，梁启超把这一点说得很清楚。[89]在传统中，中国儒家不曾意识到国家和社会的根本区别。结果就是，他们不曾发展起一种关于政府的理论。[90]如梁启超指出的那样，传统的儒家社会生活的"五伦"，不曾为个人和私家的公民留下任何空间。不存在建立一个**市民社会**的合适地方，而市民社会并不以家庭或者亲族组织的那种**和谐的**和等级性模式为样板。

理解政治自由主义并不提倡任何关于个人的"原子主义"，是重要的。[91]像现代自由主义的公正理论中的那种抽象的、孤立的以及在社会上颓废的主人公那样的公民，并不反映人类的自由形象。那不是一种受了误导的社会学或者人类学的产物。毋宁说，那是一种"普世主义的象征"，一种"关于现代的道德的公民的象征性呈现"[92]，很像罗尔斯的"原本立场"（original position）本身。政治上自由的人，有能力以一种后传统主义和普世主义的方式作为自己的指导方针。我们不应该落在这种后传统主义的指导方针之后。

尽管有这种重要的保留意见，但方东美的哲学可以被看做对"永恒哲学"的一个重要贡献，因为它是一种精彩的努力，试图把中国哲学遗产综合起来。肯·威尔伯（Ken Wilber）把它的本质描述如下：存在某种神性，但这神性不与创造分离，正如在希伯来和基督教正统中那样，建立关于现实的整一性，以此作为多样性的基础。因此，历史是人类意识向宇宙和神性的绝对的一体性的展开。[93]黑格尔和许多其他东西方思想家——哲学的和宗教的思想家，都以不同方式表达过他们个人的这种哲学信念。

关于内在的超越的形而上学，关于对人性和自然向最终实现的精神提升，以及关于有机的和整体的方针，方东美的思想比以往都更现代。在最近的几十年里，人们广泛地认为[94]科学的、理性主义的和主观主义的思维方式已经把我们引入了一场全面的灾难中。尽管有简单化的趋向，我认为方东美对这种灾难的描述，联系到他把现代西方哲学划作"科学的"哲学这一点来看，是启发人心的。希望从自然那里争得自治与解放，这么一种典型西方的"普罗米修斯式的"冲动[95]，确实达到了其最具自我毁灭性质的极端。

> 于晚期现代精神中，这种精神在其绝对孤立中已经把宇宙中的全部有意识的心智都据为己有（只有人才是一种有意识的心智存在，宇宙是盲目和机械的，上帝死了）。于是人就面对着这种存在性的危机：作为一个孤独的、会死的、有意识的自我，被抛到了一种终无意义和不可知的宇宙中。他生活在一个完全符合他的世界观的世界上——即在一个人造的环境中，这环境越来越机械，越来越分裂成原子，越来越没有灵魂，越来越自我毁灭——他就面临这种心理的和生物学的危机。（Tarnas，*Western Mind*，442）

到目前为止，这种诊断完全与方东美同调。但是，解决方案如何？像方东美倡导的那样退回到一种前现代的客观主义中吗？似乎不会是这样，像方东美的政治思想最彻底地表明的那样。与自然的重新团结，必须以一种辩证的方式超越现代与后现代思想，而不是简单地否认之。笛卡尔、康德和"科学的"哲学的全部不曾仅仅导致僵局，作为对前现代的客观主义的反题，他们为一种新的综合远见开辟了道路。塔纳斯（Tarnas）从认识论领域阐述过这么一种综合可能是什么样子：基本的信念（如歌德、黑格尔、斯坦纳和其他人倡导的）是：人心对于世界的关系不基于二元论之上，而是基于如下这种意义的**参与**（participation）上：

> 人类认知的这种解释性和建造性得到了充分的承认，但是自然与人类和人心之间的那种亲密的、互相贯穿的和无所不在的关系，允许康德的认识论疏远所产生的后果得到彻底的克服。人类精神岂止是规定自然秩序；毋宁说，人类的心灵在运用了其全部的力量——智力、意志力、感情、感觉、想象力、审美力和领悟力——的时候，自然的精神就通过人的心灵展示它自己的秩序。（Tarnas，*Western Mind*，435）

在和谐的意义上，在人和自然之间的一种和谐的相互作用的意义上，中国哲学可以对这个目标做出不少贡献。一方面，要超越自身的那种具有支配地位的客观主义，要承认认知的解释性，这仍然是当代中国哲学面临的主要挑战。在这个方面，对和谐的"中国式"理解到头来也是一种障碍：中国哲学必须克服它对疏远世界一事的恐惧，方东美已经以强调的口气描绘了这种恐惧。到目前为止，大多数当代中国哲学家未能成功地、以一种令人满意的方式应对康德的批判哲学提出的这种挑战。比方说，张东荪不曾使他的"多元论的认识论"[96]表现出任何实质性的进步。他不能摆脱康德的巨大阴影。牟宗三以其心智的直觉概念[97]，做出了一种成熟得多的努力。通过这个概念，牟宗三展现了一种真正综合性的"东方"和"西方"哲学的可能性。

正如我在开篇时已经表明的那样，方东美的综合性的哲学活动的方式本身，已经表明了它的内容。关于不同的哲学流派的这种和谐的观点，其基础是一种相辅相成的思维方式，而非二元论的思维方式。照这种思维方式来理解，一般的中国看法中，把道家看做一种"阴"的生活模式，把儒家看做"阳"的生活模式，是有启发意义的。[98]为这种一般看法所提供的权威根据，见于《易经》。然而，中国哲学传统的全部多样性是否能以这种方式综合起来是可疑的。比方说，朱熹的二元论的二分法把自然看做善的根据，把"欲"看做恶或坏的来源[99]，显然不适合于方东美的一元论体系。另外，荀子相当悲观的人类学，及其所要求的一种比较不"普遍的"社会秩序，也不容易整合到方东美的哲学中。最后，墨家连同其所谓"兼爱"原则，乍看起来似乎完完全全地适合于方东美的哲学，但是墨子赤裸裸的功利主义，对我们的道德直觉没有吸引力；他仅仅为实用主义的理由而诉诸天和神灵的意志，对我们也没有吸引力，更不用说"兼爱"其实是一种不带感情的、僵硬的和相当缺乏恻隐之心的政策了。[100]

那么，为什么墨子这个例子在我们的语境中是有指导意义的呢？因为墨子只想要最善的。就是说，他想要和谐，借助于统一状态的和谐。但是，他的这种统一状态，正如荀子批判的那样，是相当刻板一律的："墨子有见于齐，无见于畸。"（《荀子·天论》）[101]如果我们以"统一状态"或者"和谐"来代替"刻板一律"，我们就可以把这种批评用于更广泛一些的跨文化层面上。西方传统趋向于更看重个性（见我在上文的解释），而东方传统更看重集体的统一状态或者和谐。[102]两方都可能是片面的，都必须以一种相辅相成的方式来看待。和谐（"和"）本身不是一种绝对的价值。必须根据它实际的实现形式，根据它实际的综合的统一或者统一状态（"一"）来考虑它。有时打破和谐，打破整体，以解放自身，是必要的。使用一个最具有原型意义的形象化说法：如果胎儿只安于和谐的理想，他就永远不会从母亲那里分离开，永远不会承担其**个体化**的存在痛苦。从系统发生学的角度说，人类也就仍然躺在自然的怀抱中。道家似乎有这么一种与自然的原始统一的渴望，而儒家选择神圣的社会秩序来减缓成为一个个体所必须承受的痛苦。中国哲学家好像不知道这么一种广大和谐所需要的代价。[103]他们好像不怎么想相对地看和谐的价值，在社会和自然的意义上，他们置身其中的那些完整的整体本身，却不因为有任何他们所不相信的绝对的"超越"（Beyond）而被看成是相对的。

我们对"和谐"的讨论可以表明，一种"整体的哲学"（Allinson）会是有效的。它求助于整体性的"西方的"理性的、分析的、二元论的思维方式以及"东方的"直觉的、整体的、相辅相成的、关系性的思维方式。矛盾的是，**传统的**相辅相成的思维本身，仅仅是其对立面的一个补充。换言之，这种**新的**整体性的范式必须足够整体性，也必须把它的非整体性的对立面涵盖其中。我想不出比两个联合在一起合作的脑半球更好的比喻。[104]两个脑半球合作太好了，因为它们构成了一个和谐的整体，**也**因为它们在功能上不同。把这个比喻用于"中国心灵"，它显然需要克服对疏离于终极现实（"体"）而产生的恐惧，方式是允许这个现实的功能或表现（"用"）有更多的自治，就是说，允许意识和生活的不同范围有更多的自治。政治生活是一个例子。我们不背叛我们内在的社会感觉，承认我们生活于一个多元的社会中，并且还得以明确的外在制度把这种承认确定下来。方东美不准备理解"西方"对于自然的疏远，并不意味着那种疏远是一个死胡同，而是在更高的层次上向与自然的重新结合跨出的一步。正是缺少这么一种理解，才表明在方东美的哲学——大多数其他的中国哲学也是一样——与意在寻求整体性的新的文化眼光的一种"后现代的"哲学之间的不同。

方东美的广大和谐哲学，还不那么广大，还不足以把西方的不和谐包含其中。具有讽刺意味的是，方东美把自己的哲学摆在和西方尖锐的冲突对立中，以此为自己勾勒和谐哲学。从这种意义上说，他的哲学中的那种文化**中**的和谐，必得以文化**间**的对立为代价。然而，鉴于他做哲学思考的那种激情和引人入胜的美，他对中国哲学传统的深刻理解，以及他那种终究具有高度启发性的文化类型学，方东美已经为未来的一种更加广大、更加解放的和谐做出了重要的贡献。

波恩大学

德国，波恩

【注释】

费乐仁（Lauren Pfister）教授极其细致地阅读了本文，我非常感谢他的鼓励和许多有益的建议。我也很感谢拉尔夫·晁泽特尔（Rolf Trauzettel）教授与我进行的启发人心的讨论。

[1] 如下的传记性描述是从方东美的这本书中摘录的：Thomé H. Fang，*Chinese Philosophy：Its Spirit and Its Development*（Taipei：Linking Publishing Company，1981），Appendix I［by an editor，whose name is not given］："About the Author. Thomé H. Fang，The Man and His Career—a Profile，"525-530。

[2] 根据上条注释涉及的那本书的 525 页，照他的说法他甚至发挥了"关键作用"。他声称自己在三岁的时候就背得《诗经》，表明那个附录未必不是某种使徒行传似的东西。

[3] 本文中括号中的数字表示这一主要资料来源的页码。第二重要的材料是 Thomé H. Fang，*Creativity in Man and Nature：A Collection of Philosophical Essays*（Taipei：Linking Publishing Company，1980）。我限于阅读方东美的英文著作，尽管参见他的中文著作是值得的——特别是在涉及术语的时候——正如费乐仁（Lauren Pfister）在其论文表明的那样。参见 "The Different Faces of Contemporary Religious Confucianism：An Account of the Diverse Approaches of Some Major Twentieth Century Chinese Confucian Scholars，" *Journal of Chinese Philosophy* 22，no. 1（March 1995）：5-80，此处参见 21 页。关于方东美的汉语论著，重要的第二手材料是方国保、余秉颐：《方东美评传》，见方克立、李锦全主编：《现代新儒家学案》，第三卷，北京，中国社会科学出版社，1995，873～941 页。这一卷也包含一个方东美论著年表（1119—1128）以及方东美中文论著的一个很有用的选录，是按照论题编排的（942—1118）。这个很有代表性的选录清楚地表明中西哲学与文化比较在方东美的整个研究中有多么重要。方东美哲学论著的另一种最近的选集是《生命与文化类型：方东美新儒学论证辑要》，北京，中国广播电视出版社，1992。关于方东美的另一有参考价值的第二手材料是方东美哲学国际讨论会执委会编：《方东美的哲学》（Taipei：Youth Cultural Enterprise，1989）。更晚近，关于方东美的两篇百科全书式的文章和论文以英文发表：一篇是费乐仁写的，很受推崇，对方东美的思想做了非常简洁的介绍（"Fang Dongmei，" in *Routledge Curzon Encyclopaedia of Confucianism*，ed. Xinzhong Yao，2 vols.［New York：Routledge Curzon，2003］，Vol. I：206f.）；另一篇更详细，但在我看来似乎太

缺少批评性，作者是沈清松（Vincent Shen, "Fang Dongmei [Thomé H. Fang]," in *Encyclopedia of Chinese Philosophy*, ed. Antonio S. Cua [New York: Routledge, 2003], 249−252）；第三篇是一种比较平衡的概观，作者是李晨阳（Chenyang Li, "Fang Dongmei: Philosophy of Life, Creativity, and Inclusiveness," in *Contemporary Chinese Philosophy*, ed. Chung-ying Cheng and Nicolas Bunnin [Malden and Oxford: Blackwell Publishing, 2002], 263−280）。后一卷的作者是成中英和 Bunnin，特别参见成中英的编后语，题目是"对二十世纪中国哲学的本体阐释学解释"（"An Onto-Hermeneutic Interpretation of Twentieth-Century Chinese Philosophy: Identity and Vision", 365−404）。此文对我特别有帮助，因为它把方东美的哲学置入当代中国哲学这种更广泛的背景中。

　　[4] See Helwig Schmidt-Glintzer, "Chinesisches Geschichtsdenken," in *Die Vielfalt der Kulturen. Erinnerung, Geschichte, Identität 4*, ed. Jan Rüsen et. al., (Frankfurt a. M.: Suhrkamp, 1998), 115−144, here 140f. 也可参见 de Groot 提到的一个说法"涵三为一"，指的是儒家、道家与佛教据说在根本上是在同一种精神中的，因为它们的**宇宙学**的基础是一个，即它们的"宇宙主义"，de Groot 如此解释之（J. J. M. de Groot, *Universismus. Die Grundlage der Religion und Ethik des Staatswesens und der Wissenschaften Chinas* [Berlin: Reimer, 1918], here 1−3）。然而，与"本真的"中国传统相比，佛教是从印度采纳的，对 de Groot 而言——对方东美而言也是一样——儒教是"可疑的"。

　　[5]"无论有没有意识，最重要的是，这些历史学家服务于这么一个要求，即帮助维护他们的文明的连续性。"（Rolf Trauzettel, "Die chinesische Geschichtsschreibung," in *Neues Handbuch der Literaturwissenschaft*, Vol. 23, *Ostasiatische Literaturen*, ed. Klaus von See and Günther Debon [Wiesbaden: Neues Handbuch Aula, 1984], 77−89, here 78) 也可参见 Michael Quirin, "Yu Yingshi, das Politische und die Politik," minima sinica 1 (1994): 27−69, here 39。

　　[6] 更详细的论述，参见 Schmidt-Glintzer, "Chinesisches Geschichtsdenken," 125f.。

　　[7] 比方说，在新儒家钱穆（1895—1990）的论著中，这个形象化的说法表达得很清楚："中国历史是一个和谐的整体，呈现出一条连续的线。"（Qian Mu, *Der Westen versteht den Osten nicht. Gedanken zur Geschichte und Kultur Chinas [Lishi yu Wenhua Luncong]* [Taipei: Dongda Tushu Co., 1979], trans. Chen Chai-hsin and Diethelm Hofstra, with an introduction by Michael Friedrich [Bochum: Projekt Verlag, 1997], 79)。

　　[8] Michael Quirin 提出把"现代中国历史研究的发展，甚至全部当代 [中国] 学术史解释成为了获得一种连续性的意识而做的努力"（Quirin, "Yu Yingshi," 40)。

　　[9] 传统中国思想通常要求知行合一，王阳明走得如此之远，宣称知行合一是真

正存在的（参见 Lutz Geldsetzer and Hong Han-ding（洪汉鼎），*Grundlagen der chine-sischen Philosophie* [Stuttgart：Reclam，1998]，71-89）。稍后就会清楚的是，方东美受王阳明的影响较大。

　　[10]　余英时把中国历史解释成一个"儒学渗透与中国社会形成的连续过程"（Quirin，"Yu Yingshi，"40）。还可参见 1958 年的《儒学宣言》（Confucian Manifes-to），在其字里行间，方东美的影子也可以看到，尽管他不曾亲自参与这个宣言（此宣言的一个简略的英文译本作为附录出现，参见 Carsun Chang，*The Development of Neo-Confucian Thought*，Vol. Two [New York：Bookman Associates，1957]，455-483）。历史意识——以及由此而来的文化连续状态——在这里取得了**一种宗教性**的意义（cf. ibid.，480）。

　　[11]　这一点在钱穆那里表现得特别清楚。参见 Michael Friedrich's "Einleitung. Geschichte als Kulturkritik，" in Qian Mu，*Der Westen versteht den Osten nicht*，9-15，here 10。钱穆"作为一个历史学家，忽视中国历史的断裂情况，是太过分了；但是，他把那些断裂情况消融在一种假定的民族精神中了。这种民族精神作为一种确定的实体，被用作了历史过程的基础，同时也是历史的动力"。他这么说，是有一个实用主义的、教育的缘由的，就是说，为了唤起民族精神。

　　[12]　参见钱穆："如今我们的精神仍然和孔子时代的精神相协调"（Qian Mu，*Der Westen versteht den Osten nicht*，124）。因此，方东美的信念可能是这样：不需要任何保留，"孔子、老子和墨子永远是我们民族的精神领袖"（103）。

　　[13]　钱穆用过完全相同的论证，参见 Qian Mu，*Der Westen versteht den Osten nicht*，120。

　　[14]　费乐仁也强调过这一点，参见 Pfister，"Fang Dongmei，"207。

　　[15]　关于对成中英和 Bunnin 的一般批评，或可参见 Nicholas Bunnin，"Preface，" in *Contemporary Chinese Philosophy*，1-13，here 2。

　　[16]　Chung-ying Cheng，"Preface，" in *Contemporary Chinese Philosophy*，xii-xiv，here xiii.

　　[17]　例如，关于自我定性和自我形象，可能有不同的二元对立面：作为最根本的对立面的主体对客体，作为"原初"二元对立面的心灵对身体，以及"人格面貌"（persona，只包含精神的某些侧面的一种有限的自我形象）对"影子"（shadow，带有精神的另外一些方面，这些方面遭到了否认、压抑并且被投射到了外部）。西方人趋向于**拥有**一个身体，而非**是**一个身体；而在中国，整体性的范式也贯穿到了这一领域。参见 Gudula Linck，*Leib und Körper. Zum Selbstverständnis im vormodernen China* (Frankfurt a. M.：Peter Lang，2001)；and Thomas P. Kasulis with Roger T. Ames and Wimal Dissanayake，eds.，*Self as Body in Asian Theory and Practice* (Albany：SUNY Press，1993)，esp. discussion by Ames，149-177。Ames 表明"身"是儒家整体性的"修身"的一个不可分割的部分。令人惊讶的是，像"身"或者"心"这样的一

体性的概念术语，立刻就挑明了不同文化之间的区别。关于像主体对客体这样的其他可能的对立面，也可以说相似的话（参见 Rolf Trauzettel，"Verlust der Peripherie. Symptomatische Berührungen chinesischer und europäischer Philosophien," *minima sinica* 1［2002］：58-64）。关于内在与超越这种终极的二元论，正是这种二元论滋养着欧洲的其他二元论，在中国以前是不存在的。

［18］A. C. Graham，"Conceptual Schemes and Linguistic Relativism in Relation to Chinese," in *Unreason within Reason*：*Essays on the Outskirts of Rationality*（La Salle：Open Court，1992），59-83，here 64.

［19］Cf. Venant Cauchy，"Chinese and Oriental Approaches to Philosophy and Culture," *Journal of Chinese Philosophy* 21，no. 1（March 1994）：61-66.

［20］Cheng，"Identity and Vision," 386.

［21］Cf. ibid. ，396f.

［22］Ibid. ，397.

［23］Fang，*Chinese Philosophy*，530. 方东美列举这些传统的次序——儒家、道家、佛教和"西方"——可被视为一种优先次序。

［24］我说的"世界哲学"，意思是多种哲学所构成的多样性这样一个概念，它基于文化间性（interculturality）这么一种心智气质上，基于通过文化间的对话过程而达成的理解与被理解上。例如，可参见 Cheng，"Identity and Vision," esp. 401-404；Robert E. Allinson，"Complementarity as a Model for East-West Integrative Philosophy," *Journal of Chinese Philosophy* 25，no. 4（December 1998）：505-517；and Ram Adhar Mall，*Philosophie im Vergleich der Kulturen. Interkulturelle Philosophie-eine neue Orientierung*（Darmstadt：Primus，1996）。

［25］这建立了一种特别与我们**现代**心态的更强烈的对比，一种"关于猜疑的诠释学"（Richard Tarnas，*The Passion of the Western Mind*：*Understanding the Ideas That Have Shaped Our World View*［New York：Ballantine Books，1993］，401）。这种猜疑，自尼采以来，不亦乐乎地解构自柏拉图以来的整个西方哲学传统。与此相反的传统中国心态，拉尔夫·晁泽特尔描绘得很生动："从开始，就有某种未曾预料到的事情，其实总显得是某种令人遗憾的事情。在这种语境中，一种审慎的批评性的思想，更不必说某种具有颠覆性的思想，必须被作者隐藏起来"（参见 Rolf Trauzettel，"Erzählte，besprochene und evozierte Vergangenheit：Su Tung-p'os Essay 'Über König Wu'," in *Festschrift für Herbert Franke*，ed. Wolfgang Bauer［Wiesbaden：Franz Steiner，1979］，329-344，here 341）。"述而不作"这一历史编纂学的常见格言，不仅是历史编纂的特点，也是传统中国儒家的一般的学术活动的特点（参见 Helwig Schmidt-Glintzer，"Traditionalismus und Geschichtsschreibung in China. Zur Maxime 'shu erh pu-tso'," *Saeculum* 28［1977］：42-52，here 42）。这个格言并不禁止一般意义上的革新，但规定革新的形式：摆出作为传统的一个部分的一个文本，把它当做这

种革新的合法性根据（cf. ibid. , 44）。因此，在中国，哲学注释的作用可以这样理解：在谦卑地服务于权威这种伪装之下，他们常常把自己的思想偷偷夹带进哲学话语中。在比较低的程度上，方东美的自我呈现也可以这种传统视之。

[26] 当然，这似乎是一个具有争议性的说法，比方说，作为宗教的道教和儒教怎么样呢？方东美会这么回答：（1）他说的仅仅是一种趋向，（2）上文提到的宗教贯穿着一种真正哲学的、"人文的"精神。在他的文章 "The Alienation of Man in Religion, Philosophy and Philosophical Anthropology"（Fang, *Creativity*, 65-102）中，他把这些问题区分得更仔细。**泛神论**是一种具有内在超越的宗教，"与哲学的精神更相宜"（ibid. , 80）。

[27] 正如方东美指出的那样，"宇宙"这个中国术语，是由两个汉字构成的，已经暗示了一个统一的意象，就是说，关于时间和空间的"原初统一性"（primordial unity, 见 Fang, *Creativity*, 29）的意象。然而，像方东美解释的那样，一般的中国哲学家更喜欢其他术语，如"道"、"天地"等等（ibid. , 32f.）。

[28] "气"（*Qi*）是用来构成整个宇宙的"东西"。在这种语境中，杜维明把"气"翻译为 "vital force"（生命力）是非常有启发意义的（参见 Tu Wei-ming, *Confucian Thought*: *Selfhood as Creative Transformation*［Albany: SUNY Press, 1985］, 36）。这种翻译方式记得"气"这个术语与血液和呼吸之间本来的联系，就是说，"它强调生命过程。对中国思想家而言，自然是展现出来的生命力"（ibid. , 40）。我同意 Gudula Linck 的意见："气"这个概念，对中国的**整体性**的思维方式的发展和维护是极端重要的（参见 Gudula Linck, *Yin und Yang. Die Suche nach Ganzheit im chinesischen Denken*, München: C. H. Beck, 2000）。上面提到的结论，见 148 页。

[29] 这不意味着方东美不曾在物质和精神之间做出区别。照他的说法，中国式样的宇宙在物质形式（空间和时间形式）上是有限的，在其精神性的"理想的功能"上是"无限的"（Fang, *Creativity*, 35）。从物质意义上说它是空虚的，却充满着精神意义。在物质意义上似乎是固体的和具有阻碍作用的东西，可以转化为某种没有阻碍作用的、精神性的东西："展现纯粹精神性的那种无限功能"（ibid. , 38）。但是，如何从某种主要或"仅仅是［!］物质的"东西那里得到"纯粹的精神"（ibid. , 38）？在这里方东美自相矛盾了，因为他先是声称物质与精神处于一种互相渗透状态中，但是现在它们之间却似乎存在一种分裂或者紧张，即便不能说那是一种二元论。物质在这里表示的是一种必须被超越的低级状态。但是，与方东美哲学的那种**泛神论**的成分相协调，物质难道**不总是**有一个精神的维度吗？

[30] 方东美也评论过柏拉图的先行者苏格拉底，见他的 "dawn［ing］upon *a moral universe*"（Fang, *Creativity*, 167）。但是，苏格拉底非常关心宇宙吗？他之前的希腊哲学（如赫拉克利特的哲学）确实相信"一个道德的宇宙"，在其中，自然（physis）和法律（nomos）、宇宙（kosmos）和逻各斯（logos）构成了一种统一。关于这些问题，可参见 Maximilian Forschner, *Die stoische Ethik. Über den Zusammenhang*

von Natur-, *Sprach- und Moralphilosophie im altstoischen System*［Darmstadt: Wissenschaftliche Buchgesellschaft, 1995］, 12）。社会秩序的法律，在形而上学的意义上植根于宇宙秩序。自然哲学与伦理学关系密切。为了反对智者派，柏拉图试图重新建立本体论与伦理学的统一，这一点方东美说得正确。在柏拉图之后，斯多葛学派把"自然"等同于神性的"逻各斯"，因此为一种**具有宇宙学基础的伦理学**打下了基础。德行与自然相协调（cf. ibid., especially 9-24）。这里也像别处一样，方东美显得过于拘泥于柏拉图，好像柏拉图和希腊哲学是一回事似的。

　　［31］称此为"无限的"（infinite），照肯·威尔伯的说法，是一种用来描述一种内在超越的寻常方式。由于现实的终极根据是一种无所不包的完整**整体**，它就包含着全部的时间与空间，因此它本身是无时间性和空间性的。无限性（infinity）因此就意味着所有空间的原初的无空间性的根据，与此相似，"永恒"（eternity）是所有时间的原初的无时间性的根据（参见 Wilber's "Introduction" to *Up from Eden* in: *The Collected Works of Ken Wilber*, Vol. Two: *The Atman Project*, *Up from Eden*［Boston: Shambhala, 1999］）。只有在**这种**意义上，像老子和庄子这样的道家哲学家才谈论"不死"（immortality），就是说，进入**无时间性**的道的"永恒"中；在道中，只存在这种精神意义上的"永恒"（参见 Max Kaltenmark, *Lao-tzu und der Taoismus*［Frankfurt a. M.: Suhrkamp, 1981］, 115-118, 163）。然而，方东美是在第三种意义上使用"不死"这个词的，指的是永不终结（而非无时间性）的生命的创造性进程（cf. 45）。

　　［32］然而，方东美说的"文化价值的创造"（creation of cultural values），意思相当不清楚。在他的哲学框架中，文化价值显然基本上是**道德**价值，而从宇宙学角度说，他认为道德价值植根于宇宙本身。那么，既然道德价值已经存在于宇宙之中，那么它们又怎么可能是人类**创造**的？显然，"道德价值"不仅是人类心灵设立的一些观念，并把这些观念付诸实际，而且"道德观念"其实已经存在着。"道德观念"与宇宙的"道德价值"是相似的，后者意味着一种"存在"（a "be"）和一种"应该"（an "ought"）。从这种意义上说，"成为道德的就是进入存在，而且［……］进入存在就是成为道德的"——成中英就是这么描述主流的中国哲学的这种道德形而上学的，从其经典的形式到其当代的代表都是如此（Cheng, "Identity and Vision," 398）。

　　［33］Cf. 52, and also Li, "Fang Dongmei," 269-271.

　　［34］西方对汉语中以"天人合一"著称的这种理论的经典解释，见 de Groot, *Universismus*。

　　［35］在儒家思想中，人类连同天和地，在参与宇宙生活的创造性进展一事中发挥着核心作用。在道家那里，人类的作用似乎不那么重要，因为人类只代表许多角度中的一个，而全部的角度都具有同等的潜能。第三种类型的理论是墨子的概念："在兼爱精神中的人与宇宙之间的和谐"（86）。

　　［36］如方东美指出的那样，这个概念不仅被柏拉图和其他希腊思想家采纳，而且甚至也可以追踪到现代西方思想，如像笛卡尔和斯宾诺莎等人的理性主义理论。在这

些比较晚近的情况中，他们趋向于蔑视心灵的这种和身体关系亲近的感性功能（cf. 56）。

［37］方东美对佛教（尤其是大乘佛教）形成了一种积极看法，此事并非在 20 世纪六七十年代之前。这表现在他的如下论文中："The World and the Individual in Chinese Metaphysics"（in *Creativity*，29-63）。在文章结束的时候，他声称他已经变成了"在西方思想影响下的儒释道家（Confucian-Buddhist-Daoist）"（Li，"Fang Dongmei，"273）。

［38］主要讨论奥古斯丁（Augustinus），参见 Rüdiger Safranski, *Das Böse oder das Drama der Freiheit* (Frankfurt a. M.：Fischer Taschenbuch, 1999)，56-62。然而，方东美清楚地宣称："人堕落——如果他毕竟堕落了，那是因为他缺乏知识。［……］他看不到生命的整体与世界的完整性。"（Creativity, 18）

［39］"漫长的传统前进着，好像生命的伟大作用在于构成一道联合起来的防线，来抵抗名为欲望的那个邪恶之物（Evil One named Desire）"（68f）。然而，方东美提倡一种对欲望的"适度的满足"（appropriate satisfaction）（69）。但是，什么是方东美的"适度"？没有进一步的具体说明，这个术语是相当没有意义的。

［40］"礼"经常翻译为"rite（s）"，其实"礼"是一种广泛的"一般文化价值的衡量准则"（159），涉及诸如行为、感情、知识、政治秩序以及艺术等不同的领域。

［41］不幸的是，由于对拉丁哲学传统的忽视，方东美在当代比较哲学研究中是很有代表性的，尽管这个研究领域成绩斐然。参见 Lauren Pfister, "Von den 'drei Lehren' zur 'chinesischen Philosophie'. Die moderne Konstruktion des Grundkonzeptes der 'chinesischen Philosophie' in Feng Youlans verschiedenen chinesischen Philosophiegeschichten," *minima sinica* 2 (2002), 28-66, here 62f.

［42］关于柏格森思想的介绍，见 A. R. Lacey, *Bergson* (London and New York：Routledge, 1993)；一种比较简明的研究，见 Leszek Kolakowski, *Bergson* (Oxford：Oxford University Press, 1985)。

［43］我在这里遵从下面这本著作的解释：Wolfgang Röd, *Der Weg der Philosophie. Von den Anfängen bis ins 20. Jahrhundert*, Vol. II：17. bis 20. Jahrhundert (München：C. H. Beck, 2000), 393-400。

［44］怀特海的哲学常常被拿来与中国哲学比较，特别与朱熹儒学、《易经》比较。最近有两个这种比较的例子是：John Berthrong, *Concerning Creativity-A Comparison of Chu Hsi, Whitehead, and Neville* (Albany：SUNY Press, 1998)；and Chung-ying Cheng（成中英）："Ultimate Origin, Ultimate Reality, and the Human Condition：Leibniz, Whitehead, and Zhu Xi," *Journal of Chinese Philosophy* 29, no. 1 (March 2002)：93-118。对怀特海哲学的最全面的解说见 Victor Lowe, *Alfred North Whitehead. The Man and His Work*, 2 vols. (Baltimore and London：Johns Hopkins University Press, 1985 and 1990 respectively)。

[45] Alfred North Whitehead, *Process and Reality*: *An Essay in Cosmology*, ed. David Ray Griffin and Donald W. Sherburne, corrected edition（New York: The Free Press, 1978）, 21.

[46] Ibid., 85.

[47] 这个观点得到郝大维和安乐哲（David L. Hall and Roger T. Ames）的强调，参见 *Thinking from the Han. Self*, *Truth*, *and Transcendence in Chinese and Western Culture*（Albany: SUNY Press, 1998）, 200-203。

[48] 关于作为一个学科的认识论，古代中国哲学对此或者是所知不多，或者是完全不关心，此事叫人吃惊也耐人寻味。显然，感知着的主体与被感知的客体之间的联系，似乎太自然、太不成问题了。对此的一些讨论见 Rolf Trauzettel, "Denkwege chinesischer Philosophen: Grundzüge der konfuzianischen Erkenntnisweisen," *minima sinica* 1（1994）: 1-26, here 4; and Trauzettel, "Die chinesische Geschichtsschreibung," 79. 然而，正如费乐仁对我指出的那样，这个论题在晚期佛教的背景中成了一个主要的问题，因此也在晚期的儒家传统中激发起了一点认识论的因素。然而，一种"认识论的乐观主义"，即相信知识可能是客观而绝对的，一直统治到当代之前。参见 Thomas A. Metzger, "Confucian Thought and the Modern Chinese Quest for Moral Autonomy," in *Confucianism and the Modernization of China*, ed. Silke Krieger and Rolf Trauzettel [Mainz: Verlag Hase und Köhler, 1991], 266-306, here 292f. 认识论的一般缺乏，一定与那个广为人知的事实有关：与西方哲学传统不同，中国哲学传统并不是一套**以真理为中心**的哲学。不是寻求真理，中国哲学试图得到一种**如何**与环境相协调的知识，如何使一个人的行为遵从"道"而恰当（"义"）。参见 Hall and Ames, *Thinking from the Han*, 101-186。

[49] 杜维明以"心智的直觉"（intellectual intuition）来区分东亚普遍具有的那种思维模式与西方意义的神秘主义之间的不同，后者意味着一种神性的启示，而东方的直觉的基础是人类与宇宙的统一（cf. Tu, *Confucian Thought*, 20）。然而，神秘的洞见不必是一个绝对超越的神的启示。中国关于直接见证（direct evidence）的一般的认识观念，照其结构和内容看（即一种关于统一状态的经验），却是神秘洞见的一种可能的形式（cf. Trauzettel, "Denkwege," 10）。

[50] Cf. Karl Albert, *Einführung in die philosophische Mystik*（Darmstadt: Wissenschaftliche Buchgesellschaft, 1996）, 151ff. 在此语境中，柏拉图在他的"不言之教"（unwritten teachings）中，把善的观念与太一**等同起来**，这是有启发意义的（cf. ibid., 153f.）。

[51] Cf. ibid., 166: "最高形式的认识，包含着爱作为其根本，这种认识最终寻求［……］主体与客体的统一。"

[52] 随着时间的推移以及说话语境的变化，方东美对西方的态度发生了变化，对此详细解说是值得的。在方东美写于 20 世纪 60 年代的一篇文章 "The Philosophical

Assemblage"中，他似乎走到了与自己以前的立场的极端对立上，过分强调东西方的**共同方面**。

[53] Hans Jonas, *Das Prinzip Verantwortung. Versuch einer Ethik für die techn-ologische Zivilisation* (Frankfurt a. M.：Insel, 1979). 对乔纳斯思想的介绍，见 Franz Josef Wetz, *Hans Jonas zur Einführung* (Hamburg：Rotbuch, 1994)。比较简略的介绍，见 Ingeborg Breuer, Peter Leusch, and Dieter Mersch, *Welten im Kopf. Profile der Gegenwartsphilosophie*, Vol. 1：*Deutschland* (Hamburg：Rotbuch, 1996)，135—156。

[54] "Ja des Lebens：emphatisch als Nein zum Nichtsein" (Jonas，*Das Prinzip Verantwortung*, 151).

[55] "Ein Über-sich-Hinauswollen" (ibid.，143).

[56] Cf. 102.

[57] 例如，参见 107f.："按照中国的这种道德理论，宇宙没有什么东西不是活的，而且因为万物都是活的，就没有什么东西无能于爱。"

[58] Cf. Albert, *Philosophische Mystik*, 175—185. 正是这种意义上，方东美自己提到了神秘主义："伟大的宗教家是真正的神秘主义者。他们有能力随心所欲地投身于终极**存在**的神性领域中。在对带有神性的生命的终极关怀中，人就达到了他对自身存在的意识，并且与其他存在共为一体 (Fang，*Creativity*, 68)。方东美从亨利·柏格森那里引用了这种作为爱的经验的精神经验之后，他的结论是：这种经验意味着一种与"无限的爱、把万物融为一体的爱的波浪"(70) 的一种相遇。

[59] Albert, *Philosophische Mystik*, 178.

[60] Albert Schweitzer, *Kultur und Ethik* (München：C. H. Beck, 1990)，328ff.

[61] Carl Friedrich von Weizsäcker, *Bewußtseinswandel* (München：Hanser, 1988)，339.

[62] 这可以被视为魏茨泽克的核心思想。参见 Breuer et al.，*Welten im Kopf*, 209—226, here esp. 222f. 更全面的介绍，见 Thomas Görnitz, *Carl Friedrich von Weizsäcker* (Freiburg：Herder, 1992)；and Michael Drieschner, *Carl Friedrich von Weizsäcker zur Einführung* (Hamburg：Junius, 1992)。有趣的是施韦策和范·魏茨泽克深受他们遇到的亚洲文化的影响。施韦策深入地研究过印度和中国的古典哲学（参见他未完成的 *Geschichte des chinesischen Denkens*, ed. Bernard Kämpf and Johann Zürcher [München：C. H. Beck, 2002]）。范·魏茨泽克，作为一位杰出的核物理学家，似乎更有代表性，因为他像另外几位声名显赫的物理学家（即尼尔斯·波尔和戴维·玻姆）一样，克服了那种老式的机械论思维范式，转向了一种整体性的新范式。他们都不约而同地走出了这一步，其原因既是他们的科学洞见，也是与"东方思维方式"的相遇。值得注意的是，波尔形成了他的物理学中的"互补原则"(complementari-ty principle) 是因为他熟悉《道德经》（参见 Allinson, "Complementarity as a Model," 505—507），而范·魏茨泽克发现自己在印度的冥想中脱胎换骨了。

［63］Cf. Albert, *Philosophische Mystik*, 184.

［64］Cf. Jonas, *Das Prinzip Verantwortung*, 22. 确实，在西方，居于支配地位的理性主义与基督教都意在建议一种人之间的深刻的等级性分裂，因为人类天生有心灵。由于这样一种理性主义的倾向，它们就很难意识到其余的存在（特别是动物）的尊严。然而，东方的伦理学体系显然不曾被乔纳斯（Jonas）纳入考虑之中。否则，他就会意识到道家以及在实际道德上更合适的佛教的那种显然是非人类中心主义的取向。

［65］我从 Klaus Michael Meyer-Abich 那里得到了这个术语，此人竭力提倡一种整体形式的伦理学，他称之为"物理中心主义的"（physiocentric），参见他的书 *Aufstand für die Natur. Von der Umwelt zur Mitwelt*（München：Hanser，1990），esp. 56-82。

［66］See Norbert Schneider, *Geschichte der Ästhetik von der Aufklärung bis zur Postmoderne. Eine paradigmatische Einführung*（Stuttgart：Reclam，1996），19.

［67］因此方东美解释说，中国传统艺术尽可能地无意于现实主义地描绘外在现实，却提供一个天人合一的"意境"，一个关于内在心灵与宇宙精神（"神"）和谐相应的"意境"。由于参与了现实的本质，艺术就专注于一种精神的揭示。例如，可参见 François Cheng, *Empty and Full：The Language of Chinese Painting*, trans. by Michael H. Kohn（Boston and London：Shambhala，1994）。

［68］Cf. Albert, *Philosophische Mystik*, 187-189.

［69］See Plato, *The Republic*（*Politeia*），book 10，598c.

［70］对艺术观照中的这种宁静的赞扬——方东美称之为"宁静的美"（121）——在这种神秘的背景下可以见到，因为神秘经验永远也不可能得到恰如其分的表达。方东美指出中国哲学家已经最清楚地理解了美的性质，那就是为什么"他们对艺术保持沉默的出神入化的状态"（123）的原因，因为美"过于深刻而无法仅仅以言辞得到恰当的表达"（124）。

［71］Fang, *Creativity*, 154，162.

［72］Alexander Lomanov 指出方东美受到尼采的影响。他不仅提到了"超人"这个观念（*Übermensch*），而且也提到了 *Die Geburt der Tragödie* 中的酒神和日神原则。照 Lomanov 的说法，后者影响了方东美形成他的文化类型学观点。不幸的是，Lomanov 不曾提供更精细的信息。更进一步的细节，可参见 Alexander Lomanov, "Western Impacts on Chinese Postconfucianism," *Journal of Chinese Philosophy* 21, no. 1（March 1994）：93-108，here 103。

［73］Cf. Rüdiger Safranski, *Nietzsche. Biographie seines Denkens*（München：Hanser，2000），9.

［74］实际上，黑格尔知道东西方的这种神秘性质的解说。关于这记录，参见 Albert, *Philosophische Mystik*, 190f。

［75］以相同的方式，王树人把天人合一这个概念看做中国艺术的精神基础。因

此，艺术的目的就是对这种可导致广泛的爱的同一性的直觉性的经验与整体性的理解。与此相反，西方的"天人分裂"导致了对外在现实的一种艺术感知，而外在现实是一个仅仅由物质的对象构成的领域；这么一种感知与准科学的理性是同声相应的。参见 Wang Shuren, *Einführung in die chinesische Weisheit*, trans. by Franziska Ho and Corinna Beckmann-Keutner, with annotations and appendixes by Rolf Trauzettel (Hagen：Fernuniversität Gesamthochschule, 1993)，74f。

[76] See his essay "West and East Meet on the Ground of Art," in Fang, *Creativity*, 151-164；here esp. 162f.

[77] 这一命题，以不同的方式，可以在当代德国哲学家 Kurt Hübner 的著作中找到支持，他在各种艺术中都看到了一种含蓄的**神秘**成分。从**结构的**意义上说，艺术和音乐总是有某种神秘的东西，因为它们把物质和精神、抽象性和具体性、主体和客体融合在一起。这一主张见 Kurt Hübner, *Die zweite Schöpfung. Das Wirkliche in Kunst und Musik*（München：C. H. Beck, 1994），特别是最后这一特点，与**神秘**经验是相符的。从这种意义上说，西方艺术，无论个人主义、分裂主义如何或者可能怎么样，或许比方东美趋向于认为的那样更多地与东方艺术具有共同的性质。

[78] 关于现代与前现代的西方政治哲学之间的区别，一种精确的介绍见 Wolfgang Kersting, "Einleitung：Die Begründung der politischen Philosophie der Neuzeit im *Leviathan*," 或见 Thomas Hobbes, *Leviathan oder Stoff, Form und Gewalt eines bürgerlichen oder kirchlichen Staates*, ed. Wolfgang Kersting（Berlin：Akademie Verlag, 1996)，9-28。

[79] 霍布斯设想的冲突着的个人的原初的自然状态及其后果，以及独裁主义国家有必要以惩罚来威胁，类似于墨子的政治理论。然而，和霍布斯设想的国家不同，墨子的国家并不基于标准的个人主义之上。在这种意义上，墨子的政治理论是前现代的，是集体主义的，而霍布斯的理论显然是现代的。

[80] Cf. Georg Wilhelm Friedrich Hegel, *Grundlinien der Philosophie des Rechts*, ed. Johannes Hoffmeister（Hamburg：Meiner, 1995)，148（§156）and 207f.（§257）。下一段是以这么一个有名的（不名誉的）的断言开始的："国家是道德观念的现实。"

[81] J. M. Bochenski, *Wege zum philosophischen Denken. Einführung in die Grundbegriffe*（Freiburg i. Br.：Herder, 1959)，110.

[82] 罗尔斯尽管相信自由主义，也曾经用管弦乐团来比喻社会（见 John Rawls, *A Theory of Justice*［Cambridge：Harvard University Press, 1971]，§79，fn. 4）；对这一比喻的批评，在很大程度上更可以用于对方东美关于政治的解释。"管弦乐团这一比喻，仍然和作为一个有机体的社会这么一种比较古老的形象化说法紧密联系在一起。［……］一个以管弦乐团为模型的社会，太有机了，太集体性了，太等级性了。"参见 Otfried Höffe："Überlegungsgleichgewicht in Zeiten der Globalisierung? Eine Alternative zu Rawls," in John Rawls, *Eine Theorie der Gerechtigkeit*, ed. Otfried Höffe（Berlin：

本体诠释学、民主精神与全球和谐

Akademie Verlag，1998），271-293，here 292。

[83] Cf. Karl R. Popper，*The Open Society and Its Enemies*，Vol. I：*The Spell of Plato*（London：Routledge，1945），chap. 9. 和波普尔一样，罗尔斯也批评"完美主义"，即那些旨在在任何文化内实现人类的最好潜能的目的论理论（*A Theory of Justice*，§50）。这正是方东美的政治理论所主张的东西。

[84] Quirin，"Yu Yingshi，" 63f.

[85] Friedrich Nietzsche，*Also sprach Zarathustra. Ein Buch für Alle und Keinen*，Part II，Chap. "Von der Selbst-Überwindung，" here quoted from Friedrich Nietzsche，*Werke in zwei Bänden*，Vol. I（München：Hanser，1990），622. 关于尼采的这一核心原则的更前面的解释，参见 Safranski，*Nietzsche*，286-316；and Volker Gerhard，*Friedrich Nietzsche*（München：C. H. Beck，1999），178-189。

[86] Gernot Böhme，*Ethik im Kontext. Über den Umgang mit ernsten Fragen*（Frankfurt a. M.：Suhrkamp，1997），72. Böhme 参见 Adorno 发展了这一思想。

[87] Rolf Trauzettel，"On the Problem of the Universal Applicability of Confucianism，" in Krieger and Trauzettel，*Confucianism*，42-50，here 50.

[88] Cf. ibid.，and Karl-Otto Apel，"Harmony through Strife as a Problem of Natural and Cultural Evolution，" in *Harmony and Strife. Contemporary Perspectives，East and West*，ed. Shu-hsien Liu and Robert E. Allinson（Hong Kong：The Chinese University Press，1988），3-19.

[89] 关于这一点，参见 Yang Xiao，"Liang Qichao's Political and Social Philosophy，" in Cheng and Bunnin，*Contemporary Chinese Philosophy*，17-36，here 24-28。Ruiping Fan 批评罗尔斯的正义思想，因为它"不曾提供一种羽翼丰满的自由主义理论，因为它只是一种政治理论，而非一种形而上学理论"（引自 Ruiping Fan，"Confucian and Rawlsian Views of Justice：A Comparison，" *Journal of Chinese Philosophy* 24，no. 4［December 1997］：427-456）。我觉得这种批评似乎有些怪异：罗尔斯的构想是自由主义的，**正是因为它"仅仅"是政治的**，而非形而上学的。

[90] Cf. Trauzettel，"Universal Applicability，" 49. 考虑到这种历史背景，在当代中国哲学家当中"详细地讨论政治哲学比较难得"就不值得惊讶了；成中英肯定了这一看法（Cheng，"Identity and Vision，" 400）。

[91] Cf. Yong Huang（黄勇），"Zhu Xi on *Ren*（Humanity）and Love：A Neo-Confucian Way out of the Liberal-Communitarian Impasse，" *Journal of Chinese Philosophy* 23，no. 2（June 1996）：213-235，here esp. 213-218.

[92] Wolfgang Kersting，*John Rawls zur Einführung*，196.

[93] Cf. Wilber，*Up to Eden*，"Introduction."

[94] 关于整体思维的历史，参见 Karen Gloy，Das *Verständnis der Natur*，Vol. II：*Die Geschichte des ganzheitlichen Denkens*（München：C. H. Beck，1996）。这

是一个有用的概观，并以在当代倡导这种思维方式结尾。书中表明了，这种思维方式从来不像方东美暗示的那样是"不可见的"。

［95］Cf. Tarnas，*Western Mind*，441f.

［96］关于张东荪的思想介绍，参见 Xinyan Jiang，"Zhang Dongsun：Pluralist Epistemology and Chinese Philosophy," in Cheng and Bunnin，*Contemporary Chinese Philosophy*，57—80，here esp. 58—63。

［97］关于牟宗三的介绍，参见 Refeng Tang，"Mou Zongsan on Intellectual Intuition," in Cheng and Bunnin，*Contemporary Chinese Philosophy*，327—346，esp. 332—336。

［98］Cf. Hall and Ames，*Thinking from the Han*，150—180.

［99］关于这种后果，参见 Ping-cheung Lo，"Zhu Xi and Confucian Sexual Ethics," *Journal of Chinese Philosophy* 20，no. 4（December 1993），465—477；更广泛的讨论，参见 Wolfgang Kubin，"On the Problem of the Self in Confucianism," in Krieger and Trauzettel，*Confucianism*，63—95。

［100］例如，表明墨家缺乏恻隐之心，可参见 Graham，*Disputers of the Tao*，41f. 。

［101］*Xunzi*，Chap. 17；trans. Feng Youlan，*Selected Philosophical Writings of Fung Yu-lan*（Beijing：Foreign Languages Press，1991），395.

［102］对此论题，参见 Liu and Allinson，*Harmony and Strife*。

［103］Cf. Francois Jullien，*Über die Wirksamkeit*［*Traité de l'efficacité*］（Berlin：Merve，1999），261f.

［104］Cf. Allinson，"Complementarity as a Model，" 512.

本体诠释学、民主精神与全球和谐

东西方哲学对话的新渠道

欧阳剑（Jay Goulding）* 　著

李林洪　译

导　言

让我们从两个故事开始。第一个故事，在《道与西方的相遇》[1]一书中，李晨阳（Li Chenyang）编造了一个故事。这个故事是这样的：如果说生活是一艘湖上之船，那么佛教就像在船上随水漂流，儒家则像在船上用桨掌握方向，不随波逐流。这行踪不定的水流就是道，道是我们生命旅程的原动力。道如自然之流，引导我们的生命旅程。[2]总之，儒家、佛教和道家是并行不悖的，这叫"三教合一"，它们是中国哲学的三大流派。[3]

第二个故事是一个古老的佛教故事。两个哲学家站在路上进行激烈的辩论。一个和尚听到了他们的辩论，便走到他们中间。他对一个哲学家说："你说得对。"然后转向另一个哲学家，把刚才的话重复了一遍："你说得对。"目睹此景，一个旁观者问和尚为什么争辩的双方都是对的呢？和尚想了想，回答说："你说得对。"[4]世间的矛盾与差异都体现在生命中。这个故事与道家观点是相契的。道家认为物有万类，相同之物与相反之物同源同命。猴子们满腹牢骚，不满意早上三个晚上四个的栗子分配，他们认为早上四个晚上三个的分配方式比较好。其实无论哪种分配都是有利有弊的。这提醒我们同时走两条路的可能性，即庄子所说的"两行"。[5]既可以按照逻辑的方法去追求，也可以以道枢为目标进行无止境的追求。[6]再言之，圣人之道在于和谐与借重平衡。

---

* 欧阳剑（Jay Goulding），约克大学社会科学院教授。研究方向：中国哲学，日本哲学，诠释学，现象学。E-mail：jay@yorku.ca

上面两个故事说明中国哲学与西方哲学可以互相学习，像理查德·罗蒂（Richard Rorty）、马丁·海德格尔（Martin Heidegger）和成中英（Chung-ying Cheng）等不同思想家就是这方面的例子。如果他们的哲学能够相互协调，像上面所讲的船的故事、哲学家与和尚的故事或者和尚故事中的"两行"典故那样，那么东西方哲学就能实现真正的共同合作。如果说我们的思想是异想天开、不切实际，那么罗蒂的实用主义能把我们拉回到具体现实当中。如果我们的思想变得精密而机械，那么海德格尔的诠释诗学能激发我们的精神和想象。成中英提醒我们如果能平衡实用主义与现象学，那么我们就能协调存在论与宇宙论，从而存在与生成就能合二为一。如第二个故事所描写的那样，这三位哲学家及其思想分别来看都是正确的，都是既相互区别又相互统一的因适性理论。他们是互相构成、相互感应、同等源始的。他们互相构成，不可独自自洽，他们拥有同样的经验之网。他们是相互感应的，相互之间存在必然的指向关联。他们是同等源始的，三者都从东西方经验之源中流溢而成。在罗蒂、海德格尔和成中英这里，我们发现东方儒学存在与《三个火枪手》中的口号"人人为我，我为人人"相似的命题，这就是**"理一分殊"**，李晨阳在他的《道与西方的相遇》中将之解释为"在同一原则之下，可以有不同的观点和实践方式"[7]。我们从求同存异的精神出发去解释这三位思想家。

罗蒂与实用主义

实用主义在其早期是以经验论和实证精神为主要内容的，内容比较简单。实用主义创始于皮尔斯（Charles Peirce），由詹姆斯（James）继承发展，最终在杜威（Dewey）和乔治·赫伯特·米德（George Herbert Mead）的著作中确立。这些思想家阐发了实用主义的普遍箴言：有用即真理，理论的真理性在于它的实际效用。詹姆斯认为实用主义是哲学，也是一种态度，一种方法。他在《实用主义》一书中赞同并转述了意大利实用主义者乔凡尼·巴比尼（Giovanni Papini）把实用主义当做一条公共走廊的比喻："实用主义在我们的各种理论中就像旅馆里的一条走廊，许多房间的门都和它通着，许多的房间代表许多的哲学，但那条走廊却是用于它们大家的，如果他们要找一个进出各个房间的道路的话，那就非经过那条走廊不可。"[8]詹姆斯从方法论的角度给实用主义下了一个定义："实用主义的方法，不是什么特别的结果，只不过是一种确定方向的态度。这个态度不是去看最先的事物、原则、'范畴'和假定是必需的东西；而是去看最后的事物、收获、效果和事实。"[9]无独有偶，皮尔斯也认为："实验方法本身不过是对'根据它们的成果去了解它们'这条相当古老的逻辑原则做了一种特殊应用。"[10]皮尔斯以奠基者的角色提供了科学方法和探索者团体，詹姆斯求助于经验论和心理学方法，米德重视生物学的革命性进展，杜威则集以上三者之大成，在其教育思想中阐述了实用主义的自由民主价值观。[11]从1872年哈佛和约翰·霍普金斯形而上学俱乐部开始，到1891年密歇根大学沙莫瓦俱乐部，再到1894年芝加哥大学柏拉图俱乐部，以上几位思想家创造了一个社会的和哲学的新事物，称为实用主义。杜威的哲学思想多年来一直受到重视，特别是他的"思想五步说"：感觉到疑难；寻找疑难之所在；提出假设；根据假设进行推论；用行动检验假设。真理是经验本身发展的最终结果。[12]为了把自己的思想贯彻到实际，杜威致力于芝加哥社区规划、住房和慈善事业，是社会服务机构的先驱者，他还于1919年至1921年对中国进行了历史性的访问，对中国的教育思想产生了重要影响。

罗蒂有一段经常被引用的话："'实用主义'是一个不清晰的、含糊的和被过度使用的词。但是它为之命名的是我们这个国家（美国）智力传统上的最高成就。"[13]他说：

> 我认为实用主义的首要特征是反本质主义，它明确地批判一些概念如"真理"、"知识"、"语言"、"道德"以及类似的哲学理论对象……不仅如此，实用主义者告诉我们，实用主义是实践而非理论，是行动而非沉思，它有利于对真理的探索。[14]

罗蒂的部分早期著作旨在重新引起人们对詹姆斯和杜威的兴趣。对于罗蒂而言，我们既不能发现"善的本质"，也不能通过第一原则找到"知识的本质"、表象、道德和理性。[15]实用主义并不限定对象、心灵或者语言的性质，在此意义上实用主义是一种开放式的哲学。唯一的限定是我们与之对话的探索者团体。反实用主义者们试图"拒绝谈论背景中的永恒事物"[16]。而詹姆斯和杜威所给予人们的则是"一种改变生活的方法"[17]。

自然之镜

　　罗蒂是新实用主义的创始者和领军人物，甚至因为思想独特而被看做与实用主义的先驱者们无甚关联。罗蒂深入研究各种不同的文化传统，在跨文化交流方面做了很多工作。关于这一点，吉尼翁（Charles Guignon）和海利（David R. Hiley）在他们的新书中有相当篇幅的评论，值得全文引用：

　　　　理查德·罗蒂已经成为近来哲学中各种对立思潮的避雷针。在罗蒂身上，人们投注了惊讶、热情、敌意和困惑，20世纪下半叶无人出其左右。他在关于心灵、语言、知识、真理、科学、伦理和政治的性质的争辩中所持的争议性立场被一部分人看做为思想开启了新的可能性，但也被另一些人看做削弱了对这些问题进行有意义的探索的切实可能性。在一部分人看来，罗蒂在20世纪30年代的进步主义思想和他近来对美国式民主文化的赞扬是对右翼学者的救赎，但在另一些人则认为这表现了罗蒂政治上的幼稚。

　　　　在哲学学科内，罗蒂可以说是最有争议的美国哲学家，同时也是自杜威以来在其他科学研究领域中最有影响力的美国哲学家。随着哲学学科越来越专业化、技术化，越来越远离其他文化部门，罗蒂的工作也随之参与并影响着其他领域，如文学理论、法律、史学、心理学、教育和社会理论。他定期为通俗报纸写稿，他经常参与由非哲学界听众组成的、讨论文化领域中的重要问题的座谈会并发表演讲。他重新塑造了哲学家作为公共知识分子的形象，他的这些角色是充满争议的。[18]

　　罗蒂对哲学作出了卓越的贡献。他写了大量关于杜威和海德格尔的哲学著作。[19]他不仅分别论述了他们的思想，而且将他们的思想进行了卓有成效和富有启发性的比较研究。在他1979年的开创性著作《哲学与自然之镜》中，罗蒂认为20世纪最重要的三个思想家分别是路德维希·维特根斯坦（Ludwig Wittgenstein）、海德格尔和杜威。罗蒂认为这三位哲学家早先都曾试图找到一条使哲学成为"基本的"新路，一条拟定最终思想语境的新路。[20]他写道:"维特根斯坦曾企图建立一种与心灵主义毫无关涉的新表象(再现)论;海德格尔曾企图建立一套与科学、认识论或笛卡尔的确定性寻求毫无关涉的新哲学范畴;而杜威曾企图建立一种自然化了的黑格尔式的历史观。"[21]他们的后期研究是治疗性的,而非建设性的,目的在于使读者对自己哲学思维的动机质疑,而非在于为读者提供一套新的哲学纲领。这些思想家目的"在于摆脱陈旧过时的词汇和态度,而不在于为现代人的直觉和约定惯习提供'根基'"[22]。这就是罗蒂在别处所说的"反基础主义"[23],是罗蒂一个主要的哲学贡献。对《哲学与自然之镜》的标题,罗蒂解释说:"决定着我们大部分哲学信念的是图画而非命题,是隐喻而非陈述。俘获住传统哲学的图画是作为一面巨镜的心的图画,它包含着各种各样的表象(其中有些准确,有些不准确),并可借助纯粹的、非经验的方法加以研究。"[24]根据罗蒂的说法,海德格尔认为笛卡尔式表象的根源在古希腊,但他并没有对西方是如何陷入"视觉隐喻"的陷阱问题给予足够重视。在此书名为"无镜的哲学"[25]一章中,罗蒂讨论了柏拉图哲学、康德哲学以及致力于寻找事物本质的实证哲学家:

> 把我们的主要任务看成是在我们自身的镜式本质中准确地映现周围世界的观念,是德谟克利特和笛卡尔共同具有的如下观念的补充,这就是:宇宙是由极简单的、可明晰认知的事物构成的,而对于其本质的知识,则提供了可使一切话语的公度性得以成立的主要词汇。[26]

而与之相反的其中一种趋势是诠释学。罗蒂对海德格尔杰出弟子之一、诠释学家伽达默尔(Hans-Georg Gadamer)进行研究。罗蒂认为伽达默尔以"Bildung"(教育,自我形成)取代了作为思想目标的"知识"概念。他赞赏伽达默尔的"效应历史意识"观念,将它看做"对改变我们的过去的意识"[27]。对罗蒂来说,伽达默尔的意义在于他"与其说关心世界上的存在物或关心历史上发生的事件,不如说为了我们自己的目的,我们能从自然和历史中攫取什么"[28]。这就牵涉到罗蒂所说的代表"发现新的、较好的、更有趣的、更富有成效的说话方式的构想"的"教化"(edification)概念。[29]伽达默尔、海德格尔、杜威和其他哲学家是怀疑的、特意要留在外围的、实用的思想家,他们不信任那些"为千秋万代而营建"的系统哲学家。[30]将我们的文化与异国文化联系起来研究,是对诠释学的创造性运用。这就是伽达默尔所说的"视界融合"(Horizontverschmelzung），罗蒂期待从这个概念着手对诠释学进行当下研究。[31]

当罗蒂提到"消解"自然之镜这个形象时[32]，我们就会通过镜子隐喻把视界融合与中国思想联系起来。佛教徒也把心灵说成是镜子，把身体看做菩提树：

> 身是菩提树，
> 心如明镜台。
> 时时勤拂拭，
> 勿使惹尘埃。[33]

靠着"时时勤拂拭"，我们能够看到我们的真实自我。六祖慧能境界更高，他说心与菩提树皆无：

> 菩提本无树，
> 明镜亦非台。
> 本来无一物，
> 何处惹尘埃？[34]

因此，佛教徒既不使用隐喻，也不使用带有欲望的词汇。

在道家传统中，庄子说："子曰'人莫鉴于流水，而鉴于止水，唯止能止众止。受命于地，唯松柏独也正，在冬夏青青'。"[35]以此为据，庄子把道家的无为哲学发展为"不作为的行为"，这与罗蒂的解构是异曲同工的：

> 无为名尸，无为某府；无为事任，无为知主。体尽无穷，而游无朕；尽其所受乎天，而无见得，亦虚而已。至人之用心若镜，不将不迎，应而不藏，故能胜物而不伤。[36]

道家也使用镜子隐喻，但只是作为不言之用。它是中空的，像李晨阳在《道与西方的相遇》中所描画的形象一样，是自然之流。

我们至少可以这样说，汉语中充满隐喻。但庄子看透了语言，也看透了隐喻："蹄者所以在兔，得兔而忘蹄。言者所以在意，得意而忘言。"[37]言无言与无为一样同属道家观念。并不是所有的意义都需要语言表达，也不是所有的意义都深有意味。静默不需要语言和意义，但却无所不知。

罗蒂对隐喻多有论述。海德格尔和杜威既拒斥基础主义也拒斥视觉隐喻[38]，从而也厌弃上帝自上而下监察世情的观点。海德格尔的听觉隐喻如"良心的呼唤"（ruf des Gewissens）或者"存在的声音"（Stimme des Seins）吸引了罗蒂，因为"它们暗示知识并不总是能认知的，真理的获得并不总是一件将时新信息纳入既定体系的简单事情"[39]。罗蒂将隐喻形容为"一个从外部逻辑空间传递而来的声音，而不是从经验上对此空间的局部进行补足，也不是从逻辑和哲学方面对此空间进行结构上的说明。它呼吁人们改变语言和生活样式，而不是使之体系化"[40]。一方面，海德格尔的诗性方法强调"过去"这一隐喻的重要性，"使之避免成为简单的字面意义"[41]。对罗蒂来说，海德格尔的乡愁不过"是重新倾听那不再能被倾听者，但不是那仍然沉默的说话者"[42]。另一方面，杜威的"政治"方法是一种更加依赖实践而非理论的实用主义。杜威希望重建语言和习惯，以便"达到最大多数人的最大幸福"[43]。对罗蒂而言，海德格尔的现象学是一部"向下的自动电梯"[44]。一旦你踏上了这部电梯，在到达地基之前休想下来。这不像杜威以"满足"或者"增长"取代"真理"或者"理性"那样切合实际。[45]罗蒂认为，我们有必要把海德格尔的"澄明之镜"（the clearing）和"本真性"等范畴纳入实际的、政治的领域。[46]杜威"确定性的追求"包含了通过思考柏拉图和亚里士多德为今天的生活服务的思想。按照罗蒂的说法，"这意味着我们实现柏拉图的理想的唯一方法就是变成实用主义者——通过获取和实现愿望确认生活的意义。唯一可以使我们获得柏拉图所说的确定性的宇宙观是我们自己的（相互的或个别的）世界图景……"[47]罗蒂认为杜威对今天的期待能够把海德格尔从那种阻碍其学说真正得以实践的乡愁中解脱出来。[48]

罗蒂、海德格尔和杜威都不同程度地对"终极语汇"反感。[49]如罗蒂所说的：

> 每一个人都随身携带着一组语词，来为他们的行动、他们的信念和他们的生命提供理由……我称这些语词是一个人的"终极语汇"……那些语词乃是他在语言范围内所能做到的一切；超出了那些语词，便只有无助的被动，或诉诸武力。任何终极语汇都会有一小部分，是由"真"、"善"、"正确"和"美"等内容空洞、富于弹性且到处可见的词语所组成，而大部分则是由"基督"、"英格兰"、"职业标

准"、"体面"、"仁慈"、"革命"、"教会"、"进步的"、"严谨的"、"有创造性的"等一类内容充实也比较严格僵硬、富于地域性的词语所构成。这些较富于地域性的词语，做了大部分的工作。[50]

"反讽主义者"意识到在自己目前使用的终极语汇之外还存在着其他语汇，罗蒂以"反讽主义者"的形式探讨对终极语汇的质疑。在这个意义上，罗蒂将"辩证法"（dialectics）看做企图使语汇与语汇之间彼此对抗。[51]特别是黑格尔，他借不断转换语汇（从而改变主题）来避免论证。[52]因此他对前人的批评是，不是他们的命题是错误的，而是他们的语言已经落伍过时了。尼采、海德格尔和德里达亦步亦趋地追随黑格尔，以至于"……把他们自己的成就建立在他们与前人的关系上，而非建立在他们与真理的关系上"[53]。罗蒂认为反讽主义哲学家更多的是致力于"私人完美"而非社会任务[54]，而文学家则能替那些没有语言的人们说话。罗蒂对反基础主义的赞同以及对终极语汇和反讽的反对，对东西方对话都是必要的。在全球化时代，在热情、开放地对待其他文化的同时，认识到自身文化的局限及偏见，是十分重要的。话虽如此，真正做起来却并不容易。而在民主已经进入中国人视野的条件下，罗蒂的实用主义对于东西方哲学对话不啻于一声警钟。[55]

熊伟与海德格尔

记得罗蒂说过，海德格尔跟杜威一样，是与中国进行东西方对话的先驱者，他的思想是东西方对话得以成型的理论起点。早在 20 世纪 30 年代他就与北京大学哲学家熊伟进行联系；在 40 年代他与研究孟子的学者萧师毅试图翻译《道德经》；70 年代他与最终完成了由萧师毅开始的对《道德经》① 进行海德格尔哲学式翻译的佛道翻译家张中元进行对话。[56]在海德格尔这里，现象学显示我们生活于其中的生活世界，而诠释学则引导对真理的追求。为了理解事物，我们打括弧或者悬置我们的假设，把注意力集中于层层剥开围绕主题而形成的种种观念。我们选择主题，主题也在选择我们。主题从来都是一样的，它就是：什么是存在？在世界中存在如何与

---

① 为了方便阅读，本文将《道德经》、《老子》统一翻译为《道德经》。——译者注

存在发生关联？

熊伟在 1987 年由陈嘉映和王庆节合译的中文版《存在与时间》（*Being and Time*）[57]中指出，使西方哲学概念与中国哲学概念获得了一个互译共通的基础。此书也展现了汉语表达自身现象学思想的能力。尽管在 20 世纪 30 年代熊伟对海德格尔研究团体的影响不是直接的，但却意义深远。他在长达五十年的时间里曾数次访问德国，并在 1989 年奥托·珀格勒举行的诠释的现象学会议上发表讲话，回忆他与海德格尔的交往。[58]熊伟对海德格尔善于启发人思考的风度印象深刻，他受海氏思想的影响而"生命洞开"[59]。他认为海德格尔的主要贡献在于"人生在世"（in der welt sein）地展示"真正的我自己"[60]。在此过程中，熊伟认为"存在"与"时间"在理解"在世的存在"方面是共同构成的。

海德格尔的《存在与时间》在中国有重要影响。首次出版便在短短几年间卖出了 50 000 册。[61]"澄明"（Lichtung）一词揭示汉语有能力表述现象学思想。作为诠释的现象学的主题之一，翻译丰富了诠释。海德格尔的文本永无终止，也不会局限于某一种语言。它既揭示同时也遮蔽了存在于德语文本、汉语文本以及英语文本内部及相互之间的种种可能性。换言之，用多种语言阅读《存在与时间》，将使我们获得跨越自身传统藩篱的理解，也促使读者去了解其他语言。对汉语的学习使海德格尔更恰如其分地使用词源解构（abbau）。[62]这样，我们就可以把海德格尔风格的词源诠释学概念恰当地转换为用来翻译《存在与时间》关键概念的汉语词汇。这种词源学分析是很重要的，因为它帮助我们悬搁近代以来的"世界"概念，同时重新唤醒古代的将遥远之事物带到近前（反之亦然）的各种可能性。在远和近的回响中，时间以双倍速度回转并进入我们的存在，同时我们察觉理解的历史性负载着错综复杂的可被理解性。海德格尔既存在于也出离于他的文本，既存在于也超脱于我们对他的文本的持续解读。

首先，汉语将 hermeneutics 翻译为"诠释学"。"诠"意味着说明或者解释真理或事物的核心内容，衡量或者评价，意味着根据次序安排事物。"释"意味着诠释或说明，释放或者解蔽。"诠释"指解释、注解，或者给予解释性的说明，对这些的研究即是"学"。可见，诠释学是研究、解释、说明、释放或者解蔽事物的真理。这与海德格尔的观念是很相近的。海德格尔把诠释学看做存在的追问，因为古希腊信使赫尔墨斯神（Hermes）把"真理"从奥林匹斯山上的神话世界带到人间。汉语中的"现象"（phenomenon）同样含有深意。"现象"意味着带出来并使之存在，或者现存事物的表象，通过某个瞬间性的现在显示事物的外表。因此，"phenomenology"在汉语中变成"现象学"，意思是"对现象的研究"。总而言之，诠释学的现象学是一种双重实践，一是对真理的诠释学追求，二是通过主体将事物带到存在论意义上的存在这种现象学方法。

熊伟对"Lichtung"的翻译表明了他对海德格尔意图的深刻理解。汉语对此词的翻译与德语中此词的意思一样，意味着"照明"。德语的 Lichtung 有光明与清澈的意味，也包含轻快而非沉重之意。尽管海德格尔第一次使用这个概念的时候，他头脑里闪现的是山林中的澄明之意，但随着此概念的发展，它本身的各种可能性就显现出来。Lichtung 与"澄明"一样包含了海德格尔和老子的相似概念清晰（或静默）和明亮。"澄"是指在清澈的水中（水清）沉淀和除浊的意思，"明"则指光亮（亮）。"澄明"合起来代表诠释的开放、清晰。它也可以用来形容明亮、发光见影的清澈的水。因此，汉语打开了一条连接海德格尔的"澄明"和他最喜爱的《老子》关于清水与浊水的第 15 章的途径。关于此点，下文将进行讨论。

类似的，我们来看"瞬间"（augenblick），这个词的字面意思是"眨眼之间"或"瞬时"，指恰当的时机、正确的时刻。海德格尔在 20 世纪 20 年代早期的演讲中使用希腊语 kairos 沟通亚里士多德讨论善之为善的尼各马可伦理学与《圣经》中有关历史时刻如神的诞生、"像小偷似地悄然降临"[63]等内容的保罗信札。但 kairos 超出了古希腊哲学概念的范围以及《新约》概念的范围。① 作为 kairos 的德文译词，augenblick 是把海德格尔的本源的有限时间性理解为澄明之瞬间的关键观念，它的存在本性反对将时间看做现在的无限延续的线性时间，以及将时间看做永恒的、无限的时间观。在早期海德格尔那里，augenblick 或者 instanz 是 schicksal（遭遇，命运）与 geschick（天命）本身及相互间同等源始的时刻。[64]它将个人遭遇与社会命运联系起来。汉语将 augenbick 译作"眼下"。"眼"指眼睛、小洞、关键点、一个照面或瞥视；"下"指向下、在⋯⋯下方、低下或拿定主意；"眼下"合起来指向下、向下方、向底下一瞥，进而指目前、当前、现在、即刻。海德格尔从词源上把瞬间（augenblick）、瞬时、时间（kairos）、眨眼之间、与 ereignen（本有）或其原拼 er-augnen 及对事物的

---

① 在古希腊语中，kairos 一词仅表示恰当的时机、正确的时刻，而现代希腊语中的 kairos 则表示"时间"，概念的外延大为扩宽。——译者注

注视联系起来。它也近于本有（eignen）、适合于、作为……的属性和占有（aneignung）、占用的意思。[65]基于海德格尔喜欢用视觉隐喻，表示"眨眼之间"的augenblick与表示对真理的"注视"的ereignis可能具有存在论意义上的联系。[66]二者都是同等源始的，都进入澄明。对"equiprimordial"的翻译同样引人入胜。"同等源始"指起源是相等的。这让人想起中国的一句古谚"木有本水有源"，也同样让人想起成中英所说的"本体"（本体宇宙论），意即本体论总有其主要起源（宇宙）。[67]

海德格尔在20世纪20年代与众多东亚哲学学者保持着令人愉快的交往，其中之一便是九鬼周造，此人对中国古典思想有深刻的理解。二十年后，他在巴登黑森林里的托特瑙山（Todtnauberg）接见了来访的萧师毅，他们尝试合作翻译《道德经》。[68]与萧师毅交往所重新点燃的热情奠定了海德格尔此后与熊伟合作的基础。海德格尔在思考存在与存在者、存在与虚无、存在与时间的关系的时候，曾学习过道家思想和佛学。他当时过着修道士式的生活，这促使他的思想更贴近道家和佛教，而不是儒家。沿着这条道路，海德格尔在与这些亚洲哲学思想对话的帮助下，形成了他的存在之被照亮的"澄明"思想。海德格尔对中国哲学尤其是"道"的关注影响了他对logos的研究。海德格尔潜默地从中国思想家那里接受了"阴阳"两极的观念。"存在"不具有对存在者的优先地位，或者说存在并不在时间之外而具有对时间的优先地位。对立的双方如同阴与阳一样，是互为条件、互相构成的。阴与阳构成了道。中国历史上道家与佛教互补的悠久传统帮助海德格尔实现了这种可能性。[69]

对于海德格尔来说，语言是我们栖居于其中的存在之家。"澄明"是存在的"所在"，我们在此处作为此在既揭示同时又遮蔽我们的自我。语言不仅是说话，它展示存在的条件和可能性。联系海德格尔喜欢的《道德经》，"沉沦"是通往从"澄明"涌现出的本真存在之途径。我们必须抛弃日常生活的关注，用心倾听这种呼唤。海德格尔早期认为可以通过严格的哲学思考去倾听这种呼唤，而在后期他转而认为应该通过诗学的思考去倾听。所有这些例子都说明，中国哲学逐渐地推动海德格尔从东西方对话的角度研究语言与言语、存在与存在者、虚无与存在这些对立两极的对子。"澄明"是中间状态、虚空状态和敞开，这些对子正是从"澄明"涌现并继而隐退。海德格尔对《道德经》异常推崇，他的"澄明"表示"到达事物深处"进而"变得清澈和静默"，这意味着充分进入了天地之间的虚空境界，进入了无物存在的虚无状态。存在者在存在中存在。"澄明"是主体与客体中间的"所在","世界"从而变成我们生存于其间的现象学实体。

海德格尔与老子

萧师毅在 20 世纪 40 年代协助海德格尔开设关于巴门尼德和柏拉图的课程。在那时候,萧师毅已经把《道德经》翻译成意大利语。1946 年夏天他帮助海德格尔翻译了八章《道德经》。在几个月的时间中,海德格尔非常详细地与萧师毅探讨了中国词源学和字符构成的各个方面的情况。萧师毅运用自己的书法技能把《道德经》第十五章的两句话写在海德格尔家里的墙上:

> 孰能浊以静之徐清
> 孰能安以动之徐生[70]

受萧师毅这两句诗的启发,海德格尔继续阐发现象学观点:

> 谁能守静,出乎静,并通过静将事物带到道上去,从而使之敞开于光亮之中。[71]

萧师毅把标题"天之道"作为平衡性修饰加于他的两句诗之上。海德格尔显然是按照"澄明"思想把"静默的"、"静默"和"向前照耀"作为平行概念进行翻译。[72]海德格尔把"向前照耀"翻译为德语 erscheinen①,它指向本质性思考。与 erscheinen 对应的汉语是"显像为",指勾画出事物外表的肖像、图画或者画像。

对照《道德经》,我们发现海德格尔把大量自相矛盾的概念纳入语言。在萧师毅的帮助下,海德格尔研究了 1937 年上海出版的八十章节的《道德经》。《道德经》的翻译者之一刘殿爵(D. C. Lau)认为这些章节"最适合用作参考"。在此版《道德经》中,第二行的"久"字出于格式平衡而被删掉;"久"原意指"很长一段时间"、"长"、"特别持久",但与第二行的

---

① 意思是"显现"。——译者注

"之"合起来意思就成为"随着时间的推移"。海德格尔诠释学的很多内容都包含从一般到特殊的深度延伸。从一般到特殊意味着经验的交叉混合，这构成路途领悟的一个部分。除了"久"，其他几个汉字也被不同注释者从书中移除和添加，包括第一行中"止"（停止、悬搁）代替了"静"（静默、安静），以及上文提及的在第二行中间"久"被移除。[73]

海德格尔念念不忘他与熊伟和萧师毅的对话，他对《道德经》的热情一直延续到 20 世纪 50 年代。1954 年他写了一本虚构的对话体著作，海德格尔在此书中回忆了他在长达 30 年的时间里与亚洲哲学家们的谈话。在书中，海德格尔把 logos（同时包含存在和说话之意）与老子的"道"联系起来：

> 如果我们仅将想要使这些大量的名称归属于那些所谓的无法表达的东西，如果我们只能做到这一点，即如果这样做的话，则或许此于诸神秘中之神秘思的道说便由于道之一字而蔽匿了自身。或许此方法在当下的主导性的瑰异力量，且具恰当的超越性，也由这些途径而涌现之事实，却达不到遭遇其他的效果，故而毕竟是仅仅为一巨大被遮蔽的现象之流；由此可知，此流即可携走存在者，而同时也把其他的每个存在者带到存在中来。一切皆道。[74]

1972 年，海德格尔与张中元进行对话，在此之前张中元已经在北美翻译出版了部分东亚经典著作。[75]张中元是成中英在夏威夷大学的同事，多年来从事海德格尔的现象学诠释学研究。他翻译的《道德经》对可能性问题进行了充分关注：

> 谁能通过虚静从污浊逐渐变为清澈？
> 谁能通过不动从运动逐渐到达生成？[76]

张中元对这两句话的解释正契合了海德格尔的观念："此章中提到的各种品质，即审慎、冷静、尊敬、易变、坚韧、虚空、混沌，正反映了'道'关于人之存在的核心思想。按照老子的说法，人要由无为和虚静达到这些境界。"[77]起初，海德格尔在此在中达到存在，后来则如荷尔德林曾经做的那样从等待存在来到此在。受到亚洲思想的影响，海德格尔转而在这两种道路之间寻找中间点。海德格尔的思不是"向外伸展"，而是以

"绽出"向内深入到主客体之间的"澄明",深入到天地的"间"。[78]

人在"澄明"中找到自我的存在。日常生活的动荡不安是"本真性"的基本构成。在这个意义上,海德格尔的"命运"就是老子的"天命"。对海德格尔来说,"命运"是存在与虚无通过澄明发出的遣送。我们必须从对日常生活的关注中挣脱出来,以便通过哲学或诗用心倾听存在的呼唤。

在弗赖堡,张中元向海德格尔询问"澄明":

> 我问海德格尔教授:"在阁下的《哲学的终结和思的任务》中你总结说对'澄明'的研究对于未来的思想是非常重要的任务。是否可以说你的思想的新道路集中于'澄明'在哲学上的发展?"海德格尔回答:"是这样。"我继续问道:"'澄明'是启明得以生成的敞开、空场。这个'澄明'就是道家意义上的'明'。因此我们可以从东方思想的意义把你的新方法理解为澄明的确证。"海德格尔对此回答说:"是这样。"[79]

四十年前,熊伟在把"the clearing"翻译为"澄明"时,就充分考虑了海德格尔在上述对话中的言论。上述对话把我们引回《存在与时间》,海德格尔在此书中第一次解释了"the clearing":

> 在对领会以及"此"的一般展开状态进行分析之时,我们曾提起lumen naturale,曾把"在之中"的展开状态称为此在的明敞。只有在明敞中,视见这样的事情才成为可能。我们曾着眼于一切此在式的开展活动的基本样式——领会,而把视见理解为以天然方式据存在者为己有。此在可以按照其本质上的存在可能性对这种存在者有所作为。[80]

数十年后,海德格尔对他的"Lichtung"思想进行了修改。在《关于人道主义的通信》[81]中,海德格尔写道:"与我们从具体事物的特殊视角看到的空间接近性的开放性超出了所有或近或远的事物一样,存在比所有的存在都要广阔,因为它就是光明本身。"[82]我们的"被抛性"并不在"世界"之外,而在"澄明"之"间",在不可见的存在经验的缔结中。这种存在之经验包括静思的和活动的,老子称之为"天网"。"天网"陈述并被我们的活动所陈述,包括肢体活动和观念活动。海德格尔写道:

> 唯有借助于光亮,显现者才显示自身,也即才显现出来。但从光

亮方面来说，光亮却又植根于某个敞开之境，某个自由之境；后者能在这里那里、此时彼时使光亮启明出来……我们把这一允诺某种可能性的让显现和显示的敞开性命名为澄明。在德语语言史中，"澄明"一词是对法文 clairiere 的直译。它是仿照更古老的词语"森林化"（Waldung）和"田野化"（Feldung）构成起来的。在经验中，林中空地与稠密森林相区别，后者在较古老的德语中被称为 Dickung。名词"澄明"源出于动词"照亮"（Lichten）。形容词"明亮的"（licht）与"轻柔的"（leicht）是同一个词。照亮某物意味：使某物轻柔，使某物自由，使某物敞开，例如，使森林的某处没有树木。这样形成的自由之境就是澄明……然而，澄明，敞开之境，不仅对光亮和黑暗来说是自由的，而且对回声和余响，对声音以及声音的减弱也是自由的。澄明乃是一切在场者和不在场者的敞开之境。[83]

英语的"照亮"（light）包含"光亮"（bright）和"敞开"（open）双重意思。海德格尔略略提到"杠杆"在"减轻负担"中表示"减轻、缓和"。[84]莱因哈德·梅认为海德格尔的稠密森林（Dickung）与汉语中图像化形式再现人们砍伐成片森林的"无"相类似。[85]根据梅的考察，海德格尔注意到了戴遂良（Léon Wieger）① 1915 年编撰的汉语词典，此词典对表意文字"无"的描述影响了海德格尔后期对"澄明"（Lichtung）的思考。[86]

海德格尔与东方思想的复杂交织指导着他对存在与时间、主体与客体、可见与不可见之间的关系的认识。每对范畴都贯穿着"澄明"。受中国古代和现当代学者的影响，海德格尔的兴趣从逻辑的文本式分析转移到诗化的分析。熊伟、萧师毅和张中元等学者的努力对太平洋两岸产生着持久的影响，因为海德格尔的文本至今仍然是东西方对话中的主题。

① 法国人，著名的汉学家。1881 年来华，在直隶东南耶稣会任教职，大部分时间在献县。开始为医师，后致力于汉学。他留下了 30 册几乎各方面都有涉猎的著作，如：《中国现代民俗》（*Folklore Chinois Modeme*，1909）、《现代中国》（*Chine Mordeme*，十册，1921—1932）、《中国宗教信仰及哲学观点通史》（*Histoire des croyances religieuses et opinions philosophiques en Chine depuis l'origine jusqu'a nos jours*，1917 年初版，1922 年和 1927 年在献县出了第二、三版，同时出了英译本，1969 年在纽约重版，1976 年再译成英文，中译名为《道教：中国的哲学》）。另外，出版了两卷本《道教》（*Taoisme*）：1911 年第一卷：《总目录》，包括（1）《道藏》，（2）官修引得和私修引得。书中还有《号数推算表》和《道藏分类表》，20 世纪 30 年代哈佛燕京学社所编《道藏子母引得》就参考过这部著作。1913 年第二卷：《道教的天师》（*Les Pères du système Taoisme*），包括三部分：（1）老子，（2）《列子》，（3）《庄子》。——译者注

成中英的"本体宇宙论"（onto-cosmology）

像罗蒂和海德格尔一样，成中英的哲学涉猎相当广泛。南乐山曾对此做过描述：

> 成中英的著作范围贯穿从柏拉图、亚里士多德到海德格尔和怀特海的西方哲学，贯穿中国哲学中的儒家哲学和道家哲学，特别强调重新构建对《易经》的解释。他的理论体系通盘使用西方的和中国的概念，而以对两个传统的代表性理论进行比较讨论的方式注解。他不拘一格地创造新词，用以言说那些西方和中国传统各自都难以言说的东西。[87]

成中英对语言的使用确实具有实用性。他的词汇使用与罗蒂所说的开放性颇为相似。"本体宇宙论"这个概念概括了成中英哲学的中心思想：

> 根据《易经》之哲学，此世界乃是阴阳之动态一体及其和合，阴表受、潜，阳表施、成。于存在之施造化现，吾人可即察之以时（于其暂瞬），寓此存在之中即有盛大之潜助，斯乃维系个体之拓展及日新生生。由此，吾人即措意其所谓时间乃阳之一物，且所谓存在乃阴之一物耳。海德格尔氏之诸范畴即可确视之为基于《易经》之本体宇宙观之思考与选择，且其诸关联可较恰切地领会为诸如动态一体及阴阳和合之类说辞；此类说辞即所谓阴到阳之转化及阳到阴之转化。[88]

从东方哲学来说，阴阳两极是"本体宇宙论"的核心；从西方哲学来说，海德格尔、伽达默尔和胡塞尔的诠释现象学三者同等重要。对成中英来说，诠释学代表着一种诠释的模型，它揭示真理问题或**解蔽**（aletheia）；现象学提供了一个视界、一种策略，即包含思想者或传统的先见，以便获得对世界的开放式理解。[89]

在解释"本体宇宙论"时，成中英注意到海德格尔和伽达默尔一些潜在的存在论思想。对海德格尔来说，理解并不是理性的谈论，而是存在论的"在世界中存在"的揭示。对伽达默尔来说，理解从经验的地平线涌现。此二人的观点对成中英的"本体宇宙论"来说都是有用的。海德格尔把在世的日常理解（Auslegung）与观念的理解（interpretation）联结起来。这代表了一种视界融合或某种存在论的宇宙观：

> 自兹则领会成为一人之存在性是范围，于此某甲确称其之于世界关系之自身身份，亦在此世界显诸关切于诸物及彼者……况以此理，则领会构成为人之先得、先见与先虑。或言，伽达默尔所谓传统及先见亦可被理解为在此本体观意味上之领会。[90]

成中英也把胡塞尔的现象学看做一种在生活世界中创造意义的"无前提的自由反思"。个人、世界以及宇宙被统一于成中英称之为"本体诠释学整体"之中。伽达默尔阐明真理作为存在的"澄明"并不作为某种理论化而依赖于方法，成中英则二者兼而用之："对个人而言，那在精神上被照亮的世界整体才是存在在自我决定、自我控制水平上的出场。但那将世界整体理解为存在的构成成分及其过程才使理解成为可能的方法。"[91]真理和方法，本体论与诠释学，整体与部分都是互相构成的。

来自海德格尔、伽达默尔和胡塞尔的视界融合，成中英别具匠心地命名为"和谐化辩证法"，稍后改称"本体诠释学方法"或"本体方法论"，它能帮助人们理解中国哲学。当西方挣扎于矛盾辩证法（黑格尔和马克思），印度佛教挣扎于否定辩证法的时候，中国哲学则表现了和谐化辩证法：

> 对于任何两者之可区分互即互入抑或生生不息之力量、过程或实体，如此两者存在相互补充与相互支持之关系，乃至于此两者于力量、实境、效率、价值诸方面相互依辅，由此吾人即称两者成就一谐和之整体与有机之一体。较而言之，冲突乃谓少乏如斯之差分力量、过程或实体，约程度而言之，则彼此否弃，彼此冲突，彼此戕贼，甚或彼此毁亡矣。[92]

中国哲学的主体部分是向宇宙论的和谐化发展的。这一点使成中英能够兼容并济不同的思想家如罗蒂和海德格尔。成中英引庄子的话说："物无非彼，物无非是。自彼则不见，自是则知之。故曰彼出于是，是亦因彼。"[93]阴阳二极互为条件、密不可分，它们构成了和谐化辩证法中的同构元素。和谐中有矛盾，矛盾中有和谐；阳在阴中，阴在阳中。成中英用表示"客体"和"主体"的"体"来解释"本体宇宙论"。本体概念其实是"本—实体（This origin-substance）、源—实体（source-substance）、源—本（originating-body）、源—本体（originating-substance）、基础（fundamental）/起点（original）/终极（ultimate reality）"[94]。"本体"包括"天"和"自然"。成中英写道："如果我们确认'本'是终极存在以及宇宙和世界的形成性实体，那么'本体'就成为存在、生成及真实世界的统一体；因此'本体'是本体论和宇宙论的统一，我称之为'onto-cosmology'（本体宇宙论），'onto'意味着'根'即'体'，而'cosmology'意味着有机系统即体。"[95]在成中英的描述中，"本体""既是创生性原理也是理解力原理，既是同一性原理也是统一性原理，既是差异性原理也是多样性原理"[96]。因此，孔子的河流因为"本体"无限流淌而飞快流逝。"本体"的本质是阴与阳的和谐统一。阴阳将认知者和被认知者、主体和客体以及所有相关的前本体论事物合而为一。成中英写道：

> 是故，此乃天人之合一，其达道由诸对体用合一之领会与运为，此乃一显明状貌哉！成就此一项目亦即成就以体为用之境状，继而于体之诸用，即其动静情状之上领纳一个人之体。自兹观之，则知行合一与天人合一乃会取体用合一之谛也。[97]

成中英认为本体宇宙论既适用于中国文化也适用于现代生活。他的"本体诠释学"是既在文本之中也在文本之外的双重化过程，是在现代条件下涌现出来的古代世界的智慧。[98]显然，成中英运用伽达默尔的历史意识在历史连续性中发现了自我反省思想。[99]伽达默尔强调，效果历史意识是我们通过诠释学提出恰当的问题进行发问的理解过程的一个"元素"。发问的语境要求现象学的视界或罗蒂所说的"偶然性"。当诠释学的理解与关于过去和现在的历史视界相互交融的时候，"视界融合"就产生了。[100]

在中国思想里，身体和理智交融成为心。我们清楚地看到，成中英和孔子本人通过诠释学形成了自己的本体论思想："十有五而志于学，三十而立，四十而不惑，五十而知天命。"欲仁，斯仁至矣，没有去实现仁的愿望，仁就实现不了。道德朝向仁的内部和谐在文化中找到其外部表现："因此，当孔子说'知仁'、'知礼'、'知言'，他所说的这个'知'总是指向某个大前提——某个总体主义背景的实体如人民、礼以及人们必须通过广泛观察所掌握的语言。"[101]孔子认为文化本身的品格是个人道德发展的条件之一；孟子认为宇宙的生命力培育是人类生命力培育的条件之一。但我们只能通过文化品格去理解个人道德，也只能通过个人道德去理解文化品格。根据这些论点，成中英把孔子和庄子思想都归入诠释学循环。

伽达默尔认为诠释学的循环是通过整体理解部分，以及通过部分理解整体。[102]对海德格尔来说，一旦我们开始设定诠释学循环的问题，我们实际上已经在通往答案的途中。只要一个问题包含了对个人与存在和生命之间关系的追问，那么此问题本身就已经构成对追问的一种回答。我们只是在理解我们已经理解了的东西。伽达默尔引用海德格尔关于解释的循环的观点：

> 循环不可以被贬低为一种恶性循环，即使被认为是一种可以容忍的恶性循环也不行。在这种循环中包藏着最原始认识的一种积极的可能性。当然，这种可能性只有在如下情况下才能得到真实理解，这就是解释（Auslegung）理解到它的首要的、经常的和最终的任务始终是不让向来就有的前有（Vorhabe）、前见（Vorsicht）和前把握（Vorgriff）以偶发奇想和流俗之见的方式出现，而是从事情本身出发处理这些前有、前见和前把握，从而确保论题的科学性。[103]

海德格尔的分析不是对循环进行简单的研究，而是指向它的前本体论。存在的条件与可能性已经在在世的存在者的时间性中奠定。存在是存在者存在的条件。

与那种依赖于日常生活的本质（海德格尔的"存在"）并只是通过存在者显示自身的本体论相比，成中英追求更普遍的宇宙论并以之作为理论基础。他写道："不可否认的是，整体为达到自身的完整也离不开部分。无独有偶，没有人类道德的完善，'本体宇宙论'的道路（道）就难以被揭示。"[104]根据道德向度的外延，成中英调和了诠释的本体论观点与中国思想中有关伦理生活的重要观念，如"命"和"性"。这样，成中英就把本体—诠释学引入到宇宙论的天地之间的视界。[105]

儒家的三个概念天、人和地可以归纳为三组统一，天与人的统一衍生出伦理学与本体宇宙论的统一、知与行的统一衍生出伦理学与认识论的统一、体与用的统一衍生出本体—存在论与认识论的统一。[106]天人合一、知行合一与体用合一，三组内部及相互之间的关系通过本体宇宙论得以协调。因此，成中英认为"对本体的思考"与"自本体的思考"这两条理解儒家思想的途径是相互渗透、合二为一的。总的来说，这两种途径构成表现宇宙力量的普遍性及日常经验的特殊性的经验交集的现象学平台。所以，生活世界就成为存在（存在论）和伦理行为（道德）的共同空间。

成中英在现代背景下研究东方哲学和西方哲学中的视界融合："……人的价值在于由本体之性所赋予的存在，以及实现个人在家庭、社会以及政治生活中的可能性的能力。"[107] 中国哲学在实现再生的同时，也以迥异的风格与西方哲学进行交流。中国哲学五花八门，它从故事、言谈、短文和内含"隐性逻辑"的隐喻发展而来。这些哲学立场通过流行文化和日常经验而与更大的生活世界密切联系。西方哲学经常阐明正式辩论的"显性逻辑"："我们能以如下方式设定西方逻辑范例：吾人即可将西方逻辑'范式'以如下格言表述：差分体用，乃至用成自体，而无须深考诸本体也。"[108] 按照成中英的说法，海德格尔认为数学和逻辑处于不问其原初本质的独立地位，而形而上学和神学则与原初实体（即中国思想中的"本体"）相关联。

中国面临的挑战

中国当代哲学面临两个挑战：运用自身术语诠释西方，以及根据时代潮流复兴传统文化。一些学者按照西方观点，以全盘否定中国传统的体用合一思想的方式解决以上问题。其他人如胡适（1891—1962）以杜威的实用主义方法批判中国传统思想。[109] 成中英则根据《易经》提出自己的解决方法：

> 《易经》之发启由乎对体用、实相、脉络诸本体宇宙论之统一领会。《易经》现起一经验实体之情境，以及一思想之进路，由兹而成就一于事物本质之观摩与深见。《易经》之哲学乃是对变化、创生、复新、革命、转换、自然及人之建造、超越、还原等等之领会。
>
> 《易经》虽尝多施以诸多哲学之目的，然其主要之功能仍是提供出一基础之本体观与宇宙观，舍此则余诸众多哲学之主题将无地立锥矣！[110]

在维护体用合一思想的同时，成中英以西方诠释的现象学的方式揭示中国道德哲学的根源。东西方哲学相互交汇，《易经》的深刻思想与西方科学的逻辑经验范式同样相互交汇。在这些不同的生活世界之间进行沟通的桥梁，就是伽达默尔的"对话"观念，成中英称之为"共识相互融合的可能性"[111]。中国哲学通过将自身古老的传统文化与西方分析与思考的模式相融合的方式，重新确立了自身作为"世界哲学"的地位。通过这一过程，中国哲学将获得如下发展：

> ……一懿德与确当之普世伦理、一大道与圣神之普世玄学、一还原与超越之普世知论、一公义与和合之普世政治、一英特与菁萃之普世美学、一交融与理解之普世逻辑和一福祉与解放之普世科学。[112]

尽管伽达默尔强调的是语言、历史和艺术的视界融合，但他的理论非常适用于伦理学与道德领域。成中英写道："伽达默诉诸实践理性，形成他关于获得体现在个人所处的传统中的真理以及普世的人性真理的观点，但实际上它更适用于伦理学和道德领域。"[113]伽达默尔的历史意识能够帮助人们在全球范围内建立文化之间的共同基础。成中英指出有两条主要的途径帮助人们理解中国的德性伦理学。第一条途径包括对人类的研究。孔子提出仁的德性是人性的本质（人者仁也）。[114]第二条途径包括成为一个正直的人。这两条途径都在儒家伦理学与本体论不可分割地纠结在一起的总体世界观之中表现出来。

西方常用 priori 表示权利概念。我们可以通过"基于经验和仁之实践的宇宙生命的视角"[115]，从道德范畴去看待权利。换言之，权利在一个包含社会道德的共同体中必须取得合法性根据。成中英认为："……可以说，权利是道德的条件和保护。"[116]通过奠定仁作为共同的本体——诠释学基础，道德与权利就作为互为条件的因素而共同构成善之生活。其中每一方的条件同时也是所有因素的条件，反之亦然。本体宇宙论着落于一种普遍原理通过日常经验现象学来表现自己的环境中。成中英围绕诸多中国传统的合一思想提出本体—宇宙论和诠释的现象学，借此实现东西方思想的融会。这些合一思想包括"体用合一"、"知行合一"、"天人合一"和"三教合一"。成中英实践其主张并以实用态度应用这些范畴的各种途径。在以上合一思想之外，我们添加"德智合一"或 virtus et veritas，它是"国际东西方大学"的格言，由成中英提出并加以发展，目的是在全球视野下研究这些合一思想。

总 结

罗蒂、海德格尔和成中英通过各自的方式在东西方对话中起着关键的作用。罗蒂的实用主义为思想提供了检验和平衡机制，这一点在谈话风格和理论影响方面表现得尤其显著。海德格尔和伽达默尔的诠释现象学则通过包容不同文化尤其是像中国这样在精神和物质关联上拥有悠久历史的文化的同构性思考，预期了视界融合。成中英的本体宇宙论则通过融合儒家、佛教和道家思想承诺了现实的和精神的生活世界的存在。

约克大学

加拿大，多伦多

【注释】

本文的较早版本以《罗蒂，海德格尔，成中英：实用主义，现象学，本体宇宙论》为名出现在由潘德荣主编、上海社会科学院出版社 2005 年出版的《本体与诠释：贺成中英先生 70 寿诞论文专辑》263～297 页。

[1] 李晨阳：《道与西方的相遇》（*The Tao Encounters the West*，Albany：SUNY，1999）。

[2] 同上书，153 页。

[3] 欧阳剑：《三教合一》（"*Three Teachings Are One*"：*the Ethical Intertwinings of Buddhism*，*Confucianism and Daoism*），见姜新艳主编：《被省察的人生》（Binghamton：Global Publications，Binghamton University，2002），249～278 页。

[4] 吴光明：《庄子》（*The Butterfly as Companion*：*Meditations on the First Three Chapters of the Chuang Tzu*，Albany，SUNY，1990），419 页。

[5] 同上书，142 页。

[6] 同上书，196 页。

[7] 李晨阳：《道与西方的相遇》（*The Tao Encounters the West*，Albany：SUNY，1999），185 页。

[8] 威廉·詹姆斯：《实用主义与真理的意义》（*Pragmatism and the Meaning of Truth*，Cambridge：Harvard University Press，1978），32 页。

[9] 同上。

本体诠释学、民主精神与全球和谐

[10] 查尔斯·皮尔斯：《实用主义与实效主义》（*Pragmatism and Pragmaticism*），见《皮尔斯文集》（Cambridge：Harvard University Press，1934）卷5，317 页。

[11] 查尔斯·莫里斯：《美国哲学中的实用主义思潮》（*The Pragmatic Movement in American Philosophy*，New York：George Braziller，1970），5 页。

[12] 约翰·杜威：《我们怎样思维》（*How we Think：A Restatement of the Relation of Reflective Thinking to the Educative Process*，Boston：D. C. Heath，1933）。

[13] 理查德·罗蒂：《实用主义的后果》（*Consequences of Pragmatism，Minneapolis*：University of Minnesota Press，1982），160 页。

[14] 同上书，162 页。

[15] 同上书，163～165 页。

[16] 同上书，174 页。

[17] 同上书，175 页。

[18] 夏尔·吉尼翁、海利：《序言：理查德·罗蒂与现代哲学》（Charles Guignon and David R. Hiley，*Introduction：Richard Rorty and Contemporary Philosophy*），见夏尔·吉尼翁与海利主编：《理查德·罗蒂》（*Richard Rorty*，Cambridge University Press，2003），1 页。

[19] 理查德·罗蒂：《哲学与自然之镜》（*Philosophy and the Mirror of Nature*，Princeton University Press，1979）；《实用主义的后果》（*Consequences of Pragmatism*）；《关于海德格尔的论文及其他》（*Essays on Heidegger and Others*），见《哲学论文集》（*Philosophical Papers*，Cambridge：Cambridge University Press，1991 卷 2）；《哲学与社会希望》（*Philosophy and Social Hope*，London，Penguin，2000）。

[20] 罗蒂：《哲学与自然之镜》，5 页。

[21] 同上。

[22] 同上书，12 页。

[23] 罗蒂：《哲学与社会希望》，32 页。

[24] 罗蒂：《哲学与自然之镜》，12 页。

[25] 同上书，357～394 页。

[26] 同上书，357 页。

[27] 同上书，359 页。

[28] 同上。

[29] 同上书，360 页。

[30] 同上书，369 页。

[31] 罗蒂未出版的论文："Sein, Das Verstanden Werden Kann, ist Sprache," 2000。

[32] 罗蒂：《哲学与自然之镜》，390 页。

[33] 菲利普·扬波尔斯基译：《六祖坛经》（Philip Yampolsky, trans.，*The Platform Sutra of the Sixth Patriarch*，New York：Columbia University Press，1976），

130 页。

　　[34] 同上书，132 页。

　　[35] 华兹生译：《庄子全集》（Burton Watson, trans., *The Complete Works of Chuang Tzu*, New York：Columbia University Press, 1968），69 页。

　　[36] 同上书，97 页。

　　[37] 同上书，302 页。

　　[38] 罗蒂：《哲学作为科学、隐喻和政治》（*Philosophy as Science, as Metaphor, and as Politics*），见《关于海德格尔的论文》，11 页。

　　[39] 同上书，13 页。

　　[40] 同上。

　　[41] 同上书，16 页。

　　[42] 同上书，17 页。

　　[43] 同上书，20 页。

　　[44] 理查德·罗蒂：《海德格尔、偶然性与实用主义》（*Heidegger, Contingence and Pragmatism*），见《关于海德格尔的论文》，28 页。

　　[45] 同上书，30 页。

　　[46] 同上书，19 页。

　　[47] 同上书，29 页。

　　[48] 同上书，49 页。

　　[49] 理查德·罗蒂：《偶然、反讽与团结》（*Contingency, Irony, and Solidarity*, Cambridge：Cambridge University Press, 1989），73 页。

　　[50] 同上。

　　[51] 同上书，94 页。

　　[52] 同上书，78 页。

　　[53] 同上书，79 页。

　　[54] 同上书，94 页。

　　[55] 郝大维、安乐哲：《先贤的民主》（David L. Hall and Roger T. Ames, *The Democracy of the Dead：Dewey, Confucius, and the Hope for Democracy in China*, Chicago：Open Court, 1999）。

　　[56] 欧阳剑：《藏象》（*Visceral Manifestation：Chinese Philosophy and Western Phenomenology*），见方克立主编：《中国哲学和 21 世纪文明走向》（*Chinese Philosophy and the Trends of the 21st Century Civilization*），第 4 章，360～417 页，北京，商务印书馆，2003。

　　[57] 马丁·海德格尔：《存在与时间》（*Being and Time*），第 2 卷，陈嘉映、王庆节译，熊伟审校，台北，唐山出版社，1989。

　　[58] Hsiung Wei, "Chinesische Heidegger-Rezeption," in *Zur philosophischen Ak-*

本体诠释学、民主精神与全球和谐

tualität Heideggers. *Band 3 Im Spiegel der Welt*：*Sprache*，Übersetzung，Ausein-ander-setzung，ed. Dietrich papenfuss and Otto Poggeler（Frankfurt am Main：Vittorio Klostermann，1990），292–298.

［59］熊伟：《自由的真谛：熊伟文选》（*The Essence of Liberty*：*Selected Essays of Xiong Wei*），383 页，北京，中央编译出版社，1997。

［60］同上书，384 页。

［61］格拉姆·帕克斯：《译者序》（Graham Parkes，*Translator's Preface*），见赖因哈德·迈：《海德格尔的隐蔽资源》（*Heidegger's Hidden Sources*：*East Asian Influences on His Work*，London：Routledge，1996），10 页。

［62］格拉姆·帕克斯编：《海德格尔与亚洲思想》（*Heidegger and Asian Thought*，Honolulu：University of Hawaii Press，1987）；格拉姆·帕克斯：《道元、海德格尔、道元》（*Dogen/Heidegger/Dogen*：*A Review of Dogen Studies*），载《东西方哲学》，1987（4），总第 37 期，437～457 页。

［63］奥托·珀格勒：《海德格尔的思想之路》（*Martin Heidegger's Path of Thinking*，Atlantic Highlands：Humanities Press International，1987），24 页。

［64］马丁·海德格尔：《存在与时间》（*Being and Time*，New York：Harper and Row，1962），436 页。

［65］威廉·理查森：《从现象学通往思想》（*Through Phenomenology to Thought*，The Hague：Martinus Nijhoff，1962），614 页。

［66］海德格尔：《现象学的基本问题》（*The Basic Problems of Phenomenology*，Bloomington：Indiana University Press，1982），287～288 页。

［67］成中英：《中国哲学中的"体"的形而上学意义》（*On the Metaphysical Significance of Ti in Chinese Philosophy*：*Benti and Ti-Yong*），载《中国哲学季刊》，2002（2），总第 29 期，145～161 页。

［68］萧师毅：《海德格尔与〈道德经〉的翻译》（*Heidegger and Our Translation of the Tao Te Ching*），见帕克斯编：《海德格尔与亚洲思想》，93～104 页。

［69］欧阳剑：《藏象》，362～387 页。

［70］萧师毅：《海德格尔》，100 页。

［71］同上书，103 页。

［72］欧阳剑：《藏象》，364～367 页。

［73］刘殿爵：《老子》（*Chinese Classics*：*Tao Te Ching*，Hong Kong：Chinese University Press，1982），20～23 页。

［74］海德格尔：《在通向语言的途中》（*On the Way to Language*，New York：Harper and Row，1971），92 页。

［75］张中元：《创生性与道教》（*Creativity and Taoism*：*A Study of Chinese Philosophy*，*Art and Poetry*，New York：Harper and Row，1963）。

[76] 张中元：《道——思想的新途径》（*Tao—A New Way of Thinking*，New York：Harper and Row，1975），45 页。

[77] 同上书，46 页。

[78] 欧阳剑：《藏象》，380～382 页。

[79] 张中元：《反思》（*Reflections*），见 Gunther Neske 出版社编译：《回忆海德格尔》（*Erinnerung an Martin Heidegger*，Pfullingen：Neske，1977），380～382 页。

[80] 海德格尔：《存在与时间》，171 页。

[81] 海德格尔：《关于人道主义的通信》，见戴维·法雷尔·克雷尔编：《马丁·海德格尔：基本著作》（*Martin Heidegger Basic Writings*，revised and expanded，New York：Harper Collins，1993），217～265 页。

[82] 同上书，65 页。

[83] 海德格尔：《关于存在与时间》（*On Time and Being*，New York：Harper and Row，1972），64～65 页。

[84] 同上书，65 页。

[85] 梅：《海德格尔的隐蔽资源》（*Heidegger's Hidden Sources*），32～33 页。

[86] 戴遂良：《汉字》（*Chinese Characters*，New York：Dover Publications，1965），36 页。

[87] 南乐山：《比较哲学的两种形式》（*Two Forms of Comparative Philosophy*），载《道：比较哲学期刊》，vol. 1，no. 1（2001），10。

[88] 成中英：《儒学与宋明理学的新向度》（*New Dimensions of Confucian and Neo-Confucian Philosophy*，Albany：SUNY，1991），33 页。

[89] 欧阳剑：《成中英的新视野：中国哲学与现象学》，载《安徽师范大学学报（人文社会科学版）》，2002（3），总第 30 期，278～281 页。

[90] 成中英：《导言：中国哲学与儒家/新儒家思想》，见《儒家与新儒家哲学的新向度》，33 页。

[91] 同上书，37 页。

[92] 成中英：《朝向建设和谐化对话：中国哲学中的和谐与矛盾》，见《儒家与新儒家哲学的新向度》，187 页。

[93] 同上书，192 页。

[94] 成中英：《形而上学的意义》，148 页。

[95] 同上书，149 页。

[96] 同上。

[97] 同上书，156 页。

[98] 成中英：《儒家本体诠释学：道德与本体论》，载《中国哲学季刊》，2000（1），总第 27 期，33～68 页。

[99] 欧阳剑：《成中英的新视野》（*Cheng's New Dimensions*），278～281 页。

本体诠释学、民主精神与全球和谐

[100] 伽达默尔：《真理与方法》（*Truth and Method*，trans. Joel Weinsheimer and Donald G. Marshall，New York：The Crossroad Publishing Corporation，1996），修订2版，307页。

[101] 成中英：《形而上学的意义》，41页。

[102] 伽达默尔：《真理与方法》，192页。

[103] 同上书，266页。

[104] 成中英：《形而上学的意义》，54页。

[105] 欧阳剑：《成中英的新视野》，278～281页。

[106] 成中英：《形而上学的意义》，64页。

[107] 成中英：《20世纪中国哲学的诠释学解释》（*An Onto-hermeneutic Interpretation of Twentieth-Century Chinese Philosophy：Identity and Vision*），见成中英、巴宁（Nicholas Bunnin）编：《当代中国哲学》（*Contemporary Chinese Philosophy*，Malden，Blackwell Publishers，2002），368页。

[108] 同上书，371页。

[109] 同上书，374页。

[110] 同上书，396页。

[111] 同上书，402页。

[112] 同上书，404页。

[113] 成中英：《道德本体论（东方）与权利元伦理学的融合》，载《道：比较哲学季刊》（*Dao：A Journal of Comparative Philosophy*），2002年夏第2卷，159页。

[114] 同上书，168页。

[115] 同上书，177页。

[116] 同上。

走向视域交融的诠释学：伽达默尔、蒯因和成中英

雍·哈士曼（Hyun Höchsmann）* 　著

孙海燕　译　胡　城　校

一、狄尔泰与伽达默尔：两种诠释传统

作为一种诠释理论，诠释学关注的是科学解释、历史分析的过程以及文艺著作。它作为对理解过程的一种总体分析行为和借助于语言与符号的理解方式，旨在阐明交互主体遭遇过程中的思想交流背后的预设。狄尔泰和伽达默尔分别代表着当代的两种诠释学传统。针对历史相对主义，这两种传统显示出两种截然不同的进路。狄尔泰指出了世界观之间的差异，并认为每种观点都仅仅是偏于一隅，"无人能把其他所有的人的观点统一起来"[1]。文化差异是由于人们在理解周围环境时的不同偏好和选择而形成的，虽然如此，狄尔泰还是指出，考虑到人们必然生活在同一个物质世界中，也需要不断改善对此世界的理解手段，文化之间仍然存在相似性。[2]据他的设想，作为"维护诠释的基本有效性的诠释学，其目的在于反对怀疑论者的主体性，并在理论上证成此有效性，而为历史知识的全部确定性奠基"[3]。他说，各个文化系统，乃至人类的整体心智和全部历史中的各种思想，都存在着某种"同一性"，理解的任务就在于通达于此，并且使人类研究的不同进程之间的成功合作成为可能。[4]

在《真理与方法》一书中，伽达默尔论辩说，狄尔泰没有认识到有限的、历史的人都有着特定的时空限制，这构成了人文科学知识发展前途的一个基本障碍。伽达默尔相信，人类一切思想和行为都被特定的历史环境（或者"效果历史"）所决定；然而，狄尔泰则坚持认为人性是超越时代和

* 雍·哈士曼（Hyun Höchsmann），新泽西城市大学哲学系副教授。研究方向：中国哲学，比较哲学，伦理学。E-mail：hhochsmann@njcu.edu

文化的，并制约着具体文化和时代的发展趋势。[5] 伽达默尔追问："历史意识——它自身的相对性并没有破坏对客观知识的基本诉求——的特殊德性究竟是什么？"[6]

伽达默尔强调，认识到所有的理解都掺杂着某些偏见是重要的：

> 无论别人对我谈论什么，不管在谈话中、文字中抑或著述中，这些言论通常都大体上被习惯性地认为是别人的而非我自己的观点；这意味着我会觉得没有同意别人观点的必要。但是这种预设恰恰不能使理解更容易，而是更困难。因为这种支配我个人理解的前意义（fore-meanings）完全是在一种未被觉知的情形下发生的。[7]

为了防止误读，理解者必须为接受文本的"新颖性"做好准备："这就是何以一个受过诠释学训练的头脑必须从一开始就敏感于文本的新颖性。"[8] 伽达默尔诠释说，这种接纳性的进路并不要求中立性或摒弃个性。他还解释了在通常接近文本的过程之中，我们的成见是如何形成习而不察的文本的"前意义"的。

> 但是，这种敏感性既不牵涉对认识对象的"中立性"，也不是要消除主体自我，而是要自觉吸纳自己的"前意义"与先见。重要的是能够觉察到自身的偏见，从而使文本在其全新性中呈现自身，并在本己的"前意义"背景下肯定文本本己的真理。[9]

在伽达默尔的诠释学认识论背后的基本现象学假设是：理解总是在一个活生生的人类生活境遇中发生的，它既具有个体性，也具有社会性。

> 并不存在独立于解释之外、可用来衡量解释本身准确与否的外在标准；我们尽管能够考虑到他者论说的语境，但我们在解释文献和著作时却总是从自己生活的历史背景出发。[10]

诉诸海德格尔，伽达默尔认为历史性的诠释被语言状况规定着。伽达默尔强调，人们在理解这个世界的过程中，语言发生的作用是无所不在和弥漫性的。他说："我们对世界的经验都是在语言中发生的，这是毫无疑问的。"正是通过对语言的学习，我们获得了关于世界的知识。我们对于艺术、历史乃至自然科学的理解都是"植根于一种语言性（linguisticality）或者语言相关性（language-relatedness）中"[11]。诠释学虽然认为理解的基本方面都由语言决定，但这"并不意味着人们对世界的所有经验都是以语言的形式或者是在语言中发生的"[12]。在承认感觉和情感先于语言而存在的同时，伽达默尔强调具有前语言和元语言（meta-linguistic）特质的艺术与体验——这些艺术与体验通过与世界直接相遇的方式表达着自身——的重要性，他也强调我们所谓的人性的共同性要依赖于生活世界的语言构造。

二、对伽达默尔诠释学的评价

哲学诠释学的目标是达成共同理解，在为此目标努力的过程中，伽达默尔在认识论和伦理学中都持坚定的客观主义和普遍主义（universalism）立场。然而，当伽达默尔将探求重点放在对个人偏见的意识时，他强调的重心则转向了个体间的差异。这样，在个体的偏见和共同理解的建构之间就存在着一种紧张。该紧张表现为一种方向相反的辩证性张力：向内走向个人世界，向外走向公共领域。

阿佩尔和哈贝马斯在对伽达默尔的批评中，揭示了伽氏的哲学诠释学中的相对主义与普遍性矛盾。伽达默尔强调个体之间存在着偏见，因此被指责为相对主义。阿佩尔指出，伽达默尔的诠释学使得"有些东西变得完全无法理解，比如在解释方面的受到规范控制的进步"[13]。作为回应，伽达默尔认为他并不敢"论及在理解中的进步"，因为他担心这样会"导致太多的退步"。考虑到不同视角之间相互补充的可能性，他接受了海德格尔的观点，认为"一种视角会使其他视角黯然失色"[14]。伽达默尔对阿佩尔做出了让步，承认每种视角都会晦蔽视界，这就使他无可挽回地走向了对相对主义的屈服。

在另一方面，哈贝马斯批评了伽达默尔哲学诠释学中解释的普遍性目标。他坚持认为，"语言也是一种统治力和社会权力的媒介"，它是为"合法化关系或组织化权力服务的"[15]。一种"批评的、开明的诠释学"必将导致一种"系统扭曲的沟通的可能性状况的元诠释学意识（meta-herme-neutic awareness）"[16]。哈贝马斯关注的是，交往可能被建立在既成传统和语言游戏的背景一致的基础上，也可能建立在由虚假交往产生的强制性一致的基础上。探索交往行为的隐蔽途径是一种深度诠释学的任务。

> 与理性商谈的规范性原则附着在一起的深度诠释学，必须搜寻出继续存留在被扭曲的行为交往中的自然—历史轨迹。这些被扭曲的交往行为甚至仍旧被包容在基本一致性和被认识到的合法性中……[17]

哈贝马斯得出的结论是，伽达默尔的诠释学不可能提供一个关于理解的普遍性观点，因为它缺乏一种批判分析的品性和一种元诠释学意识。

> 如果诠释学意识不能对诠释学理解的局限性持有一种反思，它依旧是不完善的。[18]

伽达默尔接受了哈贝马斯[19]和阿佩尔的批评，承认他的诠释学方法将不可避免地走向相对主义。

伽达默尔总结说，相对主义看来是植根于人类语言的多样性中的。在关于语言和相对主义的普遍性方面，诠释学与哲学逻辑这两种不同的哲学进路之间存在着一个会通点：伽达默尔版本的相对主义的诠释学可以与蒯因的本体论相对性理论相比较。伽达默尔认为语言决定着理解的变量，蒯因则承认翻译的不确定性（这种观点主张，离开制约语言运用的信念，并不存在决定翻译准确性的客观方法），二人的观点突破了诠释学和分析哲学的界限，在认识论的相对主义和本体论的相对主义领域达到了融合。

三、蒯因的本体论相对主义、彻底翻译和翻译的不确定性

依照蒯因的"本体论相对性"理论，离开一种特定语言的概念框架，我们无法判断一个说话者所表达的内容，究竟指涉的是什么物体或事件。蒯因的结论是，"最终说来，真正有意义的不是说一种理论对象是什么，而是一种关于对象的理论是如何得以解释或者被另一种理论再解释的"[20]。蒯因将本体论问题——"何物存在"表述为一个语言学问题：何物可以**被说成**为存在，尤其是如何从一种语言向另一种语言的翻译问题。

蒯因借鉴了卡尔纳普关于实体存在的**内在的**与**外在的**二者不同点的区

分。[21]卡尔纳普对何物存在或何物为真的科学和本体论（或哲学的）问题做了区分。卡尔纳普主张，关于何物存在或何物为真的传统哲学问题，是在具有特殊限定性的语言学框架之外被提出来的，因此这些问题最终没有任何理论意义。[22]外在问题与内在问题的不同在于，后者产生于理论内部并能在一个特定的框架中得到完整的解答。内部问题包括所有的形式科学和经验科学。卡尔纳普认为只有内部问题具有理论意义。外部问题可以被重新表述为有关理论择取的实践问题。[23]

蒯因追随卡尔纳普，主张只有与理论话语的特殊框架相关的本体论问题才是有意义的，但他不但反对卡尔纳普对内部问题和外部问题二者作出区分，也反对他对逻辑问题和事实问题的区分。蒯因辩称，绝对的本体论问题（"那是什么"与"何物存在"）是毫无意义的，因为它们属于循环论证。我们只能够在某个特定的论域中提出何物存在的问题，但不能在绝对意义上询问何物存在。卡尔纳普的内部的与外部的区分只是涉及世界的问题。蒯因的绝对与相对的区分则是涉及语言问题的。[24]按照蒯因的本体论相对性论题，依据另外一种理论对某理论进行翻译或阐释，根本不能客观地确定在另一种语言之中表述的本体论的、概念化的框架。

蒯因曾用一段生动的叙述来阐明他的本体论的相对性、"彻底翻译"（翻译一个未曾接触过的人群的语言）和翻译的不确定性理论。一个人类学家跟一个懂得本地话的土著走进一片丛林，有一只兔子跑过，土著叫道"Gavagai!"这个人类学家本分地在他本子上记录下："Gavagai＝兔子"。蒯因问，真的就像他判断的那样确定吗？在土著那里，"Gavagai!"可能指"兔性的特定时空"（space-time fragment of rabbithood），也可能指只有在兔子出现的地方才出现的苍蝇。我们也许会猜测，土著所说的"Gavagai!"意味着"即将有一顿美味"。[25]蒯因对本体论相对性的论证，源于他观察到在实体被个体化的过程中存在着各种不同的途径。因为，这个世界不是以被本体论地分割的形式出现的，世界的个体化只发生在我们的理论世界中。

蒯因的本体论相对性和彻底翻译理论，对伽达默尔的以求取共同理解为目标的哲学诠释学构成了重大挑战。正像蒯因总结的那样——离开了相关的坐标系，一切参照都是毫无意义的——如果这一说法能够成立，那么就不存在伽达默尔的哲学诠释学所设计的意义的视域融合或者相互理解。蒯因的翻译不确定性和本体论相对性论题，使得认识论和本体论显示出不确定性和脆弱性，同时使得各种理论的沟通和评估至多只具有偶然性。

鉴于语言规则的多元性和传统的多样性，相对主义真是不可避免了吗？我们用"不同语言谈论"的时候，大家能存在一种共识吗？众所周知，每个人都有着与众不同的感知、记忆、经验和信仰，大家对世界万物有着不同的观念，这些观念不可能融合为一。作为诠释学一大贡献，伽达默尔强调个人视角中包含的偏见，这无疑有着重要意义，但伽达默尔据此得出的所谓"一种视角会使其他视角黯然失色"的结论，实际上却是站不住脚的。伽达默尔对主观主义和相对主义做出了让步，这一让步的结果是，不但导致了个人心智中出现**"暗箱"**（camera obscura），而且导致了外在世界中个人目标的冲突。即使每个人安于与他人的视角保持距离，从而避免冲突的发生，他们仍然被抛掷在他者的心灵（他者的思想形成判断）与他者的行动（他者的相互支持或相互反对）之中。这样看来，主观主义和相对主义无论是在理论上还是在实践中都是站不住脚的。相对主义使其支持者陷入令人不满的困境：我们根本找不到解答"何物存在"这一问题的方法；所能解答的只是：何物能够在个体特殊的个性化语言使用中形成。

蒯因的本体论相对性论题，与历史上科学理论的实际发展是背道而驰的。正是通过经常重估跨越语言界限的各种理论，科学理论才提出了种种假设性的解释，以寻求对于宇宙运行的近似理解。乔姆斯基提出了普遍语法理论，该理论认为语言呈现了一种有分歧的外在结构，在此背后，还有一种共通性的深层结构。这是有别于蒯因的翻译不确定性理论另一套假说。[26]此外，列维-斯特劳斯的结构人类学也提供论据表明，在理解现实事物的时候，人类的心智结构存在着基本相似性。[27]

在下文对伽达默尔诠释学更全面的评估中，我将表明，与伽达默尔对阿佩尔和哈贝马斯质疑的屈服不同的是：从伽达默尔对语言、思想和世界三位一体的分析中，可以提炼出一种普遍性的辩护。

四、伽达默尔论走向共同理解

诠释学的一大解释目标就是要在某一传统内部达成共识。伽达默尔曾经强调，诠释学的任务在于确认哲学不是在"某种零点"发生的活动，而是在由我们早已占有的语言思想和言说的某种既定传统中发生的。那么，在不同的传统之间，能够存在共同理解吗？

> 我们生活在传统中，这些传统不是世界—经验的碎片，不是来自文本和纪念物的"文化媒质"，也不是要表达由语言构成、有历史记载的意义。[28]

在传统中生活不但没有隔离我们，而且直接将我们与这个世界联系在一起。对伽达默尔而言，世界是通过活着的传统而被理解的。诠释学的任务正是将不同的传统转换成公共意识。

> 更进一步说，世界本身就是在不断的沟通中被体验，并且不断以一个无限开放的姿态向我们展开的。世界并不是以原初状态，而总是由前人传承给我们。光之照射、洞见与受用（appropriation）之涌现总是处在某物得到体验、陌生感得以克服、事情之出现的那些地方，在那里，转换为词汇，并进而转换为公共意识的诠释学过程也就发生了。[29]

伽达默尔的哲学诠释学的起点在于，它认识到哲学不是开始于一块**白板**（tabula），而是开始于一个传统，这一点或可与孔子之注重传统相提并论。孔子没有把自己看做知识（"知"）的创造者，而是把自己看做一个传承者。通过对周文化传统的研究，孔子努力传播着经典文化，并为世人树立了一种道德生活的典范。孔子和伽达默尔都不把传统看做限制性的或者相对性的习俗，而是将之纳入一种统摄性的理论视角。

哈贝马斯批评了伽达默尔对传统的注重，他主张诠释学的理解必须超越传统的束缚。

> 诠释学的理解范围早已延伸至批判领域，它最终不能局限于成为存在于某种传统中习俗的延伸。[30]

依照伽达默尔的观点，在所有的相遇之中，言者和听者的各种成见都会形成"前意义"。有人争辩说，哈贝马斯理性交谈和交往行为的立场本身就是启蒙传统的延续。无论是在伽达默尔对传统运作的认知中，还是在孔子传播周文化的不懈奋斗中，都有着重要的自由因素。保留的东西无可避免地都是选择性的。

伽达默尔不屈从传统，但他重复了老子和庄子对"学"的批评与对传统权威性的反叛精神。伽达默尔指出，诠释学的理解过程就是传统成就的实现过程：为求超越而批判性地评价传统。[31]在肯定柏拉图对于传统哲学贡献的同时，伽达默尔说，我们的"任务不是要跟着柏拉图进行哲学思考，而是批评他"[32]。伽达默尔赞同柏拉图关于知识的看法：人类的知识不能够经过一撮羊毛从一个容器流到另一个容器（《会饮篇》175d）。[33]伽达默尔对柏拉图理念论的解释是，柏拉图的理念论不是建立了一种特殊的学说，而是开辟了一个质疑的方向。这一点也表明了哲学诠释学在起作用。柏拉图理念论的启发意义在于，它对由具体感知经验组成的常识世界的权威性提出了质疑。

伽达默尔引用了苏格拉底的对话来阐明他的论点："任何一种基于批判性反思和论证而控告人际理解扭曲的努力都肯定了这个共同体。"[34]作为会谈、对话和揭示自己无知和别人无知的辩证法艺术，是诠释学科学的固有方法。伽达默尔把苏格拉底认识到自己无知的观点看做真正的智慧。

> 与苏格拉底对话的那个人，通过他自己的"知识"，确信了自己的无知。这表明，他对他本人以及他的错觉，都有所领悟。或者，不客气地借用一下柏拉图《第七封信》中的方式来说，不仅是他的观点被驳倒了，而且他的灵魂也被驳倒了。[35]

这也是孔子关于智慧的观点：

> 诲女知之乎？知之为知之，不知为不知，是知也。（《论语·为政》）

孔子通常被视为一个传统的维护者（他自己也声称"信而好古"，这增强了人们的这一看法）。但是，孔子强调说，学习经典本身不是最终目的，而只能将其视为一种成就德性和获得智慧的方法。

在对语言、传统、世界和公共意识之间关系的分析中，伽达默尔对诠释学的过程做了一个简明的总结：解释的过程不是一种认知心理学方法，而是一种主体间性的行为。关于在传统中获取知识，伽达默尔发现，"一切经验都是在对我们世界知识的交往性改善过程中呈现出来的"，并且，

"在具有理性的生命之间达成共识的可能性永远不能被否认"[36]。伽达默尔认为，在某种程度上说，不同的经验并不会削弱彼此观点的有效性，反倒会使各种观点具备一种新功能，即成为一种更广阔的可能视角的新生要素；传统的多元化并不是最后的阶段，而是迈向共同理解的一个步骤。

在谈到海德格尔对主观主义的批评时，伽达默尔认为，海德格尔对于存在的时间性的解释是经常被误解的。

> 在我看来，海德格尔对现代主观主义的批评中，最富有成果的是，他对存在的时间性的解释开启了新的可能性。[37]

一个人在他发问"何谓自我理解"时，这个视角本身已经超越了自我理解。如果说主观主义是自我确定性的绝对化呈现，而与时空的客观确定性无关；那么，海德格尔对"此在"（存在的在场）的揭示表明，自我理解必须超出自身的局限，而去追问："什么是自我理解的存在？"伽达默尔对这一问题的解释是，自我理解突破了主体性的思维立场，而"将自身向被掩藏的经验敞开，这是一种被海德格尔称为'存在'的经验"[38]。在对存在的自我理解之根据的追问中，主观意识在存在的领域中突破了主观主义的束缚而发现了自己。只要主观主义能够在自我理解中努力意识到自己，它就能够超越自己。

伽达默尔强调，要想进入一个文本，就要求我们意识到自己的偏见；这样做，本身已经是一种超越了主观主义的进步。在认识事物的过程中，如果我们只采取个人的主观立场而否定其他渠道，就不能拥有发现自己的认识之为偏见的视角。如果我们坚持自己的信条，我们将不会把它们视为偏见。任何遭遇都涉及偏见，在任何脉络里面，共同的讨论目标以及共同的理解都有待达成，伽达默尔的这一认识提供了一个超越相对主义的观点。

对理解而言，承认我们自身的观点（预见或者偏见）是至关重要的，伽达默尔是从一个参与者的共同立场提出这一论证的。在每一次对话中都有共同语言，或者说对话就是创造一种共同语言，伽达默尔的这种看法，可以从维特根斯坦对私人语言存在的批驳中得到支持。[39]

五、维特根斯坦对私人语言的批驳

从海德格尔关于存在的讨论中，伽达默尔汲取了海德格尔对于主观理解的批评，可以将维特根斯坦对于私人语言的批驳与此关联在一起。维特根斯坦论辩说，私人语言不能被系统地阐明，因为语言需要一个固定的背景，在此背景下，符号和表达方式的运用才能够与其自身指涉和描述的对象与事件相匹配。维特根斯坦考虑到这样一种情形：我们可能会试图拥有一张私人符号及其所指表，以便记录那些确信是没有现成符号的感觉。维特根斯坦的疑问是，怎么样才能保证我们能够正确地、始终如一地运用这些符号？如果我们坚称这些符号只是在此时、此场合有效，那么，实际上，除了不情愿地承认自己无能之外，我们不能获得建立一种私人语言的任何资本。

语言能够把思想、感知与事态联系起来，因为在整个时空的改变中，存在着对符号和意义有关的用法习规进行检查的公共途径。仅当存在一套客观性的可确证的规则——这套规则能够证实表达是得到正确运用的，表达方式的使用才是可能的。[40]倘有人说，这个符号指的是此时此地的感觉，它只对有这个感觉的那个独一无二的人有效，这样的话，我们就无法确认或者否认包含这种符号的命题的真值条件是什么。如果语言的本性要求一套客观规则，这套规则是客观有效的，也独立于运用者的内记录和记忆，那么，语言就是主体间性的。如果应该担负诠释学使命的语言必然处在共同语言的言说者的公共领域之中，那么，主观主义和相对主义也就早已被包含在使用共同语言的场合之中了。

六、伽达默尔对公共语言的探究

伽达默尔解释说，"对这个或那个对话者而言，语言不是一个随便摆布的私有物"。

每一次对话都预设了一种公共语言，或者说制造了一种公共语言。这既不是对我们的工具做一种简单的外在性的调整，甚至也不是说参与者相互调适。在一场成功的对话中，对话双方都受制于论说对象的真，因而也被相互约束在一个新共同体之中。在对话中与他者达成理解，这既不是一种完全自我表达的行为，也不是成功地肯定自己的观点，而是一种向共同观点的转换，在这种转换中我们不再保持我们以前的观点。[41]

伽达默尔的共同语言、观念契合和转换这一目标最终明确承认了一种对话者都可通达的客观立场。

伽达默尔解释说，理解文本是一种前瞻性投射，人还没有真正理解文本之前，文本的含义已经被预先设置了。

> 当一个人试图解读一个文本时，他总是在进行一种"投射"行为。文本的某些最初意义一浮现，他就立即将整个文本的意义"投射"在先。而且，文本的这些最初意义的浮现，也仅仅是因为，他是带着对于特定意义的专门期望来阅读文本的。这种随着文本意义理解的深入而不断改变着的先在"投射"之产生，就是对在场的理解。[42]

伽达默尔把诠释学的理解过程描述成一种对绵延不绝的解释和理解的投射进行"删繁就简"以及新投射的出现的过程。

伽达默尔对个人成见的认可不是相对主义产生的基础，而是一个追求客观理解的出发点。个体的前见不是单独产生的，它出现在一种相同的语言环境中。前提的考古学（the archaeology of presuppositions）是一种固有的预备（preparation）——正如伽达默尔所强调的那样，我们需要对带给每一次遭遇的"前意义"（fore-meanings）保持自觉。

伽达默尔呼吁人们要意识到自己的个人气质的偏袒，这无论对哲学的比较研究，还是对社会科学都是非常重要的。对前见的坦白承认是整合各种不同观点的需要，这样，也就预设了思想和语言的统一性：语言能够直接提供关于对象的真理。认识到一切科学中理解与知识的脉络化依赖的性质，并没有使伽达默尔的诠释学沦为主观主义。伽达默尔指出，共识总是可能的。

> 在一切世界认知与世间的定位中，总会形成理解的要素，诠释学的普遍性也随之而来。[43]

哪里有旨在理解的行为，哪里就有诠释之探究。诠释的过程不是一个认知心理学过程，而是一种主体间性的行为。伽达默尔宣称，"诠释学仍没有走到尽头"，"诠释学的任务要严格地以发现一种共同语言为目标"[44]。尼采的"视角主义"（perspectivism）理论认为，每一种观点都只是知识之树的一个枝杈，这些观点结合在一起，就构成了对一个更复杂的整体之追求。尼采这一思路可算是伽达默尔的共同理解理论的直接前奏。

伽达默尔断言，在解释过程中，"恰当的语言成就"就在于努力创造"一种视域融合"、一种周遭世界的共同观点。[45]

> 因此，关于对象的一致性——这是对话的目的所要达成的——必然意味着一种共同语言必须首先在对话中被营造出来。[46]

这样看来，交谈的目的是制造一种共同语言，并且从分歧中寻求一种交会点。

在伽达默尔看来，语言与本体论是不可分离的。语词指涉着现实世界。进入一种语言是获取世界知识的一种方式。谈到海德格尔对实事本身的关注，伽达默尔明确地认识到对话中的本体论承诺（ontological commitment）。伽达默尔相信，在两人之间的语言运用脉络中，总是存在着一个共同因子：

> 文本的理解和发生在对话中的理解……是与放置在两者面前的对象联系在一起的。[47]

伽达默尔解释说，对话的目的在于谋求关于对象的一致性。

> 正像古希腊人所说的那样，某事物被置于认识对象的位置时，每一个对话的参与者都能分享和关注它，每一个人都可以同其他人交换对它的看法。

借用海德格尔的术语来说，"实事本身"不言而喻，这些前意义必须被明确地认识到。在伽达默尔关于共同语言、观念契合和转变的目标中，已清楚地认识到一个对对话者而言共同的客观立场，同时也认识到，语言也直接提供了认知对象的真理。伽达默尔诠释学中关于对语言和事物之间关系的认识，开启了成中英的本体诠释学和本体宇宙论（onto-cosmology）。

成中英把伽达默尔的哲学诠释学计划拓展为本体宇宙论和本体诠释学，以此来解读中国传统的经典文本，如《易经》、《论语》、《中庸》和《大学》等，进一步推进了诠释学理解计划。他通过对"天"、"仁"、儒家之"己"的概念以及"正名"学说的分析，从行动的层面展示了本体宇宙论和本体诠释学。本体诠释学和本体宇宙论通过对《易经》和儒家经典中的"和谐"（"和"）、"一体"、"秩序"等伦理目标的研究，阐明了伦理学的本体论基础，同时也指出了在作为一个有机转化过程（"变"）的个体的自我观念与大化流行的大自然之间的联系。这就使得视域融合成为可能。

七、本体诠释学和本体宇宙论

那么，究竟何谓本体诠释学？……诠释学也能够达到这样一种水平：在这里，对终极实在的统一经验下的主体和客体的本体论指涉……得以显豁。本体论诠释学或本体诠释学分明是一种理解或解释方法，在这种方法中，明确或含蓄地预设着对终极实在的指涉。[48]

成中英解释说，当本体论的含义在对理解的分析过程中变得清晰时，哲学诠释学就变成了本体诠释学。

通过本体诠释学的反思，我形成了这样一种考量，反思就是借助给定文本中的基本观念之间的意义上的联系，以及对实在的意向和实际的指涉——人们也能够在文本之外体验与诉求——去寻求一种理解。在我看来，本体诠释学反思包括了两类考虑因素：一是历史发展的含义，二是对于被经验的实在从理论上建构或重构的含义。[49]

在伽达默尔哲学诠释学的基础上，成中英主张超越解经学的解释，不再受特定文本的限制，对文本进行批判性地再评价。

这样看来，从传统的解经学解释到哲学的诠释，再到本体诠释学诠释这一转变，显示了对一个从既定传统、文本和语言模式的解放过程，使得传统、文本和语言模式能够被重估、更新、充实和转化。[50]

成中英把伽达默尔的哲学诠释学方法运用到对中国经典的哲学文本的诠释上，并且从柏拉图、海德格尔和《易经》中追溯本体诠释学的起源。

在西方，这一解放使哲学诠释学这一学科超越了解经学的阶段。现在，我们在揭示解经学实践之外的理解类型模式和原则的过程之中，对中国的哲学诠释学理解也可以如法炮制了。

……我们可以把解经学的方法论洞见、伽达默尔的哲学诠释学的睿识，连同科学和逻辑知识中的分析性、建设性理论，整合为一个关于人类理解的统一性理论。这种理论是与我们对人类的生存与真实的诠释相关的。[51]

这种发生学的解释和本体诠释学的参照框架构成了本体宇宙论。成中英用"本体宇宙论"来指明对于本体的一种元理论（meta-theory），它关注的问题是：独立于本体论问题发问的特定语境，究竟何物存在、实在是何？缺乏这样一个元层次的本体论视角，所有的理论就像没有供外出窗户的单子。本体宇宙论旨在把不同的本体论学说综合起来，从而形成一种更宽广的视角。

通过在《易经》中寻求本体宇宙论的起源，成中英认为，《易经》提供了对事实的诠释学考察。在《易经》中，人的行为可以视为大自然的缩影。[52]在《易传》中，人类被看做天之宇宙论原则（天理）的体现者。

有了这样一个本体宇宙论的奠基……人应该在他的一生中体现这种宇宙的品性，并且应该能够履行与天地一样的生化功能。① 在看到了这种宇宙实体的深度和谐之后，我们也必须认识到，人性之善就在于追求人类与万物之间的普遍和谐。[53]

本体宇宙论集中论述了本体论与伦理学之间的联系。成中英解释说，在《中庸》一书中，人的行为与大自然之间的联系被看做起源于人性。这一解释提供了相对主义之外的另一选择。

与他人、自然之间的和谐是可能的，因为和谐不但存在于人类的本性中，也存在于万物的本性中。在这一理论中，天把自己本性赋予

---

① 即"赞天地之化育"。——译者注

人（天倪）而使天人合一，从而把人性与天命等同起来。这样，超越之天变成了内在的人性。但这只是人的生存的开始。

人的命运就是从人性中把固有的天命之性展示出来。这是建立在人性之"中"或"诚"基础上的一个和谐过程，也是一个成己之性、成人之性、成物之性的过程。[54]

在成中英对《中庸》的解读中，通过对"天人合一"观念的进一步强调，使得个体本性的持续发展这一论题得到扩充，走向了更广大的和谐。

在人性深处潜存着天与人的一体性，根据这个潜在的天人合一，一个人经过扩充自己的本性（以及对他人与万物之性的扩充），可以到达最高的发展境界——万物和谐。这一境界在《中庸》中被表述为："可以赞天地之化育，则可以与天地参矣。"这是生命的终极目标，即通过实现自己的本性而达到宇宙最高的和谐。[55]

在对儒家思想中"天"之地位的引申中，成中英强调，天不是一个外在的道德权威或一个必然性的王国，而是代表着秩序（治）、和谐和一致性。

本体诠释学阐明了诠释学和伦理学的本体论基础。成中英认为，《中庸》中的"成人之性"和"成物之性"与孔子《论语》中的"恕道"有着直接的联系：

这在《论语》中被表述为：一个人在发展自己的本性过程就是成就别人的过程。如果人的个体本性是与别人的本性连在一起的，那么"恕道"（己所不欲，勿施于人）是可以成立的。己欲立而立人，己欲达而达人。[56]

儒家认识到成就自己与成就别人的一致性，这为伽达默尔的哲学诠释学设想的共同理解提供了基础。[57]成中英引用孔子的话：

夫仁者，己欲立而立人，己欲达而达人。能近取譬，可谓仁之方也已。（《论语·雍也》）[58]

八、仁、自我转化以及修身

成中英把"仁"（仁慈或爱）解释为和谐，这就认定儒家的个人与世界万物组成了一个连续体。

> 我基本上把"仁"解释为两个人之间的一种和谐状态。这种和谐状态是个人自觉地培养自身的和谐潜能而达到的。正是在对自身内在和谐潜能的反省中，一个人才能意识到这一重要的德性是植根于个体潜能之中的。[59]

在儒家看来，"仁"这种德性是人际关系的基础，它促成了人与人之间的和谐。成中英认为，"仁"在修身过程中起着基础作用。

> 修身的观念提示着……自我是能够自我挺立和自我转化的……这里，我们可以引用孔子关于一个人自由意志的表述：我欲仁，斯仁至矣（《论语·述而》）。"仁"的实现是一个不懈的努力过程，但最重要的是这一努力过程之开启，它始于"求仁的意志"（欲仁）。孔子自我转化的完整过程就是……自身之仁的自我实现。[60]

"仁"代表的是人与人之间关系的基础。从词源学上来看，"仁"是由象征"人"的单人旁和表示数目的"二"结合在一起的；这就简要地概括出："仁"起源于人际关系，其最终目的也在人际关系。"仁"是个体内部与个体之间的一种统一行为。"仁"的这一特征使得人与人之间的本体论承诺和伦理学承诺变得清楚起来。

> 关于仁的外在转化过程，孔子说："修己以敬，修己以安人，修己以安百姓。"（《论语·宪问》）
>
> 一个人怎样把和平带给他人或者世界呢。……所有人都被认为具有"仁"的潜能……体现于"仁"的……合一（unity）……恰恰不是……理性共识，相反，正是通过这种合一，……理性共识才能达成，道德理性与道德实践的共同体才能建立起来。[61]

作为和谐的"仁"之概念和来自个体人性"仁"之衍生，在确认自主努力的个体性的同时，也为伦理学的更广阔的应用提供了可能性。

当成中英将"仁"阐发为一种达到合一的潜能、一种能带来社会和谐与政治协和的能力时，伽达默尔设想的"视域融合"就有了希望。在成中英对儒家个体概念的解释中，对超越个人参照框架的共同观点的追求就可以从个体出发贯彻到整个社会。

九、儒家的个体观念

成中英指出了道德和文化传统中的"人"之观念的意义。[62]在论及不同的传统使得个体观念存在着极大的不同时[63]，成中英对西方思想中的身心二元论与儒家思想中身心合一的观念加以比照。

> 在西方传统的主流思想中，有着把人的心灵与肉体、理性与情感二分的倾向；然而，在中国传统中没有这种二分法。儒学作为中国传统的主流，它不但把人的存在看做身体和心灵的统一体，而且把人的理性和情感也看做统一体（因此有表述身—心观念的中文"心"字）。[64]

成中英以即身即心来解释儒家思想中"人"的概念是富有启发意义的。

> 但是，儒家人与人之间的一体概念是如何产生的呢？要回答这一问题，我们必须追溯到孔子那里。对此问题的回答是，孔子在对个体潜能进行本体论反思的同时，也投身于对他所处时代之文化历史的诠释学反思；正是借着与这种本体论反思一起发生的诠释学反思，他才将人的地位提升到变动不居的万物之上。[65]

不过，尽管传统各有不同，但人类毕竟拥有共同的机能与能力。

> 显然人类的经验……会随着传统的不同而改变，但人类拥有许多心理机能和能力，诸如（共同的）思想、推理、情感、欲望和意志，

这是一个共识。倘若否认这些心理机能和能力，我们也就否认了人性。[66]

成中英强调人的个体性和交互主体性之间的连续性。儒家伦理学中的个体观念和"仁"的概念，可以被进一步引申，由此来确认不同的个体前观念（preconceptions）的交互主体性的起源。这些前观念并不是形成于一己心灵密室之臆想，而是形成于与他人心灵一起积极入世之中。

成中英明确指出，儒家认为"自我是一无止境的转化过程（化）"，它经历一个不断发展的过程。[67]

> 孔子……把人之生存看做一个动态的过程，这是一个自觉发动的、在诸多方面不断形成和转化的过程。[68]

孔子"提出了一种至关重要的人之洞识（vision），人是一个通过修身走向至善的可能过程"，人还秉有能力帮助他人培养"独立人格和道德完整性"[69]。成中英阐发说，孟子的理性之光（命）遍布在每个人的心灵中，个体和共同体之间的和谐证明了这种可能性。[70]对于孔、孟来说，人的个体性和人性是一个连续体。孔子认为，成己与成人是同步进行的，仁这一概念是伴随着和谐的产生而出现的。在对此观点的解释中，孟子认为道德与人性有着实质性联系。

成中英对儒家"正名"理论的本体诠释学分析，是与儒家伦理学、语言学、本体论联系在一起的。

十、语言和本体论：孔子的名实观

孔子的正名理论，是关于意义与真的理论。它可以分析和整合那些理解现实的模式，在本体诠释学中具有核心意义。正名理论认为，名称与被命名事物的实际特征必须相符。[71]在《论语》一书中，正名理论被简洁地表述为"君君、臣臣、父父、子子"。只有名副其实，名称的运用才具有有效性。坚持这一原则，正名论坚持认为，一个人的道德责任（履行他被指定的社会职责）与语言的准确使用之间有重要关联。

成中英分析说，正名论提出了一种建立在事物本质基础上的语言观。

> 那么，究竟何谓"正名"？……鉴于我们是在事物自己的层面上通观该事物，人们可以将"正名"看做在名称或语言与事物的实在之间的一种搭配和谐、反映贴切的状态。
>
> "正"是……关于事物、价值与实践的权衡得当、搭配和谐、反映贴切的一个标准。因此，"正名"论既是描述性的，又是规定性的；既是认识论的，又是价值论的。[72]

正名论是一种规范性论题，它规定名称与此名称代表的性质之间的一致性作为名称使用的唯一标准。正名论使得语言运用者的本体论承诺（ontological commitment）变得更加明晰。

儒家哲学的本体诠释学意义深远。在儒家观念中，个体是天地万物连续体的一个环节。成中英分析了在《中庸》、《孟子》和《易传》中的人性观，指出了儒、道两家在宇宙观方面的联系，都有万物一体的思想。[73]在对《大学》中教化进路的探讨中，成中英将儒家伦理对道德客观主义的承诺（这种观点认为，道德在客观的领域具有有效性）彻底诠释了出来。[74]

在《大学》一书中，修身和平天下不是被作为一个分离的目标提出来的，二者由格物联结在一起：个体伦理学和公共伦理学形成了一个考察统一体。在修身和平天下之间有下列相连的环节：格物、致知、诚意、正心、修身、齐家、治国和平天下。

对个体修养来说，正心与诚意都要通过格物来完成。《大学》的宗旨正是要人在行动中明德，并鼓励人努力追求至善。正是格物把个人的眼界推向了共同领域。个体没有受到原子式的个体主义的限制，而是与家庭和社群联系在一起。[75]正是在社会环境中，个体获得和保持着他们的身份认同，即使在违背了社会规范的时候，他们仍然被社会以及公共习俗改变和塑造着。这种从个体视角到事物原则之间的外化倾向与海德格尔的对"实事本身"的强调颇为类似。个体的修养目标最终与世界太平联系在一起。《大学》展示的教育方法和目标为普世道德提供了支持，并且直接与全球伦理相联系。

成中英运用本体诠释学对《易传》的解读指出了文明对话的可能性。

> 以诠释学的观点，显然《易传》的本体宇宙论为诠释的合一提供

了一个更为宏大的观察视野，各种文化与历史都被整合进其理解范围之中。这种整合正是扩展通观（the comprehensive observation）——这是一项思维与概念统合的诠释学原理——一个例证。[76]

一种诠释学的阅读旨在超越表面的差异从而揭示潜在的相似性。本体诠释学和本体宇宙论引导我们超越了语言的界限，从而求取一种共同的观点。通过成中英以本体诠释学对中国古典哲学文本的解读，一种整合多重视角的统摄性观点可能被建构起来。

本体诠释学和本体宇宙论强化了知识与实在之间的联系，确定了本体论与认识论的关联性，而且在分析哲学和诠释学之间构建了一座桥梁。本体宇宙论和本体诠释学为视域的融合创造了条件，并且为不同哲学传统和观念间的交流打下了基础。

波士顿大学

马萨诸塞，波士顿

【注释】

非常感谢潘德荣教授的邀请，在 2005 年 8 月于上海华东师范大学召开的本体论和诠释学国际研讨会上，我读到成中英教授关于本体诠释学的较早译文。成中英教授文章中的令人振奋的想法和充满睿智的评论使我受益匪浅。

[1] William Ralph Schroeder, *Continental Philosophy*, *A Critical Approach* (Oxford: Blackwell, 2005), 154.

[2] Ibid., 155; Wilhelm Dilthey, *Selected Writings* (Cambridge: Cambridge University Press, 1976), 90, 96-97, 221-222, 258, 262.

[3] Dilthey, *Selected Writings*, 114.

[4] Ibid., 208.

[5] Wilhelm Dilthey, "The Rise of Hermeneutics," *New Literary History* 3, no. 2 (Winter1972): 230-244. Reprinted in Gayle L. Ormiston and Alan D. Schrift, eds., *The Hermeneutic Tradition* (Albany: State University of New York Press, 1990), 101-114.

[6] Hans-Georg Gadamer, *Philosophical Hermeneutics* (Berkeley: University of California Press, 1977), 206-207.

[7] Hans-Georg Gadamer, *Truth and Method* (New York: Seabury, 1975). 征引的段落取自 Stephen David Ross, ed., *Art and Its Significance—An Anthology of*

Aesthetic Theory (Albany：State University of New York Press，1984)，379。

[8] Ibid.，380.

[9] Ibid.

[10] Ibid.，359.

[11] Hans-Georg Gadamer, *Philosophical Apprenticeship* (Cambridge：MIT Press，1985)，Reprinted in Amélie Oksenberg Rorty, ed.，*The Many Faces of Philosophy* (Oxford：Oxford University Press，2003)，469.

[12] Ibid.

[13] Karl Otto Apel, "Regulative Ideas or Truth Happening? An Attemptto Answer the Question of the Conditions of the Possibility of Valid Understanding," in *The Philosophy of Hans Georg Gadamer*, ed. Lewis Edwin Hahn (Chicago：Open Court，1999)，67.

[14] Hans-Georg Gadamer, "Reply to Karl-Otto Apel," in *The Philosophy of Hans Georg Gadamer*，95−97.

[15] Hans-Georg Gadamer, "Reply to Karl-Otto Apel," in *The Philosophy of Hans Georg Gadamer*，95−97.

[16] Jürgen Habermas, "The Hermeneutic Claim to Universality," in *Hermeneutic Tradition*，267.

[17] Ibid.，270.

[18] Jürgen Habermas, "A Review of Gadamer's Truth and Method," op. cit. 253.

[19] Ibid.，213−244；Jürgen Habermas, "Hermeneutic Claim to Universality," op. cit. 245−272.

[20] Willard Van Orman Quine, "Ontological Relativity," *Ontological Relativity and Other Essays* (New York：Columbia University Press，1969)，50.

[21] Willard Van Orman Quine, "On Carnap's Views on Ontology," *The Ways of Paradox* (New York：Random House，1966)，129；Rudolf Carnap, "Empiricism, Semantics and Ontology," 21−23, *Revue Internationale de Philosophie* 11 (1950)：20−40，reprinted in *Meaning and Necessity* (Chicago：University of Chicago Press，1947).

[22] Carnap, "Empiricism, Semantics and Ontology," 21−23.

[23] See George D. Romanos, *Quine and Analytic Philosophy* (Cambridge：MIT Press，1983).

[24] Ibid.，50.

[25] 同样的观点也见于维特根斯坦的《哲学研究》中无法确定实指定义（ostensive definitions）的有关看法。康德使用悟性范畴为杂多的现象提供一致性的观点，也印证了维特根斯坦与蒯因讨论到的哲学洞见。

[26] 乔姆斯基论辩说，蒯因的译不准论题不过是重述了物理领域的理论一直是向基于经验确证的修正开放的这一老生常谈。See Noam Chomsky, "Quine's Empirical Assumptions," in *Words and Objections: Essays on the Work of Quine*, ed. Donald Davidson and Jaako Hintikka (Dordrecht: Reidel, 1969); *Syntactic Structures* (The Hague: Mouton, 1957)。

[27] Claude Levi-Strauss, *The Savage Mind* (London: Weidenfield and Nicolson, 1966).

[28] Gadamer, *Philosophical Apprenticeship* (see note 11), 469.

[29] Ibid., 469-470.

[30] Habermas, "Hermeneutic Claim to Universality," 270.

[31] Gadamer, *Truth and Method* (see note7), 248-249.

[32] Gadamer, *Philosophical Apprenticeship* (see note 11), 471.

[33] 在这一知识传递的心灵之中，聚集着太多不可见的、无法预测的羊毛。伽达默尔的目的并不像马克思作为"一切现存东西的无情批判"的哲学出发点那样势如破竹，但在这里我们依然可以听到马克思的回音。

[34] Gadamer, *Philosophical Apprenticeship* (see note 11), 471.

[35] Ibid.

[36] Ibid., 469.

[37] Gadamer, *Truth and Method* (see note 7), 371.

[38] Ibid.

[39] Wittgenstein, *Philosophical Investigations*, 86-93.

[40] 这构成了对唯我论的一种反驳：每一种确证的行为，即便"我在此地此时存在"（这一说法）也是针对一个外在的非我这个参照点以及拥有客观存在的语法、句法与词汇才有意义。

[41] Hans-Georg Gadamer, *Truth and Method* (New York: Crossroad, 1975), 341. Reprinted in Ross, *Art and Its Significance*, 378.

[42] Ibid.

[43] Gadamer, *Philosophical Apprenticeship* (see note 11), 469.

[44] Ibid.

[45] 尼采的视角主义（perspectivism）——每一种理论都只是知识树的一个分枝，集体的视角臻于一种不断扩展的知识圈——可以被视为伽达默尔视角融合的直接前驱。歌德说过，他从赫德尔（Herder）那里学到"诗乃整个世界、民族之所有，而非少数优雅人士之私产"。*Dichtung und Wahrheit* (Hanover: Verlag von Velhagen und Klasing, 1950), 2.10。

[46] Gadamer, *Truth and Method* (see note 7), 371.

[47] Ibid., 389.

[48] Chung-ying Cheng, "Inquiring into the Primary Model: Yijing and the Onto-Hermeneutical Tradition," *Journal of Chinese Philosophy* 30, nos. 3-4 (Sept. and Dec. 2003): 290.

[49] Chung-ying Cheng, "Confucian Onto-hermeneutics: Morality and Ontology," *Journal of Chinese Philosophy* 27, no. 1 (March 2000): 33. See also On-Cho Ng, "Chinese Philosophy, Hermeneutics, and Onto-hermeneutics," *Journal of Chinese Philosophy* 30: nos. 3-4 (Sept. and Dec. 2003): 373-385.

[50] Cheng, "Primary Model," 289-312.

[51] Ibid., 291-292.

[52] Ibid., 290.

[53] Cheng, "Confucian Onto-hermeneutics," 59-60.

[54] Ibid., 57.

[55] Ibid.

[56] Ibid.

[57] Ibid., 48.

[58] Ibid., 57.

[59] Ibid., 37.

[60] Ibid., 35. 用尼采的话说，我们必须成为我们所是。

[61] Ibid., 37

[62] Chung-ying Cheng, "Integrating the Onto-ethnics of Virtues (East) and the Meta-Ethics of Rights (West)," *Dao, A Journal of Comparative Philosophy* 1, no. 2 (Summer 2002): 157-184.

[63] Cheng, "Confucian Onto-hermeneutics," 34.

[64] Ibid.

[65] Ibid.

[66] Ibid.

[67] Ibid., 45. 这也是道家思想中的自我观。

[68] Ibid., 37.

[69] Ibid., 34. 这类似于马塞尔（Gabriel Marcel）途中人（homo viator）的观念，孔子把人视为向着成德的预期目标前进的过程。

[70] Ibid., 45.

[71] Ibid., 43-44.

[72] Ibid., 43.

[73] Ibid., 59-60.

[74]《大学》的目的类似于希腊思想中的教化（paideia）的观念：完人的教育即在于将个体的身位完全带到文化与本性（nature）上面。

［75］这类似于亚里士多德将人视为社会存在的观点：没有人是孤立的存在（an island）。即便一个特别的个体的自主活动成为幸福的目标，要了解这个个体是什么，我们也要询问他或她的出身。这就把我们带到家庭、宗族与国家。

［76］Cheng，"Confucian Onto-hermeneutics," 59-60.

第三编

>>>>>><<<<<<

民主与中国哲学

Democracy

and

Chinese Philosophy

序言：民主与儒家传统之内与外

成中英 著

孙 磊 译 马 琳 王 颢 校

　　1988 年 11 月 24 日至 29 日，《中国哲学季刊》与夏威夷大学和平研究所在檀香山的东西方中心举办了"东西方民主与社会正义国际会议"。这也是以此为题举行的第一次会议。与会材料是由美国和中国许多杰出的政治学家和政治哲学家提供的，包括弗雷德·里格斯（Fred W. Riggs）、约翰·加尔通（Johan Galtung）、荣·里普洛格尔（Ron Replogle）、斯蒂芬·伍哈里（Stephen Uhalley）、R. E. 里托（R. E. Little）、冷少川（Shao-Chuan Leng）、魏萼（Wei Wou）、唐力权（L. T. Tong）、严家其、庞朴、冯天瑜和郑杭生。我发表了一篇题为《作为实现社会正义的民主：探讨中国民主化的范式》的文章，在会上得到广泛讨论。后来，由熊玠（James Hsiung）和我本人编辑的会议记录在 1991 年由马里兰州兰海姆的美国大学出版社出版，书名为《权力与报酬之分配》。在上面所提到的文章中，我讨论了民主的性质及其与儒学和社会正义的关系等一些基本问题。虽然这已经过去了 18 年，但许多学者对关于民主和中国哲学的基本问题仍然保持着高度关注，且提出卓越的洞见。正是出于这个原因，本季刊决定用全部一期的篇幅刊载关于中国政治哲学和民主相关问题的研究。

　　民主（民治）可以被看做人类社会和人类国家，甚至是一个全球化世界共同体的目标，在这一点我与哈贝马斯的观点一致。但是，民主作为一种行使权利的方式，反映着参与投票的人类共同体的存在，此一共同体同时也是被统治的对象。民主可能以多种不同方式实现，因而民主的制度化与民主意志和理性的表述没有单一的模式。然而，我们也必须承认，由于历史与实践的不同，民主参与的渠道当被视为一个普遍规则。如何落实这个民主参与的普遍规则的过程与形式可能由于不同的计划而有所不同或可能实际上由于不同权力群体的分合而演变。从某种意义上说，民主作为终极目标最终必须有效地建立在自由意识、人权、公民社会、政党的公平执政、法治、社会正义，以及社会、经济和教育的利益机会均等的基础上。后面这些项目可以被看做民主化进程的实质内容、方式和手段。它们有多么好，它们被发展和完善到什么程度，将决定一个民主制度的质量好坏。一个社会可能有一种民主的形式，但却可能是一个空的形式，即民主选举的形式：它允许人民在一个设定的时间内参与选举，但由于缺乏民主真实价值的理解与意识以及个体独立自主的精神的自由运用和其他成分，因而缺乏一个民主的精神内涵与良好素质。如此民主只能沦为当权者所利用和操纵的工具而已。

民主的目的是什么？答案是双重的：它的目的是实现可持久的政治秩序和动态的和谐社会关系，在其中每个成员都可以不受其他人支配而享受自我表达与对群体负责的自由；民主因而有两重需要：它需要培育和支持个体的自由，而此个体的自由则需要建立一个有序、合理与正义的和谐社会和廉明政府。这两个目标应该同时实现。但在实际历史发展中一个却可能先于另一个发生或凌驾于另一个之上，虽然两个目标的理想状态应该是相互矫正和彼此平衡、彼此确定的。没有一个共同的秩序就不可能有真正的个人自由，没有个人自由地做正当的事业就不可能有一个稳定和繁荣的社会。这种考虑应该消除自由民主和程序或社群民主之间的紧张关系。其实一个历史文化传统可以确立或多或少的某一种发展模式，而不是其他发展模式。一个健全的民主不仅仅是一个技术的或程序的，还需要追求其所预设的根本价值。关于这一点，我可能不同于哈贝马斯。

由于人类历史包含不同的发展路线，我们可能会看到两条民主化的路线：民治的民主化和民享的民主化。前者要求，人民投票选举的权利得到保障；后者要求，人们应该得到生活的福利与成长教育的保障，而不仅仅是被统治的对象而已。按照前者的标准，后者不是以民为主的民主主义，而只是以民为本的民本主义。但是，如果我们把民主化看做一个趋向民治和民享的整体过程，我们可以看到分开的两个过程都不是充分的民主。由于人民对福利的渴望导致民治在近代仍有可能遭到拒绝，而民享可能会排斥人民自身参与到领导与统治的活动之中。

政府的任何一种形式的充分发展和制度化，都需要承认人民主权，这终将使民享成为民治，使民治成为民享。正是在此基础上，孟子才提出人民有权利（犹如天命的代理者）消除坏的统治者而选择好的统治者。人类历史必须走向民治和民享的融合，我们才可以说人民的民主是实质的，而不是形式的。我们应该警惕的是这种一体化的过程应该是不断进展的。我们也应该确认与保证持这种一体化的方式是公开的和吸引人的。一些国家可能只是民治，而其他许多国家可能只有民享。当然还有国家两者皆无。没有民治，民享难以长期持续并且有一种走向腐败、自我利己主义和不稳定的趋势，这是凭借经验可以确定的。法律对于预防和矫正这种倾向是必要的。但必须指出，即使最好的法律也不可能代替或足以保证一种有效和健全的民治民主的实践。另一方面，由于缺乏对人民的福祉的可持续性的基本的和真正的关心，民治民主当然也不能保证不误导人民进入非正义的战争或为当权者所误导，甚至转化成为专制与极权。

民本（民享）和民主（民治）需要考虑质量、效率和可持续性，为此目的，二者都需要考虑作为参与者、评估者、行为者和决策者的人的素质。它要求人要自觉地保持善意与培育道德，追求作为完善的人，并且成为他们所属那个共同体的合作性和创造性的成员。因此，民主不可能免除遵守美德和履行职责的基本道德。道德是必要的，因为它对社会的一体化和凝聚力必不可少的个人的完整性有所贡献。作为美德，虽然存在着私人美德和公共美德的区分，两者实际上只是一个硬币的两面。孔子提出的仁（善、共同人性、人类间人性）德和智（智慧）德就具有整合个人私德于社会公德的功能和作用。毫无疑问，团体和组织具有更多公共性的美德（例如：义/正确性，礼/正当性和心/完整性）的要求，因而导致现代社会中从属于团体或组织中的个人漠视对个人道德的培护。其实自我对自我的要求和社会对自我的要求是密切相关的：没有个人美德作为基础和来源就没有公共美德的持续；同样，没有社会公德的实践，私德也将面临着腐败的危机。一旦公共美德被确定和建立，对于公众和私人美德间的任何冲突的解决就必须同时诉诸个人的智慧和社会的良知。

儒家的政治哲学与社会理想是建立在修身为本的个人美德的基础之上的，但这种美德却是内含着公共美德的因子，因而能够扩展成为集中于民享的公共美德（民本）。儒家伦理的传统角色往往侧重于家庭和氏族层面的个人美德，并且对于大多数人来说，这种聚焦往往忽略了大的国家和世界的公共视角。国家和世界往往成为抽象的和边远的，以至于常常使自我和家庭的利己主义占主导地位。然而，没有任何内在的理由，无论是逻辑的或经验的，阻止儒家伦理超越家庭和个人的层面而严肃地从仁者之道与智者之理的立场来面对国家和世界的层面，考虑如何建立法律规章制度来达到有效统治的目的。孔子之后一个世纪的儒家经典《大学》对此作了明确表述。一个更为严重的问题是，如何通过推广、外化、协调，最终以人民投票的方式来改变政治权力的行使或者把道德准则纳入到法律权力（或法律）之内。这是一个可持续发展的外部化的过程，需要通过人们的共同参与和相互交流构建一个能够代表人民意愿的宪法意识机构。这是最困难的部分，但社会与统治精英必须面对和克服这一困难，以便道德可以在不断参与的民意基础上安全地转化进入法律或与法律相关联的政治秩序。

重要的是，在做出这种转变时，作为优胜者的个人也必须放弃优胜者的立场，使圣人成为人民中的一员，而不是统治者或国王团队中的一员。在讨论"内圣外王"的模式时，个人不可忘记内圣如何转化成外王以及道德的新个体的自我否定也是自我创造的发展过程。对于儒家来讲，一旦成为统治者或公职人员，人们更不应该因此放弃个人的美德。相反，内部私人美德往往成为外部权力实现公众社会责任的基础和来源。为何儒家哲学的美德不能被看做民主的一个动力？毫无疑问我们也能反向地问：为何民主不能被看成是儒家美德的一个起点或目标？回答也是双向的：美德能够成为政治权力的泉源而政治权力也能成为美德实现的媒体。

为了面对民主化与民享化的关联问题，为了思考道德与民主的关联问题，也为了考察儒学与儒家的道德政治传统如何现代化及走向民主、自由平等等现代价值，我们邀请了美国中华盛顿大学的李晨阳教授为我们组织了"中国政治哲学"这一专题研究论文。我们要感谢他辛勤所做的大量工作。他在阅读和处理这些论文时花费了大量时间。我们必须同样赞赏他积极介绍的诚挚愿望，并且还要感谢那些承继 1988 年本刊主办的"东西方民主与社会正义"会议的热情而为本期撰稿的作者。

2007 年 1 月

导言：免于"席贩之谬"的中国政治哲学研究

李晨阳（Chenyang Li）*   著

王　颢　译

中国哲学（也许道家除外）有着强烈的道德和政治品质。包括儒家、墨家和法家在内的中国古代哲学家通常不把道德哲学从政治哲学中分离出来。比较典型的是，他们把政治哲学当做道德哲学的一个扩充，并且通过各自的道德哲学基础来支撑他们的政治观点。墨子倡导兼爱，因而他所称许的理想社会就是一个充满着无差别之爱的社会。法家哲学主张人皆携极度自为之心，由此就可以推断，只有通过劝惩的手段才能实现一个有序的社会。在作为儒家经典《四书》之一的《大学》里面，则提出了儒家的四阶段纲领，即"修身"、"齐家"、"治国"和"平天下"。儒家哲学始于个人的道德修养，进而拓展到家庭方面。这里的家庭，以过去的标准来看，则是一个可以看做小社区的、范围宽泛的家族。上述方式之极致是实现和谐社会与太平世界的政治目标。

在现时代，道德哲学与政治哲学密切相关的智慧已经受到挑战。特别需要注意的是，人们已经提出了关于儒家政治哲学在当代的适用性这一基本问题。1919 年的五四运动在民主和科学方面向儒学提出挑战。批评者们认为儒家哲学反科学与反民主。科学与民主一度成了至高的价值，对儒家哲学的控诉不啻要处之以"死刑"而后快。五四运动以来，儒家学者们一直在致力寻求应对此类挑战的种种出路。在 20 世纪 20 年代的所谓"科玄论战"之后，儒学与科学之间的话题相当迅速地消停下来。如今，科学被给予一个合法的、独立于儒学的地位。对于儒家学者来说，如何应对民主的挑战，这个问题却历经整个 20 世纪而一直遗留至今。

---

　* 李晨阳（Chenyang Li），美国中华盛顿大学哲学系教授。研究方向：中国哲学，比较哲学，社会政治哲学。E-mail：lic@cwu.edu

当代儒学家中有一个思想主流，那就是对儒家的政治哲学和流行的西方自由主义思想进行调和。在传统中，儒学思想曾经深重地影响过共同体（以家庭和宗亲的形式）和社会。它的一般倾向就是把个体的人定义为共同体的成员，他们须被教化，以便推进社会的公共利益。如是教化的推行显得和个体自由的观念针锋相对。诚然，若说在儒家的传统中没有自由思想，那是明显不真实的。我们可以轻易地从《孟子》中指出一些章节，来作为早期自由思想的例子，更不必说诸如李贽和黄宗羲等儒家自由思想家了。这样，真正的问题应该是儒家思想能够提供多大程度的个体自由，同时又不威胁到它的亲家庭和亲社会的核心价值。

为了简要起见，让我们把儒家的核心价值称为社群主义价值。尽管个体自由可以促进社群主义价值，在作为一方面的个体自由和作为另一方面的社群价值之间确实存在着一种紧张关系。在这种紧张关系之下，在同一个价值体系里面，譬如儒家哲学，越是强调个体的自由，就越是相对较少地强调它的社群主义核心价值。这意味着，在儒家思想中增加自由价值的同时，不可避免地要损失某些传统的核心价值。正当一些当代的儒学家们注意到涉及这一主题的深度难题之际，其他一些学者则对之弗顾。对于他们来讲，这仅仅是一个在儒学之上建构一些自由价值的问题而已。在一方面，他们想要保留这个传统的核心价值，并且凸显它自身的生命力。在另一方面，他们也主张儒学可以被大幅度地自由化，借以满足现在的自由要求。他们这样做的时候，就已经犯了我所称做"席贩之谬"的错误。

我小时候生活在中国北方的一个山村里。那时常和外祖父一起去赶集。一天，我们想要去买一个炕席。那种席子是用农作物的茎秆皮壳做成的，以斜纹方式编织为一个长方形的形状。因为它们是以斜纹方式编织起来的，所以其长度和宽度都不是非常固定。我们发现一位商贩的席子的质量相当棒，但也同时发现他的席子没有我们想要的那么长。为了能把席子推销给我们，这位商贩就拽着席子的一边抖它：那席子变得长了些。当我的外祖父指出现在这席子不再有充足的宽度时，这位商贩就又拽住席子的另外一侧，并再次抖它：席子就变得宽一点。我就笑他，因为他看上去完全忘记了在同时使席子长些和使它宽些这两者之间的不可避免的紧张关系。也许是他如此热切地想要售出他的席子，以至于就没有意识到他不能兼得两者的事实。

在处理儒家哲学和自由主义思想之间的这个问题的时候，我们必须注意介于儒家核心价值与自由价值之间的紧张关系。儒家思想必须把自由价值的部分融入它自身，但其核心价值却并非是个人自由。增进儒学思想的自由方面，可以取悦当前的自由主义者，但这却是以牺牲其传统核心价值为代价的。当人们一方面强调儒学思想的自由元素，同时又推崇它的亲家庭和亲社会核心价值的功效，这在某种程度上就很像那个席贩，他们都是在两方面皆不做出让步而又想兼得两者及其功效。当他们想要表现出儒家思想兼容民主与自由的属性时，他们就把儒家思想引向自由主义的价值形态；当他们需要突出它的社群主义倾向时，他们就又把儒学从自由主义思想引向传统的社群主义价值形态。[1]这是甚为荒谬的。当我们试图要复兴和改造儒学思想的时候，我们需要意识到每种变更所涉及的代价问题，并且要对任何可能产生出来的儒家思想的新形式予以现实的考量。只有我们坚持这样的方式，才能够摆脱浅薄无根、逻辑混乱和自我欺骗的图圄。

鉴于上述申明的背景，我现在给读者们呈献六篇论文，皆为专门讨论中国政治哲学问题的作品。我想利用这个机会感谢诸位作者，他们积极、善意地回应了我当初的邀请，善美地回答了我随后所提出的一些意见和修改要求。和他们一起工作着实令人感到惬意。

他们所有的论文都直接或间接地与儒家政治哲学相关。他们在文中就上述一些笃实的问题给出了明确的解答。

赵敦华的文章阐述了价值论的规则和中国政治哲学的问题。通过"价值论的规则"这一概念，赵敦华指出四条行为准则，它们通常被称为"金律"、"银律"、"铜律"和"铁律"。他的分析得出这样的结论，即中国政治哲学的学派，诸如儒家、墨家和法家，在他们各自的政治哲学里，已经融合了不同的价值论规则。赵敦华的文章提供了这些中国政治哲学的一种新颖解读，有助于我们更好地在比较哲学的视野中去理解儒家、墨家和法家的政治哲学思想。

陈祖为（Joseph Chan）在他的文章里探讨了这样一个问题："儒家思想中是否包含着某些观念和资源，从它们可以设法导向可以容纳作为政治体系的民主的空间呢？"他主张，儒家思想中并不包含任何诸如政治平等或人民主权之类的基本的民主价值抑或原则，而在儒家思想中，最受称道的政体模式乃是一种糅合了精英政权和监管体系的模式。他进一步论述，因为这种儒家的政治理想在当今难以实现，离开了适合的情境，儒学家们就把民主制看做退而求其次的一种选择，因为相对于一个没有德才兼备之士执权的君主政体，民主制度可以在用的层面更好地服务于儒家学说的价值和关怀。

陈弘毅（Albert Chen）的论文处理了儒家政治哲学和自由宪政民主思想这一重大而紧迫的论题。他把由四位著名的儒学家于1958年作的《为中国文化敬告世界人士宣言》的主旨解读为对自由宪政民主的接纳。在强调儒学的多方面特质的同时，陈弘毅认为有必要搞清何种形式的宪政民主体制才是合乎中国国情的，何种因素和价值需彼此共存，以及对于中华传统而言，何种创造性的转化才是得当的。他分析得出如下的结论，即当一种创造性地转化了的儒学思想能够支持作为政治体系的自由宪政民主之际，则该体系的形态将会与世界上其他地方的这一体系有所不同。

黄勇（Yong Huang）基于他对理学家二程的研究，讨论了理学家的政治哲学。二程的政治哲学与当代西方自由主义思想的中性观念恰恰相反。通过论证"以德治国"的儒家观点仍然是一个有效的途径，黄勇认为，通过"礼"来管理社会的儒家观念，其中包括"以德治国"和"依法治国"两者，给自由民主政治提供了一种可通达的选择。①

张千帆（Qianfan Zhang）的文章给我们讲述了墨家的政治哲学，这是他在对儒家政治哲学之当代中国意蕴的前期研究基础上的深入。在张千帆看来，因为墨家通过建立某些标准来应对多数主义者的弊病，以及通过让每个人都不分高下地隶属于一些普遍性原则来使社会关系趋向平等化，所以它最终未能向自主的人类行为提供一定的道德基础，即缺乏人类德性与尊严的形而上学根据。他主张，虽然墨家哲学有现代社会可利用的地方，在发展人类尊严的观念方面，它并不能取代儒家。

最后，刘述先（Shu-Hsien Liu）对民主理念及其实践问题予以批判性的反思。他不无遗憾地意识到，对他那辈人来说，无论是在新加坡，还是在中国台湾，理想中的民主实践仍然只是一个遥远的梦想。他呼吁儒家的知识分子们，要坚持建构可能的方式来落实民主的理念，并且要在对民主实践提出批判性反思的时候常存戒慎之心。

当然，对于中国政治哲学领域里浩如烟海的研究材料，这个专题里的论文仅仅可以代表一小部分的观点。不过，这些观点均建基在多方面都取得过相当创见的前期研究之上。我诚望读者们皆能如我一般地领略此中澡雪精神、动人遐思的美妙。

美国中华盛顿大学

华盛顿，爱伦斯堡

---

① 黄勇的文章名为 "Neo-Confucian Political Philosophy：The Cheng Brothers on Li（Propri-ety）as Political，Psychological，and Metaphysical"，已翻译并发表，本辑不再列入。

【注释】

[1] 关于"价值形态"观念的讨论，可以参考我的论文：《和谐之儒家理想》（"The Confucian Ideal of Harmony"），载《东西方哲学》（*Philosophy East & West*），第 56 期，2006，583～603 页，以及《文化的价值构型》（"Cultural Configurations of Values"），载《国际事务杂志》（*World Affairs：the Journal of International Issues*），第 12 期，第二卷，2008，28～49 页。

价值律和中国政治哲学

赵敦华（Dunhua Zhao）* 　著

花　威　译

一、价值律的含义

我们认为，价值律就是指"行为的四种原则"，在隐喻意义上，可以表述为金律、银律、铜律和铁律。其中金律是"欲人施诸己，亦施于人"，银律是"施诸己而不愿，亦勿施于人"，铜律是"人施于己，反施于人"，而铁律是"己所不欲，先施于人"[1]。

这四种律就是做出道德的、非道德的或不道德的决断的价值指向，在此意义上，它们都是价值论上的。在许多人看来，金律是道德行为的普遍律，而它经常与银律相混淆。[2]铜律多被等同于互惠律（the rule of reciprocity），依照英语学术界的当下说法，即"一报还一报"（a tit for tat），而这植根于人性的社会生物学层面。[3]然而，学界很少关注铁律，这可能是因为铁律明显具有一种令人生厌的不道德的性质。道德哲学家通常认为，不道德的行为根本上是"不遵循价值律的"行为，表现为心智混乱和无序的结果，但这一说法并没有得到足够的证据支持。而在各种文化中，我们不难发现与铁律相关的说辞，例如曹操就在因疑而错杀故人一家后说，"宁我负人，毋人负我"[4]。

价值律包含社会关系的方方面面，而应用道德律的典型领域自然就是道德行为，在其中，铜律特别应用于经济层面（economical domain）。而对于这四种价值律的应用，没有比政治领域更合适的了。在政治领域中，各种层面上的决断或者出于道德的动机，或者出于对等互报（reciprocity）的动机，甚至出于不道德的动机。正如我们看到的那样，统治者通常借助

---

* 赵敦华（Dunhua Zhao），北京大学哲学系教授。研究方向：西方哲学，比较哲学，基督教哲学。E-mail：zhaodh@phil.pku.edu.cn

邪恶且狡诈的手段来寻求自身利益的最大化，有时甚至通过密谋引起恐慌来达到这一目的。

为了总体上检审价值律的意义和应用，在本文中，我们尝试以先秦时期的政治哲学为例。因为在这一时期，各派诸子相互争鸣，提出自己的治世之策。在这一时期的思想舞台上，尤其以儒家、墨家和法家最为活跃，他们各自的政治—哲学学说可以分为以下三种：

1. 儒家的德性主义政治学
2. 墨家的功利主义政治学
3. 法家的集权主义政治学

很遗憾，在本文中不会讨论道家的相关思想，因为老子和庄子怀疑任何人为的律条，也没有提出与这些价值律相关的政治哲学。但毫无疑问，《老子》是韩非法家思想的重要来源，且自汉以降，道家就成为政治思想中的决定性因素之一。

二、儒家德性主义政治学的价值律

众所周知，儒家政治哲学是其伦理学的延伸。孔子说："为政以德，譬如北辰居其所而众星拱之。"（《论语·为政》2.1）这句话就清楚地说明了以下两点：第一，对于孔子来说，统治者的德性（virtue）才是其统治的权柄所在；第二，德性的力量存在于统治者所做出的道德榜样之中。

德性政治学的根本在于，道德责任首先由统治者承担。孔子教导的大部分德性，如"克己复礼"（《论语·颜渊》12.1）、"爱人"（《论语·颜渊》12.22）和"泛爱众"（《论语·学而》1.6），都是希望统治者所要具备的。如果统治者把道德义务强加给被统治者而自身不践行的话，那么德性政治学在现实中就不会发挥任何作用。

德性的力量与暴力的力量相对，孔子认为，这一对立表现为："道之以政，齐之以刑"和"道之以德，齐之以礼"（《论语·为政》2.3），但不能以任何借口使用暴力。"季康子问政于孔子曰：'如杀无道，以就有道，何如？'孔子对曰：'子为政，焉用杀？王欲善而民善矣。'"（《论语·颜渊》12.19）无论如何，一个人的无道并不是统治者使用暴力的借口，而统治者的责任在于教化民众，教化的基础则是统治者所做出的德性榜样。由此，德性的力量就自然会赢得民众的尊重和顺服。在孔子看来，在政治领域中使用暴力是根本不必要的。

一般认为，德性政治学并不关注物质利益，而我们必须仔细检审这一看法。孔子说，"君子喻于义，小人喻于利"（《论语·里仁》4.16）。然而，义利之分并不关涉一般意义上的物质利益，而关涉统治者以暴力获取的物质利益。孔子说，统治者应当"不患寡而患不均，不患贫而患不安"（《论语·季氏》16.1），不均（inequality）指财富上的巨大差距，而不安指统治者的利益所得与民众的利益所失之间的巨大失衡。在随后的分析中，义和利的对立就表现为均利与独利的对立、德治与强权的对立和王道与霸道的对立。

虽然孔子没有肯定利益的对等互报，但他的直（straightforwardness）的概念对我们有所启发。我们认为，"直"就表达了铜律，即以牙还牙（like-for-like），用孔子的话说，就是"以直报怨，以德报德"（《论语·宪问》14.34）。

朱熹把"直"解释为，"于其所怨者，爱憎取舍，一以至公而无私，所谓直也"[5]。相应地，直常被译成正直（uprightness）或公正（justice），而令人担心的是，这一理解会把直等同于忠和怨，从而减化了道德和直之间的差异。当孔子被问到，他如何看待"以德报怨"时，他表示反对，因为如果这样，就会完全抹杀怨与德之间对等互报的任何差别。正是在这一语境中，孔子提议"以直报怨"来取代"以德报怨"。在《礼记》中，"以直报怨"由"以怨报怨"所取代，这就更为清晰地阐述了对等互报的原则："以德报德，则民有所劝。以怨报怨，则民有所惩。"（《礼记·表记》）[6]

如果我们能够准确理解"直"的含义，那么就可以消解《论语·子路》13.18所带来的困惑。

> 叶公语孔子曰："吾党有直躬者，其父攘羊，而子证之。"孔子曰："吾党之直者异于是：父为子隐，子为父隐，直在其中矣。"[7]

这段话引发了一些指责，认为孔子过度强调孝道，以致牺牲了社会公正。这一困惑是由把直解读成正直造成的，它与朱熹对直的解释——公而无私——相符合。然而，孔子认为，对正直或公正的要求并不简单地在这方面与之相关。相反地，对等互报的原则才适用于这里。基于父子之间德的对等互报，他们隐藏彼此的过错。在这里，怨的对等互报仅存在于其父与受害者之间。由此，这一节的要点不在于孝道与社会公正的对立，而在于要把德的对等互报性（如在父—子关系中）与怨的对等互报性（如在施害者—受害者关系中）区分开来。对于孔子来说，直并不意味着叶公意义上的正直，而是意味着直率（straightforwardness）。

我们应该注意到，对于孔子来说，直根本上是一个关乎人性的概念，如：

人之生也直，罔之生也幸而免。（《论语·雍也》6.19）

这里的关键词是生，多译为生命（life）。实际上，在孔孟时代，"生"与"性"（nature）相通，而孔子在这一节中不仅把直归于人性，还在通常意义上肯定了"直性"（straightforward nature）这一概念。孔子用一个例子说明了直性的对立面："孰谓微生高直？或乞醢焉，乞诸其邻而与之。"（《论语·公冶长》5.24）微生高就不是直，其行为表现出他帮助别人的做作或虚伪。

在本文中，我们试图说明，孔子采用了两种价值判断的标准，即忠（altruism）和恕（conscientiousness），这些已被广泛认可，与之相对，直的标准却很少为人所重视，但至少我们可以把它与前面的两种道德标准区分开来。[8]如果我们理解了不同的价值律及其应用，那么道德律和非道德律之间的差异就十分明显且变得至关重要。忠和恕的道德律可以分别对应金律和银律，而直就是铜律，表现了道德中立的、利益之间的对等互报。在这一意义上，铜律就适用于一般的人际关系，包括好的和坏的对等互报。对于好的对等互报，我们有"以德报德"，而对于坏的对等互报，我们有"以怨报怨"。

如果我们把儒家思想限定在道德领域，那就会产生误解。孔子说，"唯仁者能好人，能恶人。"（《论语·里仁》4.3）孟子说："孔子曰：道二，仁与不仁而已矣。"（《孟子·离娄上》）[9]由于儒家思想同时处理仁与不仁，即道德关系与非道德关系，那么铜律就是不可缺少的，特别是在政治领域中。由于统治者通常并不遵循道德律，而是采用对等互报的原则，这样他就要不断修正自己，使其因善而受惠，并避免因恶而受害。

儒家的德性政治学对于统治者采用两套原则，道德律（金律和银律）

要求统治者优先具有道德义务和道德责任，而铜律要求统治者应该对臣民施用对等互报的原则。对于这样的期许和要求，在《论语》和《孟子》中比比皆是。下面我们略举几例。

鲁哀公在饥年里要把原来的一成岁赋提高到二成，孔子试图阻止，理由是："百姓足，君孰与不足？百姓不足，君孰与足？"（《论语·颜渊》12.9）我们可以看出，这一理由基于统治者的利益和民众的利益之间的对等互报。

孔子把惠作为用以要求统治者的五种德性之一，即"惠则足以使人"（《论语·阳货》17.6）。孟子对于王道政治的设想也提出了类似的标准：

> 推恩足以保四海，不推恩无以保妻子。（《孟子·梁惠王上》）

他还对齐宣王说："乐民之乐者，民亦乐其乐；忧民之忧者，民亦忧其忧。"（《孟子·梁惠王下》）这些论述就关涉到统治者与民众之间的双向利或害。

对等互报也存在于君臣之间，孔子就对鲁定公说："君使臣以礼，臣事君以忠。"（《论语·八佾》3.19）在考察对等互报中的好坏两面之后，孟子拓展了这一观点，他对齐宣王说：

> 君之视臣如手足，则臣视君如腹心；君之视臣如犬马，则臣视君如国人；君之视臣如土芥，则臣视君如寇雠。（《孟子·离娄下》）

最后一点就表明了推翻暴君的正义所在，暴君残酷地对待臣民，臣民就有权推翻并诛杀他，如同诛杀盗贼。

综上所述，孔孟的政治主张以金律、银律和铜律的相互作用为指导，前两者给统治者施加了严格的道德义务，而最后一个适用于统治者与被统治者之间利或害的对等互报。依照这三种价值律，孔孟提出了诸多价值可贵的观念，如人道主义、君臣人格上的平等、民贵君轻等。这些观念当然不是现代意义上的民主观念，但它们可以被视为在 2 500 多年前的社会历史土壤中刚刚开始成长起来的一种原初的民主模式。

孔孟学说的问题在于，在一个等级森严的社会中，统治者在自己的利益攫取上不可能接受（道德上的和利益上的）双重约束。虽然孔子和孟子相信，他们能够说服统治者为了自身的利益而采用王道政治，然而，历史现实表明，他们过于乐观地估量了统治者的德性和理性。在历史上，君主们很少愿意放弃哪怕一小部分利益去换取民众的支持。这不是因为他们过于邪恶而不愿意接受道德律令，或者过于愚蠢而不知道对等互报的原则，而是因为他们被绝对的权力和（大多数情况下）大量的财富所诱惑。基于这一现实，孔孟的政治哲学既没有被扭曲，也没有在历史上付诸实践。

三、墨家功利主义政治学的价值律

像儒家一样，墨家在自己的伦理—政治思想中提倡仁和义，但二者对仁义的理解却大相径庭。简要地说，儒家的仁义观导向德性政治，而墨家的仁义观导向功利主义政治学。根据《墨子·经上》的定义，"义，利也"，"功，利民也"[10]。由此在这一语境中，我们就可以把义等同于现代意义上的功利（utility）。

墨子和孔子都认为仁是"爱人"，但他们的"爱人"各有不同。在忠、恕的意义上，儒家的爱人是推己及人的，愈远而情感愈淡。对于儒家来说，一个人不能像爱自己的父亲那样爱邻人的父亲或陌生人的父亲，这是人之常情。墨家就把儒家的爱看成差等之爱，而提倡兼爱。

墨家的兼爱并不是从心自然生发的，而是由理性推理完成的。我们现在根据如下的推理模式来建构墨家的论证。

前提一："爱人者必见爱也，而恶人者必见恶也。"（《墨子·兼爱下》）[11]

前提二："兼之所生天下之大利者也"和"别之所生天下之大害者也"（《墨子·兼爱下》）。

前提三："仁人之事者，必务求兴天下之利，除天下之害。"（《墨子·兼爱下》）

结论："兼以易别"（《墨子·兼爱下》）。

前提一表述了铜律，即好或恶对等互报的原则，它是计算如果一个人对他人施加某种行为而将从其反应中获取多少利或害的基础。通过严格依赖这些计算，墨子试图解释"天下之利"和"天下之害"的所有原因，如在前提二中。墨子把自己的时代描述为"天下之公害"，而这些事件背后的原因是什么呢？他明确回答，原因就是社会中二元化要素之间的不平衡，相互损害，如大国与小国、大家与小家、强与弱、众与寡、狡诈与无辜、贵与贱、父与子和君与臣。在强弱双方的冲突中，强方不应该损害弱方而攫取利益，因为强方尽管在力量、能力和资源上占据优势，但终将不可避免地受到被伤害的弱方的报复。墨子警告统治者和强方，没有人能够逃脱对等互报的原则，且无休止的相互损害是天下之公害的来源。

前提三表明功利主义政治的目标，即兴天下之利，除天下之害。墨子继续论证道，因为公害的原因是差等之爱，而公利的原因是兼爱，所以结论是，每个人都应该舍弃差等之爱，而施行兼爱。

如果我们理解了墨家的推理模式，就能清楚地看到，墨家政治哲学从计算功利的铜律出发，而达到金律，即对他人的无差等的普遍之爱。如果把这一模式与现代西方的功利主义相比，我们就可以发现其中重要的相似之处。例如约翰·密尔就说：

> 构成功利主义关于正确行为之标准的幸福并不是行为者一己的幸福，乃是一切与这行为有关的人的幸福……功利主义需要行为者对自己的和他人的幸福严格地同等对待，像一个超然而又仁慈的旁观者一样。从拿撒勒人耶稣的金律中，我们看到功利主义伦理学的全部精神。像你希望别人待你那样待人，像爱你那样爱你的邻居。做到这两条，功利主义道德就达到了理论的完备。[12]

密尔把功利主义的"全部精神"看做从有差等的功利计算到金律的过程，而墨子在两千多年前就已经阐明并确信同样的精神。

然而墨家没有像现代的功利主义那样受到青睐和称许，实际上，它在秦朝之后就消失了，直到在清朝后期才重现。墨家的如此命运部分地可以用外在的社会历史条件来解释，部分地可以用其内在的理论缺陷来解释。

正如墨子所正确指出的那样，对兼爱构成威胁的是"无有上说之者而已矣"（《墨子·兼爱下》）。如果我们追问他们为什么不认可兼爱，那么答案很明显，他们不愿意接受平等的功利计算。如上文中已经提到，密尔认为，功利主义要求行为者"严格地同等看待（双方的利益），像一个超然而又仁慈的旁观者一样"。约翰·罗尔斯后来把这一同等看待的旁观者转换成"原初位置"（original position），在这里，超然的行为者在"无知之幕"（veil of ignorance）下达到为了所有人共同利益的"诸正义的原则"（principles of justices）。[13] 即使除去超然的"旁观者"或"位置"的理想化色彩，它们也只能在一个具有分权监督机制的民主社会中才能起作用。当已经获取既得利益的上层能够从损害而非施恩惠给非既得利益的下层获取更大的利益时，当这样的上层因不平衡的相互关系遭受的利益损失更小时，对等互报的原则怎么能导向兼爱呢？也就是说，即使导向功利主义政治学的逻辑推理在形式上是有效的，它们在实践上也肯定是无效的。

在这一点上，可以说，儒家德性政治学在铜律的实际适用性上面临着同样的困境，因为我们已经看到，没有统治者愿意放弃一部分自身利益来换取民众的支持。然而，在一定程度上，儒家在推行对等互报原则上的失败可以由对统治者施用道德律令的合法化来加以补偿。但墨家功利主义政治学没有为民众带来这样的平衡性补偿，因为作为一个严格的道德命令，兼爱是平等地适用于统治者和民众的。而实际上，统治者不仅使自己从优先施行兼爱的重负中解脱出来，还能够掌握役使民众的至高权力。根据墨家的"尚贤"学说，统治者还应该采取严格措施来约束"失尚贤"（《墨子·尚贤下》）的现象。由此可以得出结论，如果这一学说得到推行的话，那么民众将会受到双重束缚：具有义务去爱实际上不爱他们的官长；而不顺服的权利却被剥夺。由此，在中国古代社会中，功利主义政治学不为统治者所重视，也不为民众所接受。基于这些情况，墨家学说就注定要从社会上消失。

四、韩非集权主义政治学的价值律

在先秦时代，没有哪家比法家更积极地评价了人自利的本性。墨家将兼爱学说建基于互利，但想当然地认为每个人都自利，而没有进一步对人性加以阐明。孟子提出人性本善，要求基于统治者本然善性的具体化来建构王道政治。与之相反，荀子提出人性本恶，然而其政治目标与孟子相同，他要求用圣王的德性来化性起伪。

韩非继承了荀子的人性思想，同意人本性自利，但不认为这样的本性就是坏的或恶的。相反，韩非积极评价了人的自利本性，把它当做不可改变的事实，用作建构其政治学的基石。他列举了诸多例子，以表明每个人在对待他人时都朝向自利，其中一个重要例子是，父母在孩子上的利益。他说，父母们生了男婴就相互庆贺，而生了女婴就杀之，韩非解释说，这是因为男孩将来能够为父母带来利益，而女孩不能，他由此得出结论：
"故父母之于子也，犹用计算之心以相待也，而况无父子之泽乎？"[14]一个
好的统治者必须对民众的自利本性具有深刻的洞见，才能使自己的利益最
大化。用韩非的话说，"凡治天下，必因人情"（《韩非子·八经第四
十八》）。

　　当然，怎样计算其中的利益就取决于如何理解人自利的本性。因为韩
非认为人性自利，由此不同于孔子、孟子、墨子和荀子，他就不相信一个
人的利益可以让其他人来共享。相反地，他从自利本性推论说，君臣之间
的根本利益必然是相互冲突的，于是告诫统治者："知臣主之异利者王，
以为同者劫，与共事者杀。"（《韩非子·八经第四十八》）韩非对统治者提
出的所有建议都建基于，他坚持认为君臣之间的利益必然冲突，这一看法
表现了其政治哲学的整体特征，使之不同于各家各派，也不同于法家的先
驱们。

　　在利益的冲突中，统治者从其臣民那里获取的优势被称为"势"，修
中诚（Ernest Richard Hughes）将之译为专制权力（autocratic pow-
er）[15]；廖文奎（Wenkui Liao）译为权位（position），表示地位（sta-
tus）、境况（circumstance）和影响力（influence）[16]；而魏礼（Arthur
Waley）根据不同语境作多种翻译，有时是权力（power），有时是权位
（position）、能力（potency）、力量（force）、境况（circumstance）、处境
（situation）或自然的权力（natural power）[17]；安乐哲（Roger Ames）译
为战略优势（strategic advantage）或政治资源（political purchase）。[18]我
们认为，所有这些译法都只关注到一点，即使用权力的优先性。但势意味
着两种优先性，其一是统治者利用权力夺取其他人利益的优先性，其二是
利用权力阻止别人夺取自己利益的优先性。我们将依照这两方面的权力优
先性来解释势。

　　从象形文字上说，势由两部分组成，上部为执（grip），下部为力
（force）。作为一个整体，势就表示用力量攫取统治地位。根据法家先驱申
不害的说法，统治地位可以自然地使统治者决定或影响其他人。然而韩非
并不满足于把势理解成自然的权力，他认为：

　　　势必于自然，则无为言于势矣；吾所为言势者，言人之所设也。
（《韩非子·难势第四十》）

本体诠释学、民主精神与全球和谐

"人之所设"，韩非意指使用暴力以达到统治的目的，没有一定的暴力，统治地位仅仅是潜能（potency）。如果统治者不利用潜在的力量（potential force），他就会失掉自然继承的统治地位。

安乐哲把势译为战略优势或政治资源，这一译法关涉到韩非给出的原因，即为什么政治权力必须是集权的，或为什么它决定着一个人的身份是统治者，而不是被统治者。原因在于，韩非认为，个人的私利必然与其他人的利益相冲突。在政治领域中，每个人都被看成为了使自己的势超过其他人的势而斗争，他由此创造了一个成语："势不两立"（《韩非子·人主第五十二》）。如果我们用势指使用权力的优先性（the priority of using power）的话，这就等于说一个人要么是铁锤（hammer），要么是铁砧（anvil）。具有决定意义的是，首先实施打击的人成为统治者，否则他就是被统治者，而没有其他选择。

韩非建议统治者，"从是观之，则圣人之治国也，固有使人不得不爱我之道，而不恃人之以爱为我也。"（《韩非子·奸劫弑臣第十四》）根本问题是，如何使民众不得不爱君主呢？他用了一个类比来回答："明主之牧臣也，说在畜鸟。……夫驯鸟者断其下翎，则必恃人而食，焉得不驯乎？"（《韩非子·外储说右上第三十四》）剪断鸟的下翎这一类比用以说明剥夺臣下的势，这一建议与我们所说的铁律完全吻合，即"己所不欲，先施于人"。由此，把势解释为使用权力的优先性有助于得出如下结论，即韩非的政治哲学以铁律为准绳。

我们已经看到，韩非的政治哲学融合了法家的三种学说，势（power）、术（skill）和法（law）。然而有待阐明的是，这三种学说之间的关系和韩非如何融合了三者。许多学者采纳了"互补性观点"，即认定这三种学说之间相互补充，并没有任一学说占有主导地位。[19] 而如果我们可以把势看做铁律在政治领域中的体现，那么就不得不把势作为这三者中的主导，它使统治者得以运用术和法来维护自己的利益。

不难理解，对于韩非来说，使用权力的优先性（势）是运用术和法的前提，而术和法仅仅是依靠势使用权力而从被统治者那里夺取权力的手段。他把这两种手段看成"二柄"，即刑（penalty）和德（favor），而能够使用"二柄"取决于获得了势。用韩非的话说，二柄就像虎的爪牙，"使虎释其爪牙而使狗用之，则虎反服于狗矣"。同样，"今君人者，释其刑德而使臣用之，则君反制于臣矣。"（《韩非子·二柄第七》）我们再一次看到铁律如何在其中得以应用，这是给予统治者的药方：如果不想被别人操控，就必须首先操控别人。

令人困惑的是，这二柄是属于术，还是属于法。由于我们把二柄看做势的手段，那么它们就既属于术，又属于法。虽然术和法在本质上没有区别，但在方法论上却各有不同，具体表现为，术是个人的谋略（personal wit），而法是公开的举措。韩非区分了二者：

> 法者，编著之图籍，设之于官府，而布之于百姓者也。术者，藏之于胸中，以偶众端，而潜御群臣者也。故法莫如显，而术不欲见。是以明主言法，则境内卑贱莫不闻知也，不独满于堂；用术，则亲爱近习莫之得闻也，不得满室。（《韩非子·难三第三十八》）

除了以上所说的区别，术和法的不同还表现在具体应用和对象上。术是君主用以役使臣下的，而法是臣下用以役使民众的。刑、德的应用被设计为一个统治的等级，其中君主以术统治臣下，而臣下以法统治民众。术不能直接施用于普通民众，因为术涉及君主个人的谋略，只能施用于私下的场合。法由臣下执行，只有臣下有责任执法。值得注意的是，君主不受法的约束，这不仅因为他是法的赋予者，而且他并不亲自执行法，由此不必为执法错误负责。

君主权力和利益的至上性蕴涵在法之中，因为法是公开的，韩非就把君主的势说成公利，"人主有公利"（《韩非子·八说第四十七》）。因为国家（君主）的公利，臣下就不应该利用法来谋取自己的利益，否则他们会依照所受的要求而受到惩罚。如果术可以被理解成防止大臣谋取势的手段，那么法就是防止地方官吏借助执法的权力来谋取自身利益的手段。

肯定地说，术和法都被用作手段，以驱使所有被统治者（大臣、地方官吏和普通民众）服务于君主一人的利益。韩非相信，自利的本性是普遍的，包括统治者和被统治者在内。他把双方的关系看成市场上的利益交换，说道：

> 且臣尽死力以与君市，君垂爵禄以与臣市，君臣之际，非父子之亲也，计数之所出也。（《韩非子·难一第三十六》）

统治者与被统治者之间的利益交换遵循如下原则，即无功不赏，无罪不罚，且赏罚都应该用数量计算，"议多少，论薄厚"（《韩非子·五蠹第四十九》）。这一原则符合我们所说的"铜律"。双方利益之间的对等互报并不是一种平等和公正的关系，所有的臣下都必须为君主尽力服务，乃至牺牲生命，即韩非所说的，"君上之于民也，有难则用其死，安平则尽其力"（《韩非子·六反第四十六》）。在这种绝对不平等之下，臣民获得的比他们所付出的少，而失去的比他们应失去的多。

然而，这并不意味着君主可以任意使用刑、德二柄。相反，韩非建议，君主理智而有区别地对待臣下，以使自己的权势达到最大化。铁律和铜律就为君主的赏罚提供了理性的境域。在铜律的指导下，臣下可以获得有限意义上的公平：首先，在功多则赏多、罪多则罚多的意义上，利益交换是相对公平的；其次，普通民众只为君主一人服务，而不从属于官吏的利益；最后，普通民众根据公开的法而领赏受罚，而不根据官吏的意愿和利益。

有一种普遍观点认为，韩非仅仅是中国古代的马基雅维利，但这一类比忽略了他们之间的根本差别。马基雅维利认为，君主和民众在利益上能够达成互惠，他清楚地表明，无论君主是从民众还是从贵族那里获取了权力，"君主必须同人民保持友谊，否则他在困境中就没有安全感"[20]。而这一观点是韩非所不能认同的，他认为："恃人之以爱为我者危矣，恃吾不可不为者安矣。"（《韩非子·奸劫弑臣第十四》）虽然韩非和马基雅维利都被称为集权主义者，但韩非的集权主义更加激进。由此就可以认为，在每个古老的东方国家，只有君主一人是自由的。[21]无论这一说法在历史上是对是错，但对于韩非集权主义的理想国家来说，它无疑是正确的。

事实上，作为只被扩展到一个人的集权主义的理想自由并未在任何集权国家内实现，我们可以用黑格尔"主人和奴隶的辩证法"来解释其中的原因。在这一模式里，主人在特定方面必须依靠奴隶，由此在一定程度上，他是自己奴隶的奴隶。[22]中国古代社会建立在亲缘关系和家族制度上，君主并不能脱离其中，作为皇族的领导者，他必须履行孝、悌、尊老等家庭伦理。然而，韩非要求君主特别远离六种人群，即主母、后姬、子姑、兄弟、大臣和显贵。后世君主未能采纳这一建议，并不是因为他们不够无情，不够残忍，不够精明，而是因为他们不得不依赖自己的"奴隶"，并生活在亲缘关系中。

五、结　语

综上所述，我们可以得出结论，儒家、墨子和韩非在各自的政治哲学中都融合了不同的价值律，而各家都有一条主导的价值律和一个辅助原则。儒家的政治哲学以德律（金律和银律）为主导，辅之以铜律的对等互报。墨子的政治哲学以铜律为指导，导向德律作为其结果。韩非的政治哲学总体上始于并建基于铁律，而以铜律——作为统治手段的一个要素——为辅助。值得注意的是，三家都使用了铜律，这就表明，铜律可以用于道德的政治学或不道德的政治学，而自身是非道德的。

中国古代政治并不限于只采用儒家学说，实际上，其特征是各家思想的融合。各家包含的价值律之间的相互重叠使得历史上适用的价值律体系得以构成。实际上，当汉宣帝刘询说，"汉家自有制度，本以霸王道杂之"[23]之后，儒法互补的价值律融合得以体系化。一些学者认为，这是外儒内法的结合，即本质上为法家，而形式上为儒家。[24]从价值律的观点来看，我们可以在作为目的的价值和作为手段的价值之间做出相对的区分。在中国古代社会，作为目的的价值是统治者的势（advantage），而被统治者的利益和各种道德价值只是实现这一目的的手段。在目的—手段的关系中，以韩非为代表的法家就和以孔孟为代表的儒家结合在一起。伴随着以道德义务和物质利益为手段，集权主义的目的可以被确切地称为"道德化的"或"启蒙的"（enlightened）集权主义。

如果不限于历史研究，并对中国古代政治哲学中的现代价值感兴趣的话，我们就需要更多地关注墨家。以上已经阐明，墨家失败的原因在于，它包含一个不现实的先决条件，即君主和民众之间平等的利益交换，而直到现代民主得以兴起之时，这一先决条件才成为可能。依赖于类似的先决条件，现代功利主义为民主政治做出了重大贡献，甚至其反对者约翰·罗尔斯也在自己的正义理论中以社会利益的平等交换这一先决条件作为踏脚石。如果我们严谨地考察以上提及的各种理论，那么有理由认为，作为中国古代真正的功利主义的墨家将会成为现代政治学可资借鉴的源泉。

儒家思想的现代价值已经得到了广泛认可，而且儒家思想并不与现代自由主义相对立。我们认为，它在使政治学道德化中所做的努力在一定意义上可以补充现代自由主义在使道德民主化中所做的努力。[25]

对于韩非的政治哲学，其现代价值就在于为现代批判主义提供了一个靶子。[26]集权主义只能以"公利"、"国家主权"、"人民专政"等名义来使自己合法化。所幸有韩非，使我们更好地认识到集权主义的秘密，即集权主义的实践者从来不愿或不能大声宣称自己。一旦集权主义与铁律之间的秘密连接被公布于世，集权主义就立刻会显出自己是不道德的和非法的。这也就表明，用法家来补充儒家并由此来建构一个"道德化的集权主义"，不仅是一种历史过失，也同时是一个逻辑错误。

北京大学

中国，北京

【注释】

[1] 对于这四条价值律的归纳，笔者受惠于 Carl Sagan, "The Rule of the Game," in *Billions and Billions: Thoughts on Life and Death in the Brink of the Millennium*, ed. Carl Sagan, New York: Random House, 1997, pp. 180-191。

[2] 关于金律的当今论著，参见 Jeff Wattles, *The Golden Rule*, Oxford: Oxford University Press, 1996; Harry Gensler, *Formal Ethics*, London: Routledge, 1996。

[3] 参见 Robert Axelrod, *The Evolution of Cooperation*, New York: Basic Books, 1984。

[4] 参见（晋）陈寿撰、（宋）裴松之注：《三国志·魏书一·武帝纪第一》，北京，中华书局，2006。

[5] 朱熹：《四书章句·论语集注》，149页，济南，齐鲁书社，1992。

[6] 陈澔编：《礼记集说》，448页，北京，中国书店，1994。

[7] 参见 Slingerland, *Readings in Classical Chinese Philosophy*, p. 36。

[8] 参见 Fung Yu-lan, *A Short History of Chinese Philosophy*, New York: Free Press, 1976, pp. 43-44。

[9] 朱熹：《四书章句》，94页，济南，齐鲁书社，1992。

[10] 毕沅：《墨子》，140页，上海，上海古籍出版社，1995。

[11] 以下《墨子》的引文，见 Philip J. Ivanhoe trans., *Reading in Classical Chinese Philosophy*。

[12] John S. Mill, *On Utilitarianism*, Oxford: Oxford University Press, 1999, p. 18.

[13] 参见 John Rawls, *A Theory of Justice*, New York: Longmans, 1907。

[14] 陈奇猷：《韩非子集释》，949页，上海，上海人民出版社，1974。

[15] Arthur Waley, *Three Ways of Thoughts in Ancient China*, New York: Doubleday, 1939, pp. 181-182。

［16］Wen Kui Liao, *The Complete Works of Han Fei Tzu*，London：Arthur Prosthain，1939，Ⅱ：199ff.

［17］Ernest Richard Hughes, *Chinese Philosophy in Classical Times*，London：J. M. Dent&Sons，1942，p. 77.

［18］Roger T. Ames, *The Art of Rulership*，New York：State University of New York Press，1994，65ff.

［19］例如，冯友兰（《中国哲学史》第 1 卷）、侯外庐（《中国思想通史》第 1 卷）和任继愈（《中国哲学史》第 1 卷）都认为，这三种学说是不可分割地融合在一起的。

［20］Nicolo Machiavelli, *The Prince*，New York：St Martin's Press，1964.

［21］参见 Hegel, *Lectures on the Philosophy of History*，London：George Bell，1902，§ 22。

［22］参见 Hegel, *Phenomenology of Spirit*，Bloomington：Indiana University Press，1988，B. Ⅳ，a。

［23］参见《汉书·元帝纪》，北京，中华书局，1962。

［24］参见张纯、王晓波：《韩非思想的历史研究》，249 页，北京，中华书局，1986。

［25］参见拙文 Moralising Politics：A Critique of the Ethics of Officials in Traditional China，*Res Publica* 7，1998，pp. 14-19。

［26］关于对法家集权主义的严肃批判，参见 Fu Zhengyuan：*China's Legalists*，New York/London：M. E. Sharp，1996。

本体诠释学、民主精神与全球和谐

民主与精英——一种儒家视角

陈祖为（Joseph Chan）* 　著/译

导　论

自从 19 世纪晚期西方民主观念进入中国以来，民主与儒家学说之间的关系就一直饱受争议。甚至今天，学者们在此问题上也没有达成共识。有些人论证民主观念不仅仅与儒家学说是相容的，甚至在儒家学说之中就有所体现，而另一些人则断言儒家认可以天命（heavenly mandate）为基础的君主制，因此不可能认可民主政制。[1] 还有一些人认为儒家学说是"非民主的"（a-democratic）[2]，有德之人能够和任何一种政治体系相协调。[3] 争论在很大程度上来自于如下事实，即学者们采用不同的民主观念并对儒家学说给予不同的诠释以支持他们的立场。因而，任何对民主政制和儒家学说之间可能具有相容性的细致分析，都需要从对民主的清晰定义开始，陈述该定义何以足够解决相容性问题，并能避免择取性地诠释儒家学说的做法。本文就致力于对满足这些要求的相容性问题进行分析。

一、作为一种政治体系的民主

在讨论儒家学说和民主之间的相容性的时候，在作为一种可以证成的道德原理或价值——比如人民主权（popular sovereignty）或政治平等（political equality）——的民主与作为一种特定的政治制度的（例如，根

*　陈祖为（Joseph Chan），香港中文大学政治与公共管理系教授。研究方向：西方政治哲学，儒家政治哲学。E-mail：jcwchan@hku.hk

据普遍的公民权和竞选理解的）民主之间进行区分十分必要。此种区分对于我们当前的目的十分重要，因为在某种条件下，儒家学说即使不接受人民主权和政治平等原则，也可能接受作为政治制度的民主。

有时，一些著作通过论证下述思想而混淆了对民主价值的认可和对民主制度的认可，即因为儒家学说没有民主的价值观念，所以它不能接受民主的政治制度。这是一种谬论，因为它忽视了存在有接受民主制度、民主原则的各种不同类型的理由，而民主原则和民主价值仅仅是其中的一种理由。其他种类的理由是工具性的理由。如果一种理由能根据民主带给社会的善好效果而证成（justify）民主的话，那么该理由就是工具性的。在讨论民主政制的文献中，存在两种常见的、理论家们经常诉诸的效果：

直接效果：

（1）民主政制就满足人民的需要和需求以及解决社会难题的意义上，有相当强的能力去创造好的社会成果。

（2）与其他政治体系相比，民主政制提供了更好的策略以防卫专制制度和权力的滥用。

间接效果：

民主政制促进自尊、公民责任、管理能力、社会归属感，如此等等。

因此，以下情况显然是可能的，即一种思想传统可能发现民主的令人信服之处具有工具意义上的正当性（instrumental justification），即使它可能并不认为人民主权或政治平等的内在价值具有任何正当性。以儒家学说为例，我们将会看到工具意义上的正当性在19世纪末20世纪初——许多儒家知识分子都提倡民主制的时期——起到了重要作用。

第二个需要作区分的是，民主与自由主义民主政制（liberal democracy）。在讨论儒家学说和民主政制之相容性的时候，某些学者已经采纳了将被我称做民主的涵括性观点（an inclusive view of democracy）的理论。[4]对于他们来说，民主不仅包含做出决定时的特定程序和政治权力的某种特定分配策略，而且也包括一系列法则和公共政策，这些法则和公共政策能够提升诸如个体权利和自由、个体主义、个人自主等等的自由价值。在这种意义上，"民主"相当于"自由主义民主政制"。但这可能也不是一个解决相容性问题的好办法。运用涵括性的定义，仅仅通过在论证儒家学说不认可诸种自由价值（liberal value）的基础上，我们就可以很容易地得出结论说儒家学说与民主政制是彼此不相容的。换一种说法就是，如果儒家学说能和民主政制互相包容的话，我们就需要表明，儒家学说不仅仅会接受某一组政治制度，而且也会接受一组核心的自由价值。但是实际情况很可能是儒家学说仅仅和一组原则兼容。例如，儒家学说认可一种反自由的民主政制（illiberal form of democracy）可能就是实情。

在政治思想史中，民主概念和自由主义概念循着两条不同系列的关切点和主题向前发展。"民主"就概念而言处理政治权力的来源和分配问题，而"自由主义"起初关涉政治权力的范围和限制（以及由此而来的个人自由的范围和限制）。要采纳涵括性的观点将会把我们的注意力从权力分配的问题上——本文的关注点——转移到人权（human rights）和公民自由（civil liberties）问题上，这些问题有其独立的重要性，并且在概念上能够与民主问题区分开来。儒家学说和自由主义的自由（liberal freedoms）之间的关系是一个与此不同的论题，应该能够被单独解决。

我的意思并不是要表明，民主在概念上与某些类型的个体自由（individual freedom）以及个体权利没有关联。事实上，它的确有这些关联。但是最好不要把这种事实理解成在两条观念系列之间的偶然联姻，而最好要把其理解成将民主看成某种做出决议的权力型式（type）和程序型式。按照戴维·毕瑟姆（David Beetham）的理解，我把民主定义成一种有集体约束力的规则和政策——其由人民实行控制——的决议模式。[5]实际上，对民主最常见的一种定义——例如，作为人民统治（rule by the people）的民主——是程序性地界定的。统治（rule）概念被理解为做出具有权威性决议（例如各种法律和诸种公共政策）的行为，于是，应该把"人民统治"这个短语理解为下述观念，即人民作为一个整体被赋予了做出具有权威性决议的权利。[6]

作为一种程序概念，民主关心的是应该如何达成集体决议的问题，而不是什么构成了那些决议的恰当内容，除非那些内容涉及程序自身。正如布莱恩·巴利（Brain Barry）论述的：

> "民主"对做出的决议内容——比如对人权的尊重，对个体自由的保护，法治，对公共福利的关切，或者经济平等——不包含任何限制，除非那些限制为民主的程序自身所要求。[7]

因此，民主的程序观念从概念上就预先设定了程序之中的参与者拥有某种权利和自由，此权利和自由自身就是该程序本身的构建物。参与集体决议过程的权利预设了形成、表达和结集政治倾向的权利，而其反过来又预设了自由表达、交流和结社的公民权利。但是也为自由主义者所珍视的其他个体权利或个体自由，比如选择婚姻的自由、占有的自由和旅行的自由，在概念上就并不为民主程序的观念所要求或为其设为前提。即使参与者集体决定，他们没有在那些领域进行选择的权利，民主程序仍然是可能的。儒家学说即使并不完全采纳自由主义的价值，也可能仍会采纳民主政制。

第三，也是最后一个要作区分的是，民主的组成要素（constituent）和满足其运作的民主的条件（condition）。在程序性地界定民主——即作为一组做出决议的程序和制度——的时候，我省略了使制度生效的特定的社会、经济、道德和文化条件。当然，我的意思并不是要表明，那些条件不如民主制度的效力重要。实际上，当代政治科学文献一致同意，特定的一些条件有助于民主政制的巩固，比如一种宽容文化、文明和公民责任、充满活力的公民社会，一种参与文化、公共理性和慎思、发达的国家官僚制度，一支政治中立的军队，没有深刻的社会裂痕、独立的公共媒体，如此等等。[8] 但是，无论那些条件有多么重要，它们仅仅是民主政制的诸多条件，而不是在定义上必须拥有的构成要素。即使一个政治社会拥有所有条件，如果该社会的政治制度不允许其公民拥有权利参与他们的政府竞选的话，它也仍然不是一种民主政制。一个参与式的社会和一个商议性的政府加在一起并不构成民主政制。此观点对于本文的目的十分重要，因为根据某些诠释者的论述，儒家学说确实认同商议（consultation）、宽容、彬彬有礼，或者甚至认同一种参与式的共同体。但是那些诠释者——即使正确——仍然远远未能证明儒家学说认可作为一种政治制度的民主政制。

本文将民主政制定义为一种政治体系，而不是一组价值、一种生活方式，或者一组社会条件，因为自从19世纪末以来，政体设计的论题就一直是民主政制和儒家学说之间是否具有相容性的争论焦点。首先推动了这种争论的关键论题是近代中国政治改革的方向问题：何种政体结构适合中国？谁应该统治？公民应该有政治参与的权利吗？如果民主政制是这些问题的答案，那么儒家学说认可它吗？儒家学说有助于民主的政治制度的考证，还是有助于其发展？关于政治改革的这些论题在今天仍然十分鲜活，因此它们在任何关于儒家学说和民主政制的关系的讨论中都意义重大。出于此种理由，如果远离这些论题去定义民主政制概念的话，都将不太确切。

二、儒家思想中的民主观念

在澄清了民主概念之后，我现在将讨论儒家学说。认为在儒家思想和民主之间有积极关系的观点认为，儒家思想中包含有民主的观念和价值，这些观念和价值认为可以把民主作为政治制度予以采纳。有些注释者已经论证了孔子的政治权威理论，虽然其不是一种完全民主理论，但也包含了基本的民主价值。或许关于此种立场的最著名的陈述可以在《为中国文化敬告世界人士宣言》中找到，这个宣言是 20 世纪 50 年代由四位主要的中国儒学学者合著的，他们是：张君劢、唐君毅、徐复观和牟宗三。[9] 他们论证说，传统的中国思想体系——尤其是儒家学说——包含了"民主的种子"，此种子可以清楚地、准确地发展成对作为政治制度的民主的需要。这四位思想家的思想影响了香港和台湾的几代学者，下述分析就受惠于这四位思想家及后世共享其思想路线的学者。

1. 天下为公

在论证儒家学说包含有民主思想时，包括上述四位学者在内的许多学者，诉诸传统中国政治思想话语中的两种颇有影响的观念："天下为公"和"天下非一人之天下也，天下之天下也"。但是以上观念在何种意义上是民主的？有些人论证说它们表达了人民主权的民主观念。但是它们表达了吗？让我们考察一下这两种观念以及它们出现的语境。"天下为公"的概念出现在《礼记》表达孔子理想的社会秩序理论——大同（the Great Union）——的著名篇章《礼运》中。孔子说：

> 大道之行也，天下为公。选贤与能，讲信修睦。故人不独亲其亲，不独子其子。使老有所终，壮有所用，幼有所长，矜寡孤独废疾者皆有所养……货恶其弃于地也，不必藏于己；力恶其不出于身也，不必为己。是故谋闭而不兴，盗窃乱贼而不作。故外户而不闭。是谓大同。[10]

在此引文中，"天下为公"到底意味着什么呢？我认为理雅格（James Legge）——《礼记》的英译者——在把它翻译成"一种公共的和共同的精神统治着天空之下的所有人"（a public and common spirit ruled all under the sky）时很好地捕获了其意义。关于主权存在于何处或者谁拥有主权这段话没有论述任何内容，而反过来仅描述了理想世界是什么样子。在理想世界之中，根据孔子的观点，人们按照"公共的和共同的精神"行动，以促进共同善。他们不仅仅关切他们自己的家族成员，而且也关切其他人；他们追求权力和机会并不是为了满足他们自己自私的利益，而是公正地选择贤才与有能力的人去管理共同体的事务，从而使每个人都受益。"公"这个概念并没有告诉我们谁拥有理想世界的统治权力，而仅仅表明一种强调共同善和公正性的理想。

2. 天下非一人之天下也，天下之天下也

"天下非一人之天下也，天下之天下也"这一众所周知的说法又怎么样呢？这难道没有表明某些共同占有或者人民主权的观念吗？此短语出现在《吕氏春秋》（*The Annals of Lü Buwei*）中，此书是一本融合了古代儒家、法家、道家和墨家思想的重要古典文本。在第一卷的第四章——标题是"贵公"（Honoring Impartiality），其常常为后世学者引用——中说道：

> 天下非一人之天下也，天下之天下也。阴阳之和，不长一类；甘露时雨，不私一物；万民之主，不阿一人。
>
> ⋯⋯
>
> 天地大矣，生而弗子，成而弗有，万物皆被其泽、得其利，而莫知其所由始，此三皇、五帝之德也。
>
> ⋯⋯
>
> 桓公行公去私恶，用管子而为五伯长；行私阿所爱，用竖刀而虫出于户。[11]

以上引文十分清楚地表明：世界的推动力量（阴和阳）并不赐福于个别人或个别群体，而是赐福于世界上的所有生灵。与此相似，政治统治应该没有偏见或没有歧视地进行，公正无私而心系苍生，从而促进每个人的善。与此种理想相反的是政治上的偏袒和政治偏爱，这是接下来一章——《去私》（Dispensing with Selfish Partiality）——的主题。那么，就像在《礼记》中的那段引文一样，上述引文没有提及人民主权；它就是在讲政治统治中公正（公）的重要性。公正的统治既与民主政制相容，也和君主政制相容。一个君主可以和一个民主选举出来的统治者一样公正而心系天下。

3. 通过人民的接受（acceptance）或认可而表达的天命

那么，根据儒家学说的观点，政治主权存在于哪里呢？政治权威最终的源泉在哪里呢？在我看来，答案是"天"。一个正当的统治者是承接天命进行统治的人。但是最明确地认可天命理论的孟子，也认为天的这种命令要通过人民的接受才能揭示出来。对于一些学者来说，这对人民接受和认可的强调体现了一种民主的价值和原则。《孟子·万章上》非常清楚地表达了这种理论：

> 万章曰："尧以天下与舜，有诸？"
> 孟子曰："否。天子不能以天下与人。"
> "然则舜有天下也，孰与之？"
> 曰："天与之。"[12]
> "天与之者，谆谆然命之乎？"
> 曰："否。天不言，以行与事示之而已矣。"
> 曰："以行与事示之者，如之何？"
> 曰："……昔者尧荐舜于天而天受之，暴之于民而民受之……"
> 曰："敢问荐之于天而天受之，暴之于民而民受之，如何？"
> 曰："使之主祭，而百神享之，是天受之；使之主事，而事治，百姓安之，是民受之也。"[13]

孟子在此段落中说，天通过百神（通过祭祀）和人民表达自己的观点。天对统治者的接纳，可以通过人民和百神对统治者的接受而传达出来（在祭祀中如果没有异相发生，就表明了百神接受了该统治者）。后来孟子甚至说"天视自我民视，天听自我民听"[14]。有些学者论证说，这种将人民的意见和人民的接受作为天命因而是正当统治的基础的强调，体现了民主价值或民主原则。

在另外一个段落中，孟子也说，人民的接受是成功的政治统治的基础：

> 孟子曰："桀、纣之失天下也，失其民也。失其民者，失其心也。得天下有道，得其民，斯得天下矣。得其民有道，得其心，斯得民矣。得其心有道，所欲与之聚之，所恶勿施尔也。民之归仁也，犹水

之就下、兽之走圹也。"[15]

因此，对于孟子来说，天通过人民表明自己的选择。任何想要稳定统治的统治者必须赢得民心。对于统治者的政治合法性来说，人民的接受或认可是必需的。到目前为止，在我们查看的儒家思想之中，这种观点最接近民主思想。但是"认可"和"民主"并不是一回事，这可以从两种方式上得到说明。其一，一个政治体系得到人民的认可，这种事实并不使该体系成为民主体系。例如，只要人民满足于君主的表现，那么人民就可能认可君主制。其二，如果认可对于一种体系的合法性来说是必需的话，倘若某些或很多个人不认可民主制，那么即使民主制也可能不具有合法性。因此，"人民的认可"看起来与民主制度没有任何概念上的关联。它与人民主权或政治平等也没有任何概念上的关联。民主制度、人民主权和政治平等指的是个体参与决定公共事务决议的平等权利，并且这种权利必须通过某种制度或程序——比如投票——表达出来。人民对政治权威的自愿认可，不是人民主权或政治平等的制度性表达。[16]

这就导致了另外一种说明儒家式的认可和民主之间之差距的方式。在孟子看来，如果统治者是仁慈的，道德是高尚的，并且能够给人民提供基本的服务，人民就会接受其为正当的统治者。根本上说，正当性是根据结果，而非程序判定的（《孟子·离娄上》，《孟子·万章上》）。孟子看到了"道"与"民心"的统一性（《孟子·离娄上》）。如果统治者在其统治中行之有道，他将会赢得民心和民众自愿的归顺。对孟子以及其他古代的儒家诸子来说，百姓的愿望（wishes）和需求（want）——任何仁慈的统治者都必须首先考虑——与人类的客观需要（need）一样清楚和稳定。人民欲求充足的物质生活资料、对私人土地和财产的保护、低赋税、安享天伦之乐的闲暇，以及能够充当其道德生活楷模的德性统治者。对于儒家学者来说，困难并不在于难以确定人民的需求（want）和需要（need），而在于统治者实际上经常不把这些东西放在第一位。但是儒家学者相信，如果统治者能够履行以上的善，并且满足人民的需求，那么人民就自动认可统治者了："民之归仁也，犹水之就下、兽之走圹也。"[17]仁慈的、有德的统治者将会自动获得人民的认可，因此，认可与君主政制也可以符合一致。

如果到目前为止的论证是正确的，我们可能会得出结论，那些儒家观

本体诠释学、民主精神与全球和谐

念没有表达民主观念，或者暗含像人民主权或政治平等这样的原则。

三、民主还是监护（Guardianship）？

在开篇处，我们论证了即使儒家学说不包含任何民主思想，也无法排除其会接受作为政治体系的民主政制。例如，如果民主政制具有促进实现儒家价值和儒家目标的工具性价值，那么儒家学说可能就会接受民主政制。现在我们必须考虑下述问题：儒家学说是否蕴涵某种观念或思想使其能够认可作为政治体系的民主？让我们考察一些可能具有此含义的思想：

（1）政治统治为了人民的利益而建立。古籍（《孟子》、《荀子》、《左传》）中的众多篇章表明，"天"建立政治统治是为了人民的利益，而不是相反。荀子认为："天之生民，非为君也；天之立君，以为民也。"[18]我们可以将此称为"权威的服务性概念"（the service conception of authority）[19]。统治者的主要任务是保护人民免于国内或国外的攻击，并且为他们安居乐业、体面生活创造条件。统治者也应该给予人民公正的关怀。

（2）统治者不必然拥有道德权威。对于儒家来说，道德权威在于"君子"，君子正确把握了"道"与"德"，从而能够依"道"行事。实际上的统治者可能是也可能不是君子，反之亦然。政治统治者如果不能依"道"统治，将会失去其正当性的权威。

（3）政治批评具有正当性。所有古代的儒家诸子都持有如下观点：健康的政体（polity）需要统治者倾听来自大臣和君子的批评。

（4）人民的意见必须重视（matter）。并非所有的古代儒家学者都会同意此点。孔子和荀子似乎不会认为人民的意见非常重要。然而，孟子在此论题上甚至认为人民要比大臣们更重要。

（5）人民造反。孟子清楚论证了人民可以正义地推翻伤害他们的统治者。

这些思想会必然导致认可作为政治体系的民主政制吗？答案是否定的。尽管这些思想一起构成了民主的有力证据，但是其并不必然需要民主政制，因为民主政制并不是获得那些目标和实现那些条件的唯一方法。儒家学者有一种贤者（good man）——有德性、仁慈、有学识、智慧并且有能力——统治的强烈信念。他们相信政治精英制——即，政治权力应该根据才能（merit）进行分配，而优点要根据上述的个人品质进行评判。如果这样的贤者存在并且愿意统治，他将会关切人民的利益，倾听建议和批评，因此就没有造反的必要。

古代儒家学说是一种监护理论（the theory of guardianship）。它认为，政治共同体应该找到方法来教化和挑选最好的个体以担任官职。最好的统治方法并不是民主，因为民主诉诸每一个平民而非道德精英的意见。从历史上来说，古代中国的大臣通常都是通过公开的科举考试体系选拔的。然而，统治者的选拔对于儒家来说就是一件太大、太神圣的事情了，以至于无法形式化或制度化。不知什么原因，他们认为，贤者将会从百姓之中出现，或者由当时的统治者识别出来并将其推荐给"天"，以接任其统治。

四、作为次佳方案的民主

然而，我们可以论证，监护理论虽然其理想颇具吸引力，但却是不现实的。古代儒家诸子自己就意识到了找到君子担任政治领导职务的难度。孔子和荀子承认，对于无论谁来说，想成为君子都很困难（孟子在人民的道德潜能和实际的道德能力问题上，持一种更平等主义的观点，但是他仍然接受监护并且欢迎君子统治）。但是即使找到了适宜的君子，也很难确定他在监护式的政治体系下是否会堕落。在一种非理想情境下，儒家似乎倾向于接受作为次佳方案的民主，因为民主似乎更好地服务于儒家关心的东西。民主是防止专制和滥用权力的重要机制。其允许并且保护政治表达和政治批评的自由。它也以一种制度化的方式满足人民接受其"统治者"的要求。在民主政制中，人民的意见当然十分重要，并且他们的领导人为制度所驱迫而为百姓利益工作。总体而言，在一个经济和社会充分发展并达到高级水平的社会中，民主政制的实行并不是坏事。如果一个民主选举出的政府表现很差，在制定政策和统治上犯了错误，在下一轮普选（general election）中就会被选下台。

因此，儒家可能接受民主政制具有工具意义上的正当性。因为实际上民主政制在促进儒家的政治价值和关怀方面，似乎十分有效。请注意将民主作为次佳的理想并不等于将其看做一种权宜之计（modus vivendi）。在一个拥有实质的社会、经济和文化状况——这些状况能导致民主政制——

的社会中，就民主政制比监护政制能更好地促进儒家价值的意义而言，作为次佳的民主政制是一种现实主义的理想。权宜之计仅仅是各种力量而非各种理由和价值之间的均衡。[20]事实上，这种工具性的态度似乎内在于许多中国近代知识分子对民主的思考之中。余英时——当代最主要的历史学家之一——已经指出，在19世纪末20世纪初许多儒家学者和中国精英大致上都准备拥抱民主政制了。他论证到："中国的精英文化已经似非而是地证明了，其对民主观念的接受超过了对它的敌意。"[21]这是因为"在传统的中国精英文化里，儒家教育通常将其他的价值一同反复灌输到青年人的思想之中，如正义感、社会责任感、人人平等、人民幸福等，也许都可视做与西方'公民德性'最为接近的儒家对等概念"。[22]

余英时引用了那个时代儒家学者的一些话。在我看来，这些话表明他们之所以接受民主政制，在很大程度上是因为他们相信西方的民主政制能够比传统的君主政体更有效地促进儒家的价值和关怀。其中有一段话来自王韬（1828—1897）——（儒家经典的英译者）理雅格的中国助手——在19世纪60年代晚期对不列颠诸岛和欧洲进行了为时两年的游历之后，对英国政府和民族的特性做了如下描述：

> 英国之所恃者，在上下之通情，君民之分观……观其国中平日闻政治实有三代以上之遗意焉。官吏则行荐举之法，必平日之有声望品诣者方得擢为民上，……而又必准舍寡从众之例，以示无私……[23]

与此类似，薛福成（1838—1894）——在1890—1894年期间兼任中国驻英国、法国、意大利、比利时公使——把这种对英式民主的赞扬扩展到了美国，他说："美利坚犹中国之虞夏时也。"[24]余英时对此进行了评论：

> 王韬和薛福成各自不约而同地用中国远古的黄金时代来赞颂英美，尤为显例。我们似乎可以推测，他们将民主的西方视做再次来临的儒家黄金时代，这实在是儒家精英对民主观念所能表示的最高赞美了。[25]

这种高度积极的评价代表了儒家学者对西方民主政制的初期反映阶段。随着中国知识分子对西方的民主政制有更多的接触和理解，他们对其短处和不足也有更清醒的意识。孙中山（1844—1925）——近代中国的奠基者和民主政制的忠实捍卫者——对他认为是民主政制的制度性缺陷的东西十分警觉。几十年之后，唐君毅（1909—1978）——上文引用的四位儒家学者之一——对西方的民主政制提出了更多批评，尽管他和他的同僚也认为应该在中国建立民主政制。这两位思想家——以及许多其他的思想家——最早关心民主政制中领导人的问题。孙中山关心的是民主政制是否能产生有能力的领导人，并且能对他们进行有效的、非党派的考核。唐君毅关心的是领导人的道德和政治品质——民主政制是否能选择这样的领导人，他们将共同善置于其自己或其党派利益之上。[26]

这两种关切——政制领导人的人格品质和他们对共同善的承诺——是儒家思想的核心。它们反映了长期以来儒家对政治统治的精英观念，即政治领导人必须有能力、正直、公正、仁慈并且愿意为了共同善而工作。尽管今天许多儒家取向的知识分子认为民主政制比君主政制能更好地服务于儒家价值，但是他们也不会完全放弃将精英和共同善作为重要标准，以评价民主政制中的领导人、制度和程序。如何将民主和精英结合在一起，对于今日儒家来说是最有意思也最具挑战性的问题之一。[27]

最后，再总结一下本文的主要观点可能会有助于读者。首先，与某些主要的当代儒家学者的观点相反，儒家学说并不包含任何基本的民主价值或原则——诸如政治平等和人民主权。其次，尽管儒家学说中有些要素可能有助于作为政治制度的民主，这的确是事实，但是儒家学说最青睐的模式却是精英政制和监护（guardianship）。儒家学者希望最有德性、最具才华之人能够超越其余的人，承接天命，赢得人民的接受进行统治。再次，在非理想境况中，儒家学说宁愿把民主政制作为次佳选择，因为与一个没有德性而有能力之人掌权的君主制相比，民主制作为一种工具可以更好地服务于儒家的价值观和关怀。最后，当今的儒家学者并非毫不犹豫或毫不怀疑地拥抱民主。儒家学者关切的是，民主政制和政党是否能选取最优秀的人，并且那些被选取之人是否能为了共同善而工作，而不是为了党派利益而工作。为了促进共同善，民主如何能和精英结合起来，这对于今日的儒家学者来说，是其核心的关怀。

香港大学
中国，香港

【注释】

本篇文章是在 2005 年 12 月递交给杜克大学哲学系和 2006 年 9 月递交给在中国北京举办的一个中国哲学读书小组会议的论文的缩略本。我感谢黄百锐（David. B. Wong）和贝淡宁（Daniel A. Bell）各自组织了这两场会议，并感谢与会者启人深思的评论。北京会议的与会者包括：安乐哲（Roger Ames）、安靖如（Stephen Angle）、贝淡宁（Daniel A. Bell）、周保松（Chow Pochung）、裴文睿（Randy Peerenboom）、彭国祥和李强。我也十分感谢成中英和李晨阳的批评。

[1] 孙广德：《中国政治思想专题研究集》，159～211 页，台北，桂冠图书股份有限公司，1999。

[2] Hu Shaohua, "Confucianism and Western Democracy," in *China and Democracy：The Prospect for a Democratic China*, ed., Suisheng Zhao (London：Routledge 2000), 62.

[3] Francis Fukuyama, "Confucianism and Democracy," *Journal of Democracy* 6 (1995), 20-33.

[4] 例如，参见 Li Chenyang, "Confucian value and democratic value," *The Journal of Value Inquiry* 31 (1997)：183-193。

[5] David Beetham, "Liberal Democracy and the Limits of Democratization," in *Prospects for Democracy*, ed., David Held (Stanford, CA：Stanford University Press, 1993), 55.

[6] 人民做出公共决议的权利可以通过完全的民主程序——在这种程序中每一个参与者比如通过投票——来直接表达，或者通过代议制民主程序而间接表达。代议制民主要求某种基本的制度，比如自由（free）、公平（fair）、竞选制（competitive elections）、普选制（universal suffrage）和一些基本权利，比如结社自由和表达自由。

[7] Brian Barry, *Democracy, Power and Justice* (Oxford：Clarendon Press, 1989), 25.

[8] 参见 Larry Diamond, *Developing Democracy：Toward Consolidation* (Baltimore：Johns Hopkins University Press, 1999)。

[9] 此宣言的英文缩略本已经以 "A Manifesto for a Re-appraisal of Sinology and Reconstruction of Chinese Culture" 为标题在张君劢的 *The Development of Neo-Confucian Thought*（第二卷）中出版了。Carsun Chang, *The Development of Neo-Confucian Thought*, vol. 2 (New York：Bookman, 1962)。对于此宣言进一步的书目信息以及对其观点的详细分析，参见 Albert Y. H. Chen（陈弘毅）, "Is Confucianism Compatible with Liberal Constitutional Democracy? —The 1958 Manifesto on Chinese Culture and the World Revisited"。

[10] James Legge trans., Book VII：The *Liyun*, sec I, 2, *The Liji*, vol. 27, 365, in *Sacred Books of the East*, vols. 27-28 (Delhi Varanasi Patna Madras：Motilal

Banarsidass，1964）。

　　［11］John Knoblock and Jeffery Riegel trans.，chap 4，Book 1，in *The Annals of Lü Buwei*（Stanford，CA：Stanford University Press，2000），71-73。

　　［12］D. C. Lau trans.，Book V，A：5，in *Mencius*（《孟子》）（London：Penguin Books，1970），143。

　　［13］同上。

　　［14］同上书，144。

　　［15］*Mencius*（《孟子》），Book IV，A：9，121-122。

　　［16］同样，政府经常性地咨询人民的意见，也并不意味着人民在制度上拥有参与决定公共事务决议的权利。

　　［17］《孟子》，122 页。

　　［18］《荀子·大略》。

　　［19］这个说法来自约瑟夫·拉兹（Joseph Raz）。Joseph Raz，*The Morality of Freedom*（Oxford：Clarendom Press，1986），56.

　　［20］对于作为各种力量均衡的"权宜之计"观念的阐释，参见 John Rawls（罗尔斯），*The Law of Peoples*（Cambridge，MA：Harvard University Press，1999），44-45。

　　［21］余英时：《民主观念与近代中国精英文化的没落》（The Idea of Democracy and the Twilight of the Elite Culture in Modern China），in Ron Bontekoe and Marietta Stepaniants eds.，*Justice and Democracy：Cross-cultural Perspectives*（Honolulu：University of Hawaii Press，1997），207。

　　［22］同上书，206～207 页。

　　［23］同上书，201 页。

　　［24］同上书，201 页。

　　［25］同上书，202 页。

　　［26］唐君毅：《中国人文与当今世界》，500～539 页，香港，新亚研究所，1955。

　　［27］对于解决此问题的尝试，参见 Daniel A. Bell（贝淡宁），*Beyond Liberal Democracy：Political Thinking for an East Asian Context*（Princeton，NJ：Princeton University Press，2006），"Taking Elitism Seriously：Democracy with Confucian Characteristics"。

新儒家与民主宪政
——重探 1958 年唐君毅等儒学大师的
《为中国文化敬告世界人士宣言》

陈弘毅（Albert H. Y. Chen）*　著

李道晴**　译

前　言

1958 年 1 月，唐君毅、牟宗三、徐复观和张君劢等四位儒学大师在香港和台湾联合发表了《为中国文化敬告世界人士宣言》（以下简称《宣言》）[1]。《宣言》肯定了儒家的"心性之学"是中华文化中精神生命的主体。四位儒学大师在《宣言》中表达了他们对中华传统的热诚和坚持，认为此传统充满活力，定能适应未来的挑战。他们同时主张从西方思想中多加学习。对于中华文化本身，《宣言》指出：

> 这亦就是说明中国需要**真正的民主建国**，亦需要科学与实用技术。中国文化中须接受西方或世界之文化。但是其所以需要接受西方或世界之文化，乃所以使中国人在自觉成为一道德的主体外，兼自觉为一**政治的主体**、认识的主体及实用技术活动的主体。而使中国人之人格有更高的完成，中国民族之客观的精神生命有更高的发展。[2]（斜体字为笔者自加，以示强调。）

《宣言》本身表明了它所拥抱的"世界之文化"，是指西方社会的自由民主宪政（liberal constitutional democracy）、现代科学和技术。因此，不少学者都以《宣言》为起点，研究儒家与自由、民主的关系。[3]

《宣言》至今已发表了 48 年，四位联署的儒学大师都已相继辞世。在

---

* 陈弘毅（Albert H. Y. Chen），香港大学法学院教授。E-mail：albert. chen@hku. hk

** 李道晴是作者的研究助理。

这段期间，整个世界和中国都变得令人刮目相看。中国大陆经历了反右运动和"文化大革命"的动荡时期，其后的经济高速发展是中国近代史上史无前例的。香港由殖民地统治回归至中国主权之下，香港人追求民主的诉求不断增加。[4]台湾的国民党威权管治，已被西方式的自由民主宪政所取代。[5]韩国原来同样深受儒家思想影响，最后也走上了自由民主宪政道路。[6]

除了上述的政治发展外，当代学者逐渐热衷于研究儒家、现代化和民主化的关系。在中国大陆，有关儒学的研究有如雨后春笋；有关儒家文化有没有影响东亚地区的经济迅速发展的问题，在国际学术界中亦不乏讨论；不少学者在"亚洲价值"与人权的关系、儒家思想与人权、民主及世界伦理的关系等议题上交流意见。新加坡曾尝试把儒家思想编入学校的课程范围内，虽然试验计划并不成功。[7]

纵使时代不断转变，当今的中国仍未如《宣言》的作者所期盼的那样，完全实现民主宪政。究竟民主宪政是否与中国传统相容？特别是，这是否与儒家传统并行不悖？今天，这个问题一如48年前一样具有争议性。本文的目的便是在当今的学术气氛、这48年来的学术发展的基础上，重新审视1958年发表的《宣言》。本文首先会叙述《宣言》中提及的论点，然后从《宣言》本身、《宣言》作者的见解和其他学者在其后出版的著作，分析《宣言》带出的讨论焦点。文末会重新评估《宣言》在现今社会的价值，并尝试勾画出一套以儒家思想为基础的政治哲学，并探索中国政治思想的前景。

理解《宣言》

《宣言》的中心思想指出，就中国的政治发展而言，中华传统（特别是儒家传统）中不但潜藏着民主的种子（下称"命题一"），在中国建立自由民主宪政更是中华传统文化的内在要求（下称"命题二"）。"命题一"指出儒家思想与自由民主宪政是相容的；"命题二"则是，若中国发展自由民主宪政，这发展会如文首援引的《宣言》段落所述，"使中国人之人格有更高的完成，中国民族之客观的精神生命有更高的发展"。"命题二"的理据因此看来较强，徐复观亦曾说过：

所以我常说凡是真正了解中国文化，尊重中国文化的人，必可相信今日为民主政治所努力，……这是中国文化自身所必需的发展。[8]

有关"命题一"，《宣言》的作者引述了不少中国传统思想和实例，指出这都与民主精神相符。引用的传统思想包括"为政以德"和天命反映民意的想法，统治者要听取人民的意见，行使政治权力时，以人民的利益为依归；天下为公，不属于任何一个人，而每人都有能力成为圣人，可见儒家思想接纳人人平等的概念。《宣言》中亦有提及远古时代已确立的禅让（指尧、舜）和反抗暴君统治的思想。引用的实例包括：臣子向君主进谏、史官的秉笔直书、宰相和御史制度、招揽贤能之士为官的征辟制度、选举制度和科举制度。

支持"命题二"的论点颇为复杂，散见于《宣言》的第八和九部分[9]，笔者把它重新整理如下：

（1）中国传统的政治制度百病丛生，每个朝代有规律地由盛转衰，最终被另一个皇朝取代："欲突破此循环之唯一道路，则只有系于民主政治制度之建立。"[10]

（2）有关上文提到中国传统中的民主种子：

> 这些制度，都可使君主在政府内部之权力，受一些道德上的限制。并使政府与社会民间，经常有沟通之桥梁……只是这些制度之本身，是否为君主所尊重，仍只系于君主个人之道德。如其不加尊重，并无一为君主与人民所共认之根本大法——宪法——以限制之……即反照出中国政治制度中，将仅由政府内部之宰相御史等，对君主权力所施之限制，必须转出而成为：政府外部之人民之权力，对于政府权力作有效的政治上的限制。仅由君主加以采择与最后决定，而后施行之政治制度，必须化为由全体人民所建立之政治制度，即宪法下之政治制度。中国政治必须取消君主制度，而倾向于民主制度之建立。[11]

由此可见，《宣言》提倡实行宪政主义，在政党之间和平转移政治权力。[12]

（3）禅让、反抗暴君统治的革命和天下非一人独有等传统理念，反映出政治权力是可以转移的。然而，"过去儒家思想之缺点，是未知如何以法制，成就此君位之更迭，及实现人民之好恶"[13]。

（4）君主制度有违上述"人人平等"的概念，因为这个制度在政治和道德上都不认为人民和统治者享有平等的地位[14]；只有在民主政体中，人民与统治者才是平等的。

（5）在《宣言》中论述民主的部分，作者在最后一段指出"此种政治上之民主制度之建立，所以对中国历史文化之发展成为必需，尚有其更深的理由"[15]：即使君主施政时依循"为政以德"的理念，人民"只是被动地接受德化，人民之道德主体仍未能树立"[16]。因此只有君主可建立起道德主体。值得注意的是，作者进一步论述，在此情况下，君主并非真的"圣君"，未能树立起真正的道德主体，除非他能开放"统治者"的权位，让所有人也有机会成为"统治者"，并肯定所有人享有平等的政治权利。因此，《宣言》得出以下的结论：

> 然本于人之道德主体对其自身之主宰性，则必要求使其自身之活动之表现于政治之上者，其进其退，皆同为可能。此中即有中国文化中之道德精神，与君主制度之根本矛盾。而此矛盾，只有由肯定人人皆平等为政治的主体之民主宪政，加以解决；而民主宪政，亦即成为中国文化中之道德精神自身发展之所要求。[17]

《宣言》尊崇人的道德良知，其内容假设中国传统文化的主体是道德主体，并认为要"道德的主体"扩展成"政治的主体"和"认识的主体"，在中国发展民主和科学，是中国文化在现代发展的内在要求；这与作者对儒学的坚持如出一辙。在这方面，《宣言》的作者之一牟宗三发展了一套"良知的自我坎陷"（自我否定）理论，指出若要在中国文化传统中"开出"民主和科学，良知必须经过短暂的"自我坎陷"过程。[18]《宣言》指出，人要成为"认识的主体"，就必须暂时忘记道德主体。[19]

纵使《宣言》已发表了48年，当中的内容却毫不过时。《宣言》触及的问题不只是半个世纪前的中国社会要面对的问题，也关乎现代的中国社会。部分论据在不少现代著作中找到呼应，现代的儒学学者均接纳当中的基本原则：即使是提倡自由主义的学者（例如林毓生、张灏）[20]，他们也认同，儒家思想中有支持自由民主宪政的元素。李明辉指出："当代新儒家与中国自由主义间的争议可说已成了历史……'在新儒家与自由主义底基本信念之间并无不可调和的根本矛盾。'"[21]

但这并不表示，所有学者都认同《宣言》对自由民主宪政的理解，便是从儒家角度所作出的正确理解。中国大陆的著名儒学学者蒋庆批评新儒

本体诠释学、民主精神与全球和谐

学学者（即《宣言》的四位作者）盲目跟从五四运动的思维，要求全盘西化。[22]蒋庆认为，西方式的民主是建基于其历史和文化，所以不是在任何一个地方都适用。正因如此，笔者认为，我们今天要重新对《宣言》作出思考和批判，探索有关的问题，这是有必要和有意义的。就让我们先认清《宣言》中重点处理的问题。

认清重点问题

1. 在研究儒家与自由民主宪政的关系时，我们采用的方法有什么需要留意的地方？

2. 儒家与自由民主宪政是否相容？假使在中国发展自由民主宪政是一件好事，为促进此发展，儒家思想是否需要经过"创造性转化"（采用林毓生的用语）[23]？

3. 中国应采用的自由民主宪政模式，是否与西方社会实行的一样，又或会有一些分别？儒家思想能否帮助中国建立这种模式？

问题一：研究方法

我们应如何研究儒家与自由民主宪政的关系？若要这项研究有意义，便先要解决数个有关研究方法的问题。首先，我们要小心定义何谓"儒家思想"和"自由民主宪政"。其次，由于在中国历史上，儒家思想并未产生出自由民主宪政，有关儒家思想与自由民主宪政的关系的问题，实为有关两者的"相容性"的问题。《宣言》提出的"命题一"和"命题二"，便是两种可能对"相容性"作出的解释。"命题一"是"相容性"的狭义解释，即儒家思想与自由民主宪政有没有直接、明显或严重的矛盾。"命题二"则对"相容性"作出广义的解释，要解答的问题是："当儒家思想在历史中蜕变、进入现代的过程中，其内部发展的逻辑是否如《宣言》所言，必然地要求中国发展自由民主宪政？"我们应该如何处理这两种意义上的"相容性"问题？最后，除了"相容性"的问题外，是否还有其他相关的问题值得研究？

我们首先对"儒家思想"和"自由民主宪政"定义。陈祖为曾指出[24]，"自由民主宪政"可以被视为一套政治哲学（自由、平等、自治、人权、法律、宪政主义和民主这些理念连贯地组成的哲学），又或是一个运行的政治制度。就现实而言，视自由民主宪政为一个政治制度，来研究儒家思想与自由民主宪政的关系或相容性（至少作为一个起点），会较有意义。因为自由民主宪政不单在拥有西方文化传统的国家实行，还传到整个世界的不同角落，在东亚地区包括日本、韩国和中国台湾。由于实行自由民主宪政的国家拥有不同的文化背景，自由民主宪政可算是一套与众多不同的文化、传统和宗教相容的政治制度。

然而，要对"儒家思想"定义便较难。社会学家金耀基便区分出"帝制儒学"（imperial Confucianism，或"制度化儒学"（institutional Confucianism））和"社会性儒学"（social Confucianism）。前者早已消失，但后者仍潜藏于现代社会中，见于家庭和其他社会伦理关系，规范着人的行为。[25]李明辉指出，中国社会中存在着一种"深层化儒学"，中国人的思想模式和行为方式被它不自觉地影响着。[26]社会心理学家的科学研究亦指出，儒家思想仍深深地影响着中国人的人际关系和道德思维。[27]

笔者认为，蒋庆和林安梧分别作出的分类更为有用。林安梧划分出"生活化的儒学"（lively Confucianism，指人在日常生活中采用的道德价值和原则）、"帝制式的儒学"（imperial Confucianism，即以儒学作为统治的工具）和"批判性的儒学"（critical Confucianism，例如臣子向统治者进谏）。他指出传统儒学原属"生活化的儒学"和"批判性的儒学"的类别，但在汉朝以后，"帝制式的儒学"成了主流。[28]蒋庆的理论包含"生命儒学"（又或"心性儒学"，例如宋明理学的心性之说）、"政治儒学"（继承荀子的学说，认为人性本恶，强调"礼"而非"仁"，尝试建构和维持政治和社会制度，当中亦有批判的一面（详见于《春秋》中的公羊学和汉代的儒学思想））和"政治化的儒学"（只为统治者服务，例如汉代的古文经学；这种儒学思想在中国历史中多为主流）。[29]

儒家思想在不同层面中影响中国的传统政府、社会和哲学，当中又包含多元化（甚至是互相矛盾）的学说，因此本文有必要厘清"儒学"的定义，分析其组成部分和不同的支派。这种对儒家支派分类的做法，对初步分析儒家思想与自由民主宪政的关系很有帮助。例如"帝制式的儒学"（林安梧的用语）和"政治化的儒学"（蒋庆的用语）便有违自由民主宪政；而《宣言》似乎认为，其尊崇的"生命儒学"（蒋庆的用语）不单与自由民主宪政相容，更要求自由民主宪政得到发展，令个人的道德主体得以提升。

这是否意味着，在研究有关儒学与自由民主思想是否相容的问题时，我们可以把儒学思想的部分支派（例如"帝制式的儒学"、"政治儒学"和"政治化的儒学"）搁在一旁不理呢？这种态度不仅隐约见于《宣言》中，一些较近期的研究也是如此。这些研究主要引用先秦的儒家经典（包括《论语》和《孟子》），尝试证明儒家思想承认人的尊严和人人平等，反对暴政，主张以"民本"的理念施政，政府应尽量避免使用威逼的手段，从而指出这与现代西方的人权、民主思想相符。[30]这是否在"走捷径"？正如蒋庆指出，若我们把儒家思想狭隘地理解为先秦思想，并从中抽出一些文字以论证儒家反对暴政、提倡"民本"施政，那么我们又是否正确地对待儒学？[31]

蒋庆十分推崇"政治儒学"，认为其中的资源极其丰富，可以用于为中国建构新的政治制度，以符合中国文化传统和儒学理想，而非只是仿效西方的自由民主宪政。[32]纵然我们不一定赞同他对"政治儒学"的诠释和评价或他关于"政治儒学"对重建当代中国的政治制度可能作出贡献的观点，但他反对狭义地理解儒家思想，质疑新儒家学者（特别是牟宗三）能否从生命儒学（有关心性之说）推论出西方式的民主——这方面的论述是有道理的。

要注意的是，任何理论都不是空中楼阁，而是建基于一个社会、政治和历史环境中。经典著作中表达的理念本身可能是十分崇高，但这些理论其后的诠释、实践和发展亦不容忽视。一如世界主要的宗教一样，儒家是一个活着的传统，经过多个世纪以至数千年的转变，与政治和社会制度建立起紧密的关系。权力与思想（参见"剑"与"书"的比喻）[33]是人类社会的必然产物，没有一套重要思想能免受政治操纵。我们必须承认，在中国历史中，儒家思想曾辅助统治者行使政治权力。"帝制式的儒学"或"政治化的儒学"不一定是败坏的，因为政治权力本身不是邪恶的。蒋庆指出，"政治儒学"的确曾用于汉代，以巩固帝王的统治，但从正面的角度看，君主制较为适合中国当时的情况，能够维持社会秩序，符合人民的需要，为人民谋求福祉。[34]另一方面，徐复观却认为，虽然儒家被封为正统，但儒家思想原有的精神在汉代已衰落，故出现了专制政治。[35]蒋庆和徐复观两人的见解可以同时成立，因为人类历史从来不是完美的，妥协和牺牲是无可避免的，所以我们有必要探索在人类历史中尚未出现现代民主宪政的理念和实践之前，儒家思想在被国家奉为正统时出现了什么妥协和牺牲，这亦是为何儒家思想应以广义理解。

若要我们的研究能为中国的民主化作出贡献，我们不单要找出中国传统中有哪些元素是有利于自由民主宪政的发展，更要认清当中窒碍民主发展的原因。即使儒家的原始经典或元典中载有的原则最为"正宗"，对儒家思想至为重要，但从上述的角度看来，我们的研究范围也不能局限于这个狭小的范围。

汉代儒学的"三纲"便是一个很好的例子。现代的学者[36]大多认为这是受了法家和阴阳家的影响，背离了先秦儒学经典，因为先秦思想十分重视君臣、父子和夫妇关系的相互性和互惠性，以及关系中彼此的责任。然而，"三纲"在儒学史中的重要性是值得我们仔细研究的。举例说，在宋明理学中，"三纲"被视为天理的一部分，与人真正的本性是协调一致的。[37]阶层化的社会中接受及服从权威这个道德原则（包括"三纲"），或许早已成为中国文化的一部分，并继续影响现今的社会。有人说在儒家文化中，人们较倾向于服从权威（不论是在政治、家庭或社会方面），这真的是儒家思想的一部分吗？在中国建立民主宪政的过程中，这是否是一个需要解决的问题？儒家思想中还有没有其他类似的障碍？

有学者研究中国现代化要面对的挑战，他们提倡中华传统要经过"创造性转化"（林毓生的用语）[38]，又或要"以现代人的眼光，重新诠释、重新调节、修订或重振其生命力"（傅伟勋的用语）[39]。要研究儒家是否与现代民主宪政相容，便要以批判的角度，评估儒家传统的价值，以决定儒家是否需要经过"创造性转化"；若有需要，还要研究儒家思想应该怎样转化。然而，这不是说，我们必须放弃所有违背自由民主宪政的儒家原则或价值理念。笔者十分赞同李晨阳的说法：

> 有人说，因为民主是好的，所有不民主的概念便必然是坏的。这个推论未免过于简单，结论也是错的。在美国和其他西方民主社会中，类似于那些不民主的儒家价值的传统价值日渐式微，不少论据显示，这正威胁着社会的健康发展。亨廷顿（Samuel Huntington）等学者都犯上了相同的错误，以为民主价值既然是好的，人们必须摒弃不民主或非民主的儒家价值，或把它们取代。[40]

因此，我们要考虑的问题不单是儒家传统的"创造性转化"，以面对启蒙运动和现代化的挑战[41]，更关乎在中国将来的政治体制中，儒家价值（即经得起创造性转化过程的考验的价值）能否和怎样与现代的民主宪政理念和制度共存？以下会讨论其中一些问题。

问题二：儒学的创造性转化

正如上文所述，《宣言》的论点是儒家思想与自由民主宪政是相容的（在狭义和广义上均是）。近年来不少学者对"相容性"的问题作出了多方面的研究，取得不少成果，例如关于以下课题的研究：儒家与民主的相容性（参见李明辉[42]和陈祖为[43]的著作）、儒家与权利的相容性（参见李承焕（Seung-hwan Lee）[44]和成中英[45]的著作）和儒家与人权的相容性（参见余锦波[46]、陈祖为[47]、罗斯（Roetz）[48]、黄俊杰[49]和李明辉[50]的著作）；现在我们或可更进一步，考虑儒家（以广义理解，包括"制度化的儒学"和"政治儒学"的元素）与自由民主宪政整体的相容性，尤其是考虑可能妨碍此相容性的元素。儒家思想中有些元素可能被疑有违自由民主宪政，可以将它们归为以下几种情况：

（1）政治、社会和经济的转变使一些元素变得过时，因此应予摒弃；

（2）有些元素经不起启蒙运动的挑战，因此应予摒弃；或

（3）有些元素能经得起时间的考验，能解答"人生为何"这类历久犹新的问题，纵使这些元素与自由民主宪政不一定协调，但值得保留下来，甚至作为批判自由民主宪政的论据，令人反思其限制和弱点。

儒家思想对个人、社会和政治生活的理论，其精髓见于"内圣外王"的概念，虽然这词首先并非见于儒家经典，而是出现在《庄子》。[51]"内圣"反映出儒家对自我修养的重视，以发挥和实现人的本性，生命得以成长（以至知天命，明白"道"）。[52]儒家注重的不只是个人的"救赎"，正如孔子所说："夫仁者，己欲立而立人，己欲达而达人。"[53]《大学》亦提及，人的道德生活应从较小范围逐步扩大，先"修身"、"齐家"、"治国"，最后"平天下"。"外王"这个理想便是指从政者能服务社会，为人类作出贡献。所以，儒学对权力的理解是，"政治权威是由天命赋予的一种信托，统治者要为人民谋求福祉"[54]。当权者的道德水平要比一般百姓高；当其政治权力愈大，其道德责任则愈重。

在这方面，儒家与现代自由民主宪政没有什么不相容之处。纵使在自由民主宪政中，政治权力不是来自上天，但权力仍是一种信托，权力的行使仍要以人民的福祉为依归。儒家思想要求当权者担当起道德责任，这种对当权者的高尚情操的严格要求不单适用于君主和士大夫，也可适用于民选的政治家。自由民主宪政中的政治家或"准政治家"应多加修养，提升自己的能力和道德情操，成为一个有人格和公信力的人，而不是投机取巧之士，玩弄权术、唯利是图。这既符合儒家的要求，也是现代民主社会中

公众人士对当权者的合理期望。

　　然而，当我们的视线由当权者的道德责任，转向统治者与其人民的关系时，儒家思想与自由民主宪政的矛盾便浮现。康德（Kant）曾经表示：

> 政府的施政可以建基于对人民行善的原则，有如父亲对待孩子一样。在这样的**家长式政府**（imperium paternale）之下，人民便有如不能分辨是非好坏的幼稚的孩子一样，被要求被动地接受统治者的统治和依赖……［统治者的］仁慈。这样的政府便是最大的专制，……人民……没有什么权利可言。[55]

《大学》却有以下的一段话：

> 孝者，所以事君也。……慈者，所以使众也。《康诰》曰："如保赤子。"……民之所好，好之；民之所恶，恶之。此之谓民之父母。[56]

　　在中国历史上，儒学的发展与家长式政府的理念不无联系，统治者和人民的关系与父母和子女的关系被认为有不少相似之处。父母照顾子女，维护他们的利益，教他们明辨是非。一个好的政府对人民而言，也应担当起父母的角色：皇帝被称为"君父"，官员又称为"父母官"，"臣子"和"子民"都有"子"字。[57]在家对父母孝顺，是对国家尽忠的先决条件。《孝经》便有这样的论述：

> 夫孝始于事亲，中于事君，终于立身……故以孝事君则忠……父子之道，天性也，君臣之义也……子曰："君子之事亲孝，故忠可移于君。"[58]

　　在帝制时代的儒家发展过程中，关于父子关系的理念和关于统治者与人民的关系的理念互相影响，两者最终都发展成单向的隶属关系，由地位较高者完全支配地位较低者，后者则要绝对服从前者。这便是林安梧所说的"道的错置"[59]：儒家伦理中各种人际关系原有的相互性和互惠性变质成为绝对的服从。

　　林安梧的分析甚具启发性。他认为，中国传统社会中，儒家伦理和政治权力互动，消磨了其原有的道德理想。[60]儒家的原意是在中国社会中

"血缘性的自然联结"的基础上，创造出"人格性的道德联结"，这是儒家的伦理精神，强调"仁"是"人与人之间存在的道德真实感"[61]，人要通过道德修养，最终成为圣人。然而，当帝制建立后，一种新的社会政治制度和意识形态逐渐成型，以"宰制性的政治联结"为核心、"血缘性的自然联结"为背景，"人格性的道德联结"成了统治者的工具。[62]儒家思想中以圣人为王的理念被倒置过来，皇帝成了"圣君"。帝王、父亲和圣贤三位一体，君主（即"圣君"或"君父"）

成了中国民族心灵的金字塔顶尖，是一切汇归之所，是一切创造的源头，是一切价值的根源，及一切判断的最后依准。显然地，正因为这样的情况才使得中国文化落入一极严重的"道的错置"的境域之中。[63]

林安梧指出，在这个制度中，当一个人的政治地位愈高，便被假定为更接近"道"[64]。由于"人格性的道德联结"这个概念被政治势力操纵（虽然这并非绝对的操纵，有人有时作出反抗），儒家伦理被扭曲为"顺服伦理"，当权者或社会关系中的上位者便得以假"天理"之名，要求下位者放弃他们的权益和欲望，最终出现"以理杀人"的情况。[65]上文提及，统治者与人民（或君臣）的关系、父子的关系变成隶属的关系，夫妇、兄弟的关系也受到这种权力关系影响，变得与君臣、父子关系差不多。[66]林安梧引为论证的例子是，妻子在家庭中的地位有如自己的孩子，她要称呼丈夫的父母为"公公"、"婆婆"[67]；妻子的贞节与忠、孝并列，成为中国传统社会中三大德行。

林安梧的洞见在于他阐释了儒家思想和其价值理念如何在中国历史中发展成为政治和社会控制的工具。除非我们相信无政府主义，或接受福柯（Foucault）对"知识－权力"（power-knowledge）的批评，否则我们无须假设凡是被用作政治和社会控制的思想必然是败坏的。因为政治和社会控制本身不是坏事，反而是人在社会中生存所必需的。我们今天要做的应该是全面和深入地理解儒家思想在中国历史中真正扮演的角色，继而创造性地转化其内容，以迎接现代社会的挑战。

林安梧对此作了一些提议。他认为"人格性的道德联结"可以重振其生命力，破除专制政权的限制，瓦解"宰制性的社会联结"。"血缘性的自然联结"（原涉及上下尊卑贵贱）的纵贯轴应被横向的"人际性的互动轴"

取代，以促成为"契约性的社会联结"，创造出"公共空间"和"公民社会"，并以"公民的伦理"取代传统的"天命"伦理，"宰制性的政治联结"应由"委托性的政治联结"取而代之。[68]

虽然林安梧的想法是以其独特的用语表达出来的，但他的主张与《宣言》的基本主张一样，就是要发展自由民主宪政。林安梧比《宣言》更进一步之处是，他分析了传统中国社会和儒家思想中与现代民主不相容的地方，他指出中国不但要发展现代自由民主宪政，更要发展现代公民社会。那么，他是否在鼓吹"全盘西化"？在中国未来的政治体制和公民社会中，儒家思想可担当什么角色？儒家能否成为只关乎私人领域中个人内在修养的哲学，而西方的自由民主宪政和公民社会的原则能被照搬至中国，主导中国人民的公共领域和社会政治生活？儒学经过"创造性转化"后会变成什么样子？

问题的症结是：中国文化中的儒家传统和中国未来的政治秩序有什么关系？《宣言》作者之一的牟宗三先生提出"良知自我坎陷"的理论，似乎便是要解答这个问题。笔者准备讨论这个理论，为本部分有关"创造性转化"的讨论作结。

牟宗三认为，传统中国只有"治道"，而没有"政道"。中国文化传统（特别是儒家）已充分发展了理性在"内容"上的表现（intentional meaning）和在"运用"上的表现（functional presentation）（即"综和的尽理之精神"，例如民主和尊重人权的精神的内容和实践），但就理性的"外延"上的表现（extensional meaning）或"架构"上的表现（constructive presentation 或 frame presentation）（即"分解的尽理之精神"，例如能保障民主和人权的制度架构）来说，中国文化传统则较为欠缺。在儒家的原则和伦理中，关于人性、人伦以至统治者应有的道德责任的论述都是"理性之内容的表现"。然而，"理性之外延的表现"却先在西方发展成熟，当中的元素包括民主、人权、宪政、人民主权、议会制度和法治，这便是"政道"。牟宗三指出，这些在西方首先出现的事物，不只是适用于西方社会及其文化，而是有广泛和普世的意义，适用于所有理性的人、民族和文化。[69]

牟宗三认为，中国过去已发展出成熟的"道统"，将来需要发展出"学统"和"政统"。要发展出这两个新传统，便要经过良知的"自我坎陷"。[70]"良知的自我坎陷"的理论似乎试图说明以下三点：

（1）中国文化传统的精要之处即在于道德自觉和其自我完成，那么它如何可能发展科学和民主（即"学统"和"政统"；如采用《宣言》的用语，即为"认识的主体"和"政治的主体"）；

（2）科学和政治相对地独立于道德；

（3）道德理性是人类所有价值的泉源、人类一切努力的基础，最终仍应统摄科学和政治。

牟宗三保留了"内圣外王"的基本架构——作为现代中国文化和儒家思想的基本格局，并把民主和科学合称为"新外王"[71]。

不少学者指出牟宗三的"良知自我坎陷"说，深受黑格尔的哲学影响。有关道德主体与认知主体、政治主体的区分，其灵感可能来自康德对人类文化的划分（即分为科学（真理）、道德、艺术等领域[72]）（还有黑格尔哲学和韦伯（Weber）对"现代化"的解释，其中亦有类似的划分）。然而，康德虽然区分出纯粹理性和实践理性，但道德、政治和法律同属一个范畴，即实践理性；牟宗三的处理手法有所不同，政治（或政治科学）与道德分立，政治主体和道德主体亦分立。

牟宗三的理论的独到之处在于，他指出中国传统的一个弱点是视政治为道德的延伸，没有发展出一套独立的关于政治和法律的科学（政道）。这种对儒家传统中"民本"政治、"仁政"和"德治"的自我批评，至为重要。但是，在牟宗三的理论体系中，道德理性仍是至上的，那么政治领域有多大的自主性，又能在多大程度上独立于道德理性呢？

可以肯定的是，牟宗三提出以"良知自我坎陷"来发展政治主体和民主政治，他不是在说，政治人物可以如马基雅维利所提倡，在参与政治事务时，完全不顾道德原则。对牟宗三的理论，一个较合理的解释是，在发展中国未来的政治秩序时，我们的思维方式不应只局限于传统的道德思维，如肯定人内在的良知及其成为圣贤的能力，强调自我修养的重要性，并把希望寄托于"圣君贤相"。新的思维模式应该较为务实，承认人（包括投身政治的人士）通常以自我利益为依归，甚至是自私的，而且权力会使人腐化，所以权力分立和相互制衡的制度、法治和保障人权的机制是必需的；政治的问责性必须建基于民主制度，统治者要向选民负责，而非只向其个人的良知或上天负责。正如何包钢说：

> 在儒家思想中，……政治是提升道德的工具，而非为表达个人的利益……以道德榜样治国，其根本是反政治的；亦即是说，它不容许人们进行各种以下性质的活动，即为了不同的价值而从事权力的竞争……民

主制度的设计，其中一个目的是避免过于倚赖个人道德，⋯⋯需要使坏人也有为公众利益而做事的利益诱因⋯⋯制度的设计在使用德行上应经济一点。[73]

当代儒学学者（如李明辉[74]和何信全[75]）引用了牟宗三和徐复观的著作，指出即使在传统儒家思想中，统治者或个人用于自我修养的道德准则，有别于统治者应用于人民的道德准则。例如，徐复观强调"修己"和"治人"的道德标准有很大的差别[76]：有关前者，人不应该只满足于停留在自然生活的层面，而要进一步提升自己的道德和精神修养；但当统治者"治人"时，先要照顾到人民的生活需要，而培养他们的道德是其次——这便是所谓"先富后教"[77]。牟宗三亦认为，要把有关个人自我修养上的道德和政府推行的道德区分开来：前者对个人有很高的要求，后者则只是日常生活中最低的行为规范。[78]这是因为儒家一向主张"严于律己，宽以待人"[79]。然而，上述这些关于君子对自己的道德要求与统治者对人民的道德要求的传统区分，在程度上远远不及上述关于政治领域与道德的区分。

余下的问题是：在政治领域与道德分离后，两者还有没有联系？若有，又是怎样的关系？对此，新儒家学者（如牟宗三、徐复观和唐君毅）给出了一个答案，虽然非儒家的自由主义者不一定能接受。这个答案是，自由民主宪政的秩序必须建基于一个稳固的道德基础之上，这个基础比政治制度设计的独立原则（如关于社会中各种利益的表达和整合与经济需要的满足的原则）更深、更伟大，并超越这些原则。在这个基础里存在的，是人的尊严、良知、道德理性和儒家心性之说所叙述的人性，它要求和促使个人透过道德修养迈向人格成长、自我实现，以成全天道。因此人类最终的价值不是自由民主宪政秩序中的"自由"（柏林（Isaiah Berlin）所指的"消极自由"（negative liberty））和"平等"，而是在实践德行、履行责任和文化创造性的活动中，在追求真、善、美、仁爱、公义等永恒和超越的价值时，实现人的"积极自由"（positive liberty）。这并不表示在现代社会中，政府的职能包括"教导"人民如何实现"积极自由"。笔者认为，牟宗三和新儒学学者所提倡的独立政治领域的概念足以容纳这样的一种自由民主宪政秩序——政府就什么是美善或丰盛人生（the good life）维持"道德中立"，就国家权力的行使而言，权利（right）原则优于关于善（the good）的考虑，国家在社会中存在的"重叠的共识"（overlapping consensus）的基础上奉行公义原则。儒家推广它关于什么美善或丰盛人生的价值理念的工作，应在民间社会或公民社会的层次进行。[80]

问题三：适合中国的自由民主宪政模式

如上所述，儒家思想和中国文化传统在经过创造性转化后，可以支持自由民主宪政的政治制度。但是，中国应该实行或将来会实行的民主宪政模式却不一定与其他国家一样。奉行民主宪政的国家遍布全球，每个国家的政治、宪政、法律制度，以至经济和社会状况都不尽相同，民主宪政具体运作的情况也各有分别。此外，在政治哲学的层面上，也没有一套普世公认的关于自由民主宪政的政治理论。例如，在西方世界，自由主义和社群主义（communitarianism）这两派学说多年来互相竞争。两者都支持自由民主宪政国家的基本架构，但它们对个人、人性以至个人的身份认同有不同的理解，两者对公民在国家理应享有多少自由的取向不尽相同，对于怎样有效地推动民主，双方也有不同的方法。

因此，当代儒学学者完全可以自行创建关于中国的自由民主宪政秩序的政治哲学，并为中国量身订造一种适合它的国情和文化的民主宪政模式。在这方面，《宣言》的一个缺憾是，它没有注意到民主宪政的基本理念可以容纳不同的具体模式，它没有考虑到中国能否及应否发展出一套独特的民主宪政模式，又或中国可否或应否照搬某种西方式的民主宪政模式。

自《宣言》在1958年发表以来，西方在自由民主宪政的道路上已经走远了不少。现代自由民主的阴暗面，现在比以前更清楚显现，包括权利主张的过分膨胀、诉讼过多、消费主义高涨、过分强调经济增长、忽略道德和精神修养、政治精英的素质不理想、政客煽惑民心不择手段、犯罪率上升、贫富悬殊加剧、传媒发布的资讯流于庸俗、家庭破碎的情况日趋严重、环境污染每况愈下，等等。当中不少问题实与自由、民主无关，只能归咎于当代资本主义和科技文明的形式和内容。但是，这些反映一个事实，就是作为政治制度的自由民主宪政往往对这些问题束手无策，而其中一些问题并因以下现象而变本加厉：不少人在以自由、人权、自主、平等和民主为名，只顾追求个人利益，从事自私自利甚至是损人利己的行为，以满足自己无穷的欲望。

当中国发展其政治制度、探索民主宪政的具体模式时，我们应参考并仔细考察海外国家实行民主宪政的经验，包括其成败之处、其积极和消极的方面。在这方面，儒家思想不仅如《宣言》和上文所言，能支持民主宪政的建设，更能宣扬其他重要的理念价值，从而避免因滥于追求自由、平等而带来的负面影响。正如李晨阳指出，儒家价值体系中某些非民主的价值不一定是坏的和应以摒弃的：

> 民主的其中一个基本理念是平等，但在儒家里平等只获得低程度的确认……虽然人人具有成为圣人或君子的潜能，但实际上，不同人处于这个过程的不同阶段，所以人人不可能是平等的。若要把平等这个价值引入儒家思想中，不可避免地便会冲击到位于儒家的核心的"君子"理想……儒家价值与民主价值乃同样宝贵……儒家真正的长处不在于它包含民主或可以变成民主，而是在于其非民主的传统德性。[81]

因此，中国应走的路是发展出一套适合自己的自由民主宪政模式，在自由民主价值和那些值得保留的非民主价值（包括儒家价值）之间取得适当平衡。韩国学者李承焕曾指出，西方的人权和"消极自由"只是最低的道德标准，它是对人的自我实现的必须但并非足够的条件；人的自我实现还有赖于人的修养、德性培养，行使"积极自由"——免受个人内在的限制和低层次欲望的羁绊的自由、成就道德和行善的自由。[82]因此，"就权利和德性的关系上自由主义与儒家思想的相互批评"[83]是有建设性的。在制度的层次，贝淡宁[84]和陈祖为[85]则指出，儒家思想中的贤人治国的理念在自由民主宪政中仍可发挥重要的作用，例如通过某种考试制度来选拔某些政治人才。

结论：为当代中国而建设的儒家政治哲学

综合上述讨论，我们可以重新评价1958年发表的《宣言》，并思考如何能以《宣言》所坚持的儒家思想为基础，为当代中国进行政治哲学的建构。上文已表明，《宣言》的内容在今天毫不过时。当中的论述，指出中国传统内有民主的种子，而自由民主宪政和儒家传统（至少以广义和最佳的诠释而言）之间没有根本的矛盾，这些论点经得起时间的考验，较近期的学术研究也肯定了这些观点。《宣言》认为，发展自由民主宪政是中国文化传统自我完成的内在要求，并能促使中华文化原有的道德理想更进一步实现。一如 48 年前，这个说法在今天对我们同样具有启发性，特别是有鉴于在过去二十多年改革开放的年代，中国的经济建设成绩斐然，政治体制改革亦正在起步。固然，《宣言》的"内在要求"论是否成立甚具争议性[86]，最终决定于我们如何理解中国文化传统的要义和儒学的历史发展。但是，即使不认同儒学的人相信也会同意，至少就长远而言，自由民主宪政的建设应是中国政治发展的目标。《宣言》的重要性在于，它展示了这样的可能性：认同中华文化的人士和儒学学者（或新儒学学者）完全可以和应该与自由主义者和其他支持民主宪政的人士携手合作，在中国推动民主宪政的建设。

对中国文化、儒家思想和中国政治发展的关系，《宣言》只是进行了初步的探索，当中不无局限和弱点。《宣言》指出，中国文化传统强调甚至过分强调了道德主体，而对认知主体和政治主体没有足够的培养，但对中国文化传统和儒家思想在两千多年帝制统治下不断演化的过程中，是什么因素阻碍了民主发展，却未有全面探讨。《宣言》认定中国的民主化是中华文化自身发展的"内在要求"，甚至是很自然和不可避免的事，这样的论述似乎过于乐观。此外，虽然《宣言》对中国传统文化有所检讨，但有关批评不够深刻。必须承认，在传统中国，儒学的确曾有助于维持帝制统治，所以我们必须深入研究儒家在历史中的角色，包括它与政权的关系和它与社会的关系。除非我们可以清楚指出中国文化或中国人思维中有哪些潜藏的因素，阻碍民主发展，并明白其影响，否则我们便较难清除这些障碍。大部分学者都认同中国文化必须经过"创造性转化"，才能配合中国的现代化和民主化；问题是中国传统需要怎样的"创造性转化"和如何进行转化。这个问题在今天——正如在 48 年前——同样具挑战性。

本文的论点是，我们必须客观地研究和评价儒学传统，从中发掘出有利于中国将来发展自由民主宪政的资源，同时认清不利于民主发展的因素。这并不是说，由于自由、民主是好的，所以任何有违民主或自由的东西便是坏的。我们需要不偏不倚的研究，去了解中国文化传统以及儒家思想中不同的元素和价值理念，不管那些元素支持或反对自由、自主、平等、民主、人权等理念，又或与这些理念无关。只有这样，我们才能仔细思量，中国应施行什么形式的自由民主宪政，中国文化传统、儒学和自由民主宪政中哪些元素和价值应该共存，以至中国文化传统应该进行怎样的

"创造性转化"。

　　本文认为，我们需要全面认识儒家所有支派及其表现的形式，研究的范围不应只限于"生命儒学"和"生活化的儒学"（分别由蒋庆和林安梧所定义）。举例来说，金耀基的"社会性儒学"、李明辉的"深层化儒学"、林安梧的"帝制式的儒学"和"批判性的儒学"、蒋庆的"政治儒学"和"政治化的儒学"，都是我们值得探讨的，借以理解儒家思想、中国传统政治文化和中国将来的民主化之间的相互关系。

　　上文已经指出，《宣言》对中国文化传统和儒家的自我批评不算深刻。《宣言》的另一个缺陷是在宣扬自由民主宪政时不加反省和批判，没有考虑到以此作为政治制度或政治哲学时存在什么可能的弊端。在《宣言》发表后48年的今天，我们从一些滥用自由民主原则的现象和社群主义者和其他人士对自由主义的批评中，可以察觉到自由民主的流弊。现在我们可以更清楚看到，在某种程度上引入儒家思想可能有助于自由民主宪政的健康发展。因此，儒学思想应与自由主义"相互批评"（李承焕的用语），从而发展出一种兼顾人文关怀、道德价值和心灵需要的自由民主宪政。

　　最后，本文指出，牟宗三关于中国的科学和民主发展的"良知的自我坎陷"论在今天仍具启发性。就政治哲学而言，其重要性在于说明，政治科学和政治有其独立的范围，不应从属于传统意义上的儒家伦理——虽然政治科学和政治也不应完全脱离儒家伦理。承认了政治范畴的这种相对的独立自主性，认同中国文化传统的国人便有广泛的空间，去全面借鉴和吸纳西方的政治和法律思想，以建设中国的自由民主宪政秩序的理论基础和具体制度安排。然而，这种政治理论和制度无须也应不完全独立于儒家思想，因为儒家思想可以作为这个理论和制度的最根本的道德基础，肯定这个制度的最终目的是促进人的道德实践和人的心性的成长和实现。因此，牟宗三强调"自由主义之理想主义的根据"[87]。但是，政治思想和实践既然有其相对的独立自主性，那么它与作为它的道德基础的儒学之间的界面会属于什么性质呢？这类问题仍有待进一步研究。

　　要直觉上理解儒家伦理对自由民主宪政秩序的意义，其实并不困难。试想在一个奉行自由民主宪政的国家里，人民（即选民）是贪婪、自私的，而且只知追求"低层次"的欲望的满足（如感官的享受和物质财富等），而政客在争取选票或行使权力时，只为追求权力、虚荣或财富。政客赢取选票的方法虽然是合法的，但却不顾道义，为求目的，不择手段；在取得权力后以马基雅维利式的做法来维持和巩固自己的权力。理论上，这种情况不是没有可能发生的，因为自由民主宪政的制度本身并没有任何机制阻止这类事情发生。我们可以把自由民主宪政的制度理解为一个选票市场，选民和政客作为市场的参与者都纯粹以自己的利益为行事的依归，至于这些"利益"是什么，全由各人自己决定。

由此可见，自由民主宪政秩序完全有可能与一个否定"人格成长"和"人文精神"等儒家价值理念的社会共存。在自由、平等、自主、人权和民主等理念中，没有一个理念能避免上述情况的发生。正是在这里，我们可以看到传统、文化、宗教和哲学（如儒家）的不可或缺。它们为人生的意义和价值以至价值的泉源等永恒的问题提供答案；这不是自由民主宪政所能提供的，它只是一种政治制度或一套政治哲学。因此，若要自由民主宪政真的为人类作出贡献，与我们的社会一同蓬勃发展，它必须建基于某种文化、传统、宗教或哲学之上，而这种文化、传统、宗教或哲学之上又必须肯定和维护人类对人性实现、道德成长和精神修养的崇高追求。这便是唐君毅等四位儒学大师在 1958 年的《为中国文化敬告世界人士宣言》中表达的信念和睿见，也是为什么这个《宣言》能为中国未来的儒家政治哲学的建构提供丰富的灵感。

香港大学

中国，香港

【注释】

[1]《宣言》原于 1958 年在香港和台湾分别发表于《民主评论》和《再生》。中文全文后来以附录形式（题为《中国文化与世界》），收录于唐君毅：《说中华民族之花果飘零》（125 页，台北，三民书局，1974，本文以下援引的中文版《宣言》均以本书的页码为依据）。《宣言》亦收录于唐君毅：《中华人文与当今世界》（台北，学生书局，1975）；《唐君毅全集》，第四册，第二部分（台北，台湾学生书局，1991）；张君劢：《中西印哲学文集》（849 页，台北，台湾学生书局，1981）。有关《宣言》的英文浓缩版收录于 Carsun Chang（Zhang Junmai），*The Development of Neo-Confucian Thought*，vol. 2（New York：Bookman，1962），p. 455，题为 "A Manifesto for a Reappraisal of Sinology and Reconstruction of Chinese Culture"。有关以英文写成的《宣言》摘要和评论，可见 Hao Chang，"New Confucianism and the Intellectual Crisis of Contemporary China," in Charlotte Furth（ed），*The Limits of Change*（Cambridge，Mass：Harvard University Press，1976），ch. 11。

[2] 见上注 Carsun Chang，p. 469。

[3] 参见李明辉：《儒学与现代意识》（1～18 页，台北，文津出版社，1991）；李明辉：《当代儒学之自我转化》（1～21 页，台北，"中央研究院"中国文哲研究所，1994）；李明辉：《孟子重探》（143～150 页，台北，联经出版事业公司，2001）；何信全：《儒学与现代民主》（1～11 页，台北，"中央研究院"中国文哲研究所，1996）；林毓生：《政治秩序与多元社会》（337～349 页，台北，联经出版事业公司，1989）；以及陈祖为有关这辩题的文章。

[4] 参见 Ming K. Chan and Alvin Y. So（eds），*Crisis and Transformation in China's Hong Kong*（Armonk, New York：M. E. Sharpe, 2002）。

[5] 参见 Steve Tsang，"The Confucian Tradition and Democratization," in Yossi Shain and Aharon Klieman（eds），*Democracy：The Challenges Ahead*（London：Macmillan Press, 1997），ch. 2；John Fuh-sheng Hsieh，"East Asian Culture and Democratic Transition, with Special Reference to the Case of Taiwan," *Journal of Asian and African Studies*，vol. 35，no. 1（2000），p. 29。

[6] 参见 Hahm Chaibong，"The Confucian Political Discourse and the Politics of Reform in Korea," *Korea Journal*，vol. 37，no. 4（winter 1997），p. 65。

[7] 参见 Neil A. Engelhart，"Rights and Culture in the Asian Values Argument：The Rise and Fall of Confucian Ethics in Singapore," *Human Rights Quarterly*，vol. 22，no. 2（2000），p. 548。

[8] 徐复观：《学术与政治之间》（126 页，台北，台湾学生书局，1980）。

[9] 第八部分题为《中国文化之发展与科学》，第九部分题为《中国文化之发展与民主建国》。

[10] 见注 [1]，Carsun Chang, p. 471。

[11] 同上注，472～473 页。

[12] 见注 [1]，参见唐君毅：《说中华民族之花果飘零》，164 页。

[13] 同上注，164 页。

[14] 参见上注，165 页。

[15] 见注 [1]，Carsun Chang, p. 472。

[16] 见注 [1]，唐君毅：《说中华民族之花果飘零》，165 页。

[17] 同上注，166 页。

[18] 参见牟宗三：《政道与治道》（55～62 页，台北，台湾学生书局，1991）。有关这套理论的摘要和评论，可参见王大德：《牟宗三先生良知坎陷说之诠释》，见李明辉主编：《牟宗三先生与中国哲学之重建》，339 页，台北，文津出版社，1996；蔡仁厚：《所谓"开出说"与"坎陷说"——有关"民主、科学"出现内因与外缘》，见杨祖汉主编：《儒学与当今世界》，台北，文津出版社，1994；方颖娴：《良知之自我坎陷与中国现代化》，见上书，29 页；颜炳罡：《牟宗三先生的自我坎陷说与现代文化症结》，见《当代新儒学论文集：外王篇》（197 页，台北，文津出版社，1991）。

本体诠释学、民主精神与全球和谐

［19］见注［1］，参见唐君毅：《说中华民族之花果飘零》，160～161 页。

［20］参见注［3］提及林毓生的著作；张灏：《幽暗意识与民主传统》，台北，联经出版事业公司，1989；Chang Hao, "The Intellectual Heritage of the Confucian Ideal of Ching-shih," in Tu Wei-ming (ed), *Confucian Traditions in East Asian Modernity* (Cambridge, Mass：Harvard University Press, 1996), chap. 3。

［21］见注［3］，李明辉：《当代儒学之自我转化》，127 页。

［22］参见蒋庆：《政治儒学》，第 1 章，北京，三联书店，2003。

［23］参见注［3］提及的林毓生著作，387～394 页；Lin Yü-sheng, "Reflections on the 'Creative Transformation of Chinese Tradition'," in Karl-Heinz Pohl (ed), *Chinese Thought in a Global Context* (Leiden：Brill, 1999), p. 73。

［24］参见陈祖为就这辩题发表过的文章。

［25］参见金耀基：《中国社会与文化》，166 页，香港，牛津大学出版社，1992）；有关讨论金耀基的理论，见注［3］，李明辉：《当代儒学之自我转化》，6～10 页。

［26］同上注，参见李明辉，8 页。

［27］参见黄光国以下的著作："Two Moralities：Reinterpreting the Findings of Empirical Research on Moral Reasoning in Taiwan," *Asian Journal of Social Psychology*, vol. 1 (1998), p. 211; "Filial Piety and Loyalty：Two Types of Social Identification in Confucianism," *Asian Journal of Social Psychology*, vol. 2 (1999), p. 163; "Chinese Relationalism：Theoretical Construction and Methodological Considerations," *Journal for the Theory of Social Behaviour*, vol. 30, no. 2 (2000), p. 155。黄教授把这些著作的单行本寄给笔者，笔者谨此致谢。

［28］参见林安梧：《中国近现代思想观念史论》，第一章，台北，台湾学生书局，1995。

［29］见注［22］，参见蒋庆的著作，前言和第 1、2 章。

［30］参见注 3 提及的著作和以下著作：邓小军：《儒家思想与民主思想的逻辑结合》（成都，四川人民出版社，1995）；Lin Yü-sheng, "Reflections on the 'Creative Transformation of Chinese Tradition'," in Karl-Heinz Pohl (ed), *Chinese Thought in a Global Context* (Leiden：Brill, 1999), p. 73, esp. pp. 91 - 100; Heiner Roetz, "The 'Dignity within Oneself'：Chinese Tradition and Human Rights," ibid, p. 236; Heiner Roetz, "Confucianism and Some Questions of Human Rights"（英文文章），见刘述先、林月惠主编：《现代儒家与东亚文明：问题与展望》，155 页，台北，"中央研究院"中国文哲研究所，2002；Heiner Roetz, "Rights and Duties," in Karl-Heinz Pohl and Anselm W. Müller (eds), *Chinese Ethics in a Global Context* (Leiden：Brill, 2002), p. 301; Joseph Chan, "A Confucian Perspective on Human Rights for Contemporary China," in Joanne R. Bauer and Daniel A. Bell (eds), *The East Asian Challenge for Human Rights* (Cambridge：Cambridge University Press, 1999), chap. 9; Joseph

第三编　民主与中国哲学

Chan, "Moral Autonomy, Civil Liberties, and Confucianism," *Philosophy East & West*, vol. 52, no. 3 (2002), p. 281; Yang Guorong, "Mengzi and Democracy: Dual Implications," *Journal of Chinese Philosophy*, vol. 31 (2004), p. 83; Wejen Chang, "The Confucian Theory of Norms and Human Rights," in Wm. Theodore de Bary and Tu Weiming (eds), *Confucianism and Human Rights* (New York: Columbia University Press, 1998), chap. 6; and Chung-ying Cheng, "Transforming Confucian Virtues Into Human Rights," ibid, chap. 7. 有关旧著作中相似的立场，参见黄克剑、吴小龙编：《张君劢集》，468～482 页，北京，群言出版社，1993）；吕希晨、陈莹选编：《精神自由与民族文化：张君劢新儒学论著辑要》，588～594 页，北京，中国广播电视出版社，1995）。

[31] 参见注 [29]。

[32] 同上注。参见蒋庆的最新著作《生命信仰与王道政治》（台北，养正堂文化事业股份有限公司，2004）。

[33] 参见 Ernest Gellner, *Plough, Sword and Book: The Structure of Human History* (London: Collins Harvill, 1988)。

[34] 参见注 [22]，蒋庆，第 2 章。

[35] 参见 Honghe Liu, *Confucianism in the Eyes of a Confucian Liberal: Hsu Fu-kuan's Critical Examination of the Confucian Political Tradition* (New York: Peter Lang, 2001)。

[36] 参见 Tu Wei-ming, "Confucianism" in Arvind Sharma (ed), *Our Religioins* (New York: Harper Collins, 1993), chap. 3, pp. 193–194。

[37] 参见 Chang Hao, "The Intellectual Heritage"（见注 [20]）。

[38] 参见注 [3] 及 [30] 提及林毓生的著作。

[39] Cf. Charles Wei-hsun Fu, "Philosophical Reflections on the Modernization of Confucianism as Traditional Morality," in Charles Wei-hsun Fu and Gerhard E. Spiegler (eds), *Religious Issues and Interreligious Dialogues* (New York: Greenwood Press, 1989), chap. 13, at p. 303.

[40] Chenyang Li, "Confucian Value and Democratic Value," *Journal of Value Inquiry*, vol. 31 (1997), pp. 183 ff. , 189.

[41] 参见《儒家与自由主义——和杜维明教授的对话》，见哈佛燕京出版社、三联书店主编：《儒家与自由主义》，1 页，北京，三联书店，2001。

[42] 参见注 [3]，李明辉：《儒学与现代意识》；《孟子重探》。

[43] 参见陈祖为有关这辩题的著作。

[44] Cf. Seung-hwan Lee, "Was There a Concept of Rights in Confucian Virtue-based Morality?" *Journal of Chinese Philosophy*, vol. 19 (1992), p. 241; Seung-hwan Lee, "Liberal Rights or/and Confucian Virtues?" *Philosophy East & West*, vol. 46 (1996), p. 367.

本体诠释学、民主精神与全球和谐

[45] 参见上注［30］，Chung-ying Cheng，"Transforming Confucian Virtues"。

[46] Cf. Yu Kam Por，*Human Rights and Chinese Ethical Thinking*（Hong Kong：University of Hong Kong，Ph. D. thesis，1996）.

[47] 参见注［30］提及陈祖为的著作。

[48] 参见注［30］提及罗斯的著作。

[49] 黄俊杰：《儒学传统与人权——古典孟子学的观点》，见刘述先主编：《儒家思想与现代世界》，33 页，台北，"中央研究院"中国文哲研究所，1997。

[50] 李明辉：《儒家传统与人权》，见黄俊杰编：《传统中华文化与现代价值的激荡》，207 页，北京，社会科学文献出版社，2002。

[51] 见注［3］，参见李明辉：《儒学与现代意识》，序言 3～4 页；李明辉：《当代儒学之自我转化》，12 页。

[52] 孟子曾说："尽其心者，知其性也；知其性，则知天矣。存其心，养其性，所以事天也。"（《孟子·尽心上》）

[53]《论语·雍也》第六，二十八。

[54] John C. H. Wu，"Chinese Legal and Political Philosophy," in Charles A. Moore（ed），*The Chinese Mind：Essentials of Chinese Philosophy and Culture*（Honolulu：University of Hawaii Press，1967），pp. 213 ff. ，214-215.

[55] *Kant：Political Writings*，tran. H. B. Nisbet（Cambridge：Cambridge University Press，2nd，enlarged edition 1991），p. 74. 有关这段引文的讨论，参见 Norberto Bobbio，*The Future of Democracy*，tran. Roger Griffin（Cambridge：Polity Press，1987），p. 149。

[56] 引文出自《大学·治国章》和《大学·絜矩章》。

[57] 参见韦政通：《儒家与现代化》，51 页，台北，水牛出版社，1997。原以《传统与现代化》为书名出版。

[58] 引文出自《孝经》第一、五、九和十四章。

[59] 林安梧：《道的错置：中国政治思想的根本困结》，Ⅴ-Ⅶ 页，台北，台湾学生书局，2003；参见林安梧：《儒学与中国传统社会之哲学省察》，第 8 章，台北，幼狮文化事业公司，1996。

[60] 参见注［28］和［59］提及林安梧的著作。

[61] 见注［59］，林安梧：《儒学与中国传统社会之哲学省察》，第 2 章。

[62] 参见注［59］，林安梧：《道的错置》，Ⅹ 页，第 5 章；参见上注［28］，林安梧：《中国近现代思想观念史论》，第 4 章。

[63] 同上注，林安梧：《道的错置》，128 页。

[64] 同注［59］，林安梧：《道的错置》，Ⅶ、121 页。

[65] 参见注［28］，林安梧：《中国近现代思想观念史论》，第 4 章。

[66] 参见注［59］，林安梧：《儒学与中国传统社会之哲学省察》，8～9、30 页。

[67] 同上注，44 页。

[68] 参见注 [59]，林安梧：《道的错置》，149~155 页；林安梧：《儒学与中国传统社会之哲学省察》，第 9、10 章。

[69] 见注 [18]，参见牟宗三：《政道与治道》。有关对牟宗三观点的评论，见注 [18]，参见司徒港生：《牟宗三先生的政统理论》，见李明辉：《牟宗三先生与中国哲学之重建》，387 页。

[70] 参见注 [18] 提及的著作。

[71] 有关牟宗三对"内圣外王"的现代诠释，见注 [3]，参见李明辉：《儒学与现代意识》，序言 4 页；李明辉：《孟子重探》，164~165 页。

[72] 有关这三个文化价值系统的区别，参见 Richard Rorty, "Habermas and Lyotard on Postmodernity," in Richard J. Bernstein (ed), *Habermas and Modernity* (Cambridge：Polity Press, 1985), p. 161.

[73] Baogang He, "New Moral Foundations of Chinese Democratic Institutional Design," in Suisheng Zhao (ed), *China and Democracy* (New York：Routledge, 2000), chap. 5 (p. 89) at pp. 90-92.

[74] 参见注 [3]，李明辉：《儒学与现代意识》，15、57~60 页；李明辉：《现代儒学之自我转化》，117~118 页。

[75] 参见注 [3]，何信全：《儒学与现代民主》，127~128、149、192~194 页。

[76] 参见徐复观：《儒家政治思想与民主自由人权》，萧欣义编，203~220 页，台北，台湾学生书局，1988；见注 [8]，徐复观：《学术与政治之间》，229~245、299 页。

[77] 见注 [3]，李明辉：《儒学与现代意识》，57~58 页。

[78] 参见注 [18]，牟宗三：《政道与治道》，123~128 页。

[79] 同上注，128 页。

[80] 参见刘述先：《从民本到民主》，见刘述先：《儒家思想与现代化》，景海峰编，17 页，北京，中国广播电视出版社，1992。

[81] 见注 [40]，Chenyang Li, pp. 188-189.

[82] 参见 Seung-hwan Lee, "Liberal Rights or/and Confucian Virtues?" *Philosophy East & West*, vol. 46 (1996), p. 367.

[83] 同上注，文章的末段。

[84] 参见 Daniel A. Bell, "Democracy with Chinese Characteristics：a Political Proposal for the Post-Communist Era," *Philosophy East & West*, vol. 49 (1999), p. 451.

[85] 参见陈祖为对此辩题所作出的贡献。

[86] 参见拙作《二十一世纪中国政治的思想》，见陈祖为、梁文韬编：《政治理论在中国》，12、18~20 页，香港，牛津大学出版社，2001。

[87] 牟宗三：《生命的学问》，207 页，台北，三民书局，1970。

本体诠释学、民主精神与全球和谐

中国古典哲学中的人格尊严理念——《墨子》新诠

张千帆（Qianfan Zhang）*　　著/译

李林洪　译

> 官无常贵，而民无终贱；有能则举之，无能则下之。
>
> 《墨子·尚贤上》

一、引　言

在数年前发表的相同主题的文章中，笔者曾将儒学解释为一种以"人格尊严"为核心理念的道德哲学。[1]概言之，儒家基本上认同康德关于每个人都应被作为目的而非仅仅是手段的主张。通过确立"君子"的道德人格及其所体现的仁义理念，孔、孟、荀的学说从儒家视角对尊严赋予实质性内涵。君子通过"修身"完善其内在德性，进而树立自己的道德人格。君子恪守中庸之道，凡事不偏不倚、中道而立、童叟无欺，以公平和对等的方式对待任何人，从而获得道德上的独立性。君子毕生追求仁义，因而总是将每个人作为终极目的而非手段对待。换言之，君子将每个人都视为和自己一样具备内在价值的道德存在，既不是只知受益、仰人鼻息的寄生动物，也不是为自己的需求和欲望所左右的被动客体。

然而，这种超越的解释是根据现代理解从传统儒家学说中抽取出来的，因而只能作为一种"重构"。实际上，儒学受当时社会环境的限制，产生了理论和实践的割裂。虽然孟子的形上学说赋予每个人以内在的德性和尊严，儒学在整体上更注重个人通过教育和修行而培育成型的实际美

---

* 张千帆（Qianfan Zhang），北京大学法学院与政府管理学院教授。研究方向：比较方法与政治理论。E-mail：qfz@pku.edu.cn

德，并对那些为物欲所蔽、"爱身不若桐、梓"、"养小以失大"的"小人"表现出普遍的蔑视。[2] 更重要的是，在政治领域，孟子和荀子都继承了商周以来的基本设定，也就是老百姓在道德和智性上都过于低下，完全不足以独立自治。既然低估并否定了平民自治的可能性，儒家普遍将老百姓简单视为政府管制的受益者、社会和政治控制的对象，而不是值得尊重和保护的独立道德存在。在父子、夫妇、长幼等家庭层面上，他们基本上接受了不平等的上下或主次关系，而这种关系预设了下位相对于上位的人身和道德依附。无论在家庭还是国家，这些不平等关系进一步固化为"礼"，成为每个人在社会生活中必须践行的道德规则。后世的"俗儒"们更是将"礼"遵奉为一成不变的祖制，但是这种不分青红皂白的盲从只能阻碍普通人充分发展其内在德性和尊严。

因此，虽然儒学对发展中国的人格尊严理论居功至伟，上述限制使之在今天看来并非完美无缺，因为现代普遍假设自由和平等是构成尊严的主要元素。[3] 在古典时期，儒家对"礼"的教条式坚持受到墨家和道家等"异端"思想从不同角度的激烈抨击。虽然墨子和儒家一样赞同"尚贤"及维持一个等级政府的必要性，墨家的"兼爱"学说具有社会关系平等化和差别最小化的天然倾向。更重要的是，他将社会功利主义作为大原则，力主革除那些过时、浪费和压抑的传统规则。老庄则更为极端，主张彻底抛弃整个传统礼仪体系，回到普通百姓自由自在的原始状态。他们反对将人作为社会义务的牺牲品，倡导一种自由主义的生活方式，使每个人都能以真实的自我生活在大"道"之中。在上述基础上，我尝试探讨道家和墨家学说对建立中国古典人格尊严理论的贡献[4]；尤其是在传统儒家的道德实践不那么令人满意的地方，它们的贡献对于形成一种完整的中国道德与政治哲学来说更是一种不可缺少的补救和补充。和儒学理论一样，墨家、道家也包含着每个人必须将自己和他人作为目的而非仅仅手段的基本思想。

本文论证墨学不但可以纠正儒家在社会实践上的若干缺陷，而且也不带有现代功利主义学说可能侵犯个人权利的局限性。墨学只是倡导兼爱全人类的道德情感，因而在自身学理体系中便含有抗衡"多数人暴政"的成分。事实上，有人甚至将墨学和康德的绝对命令相提并论，认为它们都要求将每一个人作为目标对待。[5] 当然，墨学也有自身的问题。虽然它要求每个人都平等服从"天志"，从而有助于促进社会关系平等化，但是墨学缺乏一种人类德性和尊严的形上学说，因而最终未能给自主与自立的人类行为提供道德基础。在这个意义上，墨学不能取代儒学而从自身演化出一套完整连贯的人格尊严理论，但是它至少证明社会功利主义未必和尊严理论相冲突；恰好相反，通过弥补儒家伦理的某些"短板"，墨家的功利主义理论可以对尊严观念的发展作出独到贡献，进而帮助我们形成一幅更为完整的人格尊严图景。

二、墨家的理念与挑战

1．墨学对儒学的挑战

从许多意义上来说，墨学是儒学的"芒刺"。儒家的仁义学说要求"爱有差等"、家为中心，墨子则终生倡导天下"兼爱"[6]，反对区分社会关系中的不同人群；儒家的最高道德理念为"仁"，墨家的核心道德观念为"义"[7]；儒家"重义轻利"，并以此作为区分君子小人的标准[8]，墨家则恰恰将"义"等同于"利"。[9]墨家以功利主义为尺度，猛烈抨击儒家严格坚持传统礼制。在墨子时代，许多儒家将奢华的仪礼和漫长的服丧作为德性的象征，但是在墨家看来，它们只是对社会有害无益的铺张浪费而已。对于那些墨守成规的"俗儒"来说，墨家一针见血的批评无异于一服难得的清醒剂。

当然，这并不意味着墨子是"反传统"的。正如韩非指出："孔子、墨子俱道尧舜，而取舍不同，皆自谓真尧舜。"[10]事实上，如果说孔子将西周作为中国社会的黄金时代[11]，那么墨子甚至走得更远，一直追溯到繁复的周代礼制尚未成型的夏代。墨子显然是尊重传统的，他主张以"三法"来衡量每个人的言行举止，而其中之一就是他自信是从远古流传下来的圣典——《尚书》。他的矛头不是针对礼的整体，而只是某些不合时宜的具体规定。[12]他当然也不主张抛弃整个传统，而只是要纠正同时代的儒家对某些细枝末节的过度关注，并根据永恒、普遍、统领宇宙的一般道德法则来革除传统礼制中的弊端。对于墨子来说，这个无所不在的法则就是命令全人类"兼相爱、交相利"的"天志"。

因此，儒墨两家的诸多差异不应抹杀其共同之处。事实上，儒墨两家共享某些基本的价值倾向。儒墨都认为，社会需要礼仪和规则的统治，例如某些丧葬之礼还是必要的，只是礼仪的根基不在仪式本身，而是发自失去亲人的真实悲伤情感。[13]他们都认为，从家到国，各阶层的和谐相处是社会诸善之首。[14]他们都没有跳出君主政治的框架，但是都坚持统治者必须为了老百姓的基本利益服务。[15]从根本上说，孔子和墨子都对社会和谐与秩序给予深切关怀，都希望每个人都能过上符合人性的生活。[16] 为了这个共同目的，他们都在寻求或创造一部"宪章"，也就是体现在"礼"之中的理性统治社会的基本规则。[17]

然而，如果说儒墨都认为社会需要一部基本"宪章"，那么这部"宪章"所覆盖的实体原则确实可以说是旨趣迥异。作为一种平等主义学说，墨家功利主义克服了儒学中明显而强烈的精英主义倾向，挑战了儒家对平民百姓的低下道德和智力水平的武断假定，不仅对建构人格尊严的中国理论作出了独到贡献，而且使平等保障每个人尊严的人民主权体制成为可能。

2. 墨学精义——功利主义、兼爱与天志

和儒学不同的是，墨学的最高理念是促进社会功利，而功利主义是个人与国家行为都必须符合的道德原则。对于墨家来说，无论是仁、义或孝，最终目的都只不过是对他人和社会有利而已。因此，"孝，利亲也"[18]。作为墨学的中心概念，"义"也被定义为利："义，利；不义，害。"[19] 而"仁人之事者，必务求天下之利，除天下之害"[20]。因此，如果说墨学思想中有一条一以贯之的主线的话，那么这条主线显然就是根据个人或社会行为的利害来判断善恶的功利主义标准。[21]

当然，作为一种抽象的道德学说，功利主义只能在具体的历史和社会语境下才能得到准确解读。并不奇怪的是，墨家功利主义和边沁与密尔所创始的西方功利主义学说不尽相同。[22] 边沁的古典功利主义学说是建立在自由国家和市场经济基础上的，其中个人享有相当大的行为自由，而墨家功利主义则是建立在小农经济基础上，其中国家的义务是严格执行"尚同"政策；如果说密尔在马尔萨斯人口论的影响下，认为社会繁荣要求节制生育，那么墨子则生活在"礼崩乐坏"的文明危机时期，连年战争、饥馑和灾害不断吞噬着中国的人口，因而其主张自然和密尔相反，而不可能意识到当今中国社会所面临的人口过剩问题；西方功利主义是严格世俗的，墨家则是百家诸子中屈指可数甚至可能是唯一的带有强烈宗教色彩的学说，其最终的道德源泉来自高度个性化的"天志"。[23]

然而，这些形式与实体区别并不能抹杀墨学中显而易见的功利主义倾向；虽然墨家功利主义相当原始，远不如现代西方的功利主义学说全面系统，但是这并不能否定墨家功利主义和西方学说对公共利益和社会福利具有同样深切的关注。[24] 事实上，虽然边沁及密尔的理论更加系统，但是他们要求国家的所有政策和行为都必须符合社会功利最大化原则，从而陷入了不可自拔的道德困境[25]，而正是墨家功利主义的原始性帮助其超越了西方现代理论遭遇的困境。

墨学的一个显著特征是"天志"这个带有宗教色彩的概念，它是墨家道德判断的最高标准和最终渊源。[26]如果说儒家尤其是荀子学说将"天"定位于统治自然和人类世界的非人格化法则——"道"，那么墨子则将西周早期盛行的人格化的"上帝"、"鬼神"引入了自己的学说。[27]在主流的古典学说中，唯有墨学将道德秩序建构于上帝的人格化权威基础之上，因而经常有人将其和西方基督教哲学相类比。[28]上天通过自己的意志和情感统治人类世界，根据人类行为的德行赏善罚恶。"天志"成为衡量人类善恶的最高道德标准，"天"的喜怒哀乐决定了人类行为的对错及其所得到的现实报应。人要顺应天意，就必须遵行上天为人类设定的道德准则："顺天意者，兼相爱，交相利，必得赏；反天意者，别相恶，交相贼，必得罚。"[29]

既然墨学是建立在功利主义基础上的，墨家之"天"必然是功利主义上帝，必然欲求天下大同，而厌恶任何排斥兼爱的人为社会区分。因此，"爱人、利人，顺天之意，得天之赏者也"；"憎人、贼人，反天之义，得天之罚者也"[30]。这个基本准则是普遍适用、无所不在的，无论对个人还是对国家都没有例外："是故子墨子之有天之意也，上将以度天下之王公大人为刑政也，下将以量天下之万民为文学、出言谈也。"[31]

最后，和基督教哲学类似但和儒学恰好相反，墨学主张人类兼爱，反对儒家建立在不同社会关系基础上的"泛爱"。[32]墨家的兼爱主张是和其功利主义与宗教倾向一致的，因为虽然墨子没有明言每个人的利益都算作平等的一份[33]，但或许是因为墨家弟子多出自社会下层，墨家理论主要关注平民百姓的基本生计，因而尤其强调上天对所有人的平等怜爱，而所有社会不平等在上帝面前都退缩到无足轻重的角落里。但是如下所述，这并不意味着墨子是一位严格的平等主义者；在墨学体系中，兼爱只不过意味着上天平等待人，根据人类行为的善恶施与公平的奖惩而已。

三、墨学中的平等与自由

墨学可以超越儒学的局限性，进而为完善人格尊严理论做出独特的贡献。虽然儒学也主张每个人平等的内在价值，这种平等是潜在于人性之中，而绝非业已实现的德性。[34]这就为出于家庭和社会中不同地位的人群规定不同待遇提供了正当性，而整部《礼记》的目的就是根据人的相对地位定义一套复杂的权利和义务关系。虽然墨家也和儒家一样接受了严格的论功行赏的绩效系统和自上而下的统治等级结构，墨学完全摆脱了儒学中几乎无处不在的精英主义倾向，因而和现代乃至当代主流价值观更为合拍。出于对社会下层的强烈关注，墨家不仅在中国最早提出了福利社会主张，同时也强烈谴责铺张浪费等有害无益的政府管制或措施，进而最早表达了中国哲学中的最小政府理念。

1. 平等

在中国古典思想中，墨家的"天志"和兼爱学说是最为平等的一支。如果说儒家过分强调了父子、夫妇、君臣、师生之间的不平等关系，并使其中的弱者处于被支配的从属地位，那么墨子则明确要求在实际不平等的社会关系中实现所有人的基本平等。"今天下无大小国，皆天下之邑也；人无幼长贵贱，皆天下之臣也。"[35]普天之下，每个人都是平等的，因而有权利从所有其他人那里得到基本的平等关爱，即便奴隶也不例外："获之亲，人也；获事其亲，非事人也。其弟，美人也；爱弟，非爱美人也。"[36]虽然儒墨都对当时奴隶制度的正当性保持沉默，墨子明确肯定奴隶也是人，因而也应该和所有其他人一样享受人类的兼爱。

墨家的兼爱学说显然有助于促进社会关系的平等化，从而为每个人的基本尊严奠定了理论基础。事实上，墨子明确否定了某些"俗儒"的立场。由于未必所有君主、老师或家长都是善良或正确的，因而当然不能作为臣子绝对效仿的榜样，更不用说是绝对服从的法则。"天下之为父母者众，而仁者寡，若皆法其父母，此法不仁也……天下之为学者众，而仁者寡，若皆法其学，此法不仁也……天下之为君者众，而仁者寡，若皆法其君，此法不仁也。法不仁，不可以为法。故父母、学、君三者，莫可以为法。"[37]既然君、师、父母都不足为法，不如直接效法"天"。[38]和所有儒家不同的是，墨子明确挑战上层的权威，主张君、师、父母都可能和他人一样犯错误，因而并不能因为他们的优越地位就自然获得社会服从和特权。

墨家对于社会失序的成因分析进一步凸显了其平等观。如果说儒家认为君臣之制、长幼之序是良好道德秩序的体现，那么墨子却认为恰好相反。缺乏人际之爱确实是产生社会冲突和混乱的原因，上至诸侯攻伐，下至盗贼窃室，所有的社会祸乱都起于人爱己而不爱人[39]；但是在墨子看来，君臣、父子对此都要承担同样的责任：

乱何自起？起不相爱。臣子之不孝君父，所谓乱也。子自爱不爱父，故亏父而自利；弟自爱不爱兄，故亏兄而自利；臣自爱不爱君，故亏君而自利。此所谓乱也。虽父之不慈子，兄之不慈弟，君之不慈臣，此亦天下之所谓乱也。父自爱也不爱子，故亏子而自利；兄自爱也不爱弟，故亏弟而自利；君自爱也不爱臣，故亏臣而自利。是何也？皆起不相爱。[40]

因此，在墨家世界观里，不同社会主体都同样倾向于追求私利，而忽视了对彼此施与上天所要求的互爱。在这个意义上，家长并不天然比孩子更超越，君臣也是基本平等的，因而都同样有义务遵行"天志"，并在未能履行义务的情况下承担同样的责罚。

当然，墨子并不是一个绝对平等主义者，他其实并不反对社会中不同地位和财富的不均等分配。事实上，和儒家类似，墨子的理想国也采纳了严格的"尚贤"制度："古之圣王，甚尊尚贤，而任使能……贤者，举而上之，富而贵之，以为官长；不肖者，抑而废之，贫而贱之，以为徒役。是以民皆劝其赏，畏其罚，相率而为贤者。以贤者众，而不肖者寡，此谓进贤"[41]；"故当是时，以德就列，以官服事，以劳殿赏，量功而分禄。故官无常贵，而民无终贱。有能则举之，无能则下之"[42]。作为"天子"，皇帝正是因为"替天行道"，履行了促进社会"兼相爱、交相利"的天职，才得到了赏罚分明的上天施与最优厚的奖励。[43]

墨家的尚贤制度未必和平等原则相抵触，因为平等并不等于平均；用当代眼光看，他可以被解读为主张平等机会，而非平等结果。既然每个人在德性和能力上大致平等，因而应该在国家建立和维持的公平政治体制中获得平等机会证明自己的能力；至于个人的荣辱得失、官爵地位，自然应取决于个人努力和作为，而不可能也不应该不分是非地实行平均主义。

2. 平民百姓的中心地位

和平等主义紧密关联的是，墨家对普通老百姓表达了深切的人文关怀。在所有古典思想家中，墨子最接近社会下层，而墨学中的"天"也不分贵贱、一视同仁，即便贵为天子也同样受制于因果报应法则："天子为善，天能赏之；天子为暴，天能罚之。"[44]墨子对平民的关怀充分体现在其字里行间。"民"和"百姓"在《墨子》中出现的频率比同时期的其他经典高得多，《孟子》是唯一可以与之相比的例外。[45]更重要的是，数量并非唯一的衡量标准。和《孟子》等经典著作不同的是，墨子在谈论民或百姓的时候总是充满同情和尊重。

	《论语》	《孟子》	《墨子》	《老子》	《庄子》
"民"（"百姓"）	49（5）	208（19）	330（90）	33（4）	110（9）
总字数	22 540	42 560	91 410	6 270	80 100

既然墨子将自己定位于普通百姓，他的视角必然和儒家有所不同。虽然儒家也谈论有差等的"泛爱"并对老百姓表现出同情，但是其精英主义定位使之几乎天然地鄙视没有受过正规教育的下层人民。譬如孟子主张人人皆有仁义礼智之心，而人正是靠此"四端"才有别于动物，但是"人之所以异于禽兽者几希，庶民去之，君子存之"[46]。只这一句话就足以让人感到儒家相对于平民百姓的道德优越感。对于儒家来说，大众只是接受教育和转化的对象；如果这还不够，就只能"出礼而入刑"，通过刑罚控制其欲望。[47]在墨子看来则恰好相反，普通老百姓的需要总是占据中心地位。对于儒家来说，礼乐之治是教化大众的必备工具；但是如果铺张浪费的仪礼扰乱了普通百姓的基本生活，墨子则将毫不犹豫地废弃之。正是出于这个原因，他激烈地抨击儒家的乐系："民有三患：饥者不得食，寒者不得衣，劳者不得息。三者，民之巨患也"[48]，而沉湎于乐之中非但不能解决任何实际问题，而且也耗费了平民百姓本已十分稀缺的资源。事实上，墨子主张彻底废乐并全面改革礼制。虽然这类主张看起来过于极端且没有必要，它们集中体现了墨家的一贯立场：节约社会资源，保障平民百姓的基本生计。

墨学对社会大众的平等关爱并不是偶然的，而是天然蕴涵于其功利主义逻辑之中。[49]如果每个人都是基本平等的，区分不同阶层并不存在正当依据，那么国家理应将关注焦点集中在最大多数人身上；毕竟，也正是他们的福利最容易遭受剥夺。尽管在资源极度有限的情况下，墨子从来没有要求经济和社会资源的平均分配，但是墨家对保证基本生计的道德承诺使之自然反对任何过度的分配不平等和铺张浪费。例如墨家认为，任何超出维持基本秩序的政府措施都剥夺了普通老百姓的生活必需，因而违反了功利主义原则。对于生活必需品，墨家功利主义提倡无条件地平等享用，以保障劳苦大众的基本生存。[50]

3. 有限政府

既然连烦琐的礼乐都会影响老百姓的生计，政府的挥霍浪费就更不用说了。墨子对平民生活的关心自然使之反对政府的巧取豪夺，因为他清楚地看到政府的全部财富都是普通老百姓创造的。早在两千多年前，墨子似乎就预见了今天以发展为名的拆迁和征收每天都在创造新的社会冲突和悲剧，以下这段话仿佛正是针对当今中国社会现实说的[51]：

圣王作为宫室，……凡费财劳力不加利者，不为也。以其常役，修其城郭，则民劳而不伤；以其常正，收其租税，则民费而不病。民所苦者非此也，苦于厚作敛于百姓。是故圣王为宫室，便于生，不以为观乐也；作为衣服带履，便于身，不以为辟怪也。故节于身，诲于民，是以天下之民可得而治，财用可得而足。当今之主，其为宫室则与此异矣。必厚作敛于百姓，暴夺民衣食之财……是以其财不足以待凶饥、赈孤寡，故国贫而民难治也。

圣人之为衣服，适身体，和肌肤而足矣，非荣耳目而观愚民也……是以其民俭而易治，其君用财节而易赡也。府库实满，足以待不然，兵革不顿，士民不劳，足以征不服，故霸王之业可行于天下矣。当今之主，其为衣服，则与此异矣。冬则轻暖，夏则轻清，皆已具矣，必厚作敛于百姓，暴夺民衣食之财，以为锦绣文采靡曼之衣，铸金以为钩，珠玉以为佩，女工作文采，男工作刻镂，以为身服……非为身体，皆为观好。是以其民淫僻而难治，其君奢侈而难谏也。

圣人作诲，男耕稼树艺，以为民食。其为食也，足以增气充虚，强体适腹而已矣。故其用财节，其自养俭，民富国治。今则不然，厚作敛于百姓，以为美食刍豢，蒸炙鱼鳖，大国累百器，小国累十器，前方丈，目不能遍视，手不能遍操，口不能遍味，冬则冻冰，夏则饰饐。人君为饮食如此，故左右象之，是以富贵者奢侈，孤寡者冻馁虽欲无乱，不可得也。

圣王作为舟车，以便民之事。其为舟车也，全固轻利，可以任重致远，其为用财少，而为利多，是以民乐而利之。法令不急而行，民不劳而上足用，故民归之。当今之主，其为舟车与此异矣。全固轻利皆已具，必厚作敛于百姓，以饰舟车，饰车以文采，饰舟以刻镂。女子废其纺织而修文采，故民寒；男子离其耕稼而修刻镂，故民饥。人君为舟车若此，故左右象之，是以其民饥寒并至。[52]

至于奢靡的三宫六院或迂阔的三年之丧等儒家礼制，对社会显然也是

319 / 第三编 民主与中国哲学

同样有害。当然，对老百姓的最大威胁还是来自贪得无厌的统治者为了权力、领土和财富而发动的大小战争，而战争也正是墨子毕生"摩顶放踵"、不遗余力所要防止的灾难。[53]墨子清楚地认识到，统治者的虚荣和贪欲是社会和平与安定的最大威胁："国家发政，夺民之用，废民之利。若此甚众，然而何为为之？曰：我贪伐胜之名，及得之利，故为之。"[54]

因此，在墨子看来，尽管社会安定离不开良好的政府治理[55]，一个罪恶的政府恰恰是社会灾难的始作俑者。正是统治者的剥削与挥霍致使社会从事的活动竟然和社会下层的生存毫无关系，老百姓不能满足基本生计，被迫游走于犯罪边缘："民饥寒并至，故为奸邪。奸邪多则刑罚深，刑罚深则国乱。"[56]在这个意义上，犯罪与混乱的根源在于宫廷的奢华而非人民的无能或性恶。和儒家相反，墨子所警惕的"恶"不是政府不能为人民做足够多的好事，而是他们可能做太多的坏事。

当然，和儒家一样，墨子当时并未能提出制约政府权力的民主机制，但是他对政府滥用权力的强烈谴责确实隐含着一种限制政府权力的思想。如果可以防止政府滥用权力并迫使其效法远古圣王、轻徭薄税，那么老百姓完全有能力自由轻松地养活自己。和儒家截然不同的是，墨子的学说中没有任何主张流露出人民不能自我管理的意思。[57]总的来说，墨子对平民百姓的人性假设比孟子等儒家积极得多。既然普通百姓是自给自足、独立自主的个体，而过分庞大的政府才是危害社会的罪魁祸首，墨家的自然假定是每个人都有足够的能力过上体面的生活，关键在于政府滥用权力的倾向得到有效的遏制。

4. 墨家和边沁功利主义的区别及共同局限

由此可见，和儒学类似，墨学也可以被诠释为一种尊严哲学：不论社会地位如何，每一个社会成员的基本尊严都应受到平等保障。然而，功利主义作为一种道德哲学一直受到不同方面的挑战，不仅因为功利计算往往存在技术困难，而且更重要的是在某些情况下，其对社会功利之和的关注会产生个体不公乃至剥夺尊严的严重后果。[58]除了社会功利的数量最大化存在内在的不确定性和不可操作性等方法论问题之外，以边沁为代表的西方功利主义哲学将个人权利湮没于社会利益的总和之中，有时可能要求个人在违背其自由意志的情况下为集体利益做出牺牲，从而与尊重个人自由和尊严的基本立场相抵触。但笔者认为，墨家功利主义并不存在这类问题。

墨家功利主义的独特之处正在于，许多针对西方功利主义哲学的指责对它并不适用。和边沁版本的功利主义不同，墨子从来没有明确提出过社会功利最大化的主张。他只是坚持人人"兼相爱、交相利"，也就是"视人之国，若视其国；视人之家，若视其家；视人之身，若视其身"[59]。即便墨家功利主义也要求利益权衡，其所覆盖的范围也是如此之宽、权重分配如此均衡，足可为社会下层提供适当保障。既然衡量一个社会是否健康的标准并非整体财富的最大化或任何单项指标[60]，而是每个人的基本需要之满足，为此墨子用自己原创的功利主义原则作为独特的道德武器，对付那些为了个人利益而牺牲公共福利的专制暴君。

更重要的是，墨家的兼爱学说从表面上看似乎要求每个人牺牲自我利益、服从他人和集体利益，但是实际上并非如此。反对功利主义的常见理由在于边沁学说可被解释为支持一类主张，也就是伤害一人来取悦一群人，只要那群人从中得到的快乐超过了那个人承受的痛苦。然而，这类批评却并不能用于墨子的学说，因为他明确反对牺牲个人来迎合集体："爱人不外己，己在所爱之中。己在所爱，爱加于己。伦列之爱己，爱人也"；"厚人不外己，爱无厚薄"[61]。由此可见，虽然作为圣贤的墨子可以牺牲自己的利益乃至生命去救民于水火，但是他对别人显然并不如此要求；他所要求的只是人人都爱人如爱己，而非为了他人的利益而牺牲包括自己在内的任何人的利益："爱人之亲，若爱其亲……兼爱相若，一爱相若。"[62]事实上，墨学甚至不要求社会财富的平均分配，更不用说个人切身利益的平等分享。因此，墨学从不主张通过极端的个人牺牲等不公正的方式实现"兼爱"。兼爱的实现既非通过自我贬低或否定，而是通过公平互惠的相互关爱[63]；亦非体现于对于某个神秘的超验集体之盲从，而是体现于对每个人的具体关怀，其中也包括关怀者自己。

最有意思的是墨子对"仁"的诠释："爱己者，非为用己也，不若爱马。"[64]这句话的显然含义是"仁"要求我们将自己作为目的，而绝非仅仅是手段，因而对人之爱和对动物或工具之爱在本质上是完全不同的。既然墨子也主张我们像爱自己那样爱世上所有的人，他在此所表达的意思和康德的绝对命令十分相似，也就是永远将所有人作为目的，而非仅仅是为了其他目的之手段。虽然这一句话并不足以将墨子和康德相提并论，但是墨子对仁的解释进一步说明，墨学的基本宗旨在于保障每一个人的基本生计和尊严。

当然，作为功利主义的一个版本，墨学确实也继承了所有功利主义哲学的共同问题。和孟、荀在主张仁政时所采用的实用主义理论一样，墨子未能确证如何从墨版功利主义学说中推演出墨家道德法则的正当性，也未能对统治者产生有效的实际约束力。[65]另一个相关而更为严重的问题是，墨家功利主义本身也存在一定的内在矛盾。[66]和儒学不同，墨子并不明确说明人性中的道德结构，从而给人造成的印象是人不过是一具受苦乐驱使的行尸走肉。虽然墨家在这个问题上含糊其辞，但是墨学的道德源泉似乎完全是在个人之外的；人们行善并非是为了善本身，而似乎纯粹是出于趋利避害才顺应天意。从根本上，人类还是自私的，只不过是为了更好地满足自己的利益才兼爱天下。这种似乎是从墨学自身顺理成章推演而来的诠释不仅不承认任何内在的人性尊严，而且也违背了墨学自身的基本教义，也就是每个人都应该将自己和他人作为目的，而非只是满足其物欲的手段。因此，尽管墨子明确提出了一套普世原则并尝试应用于社会实践，墨家学说仍然缺乏牢固的理论根基。

四、墨家与政治民主

墨家关于"天志"的学说虽然在形上学层次上有失简约，但是其在政治层面上的应用仍显现出一定的实际优势。它所发挥的功能类似于一种宪政原则，直接约束着国家最高统治者。这个宪政原则就是"义"："天下有义则生，无义则死；有义则富，无义则贫；有义则治，无义则乱。然则天欲其生而恶其死，欲其富而恶其贫，欲其治而恶其乱。此我所以知天欲义而恶不义也。"[67]而根据其功利主义立场，义也就是仁爱。[68]义起于"天"，而天不仅是超自然的最高主宰，也是约束人类最高统治者的道德源泉。[69]即便作为最高统治者的"天子"也必须效法于天。无论他相对于平民百姓来说是如何高高在上，他仍然在"天"之下并必须按天意行事。"天子为善，天能赏之；天子为暴，天能罚之……然吾未知天之祈福于天子也。此毋所以知天之贵且知于天子者。"[70]既然天子行侠仗义乃是天意，统治国家的基本原则必须是"义"而非蛮力："顺天意者，义政也；反天意者，力政也。"[71]因此，政府要顺应天意，就必须实行"义政"，保护无辜者不受伤害，至少避免自己主动造成任何伤害。虽然"义政"确实要求按照能力和业绩构建尚贤使能的等级政府，墨子从来没有接受过世袭统治权以及统治者天然享受特权和荣誉的儒家立场。对于墨子来说，政府必须为每个人保障基本生计，而决定政府职位的唯一标准是能力和政绩。[72]

1. 墨学与民主

尽管墨子提出了平等主义学说，他却从未明确接受任何版本的民主制度。恰好相反，他清楚地看到自上而下的等级型政府的必要性，只不过政府职位必须根据人的才能和业绩决定而已。对于墨子来说，等级控制尤其重要，因为政府除了具体治理之外，还有义务统一人民的是非观念："义者，政也。无从下之政上，必从上之政下"[73]；"天下有义则治，无义则乱，是以知义之为善政也。夫愚且贱者，不得为政乎贵且知者；贵且知者，然后得为政乎愚且贱者。此吾所以知义之不从愚且贱者出，而必自贵且知者出也"[74]。由于墨家认为中央政府有义务定义道德标准以防止社会混乱，墨家政治主张确实存在助长威权主义的倾向。[75]

事实上，墨学的独特之处在于将自然状态的种种罪恶归咎于人类对是非公"义"的缺失。[76]虽然墨子很少提到内在人性，但他却首先提出了自然状态理论，认为人类生来无所谓善恶，似乎也并非追逐名利。在墨子看来，人类的天性就是论辩是非，而是非观念的差异和社会共识的缺失导致他们相互争斗，进而产生相互仇恨与伤害。为了结束这种自然状态，必须通过某种权力统一人们的是非观，而所谓"政府"无非就是这种共享权力的寄所。国家的作用正是在于通过政府去统一是非观念，以防范严重的社会冲突和失序。"天子唯能壹同天下之义，是以天下治也。"[77]因此，为了统一定义社会道德、凝聚社会力量，必须构建一个相对复杂的自上而下的政府：

> 天下之欲同一天下之义也，是故选择贤者，立为天子。天子以其知力为未足独治天下，是以选择其次立为三公。三公又以其知力为未足独左右天子也，是以分国建诸侯。诸侯又以其知力为未足独治其四境之内也，是以选择其次立为卿之宰。卿之宰又以其知力为未足独左右其君也，是以选择其次立而为乡长家君。是故古者天子之立三公、诸侯、卿之宰、乡长家君，非特富贵游侠而择之也，将使助治乱刑政也……天下既已治，天子又总天下之义，以尚同于天。[78]

这段引文中的关键问题当然是如何选拔自"天子"以降不同层次的官员。冯友兰先生认为，墨子提倡天子由人民直接选举产生[79]，但从《墨子》文本上看却得不出这个结论。由于政府的目的正是统一人民的是非观，而在建立政府过程中平民百姓对于选拔统治者的标准很可能众说纷纭；在如此混乱的自然状态中，又如何能理性和平地"选举"天子呢？因此，答案必然是天子只能由"天"来选[80]，而这似乎也正是《墨子》文本所表明的意思："是故天鬼赏之，立为天子，以为民父母，万民从而誉之曰'圣王'。"[81]这显然不能解开天子继位的谜团，但确实表明最高统治者并非由人民选举产生，而文本其他地方表明所有下级官员的选拔是通过自上而下的过程完成的。[82]

既然个人缺乏道德判断的基本自由，墨家所崇尚的政府甚至比儒家更为专制。至少在理论上，如果上级严重违背了其基本道德义务，孟子还允许下属背离乃至背叛上级："君有大过则谏，反覆之而不听，则易位。"[83]如果国君不能遵行仁义，甚至可能完全失去维持政权的合法性，成为人人喊打的独夫民贼，因而可以遭到废黜而并不违反任何儒家教义："贼仁者谓之贼，贼义者谓之残。残贼之人，谓之一夫。闻诛一夫纣矣，未闻弑君也。"[84]虽然孟子没有解释如何兵不血刃、和平更换不合格的统治者，这些话语几乎创设了人民起义的权利，而这项权利在西方也只是两千年后才由洛克提出的。[85]然而，由于固守"尚同"，墨子几乎从来不接受叛逆的权利；恰恰相反，下级没有任何道德独立性，必须事事以上级旨意为马首是瞻："凡闻见善者，必以告其上，闻见不善者，亦必以告其上。上之所是，必亦是之；上之所非，必亦非之。"[86]举国上下绝对一致，最终将整个国家统一于天子的个人意志，致使其滥用权力显得更加可怕。虽然天子最终要尚同与"天"而非地上的最高统治者，而天意要求兼爱，但是墨子不可能说明如何实现这种超自然的天人沟通，以及如何判断和处理天子或其下属违背"天意"的情况。由于墨子不得不对超自然的"天"寄托过多期望，而没有充分依靠普通平民百姓，致使人民在滥用权力面前毫无抵抗之力。

一味追求"尚同"剥夺了思想和言论自由，中央专制乃至极权主义正好乘虚而入。这一切显然并非墨子所愿，但是一旦实施其简单化的制度构想，将命中注定地产生这种后果。在这个方面，墨家思想确实和法家有共同之处：法家变革造就了秦朝的崛起，但是秦朝的富强是短命的，不过二世而暴终。[87]由于墨子的自然状态理论对普通民众的思想和言论自由不够信任，以致从来没有设想过现代意义上的民主政府，因而也未能跳出中国传统思想的根本局限。

2. 墨家政治哲学

墨子"尚同"学说的根本问题在于他未能通过理性的制度设计实现良好的愿望，而不产生有害的副作用。但是另一方面，我们也没有必要夸大问题的严重性，更何况这个问题并非只是墨家才有，和他同时代的中国思想家或多或少都存在同样的问题。应该看到的是，虽然墨子所设计的政治体系过于简单，因而很容易为专制力量控制并滥用，但是"尚同"理论是建立在"尚贤"基础上的，因而只能在"尚贤"原则允许的范围内发挥作用。至少，天子应该是被上天选来统一天下公义的圣王，三公、诸侯以及大小地方官员也都应该是辅助天子治国的贤臣。在墨子看来，贤能是选拔所有官员的唯一标准，即便天子也不例外；财富、地位或家庭背景等一切外在因素，则统统不得予以考虑：

> 故古者圣王甚尊尚贤而任使能，不党父兄，不偏贵富，不嬖颜色，贤者举而上之，富而贵之，以为官长；不肖者抑而废之，贫而贱之以为徒役，是以民皆劝其赏，畏其罚，相率而为贤……虽天亦不辩贫富、贵贱、远迩、亲疏、贤者举而尚之，不肖者抑而废之。[88]

正如顾颉刚先生指出："尚同主义是和尚贤主义相辅为用的：尚贤而不尚同，则政治不能统一，其乱在下；尚同而不尚贤，则政治不能修明，其乱在上。"[89] 由于墨子的尚同原则必须和尚贤以及一般的平等原则相协调，《墨子》文本中的某些段落表明下级对上级的遵从和一致是有一定限度的："上有过，则规谏之。"[90] 这种主张的前提是存在判断上级是否"有过"的客观标准，而墨子确实也曾提出："上之为政，得下之情则治，不得下之情则乱……得下之情，则是明于民之善非也"[91]，似乎表明统治者按照民众的善恶观来统治民众，而不是民众一味服从统治者的主观好恶。

在论证功利主义正当性的过程中，墨子还通过举例比较"兼君"和"别君"，前者兼爱、后者反之，而让老百姓在两者之中选择，其中似乎隐含着民主选举的思想萌芽。[92] 更重要的是，虽然墨子没有明说，但是他的学说中完全没有任何主张反对通过选举，让平民百姓集体选择贤良的统治者。事实上，为了让社会治理的方式更符合"天志"，墨家功利主义原则完全可以被解读为要求建立某种选举机制。[93] 由于功利主义和民主的形式相似性，选举对于实现墨家理想来说应该是一种自然和便利的机制。墨子本人也极为崇尚远古时代的荐举制度："官无常贵，而民无终贱；有能则举之，无能则下之。"[94] 这段话清楚地表明，平民百姓一旦获得相称的能力，也应该有机会获得公共职位，而奖惩赏罚完全可以通过大众表决的方式进行。和孟、荀不同的是，或许由于大多数墨家门徒出身低微，墨子从未主张平民百姓不能自我管理。因此，虽然墨家并未明确接受民主制，但它在所有古典学派中最为平民化，也最可能接受现代民主的政治体制。

最后，不论民主制还是其他体制，"尚同"本身也具有不可忽视的积极面，也就是它有助于防止地方官员滥用权力，侵犯中央政令所保障的平民百姓的基本利益。墨子设计中央集权体制的目的，正是在于提高治理效率并促进信息交流。天子只是孤家寡人，显然不可能独自统治整个国家，三公诸侯以及中央政府的少数官员也同样无能为力。这就是为什么必须建立地方政府，但是为了防止政出多门、治理混乱，下级必须服从上级，地方必须服从中央，最后所有人都服从天子的原因。只有这样，中央政令才能畅通无阻地获得实施。和法家不同的是[95]，墨子从来没有发展出一套官官相制的复杂理论，但是他坚持政府所做的每一件事情都必须符合"天志"，而"天志"最终保护普天之下所有人的基本利益，并要求他们"兼相爱、交相利"。如果上天的意志就是不论社会地位多么卑微的平民都应该获得基本生计，而"天志"又必须通过天子、三公、诸侯以及不同层次的大小官员逐级落实，那么谁又能否认这种"尚同"的可取性呢？事实上，如果中国今天果真能实现法制统一，那么人民将免于地方政府强加的各种歧视、剥夺和限制，而所有这些都违反中央政府制定的宪法和法律[96]；如果能保证中央法令上同于利民爱民的"天志"，那么"尚同"确实有利于保护最广大人民的最根本利益。

五、结论——墨学与尊严

对于中华文明不幸的是，墨学只在历史初期昙花一现。秦朝统一中国之后，墨学遭遇重创并从此一蹶不振，到公元 7 世纪几近灭绝。及至近代，国人在外敌入侵面前重新发现墨家功利主义的价值，已是近千年之后。[97]墨家消失之后，老百姓失去了自己的代言人，精英取向的儒学成为引领中国社会的唯一可以践行的公共哲学。儒家礼制成为中国传统社会的道德宪章，维持着社会秩序与和谐。[98]但是一旦礼的具体规则和永恒的自然天道混为一谈，家庭和朝廷的具体关系成为天然正当的"纲常"，它注定会成为社会进步的障碍；一旦礼为了秩序而将人纯粹作为社会控制的对象，它就偏离了"仁"的目标，因而也不可能成为真正的"人性化过程"[99]。如果对社会和政治现实感到失落，那么剩下的唯一选择就是皈依崇尚自然、主张"无为"的消极厌世的道门。然而，如果这条充满神秘的路对于现实社会生活来说可遇而不可求，那么主流儒学中的偏见和缺陷将依然故我。在墨学衰落之后，中国知识分子在很长时间内只有两种极端选择：或者成为实用进取的儒家，但必须按照既定礼制在复杂的社会关系网络中扮演自己的角色；或者成为浪漫不羁的道家，完全退缩到私人的避难所享受孤独的人生。那个"摩顶放踵利天下"的伟大人格一去不复返了，再也没有人具备足够的勇气、睿智和道德良知去挑战现实、改善社会。具有讽刺意味的是，当一种体制因为缺乏实质性挑战而长期停滞和僵化，以致在迫切的社会需要面前显得一无是处、一无所用、不知所措之后，最后等待它的命运竟是无情的抛弃。

不论对于儒家的保守主义还是道家的消极主义，墨学都是有效的"解药"。作为其理想人格，墨子是一位积极的社会改革家，完全没有消极厌世的道家态度，而在行动中又不受任何儒家教条所设定的不平等社会关系之羁绊。墨子主张同样适用于每个人的普世功利主义原则，从而将妇女、子女和臣民从专制服从关系中解放出来。在不平等关系的层层重压下，个人总是在偏执和玩世不恭两个极端摇摆，因而不可能维持个人尊严所要求的道德自主性。墨子维持了道德法则，但是去除了其中不平等、不必要、不功利的成分，并致力于维护社会和平与百姓基本生计，从而使每个人都能享受自足和体面的私人生活。尽管功利主义一般并不能为人格尊严提供形上学框架，墨学证明功利主义可以对这个观念的完整阐述做出独特贡献。

当然，墨学显然并非十全十美。墨家的哲学思辨是浅显的，远不如儒、道深奥；其对"尚同"的天真信仰也容易为专制主义所利用，但是墨家对大众百姓的自然认同和深切关怀让所有这些瑕疵都显得微不足道。毕竟，我们或多或少都是结果取向的：如果一种道德哲学不可避免地产生今天主流立场不能接受的某些结论，那么无论其形上学基础如何发达，除了一点训诂学上的学术兴趣之外，它将被无情遗忘乃至刻意抛弃。儒家礼制正落得如此下场。墨学则恰好相反，在中国开始现代化之际复兴了。这个结果并非偶然，因为墨学虽然在形上学方面几乎一片空白，但是对于现代社会来说，其基本教义要比儒学熟悉甚或亲切得多。在现代化的阵痛中，中国急于摆脱各式各样的传统伦理和心理障碍，而墨学完全没有这些现代人看起来稀奇古怪的"老古董"。我们甚至可以想象，假如墨学在中国历史上没有衰落，我们或许用不着从西方引进"德先生"和"赛先生"，因为这些"舶来品"原本很可能从长期受到压制的平民主义的"异端邪说"中生长出来。

和儒家、道家一样，墨子也没有预见到自由民主制度的诞生对于个人尊严的完全发展如此必要。他预设了"天子"、"三公"、"诸侯"等现在看来陈旧过时的政府形式，他也没有提出一套可行的办法来选择符合"尚贤"标准的"天子"。由于这些缺陷，墨学至少在外观上既不民主也不自由；但不可否认的是，所有这些"种子"都散播在墨家学说之中，尽管没有某个非常事件作为催化剂，它们可能永远不会自发开花结果。无论是墨子对大众福利的深切关怀、对普天之下包括奴隶在内人人平等的基本信仰，还是对上层的普遍不信任——无论是对君主、家长还是师长，都表明墨学离现代民主只有一步之遥：要有效保证大多数人的利益，只有通过某种形式的选举制度。[100]墨子对无所不在的政府浪费和滥用权力的高度意识，势必不断提醒其有必要在权力结构中引入某种制衡机制，迫使政府对人民负责。和儒家、道家相比，墨子很可能是中国第一个认识到维持积极政府和民主监督的双重必要性思想家。[101]

最后，墨子主要是一位实践家而非理论家或教育家。和绝大多数儒家不同，墨子从不多说如何成为君子或求仁得仁云云，而是用行动传授自己的道德原则。他衣着朴素、简单甚至简陋，正是为了传播勤俭节约的功利主义理念；他之所以是一位能工巧匠，正是为了给社会大众带来实实在在的基本福利；他"摩顶放踵"，到处游说阻止战争，正是为了弘扬"兼相爱、交相利"的和平主义精神。尽管我们从《墨子》中不能发现太多关于理想道德人格的言辞，但是墨子自己就是其所不遗余力推行的道德原则的标准"样本"。[102]他为我们塑造了一个和典型儒家或道家相当不同的道德人格。从他身上，我们发现了一个我们时代相当熟悉的健康人格：对平民大众和社会疾苦的极度同情、对政府挥霍民财和滥用公权的强烈愤慨、对尚贤使能和平等原则的坚定信仰。在这个意义上，如果我们忽视墨学的贡献，中国的人格尊严理念注定是不完整的。

北京大学

中国，北京

【注释】

[1] Zhang Qianfan, "The Idea of Human Dignity: A Reconstruction of Confucian-

ism，" *Journal of Chinese Philosophy* 27 （2000）：299-330。这篇论文解释了人格尊严概念的内涵，在此不赘述。

[2]《孟子·告子上》。

[3] 例如，参见 Alan Gewirth， "Human Dignity as the Basis of Rights，" in *The Constitution of Rights：Human Dignity and American Values*，ed.，Michael J. Meyer and William A. Parent （Ithaca：Cornell University Press，1992），10-28.

[4] 邦宁教授曾在中国政治哲学会议上建议，法家作为第四大学派或许也可以对尊严理论有所积极贡献。在认真重新考虑了这一建议之后，笔者还是没有发现足够证据。当然，战国时期的法家确实致力于建立一个法制（ruled by law）国家，但是其出发点总是统治者而非人民的利益。在法家理论中，个人只是政治控制的对象，目的在于维护秩序、富国强兵，进而使国王得以稳固统治并扩大疆土。简言之，人格尊严概念是建立在一种尊重个人的道德基础上，而不论法家本意如何，作为纯粹工具主义理论的法家学说显然不具备这种道德基础，因而以下仅限于探讨墨学和道学的人格尊严理论。

[5] 参见 Benjamin I. Schwartz，*The World of Thought in Ancient China* （Cambridge，Conn.：Harvard University Press，1985），146。

[6] 虽然如葛瑞汉教授指出，"兼相爱"的目的主要在于"交相利"，而非个人情感，但是墨子完全可能将兼爱作为一种激励动机，用于培养人自然产生互利行为的情操和习惯。比较以下论述：A. C. Graham，*Disputers of the Tao：Philosophical Argument in Ancient China* （La Salle，IL：Open Court，1989），41-42；Schwartz，Ibid.，146-149。

[7] "万事莫贵于义"（《墨子·贵义》）。

[8] 当然，儒家的君子也在乎利，尤其是对社会和他人的公利（而非仅仅私利），但是儒家伦理体系并不像墨学那样具有将人作为趋利动物的倾向，参见 Wing-tsit Chan，*A Source Book in Chinese Philosophy* （Princeton University Press，1963），215。

[9] "仁，体爱也"；"义，利也"（《墨子·经上》）。

[10]《韩非子·显学》。

[11] 子曰："周监于二代，郁郁乎文哉！吾从周。"（《论语·八佾》）

[12] 参见冯友兰：《中国哲学史发展底一个轮廓》，见《中国哲学史论文初集》，70~83 页，澳门，新风图书社，1962。

[13] "丧虽有礼，而哀为本焉"（《墨子·修身》）。当然，孔子本人也表达过同样的意思："礼，与其奢也，宁俭；丧，与其易也，宁戚。"（《论语·八佾》）但是后世的"俗儒"显然忽视了他的教诲。事实上，即便他的直系门徒也未必总是按照他的意思办事："颜渊死，门人欲厚葬之，子曰：'不可。'门人厚葬之。子曰：'回也，视予犹父也，予不得视犹子也。非我也，夫二三子也。'"（《论语·先进》）

[14] "故君子莫若审兼而务行之，为人君必惠，为人臣必忠，为人父必慈，为人

子必孝，为人兄必友，为人弟必悌。故君子莫若欲为惠君、忠臣、慈父、孝子、友兄、悌弟，当若兼之不可不行也。"（《墨子·兼爱下》）

[15] "故兼者圣王之道也，王公大人之所以安也，万民衣食之所以足也。"（《墨子·兼爱下》）

[16] "视人之国若视其国，视人之家若视其家，视人之身若视其身。是故诸侯相爱则不野战，家主相爱则不相篡，人与人相爱则不相贼，君臣相爱则惠忠，父子相爱则慈孝，兄弟相爱则和调。天下之人皆相爱，强不执弱，众不劫寡，富不侮贫，贵不敖贱，诈不欺愚。凡天下祸篡怨恨可使毋起者，以相爱生也，是以仁者誉之。"（《墨子·兼爱中》）

[17] 墨子确实几次提及"先王之宪"，例如见《墨子·非命》上、中篇，其中功利主义作为普世和永恒的道德原则。

[18] 《墨子·经上》。

[19] 《墨子·大取》。

[20] 《墨子·兼爱下》。

[21] 例如冯友兰教授将墨学归类为功利主义的一种，参见其《中国哲学史》（第一卷），115 页，北京，中华书局，1961；并比较 Frederick W. Mote, *Intellectual Foundations of China* (New York：Alfred A. Knopf, 1971), 88.

[22] See Philip L. Ralph, "Mo Ti and the English Utilitarians," *The Far Eastern Quarterly*, 9 (1949)：42-52.

[23] 一般认为，在所有中国古典思想家中，墨子的宗教倾向最为明显，参见 Chan, Ibid., 220-221.

[24] 比较郝长墀：《墨子是功利主义者吗？论墨家伦理思想的现代意义》，载《中国哲学史》，2005 (1)，70～78 页。作者否定墨子是功利主义者，但是显然将边沁功利主义和自我中心的享乐主义（hedonism）混为一谈。

[25] 虽然密尔对边沁的朴素功利主义理论进行了修正，但是并没有从根本上解决这个问题。和边沁相比，密尔对"快乐"与"痛苦"的界定更为复杂，尤其是他不仅考虑快乐的"量"，而且也考虑快乐的"质"，承认"某些种类的快乐比其他的更可欲也更有价值"，甚至认为"与其做一只满足的猪，不如做一个不满足的人；与其做一个满足的傻瓜，不如做不满足的苏格拉底"，但是既然密尔的体系仍然是功利主义的，就不可能克服功利主义的基本局限性。参见 Jeremy Bentham, *The Principles of Morals and Legislation* (New York：Haftner Press, 1948), 24-29；John Stuart Mill, *Utilitarianism, On Liberty, Considerations on Representative Government* (London：J. M. Dent & Sons Ltd., 1972), 7-8, 10。

[26] 金勇义：《中国与西方的法律基本概念》，陈国平等译，55～63 页，沈阳，辽宁人民出版社，1989。

[27] 例如，"故昔者也三代之圣王，尧舜禹汤文武之兼爱之天下也，从而利之，

移其百姓之意焉，率以敬上帝、山川、鬼神"；"是故昔也三代之暴王，桀纣幽厉之兼恶天下也，从而贼之，移其百姓之意焉，率以诟侮上帝、山川、鬼神"（《墨子·天志下》）。再如："古之知者之为天下度也，必顺虑其义，而后为之。行是以动，则不疑速通。成得其所欲，而顺天、鬼、百姓之利，则知者之道也。是故古之仁人有天下者，必反大国之说，一天下之和，总四海之内，焉率天下之百姓以农，臣事上帝、山川、鬼神。"（《墨子·非攻下》）。

[28] 参见 Mote，Ibid.，88。

[29]《墨子·天志上》。

[30]《墨子·天志中》。再如："何以知天之爱天下之百姓？以其兼而明之。何以知其兼而明之？以其兼而有之。何以知其兼而有之？以其兼而食焉。"（《墨子·天志上》）

[31]《墨子·天志中》。

[32] "孔子贵仁，墨翟贵廉，……阳生贵己"（《吕氏春秋·审分览·不二》）。另参见王克奇：《论墨子与孔子、老子和韩非的比较》，载《孔子研究》，1997（3），92~99页。

[33] 事实上，墨子将利分为三个层次：天之利、鬼之利、人之利，但是三利总是合而为一，例如参见《墨子·天志中》。

[34] 参见 Donald J. Munro, *The Concept of Man in Early China* (Stanford：Stanford University Press，1969)，49-83。从孟子对"食功"和"食志"的区分，也可看出这一点（见《孟子·滕文公下》）。

[35]《墨子·法仪》。

[36]《墨子·小取》。

[37]《墨子·法仪》。

[38] "天之行广而无私，其施厚而不德，其明久而不衰，故圣王法之。"（同上）

[39] "虽至天下之为盗贼者亦然，盗爱其室不爱其异室，故窃异室以利其室；贼爱其身不爱人，故贼人以利其身。此何也？皆起不相爱。虽至大夫之相乱家，诸侯之相攻国者亦然。大夫各爱其家，不爱异家，故乱异家以利其家；诸侯各爱其国，不爱异国，故攻异国以利其国，天下之乱物具此而已矣。察此何自起？皆起不相爱。"（《墨子·兼爱上》）

[40]《墨子·兼爱上》。

[41]《墨子·尚贤中》。

[42]《墨子·尚贤上》。

[43]《墨子·天志中》。

[44]《墨子·天志下》。

[45] 如果考虑篇幅，"民"在《孟子》中出现频率甚至比《墨子》更高。然而，《孟子》的实体论证基本上贯穿全书，而《墨子》的主要论证却局限于全书的前半部

分，后半部分的多数章节设计宗教、仪式等与政治和道德无关的话题。如果不算这些章节，只算截止到"天志下"的前 28 章，那么统计结果将有所不同：在不到 4 万字的篇幅中，"民"和"百姓"的出现频率分别是 219 次和 60 次。

[46]《孟子·离娄下》。

[47]"礼不下庶人，刑不上大夫"（《礼记·曲礼上》）。虽然这种区别未必在实践中严格实施，但是它仍然反映了儒家上下有别的阶级意识。

[48]《墨子·非乐上》。

[49] 既然功利主义具有内在的平等性，对每个人的快乐和痛苦都一视同仁，因而并不令人惊讶的是，社会乃至道德状态在墨学价值体系中发挥的作用是微不足道的。

[50] Philip L. Ralph, "Mo Ti and the English Utilitarians," *The Far Eastern Quarterly*, 9 (1949)：42-52.

[51] 例如当今十分普遍的征地和拆迁产生了大量的社会问题，有关报道可以说是不计其数。许多农民和城市居民都抱怨补偿太低，而不同层次的地方官员和开发商合谋在牺牲居民利益的基础上实现利润最大化。这些事件都说明中国社会下层的基本权利没得到有效保障，因而和墨子生活的时代一样不能抵御政府权力的侵犯。参见张千帆主编：《新农村建设的制度保障》，北京，法律出版社，2007。

[52]《墨子·辞过》。

[53]《孟子·尽心上》。

[54]《墨子·非攻中》。

[55] 例如见《墨子·七患》，其中墨子认为政府有义务维持正常收成。政府还有尚同的义务，详见以下讨论。

[56]《墨子·辞过》。墨家的平民主义伦理也谴责当时的统治者嫔妃满堂，剥夺了许多男女形成幸福家庭的机会。相比之下，几乎没有儒家站出来抨击宫廷生活的糜烂。事实上，为嫔妃制度寻找正当性的儒家不在少数。

[57] 一种可能的解释是墨子支持有限政府和公众对社会事务的积极参与。为了促进整个社会的基本福利，墨子会主张政府做得更少而不是更多。

[58] 对于边沁功利主义所面临的道德困境，参见 Bruce Ackerman, *Social Justice in the Liberal State* (Cambridge, Conn.：Yale University Press，1980)，314-320。

[59]《墨子·兼爱中》。

[60] 否则，墨学也将面临功利主义平衡产生的同样困难，也就是君主和贵族的奢靡享受可能足以抵偿社会下层的痛苦。

[61]《墨子·大取》。

[62] 同上。

[63] 有些学者将"兼爱"解释为"对所有人的公平理性关爱"（impartial rational concern for all men），参见 Schwartz, Ibid.，149。

[64]《墨子·经说上》。

[65] 参见《墨子·非攻下》。例如虽然墨子用功利主义道理说服了公输班和楚王，但是后者仍要发动战争，最后还是墨子通过战术上的胜利迫使楚王放弃了战争的念头（见《墨子·公输》）。

[66] 参见吴进安：《孔子之仁与墨子兼爱的比较研究》，155～165页，台北，文史哲出版社，1993。

[67]《墨子·天志上》。

[68] "仁也，义也，爱人利人。"（《墨子·天志中》）

[69] "天为贵、天为知而已矣。然则义果自天出矣"；"顺天之意者，义之法也"（《墨子·天志中》）。

[70]《墨子·天志中》。

[71] "然义政将奈何哉？子墨子曰：处大国不攻小国，处大家不篡小家，强者不劫弱，贵者不傲贱，多诈者不欺愚。此必上利于天，中利于鬼，下利于人。"（《墨子·天志中》）

[72]《墨子·尚贤上》。

[73]《墨子·天志上》。

[74]《墨子·天志中》。

[75] 因此，"上之所是，必皆是之，所非必皆非之"（《墨子·尚同上》）。

[76]《墨子·尚同上》。

[77] 同上。

[78]《墨子·尚同下》。

[79] 冯友兰：《中国哲学史》，141页。早先，梁启超也持同样观点，参见其《墨子学案》，62～65页，上海，上海书店，1992。

[80] 例如参见方授楚：《墨学源流》，84～86页，中华书局、上海书店，1989；刘泽华主编：《中国政治思想史》（先秦篇），447～453页，杭州，浙江人民出版社，1996。

[81]《墨子·尚贤中》。

[82] 参见张永义：《墨子与中国文化》，贵阳，贵州人民出版社，2001。

[83]《孟子·万章下》。

[84]《孟子·梁惠王下》。

[85] 洛克关于"上诉于天"（appeal to Heaven）的著名理论和中国的"替天行道"观念相当类似，参见 John Locke, Second Treatise, Sec. 20, in *Two Treatises of Government*, Peter Laslett ed. (Cambridge University Press, 1988), 282。

[86]《墨子·尚同中》。虽然"已有善傍荐之，上有过规谏之"，但是墨子并没有说明不听规谏的后果。

[87] 参见徐希燕：《墨子的政治思想研究》，载《政治学研究》，2001（4），46～56页。

[88]《墨子·尚贤中》。

[89] 参见顾颉刚：《古史辩》（卷 7b），49 页；转引自黄勃：《论墨子政治思想的特征及意义》，载《史学理论研究》，1995（4），64～73 页。

[90]《墨子·尚同上》。

[91]《墨子·尚同下》。

[92]"（别君）退睹其万民，饥即不食，寒即不衣，疾病不侍养，死丧不葬埋……兼君之言不然，行亦不然，曰：'吾闻为明君于天下者，必先万民之身，后为其身，然后可以为明君于天下。'是故退睹其万民，饥即食之，寒即衣之，疾病侍养之，死丧葬埋之……今岁有疠疫，万民多有勤苦冻馁，转死沟壑之中者，既已众矣。不识将择之二君者，将何从也？我以为当其于此也，天下无愚夫愚妇，虽非兼者，必从兼君是也。"（《墨子·兼爱下》）。

[93] 有人将墨子解释为主张天志下的"神学政治"，参见金勇义：《中国与西方的法律基本概念》，55～63 页。

[94]《墨子·尚贤上》。

[95] 例如参见《韩非子》中"说难"、"奸劫弑臣"、"南面"、"饰邪"、"外储说左下"、"外储说右上"、"外储说右下"等篇。

[96] 关于这一点，参见 Zhang Qianfan, "The People's Court in Transition：The Prospects of the Chinese Judicial Reform," *Journal of Contemporary China*, 12（34）：69-101（Spring 2003）；张千帆：《如何节省实施中央政令的成本》，载《法制日报》，2004-08-12。

[97] 正是墨学和基督教的表面相似性引起了西方学者的兴趣，参见 Graham, Ibid., 7；Mote, Ibid., 90。关于墨学绝迹的成因分析，参见李元、庆余：《墨学从"显学"到"绝学"的原委探析》，载《北方论丛》，1985（5），7～12 页。

[98] 当然，儒学并不是一个封闭的体系；随着时间的推移，它确实经历了自我转型，吸收了道家、法家等其他流派的许多思想，并分解成诸多门派，但是礼的体系仍然代表了传统儒学的核心成分。对于新儒学的发展历程，参见 Chung-ying Cheng, *New Dimensions of Confucian and Neo-Confucian Philosophy*（Albany：State University of New York Press, 1991），47-57。

[99] 杜维明教授语，参见 Tu Wei-ming, "Li as a Process of Humanization," in *Humanity and Self-Cultivation：Essays in Confucian Thought*（Berkeley：Asian Humanities Press, 1979）。

[100] 这确实可能是一个相当大的飞跃，因为墨子必须实质性地修正其尚同学说，放弃上天干预人类事务的不切实希望，并相信大众有能力在诸多候选人中选择值得信赖的政府官员，所有这一切对于墨子理论来说都是可能的。

[101] 当然，麦迪逊的《联邦党文集》第 51 篇提供了这类思想的最经典表述："在一个由人统治人的政府体系中，真正的困难在于你必须首先使政府控制被统治者，

然后迫使其控制自己。"见 Alexander Hamilton，James Madison，and John Jay，*The Federalist Papers*，Clinton Rossiter ed.（New York：Penguin，1961），322。墨子假定第一点自然正确，而并没有考虑第二点，但是这个问题并非墨子独有，而是几乎所有古典思想共同的问题，即便道家也不例外。

［102］在这方面，墨子和边沁确有共同之处。边沁曾表示愿意死后捐献遗体，以便医学研究为人类造福，参见 Laurence J. Lafleur，"Introduction," in Bentham，*The Principles of Morals and Legislation*（New York：Hafner Press，1948），xii–xv。

民主的理想和实践：批判性的反思

刘述先（Shu-Hsien Liu）* 著

李子群 译　　张计连 校

大约 20 年前，傅伟勋（Charles Wei-hsun Fu）写过一篇论文《战后儒学与西方民主：一个思想斗争》（Postwar Confucianism and Western Democracy：An Ideological Struggle）[1]，他写道：

> 当代儒家如唐君毅和牟宗三仍然认为内圣之道是外王之道的道德基础，西方的民主（和科学）很容易被吸收进儒家的社会政治思想中，因为儒学的道德理想包含了发展民主（和科学）的因子。[2]

作为当代儒家学者中的晚辈，起初我也同意这个观点，但后来有了另外的看法。傅伟勋把我写的《中国哲学与现代化》（*Chinese Philosophy and Modernization*）[3]一书中的一些观点摘录和翻译到他的英文论文中，我在下面引用了一个段落，因为它极好地概括了我对这个问题的看法：

> 首先，我们必须把［儒学中］理想的方面和现实的方面区分开来。我始终如一地坚持儒学的理想，但我绝不否认这一事实，即我们传统的社会政治制度不再适合当前中国的现实需要；那些二流的儒者所持的极端保守态度已经成为现代任何社会政治进步的障碍……根据我个人的生命体验，学习儒学的本质就是用心灵来寻求人的方向和"仁"（人性）在内心中的体现。通过扩展仁的心，人们可以根据万物

---

* 刘述先（Shu-Hsien Liu），"中央研究院"中国文学和哲学研究所兼职研究员。研究方向：儒家哲学，文化和宗教哲学，比较哲学。E-mail：icliu@gate. sinica. edu. tw。此文本次翻译略有修改。

的创造和繁殖形而上学地认识难以理解的天道。借助于这样的生命体验，人们自然会感到他们在生活中没什么可遗憾的，他们（儒者）的道路是自足的……但是我们在民主、政治和法律制度上远远落后于西方了。[4]

因此，在我看来，我们的传统留给了我们需要继承的重大遗产和需要克服的巨大障碍：作为精神传统，儒学需要通过重新整理来发现它在现阶段的位置，而作为一种社会政治方案，它需要通过根本的改造来使中国幸存于帝国主义的势力包围之中。显然，改造我们的传统不仅是一个理论的问题，也是一个有关存在的和实践的问题。傅伟勋敦促我们直面如下的困难：

作为内圣和外王之道，儒学的道德是出于实现仁的伦理需要而坚持的终极道德的一个典型代表。但当代儒家学者提倡的宪政民主在法律的形式中只需要最低限度的道德。因此，在他们把西方民主吸收进儒学传统的尝试中看不到最低限度的道德和终极道德之间的区别，当代儒家学者并没有成功地说明传统内圣之道为什么能成为和如何成为中国今天和未来宪政民主的道德基础。如果他们能在规范性原则和构成性原则之间做出明确的（康德的）区分，并根据对人之中或社会之中仁的充分认识，仅仅把儒学的终极道德作为中国社会政治道德的规范性原则，或许，他们的尝试将更加成功。无论如何，当代儒家要完成这一困难的任务——在后现代的权力政治世界中重构儒学的道德理想——还有很长的路要走。[5]

确实，傅伟勋指出了当代儒家在改造儒学传统的努力中必须直面的困难。作为当代儒家学者中的晚辈，我至少愿意直接处理他所提出的问题。我不仅沿着这个方向写了许多论文[6]，而且在中国出版了一本讨论理想与现实纠结的书。[7]我并没有为很多问题提供答案，但我反思了学者们提出的一个重要问题。

首先，需要在各种意义的"儒学"之间做出区分。制度儒学随着最后一个王朝在1912年的覆灭而结束了。自汉朝建立起来的制度曾是中华文明的骄傲，从中华民国建立起，它就已被来自西方的制度所废除和取代了。这就是我说"传统儒学中最强有力的东西现在已变成当代儒学中最微弱的东西"的原因。我们仍然是向西方学习的学徒。在民国时代早期，以1919年的五四运动为标志，儒学传统的一切方面都受到了指责。[8]但儒学的命运在20世纪后半期有了很大的改变。就像凤凰在灰烬中重生，在新的世纪和千禧年，儒学似乎会繁荣和健康发展。我探求到了有助于在儒学这个词的三个相互分明而又相互联系的意义中做出区分的三重划分[9]：

（1）精神的儒学。伟大思想家如孔子、孟子、程朱和陆王的传统，已被当代新儒家作为它们的最终义务来复兴。

（2）政治化的儒学。董仲舒、班固和其他人的传统，作为王朝的官方意识形态，吸收了其他学派如道家、法家和阴阳家的思想。

（3）大众的儒学。关于草根阶层所强调的家庭价值、勤奋和教育的信念，它们难以同其他信念如佛教、道教包括各种迷信的信念分开。

我将沿着这个思路讨论儒学传统的改造问题。作为一个哲学家，我感兴趣的首先是精神的儒学。我同意牟宗三教授首先提出来、然后由杜维明传播到世界各地的关于儒家哲学发展有三个分期——先秦、宋明和当代——的观点，但对于儒家哲学的三个分期我有自己的理解和解释。[10]我的观点是在两本英文书里提出的：*Understanding Confucian Philosophy*：*Classical and Sung-Ming*（《理解儒家哲学：古典和宋明》）[11]，*Essentials of Contemporary Neo-Confucian Philosophy*（《当代新儒家哲学指要》）。[12]简言之，中华文化过去二百年必须面对的挑战比以往任何时候都要巨大。中华文化一直都是远东的母文化，从来没有遇到过优越于它甚至相当于它的另一种文化。突然，它遭到了更加优越的西方文明的冲击，中国被迫改变它的传统道路。我们所经历的危机完全是秩序和意义的双重危机。[13]这正是当代新儒家回应现代西方挑战的背景。[14]

作为一个精神传统，当代新儒家坚持从先秦、宋明儒学到今天，儒学有一条线贯彻始终，虽然在表达上有很大的不同。它并非仅仅教授世俗的伦理学，它简直可以说是一种终极关怀。[15]它认为每个人都有天赋的仁（人性），因此微观世界和宏观世界之间有联系。[16]儒家的天在世间不断地、默默地运行着，它可能被描述为"内在的超越"，与基督教理解的作为"纯粹的超越"、创造了世界但不是世界的一部分的上帝相对。由于有当代新儒家几辈人的努力，作为精神传统的儒学可与世界上的其他精神传统相抗衡。但具有讽刺意味的是，世界上所有重大的信仰在现时代都受到了虚无主义和偶像破坏论的威胁。它们被迫对来自于强有力的非宗教文明——起源于西方的民主、科学、技术和商业——的挑战作出回应。忽然，我们似乎都同坐在一条船上。实际上我提出，在我们改造传统的尝试中，我们或许能从基督教神学或西方哲学中学习某些有价值的东西，如[17]：

本体诠释学、民主精神与全球和谐

（1）存在主义神学；

（2）去神话化；

（3）宗教语言的符号方法；

（4）世俗化；

（5）生成和创造的概念。

虽然基督教传统面临的挑战是严峻的，但仍然无法与儒学传统面临的挑战相比。不仅基督教与现代西方妥协有几百年的历史，而且西方文化的起源一开始就是双重的，例如古希腊的理性、希伯来人的信仰。实际上，中世纪宗教和政治之间的相互反对正是西方最终采用有利于权力分离的民主制度的原因。由于处在转变成西方的殖民地或附属殖民地这一非常现实的危险之下，并在第二次世界大战中受到了日本的侵略，中国被迫在非常短的时间之内采用西方的道路。中华文化自古代起就已发展成一元论，政治在儒学传统中总是作为伦理学的一个扩展。主权由统治者享有，他们的权力中包含的仅有的东西就是儒学教育机构传授并由作为人民和统治者之间的直接联系的儒家贵族所遵循的道德准则。当统治者荒淫到人民再也无法忍受他们统治的程度时，就会发生革命和出现新的朝代。这个模式一直持续到 20 世纪早期最后一个王朝被推翻的时候。为了求生存，中国除了推进自身的现代化之外别无选择。但遗憾的是，现代西方并没有领导全世界在地球上建立天堂，而是制造了冲突和威胁人类文明使其终结的危机。现在，问题的症结是在这个节骨眼上转变我们的方式。在这里，我再次受到了信仰基督教的同事的鼓舞。

孔汉思（Hans Küng）提出，现在是把范式转换到形成全球意识和全球伦理的时候了。[18]他坚信，在没有宗教和平的国家之间不可能有和平。对寻求宗教的相互理解而言，有三个策略是不起作用的：第一，堡垒策略，顽强地坚持自己的信念；第二，缓和策略，否认当某一种宗教都拥有自己的方式时会有任何问题涉及真理；第三，包含策略，认为其他宗教仅把握了某些片面的真理，只有某人的宗教才是完善的真理。孔汉思建议，为了克服我们的偏见，最好的策略是各自对自己的传统进行自我反省批评（soul-searching criticisms）。于是，他着手作出自己对基督教的反思：即使基督徒完全赞成和平的理想，但实际看来他们是侵略性的，既非善良又非爱好和平；他们超脱尘俗的情感是片面的；他们对罪孽的困扰是令人讨厌的；神性被过多地强调。此外，宗教不能避免真理和错误的问题。我们必须尽力寻找被不同传统普遍接受的某些东西。孔汉思研究发现，任何超越的宗教都不可能与人类世界无关。因此,真实的人性(humanum),就是我们寻求的普遍的、一般的标准。我认为孔汉思关于策略的讨论是有启发性的,尤其是他对第三个策略的拒斥,因为它并非简单地对其他传统抱有屈尊的态度。

与此巧合的是,1988年在香港中文大学举行的第一届儒教—基督教会议上,我也提交了题为《当代新儒家可以向基督教学习什么的几点反思》(Some Reflections on What Contemporary Neo-Confucianists May Learn From Christianity)的论文,我在该文中对我们自己的传统做了非常猛烈的批评。[19]我充分认识到,内在超越的传统如儒学的一个危机在于它或许完全看不到超越的一面;中国文化的早熟特征妨碍了它充分地发展它在自己的哲学中鼓吹的创造性;对人类本性中神性的信任被误解为它意味着现实的人类行为是善的,这导致中国在政治系统中不能形成西方民主所实践的制约—平衡机制。但具有讽刺意味的是,自我批评极少导致自我绝望或自我破坏,它显示了一个传统的内在力量和它通过吸收由其他传统提供的营养成分自我更新的能力。因此,对一般标准的要求并未给儒家传统形成任何困难,中国总是寻求某些超越种族障碍的普遍的东西,把人性和世界视为一个整体。人性总是儒学的主要关注点,这是没有任何疑问的。理想的人性(仁)被假定体现在仪式(礼)中;但在实践中,它们常常转变成一个完全缺乏人性精神的坚硬的外壳。这就是我们必须保持警惕和坚持批判精神的原因。致力于人性或许不会获得人性中最好的东西。同样,绝对献身于上帝并非总是令上帝喜欢的最好行为。新儒家断言,理虽然是一,但其表现形式是多(理一分殊)。[20]今天我们需要对这一声明给予当代的解释。让我们作如下尝试。

无论古代和现代,东方和西方,人性的超越的理都是一。但是在不同的环境中它的表现必然有所不同。基督教的传统经历了巨大的变化,儒家的传统也同样如此。出于便利,我愿意借用约翰·希克(John Hick)的方案,他说:

> 基督教的宗教神学,三重的划分已被非常普遍地使用在新教的和天主教的著作中(包括最近的梵蒂冈文献):排外主义、包容主义和多元主义……
>
> 关于真理的声明,排外主义认为只有基督教才有最终的真理;包容主义认为虽然只有基督教才有最终的真理,但其他宗教中也有较少

的真理；多元主义认为各种信仰关于其最终显示都有自己的真理，信仰—系统（belief-system）是拯救的一个整体的、名副其实的背景。[21]

在很长时间里，基督教传统赞成排外主义。后来出现了向包容主义转移的趋势，例如20世纪60年代的第二次梵蒂冈委员会。但希克自己赞成多元主义，这有利于以最低道德(minima moralia)为教义的全球伦理。在很长时间里儒家传统赞成包容主义，当代新儒家如唐君毅和牟宗三仍然支持这一立场。但第三代新儒家包括我自己愿意趋向多元主义。这个差异在于牟宗三等仍然强烈地感到只有儒学才能彻底证明常道。但我自己宁愿强调没有人（甚至包括被后世尊称为圣人的孔子）能以完美的方式证明道。在我看来，孔子、孟子、程朱、陆王、唐君毅和牟宗三都体现出他们观点的局限性。他们都指向超越的理一，至少他们都停留在分殊的范围内。换言之，没有人垄断了道。这就是为什么作为天主教的神学家、没有儒学背景的孔汉思能够坚持把人性作为全球伦理的原则，并献身于把它推向世界的事业的原因。

但是我必须加以说明的是，虽然孔汉思和我都不喜欢绝对主义，但我们都没有根据相对主义来看待多元主义。我们都欣赏多样化中的统一是最低限度的一致。如果我们这一代对祖先的事业有任何推进的话，准确地说，它就在于我们现在知道了我们并不拥有一个绝对的标准。但我们仍然需要绝对，作为一个规范性原则，它是我们对真理的承诺，我们总是期望超越我们目前的观点，对任何特定传统的优劣给予批判性的评价，并有我们自己的从其他视角对事实和观念进行反思、检验的判断。由此，我们也非真正地需要放弃最高道德（maxima moralia）。最好的方式是各自在自己的传统内尽其所能地工作，产生该传统最大的力量，只要所做的遵从理性和真理的指导原则即可。让我们尊重各种传统所显示的差异，寻找潜藏在表面冲突之间的一致。我希望，通过公开地识别和讨论各种问题，我们将能够趋向未来的可能的解决方案。未来社会由有理性的、具有多样化背景的个体组成，这些个体不会相互攻击，也不会有宗教的战争。这就是我对傅伟勋的——在神学意义上最高道德和最低道德之间的冲突——疑问的回答。但这只是改造中国文化所需要的一个基本步骤。知识分子在理想的世界中往往比大众走得更远，而对现实世界的改变却只有较少的贡献。

与过去儒家知识分子常常是政府的官员、对改变事件的进程起到重要作用不同，今天的儒家知识分子往往是在椅子上工作的学者，显然，儒家的哲学家对所谓的"四小龙"——中国香港、中国台湾、韩国和新加坡——获得经济奇迹几乎没有起到什么作用。社会学家注意到它们像日本一样，都有儒学的背景。但彼得·比格尔（Peter Burger）把它们的成功归于他所谓的平民儒学。[22]平民儒学相当于我所说的大众儒学。对这些情形进行概括是困难的，因为不同的因素在不同的领域中起作用。但大家都认为儒学不应该再被视为东亚现代化进程的主要障碍。[23]《时代》杂志（1993年6月14日）甚至把孔子的肖像作为封面，报道了《历史的终结和最后的人》（*The End of History and the Last Man*）一书的作者弗兰西斯·福山（Francis Fukuyama）[24]的观点——新加坡所施行的软威权主义（soft-authoritarianism）比伊斯兰教对西方自由主义提出了更大的挑战。

但是回顾1958年，当四位杰出的当代新儒家学者唐君毅、牟宗三、徐复观和张君劢在新年共同发表《为中华文化敬告世界人士宣言》（A Manifesto for a Reappraisal of Sinology and Reconstruction of Chinese Culture）[25]时，没有人对这个文献给予关注。难怪他们的呼吁被忽视了。在西方听到这些流亡学者微弱的声音的是1949年从中国大陆移居香港、台湾和海外的人。但是在20世纪后期儒学的命运发生了很大的改变。在试图彻底清除儒学的灾难性的"文化大革命"（1966—1976）之后，中国大陆极大地改变了政策，并向世界打开了门户，期间也恢复了儒学的名声，认为它是过去的宝贵遗产。1986年当代新儒学被指定为民族性的十年教育学习科目，因为它被认为是三个有力的思想潮流之一，与西方自由主义、共产主义同等重要。[26]从此产生了持续十年的所谓"当代新儒学热"。最近，英语世界也出版了许多这方面的书籍。[27]

现在，氛围已完全改变了。不仅学者们同意现代化可以采取不同的道路，而且现代西方也为发展中国家提供了让它们追随的糟糕模式。我们似乎正在进入后现代时代。虽然对什么是"后现代"还没有取得一致意见，但大家都认为以科学、技术、市场经济和民主制度为特征的"现代"西方留下了许多遗憾。启蒙理性的霸权受到了西方知识分子的挑战。无羁的个人主义和资本主义扩大了富人和穷人之间的差距。人类对自然的统治毁坏了我们的环境。世界上的冲突在加剧，恐怖主义依然是一个真正的威胁。对许多人而言，如果心灵中没有和平，生活中也就不会有任何意义和价值存在。美利坚合众国这个世界上最强的国家在布什的领导下，以单边主义征服伊拉克是走向了一个错误的方向。

如果这个趋势不被扭转，我们马上就会看到世界的终结。这就是孔汉思论证我们需要转换范式、崭新的全球意识可能会使我们免于不远将来的彻底毁灭的原因。在一个只有有限的资源、人们的意识形态相互冲突、人们相互仇恨的世界中，儒学承诺的人性与和谐的理想在新的世纪和新千年当然可以提供许多东西。但这并非我打算在这篇文章中处理的问题。西方需要和东方对话正如东方需要和西方对话一样。由美国掌舵的强大的西方必须试着使自己变得谦逊，不要把整个世界引向毁灭和以自我毁灭而告终。同时，东方必须努力使自己以恰当的方式现代化，使自己变得强大，不要被西方的更强大势力不公正地支配。民主化的进程不能被忽略，为了朝着后现代的方向展望，我们仍然必须经历现代化的阶段。

在我看来，**理一分殊**（原则是一，但其表征是多）也可以运用于政治经济学的领域。今天所有东亚国家都赞成民主的理想，认为主权在人民而不在统治者，但在实践中有许多不同。我愿意考察中国台湾和新加坡这两个例子，它们向我们提供了互相有别的模式。我打算把民主的理想当做规范性原则来考察这两小龙的表现。

首先我们考察台湾的情况。1949 年国民党到台湾之后，经历了蒋介石和其子蒋经国的统治。台湾岛的一切自然都被置于严密的控制之下。无疑它是被单个政党统治的专制政权。它绝不是一个自由的社会，受到敌对者施加的压力。但它成功地把力量集中在经济建设上，使台湾成了东亚"四小龙"之一。[28]在国民党的霸权统治之下，党政相互交织，没有清晰的界限。台湾党政的意识形态是孙中山的**三民主义**（人民的三个原则）——民族主义、民权主义和民生主义——中国和西方的价值与观念的集合体。虽然国民党在构成上多少有些列宁主义，但它的意识形态不同于列宁主义。孙中山的国家建设三个阶段发展理论即军事统治、民主监护、宪政民主表明他对于实行政治民主是坚定的。

但是，国民党政府在 1949 年颁布了军事法，对建立宪政民主未作认真努力。在 20 世纪 50 年代早期，政府一边把回到大陆作为它的主要政策，一边把它的策略决定性地转移到激进的经济发展中。国民党先从和平的、不流血的土地改革开始，然后制定了五个四年经济计划（1953—1956，1957—1960，1961—1964，1965—1968，1969—1972）。党政的有力支持使现代化中的技术专家一心一意地追求经济目标成为可能。自由的市场经济正在发展，背离了孙中山的社会主义纲要。由于美国的影响，中国台湾从政府控制的资本主义转变成了自由的市场机制。一直到 20 世纪 70 年代中期，政府对经济和社会仍在产生重要影响。但是随着经济力量的增长，以市场为基础的社会逐渐维护了它作为独立实体的地位。一个以农业为主的社会转变成了工业社会。工业化和城市化导致了城市劳动阶层和城市中产阶级的出现，自由和政治参与需要的增长越来越明显了。极端守旧的政治结构受到了独立政治家（有时被称为党外）的挑战。20 世纪 70 年代和 80 年代的民主运动和社会运动为何能够如此蓬勃地发展呢？这是政府指导经济发展的直接结果。对于变化的政治现实，国民党政府远远不是迟钝的而是敏感的、反应迅速的。蒋经国通过发起"台湾化"的行动积极从事政治改革，由此搭起了跨越政府和社会之间鸿沟的桥梁。1986 年 5 月，党政同意与党外成员进行对话。完全可以说，这标志着国民党实际上承认了政治秩序中新发展的一个合法竞争者。

本体诠释学、民主精神与全球和谐

　　显然，台湾经济的发展导致了政治的转变。当条件成熟到为原则寻找表征的时候，孙中山的政治民主的规范性理想为台湾进入新的阶段铺平了道路。蒋经国去世后，台湾人李登辉成了"总统"。这是一个很大的突破。李登辉之所以当选是因为他是对蒋经国顺从的"副总统"。但之后发生的一切出乎所有人的预料。他偶然地掌管了"总统"办公室，于是在开始阶段他极力从高级官员手中获得权力，加强他作为国民党主席的势力。一旦他掌握了权力，他就领导这个政府向着他所期望的方向前进。很容易地他就被尊为新的独裁者，因为他是有史以来第一个台湾土著"总统"。当他有力地支持地方化的趋势时，他在党内制造了分裂。他的任期结束后，由于在他统治国民党时期所造成的糟糕的分裂，2000 年民进党的陈水扁赢得了选举，并于 2004 年在争议中再次当选。

　　因此，从技术角度看台湾已成功地转变成了一个民主社会。这的确是个巨大的成就。但民主政府的运作有不少待改进之处。主要原因在于缺乏与之相应的民主精神，为了使系统运作，李登辉成了一个独裁者，执意不与中国大陆统一，他的做法加剧了泛蓝的支持者（由民进党领导，赞成独立）与泛绿的支持者（由国民党领导，寻求与大陆更好的关系）之间的分裂。因此，当民进党——其章程以台独为目标——的陈水扁接替"总统"职位时，他并无不高兴。但是，中国大陆绝不允许台湾独立，因此在海峡两岸之间有持续的张力。在国民党到台湾之后，它主要依靠美国来防止大陆对它的统一。但在 1972 年，美国正式承认了中华人民共和国，国民党必须放弃在联合国代表中华人民共和国的席位。自此，美国的政策不再支持台湾独立，虽然当台湾受到大陆的进攻时，它将保护台湾。

陈水扁当然绝不会成为独裁者；他是完全不同的一个类型。他以辩护律师起家，他知道如何组织论证来赢得他的案子。于是他成为反对阵营的一个立法者，以能言善辩出名。在担任"总统"之前，他曾当选台北市市长。在选举运动中他是一个专家，以煽动性的语言鼓舞他的支持者投票，这就是他的才能所在。在其他方面，他没有表现出任何管理政府的能力和技术，特别是缺乏运转一个少数派政府的妥协技术。一些官员被任命不是靠他们的才干，而是靠他们与陈水扁的关系。民进党及其同盟没有在立法部门获得足够的席位，是个少数派，反对派常常阻止政府支持的政策，立法者忠于相互冲突的意识形态，民粹派相互竞争吸引不同的民众形成圈子，这不利于问题的解决。

在陈水扁统治的五年时间里，不仅挥霍了"国民政府"所有的积蓄，而且把国债提升到了新高，这将遗留给下一代去解决。富人不需要纳税，而普通民众则必须缴纳更高的税款。在出口和进口方面，台湾商人在中国大陆赚了很多钱，与其他国家的贸易则处于逆差。但政府依然不推进与大陆的贸易联系。相反，陈水扁不断利用当地居民对大陆的对抗情绪来获得选票。他此时说的话，在下一时刻就被自己推翻了。他被看成一个没有信用或不诚实的人。他甚至出于个人目的操控司法。不存在绝对的法律规则，所有公认的规范正被打破。意识形态的冲突也干扰急需的教育改革。单靠警察制止不了抢劫和犯罪。失业和自杀率越来越高。由此，台湾的民主实践进入了危机，被严重的麻烦所困扰。[29]

对一些读者而言，我对台湾的政治可能过于苛刻了。但民意调查始终向我们表明，70％的台湾年轻人看不到将来的希望。这个数字显示，我的评论并非太离谱。我并没有把所有的过错都推到领导者身上，因为他们是被来自人民——他们仅应做出自己的选择——的选票推到领导者地位上的。

我的意图当然不是轻视台湾的成就。我深深忧虑台湾正在走向一个错误的方向，因此紧急呼吁改变道路。从儒家的观点来看，宪政民主被确立之后，我们需要的是高效的小规模政府，它不仅应该关注短期目标，而且应该具有处理政治、社会和经济等实际问题的未来视野。同时，小规模政府并不包办一切，许多职责应该由人民自己来担当。家庭制度必须得到加强，使年轻一代在家庭中形成自己的道德人格，父母不能只忙于挣钱而忽略对子女的关心。一个有力的市民社会必须出现，使得政客无法轻易地操控和歪曲民意。在今天多元的社会中，知识分子可能会选择参与政府服务人民，或者选择专业化的职业使其更好地发挥才能和展示巨大的创造性，同时也通过抗议社会中的愚蠢之举和不正义行为关注民众的福利。

现在让我们转向新加坡的情形。[30]宣称主权在民的民主理想被今天的所有东方国家所支持，但在不同地区有非常不同的表现。在两蒋的统治之后，台湾是自由而不守秩序的，而新加坡总是处于控制之下，是有秩序的。台湾似乎急于采纳西方模式，通过选举改变政府，而新加坡试图保持一些东方的传统，包括一个党派的独裁统治，这似乎不符合民主化的进程。

新加坡过去是英国的殖民地，第二次世界大战之后开始独立。在李光耀的领导下，它建立了具有特色的城邦。李光耀在英国接受教育。他起初也是一个辩护律师，但他从这个职业当中得到了与陈水扁完全不同的经验。他曾经成功地为一个杀人凶手辩护，并被自己的成功所震撼。晚上一想到这个杀人凶手可以自由地在大街上漫步，他就无法安然入睡。长话短说，他认真地研究了西方的自由主义，自由主义仅仅过多地强调了不受拘束的个人主义，这将给作为一个整体的社会带来坏处。

东方传统中有一些优点，它们不应该被完全抛弃。虽然我们应该向西方学习法治和高效率，但儒家传统所强调的道德完整和社会和谐不该被忽视。黄朝翰（John Wong）写道：

> 在 1988 年 10 月，第一副总理吴作栋（现任总理）提出了国家意识形态的观念，他说作为一个开放的社会，新加坡经常受到西方观念和价值的冲击。为了给予新加坡人一个方向感，使他们有可能形成决定自己未来的文化支撑点，新加坡需要确立一套核心价值观。四个核心价值由此被确立：社会高于自我，家庭是社会的基本组成部分，通过对话而不是对抗解决重大问题，强调种族和宗教的宽容与和谐。这四个核心价值，与中国、马来西亚和印度文化高度一致，将为国家意识形态提供一个起点。[31]

我们无法想象任何一个西方国家会从事具有如此性质的事业。经过两年多的辩论（由政府发起），1990 年 1 月，《共同价值观白皮书》（*White Paper for Shared Values*）发表了。在题为"与儒学的关系"的章节中，"等级家庭关系"（儿子具有践行子女的孝道并无条件地服从父亲的绝对义务）被认为是儒家家庭关系观念中一个不合需要的方面。同时，白皮书赞扬了由"君子"管理政府的观念，认为儒家的这一理想符合新加坡社会的需要。

显然，新加坡所施行的绝不是西方形式的小型政府。政府仍然试图通过品德和能力领导人民，它有关心人民福利的义务。它几乎在任何地方都扮演了老大哥的角色。当接受过大学教育的女性不结婚的趋势出现时，政府安排了寻找伴侣的幸福巡航，但并不怎么成功。政府官员获得高薪，但腐败将受到严厉制裁。被证明有罪的腐败官员可能会被判处死刑。新加坡模式似乎运转得很好，它使新加坡成了"四小龙"之一，它的软威权主义赢得了西方学者如福山的推崇。

我记起了同李登辉的一次谈话，他在1992年要我帮忙在"中央研究院"组织一次关于朱熹的国际性会议。他告诉我，他第一次去新加坡访问李光耀，他的印象是，在新加坡人民由政府领导，而在台湾政府由人民领导。难怪台湾政治家为了得到人民党的支持和控制而竞争，而新加坡负责任的政府则强调它对政策走向的责任。一些人可能会问，新加坡的实践是否可被视为真实的民主？是的，这里有选举，但它遵循的是自己的、不同于西方的模式。新加坡人被迫去投票，他们没有不投票的权利。每张选票都被登记，事实上，不存在秘密的投票。选举结果是通过协商的，反对不受鼓励。只有非常少的反对者。言论自由受到限制，攻击领导者要付出很高的代价。有些人被关于诽谤罪的法律起诉，因罚款严重而破产，并被投进监狱。繁荣与安全比自由与平等更被珍视。这样的实践更接近于法家而非儒家。不受拘束的行为在新加坡是不被允许的。西方年轻人搞恶作剧，把口香糖粘在公交车上，他会受到鞭打的惩罚。一些西方人批评这一惩罚是野蛮的，但一些人则称赞这是教育年轻人的正确方式。

1986年，我在东亚哲学研究所做了一学期的研究。我感到这不是一个有利于培养顶级学者或能独立思考的知识分子的地方。事实上，许多新加坡知识分子具有西方的和基督教的背景，他们不相信儒学促进了现代化进程。当李光耀保持传统男性沙文主义态度和做出贬损女性的评论时，他受到了传统女性学者的严厉批评。仅仅当新加坡缺乏这一领域的专业人才时，政府才从海外雇用儒家学者。实际上，不同领域的海外人才常常被雇用，他们来来去去。新加坡的生活是阴暗而无趣的。但新加坡人是相对富裕的，绝大部分人都有自己的住房，他们获得生活补贴。当他们需要解闷时，他们可能会到任何地方旅游。他们可以自由地移居到其他国家。但大部分人选择留下来，为了保护他们的投资，他们支持政府。一旦一些反对者被选入国会，在下一次选举中政府将使用针对反对者的负面策略并警告，如果这一趋势不被立刻制止，政府负责的补贴和住房计划将受到很坏的影响。结果居于统治地位的党派再次轻易获胜，当一致同意的局面被恢复时，其他一切又回复到以前的正常状态。

简言之，政府根据法家的建议有效地使用了两种手段来统治人民：对惩罚的畏惧和利益的回报。一个真实的报道说，一群新加坡游客在中国大陆机场倾倒垃圾，当被问及时，他们说这样的行为不会受到严重的罚款，因而是允许的。显然，新加坡人在国内是遵守法律的市民，但道德规范并没有内化于他们的心灵之中，他们不会在国外使用这些道德规范。这是道德他治，不是当代儒家所珍视的、通过道德意识的培育来实现的道德自治。

有一个玩笑这样说，美国人最希望的三件事是：拥有自己的住房、晚上在大街上散步而不用担心被人袭击、干净的空气；除了最后一个条件新加坡没有掌控之外，新加坡人不需要到别处去寻求前两种东西。我不想说新加坡的生活是好的或坏的，我只想说它是一种可能的生活方式，比起其他生活方式来，在许多方面如果它没有好，当然也就没有坏。但我想指出新加坡是一个城邦，它的经验或许在其他地方是不可重复的。此外，可疑的是，如果新加坡能永远抵制快乐论的西方生活方式，比起以前，年轻人的行为法则在最近几年易于变得不那么迫切。人们担心，假如李光耀去世，新加坡可否继续像以前一样保持它的地位，还是它会被邻国遗弃。

最后我想说说中国，它正是一个想模仿新加坡模式的国家。但在两个国家间我只看到差异而没有看到相似之处。例如，中国是大国，而新加坡是小国；中国是不太有效率的，而新加坡是高效率的；众多的中国农村人未接受过教育，而新加坡人都受过很好的教育；一些中国官员是腐败的，而新加坡官员是廉洁的。在灾难性的"文化大革命"之后，中国经历了许多改变。它不仅向外部世界开放门户，而且确实想施行政治化的儒学，其目标相似于新加坡所实践的软威权主义。

几年以前，当我访问上海时，我看到公交车上除了粘贴着孔子、孟子和朱熹的画像外，还写着莎士比亚和歌德的句子……

总之，采纳调节性的理想有很大的影响，但我们无法预测实际的事件进程，因为具体的表征随着时间和环境而变化。对一个精神传统的终极关怀使我的精神获得新生。从上面的讨论可知，显然，理想的民主实践对我们这代人仍是一个遥远的梦。但知识分子必须不断寻找可能的道路实践民主的理想，对民主的实践保持警惕并给予批判性反思。追随的模范仍然是"知其不可为而为之"的孔子。[32]

"中央研究院"

中国，台北

【注释】

[1] 傅伟勋（Charles Wei-hsun Fu）：《战后儒学与西方民主：一场意识形态的斗争》（Postwar Confucianism and Western Democracy：An Ideological Struggle），见傅伟勋、Gerhard E. Spiegler 编：《世界宗教中的运动和问题——分析 1945 年以来宗教、意识形态和政治发展的资料书》（*Movements and Issues in World Religions—A Source Book and Analysis of Developments since 1945：Religion，Ideology，and Politics*，New York/Westport，CT/London：Greenwood Press，1987），177～196 页。

[2] 同上书，190 页。

[3] 刘述先：《中国哲学与现代化》（*Chinese Philosophy and Modernization*），台北，时报文化出版事业公司，1980。

[4] 傅伟勋：《战后儒学与西方民主》，187～188 页。

[5] 参见上书，193 页。

[6] 例如，刘述先：《儒家理想和现实世界：对当代儒学思潮的批判性回顾》（Confucian Ideals and the Real World：A Critical Review of Contemporary Neo-Confucian Thought），见杜维明编：《东亚现代性中的儒学传统》（*Confucian Traditions in East Asian Modernity*，Cambridge，MA/London：Harvard University Press，1996），92～111 页。

[7] 参见刘述先：《理想与现实的纠结》，台北，台湾学生书局，1993。

[8] 参见 Tse-tung Chou：《五四运动：现代中国的智力革命》（*The May Fourth Movement：Intellectual Revolution in Modern China*，Cambridge，MA：Harvard University Press，1960）。

[9] 参见刘述先：《理解儒家哲学：古典和宋明》（*Understanding Confucian Philosophy：Classical and Sung-Ming*，Westport，CT/London：Greenwood Press，1998），13～14 页。

[10] 参见牟宗三：《道德理想主义》（*Moral Idealism*），修订版，1～2 页，台北，台湾学生书局，1982。杜维明：《儒家》，见 Arvind Sharma 编：《我们的宗教》（*Our Religions*，San Francisco：Harper Collins Publishers，1993），139～227 页。2005 年 3 月，我应邀在香港中文大学新亚学院钱穆讲座上发表演讲，我讨论了我对"儒家哲学三个分期"的理解。我现在仍然在修订原稿，有望在不久之后出版。

[11] 刘述先：《理解儒家哲学：古典和宋明》（*Understanding Confucian Philosophy：Classical and Sung-Ming*，Westport，CT/London：Greenwood Press，1998），

13~14 页。

[12] 刘述先：《当代新儒家哲学指要》（*Essentials of Contemporary Neo-Confucian Philosophy*，Westport，CT/London：Praeger Publishers，2003）。

[13] 参见张灏：《危机中的中国知识分子：寻求秩序和意义，1890—1911》（*Chinese Intellectuals in Crisis：Search for Order and Meaning，1890—1911*，Berkeley：University of California Press，1987），6~8 页。

[14] 我在当代新儒家（Contemporary Neo-Confucianism）和当代新的儒家之间（Contemporary New Confucianism）做出了区分。前者的范围较小，它发端于熊十力，后由其弟子唐君毅、牟宗三和徐复观发展。第三代的代表是杜维明和刘述先（我自己）等人。当代新的儒家的范围很广。我斗胆把分属三代人的十五个学者划分为四个群体。

第一代：

群体 1：梁漱溟、熊十力、马一浮和张君劢

群体 2：冯友兰、贺麟、钱穆和方东美

第二代：

群体 3：唐君毅、牟宗三和徐复观

第三代：

群体 4：余英时、刘述先、成中英和杜维明

参见刘述先：《当代新儒家哲学》（*Contemporary Neo-Confucian Philosophy*），24~25页。

[15] 我采用保罗·蒂里希（Paul Tillich）这一用语，他第一个把"信仰"定义为"终极关怀"。见保罗·蒂里希：《信仰的动力》（*Dynamics of Faith*，New York/Hagerstown，MD/San Francisco/London：Harper& Row，1957），1 页。

[16] 参见刘述先：《儒家超越与内在的方法问题》（The Confucian Approach to the problem of Transcendence and Immanence），载《东西方哲学》（*Philosophy East & West*，22，no. 1，1972），263~270 页。

[17] 参见刘述先：《儒家哲学的宗教输入：其传统风貌和当代意义》（The Religious Import of Confucian Philosophy：Its Traditional Outlook and Contemporary Significance），载《东西方哲学》（*Philosophy East& West*，21，no. 2，1971），77~95 页。

[18] 参见孔汉思（Hans Küng）、卡尔约瑟夫·库希尔（Karl-Josef Kushel）编：《全球伦理：世界宗教的议会宣言》（*A Global Ethic：The Declaration of the Parliament of the World's Religions*，London：SCM Press，1993）。1993 年孔汉思起草的这个宣言得到了国会的批准。这里面有一个根本性的需要：每一个人都必须受到人性化的对待。除了作为原则的黄金规则，还有四个不可撤销的律令：（1）承诺非暴力文化和对生命的尊重；（2）承诺团结的文化和公正的经济秩序；（3）致力于建立一个宽容的文化和生活的真实性；（4）致力于文化的平等权利和男女之间的伙伴关系。正是由于全球伦理只教导最低限度的道德，它不会假装解决所有重要的道德问题。事实上它

本体诠释学、民主精神与全球和谐

避免了有争议的问题如堕胎、安乐死和干细胞研究等。

［19］参见 Peter K. H. Lee 编：《儒学与基督教在历史和当代视角中相遇》(*Confucian-Christian Encounters in Historical and Contemporary Perspective*，Lewiston/Queenston/Lampeter：The Edwin Mellon Press，1991)，116 页。

［20］这个格言是由程颐提出来的，它使张载所著《西铭》(*Western Inscription*) 的意思复杂化了，参见刘述先：《理解儒家哲学：古典和宋明》(*Understanding Confucian Philosophy*：*Classical and Sung-Ming*，Westport，CT/London：Greenwood Press，1998)，13～14 页。

［21］约翰·希克 (John Hick)：《宗教，暴力和全球冲突：基督教的提案》(*Religion，Violence and Global Conflict*：*A Christian Proposal*)，载《全球对话》(*Global Dialogue 2*，no. 1：5，2000)。

［22］参见彼得·比格尔 (Peter Burger)、萧新煌编：《寻求东亚模式》(*In Search of an East Asia Model*，Brunswick，NJ：Transaction Books，1988)，19 页。

［23］参见刘述先：《儒家理想和现实世界：对当代儒学思潮的批判性回顾》(*Confucian Ideals and the Real World*：*A Critical Review of Contemporary Neo-Confucian Thought*)，见杜维明编：《东亚现代性中的儒学传统》(*Confucian Traditions in East Asian Modernity*，Cambridge，MA/London：Harvard University Press，1996)，10 页。

［24］弗兰西斯·福山 (Francis Fukuyama)：《历史的终结和最后的人》(*The End of History and the Last Man*，New York：Free Press，1992)。

［25］该宣言的英文或许可以在张君劢 (Carsun Chang) 所著《儒家思想的发展》(*The Development of Neo-Confucian Thought*，New York：Bookman Associates，1957—1962) 第二卷的附录部分 455～483 页找到。对于声明的介绍，见我的文章《儒家理想和现实世界：对当代儒学思潮的批判性回顾》(Confucian Ideals and the Real World：A Critical Review of Contemporary Neo-Confucian Thought)，见杜维明编：《东亚现代性中的儒学传统》(*Confucian Traditions in East Asian Modernity*，Cambridge，MA/London：Harvard University Press，1996)，92～111 页。

［26］参见方克立：《现代新儒学与中国现代化》，天津，天津人民出版社，1997。

［27］例如，白安理 (Umberto Bresciani)：《重塑儒学：新儒家运动》(*Reinventing Confucianism*：*The New Confucian Movement*，台北，利氏学社，2001)；梅约翰 (John Makeham)：《新儒学：一个批判的考察》(New Confucianism：A Critical Examination，New York：Palgrave Macmillan，2003)。当然，我的关于这个论题的书也于 2003 年出版。

［28］参见金耀基 (Ambrose Y. C. King)：《国家儒学及其转型：国家与社会关系在台湾的调整》(State Confucianism and Its Transformation：The Restructuring of the State-Society Relation in Taiwan)，见杜维明编：《东亚现代性中的儒学传统》(*Confucian Traditions in East Asian Modernity*，Cambridge，MA/London：Harvard University Press，1996)，228～243 页。

［29］一些知识分子组成了民主行动联盟，该联盟发出了严重警告，民粹主义对台湾政治的控制可能会带来台湾经济的衰落。请参见 http://www. daa-tw. net。

［30］参见黄朝翰（John Wong）:《为社会经济发展促进儒学：新加坡的经验》(Promoting Confucianism for Socioeconomic Development：The Singapore Experience)，277～293 页;Eddie C. Y. Kuo:《新加坡的儒学政治话语：不完整的振兴运动》(Confucianism as Political Discourse in Singapore：The Case of an Incomplete Revitalization Movement)，294～309 页。以上文章均引自杜维明编:《东亚现代性中的儒学传统》(*Confucian Traditions in East Asian Modernity*，Cambridge，MA/London：Harvard University Press，1996)。

［31］黄朝翰（John Wong）:《为社会经济发展促进儒学：新加坡的经验》(Promoting Confucianism for Socioeconomic Development：The Singapore Experience)，290～291 页。李光耀提携吴作栋（Goh Chok Tong）作为他的接班人。他的儿子李显龙又接替吴作栋成为新加坡的总理。

［32］参见陈荣捷翻译和编辑:《中国哲学资料书》(*A Source Book in Chinese Philosophy*，Princeton，NJ：University Press，1963)，43 页。

本体诠释学、民主精神与全球和谐

无为之悖论

艾文贺（Philip J. Ivanhoe）* 著

何丽艳 译 郭 昕 王 颢 校

一、引言

爱德华·斯林格伦德（Edward Slingerland）在其新书《无须努力的行为：先秦时期作为概念隐喻和精神理想的无为》[1]中认为，无为概念不仅体现了一种精神理想，还体现了一个与诸多先秦思想家无法调和并具丰富性内涵的悖论。这项重要工作的核心在于阐述"无为悖论"并诠释各派先秦思想家对此难题做出不同"解答"的动因，当然，鉴于这个悖论的复杂性，他们的解决方案只能以失败而告终。

斯林格伦德直接仿照倪德卫（David S. Nivison）先前关于"德性悖论"的开创性研究，对"无为悖论"进行分析，并声称其观点是对倪德卫早期理论的"延伸"[2]。但我认为，斯林格伦德关于"无为悖论"的观点并没有真正抓住倪德卫先前德性分析的关键特征，他对"无为悖论"的阐述也面临一些重要的哲学问题。最后我将阐明，斯林格伦德对无为（"无须努力的行为"）观点的描述本身问题重重并很可能是错误的。[3]

二、倪德卫与德性悖论

倪德卫在一系列文章中描述了其所谓的"德性悖论"（paradox of Virtue）[4]。他意在通过两个相关主张来考察德性修养或我称为"道德卡里斯

---

* 艾文贺（Philip J. Ivanhoe），香港城市大学副教授。研究方向：东亚哲学和比较哲学，宗教思想。E-mail：pivanhoe@cityu.edu.hk

玛"（moral charisma）的事物。第一个主张是，如果个人行为主要由增加自身道德卡里斯玛的欲望激发，那么，他不能增加其道德卡里斯玛的声望。这是因为，只有当个人行为是出于纯粹的道德动机而没有想增加个人道德卡里斯玛的时候，才能提高道德卡里斯玛，个体道德声望和"威力"超过他人的意图不是这样一种动机。[5]第二个主张是，除非个人已经意识到或领会了内在于自身的伦理道德，否则不可能学会以一种纯粹的道德形式来行动。如果个人完全缺乏这些正确的感觉，那么，即便有幸得到它的人，也不可能领会并出于道德动机而行动，不可能领悟并依照道德引导而行事。[6]倪德卫认为，这些主张代表"德性悖论"的两种"形式"，但它们也"只是同一枚硬币的两面"[7]。为了便于分析，我将通过称呼德性的第一动机方面和第二资源方面来区分每一种可能的悖论"形式"。这些名称表明，首要问题涉及拥有正确的资源来开始此培养过程。倪德卫认为这些"只是同属一枚硬币的两面"，原因在于，为了以正确的行为动机追求德性，个人至少必须具备某些道德感；为了开始成功的自我修养，个人必须已经拥有某种程度的德性。

按照倪德卫的观点，道德卡里斯玛的动机方面表现了一个悖论，因为产生道德卡里斯玛的行为不可能是一种明确的培养道德卡里斯玛目标的选择结果。这似乎意味着，个人不可能自觉地去培养道德卡里斯玛，因为拥有这样一种动机是自我而不是他人的满足，但只有后面这种更"无私的"行为才能产生更多的道德卡里斯玛。关于这一点，我在另一篇文章中做了相当详细的阐述，即倪德卫所描述的悖论比实际情况更为明显，人们可能在无自我意识主题下更容易理解道德卡里斯玛的动机方面。[8]粗略地说，我的意思是，在其他事物中，增加个人道德卡里斯玛不可能是有意识的目标，行为的主要促动欲望才在事实上使个体成为一个更好的人。

在这种方式下对德性的思考表明，与其说道德自我修养是一个矛盾的事物，不如说它是个难解之题。这里有一个通达技巧，尽管难以捉摸，但它其实并不神秘。个人在致力于慈善活动时，不可能首先明确关注自己的道德价值，"德性悖论"与这种更为常见的看法一样。在这些情况中过多考虑自我，反而会聚焦到错误的事情上。出于种种原因，个人应该考虑他人的需要，而不是自我。由此产生了悖论的氛围，一方面是因为我们要更道德，但又不能直接以此为目标来实现它。我们必须利用对道德改善的这种关心，来集中注意力和精力帮助他人、做正义和善的事情。只有这样，我们的行为才将符合慈善标准，德性才会增加。但这是我们可以通过思考正义的事情、采用恰当的策略并致力于正确的实践做到的，或者至少这是我已在上文中提到的。

德性的动机方面似乎隐含着倪德卫确定为德性悖论的第二种"形式"——我称之为道德卡里斯玛的资源方面。这个观点是，因为只有意识到什么是善，才能提供动力以培养德性必需的无私、无自我意识的方式去行动，除非个人已经内在地对什么是善具有了某种觉察和领悟，否则，个人不可能按照这种需要的方式去行动，甚至不可能被导向这样的行动。倪德卫已经证明，道德卡里斯玛的资源方面有助于我们理解孟子倾向于坚持存在原初固有德性之"端"的理由。因为这些萌芽给予了我们领悟和追求道德结果所必需的初始动力。伴随某些其他心智能力，这些萌芽提供了足够的反思与专注的可能性，不仅遵从道德劝告，而且训练自我如何成为有道德的人，这在中西方哲学传统里都是一个重要问题。倪德卫研究的另一条线索始于同一洞察。因为他看到，驳斥孟子道德萌芽主张的荀子，似乎面临着一个严峻的挑战，即解释个人如何可能教育自己成为道德人。如果没有这个解释，好像荀子就不能说明他所尊重和看做道德发展要素的伦理传统的生成。[9]

我相信倪德卫对孟、荀道德哲学理论本质与特征的洞察是近乎完全正确的，并且非常重要的一点在于：不仅理解他们的观点，也在总体上认识到了中国先秦思想的特点。他确认并分析的德之两方面呈现给我们——与古代中国人一样——有关道德自我修养的本质与实践方面的复杂挑战。个人可以选择将其称为"悖论"，尽管这很容易误导读者思考一系列难以捉摸但又并非完全陌生或神秘的现象。把自我修养的这些方面描述成"悖论"似乎意味着：第一，提出的挑战不存在明确的解答；第二，暗示自我修养的主要挑战关涉到理解力或知识而不是实践。[10]中国先秦思想家及其弟子们并没有试图通过某种清楚的难题来思考他们的方式，也没有下力气解决某些公案——诸如那些意在使他们放弃理性的难题。[11]这在接下来的情况中尤其重要，因为如果他们要克服"德性悖论"，他们就会在一种明确而深刻的程度上自我意识到德性的培养。

倪德卫描述的"悖论"在若干重要方面都不同于柏拉图《美诺篇》中讨论知识性质的哲学问题。因为在《美诺篇》中，柏拉图把知识的本质和来源认定为明确的哲学难题。这是它自然地更适合于描述为悖论的理由。柏拉图提出了这样一个问题，即我们如何能在某种使其看似不可能的程度上理解新事物，表明通向前世和触及形式的基础理论的不可能性。中国先秦思想家从未把所谓的"德性悖论"描述为一个明确的问题：它首先关注的并非获得真实信仰意义上的恰当知识，它也不导致如同柏拉图之前世和触及形式理论一样的任何形而上学抱负。[12]倪德卫关于德性悖论的观点是一种启发手段，他以此来揭示早期儒家哲学中具有丰富内涵的重要张力；在早期中国传统内部，这是一个没有明确提出来并深思熟虑的问题。[13]

三、斯林格伦德和无为悖论

在爱德华·斯林格伦德最近深受好评的书籍中，他认为，无为（无须努力的行动）理念有一种类似的，甚至更具说服力的"悖论"。他将其描述成倪德卫"德性悖论"理论的"延伸"[14]。"无为悖论"意味着任何培养无为的自觉尝试都有损于个人实现期望的能力；正如斯林格伦德所述，"那些努力奋斗的行为将必然'污损'人生的终极状态"[15]。鉴于倪德卫的以上观点，很容易把斯林格伦德的主张看做，倪德卫道德卡里斯玛动机方面的观点重申适用于无为情形。然而，也应该清楚地看到，斯林格伦德对"无为悖论"的描述比倪德卫早期理论分析的"扩展"更为简约，因为没有讨论倪德卫悖论的第二形式，所以，他描述的问题本质明显区别于倪德卫在德性情况中的探讨。[16]不论是出于理论方面抑或实践方面的原因，这都让人深感遗憾。[17]

如果我们要将无为的情况与"德性悖论"进行类比，那么，必然要考虑到倪德卫描述过的两种"形式"。换言之，我们不得不认为：（1）如果个人因希望受益于无为而受到原始激发，则不可能成功地培养无为；并且（2）除非个人已经对这种行为方式有了内在于己的某些感悟，否则不可能用一种无为的方式开始行动。凭借自身条件，这两种观点都值得进行深入阐述。因为时间和篇幅关系，我只能对每种观点发表简短的评论。

我们之前关于德性动机方面的说法大都适用于"无须努力的行动"。与德性情形一样，不是努力本身——如斯林格伦德声称的——而是错误方式的努力阻碍了成功的无为自我修养。我们不能因为与这些理想状态相关的利益而追求德性或无为，所以也不可能以自觉或直接的方式来寻找它们。[18]但这决不意味着我们不能关注性格理想状态的养成或不能追求利于我们认识德性或无为的策略和规则。显然，不论先秦儒家还是早期道家，都不反对努力本身；二者对如何改善自我都表现了一种深厚持久的关怀。在儒道传统以及大多数东亚传统中，自我修养始终是一个占统治地位的话题。[19]

下面，我们开始探索与倪德卫"德性悖论"第二形式相关的想法。第二形式的观念是，除非个人已经在自身之中对无为有了某种权衡或领悟，否则不可能学会如何以无为的方式去行动。斯林格伦德没有将此描述成"无为悖论"的表达形式，反而在解释无为的过程中使用了某种与此观念相似的想法。他声称类似于此观念的想法具有"解决"无为悖论的意图特征。那些宣称我们已经拥有构成本能之德性或无为标准的人，界定其所谓的"内在"解决无为悖论。与这些内在主义者相对的是"外在主义者"，他们宣称无为在某种程度上必取自个人本性之外的事物。[20]前一派中，有庄子、老子和孟子；外在主义派别中，我们发现了荀子，"并且很有可能……《论语》的作者们也是"[21]。

虽然斯林格伦德并没有描述无为悖论第二"形式"的任何相关事物，但是，考虑到提出他所探讨理论的那些思想家们，这里好像推出了一个清晰的类比。老子、庄子和孟子一方面用各种方式鼓励我们遵循自己的内在本性，另一方面认为，我们必须致思自身问题，以使其自然而然。在这些思想家中，有两位经常规避原初本性修饰需要的早期道家学者，多次讲到这种张力。在分析这些"内在主义"回应不能最终解决无为悖论的原因时，斯林格伦德引述了其中的某些观点，但他并没有将其看成悖论自身的组成部分。因为即使弄清"内在主义"阵营特别是早期道家观念的简要陈述，被斯林格伦德描述为道家观念"悖论"在其他地方也显而易见。

通过以上讨论，我们可以过渡到更一般的观点，即用"悖论"一词描述此处讨论的现象。我以前认为，使用这一术语至少是潜在的误导，因为它往往使一些对我们而言难以捉摸但又并非全然不知的现象神秘化。我还提出了担心"悖论"一词的两个具体理由：第一，它可能意味着这些自我修养问题不会有彻底的解决办法；第二，它可以被理解为宣扬成功自我修养的重要挑战涉及与实践相对立的认识或知识。在无为中有类似的这些关注吗？

斯林格伦德有明显颇具说服力的分析，他认为一个强烈而不能化解的悖论处于无为的核心，"无为悖论是名副其实的悖论……所以，对其问题的任何'解决方法'都必然多少受到此前描述的表面性结构性难题的困扰"[22]。我将在后面详细说到这一点，现在，我们来考虑第二个关注点，即担心使用"悖论"意味着个人在真实信仰方面寻求知识，这种担心在早期道家那里可能更为明显。老子和庄子很少对传统知识类型感兴趣，众所周知，他们实际上经常对知识表现出一种居高临下的不屑。[23]他们所感兴趣的是关于修养的专业知识（专门的修养知识）或对世界的自发回应状态。尽管被自我修养的诸多方法深深吸引，但老子和庄子却从来没有按描绘道德理想的实现方式解决悖论的倾向——这会相信他们一贯明确批判的人类理性能力。因此，就解决某些重要悖论而言，讲道家哲学甚至有些不太合适。[24]

如上所述，这些早期道家著作中确实存在大量的悖论主张。但是，这些悖论表现为一种治疗方法（有效方法），用来挫败我们的思维能力、瓦解我们相信它引导生活安排的意向——没有表现为指引我们解决难题从而获得启悟的刺棒。在其他方面，这一点将使人审慎地把孟子与老子、庄子一起考虑，因为我们在孟子的作品中没有发现相关的作为治疗方法的悖论使用。这也表明了为什么更忠实地遵循倪德卫德性分析结构是明智之举。因为如上所述，早期道家关于人类本性原初特征的观点表现了对内在仁爱性格和领导智慧的信仰。[25]

倪德卫认为，自己最初的"德性悖论"描述了许多先秦思想家特有的一种普遍性哲学张力。德（德性）的养成是各派思想家共同分有的问题，在先秦儒道传统中都很重要。倪德卫花费大部分时间讨论先秦儒家，他认为自己的提议也适用于先秦道家并在其观点论述中援引道家原典。他在上下文分析中力图表明，德性不是一种具体的性格优点，而是广泛展现此类优点的人所产生的一种品格或力量。所以，"道德卡里斯玛"往往适合翻译成先秦儒家和道家文本中的德。[26]尽管在"同情是美德"的意义上它算不上美德，但德性是性格的一种品质，是个人可以培养的，在儒家和道家传统中都充当着一种精神理想的角色。

斯林格伦德在推动我们认识无为方面的最重要贡献之一，即表明无为对各派先秦思想家而言都是重要的精神理想。他在书中搜集考察了各种实例，证明在许多并未明确谈及无为的章节亦有此意。但是，他主张无为悖论表现了一种无法解决的矛盾，这似乎意味着无为不可培养，当然也留下疑问，即个人如何才有希望达到这种普遍追求的精神理想。[27]斯林格伦德描述无为问题的方式——就设定一个悖论然后提出各种解决方法而言——也使它看起来好像是一个先秦思想家们共有的确定难题。但是与之前提到的一样，这并不是真的。他对无为本身的解释应该得到等量甚至更多的关注。

斯林格伦德给出了许多截然不同的无为描述。例如，他说无为是"行动者的精神状态"，是"行为者的表象状态"，是"一系列性情"[28]。他同时坚信："对无为中的个人而言，遵循恰当的行为如同鼻子回应臭味儿一样自发而迅速。"[29]这是一些内容迥异的描述，后面的这种主张甚至不太容易理解，因为很难说鼻子有各种行为"回应"，也很少有"恰当行为"来得"迅速并且自发"。那些对斯林格伦德所研究的中国先秦文本熟悉的人们会发现，他把无为描述成一种人类或性格的品质是极不寻常的，而且，仔细阅读文本的人将发现，没有确凿证据能支持这样一种解读。斯林格伦德援引一些似乎支持其无为解释的学者著作，但和他一样，这些学者好像也犯了一个基础性的哲学错误。尽管正确地认识到无为需要一个动力来保持某种精神状态，但他们继续宣称这表明无为自身就是这种精神状态或更恰当的品性（二者当然不是同一种主张）。这显然是一个缺乏证据的推理。精神状态或品性不是一种行为。某种确定的精神状态可以是一定方式行为的必然组成要素，但是，后者考虑起来可能比前者更为复杂。例如，亚里士多德认为，为了判定他的行为是勇敢的，一种动力必须体验并控制某种程度的恐惧。但是这并不意味着——亚里士多德也没有主张——勇敢地去行动是直接处于一种恐惧状态。更重要的是，非动力的事物也可以并确实经常以无为的形式行动。自然是无为行为的终极范型。江河的流动、风的飘舞、季节的流转，都是自发而没有机心的。所有这些都表明，与其说无为是人的一种品性不如说它是行为的一种性质。斯林格伦德将无为精致地翻译成"无须努力的行为"，从而以鲜明且确定的方式支持了这种观点。

斯林格伦德主张无为是人的一种品性，所以他的分析就始于对无为本身中心要点的严重误解。无为是一种精神理想，但它是行为的性质而非特点。不否认，无为要求主体拥有某种具体的并且很有价值的特点。粗略地说，为了以无为的方式行动，个人必须是一个具有德性的人。具有丰富德性的人会理所当然地实践无为，使个人能够以这种高度受人尊敬的方式行为才真正具有德性。作为精神理想的德性和无为，具有密切的内在联系。《论语》告诉我们，唯持有丰富德性的人才能以无须努力的形式去统治——而不是管理，但这并不意味着德与无为在所有意义上都是相同的。[30]相反，这恰恰表明清楚区分这些不同概念是何等重要，表明德与无为如何共同在先秦哲学中描述一系列自然与道德自我修养实践的特殊问题和方法。

结　论

我从描述和分析倪德卫"德性悖论"的解释开始，表明他对这一内涵丰富且错综复杂现象的理解如何提供了一系列关于先秦哲学方向的启示性洞察。我也力图抽取和强调"德性悖论"分析的某些意外影响，并且认为，如果在倪德卫认同和探讨的问题集合方面没有完全回避"悖论"术语，那么他的分析将会更为标准。与悖论相比，这里的德性修养表现得更令人迷惑：它关系着道德心理和自我修养活动中相当微妙但又并不神秘的问题。

虽然我首要关注的是概括和强调倪德卫早期"德性悖论"与爱德华·斯林格伦德最近提出的"无为悖论"之间的区别。但是，就斯林格伦德仿照倪德卫先前研究并声称其观点是对倪德卫早期理论的"延伸"而言，我认为斯林格伦德关于"无为悖论"的观点并没有抓住倪德卫早期分析的关键特点。紧接着，我主张"无为悖论"面临一些严峻的哲学问题：斯林格伦德的无为概念解释位列其中。根据此难题范围，显然还需要对无为（"无须努力的行为"）进行细致的哲学分析，颇具讽刺意味的是，需要付出更多努力去认识——如果不是去体现——这个难以捉摸的理念。

香港城市大学

中国，香港

【注释】

感谢白诗朗、成中英、Erin M. Cline、顾林玉、乔柏客、柯若贤、Justin Tiwald，以及 Mark T. Unno 对此文初稿的评阅指正。

［1］爱德华·斯林格伦德：《无须努力的行为：先秦时期作为概念隐喻和精神理想的无为》（New York：Oxford University Press，2003）。

［2］对这些主张，见倪德卫和斯林格伦德下面的讨论工作。我依从倪德卫并把"德"翻译为大写的"Virtue"。

［3］我关于斯林格伦德工作的评论不可能公正地对待这个给人留有深刻印象的学术性努力（研究）。例如，我的评论没有以某些方式阐释他把隐喻理论用作比较哲学的一种方法。他这方面的工作，见 Erin M. Cline 在《国际中国评论》10（2003）452～456 页中的评论文章。

［4］最重要的论文出现在万白安主编的《儒家之道》（La Salle, IL：Open Court，1996）中的第三章和第四章：《"德性"悖论》，31～43 页；《德性可以自教吗?》，45～57 页。

［5］倪德卫指出早期中国人相信有一种心理推动力回报个人已经得到的所有恩惠或仁慈，并且在这种意义上，那些行为慈善的人们实践了一种影响被施恩惠者的力量。

［6］倪德卫在《"德性"悖论》中提出了"德性悖论"的这两种"形式"。

［7］倪德卫：《"德性"悖论》，34页。它会通过"形式"来表现，倪德卫意指这些是德性悖论的两个方面。

［8］参见我的《〈列子〉中的无自我意识主题》，见 Ronnie Littlejohn and Jeffrey Dippmann 主编：《列子乘风：道家经典的新型尝试》（Albany：SUNY Press，2007 年即将出版）。

［9］倪德卫在《儒家之道》中撰写了若干论文探讨这些问题。通过万白安《孟子和荀子：两种人类组织观》，王德威《荀子道德动机研究》，以及柯若贤《〈荀子〉中的道德机制与动机》，这一系列问题以更直接的方式获得了更深入的分析。以上皆出自柯若贤和艾文贺主编的《〈荀子〉中的德性、自然和道德机制》（Indianapolis，IN：Hackett Publishing，2000），103～134、135～154、155～175 页。

［10］倪德卫的德性分析效仿了美诺悖论，这个事实意味着我所寻找的是真正的信仰。美诺悖论或关于时空的芝诺悖论不是实际问题而是哲学性的难解之谜。尽管倪德卫自己意识到德性悖论更关乎动机而不是知识。参见倪德卫：《"德性"悖论》，36页。当然，一定的信仰事物对这些早期思想家至关重要。虽然声称围绕在德性培养方面的问题没有表现为一个即将解决的问题，而是呈现为一种即将实践并通过实践获得肯定的生活方式。

［11］尽管道家曾经试图瓦解对理性的微弱信赖，并挑战有用性或值得做的普遍概念，他们没有笔伐占主导地位的逻辑或悖论的规范表达背景。感谢 Mark Unno 指出了文中这些观点的重要之处。

［12］在禅宗和新儒学传统中产生了这样的形上学猜想。对此问题的某些简评，参见我的《儒家道德自我修养》（修订第 2 版）（Indianapolis，IN：Hackett Publishing，2000），57页。

［13］仅有的类似德性悖论之处被明确判定为韩非子早期评论《老子》开端部分中的一个问题，在有价值的《坛经》部分，他说通过有意识地尝试不作为或思考以获得一种不定型并且平静的精神状态，那些缺乏得道技艺的人使自己解脱。尽管如此，这只导致他们被思想的平静状态套牢（所以心神不宁）。重要的是，这种评论没有产生巨大反响而进入早期中国哲学的终结。见《韩非子》书中的《解老》一章。

［14］斯林格伦德：《无须努力的行为》，6页。

［15］同上。

［16］并且，他主张无为悖论"是结构性等同于……德性悖论"。参见斯林格伦德：《无须努力的行为》，6页。

［17］例如，对无为这方面的充分理解和领悟会导致个人在诸如道家人性和自我修养技艺的观点上集中更多注意力。这些话题在二次文献中仍然没有得到充分的解决。这种关注将把老庄等思想家先定的也即我所谓"慈爱"人性概念引向更深刻的领悟程度。此观点，参见我的文章《庄子怀疑论、技艺以及莫名之道》，载《美国宗教研究》，

61（1993），639～654 页。

[18] 我在《〈列子〉中的无自我意识主题》中已经对此问题进行了详细的阐释。

[19] 当然，这在佛教看来同样为真。对儒家传统中的此主题研究，见我的《儒家道德自我修养》。

[20] 如斯林格伦德自己所述，对无为悖论的这两种回应与"内在主义"和"外在主义"的一般哲学用法没有关系。因为令我不解的原因，他没有选择使用柯若贤更多有助于并且较少迷惑的总称"由内而外"对应"由外而内"来解决自我修养。关于柯若贤的分析，见其文《〈荀子〉中的道德机制与动机》，见《〈荀子〉中的德性、自然和道德机制》，155～175 页。关于斯林格伦德在这些方面的评述和偏好，参见斯林格伦德：《无须努力的行为》，265 页。

[21] 斯林格伦德：《无须努力的行为》，265 页。

[22] 同上书，19 页。

[23] 孟子并没有像荀子那样明确有力地强调学习和知识；他更关注一种有关个人对行为和事件情形之情感反应的高度批判意识的修养。尽管如此，学习和知识仍然在孟子整体自我修养方法中占有重要位置。

[24] 在早期合著中，我已经指出庄子至少代表了一种最好描述为反理性主义的思想形式。见卡尔（Karen L. Carr）、艾文贺：《反理性主义意识：庄子和克尔凯郭尔的宗教思想》（New York：Seven Bridges Press，2000）。

[25] 后来，禅宗和宋儒把这种趋势发展到一个更为引人注目的高度。

[26] 关于早期道家和儒家德性形式的特有相似点和区别点，我曾在《〈老子〉德性概念》（齐思敏、艾文贺主编：《〈老子〉的宗教与哲学内涵》，239～257 页，Albany：State University of New York Press，1999）一文中略述了自己的见解。

[27] 如果事实上不可能培养无为，那么，个人获得这种状态的唯一方式将或者通过命运，或者通过恩惠。但是，前者将严重破坏针对无为的常规意识，而后者是一种早期中国宗教思想看似非常陌生的观点。

[28] 斯林格伦德：《无须努力的行为》，8 页。

[29] 同上书，9 页。

[30] 关于这些想法见《论语》2.1 和 15.5。见斯林格伦德《无须努力的行为》44 页的讨论。

本体诠释学、民主精神与全球和谐

内心世界的情感与观念：中国与欧洲之比较

史华罗（Paolo Santangelo）* 著

韩广忠 译

.

如今那些认为最有智慧的人中最普遍的观点是，三种宗教教派是完全一致的，并且它们可能都是一起被继承下来的。于是，他们欺骗自己和他人，在异常失序的情况下，他们断言：关于宗教，其表达形式越多，对于王国（国家）（治理）越有用处。最终却是，所有这些表达都会产生与他们的承诺背道而驰的结果，因此，他们希望遵守所有的法律，却渐渐把它们全部抛弃掉，原因就是他们并没有在内心深处想去遵守这些法律。因此随之而来的结果就是他们中的一些人公开承认了他们的轻信，另一些人被信仰的伪善劝说所欺骗而信以为真，而其中的大部分人则渐渐陷入了无神论的深渊里。[1]

导　言

在本文中，本人想试图指出的是近代（pre-modern）中国与近代欧洲在内心世界和情感反应的观念（perception）、表现和想象力等方面存在的不同之处。这不但需要考虑知识的生产、理念的历史，而且还要考虑象征性的表现形式、寓言、神话，特别是在情感领域的体现。

尽管可能是显而易见的道理，我还是要先说明归纳概括是非常危险的，原因是它们要么重复一个明显的真理，要么就是把现实简单化，以至

* 史华罗（Paolo Santangelo），意大利那不勒斯东方大学兼罗马 La Sapienza 大学中国历史学教授。研究方向：人类学史，社会学史，中国思想史。E-mail：psantan@iuo.it

于最本质的现象根本得不到认可。但是，在处理事物间的对比情况时，如果我们要了解（事物的）形式和趋势，尤其是应对理智和想象力问题之时，我们却必须借助归纳概括（的方法）。另外，归纳概括方法存在着不同层次。例如，大体上来说，中国明朝时期生活在苏州或杭州的居民同文艺复兴时期佛罗伦萨的市民一样，面对生活都拥有相似的开放态度，也都拥有繁荣的商业活动，尽管中国与欧洲文明之间存在着根本差异，并且尽管甚至在每个社会中至少都会存在着根深蒂固的个体和意识形态上的独特之处。

事实上，对佛罗伦萨本地来说，处于梅迪奇宫廷（Medici's court）里的人们态度与处于萨沃纳罗拉集团（Savonarola's circles）里的人们态度是大相径庭的；在（中国）江南，对于佛教僧人、丝绸商人或政府官员来说，他们观察生活和观念实在的方式（也）是不同的。然而，所有江南居民共同生长的所谓大传统或小传统却赋予了他们共同的感知自然和社会的方式，并且是和佛罗伦萨人观念实在的方式完全迥异的，因为他们意识形态和理智活动的类别、象征性的或神话的阐述方式和传统根本上是来自完全不同的文化环境。鉴于对上述方式的归纳概括层次的担心，我将试图在两种文化的内在心理表征和意象方面入手概括出一些特殊的东西来。

当我们对两种文化进行比较的时候，存在着许多我们会用到的参数和原则。在本文中本人将聚焦在情感领域。在本人的论文《中国历史上的情感教育：一项明清资料的跨学科文本研究》[2]中，我已经解释了特别关注这种观念的原因，源自于人类学、历史学和跨学科的视域：情感是一种受特定社会的独特文化所影响的社会性现象；它们反映集体的意象，通过人们的行为表现出来，并且被用来证明行为的正当性，同时它们被社会所塑造而且又对社会的演进产生影响。这意味着，一系列的情感并不是跨文化的普遍之物，而是按照当地文明表现他们自身独特观念维度的一系列特定情感反应。

另外，情感又是一个塑造自身语言的交际系统：语言，在它的情感或表达意义上，具有双重重要性，既能为激发情感的实在提供证明，又可以在情感领域扮演一个创造和教育的角色。语言既是译解我们情感经验的关键，又是在社会水平上了解它们是如何被经验到的手段。它不仅反映情感和它们的表现形式，而且又有助于理解和创造它们。

一、情感领域

当本人提及"情感领域"的时候，并不仅仅意味着是表示诸如爱、恨、喜和哀这些最普通的情感。而且，它暗指隐藏在行为和思想的详尽解释背后的人类全部深层结构。例如，存在一些特殊情感——道德方面的[3]、美学方面的以及宗教方面的情感——它们揭示的是特定社会对于本性、美、死亡、特定需要和心理抚慰产生的正当基本价值态度。这种范围就太广了，本人在此次考察中将仅仅涉足几个方面用来提供一些研究线索。

区别欧洲传统和中国传统，最显著的特征之一就是在欧洲文明里对于激情和情感是着重强调的。在西方文明的价值序列里，激情—情感—感情是被放在很高的等级之上的，甚至当它们被人们在否定意义上理解的时候。例如，尽管事实上西方文化曾经详细剖析过"理性"这一概念，它被看做抚平非理性骚动[4]的神志清醒的引导之光，然而一种对于激情和情感的狂热崇拜自古有之。

情感的表达，正如本人先前已经提到过的那样，揭示的不仅仅是行为和思想意识。更应该说，情感或感情领域是一个深深扎根于人类结构之内的范畴。然而，语言、智力的和意识形态的结构并不仅反映特定文明的主要姿态，而且它们也影响社会成员的全部情感观念。于是，在任何分析中，我们都不能忽视古希腊思想中的灵魂—精神理论、物质—精神二分理论以及地中海地区的宗教思想曾经对欧洲文明所起的作用。同样，我们也不能否认儒家教育的源与流，还有道家的观点曾经对于中华文明所产生的影响。

二、不同之处

如本人在一篇关于中国明清时期人的良心和责任[5]的论文中所总结的那样，下面本人会在与西方文化比较的意义上总结出一些表征中国人内在实体的思想预设和历史前提：

1. 在中国既没有宗教领域的一神论思想，也没有当个人在不同情况下发现自身处于完全孤独时进行直接联系的私人救世主的观念。这就意味着一个具有独占性的"忌邪上帝"的缺位，并且意味着在与善相联系的神同与恶相联系的魔鬼之间并没有绝对的对立立场存在。这也意味着在个人与上帝之间并不存在着**私下的联系**。

2. 在伦理学领域，这意味着一个具有多面性的责任概念，它与一个超验实体的苛刻或同情是不可能相联系的，但是却不得不考虑到**主体和他或她所在的社会群体之间的联系**。甚至报应的理念也是受此影响的，原因是报应经常被人们理解成人们某种特定的行为自动带来的结果；在普通民众那里，神灵和上帝的作用就被还原为对于宽恕的契约式反应。诸如此类的联系增强了社会和道德规范的效力而不是削弱了它们（的效力）。结果就是，各种形式的个人主义——如在明朝末期发展出的那些（个人主义类型）——从来都不曾和社会相对立。另外，即使中国人在宗教领域没有一神论式的不宽容，他们道德愤怒的情绪却经常是通过暴怒的方式来表达的，这会"日益危害着"个人（的存在方式）。[6]

3. 在精神和物质，或者灵魂和肉体之间并不存在明确的界限，二元论，甚至在基督教到来以前，就已经起到了夸大西方伦理视域的作用，这可以在自由和必要之间的比较中得以显现。"心—脑"（心）这个概念不同于排他性的人类灵魂的观念，后者被赋予了理性并且能够自由作出决定。心—脑既包括情感也包括思想，既包括意志又包括判断。在此，也没有为个人的理念留下一席之地，在欧洲，个人的观念起源于灵魂不朽的概念，后被浪漫主义运动[7]抬得很高很高。

4. 如果考察孟子的性善说或者荀子的性恶说，（会发现）中国并没有原罪的观念，伴随原罪说的是必须要有对**尘世的轻蔑**（contemptus mundi）（态度），以及来自于玛沙·戴姆内塔（massa damnata）[8]的形而上学的腐化。

5. （中国人）缺少一个绝对排他的对立概念，他们是从两极互补性或者相互作用和变通性方面理解万物，把善恶的形上学观念赋予了相对性。因此，如果德行本身距离和谐和平衡太远，就会失去它的肯定性，过度就会使善转变成恶。这就是通过阴和阳两元素所表征的东西。另外，儒、释、道三套思想体系——各有自身的价值系统——的叠加、共存和融合，发展出一种诸说之合流的思想形态，这种形态在地中海地区的思想体系[9]里是找不到的。

6. 最后，中国历史上并没有经历过政治秩序和超验秩序两种秩序的对立，超越经验是通过教堂所表现的秩序。皇帝的权威和佛教的"寺庙"之间的关系同基督教教堂和欧洲城邦的关系是不可同日而语的。[10]

三、欧洲和中国的情感对比

欧洲文化的象征是柏拉图式的驭者形象，这位驭者驾驭着一辆由黑马和白马共拉的敞篷马车。这一象征形象是对西方思想的一个经典表达，西方思想早就已经开始把人类的内心世界看做相对平衡的三个方面进行分析：理性的灵魂，居于人类大脑之中；易怒的灵魂，是勇气的化身，居于人的心脏之内；食欲的灵魂，是欲望的化身，居于人的腹部。按照柏拉图的观点，毫无疑问驭者注定是要驾驭人的心灵的，但是这位哲学家也同样察觉到了非理性能力的重要性，非理性能力也是任何事业都不可缺少的。尽管他强调理性与激情（passion）之间的二分法，但是他也承认理性具有惰性特征并且是不能够为行动提供有效刺激的。

不可否认，在古代和中世纪的传统中存在着一种倾向，把激情看做"灵魂之病"，即在理性和感性领域在本体论上并存的氛围中笼罩了理性而减少了自由，这一观念一直延续到今天。但是，在哲学著作中也并不是全部都认为理性具有优先性，就像一些思想家那样（如休谟，主张的是褒扬情感功能的观点[11]），在艺术和知识的创作过程中特定的激情（如诗人的狂乱或神秘的狂喜）已被誉为最高的价值。这类例子很多，我所关注的是神灵和爱的联系、基督教中激情的神秘性、虚假—朗吉弩斯（pseudo-Longinus）[12]的狂热（enthousiastikon pathos）、中世纪神秘主义的宗教狂暴，一直到浪漫主义以及像存在主义那样的哲学运动。

四、抑制激情

由于激情会导致内在矛盾并且会妨碍效能和效率，各个社会都提出了抑制激情的各种思想上和观念上的解决途径，其中最典型的是中国和西方对其文化产生过促进作用的抑制激情的思想方法。就像我刚提及的那样，在西方心理学的探究导致了理性与感性以及物质与精神之间的二元对立[13]，而在中国却产生了完全不同的二元性，如静止对运动、天理对私欲、人性对心理能量（气质之性）、道心对人心。然而，在中华文明中这样的二元对立并没有被表达成绝对对立的本体论概念，而只是被看做在完全不同层面上的存在形式——形而上学层面的或社会心理学层面的、伦理学层面的或非道德层面的——以至于它们并不是完全相互排斥的。

于是中华文明的这类范畴影响到了人们的思考方式以及——最重要的是——以一种完全不同于西方文化表达方式的现实和自我的表达。因此，中国人的思维从来都没有达到使理性之"光"与非理性的失控能量对立的地步，在他们的思维中基本事实总是被看做追求内在与外在的平衡，在根本意义上一致的情况下表现出的内心平静以及刺激和反应相符合。在中国——虽然我们可以找出清教的倾向——我们却既找不出像俄耳普斯（Orphic）教派传统那样的宗教清教徒主义，该教派主张纯粹灵魂和肉体（和激情）之间对立的观点，也找不到作为"矛盾"体的灵魂概念。中国人与微观世界和宏观世界发展进程相关的生物—心理—社会合一整体观影响到了他们自我和心理健康的观念。[14]

一个社会也需要提出一些思想观念，为遏制好斗性和社会离心力的努力提供系统化和正当性证明，并且强调整合和和谐的发展趋势。因此，在用于抑制激情的战略中（各个社会）存在着不同之处和相似点。在西方的思想中，与享乐主义（Epicureans）的幸福学处方以及怀疑论者（Sceptics）的虚无主义战略比较而言[15]，柏拉图的勇气（thymos）和欲望（eros）升华论可以被看做"激情的驯化"。在中国，所有的关于"减少欲望"（寡欲）的著作都有完全相同的目的，也对反对"满足于自身的份额"（satisfied with one's own lot）（安分）提出警示。

在历史的长河中，中国和欧洲的理念演化是各不相同的。在欧洲，"亵渎神灵"情形是由于激情的语言导致的，是由神秘的宗教语言同性欲语言之间产生的玷污形成的。映射和梦想式的寓言在两种文化中都是具有多重意义的，其中既有肯定的意义也有否定的意义，并且可以被应用到激情、被应用到美德和被应用到邪恶的主题之上。的确，在明朝晚期对情感的高扬促使了这些（寓言）主题的用途延伸到主张激情的超越性并充实欲望和幻想的世界。然而，虽然在欧洲这些隐喻题材在欲望的主客体之间起到一个魅力宗教性的中介作用，但在中国它们却表达的是一种对话式的对抗，这种对抗主要以一种讽刺的语调来畅谈一种审慎的享乐主义。换言之，在欧洲是把这些荒诞的题材元素赞美成爱情现象的最高状态，而在中国同样的荒诞题材元素被认为是表达了激情和欲望想象性的、短暂性的、非现实性的本质。

让我们再来做一次比较，在传统的中国似乎没有这样的观念，即破坏神圣的婚姻关系是对于伦理、宗教以及社会秩序的最大挑战。然而，在西方却与此截然相反。在基督教的欧洲，与柏拉图式倾向相连的某些禁欲趋向曾试图禁止两性之爱，代之以"精神"之爱。盛行于教堂之内的这一解决办法——虽然使肉体的妖魔化方面与被践行的神圣化方面发生了转换——不仅是**纠正性欲**（remedium concupiscentiae）[16]，也是对俗人行**圣事**[17]的婚姻妥协方案。这种转换的张力，假如它进行了这样的损坏作用，就促成了爱情观念在形上学意义上的转变。爱情渐渐就被看成了至高无上的原则。在中世纪后期的文学和多情的幻想中出现的通奸内容使西方在此方面又迈出了坚实的一步。这种犯罪——在基督教派中对此没有任何道德挽救的余地，即使仅仅在大脑中和欲望中产生此类想法——就应该比其他违反像婚前两性关系那样的两性道德罪行更加严重。

下面，仍然关于内心世界的表达和特殊的情感现象，我们必须指出的是无论在西方和中国，在情感本质上的思考总是和它们在个人和社会生活中的作用紧密相连的：通过把"灵魂"和"心脑"或者"**心**"分别作为宗教与哲学思想的核心，道德和情感领域被认为是相互关联的。但是，对于许多中国思想家，"心脑"的概念既包含智力才能，西方的传统将其看做灵魂或大脑—理性，又包含情感或者感性能力，西方传统则将其通常分别称之为心灵和感觉。

五、情

因此，鉴于以上的分析，在中国，对于我们称之为"情感和激情"的心理表现是与欧洲截然不同的。例如，以是否与"理性"概念相对为基础进行这类现象的界定是行不通的。另外，从词汇学的观点看，情是一个最普通的词汇，它是一个多含义的词语，其基本意思是："内心的感情或情感状态"、"偏好或者欲望"、"情境"、"诚"。情感或感情，即使我们认为最常见的做法是通常将它们翻译成英语的"emotion"，事实上它们表达的是一个与英语或意大利语的对应词汇完全不同的语义空间。中国的"感情"概念是与对于某事物的倾向、爱好相联系的，或者是与根源特征和本质相联系的，但是却缺少与"理性"相对立的理念。正如孙隆基[18]所指出的：

使用西方的"emotions"概念与中国的情感或感情概念相对应，正如许多初学英语的中国人所作的那样，会产生很大的误解。中国人的这一概念表达的是相互好感、同情、友谊和支持的相互关系，以及男女之爱情，但是后者并不着重强调性关系方面的内涵——正如中国人所说，"男女之间，在性爱之前首先要培养感情"。误用英语单词"emotion"仅仅来指示它们，上述的"社会性"情感就会丢失这个词汇意义的隐含方面，诸如冲动、本能、性欲、肉体需要，中国人把这些非社会性的情感状态放入到"欲"（欲望）的范畴之内。[19]

在中国，"人情"是一个非常流行的词汇，它可以按照语境被翻译成非常不同的意思，并且它确实能够涵盖所有的这些不同意境。**人情**可以翻译成"人的境况"、"性情、感情和感受"、"相互性的信任关系"、"一个人对其他人产生的感激或者喜爱或者助人之情"，因此并不是仅仅包含人的情感，也包含**社会性的关联和行为的相互性**。这样一个概念与社会性的相互关系如此相关，以至于它的心理学维度是完全具有社会性指向的，并且在一定程度上表达的是一个人的形象在他人的评价中所具有的情感。[20]基于其普遍的意义，这一概念暗含着控制人际关系的道德和情感规范，并且暗含着为了避免在他人面前出现失误和过分的行为而应该谨慎控制的情感意义。因此，这一概念就变成了道德评价的一个衡量参数，并且遵照儒家的基本价值，认为此概念是要与内在的固有之情感相符合。这些固有情感是人性善的基础，它们不需要通过学习而获得，因为每个人都可以在自己的内心发现它们。

六、"善良情感"

当然，（在中国）"善良情感"和美德受到了特别的关注。按照儒家的原则，只有具有内在深情的人才会对他物产生爱恨之情，《论语》上记载着孔子闻韶乐三月不知肉味的故事。当孔子最喜爱的弟子颜渊去世的时候，他并不认为自己的悲痛是过分之举。这种态度似乎被孟子的"基本美德""四种子"或"四根源"（四端）学说所确认，即害羞之情（羞恶之心）、对错之感（是非之心）、谦逊之感（恻隐之心）和尊敬之情（恭敬之心），在这里，情感反应是基于人类内在固有的道德取向的。[21]对孟子来说，"四端"是人类内心所固有的，并且认为完善就是内在德性与社会规范的"相互滋养"。来自于固有本性的内在德性具有对他人的"移情"能力。

这就意味着：（1）博爱与同情是人类共有的情感（与"私欲"相对比）；（2）人，作为最富有感情的动物，是天理的体现者，但没有艰苦努力的自我发展，就不可能发展这些情感。"自发性"、"真挚性"和"灵敏性"这些概念于是就暗示了自我实现的特定程度，同其他中国学派一样，儒家把自我实现看做一个无休止的内在转化过程。[22] 荀子使用类似当代社会学和心理学的俗语把这一过程称之为社会道德原则的内化过程。这种观点，对于西方人来说也许显得意向不明，原因是这一过程似乎从道德原则而不是从纯粹的情感出发而形成的，但对于中国人来说却显然揭示的是情感领域。

作为两位当代的中国心理学家，杨联陞和金耀基[23] 曾强调中国人的情感和感情具有"相互性"。借助于人类学、心理学和社会学的理论[24]，他们把情感的基础以及社会关系的基础确立在一种"互惠性的意义"[25] 上。这种与文化模式相统一的善良情感界定似乎是按照传统的需要来寻找情感的道德基础，在这个传统中不乏杰出的前辈思想家诸如颜元（1635—1704）和戴震（1724—1777），更不用说孟子了。

这些自然性情之间的关联性——其中，一方面是建立在人的道德基础上的善良情感，这是应该被尊重和鼓励的对象，另一方面是指激情过度的危险——贯穿了整个中国思想的历史长河。除了上述被认为是人自然表现的道德情感倾向外，其他的感性现象被认为并没有道德的印记：所谓的四种或七种激情（四情、七情），它们也是"自然的"，正如我们在《淮南子》中看到的：

> 喜怒哀乐，有感而自然者也。故哭之发于口，涕之出于目，此皆愤于中而形于外者也。譬若水之下流，烟之上寻也。……强亲者虽笑不和。情发于中而声应于外。[26]

但是，这些表现并没有像"四端"一样具有道德的印记。为了理解情感的这种模糊性观念以及它们"危险性"本性的原因，哲学的和宗教的资源是很有帮助的，但是我们也不能排除经验性的文学资料，因为它们对于平衡前者的规范性资讯具有特别重要的作用。

七、新儒家学派对于情感的剖析

在欧洲，激情的理想化和它们的形而上学化是通过对比道德和情感世界的过程中发展起来的，而在中国，激情理想化和将其放置到形而上学层次上的过程几乎完全是和"道德"以及"善良情感"相关的。新儒家的学说围绕着终极原则（天理）[27]、心理物理学的和体液引起的能量（气）[28]以及心脑（心）[29]的观念精心建立了复杂的体系。整个理论的构建无疑是与情感的概念相关联的。天理普遍体现于万物之中，在人身上的体现被称之为"人的本性"（性）。因此，高攀龙（1562—1626）把性的概念使用延伸到了万物生灵之中：

> 性者，生理也。如草木焉，惟有性。故忽然而根，忽然而干叶，忽然而花实也。实则成性而复生。[30]

理在意义上并不是西方思想中使用的"理性"，而是道德和自然律令的形而上的象征，是蕴涵于宇宙能量进化的独特现实之中的。它也是"物之所以然"的最终原因或根据。因此，王夫之作了清楚的解释：

> 凡言理者有二：一则天地万物已然条理，一则健顺五常，天以命人而人受为性之至理。[31]

人性就是道德性，内生于人体，是产生正确情感反应和行为的潜在素质。

情感表现之前（未发），心灵是处于一种"平衡"状态（中）。情感表现以后（已发），是处于"和谐"状态，这时行动和反应都是适度、合适的。[32]上述的时间词汇"前"和"后"（在文学上，是"未"和"已"）表达的是"一个重要的概念二分法，而不是从一个发展状态移动到另一个发展状态的一个时间顺序"[33]。由于对外在冲动和行为的反映过分或不足而情感出错的情况是可能发生的，在这种情况下人们对这样的偏差是要负道德责任的。因此人的大脑，被认为是人体功能的启动中心，对于外在建议和刺激的可能反应也是很谨慎的，这些外在建议和刺激也许会打乱内心的和谐和社会的秩序。

于是就会发生这种情况，即如果内心被私欲所充斥，就可能会被外物所误导。在任何情感未发之前，平静心灵的本然状态是像镜子一样晶莹剔透的，当它对外在因素做出反应时就会激发出或好或坏的情感。新儒家的早期代表之一张载（1020—1077）着重强调了心灵的多面性特征，并且指出了心灵和感情的联系：心脑统摄（和/或"控制"）"人的"本性和情感（心统性情者也）。[34] 朱熹（1130—1200）响应了这一观点，认为：

> 性情皆出于心，故心能统之……仁义礼智，性也……恻隐羞恶辞让是非，情也。

它们既受人的纯正本性和本质能量（精气）的影响，又对人的纯正本性和本质能量（精气）产生影响。心理物理学意义上的和体液产生的能量（气），在广义感觉（情）的意义上是以脾气、情感和激情的方式来表达的，这些方式仅仅是心灵对于外在现象产生的"变动"或"反应"。

尽管在新儒家学派的著作中很少把个人的欢喜和哀愁作为讨论的主题，并且这一学派的设立（初衷）恰好是要对情感进行更严格的控制，但是情感的一系列体现却在学派整个思辨体系和伦理学体系中扮演着一个重要的角色。只要回顾一下新儒家学派的各种思想流派就可看到，学者们都把情感被激发的一瞬间看做与人类责任的开端相联系的，他们认为所有的道德都是为了节制过分情感、消除错误情感和发展作为社会关系基础的积极情感。

正如我在最近一本著作中提到的那样[35]，证明在大脑中存在"破坏性的"冲动绝不会影响整体的信念和人的善良本性，善良本性可以在某些方面与苏格拉底式的作为"真我"[36] 的灵魂概念相比。它既不会像柏拉图和欧里庇得斯（Euripides）的理论那样利用有矛盾的冲动产生一个多元动机中心的"灵魂分割"思想，也不会像高尔吉斯（Gorgias）的理论那样产生灵魂和道德分离。这一概念也可以同禁欲主义（Stoic）的观点相比较，众所周知，按照禁欲主义的观点，在心理相对立的自然成分之间并没有冲突，在其中，灵魂，在一个良好的自然秩序中，指的是独一无二的理性（罗格斯）；这依次被表达成对于心理的"表现"、"赞赏"（伦理判断）和行动的"冲动"。因此激情仅仅是指理性的自动判断，即使（激情）是错误的、不自然的、过分的和无节制的。

同样，心灵，按照新儒家学派所设想的那样，显示的是不符合本性、天理和普遍思想的可能性，因此心灵被描述成"人的心灵"（人心）并作为"道德心灵"（道心）的对立面。然而同时，必须牢记的是自然秩序并不是一个抽象的、客观的、宇宙范围的以及本体论意义上的独立体系便于遵守，而是对于明确的行动和人的性情进行的适宜安排——与每一个人和每一种情况的独特本性相一致。[37]因此，问题的要点仍然是人类感情的看法问题，正如（围绕"四端"和"七情"的）争论中所体现的那样，在韩国新儒学学术圈里这种争论达到了最激烈的程度，争论围绕着双方的不同观点而展开，一方坚持的是"四种子学说"（四端），另一方主张的是"七种情感"（七情）。总之争论的焦点就是"人的本性"与"情感"之间的区别。[38]

八、激情的"含义模糊性"

因此，难控制的、自私的激情和得体的、道德的情感[39]通常是同一感情现象的两个方面，被人们理解为人类体液能量（气）的影响和表达，在此"情感"概念基本的"含义模糊性"就产生了。作为人类智力和情感才能活动的场所和作为参与人的善良本性（性）起源的器官，心脑（心）也被称之为道德之心（道心）。在后者的意义上，新儒家于是就认为它是与天理和宇宙相一致的。简言之，这是在中国文化内部限定人冲动的多面性过程资源。一方面，哲学、宗教、伦理学、文学和医学[40]结合整体上对"道德情感"的赞美理念，形成了一个对于人的情感世界不信任的流行看法。另一方面，正统性理念也阻碍对于"欲望"进行任何形式的人文对待，欲望要么被谴责为异化的根源，要么还原为最初的本能冲动和可量化的需求。[41]

按照柏拉图的观点，肉体欲望是不合格的欲望，而情感是可以被教育的，但是不进行持续的监管就会有向危险的暴力转化的趋向，肉体欲望和情感都是迷惑性观念的根源。因此，如果欲望和情感不顺从于理性能力的话，后者就会被肉体欲望囚禁起来，其结果就是灵魂视域发生扭曲。[42]理想的状态是不受任何压力的自由，结果欲望和肉体之欲被还原成纯粹的工具性功能或趋向于善的动态力量。[43]然而，这两种功能都是必需的，因为仅仅智力本身是无法运动和行动的。[44]按照朱熹和新儒家的思想，**加以必要的变通之后**，心理物理学能量就有一个联系天理的动态功用。按照这种思想，心灵必须从情感产生的一瞬间开始使它们置于持续的监控之下——情感其本身是具有道德中立性的，但是却充斥着对于个人和社会的危险性（倾向）——以便于保持人类内在心灵的纯洁性。就作为个人和社会生活不可缺少的需求而言，欲望的功能还是被人们所承认的。然而，我们并不是期望在朱熹的思想里找到柏拉图式对于肉体形上学的蔑视，但是，与此同时，在中国文化里很难找到通过美的形而上学化对于爱或激情进行的任何升华思想。

这里引用一下对两种文化进行过比较的两位中国学者的观点。一位是白鲁恂，他在《中国人的政治精神》一书中写到，中国人的社会化过程强调的是压抑个人感情并争取集体之善的必要性。另外一位是林语堂，把"共同感"或"合理性"（情理精神）作为儒家文化的形态表现，并且认为这样一个态度更加看重的是现实和人文因素而不是逻辑方面。[45]这意味着，正如成中英指出的那样，在欧洲的传统中理性和感性是存在相互争执和矛盾的，而在中国的传统中这二者基本上是可以和谐相处并且它们被认为是来自同一个本体论根源的。[46]因此我们可以认为在人类总体上的反应活动中国人更趋向于"感性"，而在对人际关系和人的生存状态作出反应时西方人强调的是理性能力而不是感性能力。只是在过去的几十年里，心理学和西方哲学才能够在感性中发现理性并且反之亦然（在理性中发现感性），改变了传统的态度。

正统的新儒家学派的这种二元论观点——类似于西方把主观感性和客观理性对立的观点但却存在**根本的不同**——在情感的演化方面已经起到了理论上和实践上的效果。从本体论的观点看，按照公式化的观点把人的本性看做本体（体），把情感看做功用（用），既使情感是人的本性的组成部分，由于它们危险的倾向它们也是具有例外性的（组成部分）。从知识论上讲，尽管它们确实是对于现实世界的一种解读，但是它们却是不可靠的并且也许是有误导性的，是因为它们的主观和自私层面的原因。就伦理学方面的含义而言，它们也许表达的是道德原则（在美德意义上），但是如果过分或者不适宜的话，它们就会被否定并且因此必须受心灵控制。[47]于是在中国传统的观念方面，就像成中英所指出的那样：

> 心灵并不仅仅是一个思考或推理的智能实体或机械组织。而是一个感觉、情绪、意识、思想和意志相互联系的整体，它们都是被定义为"我"的自我日常体验或主观反映所证实……如果我们通过一方面

各种感觉和心灵的意志性/意向性决定能力来考虑感性行为的话，感觉—情感—思考—意愿事实上就是在一个相互性和有机性的互相联系统一体内的事情了，这个统一体是可以在单独个人的经验世界通过自我反思来验证的。[48]

来自于当代中国思想家的这种反映现代心理学倾向的建议，表达的是传统的态度，按照这种态度，就像与抽象的思想（思）和价值性的意志（志）关系一样，感性的和物质的观念（感）同情感（情）是不能截然分开的。

那不勒斯东方大学

意大利，那不勒斯

【注释】

本论文是我所承担的关于"中国明清时期情感表现"课题的研究成果。该课题是由意大利科教部和蒋经国基金会资助的，在此非常感谢成中英教授的评论意见，感谢顾林玉博士以及《中国哲学季刊》其他匿名评审员的良好建议。

［1］参见 Pasquale D'Elia, *Fonti ricciane：Storia dell'introduzione del cristianesimo in cina* (Roma：La Libreria dello Stato，1942—1949)，I：132。

［2］参见史华罗的说明，见《中国历史上的情感教育：一项明清资源的跨学科文本研究》(Leiden, The Netherlands：Brill, 2003)，1～103 页。

［3］对于道德情感，诸如内疚、羞耻、拘谨、敬畏、称赞、蔑视、厌恶、愤怒和感激等，我们倾向于把它们作为强烈道德判断的内在反应。这一范畴是许多争论的主题，因为许多情感既是道德评价的客体又是道德评价的基础。作为道德情感上的反应，参见 Ronnie de Sousa：《道德情感》，载《伦理理论和道德实践》，2001（4），109～126 页。

［4］类似的例子，可参见 Robert Solomon：《激情：人类情感的神秘本性》(New York：Doubleday, 1976)，尤其是其绪论部分；又参见 K. Oatley, Psicologia ed emozioni, *Best Laid Schemes. The Psychology of Emotions* (Cambridge, UK：Cambridge University Press, 1992；Bologna：Il Mulino, 1997)，pp. 130-177。

［5］参见史华罗：《明清时期中国人的良心和责任》，载 Mark Elvin 主编：《东亚历史》，1992（4），31～80 页。

［6］参见白鲁恂：《中国人的政治精神——政治发展中权威危机的文化心理学分析》(Cambridge, MA：MIT Press, 1968)，230～233 页（中国人社会化过程中羞耻感用途的重要性）。

［7］谢和耐（Jacques Gernet）认为中国在个人自我意识方面同西方存在着不同的

思想观点："不仅灵魂和肉体的实质对立观点对于中国人来说是陌生的，他们认为，所有的灵魂迟早都会消失的，而且在感性和理性之间并不存在本质上的截然分离。中国人从来都不认为理性在人体内具有独立和统治的能力。灵魂的概念被赋予了理性并且能够自由地趋向善或恶而行动，这对于基督教是多么重要，但对于中国人却很遥远。相反，中国人把大脑和感情、心和理性融合在一起形成了单一的概念心。"见谢和耐：《中国和基督教的碰撞——文化上的冲突》（Cambridge，UK，and Paris：Cambridge University Press，1985），147页。

[8] contemptus mundi——"对世界的轻视"，意思是对于尘世的蔑视，尘世就是地狱，是完全无价值的，因为它是与上帝隔离开来的。按照基督教的原罪观念，只有Divina Omnipotentia——"绝对权力的上帝"可以使massa damnata——"地狱受罚的众生"得以解脱，通过上帝赐予的拯救和仁慈使其脱离人世的罪行和形而上的腐化。

[9] 这来自于Jesuit Matteo Ricci的经典评论。

[10] 参见史华罗：《明清时期中国人的良心和责任》，79～80页。

[11] 参见休谟（David Hume）：《道德原理研究》（Bari，Italy：Laterza，1968）。

[12] 参见Osvaldo Rossi：《艺术的伟大思想》，见Anna-Teresa Tymieniecka主编：《生命文学诗集》（Kluwer Academic Publishers，2000），49：214。

[13] 关于中国人的身心统一，参见法国精神病学家Pierre Bugard的新书 *Essai de psychologie chinoise. Petit chronique sur bambou*（Paris：Éd. l'Harmattan，1992），26、33～34、85、103～106、260页。

[14] 参见林克明：《对于精神疾病和精神病治疗的中国人传统医学观念和关切》，见Kleinman、林宗义主编：《中国文化的正常与反常行为》（Dordrecht，The Netherlands：D. Reidel Publishers，1981），95～111页。也可参见林克明、Kleinman、林宗义：《中国文化中的精神失调问题概览》，见Kleinman、林宗义主编：《中国文化的正常与反常行为》（Dordrecht，The Netherlands：D. Reidel Publishers，1981），237～272页。关于整体论的概念，请参见孟旦（Donald Munro）：《引言，个人主义和整体论：儒家和道家价值研究》，见Donald Munro：《个人主义和整体论：儒家和道家价值研究》（Ann Arbor：University of Michigan Press，1985），1～3页。

[15] 参见纳斯堡（Martha Nussbaum）：《善良的脆弱性——希腊悲剧和哲学中的运气和伦理》，纽约，剑桥大学出版社，1986；布伦斯韦克（Jacques Brunschwig）、纳斯堡编著：《激情和感知——希腊心灵哲学研究》，纽约，剑桥大学出版社，1993。

[16] remedium concupiscentiae意为"对淫欲或性欲的修正"，指的是反对僧侣式苦行倾向而对婚姻的纠正，结果就是对两种人的看法进行了融合，其中一些人认为无性的独身是至善，另一些人认为淫荡是最恶之事。在公元2、3世纪的时候，不仅诺斯替教派（Gnostic）的作家，而且许多基督教作家也拥有这种观点，即人类的性爱是不完美的，最高的价值标准是指无性、单身，甚至在婚姻中也要节制性欲。

[17] Sacramentum（拉丁语，"履行圣事"）是在罗马法律中出现的，后来被用来

指称军人在一个神圣之地所发的忠诚誓言。在基督教中，"圣事"被认为是来自于基督耶稣的实践，并被认为是神灵恩泽的直观标志。在七种圣事中，婚姻被认为是传递恩泽的一种方式，它让性欲通过神的恩泽来传递并且被理性指导来服务爱情自身。在天主教中，这一圣事发生在三人之间：上帝、男人和女人，新郎和新娘互相监控着圣事；见证婚姻的牧师或执事不是圣事的监督者，而仅仅是代表教堂的一个见证者而已。

[18] 参见孙隆基：《当代中国的文化：结构和情感性》，载《澳大利亚的中国事务期刊》，26（1991），1~41页。

[19] 孙隆基：《中国文化的深层结构》，10页，西安，华岳文艺出版社，1988。

[20] 参见《儒林外史》14：183。古语说"秀才人情纸半张"，这里说的人情与人类的情感概念相去甚远。关于这一概念在法律领域的使用和应用，请参见 Haruhito Sadate：《在法律规范意义上关于人情的起源和情感》，载《法律历史回顾》，45（1995），73~106页。

[21] 参见《孟子》中的著名论断："恻隐之心，人皆有之……"在朱熹的解释中，四端就是指［道德］情感（四端皆情）。然而，王夫之却把道德从生理享乐的领域区分出来，把四端——它们是德性，应该属于人性的范畴——与情感区分开来，并且批评朱熹混淆了人性和情欲（passion）："以性为情，以情知性。"参见郭齐勇：《朱熹与王夫之的性情论之比较》，载 http://www.lunwen88.cn/home/ahllw/200607/3780.html（2006-07-28）。也可参见六个网页（从 5319 到 5319_6.html），网址是 http://www.lwzn.cn/Article/wenhua/chuantongwenhua/200612/5319.html(2006-12-11)。

[22] 杜维明认为儒家礼仪，建立在普遍的道德情感基础之上，尽管明面上反对道家的"自发性"和佛教的"神启性"，却同它们拥有着同样的通过人类日常实践进行内在潜能转化过程。参见杜维明：《儒家思想：作为创造转化的自我》（New York：State University of New York Press, 1985），22~25页。

[23] 参见杨联陞：《作为中国社会关系基础的"报"概念》，见费正清（John Fairbank）主编：《中国思想研究》（Chicago：University of Chicago Press，1957），291~297、302~309页；费正清主编：《中国文化中包、保、报之意义》，5~7、21页，香港，香港中文大学出版社，1987；金耀基：《人际关系中人情之分析》，见《中国文化中包、保、报之意义》，75~104页。

[24] 参见他的"社会变迁"理论，见 Peter Ekeh：《社会变迁理论：两种传统》London：Heinemann，1974)。

[25] 该概念词来源于《礼记》，引自现代断句形式的《十三经经文》（台北，台湾开明出版社，1984），被解释成"万事皆有报应"（往而不来非礼也；来而不往亦非礼也)。关于包的多层意涵，请参见本人的文章《中华帝国晚期的命运和报应》中的段落，**报应包含感激和惩罚、报酬和报复**，载《东方和西方》，42（1992），425~428页。

[26] 《淮南子》，11：1254，见《二十二子》，上海，上海古籍出版社，1986。

[27] "理"这个概念通常被译作"principle"，有时候被译作"reason"或"norm"。

然而，陈汉生（Chad Hansen）的文章《儒家伦理中的自由和道德责任》（载《东西方哲学》，22（1972））却提出，理指的是"自然倾向"，用来说明其描述性而非中国人思考标准的特点。在"理"的长期演变中，也受到佛教有争议性看法的影响。这个词在新儒学教义中变成了一个核心词汇，可被理解为每个人身上都有体现的基本元素。参见陈荣捷（Chan Wing-tsit）：《新儒学中作为天理的"理"概念的演化》，载《清华中国研究（四）》，1964（2），123～149页；柯雄文（Antonio S. Cua）：《儒家道德理论中的"理"概念》，见 Robert Allison 主编：《理解中国人的心灵世界》，209～235页，香港，牛津大学出版社，1989。

[28] 关于"气"的说法，除了陈荣捷的哲学定义外，还可参见 D. Pollard：《中国文学理论中的"气"》，见 Adele Austin Rickett 主编：《从孔子到梁启超的中国文学方法》（Princeton，NJ：Princeton University Press，1978），43～66页。

[29] 对于"心"的说法，有许多这方面的研究。除了陈荣捷的哲学定义外，还可参见张岱年：《中国哲学的基本概念》，391～409页，外语教学与研究出版社和耶鲁大学出版社，2002；伍安祖（On-Cho Ng）：《清朝早期心灵（心）哲学评论》，载《中国哲学季刊》，26（1999），89～120页。

[30] 高攀龙：《高子遗书》，3：42b。

[31] 王夫之：《读四书大全说》，5，《论语》，4：716。参见 Jacques Gernet, *La raison des choses. Essai sur la philosophie de Wang Fuzhi*（*1619—1692*）（Paris：Gallimard，2005），p. 314。

[32] "恰当的情感"的定义，即"被激发的客观和情势所证明的"，就是由对"激发性物体的信念或精确性评价产生的"。参见 Claire Armon-Jones：《情感的社会功能》，见《情感的社会结构》（Oxford：Blackwell，1986），67页。

[33] Andrew H. Plaks：《儒家自我修养中情感层面的"心"》，见史华罗、Donatella Guida 主编：《爱、恨和其他情感——中国文化中情感的主体问题》（Leiden，The Netherlands：Brill，2006），113～125页。

[34] 参见张载：《性理合一》，见《张载集》，374页，北京，中华书局，1978。

[35] 参见史华罗：《中国历史上的情感教育》，152～155页。

[36] 参见 Mario Vegetti, *L'etica degli antichi*（Bari，Italy：Laterza，1990），pp. 90-95。

[37] 参见安乐哲：《古代儒家和道家自我修养的共同基础》，载《清华学报》，1985（17），38～50页。

[38] 参见史华罗：《中国文化中"罪"的概念》（Roma-Bari：Laterza，1991），234～270页；史华罗：《16世纪韩国新儒学中的争论——伦理和社会的应用》，载 *T'oung Pao*，76（1990），234～270页。

[39] 例如，我们可以举《古今小说》（10：146，北京，人民文学出版社，1979）中的兄弟之爱作为例子。关于"道德情感和感情"，我们这儿指的是那些直接涉及道德

评价的情感，而不是像斯密（Adam Smith）所认为的情感意义（见《道德情操论》，London：Millar，1790），即不是指那些基于道德上认可或不认可，不是单纯个人利益的情感。

[40] 关于情感对生命精神和内脏器官的作用，请参见中国医学经典（《黄帝内经·素问》和《黄帝内经·灵枢》，特别是 11/39；9/8 和 2/8；1004）和中国 18 世纪的百科全书《古今图书集成》（44 卷，321：54737－54749，中华书局、巴蜀书社，1985）。"当五种精神统一时，它们使快乐从心中发生，使遗憾从肺部发生，使悲哀从肝脏发生，使焦虑从脾脏发生，使恐惧从肾脏发生。"参见《黄帝内经》（Berkeley：University of California Press，1966），Ilza Vieth 译，207 页。

[41] 参见史华罗：《中国文化中"罪"的概念》。《红楼梦》中的主角有一颗覆性的角色，因为宝玉的出生完全与有用和必需的范畴无关（"没有任何内在才能，他是不值得被选择的"）。因此，他的欲望并不是通过任何实践的、社会的或重要的条件来证明的。

[42] 参见《理想国》，436a–441c，442d–444a；《会饮篇》（*Symposium*），178c–197a。

[43] 在《理想国》中，柏拉图智力活动的特点是单纯、稳定和真实。而大多数人生活的动机，即吃、穿、性、舒适的条件，常缺少特定价值，都是日常琐事，只是因偶然的短缺而具有"补充"的功能，至少是与局限性相关的。根据他的理论，智者必须有足够的食物吃才能活下去，禁欲者必须不屑于肉体的享乐，尽可能少花时间在肉体享受的追求上。但在《斐多篇》（244a，246a）里，柏拉图似乎修改了自己的观点。虽然他对激情的谴责仍然坚定（不破坏自制和理智安宁，但主张允许有性的享受，如在 237d–e，253e，258 里所说的），他认为激情的疯狂（mania）不再和智慧相对立，而是在有些情况下得到赞许。它又引导好的一面的作用（与寓言、诗和爱一起）。关于柏拉图思想的演变，请参见纳斯堡：《善良的脆弱性》，147～233 页。值得注意的是，弗洛伊德用了一个马的比方（见《精神分析导论》，New York：W. W. Norton，1933，108 页）："马提供了机动力量，而骑马者有特权决定目的地并指导马奋勇向着目标前进。"在这里，自我就是骑马者，思想则是马。也可参见 Ilham Dilman：《理性、激情和意志》，载《哲学》，59（1984），185～204 页。

[44]《斐多篇》，244a–256a。

[45] 参见林语堂：《吾国和吾民》（London：Heinemann，1936），85～86、107～108 页。

[46] 参见本人的论文：《欧洲和中国传统情感的演变：不同和类似》，载 *Monumenta Serica*，LIII（2005），401～427 页。

[47] 参见伍安祖（Ng On-cho）：《儒家二律背反意义上的情感资源》，载《中国哲学季刊》，25（1998），169～190 页；《成中英的评论》，载《中国哲学季刊》，25（1998），237～242 页。

[48] 成中英：《道德的道德与克服忧郁的中国古典哲学》，见 Wolfgang Kubin 主编：《痛苦的象征：寻找中国的忧伤》（Bern：Peter Lang，2001），79 页。

第四编

>>>>>×<<<<<

全球正义和全球和平

Global Justice

and

Global Peace

序言：全球正义和全球和平

成中英　著

孙　磊　译　王　颢　校

　　仁是广泛、深入，并且能衍生出其他美德的儒家伦理思想的核心。在所有美德中，礼和义更直接地指向一个人的自我理解和自我感知的其他方面。为了实现社会的和谐，礼关注调控人与人之间关系的日常行为法则，而义则涉及考虑关于承受公平、应然及承诺等方面。显而易见，我们需要了解和认识人与人之间的关系和人类的情况，以及历史的和社会的、身体的和心理的各方面情况，以便对以礼和义的观点做什么以及期望什么做出适当的判断。这意味着，我们必须发展我们的理性认识和判断（或决策和意志）的权力，以便实现礼和义。作为一种基本美德，仁的职能是要提供一个动机、一个方向和为实现实际道德形成和转变的一个结果。它体现在人类交往和社会交往的具体活动的特殊性中所实现的人性普遍性上。显然，美德的道德准则有一个重要的功能就是为人道社会向着和谐和信任的方向发展而服务。与此相反，康德发现和发展了职责和合理协定的道德法则。在康德看来，我们需要使用我们的理性来发现和制定普遍的和必要的理性原则来控制我们的行为，因为人类具有个人和社会双重维度。这些规则应当阐明法律、原则、合同、条约和协定，这些协定都应该有道义上和法律上的约束力并且将有助于正义和和平的形成、维护和持久。

　　很显然，在全球化的今天，职责和理性的道德准则比美德的道德准则将更有助于服务以更高效率重组和调整集体行为的发展宗旨。但是，这并不意味着美德的道德准则对于全球化的世界是不重要的。事实是，全球化的世界也是人类世界的更人性化。归根到底，全球化只能是人类的全球化，而且是人类道德准则的一种全球化，它建立在伴随着礼和义规则实现的仁的理念之上，而这种礼和义可能在理性的规则下被证明、重构和阐释。当理性的道德通过可能解决冲突和建立没有暴力的和平的理性对话和谈判话语为冲突的解决提供一个渠道的时候，为了实现人类的和谐，人与人之间的相互理解，基于个人良好的意愿和人类的感情基础上的人类兴趣的团结一致，作为面向更大的促进世界各地社会和谐的需要，儒家所代表的伦理美德直接指向了积极人性的培养。

显然，我们既需要理性的道德规则又需要心灵的道德规则。它们共同分享构成人类自身统一体的人类本质。或许对每一方面的有用性和真实性的测试恰恰引发一方何以在理论和实践上贡献和支持另一方。我们需要强调的是，二者之间并不存在冲突，因为其中每一方面各自代表了理解和要求的一个层面：对社会和实际的层面或对规范的和体制的层面。这也正是全球化的两个层面，世界变得更加和平，并且变得更加和谐。和平是和谐的媒介，如同和谐是和平的来源一样。

本期主要讨论全球性正义和全球性和平这个问题，我们的论坛涉及在全球性范围内对心灵规则和意识规则的各种不同的探索。杰出的哲学家尤尔根·哈贝马斯对康德的理性哲学做出了显著的贡献。我提出了基于"仁"的道德准则的儒学方法，它与在"理性"的道德准则方面的康德方法密切关联。约瑟夫·塞弗特（Josef Seifert）讨论正义、人道主义以及全球性和平文化的和谐。陈勋武（Xunwu Chen）强调基于《大学》基础上的人类的传统儒家伦理。芭芭拉·恩特洛娃（Barbara Entlová）强烈赞成基于人类美德的、全球性视野的全球化和平。我们感谢陈勋武在创始和协调全球性正义和全球性和平这一问题上所做的贡献。在2005年美国哲学协会的太平洋区年会上，国际中国哲学学会（ISCP）的一组发言主要是我和他的文章。我们还要感谢执行总编顾林玉在相当艰难的情况下投入该工作所付出的辛劳。

2007 年 5 月

导论：全球正义、和平与人道长路漫漫

陈勋武（Xunwu Chen）* 　著

梁中和　译　陈勋武　校

正义、和平与人道是全球人类事务中的三个核心价值和目标；它们是同一人类理想的三个有机组成部分。儒家经典《大学》给出儒家世界蓝图的三大理想：明德的彰显、人民的新造与至善的实现；用《大学》的原话说，即是："明明德，亲（新）民，止于至善。"[1]用现代的术语来说，儒家的理想就是全球正义（明德）、全球和平（崭新的世界和人民）和全球人道（至善）的实现。

正义是人类最永恒的价值之一。的确，在我们所知道的人类文明史中，正义一直是人类精神中最根本的政治伦理价值；正义理念在我们的道德、法律和政治思维中占有最强有力的地位。因此，一则拉丁谚语说，"正义是所有价值的女王"[2]。今天，全球化和现代化的浪潮在带给世界剧烈的变化的同时，呼唤着全球正义。不可否认，有些哲学家抵制全球正义的这一概念，特别是全球社会经济正义这一概念。不过，全球正义的理念不乏保卫者。

在古典中国哲学中，全球正义是一个源远流长、经久不息的理念。儒家经典《中庸》说：

> 中也者，天下之大本也；和也者，天下之达道也。致中和，天地位焉，万物育焉。[3]

《大学》认为天下和平是至善的有机部分。与世界和平是全球正义的

---

* 陈勋武（Xunwu Chen），得克萨斯大学圣安东尼奥分校英语、古典和哲学系副教授。研究方向：中国哲学，欧洲大陆哲学，社会政治哲学。E-mail：xun. chen@utsa.edu

目标之一相适应，国家之间的战争是全球正义面对的问题。

现在，为了更好地理解全球正义、和平和人道的含义，让我们重新研究一下正义这一概念的含义。在中国哲学中，正义这一概念有四种不同的含义。在一种含义中，正义表示站得端正，合理的正当性；这一含义的正义与弯曲、偏斜和扭曲相反。"站得端正"在这里有道德方面的含义：1. 对所有涉及的，具有不同观点的人来说，正义是正当而公平的，它经得住来自不同角度的检验；2. 正义者是适宜合理的，不是武断无理的。因此，这一含义的正义总与"公正"、"公平"、"中正"、"不偏不倚"、"理"和"义"等原则联在一起。

在另一种含义中，正义意味着真实的、原来的、不容掺假和没被妥协的正当性与合理性。这一含义的正义包含"道义"、"公义"和"公理"的意思。所以，人们常说，"天经地义"。"道义"是最高、最纯、最神圣的正当性与合理性。孔子激励我们说，"行义以达道"[4]。孟子把正义的力量比喻为一种充满宇宙、使人屹立于天地间的"浩然之气"[5]。荀子也说，"道义重则轻王公"[6]。

正义还有另外的一种含义，即，正义代表检验过的、合理的或证实了的真理、原则、意义、重要性、本质和实质。因此，孔子及儒家常说"正名"。孔子说，政治的功能与政府的职责是去"正"。正义指的是检验过的事物、基本原理与本义。"正名"让名义归一，原理端正。

最后，正义指事物正统的、合法的真理、本质和实质。获得某物的正义，就是理解该事物原本的、未被淫化的真理、本质和实质。如《孔子正义》、《孟子正义》等书籍书名中的"正义"一词指的就是这一含义的正义，正义即本义、真谛、真理等。

总而言之，从概念上讲，无论在哪一含义上讲，"正义"指的都是端正事理，正名适宜。把四种含义的"正义"概念综合起来，我们看到，正义指端正的正当性与适宜性。这一正当性与适宜性是基于真理，其本质与实质是真实的和深奥的，它给人类社会实践、社会制度，或个人行为带来可接受性和合法性。因此，我们就可以将全球正义定义为端正全球人类事务的事理的正当性和适宜性。

现在让我们来看看全球正义、全球和平和全球人道之间的内在联系。全球正义的目标与内容都包含全球和平；端正全球人类事务的事理带来全球和平和国家人民之间的合作。实际上，世界各个国家和人民之间的和平相处是实现全球正义的一个方面。没有全球正义就没有稳定的全球和平。

没有全球和平，全球正义就还没有建立。全球正义带来和维护着全球和平。全球和平实现全球正义。这样一来，结论就是：全球人类中的正义与和平，由全球人类建立的正义与和平，基于人道的全球人类正义与和平。

中东地区当前的冲突在这里为我们提供了一个明显的例证。这些冲突表明，没有和平，正常的人类生存与繁荣的条件就被摧毁。缺乏和平意味着缺乏正义，对全球正义的整体是如此，对中东地区事务的正义也是如此。

历史上一些哲学家关于正义的观点在这里可以为我们提供一些真知灼见，尤其在关于正义、和平和人道之间的关系问题方面。根据柏拉图的观点，正义，无论是城邦制度的正义还是个人灵魂的正义，都有两个属性：1. 理治，即理性统治；2. 内在的和外在的和谐。柏拉图还强调除非正义在人类社会中实现了，不然人类就没希望。换句话说，根据柏拉图的观点，正义、和平（和谐）和人道是三个相互关联的观念：没有正义，人道毫无希望，因为没有正义，人类之间就不会有和平，人类种族间就不会停止冲突和纠纷。另一方面，没有人类理性的统治，正义也不会存在；与此相适应，只有实现正义，才能获得和维持人类和平；只有实现正义，人类和平也才有价值，没有人类间的和平，就不会有人类正义。

客观地说，目前对全球化过程中的正义以及全球正义有多种不同的定义，对于全球和平的含义、价值和可能性也见解相异。尽管如此，全球正义和全球和平是全世界都在关注的两个课题，因为大家都逐渐意识到，人道作为一种价值和人类作为一个种族，它们的繁荣要求全球正义和全球和平；换言之，我们追求全球正义和全球和平不是为了现实利益，也不是一种权宜之计；全球正义和全球和平是人类人道的要求。这把我们带到两个相关问题上：1. 什么样的理想世界秩序才会有全球正义、和平和人道？2. 我们如何在全世界实现这种秩序？

在本期杂志中，哈贝马斯的文章以一种启发的方式引导了对全球正义、和平和人道的问题的讨论。哈贝马斯首先从康德的世界主义秩序概念入手。康德世界主义秩序的理想模式是"世界共和国"，最低限度的模式是国际联盟。在康德那里，无论是"世界共和国"还是国际联盟里，国际事务的正义都由国际法规界定，国际事务的正义，国际间的人类事务也依法而治。因此，"假如正义在地球的一方被践踏，对正义的践踏在地球所有其他地方都会感受到"[7]。康德的世界秩序是一个有法律（国际法）约束的秩序，是一个有理性和正义的秩序；在这一世界秩序中，人是目的，而不是手段。

哈贝马斯捍卫康德世界主义的世界秩序观念。他指出，"联合国的建立是世界秩序的观念第一次得到的永久体现"[8]。对于哈贝马斯来说，假如在我们生活的这个多元世界里，有一个合法的（世界）宪法，世界主义秩序的观念就更为实质化。这里，问题不仅仅是何种世界宪法才是合法的，问题还在于合法的世界宪法如何建立和由谁建立。哈贝马斯指出了激烈变动中的国际局势，探讨了当前国际法律和条约的合法性危机，以及解决这些危机的种种途径。

哈贝马斯的文章再次让我们想起儒家的"天下有道"（世界上存在着正义的规范与道路）和"天下为公"（天下服务于人道与公共价值和公益）两个观念。对儒家而言，首先，必须要有公正适宜的礼仪和制度来组建我们的公共社会生活，我们的生活才能有社会和谐。其次，天下的人都应恢复对人道的责任意识——"以仁为己任"。有了这两个条件，世界就平治了。

哈贝马斯的文章同时带来一个严肃的哲学问题：如果全球正义应该由一个世界性政治宪法来界定，那么这一世界性政治宪法应体现什么样的实质性的观念和价值呢？这一政治宪法应如何建立？它应由谁来建立？这里的问题不是有关谁的正义和何种理性的问题。这里的问题是：全球正义如何可能？进一步是：一个世界性的政治宪法如何才有政治方面的合法性和道德方面的规范性？

有些哲学家建议修订康德的世界秩序模式或为其提供替代性方案。成中英的文章提出一个康德—儒家式的世界秩序概念。这一世界秩序在一些关键性的方面既区别于康德的世界秩序，又与后者有共同之处。在成中英看来，传统的康德世界主义秩序的正义其实包含两个方面，即基于权利的正义和基于人类理性自由的正义。成中英于是提出以"仁"的原则和"义"的原则为基础的世界秩序概念，其中"仁"的原则为同一性原则，而"义"的原则为差异性原则。成中英的儒家世界秩序不仅仅建立在权利原则的基础上，而且还建立在责任原则和社会和谐原则的基础上；其中，社会和谐既是巨大的价值，又是正义的体现。世界和平是成中英理想的儒家世界秩序的重要组成部分。关于我们该如何达到世界和平或全球和平，哈贝马斯强调法治和国际公约的作用，成中英则强调"仁"和"义"的普遍意识的作用。

在哈贝马斯和成中英谈论我们应有何种世界秩序以及如何建立一种规

范性的正义的同时，约瑟夫·赛福特探究了正义与和平的关系问题。赛福特考察了全球和平的含义和实现这种和平的条件。赛福特认为，正义和平密切相关。最吸引人的是，赛福特指出他称做"真正的和平"，包括"权威性全球和平"的状态，必备的九种条件：1. 忠于真理；2. 承认人类尊严以及由人类价值、正义、人类权利所组成的秩序——一个客观的、人类意识必须认识到的秩序；3. 承认人类的各种局限以及正义和其他价值在我们所居住的地球的实现是在这些局限性中完成的；4. 愿意以原谅和宽恕为和平的条件；5. 对正义的秩序和其他价值的回应是居于正确的动机；6. 实践金律；7. 认识至善；8. 不从事本质邪恶的勾当；9. 摒弃虚假的和平绝对化。在这里，赛福特所提的第6条和第8条与成中英提出的儒家忠恕思想相吻合。第7条和本文开篇引用过的《大学》的思想相吻合。第1条和第5条让我们想起了儒家对人道的痴心相随。

陈勋武的文章探讨了正义观念和人道观念之间的关系，并将正义定义为以人权原则、人类价值与人的类关系端正人类事务。与此相适应，陈勋武提出了第三种全球正义的概念，即，全球正义是依据人权、人类价值和人的类关系去端正全球人类事务。根据陈勋武的观点，作为端正全球人类事务的全球正义与作为公平分配资源、财富和国际责任、民主参与国际组织如联合国等的全球正义是相互交叉的，同时与矫正性正义，如对那些在国际战争中犯罪的人进行惩罚，也有相互交叉。然而，作为端正全球人类事务的全球正义既不和全球分配正义完全同一，也不和全球矫正性正义完全同一；它是一独立种类的正义。最后，陈勋武提出，为了发展全球和平，儒家的"仁"、"义"、"礼"、"智"、"信"五规范应成为处理国际事务的准则。

芭芭拉·恩特洛娃的文章和陈勋武论述全球人道与和平的文章的观点有相同之点。师承瓦可夫·哈维尔的许多观点，恩特洛娃首先批评了人类历史上长期存在的对暴力的信仰。她拒绝那些认为必须通过暴力才能实现深刻的甚至是根本的社会变革的观点。她特别反对那种认为政治蓝图的实现应该不惜以人类生命为代价的观点以及那种认为无论我们现在为通过暴力进行根本社会变革付出多大代价都值得，将来都能得到补偿的观点。

与此相适应，恩特洛娃提倡以人道——即人类价值、人类权益和人类尊严——为基础的全球和平。她提出了达到和保持全球和平和正义的两个步骤：一是通过教育提高全球的人道意识；二是发展以人道作为最高价值的国际法律和机构。

我们这里不要误认为恩特洛娃是在提倡墨家的"兼爱"观念。她的目标所指不是墨家的兼爱。恩特洛娃的文章的确让我们记起道家对暴力和强权的反对。但是，她讨论的中心点是普遍人道理念，即普遍的人类尊严和权利理念。她并不提出对所有能感觉到痛苦的存在物的不加拣择的怜悯，而是指出历史上的和当前人道观念在我们道德和政治决策中的边缘化。她还指出当前国际人类事务中崇尚暴力的恶习。

本期杂志的讨论使我们认识到，"天下大同"、"修身、齐家、治国、平天下"、"物极必反"等传统中国哲学概念所含有的真知灼见的现实意义。"天下大同"的概念加强了我们关于世界是一个全球人类社会的概念：天下是巨大无边的，但是它也是和谐的，因为它是一个人类的共同体。"修身、齐家、治国、平天下"的概念让我们正确理解自身和平、区域和平、国家和平以及全球和平之间的辩证关系。"物极必反"的概念提醒我们达到和保持全球和平的适当方式。

通往全球正义、和平和人道的道路依然漫长，但全球正义、和平和人道的前景确是光明的。我们责任重大、使命艰巨，但伴随着我们付出的每一分努力是我们希望的繁荣昌盛。

得克萨斯大学圣安东尼奥分校

得克萨斯，圣安东尼奥

【注释】

[1] 杨晓明主编：《大学》，见《四书五经》（现代版）第一卷第一章，4 页，成都，巴蜀书社，1996。

[2] H. L. Mencken 编辑：《引文新词典》（*A New Dictionary of Quotations*，New York：Alfred A. Knopf，1942），628 页。

[3] 杨晓明主编：《大学》，见《四书五经》（现代版）第一卷第一章，35 页，成都，巴蜀书社，1996。

[4]《论语》16.11，见《四书五经》（现代版），378 页，成都，巴蜀书社，1996。

[5]《孟子》2A2，见《四书五经》（现代版），550 页，成都，巴蜀书社，1996。

[6]《荀子》，18 页，北京，人民日报出版社，1998。

[7] 参见本期哈贝马斯的文章。

[8] 参见本期哈贝马斯的文章。

一个多元化世界社会的政治性宪章?

尤尔根·哈贝马斯 (Jürgen Habermas)* 著

李林洪 译 陈勋武 校

今天,在世界建立一个"世界秩序"的成功机会不比 1949 年或者 1989—1990 年的时候差。当然,这并不意味着现在成功的机会要好,而是,我们不应当忽视其中所牵涉的繁多物事。康德关于"世界秩序"的设想问世两百年后才第一次成为国际联盟的政治议程的一部分。联合国是世界秩序的观念的第一个持续性的承载体。从 20 世纪 90 年代早期以来,联合国确立了其政治地位,成为在世界政治争端中不可忽视的因素。超级大国也意识到当国际组织拒绝给予自己单方面采取的干预行动以法理允许时,自己也不得不与国际组织进行沟通、对话。联合国也瓦解了多次发生的将其边缘化的危险,并准备致力于自身主体机构及附属组织的亟须改革。尽管由于美国的阻挠,科菲·安南的努力失败了,但改革计划本身意义重大并继续保留在议事日程中。[1]

计划中的改革是对以往所犯的错误进行理性分析的结果。这个学习过程的目的在于继续康德的设想。如果我们从足够抽象的角度上看待康德关于世界秩序的思想,那么,即使是今天我们仍然能够从这一设想获得裨益。我先阐明为何康德的共和世界与国家联盟二者择其一的思想并不成熟(第一部分),然后我将概述在现代的条件下如何重构康德的设想(第二部分),最后我将陈述康德设想实现所面临的现实挑战(第三部分)。

一

康德把"宪章"概念(指在他的时代从美国革命和法国革命中出现的

---

* 尤尔根·哈贝马斯 (Jürgen Habermas),法兰克福大学哲学系名誉教授。研究方向:社会学和社会政治哲学,法哲学。

那种类型的宪章）从国家的范围延伸到全球范围，从而提出世界秩序思想。由此，他预见了目前这种国际关系的章程化。这种变化蕴涵着从以国家为对象的国际法律到以个人为对象的世界的法律的转变。每个人的法律地位不仅仅是一个民族国家的公民，而且是法制化了的国际社会的成员。

康德的世界秩序指一个共和世界秩序。康德一生都忠于这一世界秩序理念，虽然，他曾暗示国际联盟将作为共和世界的一个替身出现。当下异常流行的共和世界观念要求一个所有有能力实现和平但却仍然保持独立状态的国家组成同时性联合体这样一个中间体。通过后来者的后知之明，我们看到一些观念上的局限性导致康德在全面共和世界或松散的国家联盟二者之间选择而走进了死胡同。三个原因使他固执于共和世界的令人沮丧的模式。

法国的中央集权制共和是康德设想中的人民主权不可分割的模式。[2]但在一个联邦结构的多级系统中，人民对民主的期待从一开始便已分化为多种具体样式。此前，美国模式证实了"分权"[3]思想。联邦制也许缓和了康德关于一个包含"国家联盟"的世界会以"卑鄙的专制"而撕裂各个国家的文化特殊性和同一性。

问题的焦点是另一个观念瓶颈，即人们不由自主地总是把所有的宪法都当成国立宪法。根据卢梭的社会契约论，国家和宪法都起源于人民的意愿。在自由主义传统中，宪法并不具有以法律规约政治当权者、保证其实现规约的功能，而只具有限制现行权力的功能。这种宪法确立了"法律规则"，这样，即使缺乏民主传统，人们依然能够正常地构造现行权力关系及引导政治权力按照法律允许的渠道行使。通过抛弃以往那种预先假定统治者和被统治者的身份的做法，自由主义传统避免了将国家与宪法混为一谈，并因而保持二者在观念上的独立地位，从实际经验的角度看，二者在民族国家中是密不可分的——宪法是一方，国家和民主的公民是另一方。[4]自由主义的宪法模式为今天政治化的、没有世界政府的、完全宪法化的国际社会提供了观念上的启示。但我们最终会看到这两种国家体制的任何联合，即那种已经融入到竞争性的法律传统中的联合，已经产生了跨国界政策网络间的交流如何能被作用于一个完善的民主立法化的国家渠道的圈子的问题。[5]

促使康德寻找实现世界共和这一思想指南的替身的第三个原因是革命事件可能性概率几乎为零。19世纪的两次宪法革命使人们认为法律主要产生于在合适的历史时刻出现的表达意愿的突发性活动中。在某个地方发生的革命事件可能性概率几乎为零，而不同地方同时发生革命事件的可能性概率更是为零，是难以想象的。同时我们已经普遍认识到，法制化作为一个长期的过程不是由热情的民众推动的，而主要是由民族国家和国家间的区域性联盟推动。这个政治干预和体系的复杂性密不可分的长期过程的现行样式提示我们应该关注制度化的阶段和程度。[6]

概括来说，我们可以从三个途径入手，使康德关于从国家中心的国际法到世界法的转化思想免受世界共和的错误引导：

1. 联邦主义的"分权"思想及现在常见的"多层系统"理论。

2. 区分可以在一个没有世界政府的世界社会中以新方式相结合的两种宪法类型。

3. 由政府而非公民制定和支持的现行制度化推进模式。

由此出发，同时考虑到现存结构，我们可以提出一个代替世界共和理念（及它的现代形态）的新想法。[7]为此，我们必须进一步地适应新形势并作出行动：（1）调整国家主权观念，使其与后民族国家治理的新形式相适应；（2）致力推行一个超越民族限度的法律体系，为此要修订使国家法律和国家力量的垄断紧紧相连接的观念，要修正我们的法律观念；以及（3）创建一个学习机制以解释国家如何改变自身形象。

（1）根据自由主义的民族主义传统，国际法的核心是人民主权论原则，这一原则规定国家的独立地位及国家之间互不干涉内政。一个国家在军事上对外部世界保持独立自主反映了它内部的民主自决。[8]一个国家为了保卫自身民主共同体的统一，必须有权并有能力对其他国家使用武力。但在一个极度相互往来的全球社会中，这种观念已经失效。甚至连超级大国自身不能而只能依靠其他国家的帮助才能保护本国民众的安全及财产，可见原来意义上的主权已经失效了。[9]一个国家有能力并愿意在国际组织或超国家组织框架内解决全球性或地区性问题的集体努力中分担平等义务，从而证明自身的对外主权。[10]对内主权现在不再局限于维护法律和秩序，而是扩展到保护公民的权利。这样就假定了放弃战争权及对于国际社会保护犯罪国家或失败国家的人民对抗本国政府或政府残余力量的义务的承认。

（2）有趣的是，国际社会将这种干涉和制裁的权力授予国际组织，却没有授予该组织在全球范围内运用自身力量实施垄断的权力。与现行法的习惯观念不同，在法律的超国界机构与法律的各国机构之间存在着巨大的隔阂，以至于无法运用合法手段实施法律。各国运用权力保有自身的垄断地位，但作为联合国的成员，各国又将这种动用武力的决定权顺延给了安理会（除了紧急的自卫事件）。欧盟强有力地证明了更高层次的法律规范虽然是由那些强大的但处于下级地位的成员国遵守所支持和实施的，但它对这些国家同样具有约束力。

（3）这同样证明民族国家是如何学着改变他们的自我理解。政治精英提出的法律改革有时候以自我实现的预言方式发挥作用。可见，以信件方式提出的法律提案一开始被认为是言过其实，但其精神却是相当内在化的。这对政府和公民都一样。国家在实践符合主权精神的协作规则时发现了独立的集体行为及作为国际组织成员的益处。假如从长远来看预料性的规范无法发生作用，也就几乎不可能为康德关于推进世界形势发展的设想提供经验基础。

本体诠释学、民主精神与全球和谐

二

根据这些说明，我将提出未来的多极系统设计，它很先进，但与现存结构仍然保持联系。这样一个政治化构成的全球社会甚至能够在缺乏世界政府的条件下制定迄今为止尤其在全球经济和环保政策方面缺乏的全球性内政。建立在国家基础上的国际法只确认游戏的一种参与者（即民族国家），以及两种类型的游戏场所（即内政和外政或对外事务和对外关系），而新系统的特征是"三个领域"和"三种参与者"。这种三极化模式避免了在全球治理的主题下把各种截然不同的问题混为一谈。

"超国家领域"只有一个参与者。国家社会建立了一个有能力参与明确领域中的活动的非国家角色的国际组织形式。国际组织发展为实体性存在，而不只是论坛，但它并不具有国家的各种属性。这样一个国际组织被授权（同时也被限制）有效地、非选择性地发挥两种功能，即在世界范围内保护世界和平和人权。有待进行的联合国改革不能只是集中于加强核心机构，同时也应该把核心从其特殊部门中分离出来。[11]

诚然，在国际组织中意见与愿望的形成机制更密切地联系着国家议会间的对话趋势，更有效地接受非政府组织和被动员起来的世界民众的代表的监督。但是，即使一个经过有效改革的国际组织也永远依赖于在国家基础上形成的权力中心。[12]和个人一样，国家也依然是国际法的对象，并成为在必要时保护公民对抗他们的政府的世界性人权政权。

联合国最近以"千年发展目标"的名义宣布远期目标，可见国家有必要保持优先地位。此目标所要求的世界范围内的政治上的努力，会使国际社会疲于制定一种能够并且愿意完成的统一的日程安排。目前我们可以在适应日益复杂的全球社会的协调需要而出现的跨国界领域网络及组织中进行观察。[13]但是，政府间的以及政府与非政府参与者之间的"协调"代表了一种只适合于跨界问题的特殊范畴。信息交换和磋商、援助与训练等程序控制并执行和约以解决"技术"问题（如度量标准化、电信规范化，或者防止灾难发生、流行病控制，或者反有组织犯罪斗争）。

这些协调问题并不是本质意义上的"政治"问题，诸如全球能源、环境、财政和经济政策等问题都涉及平等分配问题。由于"全球政务"的存在，规范化以及积极一体化就成为必要环节，在此过程中不存在所谓的框架和参与者。现存的政策网络是功能上被规定的、多边的以及一定程度上是包容性的国际组织，在此类组织中国家的代表承担相应责任并独立决策，而不需要考虑其他国家是否承认。无论如何，他们并不提供立法的框架以及政治诉求机制的反馈程序。即使这样一个框架建立了，也仍然缺乏（美国除外）在全球范围内执行它的集体性参与者。我正在思考拥有有效的协商代表授权以及运用必要权力完成跨区域性事务的地区性或洲际性政权。

这样的"全球参与者"必须足够强大，才能形成因适性的联合，创造灵活的监督机制和平衡机制，以及通过协商谈判达成一揽子和解方案。通过这种方式，我们所熟知的国际关系将以崭新的方式在跨国界舞台上继续存在。在联合国安理会的有效带领下，即使是那些最强大的全球参与者也必须承认通过战争的方式解决冲突是不合法的手段。除了美国，目前在跨国界活动级别上没有别的可行的参与者。这个问题引导我们去注意第三世界或较低等级国家。这个等级是随着非殖民地化的发展而出现的。早在20世纪下半叶之前就曾出现过国家间的国际共同体；在此过程中，联合国成员的数量从51个增加到192个。

从历史的角度讲，国家是一个相对年轻的政治构成，但在国际领域他们仍然是最有力的参与者。然而，全球经济的日益独立及全球社会中风险的跨国界蔓延压缩了国家参与的范围，并对国家的合法性提出了极高的要求。长期以来，居于所有全球化维度中的网络已经过度到一个荒谬的点上，即关于责任能力理论的假说，因此必须在那些有责任作出政治决策的人和那些被上述人们所影响的人之间达成一致。[14]

/ 第四编　全球正义和全球和平

我们可以由此研究在世界各洲中各国发觉他们有必要组成地区联盟或者各种程度的密切合作关系（APEC，ASEAN，NAFTA，AU，ECOW-AS，etc.）。这些区域联盟举步艰难。各国必须超越政府间合作模式，以便在跨国界级别上承担全球性内政的参与者角色以及实现他们跨国和约的民主合法性。欧盟至少已经实现了承担全球性参与者的承诺。但是，如果欧盟参与某种程度的政治联合，以使自身得以合法推行国内外政策，它充其量只是一个构筑高阶政治活动能力的模范。

三

　　这样一个设计有助于准确地定位当下最紧迫的问题。但它会面临"徒有虚名的纯粹应该"的指责。我并不想研究康德设想的与其他新世界秩序的观念相比较而言的规范优越性。[15]但如果缺乏实践性并且和现实不能妥协，即便是那些理论上能规范地证明的设计也仍是无意义的。这就是黑格尔批判康德的地方。他不是简单地把一个不合理的世界带到观念面前，而是试图将现实的历史轨迹提升到观念实体的层次上。但是，黑格尔和马克思试图以历史哲学的方式为这个观念找到支持的努力都遭到了尴尬的失败。

　　国际组织是以主权国家间的多方和约的形式组成的。如果国际组织在某一个领域或其他领域进行某项"在国家之外的治理"，日益增长的合法化要求很快就会超出国际和约充其量从签名所表示的国家的民主性质中获得的合法性范围。联合国被视为担负着监督国际安全以及世界范围内以人权为标准的承诺的义务，但其内部同样开始出现这种矛盾。

　　这就能解释那种将 NGO 国家纳入联合国大会协商过程的建议，这样至少能够增加联合国在全球公众眼中的透明性。鉴于此，联合国成员国之间在国家议会层面上的交叉支持也是有益的。但我们不要误导自己：这些改革尽管是急需的，但它们在沟通跨国界和国家这两个层次上仍然是不足够的，因此独立的立法环节则从国家转移到国际组织。

　　另一方面，问题在于如果我们假设将来会出现一个革新的安理会与总体性组织的国家犯罪法庭（ICC）进行良好互动，出于合法化的要求，我们是否有必要首先填补其间的缺陷。深入去看，我们发现与跨国家层次相比，超国家层次的合法化要求是多种多样的。既然国际法的发展遵循的是人权的解释以及延伸的内在逻辑，所以国际政治已经越来越顺应这种潮流，国际组织所面临的问题也越来越呈现为法律上的而非政治上的性质。在一个高度法制化的国际社会中这个问题会向深层次发展。

出于立论的需要，我们假定安理会根据平等程序即在 ICC 的控制下以公平和中立的方式处理保卫和平和保护人权中的可审判问题。如果像我们所假定的那样，这种活动遵守那些原则和按照学习民主的长期性过程的程序，那么这种活动无疑能够获得公正的承认。这种对于现存司法程序的规范性力量的信任形成于法制化的发展过程，法制化的历史上有诸多典型可以说明民主已经深深印记于人类集体性记忆中。

但这种全球公众范围内的假定的一致性背景并不能解释为什么我们能够据此调谐批判性功能。鉴于此，康德是相当乐观的，因为"世界上某个地方发生了违反正义的事情，其他地方都能感觉到"[16]。我们想想皮诺切特、米洛舍维奇和萨达姆，想想科索沃和伊拉克干预事件，我们知道，在超国家层次内作出的和平与战争、正义与非正义的决定肯定会在世界范围内引起关注和批评性反响。普遍主义的正义的道德的消极义务，即防止侵犯人权和侵略战争，是根植于所有文化中的，并很偶然地与国际组织本身用以调整自身政策的制度也相符合。

但这个基础过于薄弱，因为在跨国家层次上通过协商产生的规则极大地超出了惯常的确保安全、法律和自由的事务范围。特别是全球经济多边协定（GEMs）——首先并首要的是世界贸易组织（WTO）、世界银行，以及国际货币基金组织，他们负责制定分配和再分配等诸多问题上的规则，这在国家领域也是一样的。这里，在国家领域内这样的政策要求共和式的合法化，这种共和式的合法化只能由民主的恰当渠道提供。一旦我们告别了世界共和的梦想，那么在跨国家层次上的共和渠道显然就行不通了，只能等待合法的洲际性政权之间的制度化协商的出现。这就是为什么在此层次上日益呈现的合法化问题将变成一个越来越紧迫的、我们业已通过这样那样的方式找出对策的挑战。

斯拉夫特（A.-M. Slaughter）已经树立了国家主权崩溃的典型形象。[17]由于这种优点，功能上被规定为交换的关系就取得了相对于界域性权力关系的优势，这种优势地位甚至使得跨国家网络取得了一定程度的独立，并反馈于它们起源的国家政府。跨国家网络的离心力集中了各个成员国的主权并瓦解了它们的中央集权制度。国家主权瓦解为各自独立自主的功能性的下级机构的总和。但这种形象只是强调从上而下进行干预的管理性决策与一般主权日益离心的倾向。当然，转移至 GEMs 的权限在相关的政府范围内仍然保持着原有的正式称谓，但在远端组织中达成的协议事实上被最强有力的成员国所掌控，并远离各国的公众批评、审议和公民的政治反应。[18]国家层次上合法性的缺乏，在各国之外找不到替代品。[19]

斯拉夫特就跨国家层次上的合法性的缺失提出建议，但这个建议与其说是解决了问题，还不如说只是对问题进行了解释：

> 政府网络的各成员（必须）……首先……像它们在国内事务上所做的那样，就跨政府活动向国内民众负责。其次，它们必须有一套顾及人民权利和利益的基本运行规则。[20]

但是，如果职能部门通过谈判达成的捆绑性多边规则不为国内选民所接受，那么它们该向谁负责呢？并且，如果在跨国家机构中谈判力的分配就像现实世界中成员国军事力量和经济分量一样也是不均衡的，那么由谁来决定什么是符合被牵涉的全体民众的利益呢？

新自由主义的取消对于合法化的要求的方法或许更加切实可行。那些经民主选举产生的、选派自己的代表进驻国际组织的政府，即使没有经过公开讨论，其合法性也是毋庸置疑的。如果这样理解的话，那么 GEMs 内部选举力和影响力的分配不均并非什么大问题，因为人们很容易将民主代表制看做一种错误的典型。责任能力的欠缺可以（除了更透明的协商过程，对受影响的人们来说更良好的信息传递，以及 NGOs 的参与）并主要由专家的理性的自我合法化力量来弥补。这里展示了一种非多数机构的专业主义模型，比如中央银行和国家法院。[21]

但是，中央银行的独立性是以我们（相当有争议地）假定应该由专家进行保持货币的稳定所需要的明智的讨论和决策为前提的。与此相反，由 GEMs 作出的决策在政治上引起争议，因为它们很大程度上切割了国家集体的利益，甚至有时候干涉整个国家经济的结构。因此，WTO 特别出台制定了一个争议解决制度以及旨在确保第三世界国家的利益也平等地被考虑的属人机构。[22]但在一个宪政国家的框架内，司法裁决的合法化取决于法院遵守民主立法结构制定的法律以及法院的裁决能通过政治程序修正。在 WTO 里，不存在那种在国际经济法领域中制定并改变规则的立法权力。

有一种意见认为我们应该取消政府性政策网络对合法化的过度诉求，但我们将 GEMs 的运作视为预定的合法世界的自由经济秩序，只有在这样

本体诠释学、民主精神与全球和谐

的前提下这种意见才是可以成立的。在此过程中，我们也没有必要对世界范围内自由市场反对政府干预的行为进行修正。一方面，我们要通过自由市场对庞大的世界人口进行计划性劳动力分配，另一方面，我们要把保持社会和生态稳定的责任转嫁到国家身上，这样就使得任何形式的全球性治理成为多余。从这个观点出发，我们发现有关全球内政的设想是一种危险的白日梦。

但是真正的危险究竟是什么？向全球输出新自由主义的世界秩序无法获得世界大众的支持，而只能依赖于我们习惯的"华盛顿共识"项目。但该项目反过来受到一个易犯错的、充满争议的理论的支持。问题在于这个理论不像别的理论那样会表现为是错误的。更让人不安的是，它在新自由主义对全球经济进行重构的长期过程中所带来的后果。从政策约束到市场机制的转变作为政治目标反过来支持了现行的政治制度的延续，因为政策上的转变很难达到彻底取消政治干预的范围的程度。出于系统性的自我调节需要而在政治上主动地自我约束政治干预的范围，将会扼杀那些能够改变政治干预的手段的不可或缺的方式的未来发展。即使每个国家都"自觉地、民主地决策自身的发展方向是'竞争国家'而非'福利国家'"，但这种民主决策如果导致无法通过民主方式彻底推翻决策本身的社会组织方式，那么它实际上必然会摧毁自身的存在基础。[23]

除了新自由主义预言的失败这一前瞻性事件之外，还有别的例子同样能够支持这种关于破坏性后果的估计。即使这种理论上的假设可以被精确地表述为"大概如是"，但是"资本主义的文化冲突"仍将具有崭新的意义。[24] 在西方文化的范围内，资本主义的不同社会模式之间也在互相竞争。尽管新自由主义者鼓励西方国家放弃弥合贫富差距的努力，以便更快速地积累财富，但并非所有西方国家都愿意为了积累财富而在国内和国际上付出社会的和文化的代价……（原文如此）多元化国际社会的众多文化形态，或者多边的现代性[25]，与一个完全市场化的、摒除了政治干预的国际社会是不相容的。因为这样会剥夺受其他世界性宗教影响的非西方文化依靠自身力量实现现代化的权利。

德国，法兰克福

【注释】

[1] 布洛克（L. Brock）和布吕赫尔（T. Bruhl）根据《联合国的改革》（Dem UN-

Reformgipfel）撰写《和平与发展的基础》（*Development and Peace Foundation*，Bonn，Policy Papers 24，2006）。

[2] W. Kersting：《全球法律体系或者世界性分配正义?》（Globale Rechtsordnung oder weltweite Verteilungsgerechtigkeit?），见《法制，正义与民主的道德》（*Recht，Gerechtigkeit und demokratische Tugend*，Flankfurt/Main，1997），269 页（原文如此）。

[3]《法制化国家中的主权理论》（*On the Theory of Sovereignty in the Constitutional State*），见 M. kriele：《国家学导言》（*Einfuhrung in die Staatslehre*，Opladen，1994），273ff（原文如此）。

[4] 见 G. 法兰肯伯格（G. Frankenberg）：《回归条约之路》（Die Ruckkehr des Vertrages. Uberlegungen zur Verfassung der Europaischen Union），见温格特（L. Wingert）、甘特尔（K. Gunther）主编：《市民理智与理智市民》（*Die offentlichkeit der Vernunft und die Vernunft der offentlichkeit*，Frankfurt/Main，2001），507～538 页。

[5] 在发表于阿明·冯·博格丹迪（Bogdandy）主编的《欧洲宪法》（*Europaisches Verfassungsrecht*，Berlin，2003，1～56 页）中关于宪法和法制化的导言篇中，穆勒（Chr. Mollers）以欧洲为例分析了此种关联。

[6] 托马斯·考蒂埃（Th. Cottier）教授和马海德（M. Hertig）在合著《21 世纪立宪主义的前景》（*The Prospects of 21st Century Constitutionalism*，Berne，Institute of European Economic Law，University of Berne，2004）一书中着重论述了这一点。

[7] 关于"全球正义"，见 D. 阿布基（D. Archibugi）、戴维·赫尔德（D. Held）编：《全球正义》（*Cosmopolitan Democracy*，Cambridge：Polity，1995）；以及戴维·赫尔德：《民主与全球秩序》（*Democracy and Global Order*，Cambridge：Polity，1995）。关于全球联邦，见奥特弗利德·赫费（Otfried Höffe）：《全球化时代的民主》（*Demokratie im Zeitalter der Globalisierung*，Munich，1999）。

[8] 例如，M. 沃尔泽（M. Walzer）：《正义与非正义战争》（*Just and Unjust Wars*，New York，1997）及《战争论》（*Erklarte Kriege—Kriegserklarungen*，Hamburg，2003）；《M. 沃尔泽的〈正义与非正义战争〉二十年》论文集，载《伦理学与国际事务》（11），1997，3～104 页。

[9]《E. 丹尼格尔为放弃主权论所作的辩护》，见《丹尼格尔：全球化失调报告》（*Denninger，Richt in globaler Unordnung*，Berlin，2005），379～394 页。

[10] 参见 A. 蔡斯（A. Chayes）与 A. H. 蔡斯（A. H. Chayes）《新主权》（*The New Sovereignty：Compliance with International Regulatory Agreements*，Cambridge，MA：Harvard University Press，1995）中对"新主权"的相关定义。

[11] 查询关于联合国大家庭的综述，参见戴维·赫尔德（D. Held）：《全球治理》（*Global Govenant*，Cambridge：Polity，2004），82 页。

本体诠释学、民主精神与全球和谐

[12] 有关民族国家在跨国界政策领域的不可替代角色，参见 E. 格兰德（E. Grande）：《从国家到国界政治制度》（Vom Nationalsstaat zum transnationalen Politikregime），见 U. 贝克（U. Beck）、Ch. Lao（香港）主编《扩散与决策》（*Entgrenzung und Entscheidung*，Frankfurt/Main，2004），384～401 页。

[13] 国际组织的精确名单，参见 A. M. 斯拉夫特（A. M. Slaughter）：《世界新秩序》（*A New World Order*，Princeton and Oxford，2004），xv-xviii 页。

[14] 戴维·赫尔德（D. Held）、A. 麦格鲁（A. McGrew）主编：《全球化读者》（*The Global Transformations Reader*，Cambridge，2003）。

[15]《J. 哈贝马斯》（2004），182～193 页。

[16] 康德（Kant）：《论永久和平》（*Zum Ewigen Frieden*），第六篇，216 页。

[17] 斯拉夫特（A. M. Slaughter），12ff。

[18] M. 祖恩（M. Zurn）（2004），273f："民主化决策—国家内部决策过程正在丧失它们的传统地位。它们被各种组织和参与者所超越，这些参与者以这种或那种途径实际上支配着他们的国家政府，这种支配同时也是迂回，并且不允许参与议案中的法规建议过程。鉴于这些新的国际机构干涉国内社会性事务达到相当的程度，原来那种'被选举出来的，从而能被控制的权威'等观念就失效了。"

[19] P. 南茨（P. Nanz）、J. 施特费克（J. Steffek）：《全球治理，参与及公共领域》（Global Governance，Participation and Public Sphere），载《政府与反对派》（*Government and Opposition*），2004（3），总第 39 期，314～335 页。

[20] A. M. 斯拉夫特（A. M. Slaughter）：《崩溃的主权》（Disaggregated Sovereignty：Toward the Public Accounability of Global Government Networks），载《政府与反对派》（*Government and Opposition*），2004（3），总第 39 期，163 页。

[21] M. 凯乐（M. Kahler）：《有限责任联盟》（Defining Accountability UP：The Global Economic Multi-Laterals），载《政府与反对派》（*Government and Opposition*）2004（3），总第 39 期，133 页。

[22] 以下论点的来源，见阿明·冯·博格丹迪（Bogdandy）：《世界贸易组织的合法性尺度》（Verfassungsrechtliche Dimensionen der Welthandelsorgantion），载《批判性正义》（*Kritische Justiz*），2001（3），总第 34 期，264～281 页，又见 2001（4）；《WTO 的法律与政治》（Law and Politics in the WTO—Strategies to Cope with a Deficient Relationship），载《普朗克联合国法律年鉴》（*Max Planck Yearbook of United Nations Law*，The Hague，2001），609～674 页。

[23] 阿明·冯·博格丹迪（Bogdandy）：《批判性司法》（*Kritische Justiz*），429 页。

[24] 丹尼尔·贝尔（Daniel Bell）：《资本主义文化矛盾》（*The Cultural Contradictions of Capitalism*，New York，1976）。

[25] 查尔斯·泰勒（Charles Taylor）：《两种类型的现代性》（Two Theories of Modernity），载《公共文化》（11），1999 年第 1 卷，153～174 页。

康德与儒家思想中的正义与和平

成中英（Chung-ying Cheng）　著

陈然兴　译

一、康德理论中的权利和义务

康德在他的"批判时期"之前写作的《伦理学讲座》[1]中阐发了一种关于权利的理论：我们有义务尊重他人的权利，这是正义或公平的基础。正义问题的关键是由他人权利产生的义务。在尊重他人权利这一点上，无所谓仁慈，仁慈没有任何意义，仁慈而无视和损害他人是不正当、不公正的。康德写道：

> 鉴于我们的社会体系是先于我们而被安排好了的，因此我们参与全体之中并按照我们的特殊利益而给予或索取，我们对他人的施舍行为不应该被视为仁慈，而应该被视为一种修复被普遍社会体系所扰乱了的平衡的小小的努力。[2]

如果友善是一种导致我们社会不公正的途径的话，那么友善也是一个义务的问题。

从这种权利理论中我们可以得出两个规定：

1. 了解我们的权利和他人的权利，从而把我们应该给予他人的给予他人，他人应该给予我们的给予我们。

2. 如果缺乏这种知识，通过行善和善举来弥补社会造成的不平等的任务应该由我们的制度体系来完成。

问题是我们是否真正知道我们的权利和他人的权利：是否这种知识终究不过是根据我们先行设定的目标或目的而进行的一种概念构架？康德并

没有给出详尽的解答。当然，他会说：让我们遵循我们的道德命令的支配吧。但我们必须指出，这样的道德命令依然会受到我们的主观性和它本身的普泛的抽象性的损害。让我们看看他所谓的道德命令是如何运作的，以及它可能带来什么样的问题。

首先，依据康德的理论，我们的理性规定我们行为的一切法则（行为准则）必须是普遍的和必然的。如果某个法则不符合这项规定，那么它便不能引发出一个严格意义上的道德行为。问题是，任何道德行为都必须是在特定境遇中发生的一个具体的事件，对于我们的理性来说，让我们的行为严格符合道德要求的规定是困难的。我们当然可以在某种空洞的形式法则之下宣称我们的行为是正当的，这样我们就可以把任何一个行为都视为道德行为而证明其合理性，或者我们也可以通过对行为的重新描述而避开某一法则，从而拒绝该法则的管制。例如，我们可以把"不说谎"作为一个道德命令，使其具有普遍的约束力。但是一个言谈行为是否绝对被描述为说谎，是一个开放性的问题。有可能一个言语行为在我们的描述下是说谎，而在某些特定的场合被描述为挽救生命的行为。

不过，这不是说不存在普遍的道德法则。道德法则是指导我们行动的标准规定，并且在理论上要求一个完整的学说来支持其运作，就像一个特定条件下的物理事件的测定和识别需要应用一个完整的物理学说或体系一样。正因为如此，客观上始终存在着运作效力的模糊不清。为什么会这样呢？答案如蒯因（W. V. Quine）所指出的，始终存在着描述或转述的不确定性问题，以及参照语境的不确定性问题。[3] 这就意味着，遵循某一道德法则的意图或动机，作为行为道德性的一个组成部分，对识别道德行为（即致力于在社会和人与人之间带来正义和善的行为）来说终究是必不可少的。

简言之，康德的道德命令的悖论在于，如果这种命令的确是先验的（a priori），它就不是可应用的（applicative）和真正综合的（synthetic），因为，面对复杂的现实情况，它往往需要中介；如果它是可应用的和真正综合的，那么又不是真正先验的了，因为它必须先行考虑从实践中得来的相关信息。对于康德来说，最好是存在先验综合的权利法，这样一来，我们就知道我们的义务和道德行为到底是什么，以及在什么情况下我们能够正确地应用它们。这意味着，我们必须已经把我们的行为固定在一个统一的体系中，在这个体系中任何事件都不向可能引起分歧的理解或解释开放。然而，这几乎是不可思议的。也许，还有另外一种保障道德命令的先验综合性的方法，那就是把我们的道德命令视为一种实在的标准，这种标准从一开始就规范着我们的行为。我们可以做某事吗？也就是说，我们能否把做某事视为符合道德标准的呢？我们的道德推演必须首先要制作出一个可应用的法则，这个法则适合某种特定的情景并且适用于特定的行为或可能的行为，然后探讨这个法则是否反映了道德命令。为了让我们的法则是可应用的，我们必须消除一切中介、悖谬及例外情况，从而让我们的判断符合法则的直接的应用状态。一个绝佳的事例就是，在轮廓清楚、边界分明的范式中禁止谋杀、偷窃、说谎，如在法庭裁决中那样，所有的罪名都被完善而牢固地定义了。

可是我们必须承认，我们并不知道所有与道德行为相关的条件：在不同的环境和状况下，由于历史的背景不同，人们会有不同的感受、需要和动机。我们在力图保障个人、集体或者两者的最大程度的幸福时，如何以及为什么我们会这么做是一个很难回答的问题，有些情况下仅凭理性和可能性的判断是不能解释的。但这不是说在理性和法律投入实际应用之前，我们不应该为了控制用理性去计算和设计法律。理性和法律的价值恰恰在于它们的调节性的、契约式的约束性运用。因此，我们的正义是由我们自己掌握和建构起来的。任何不公正只要不是对我们的理性和作为人的尊严的打击，那么它就是人的自我否定和污点。正是如此，康德才把无条件的命令的形成视为一种道德意志的自我立法的结果，这种道德意愿是完全自由的，它把善理解为行为和生活的终极价值，它只追求善而不是别的什么。

关于这一点，让我进一步解释如下：有些权利可以在各方协议认同基础上得以确立，从而成为一个主观认同的问题。我们可以达成一种最好的协议并且同意遵守其中规定的权利和义务。通过理性和现有的法律，协议权利可以确立，那么正义就可能成为协议权利相互约束的一种状态。除非我们有更好的理由并制作一个方案去修改其中的条款和条件，我们就不能指认协议里的权利是非正义的。我们能否达成一个最佳协议以及我们能否解决意想不到的困难和那些隐含的漏洞，这是一个在公开协商和相互和解的过程中，在观点和信息自由交流的基础上相互谅解的问题。但是，我们无法保证一个万无一失、无懈可击的协议一定能够达成，人们必须设想由于人的自由意志，我们可以达成一个有约束力的协议，从而建立一种正义的形式，但这种形式可能是自相矛盾的或者很容易就被否定或撤销。

接下来，康德在一种精确的意义上对权利的义务或权利作为义务作了严格规定：在没有得到我的同意的情况下，有人为我做了额外的事情，他可以期望但没有权利要求我的额外报偿。[4] 他进一步指出，如果有人想收回他已经做的，而我不同意，他就必须停止，因为他没有权利干涉已经属于我的东西。换句话说，一个人可能为他人获得幸福做出了奉献，但他不能收回这种奉献而不伤害他人。因为这已经是他人的权利了。这一点很重要，它让人联想起政治行为：一个殖民国家不能收回它对殖民地人民做出的有利的东西。事实上，他人可能觉得受到了剥削，尽管事实上他得到了好处，但是他失去了以另一种方式达到成功的机会。

但是，我们可以设问：是否存在一种权利，它们不是产生于两方或多方的协议或契约。存在着简单的源于个体存在的所谓的自然权利。作为一个人，我们有权生存并追求我们的幸福和快乐，只要我们承认其他所有的人都有同样的权利。洛克和其他面对正义问题的人都极其执著于这一自然权利的观念。即使像柏拉图这样的经典哲学家也指出，正义就是看到每个人或每类人在整个的社会体系中都有一个合适的位置，社会体系允许他凭借自己的天赋和才能去生活和发展。对于个体之人来说，正义是从个人能力中培养起来的克制，在克制中，理性法则为了整体的理性而约束欲望并向我们的感性和精神表达自身。换言之，为了个体的和平（无冲突）、国家的和平（无战争）以及整个民族的和平，正义必须带来和谐和秩序的观念。

二、正义的原则：两种途径

不过，我们要注意，虽然我们以自然权利作为出发点，如何在一个文明的社会中维护我们的自然权利要求人与人之间的理性协商和协议，因为我们面临着在有着不同能力和资质，有着不同背景包括历史背景的广大人群中促进关系和谐的问题，我们承担着确定他们的自然权利，保护这种权利，不断或永久地维持这种权利的任务。罗尔斯就是这样开始构想他的正义的两个原则的。第一个原则是普遍的自由和权利的原则；第二个原则是按照相应的能力和资质分配的原则。第一个原则我称为同一性原则；第二个原则我称为差异性原则。显然，两个原则都需要在理性的反思和批判的历史过程中得到协商和发展。但是，罗尔斯采取了一次性建立协议体系的方式，这种方式是一种基础性的和建构性的，典型例子就是 1787 年美国宪法的形成，哈贝马斯采取了对话伦理学的途径，这种途径要求在理性思考和争论的开放过程中不断协商和调整协议体系。显然，罗尔斯严格继承了康德的先验合理性，为了保证体系的正义力图发展一种深思熟虑的法则。体系必须保持它的纯洁性、先验性和合理性，整个地摆脱不一致性，并且为正确和小心的应用提供支持和帮助。另一方面，哈贝马斯看到了在理论和经验之间不断地相互作用的过程中协商和应用的必要性，因此，单单着眼于康德对于普遍适用性的强调。

在我的《对哈贝马斯的儒家反思：道德理性与内在人性》[5]一文中，我走了一条调和和综合的道路，力图调停两者之间的论争，并且提出我们需要同时掌握历史和理论，只有这样我们才能够在开放的过程中向着一个理想的目标制定出最佳协议。我的道路是儒家式的。这一思路同意罗尔斯的在基本权利上严格坚持建构性协议的观点，但是同时又反对罗尔斯和他的初始无知原则，因为儒家坚持通过不断地发现、学习和理解历史和现实情况来解决差异性和冲突的问题。我们一开始并不是没有自我意识的，一旦我们遭遇经验，即便是刚出生，"无知的面纱"就已经揭开了。因此，儒家有"性相近、习相远"[6]的说法。在《论语》中，也有"君子学以致其道"[7]的说法。人性的其他方面随着成长着的人的意识而发展，这些意识包括在个人需求和与他人及环境的关系中产生的潜意识的和模仿的知识。进而我们也可以看到经验和历史造成的差异，我们的理性不能用"无知的面纱"来掩盖和忽略分配的巨大不公平。我们必须通过诚挚、理解和体贴抚恤来认识到深层动机的重要性以及真诚地从为他的角度解决冲突的价值。事实上，一个因果主义者的思考原则能够让我们看到历史是多么重要，以及我们能够从历史中学到什么。有的时候忽略历史是好事，有的时候则不然，因为历史的道德教育对我们的理性成长来说是至关重要的。

儒家的思路也同意哈贝马斯对理性的公开对话的强调，以及对从公开协商中达成的合理的法律需要的强调。但儒家不同意哈贝马斯的形式理性路径，因为儒家不仅仅考虑理性的重要性，同时也强调理性背后的人的有关感性和意志的重要性。《中庸》认为人性中包含着一些核心的倾向，如喜、怒、哀、乐等。在感性的根苗尚未活跃的时候，人处于平和的状态。不过，当我们处身实际的生存境遇之时，我们的感觉被释放到对境遇的反馈中。一旦感觉与这些境遇中的生存目标契合，就会使内部与外部变得和谐；反之，不和谐、不一致就会产生，从而损害社会的和平和正义。因此，在任何一个冲突和紧张的处境中，关键不是理性的论辩或者主张的合理化，而是认识和适应从人的处境经验中获得的是非感。[8] 它把道德性的其他方面和法律上升到一种形上伦理学的高度，把不可缩减的道德性作为理性和法律的基础。[9] 也就是说，它是一种途径，这种途径肯定了在仁爱中具有一个基本的出发点和位置，并把它上升到某种高度，在这个高度上，正当和正义作为约束手段达成仁爱或仁所追求的终极的善。[10]

基于上面的论述，我们可以简要地列举两个儒家关于如何达到世界和平和正义的原则：

1. 仁的同一性原则肯定了人类的整体权利必须是基本权利和自由的现实化。

2. 义的差异性原则认为，个体的权利和正义应该由社会体系中的适合个人资质和缺陷的位置体系来界定。

我们可以看到儒家的两个原则比罗尔斯的原则更具包容性，罗尔斯的原则可以被儒家的原则所囊括，反之则不可。仁的原则指向产生于一个以综合的善为目的的和谐社会的基本的生存权利和自由；义的原则则指向与由职业、能力和禀赋所构成的差异体系相适应的必要的等级划分和公平分配，这种等级划分和公平分配是合理的，因为它有利于实现仁的原则所共享和确认的整个社会的总体的善。一旦仁使得自由和权利相得益彰，冲突就会像在一个家庭和社会的内部那样在整体和谐状态下得到解决。

同样，因为存在重大差异，且同时需要通过创造性和批判性反思来区分差异，故而"义"的差异性原则调节着分配和运用。然其首要者乃是这一原则的内涵是德行—伦理（virtue-ethical）型的，即对于道德提升和对于提高标准及纠错改过的理解和评判，每个人都应当保持一定的自我意识。

现在，我们可以看到，康德的正义理论同样建立在两个原则之上：源自理性自由的权利和正义原则，以及源自个人仁爱的善良（goodness）原则，两者都建立在上述列举的规定的基础之上。这就是那个转变为理性指令的关于正义的"理性启蒙精神"的理论。这在犯罪正义方面尤其突出，像康德在其后批判时期写作的《道德形而上学》中清晰地描述的那样。我们可以看到康德的原则是如何与儒家的两个原则相关，甚至可能是如何从儒家的两个原则中生发的。我们已经指出，仁的原则是所有的人都应该努力发展一个人类幸福的共同基础，因此是一种基本的善，它是生命所要求的生存权利和自由得以分化的基础。由于这些权利需要在整体利益中，人与他人、人与全体或整体和谐相处，故而，这些权利必须建立在关怀和关爱的相互性之基础上。这其实是康德采纳的第二个原则，即仁爱的原则。另一方面，是权利和义务分化的原则，这种原则源于"义"的概念，普遍适用于社会的每个成员。这是康德的第一个原则。

显然，仁的同一性原则是义的差异性原则的基础。义应用于仁引发权利和义务，仁应用于义引发社会整体的善和理想目标。然而，如孟子所讲的，是仁形上宇宙论或形上伦理学地引发出义，我们必须看到，是义丰富了仁，并且使仁在义的语境中更具适用性，从而整合人民或国家之间的所有差异，促使其进入一个向着长久和平进取的创造性过程。

另外，值得关注的是权利和义务是如何从意志的自由中生发出来的。意志的自由反映了整个人的自我决定的权利，而且正是由于对终极的善的感知——这种感知源自对仁和义的认识——意志的自由才成为善意或者向善的意志，从而引发了仁爱所表达的基本的权利和义务的形成。

我们可以说，儒家的第一原则"仁"是和谐化的原则；第二个原则"义"是要求正名的正义或公义的原则。正是在这两个原则的基础上，我们才可以期望在民族和国家分裂的世界中维持一个康德所谓的永久和平。重要的是要看到康德是如何作为一个儒家哲学家来说话的。

三、和平的理论与和谐的理论

在专著《永久和平论》（1795）中，康德指出，和平是极其重要的，它是避免战争的条件，是在和谐的国际关系中进行发展和创造的条件。我们必须努力在理性对话和协商的基础上——对康德来说，必须包括一些基本的原则，比如主权不可侵犯——达成关于和平的方案。与我们如何改进手段和努力程度相一致，我们也可以看到有如下不同等级的和平：

1. 没有战争，但是也没有互动关系，也没有善意的表达，这是一种涣散的状态；

2. 没有战争，互相之间维持一种善意或友谊，这是一种初始的正面的和平状态；

3. 善意的、有效的和建设性的互动，一种和谐的均衡状态；

4. 善意、遵循协议和契约的设计进行有效的和建设性的互动，这是一种可持续的和谐状态；

5. 向着一种理想状态积极奋斗，相互努力，这是一种为了永久和平和和谐的大统一状态。

也许，我们能够把和平视为这样一种东西，像正义一样，要求在国际社会中所有的国家之间缔结一个契约，而且我们需要把它视为一个重要的目标，这样一来，我们才能够在国际社会中追求公正、平等和相互自由化的过程中向它进发。在康德时代的背景下，如果一个和平的条约不能达成，战争便无法休止。因为欧洲正处于一个民族国家加快发展的历史时期，像中国古代历史上的春秋时期一样。每一个民族国家都认为它有权占据一个权力的主导地位，以便满足其欲望及其安全感。在那个时代，国际关系变幻迅速，有时甚至难以预料，国家发展经常处于危机状态。从理性启蒙的角度来看，像康德在他的文章中宣称的那样，人们自然地会期望一种建立在理性协商和相互认可基础上的和平。

另一方面，历史环境也让这种理想变为一种妄想，因为理性协商常常变成一种隐蔽的扩张野心的伪装和掩饰、一种暂时的妥协或者缓解国内紧张局势的权宜之计。19世纪包括20世纪的战争和扩张的历史事实胜于一切理性协商的遮遮掩掩和浮夸言辞。这并不是对康德观点的反驳，也不是对康德伦理学和政治哲学的良好初衷的否定。这不过是一个历史的讽刺，它向我们指出，我们需要在理性层面上对人性和欲望作更深的理解。我们需要历史的教训，而且真正地牢记这些教训，只有这样，我们的道德意识和道德智慧或学识才能够得到拓宽和深化，从而使我们拥有一种新的视野，促使我们对人的和谐和世界和平——不是脱离了公正和正义的和谐与和平，而是包含了公正和正义的和谐与和平——作新的建构性尝试。

现在，我们可以说，有两种和平的模式：一种是康德模式的，即理性协商和理性交往的和平；一种是儒家模式的，即人类关系和谐化的和平。尽管理性意义上的正义在儒家思想中是有的，不过事实上，没有一个确定的词能够严格地对应于康德有关公共权利的词汇中的"正义"。对前面所说的那个公义或义，人们可能认为：我们可以区别个人的"义"和公共的"义"。至于后者，我们可以谈论正确性和终极性的标准，并称为被公众或所有人支持的正直或正义（正气中的公正）原则。无论是孔子还是儒家，义无论在个人的意义上还是在公共的意义上经常具有以下决定性的因素，这些因素是康德正义概念中所没有的，即处境考虑、关系语境、感性内容、应用的连贯性和差异性。如我曾论述过的，它是美德的特殊应用的一种普遍原则。[11]相比之下，仁作为一个最终的美德更是一个在世界中应对人甚至人生的原则，这一原则建基于人类或生活状态的本性之上。换言之，一个人必须在仁和义两个层面上行动：

1. 在表层和深层，让我们用仁来看待人：在这个层面上，我首先必须用仁看待我自己，也就是说，努力规范我自己（克己）从而遵从正确的社会礼节（复礼）。达到这一步之后，我便可以把我的仁给予他人：这样做最终给他人带来好处，但并不一定带来任何具体的好处或利益。

2. 但是，人总是一个整体，他的深层个性不能脱离他在社会和集体生活中的现实地位、身份、位置和情境性。然而，即便他的个性也不能简单地简化为这些东西。他需要依照其唯一性而在特定的因素中得到考量。因此，必须考虑到义。对于他来说，做到义就是确认他不仅仅作为一个个体，而是作为一个与他人相关的人、一个社会成员而从仁中获益。在这个意义上，义如同其他美德一样，是在差异化、特殊化的环境中实现仁的一个手段和途径。

我已经讲过，对于孔子来说，权利来自人类个体的整体本性。他的权利定义就是人性的完满实现。只要他是一个人并且作为一个人去行动，他就对他的君主、父母和整个的世界拥有绝对的权利。问题还是在于，我们如何认识和了解为了保护人类的整体权利，哪些特定行为应该去做。仁之所以是正当行为的基本途径，是因为，它肯定了尊重他人，并将尊重他人作为实现我的存在和生存的一个途径而完美地保留起来。

通过儒家的观点，我们可以看到康德式的理性不过是人性的理性方面或者说人性在它的理性方面的反映。把理性作为法律去遵守导致了个体的自治、社会的民主和公民的自由，但它没有揭示人的真实本性，因为理性本身必须为一个更高的目的或价值服务，那就是在社会和谐和相互关爱中完满地实现人性。随着对人性的深层理解，追求义务不仅仅是遵守法则，而是表达出对他人的尊重并致力于一个所有的分享和希望从中受益的共同目标。这将导向社会和谐的第一步，即对家庭的尊重和关怀。正是在家庭和谐的基础上，一个独立于权利和法律统治的诚信与关怀的社会才能够发展起来。

儒家思想不仅补充和丰富了康德，而且揭示了康德理论的最终源泉，也就是说，康德将确认和认识其必要性和基础性的那个源泉。与劳伦斯·柯伯格（Laurence Kohlberg）对个体道德发展的理论相反，在人类道德发展的过程中，最高的阶段是自然主义与理性主义融合的阶段，而不是理性主义战胜自然主义的阶段。那将是这样一种状态，人依照其本性仅仅在理性的界限内行动。它不是要把人变成像机器那样，仅仅依从理性和义务的法则而没有创造性或快乐、没有对生命完整性的感性领悟。

在这个意义上，我们才能从世界大同的层面来分析正义或公正的观念，并且看到康德的永久和平状态与《礼运·礼记》中的"大同"[12]的不同之处。我们可以看到，是普遍的关怀和仁爱让和谐与和平成为可能，让相互信任成为可能。

鉴于我们看到的康德和儒家两种正义与和平的模式，我想再次强调它们之间的相互补充和相互丰富。为了世界正义与和平的可持续发展，可能我们需要一个多层次、多纬度的途径，这个途径建立在作为人性理论的儒家仁义或仁爱/正直与作为权力理论的康德式的正义之间的相互补充之基础上。这样，我们便有勇气、有理由提出和贯彻人类行为的以下五个层面：

1. 关怀与仁爱的行为。该行为致力于通过德行和道德教育以及对人性的关注来建设一个以理想的博爱社会为目的的伟大和谐，如同世界宗教和艺术活动作品所揭示的那样。

2. 信任与尊重的行为。该行为以善意和好感为基础，促使人们分享一个自由和幸福生活的基本形式。

3. 法律与正义的行为。该行为提供一个计划好的有关社会公共福利的分配、替代和惩罚的社会构架。

4. 不断对话与协商的行为。该行为致力于更新和拓展公认的原则或法则，并且创造新的法则和新的权利义务条令。

5. 贡献行为。该行为致力于维护和支持诸如联合国之类的世界组织。

夏威夷大学

夏威夷，檀香山

【注释】

[1] 康德写于1780年，由路易斯·茵菲尔德（Louis Infield）译为英文（Indianapolis: Hackett Publishing, 1930 and 1980）。在此讲座后，康德出版了一系列关于道德与实践理性的著作：《道德形而上学的奠基》（1785）、《实践理性批判》（1788）、《永久和平论》（1795）以及《道德形而上学》（1797）。

［2］康德：《伦理学讲座》（*Lectures on Ethics*，Indianapolis and Cambridge：Hackett Publishing，1963），211 页。

［3］蒯因：《真之追求》（*Pursuit of Truth*，Cambridge：Harvard University Press，1992）第 2 章"语境"及第 5 章"真"。蒯因倾向于认为参照系的不确定性是一个本体论的问题，它可以缓和而导致平庸化。但是很明显，为了科学的推理和预测，一个假定的参照系是很有必要的。

［4］康德：《伦理学讲座》，212 页。

［5］见艾德文·哈恩（Lewis Edwin Hahn）编：《反思哈贝马斯》（*Perspectives on Habermas*，Chicago and La Salle：Open Court，2002），195～234 页。

［6］李学勤：《论语注疏》，233 页，北京，北京大学出版社，1999。

［7］同上书，257 页。

［8］正是因为这一点，《中庸》强调（在领悟自我层面上的）诚和（表达自我层面上的）明的重要性。理性的合理化能够与明的情状相符合，但是一个人仍然需要把诚作为主张和表达理性的本质和基础。

［9］道德性可视为一种在普遍人群或具体社会群体中对共同人性的认知和情感的分享。一个社会可能具有一个局限于其自身的道德性，而且为了社会的发展，它需要不断更新这一道德性。没有一个社会可以脱离其他社会而独立存在，因此各种社会道德性之间的联系和相互作用必然导致一个更大、更具普遍性的道德性的产生。

［10］对此的进一步论述，请参见我的文章：《对哈贝马斯及罗尔斯"道德性"探讨路径的儒家反思》（Confucian Reflections on Habermasian Approach versus Rawlsian Approach in Morality），见艾德文·哈恩编：《反思哈贝马斯》，195～234 页。

［11］参见我的文章：《"义"作为普遍原则的特殊应用》（*Yi* as a Universal Principle of Specific Application），载《东西方哲学》（*Philosophy East & West* 22，no.3，1972），269～280 页。

［12］参见我的文章：《孔子正义论》，载《中国人》（2，no.9，1980），2～11 页。

对正义、人道与其他全球和平文化条件的哲学反思

约瑟夫·塞弗特（Josef Seifert）*　著

李子群　译　张计连　陈勋武　校

每一个善良的人都会同意，和平有很高的价值，我们将对此做深入研究。但是，至少在其不完美的形式和现世的生活中，和平并非是最高的价值；有时冲突甚至战争是不可避免的和正义的，例如，保护在严重的非正义如纳粹或其他政权的罪行压迫之下的人成为我们的神圣使命时，离开战争是无法做到的。但特别是在冲突和战争的时候，和平的价值与和平的美被深刻地体验为我们希望的目标。

本文的目标是对正义的作用与全球和平甚至是全球"和平文化"的人道主义成分进行哲学的反思。但为了澄清正义和人道主义对社会、政治基础和充满希望的"全球"和平所起的作用，我们首先要问："什么是和平？"

一、什么是和平？

奥古斯丁通常把和平定义为**秩序的安宁**，他把"和平"这个宽泛的概念运用于许多现象，例如自然的和平、元素的和平、动物王国的和平、直觉和本能需要的有序结构的和平、人类社会中的和平等等。现在，把和平这个名称用于所有这些事物，我们肯定是在许多非常不同的意义上谈论和平。人们可以把窄小而缓慢的小溪中平静的水流与由飓风造成猛烈运动的

　　* 约瑟夫·塞弗特（Josef Seifert），国际哲学研究院（列支敦士登公国）和智利庞迪菲亚天主教大学（Pontificia Universidad Catolica de Chile）国际哲学研究院教授和系主任。研究方向：现象学，社会政治哲学。E-mail：jseifert@iap.li

大海中迎风而不安宁的波浪区别开。我们可以把温顺的羔羊和凶猛的狮子区别开等等。但在其严格的意义上，"和平"这个词意指灵魂的状态或当它们单独存在于人之内或人之间时的稳定联系。

总的来说，个人的和平需要整齐安宁的具体**个人**状态，这与自然或动物世界中的整齐安宁相差极远。在严格的、个体的意义上，和平是高贵的和极佳的善。当我们考虑它的反面——冲突、战争和暴力等时，这一点更明显。甚至在其最严格的领域内——人际世界中的和平，我们仍可以区别出许多种类和许多层次的和平：**内在和平**包括意识和平，个体间的主体际和平，家庭中的和平，更大社区如国家中的和平，不同国家和不同宗教团体间的和平，整个世界的和平。一个独特的例子是与上帝的和平。

人们可以分析和平的本质和上面提及的和平的不同层次。[1]但下面我只想谈谈社会和平、政治和平与全球和平——不幸的是这些直到现在还仅仅是奋斗的理想——的一些基础。和平的人类关系是人之间——与父母、兄弟、姐妹、亲戚、同事或与任何同自己有别的个体——敌对关系的反面，后者预先假定了两个人之间的区别和两个人之间缺乏每个人仅仅同自己相处时所有的自然团结。只有在两个或更多人相互联系的程度上，人际和平的积极现象，奥古斯丁和托马斯·阿奎那所说的完全意义上的**协和女神**才能存在。单独一个人的灵魂之内的和平是非常不同的现象。[2]我们可能区别出构想主体际性的、社会的和政治的和平的三个方式以及现实中和平可能实现的三个相应层次。

1. 社会和政治和平的一个纯粹否定而不充分的概念

有人可能愿意用纯粹否定的词语定义和平，或更多的是根据某种双重否定定义和平：和平就是没有冲突、战争、斗争、战斗等等。既然这样，与他人的和平被理解为没有敌对行为、敌对话语、敌对情感和它们的表达。当邻居之间不互相辱骂或表达敌对情感时，邻居之间存在着和平。此种和平可以偶然地存在，没有任何深层的基础，如不仅为了实用的和纯粹政治的原因，也为了更深层的原因。和平作为斗争的缺乏，本质上并没有意味着此种和平在价值上的任何基础。因此，这样一个纯粹否定的和平概念显然是不充分的。

至少，如果我们考虑与战争和其他冲突携手而行的关于邪恶、悲哀和恐怖的众多冗长而枯燥的故事，没有冲突必须被视为重大的善。当然，一旦战争的邪恶被和平状态所终结，终结之后所获得的和平甚至是更加重大和被生动地体验的善。这个和平的概念是非常不充分的。外在的社会和平不仅仅包括暴力的缺乏。存在着人权的整体压迫的奴隶社会的平静不是真正的和平。因此，在和平的定义中，奥古斯丁第二次提到的是次序。既然这样，正义的某些次序对于真正的和平是非常重要的。在市民由于恐惧而安静的国家，在全是死人的墓地，在死亡的营地和人的尊严和基本的人权被强力之足践踏，但任何革命和冲突的踪迹都被暴力抹去的其他地方，也能发现起码的平静。奥古斯丁指出，和平是**有序的**宁静或次序内的和次序间的**宁静**。

2. 更不充分的和平概念

我们现在从第一个不充分的，仅仅根据平静和缺乏冲突、战争来描述的和平概念转移到第二个更加积极的和平概念，即包含了一些次序的瞬间但仍然缺乏其他关键的元素、动机与和平之核心的和平概念。Bar-Simán-Tov 教授已经讨论了这样一种和平："冷和平"。但存在着"不完善的"和平的各种非常不同的类型。有三类是主要的：

其一，作为和平基本元素的**次序**的内容和结构可以被不充分地实现，或甚至被与作为和平的基本元素的真正次序相反的元素所取代或与真和平敌对的假—次序所取代。

其二，当所达成的和平可能是肤浅的或甚至是错误的而不是那些应该促使人们热心于和平的和平时，人们所具有的动机。

其三，因此，这样的和平是不长久和很容易被推翻的。

（1）不完善的和平的第一个理由：缺乏真正的次序

至于上面提到的第一类缺陷，人们或许能有一些作为，如构想依赖于正义次序的和平，那不是其他的什么东西而是社会对实际的法律、合约、所有居民的信念或绝大部分人的信念等等的遵从。但如果潜在于和平中的次序是这样被构想的，那么这个观念与相应于它的此种和平出于各种理由就是有缺陷的：首先，不注意和平的客观基础，它被预先给予了已失去和平最终的和普遍的基础的任何实际法律。因为只要人的价值和内在尊严，以及已预先给予实际法律的基本人权和正义的次序被认识，将有作为和平基础的正义的一个真正次序、一个不能由实际法律所取代甚至代表非正义的实际法律的判断的正义次序。

此外，正如我们将看到的，任何仅仅建立在一致同意基础上的和平是极其不稳定的，易于成为暴政和极权主义等。我们将会回到这一点上，但现在只想坚持，当这个次序仅仅被认为扎根于实际的法律和规则中，或也扎根于伦理的和宗教的戒律——这些戒律完全与它们的正义、尊严和其他继承下来的价值的基础相脱离——中时，它缺乏正义的真实次序。正义是和平的一根支柱[3]，又是被《世界人权宣言》所暗示的一个事实。因此，正义在哪里遭到拒绝，哪里的和平就被摧毁，至少是被威胁和削弱。当正义的次序和其他价值的完满——对它们的认可存在于真实和平的根源中——被限制于某些方面，如与我们自身或我们的全体相关的方面时，真实的次序就会以其他不同的方式被歪曲，真实的和平就会受到威胁。在这种情形中，我们易于忽视一部分被运用于其他社会或其他个体的正义次序，甚至声明正义是非正义的。于是，我们并非完全否认和拒绝作为和平的一个基础的正义次序，而是非常片面地考察存在于和平底部的正义次序。这可能源于缺乏与他人接触，甚至更有可能源于缺乏对他人的同情，或也可能是我们针对他人、国家等所具有的个人或群体偏见的结果。最通常的情况是它们源于道德上的错误态度如无知、贪婪、自私和对权力的欲望。

当正义次序的那些方面迫使我们牺牲一些利益、放弃我们的一些财富、归还被我们偷窃的财产、撤销我们对他人或他们祖先的不正义行为等等时，在所有这些情形中，它导致了盲目。当我们宛如一个家庭、一个政党等等时，彻底脱离开集体本位主义和来自于这样一种优势的片面观点是非常困难的。但要获得真实的和永久的和平，我们不能放弃克服片面观点的努力。黄金规则要求我们己所不欲，勿施于人；己所欲者，亦施于人；它不仅把我们自己的个人生活，也把其他人称为一个集体，把"我们"称为一个社区，而我们则是社区的成员。因此，我们应该在思想和行动上超越限制，这些限制来自我们对自己的优势、利益的追求，把我们关于永恒正义的观点限制为一个微小的、经常从实用的和自我本位的角度进行歪曲的形态。

根据如此受到限制的观点，如果我们把正义仅仅视为和平所依靠的次序，那么更进一步的缺陷，应该潜在于和平后果的次序中。我们将看到，次序——和平是它的宁静——的真实内容比正义更加深刻，更加广泛。它也包括远远超越正义而不能仅仅来自于正义的真实的人性和人道主义成分：同情、协调及其他价值和美德。

（2）关于契约和平的恰当动机的第二个缺陷

和平的缺陷和受限的人类和平概念可能同样来自于寻求和平的人或渴望建立和平的那些社会动机的不完美。无疑，和平通常仅有实用的根源。

例如，当两个国家缔结和平协定时，通常是这样的情况——甚至在历史上的非常时刻，为了和平它们消除了真正的不正义——它们并未对促进和平的内在价值和两个国家的利益做了很多，当它们出于各自国家和社区的纯粹实用性考虑而这样做时。由于实用的和平所指向的目标（自己国家的安全，对抗暴力，或为了获得更多的利润与他国进行纯粹贸易，或为将来的战争做准备），和平的此种实用动机或多或少是高尚的，或或多或少是卑鄙的。

和平的此种不完美动机是非常人性化的，不需要在道德上进行谴责，正如当一个战败的国家要求和平时，它不具有成功地发动一场战争的机会是人所共知的。不想让自己的城市遭到毁坏，自己的人民变成奴隶，自己的女人被强奸等等，换言之，保护那些信任我们的人是和平的一个非常高尚的动机。在此，虽然和平并非由于其自身价值被人们所期望，但在和平的此种努力中，一些真正的和道德上或政治上义不容辞的慷慨行为作出了回应。虽然自己国家或集体力量之薄弱或保护自己的社区是停止战争和寻求和平的一个非常好的理由，但并非完美的理由，因为实际被承认的并非和平自身的真正价值，也并非从价值的形式和来源中获得了那些高贵美德。

源于某些经济活动或实用主义的其他不完美的动机，使和平对非常具体的目的——甚至与和平的基本益处或个人和社区的尊严与价值等只有更少的关联——看似非常**有用**。这样的动机与 Bar-Simán-Tov 和其他人所谓的"冷和平"的形式——例如，认为埃及和以色列在其开端时是一种冷和平的形式——的内在价值和理由有所分别。

建立和平的其他不完善的动机是对另一个国家、社区或个人有根据的或缺乏根据的不信任，和平协定仅仅是由从其他方——只要没有明确的和平协定可以达成，他就会期望采取敌对行为——的敌对行为中为实现保护自己的目的所促进的。当一方羞辱其他方或激怒和平协定——对缔约方和社区从相互慈善的态度出发都可能会采取的行为赋予合法的特征——时，行为者可能怀有这样的动机。

和平甚至可以出于邪恶的动机，例如，对其他方的怨恨或妒忌可增加愤慨，使其打算通过和平协定去延迟某人的敌对行动，为可以给予对方更加残忍的打击的其他更好机会积蓄力量。在此，和平协定的根源仅仅是邪恶，和平纯粹是外在的。人们可以把由这样的原因所激发的和平协定称为"冰冷的"，而且可以称为不诚实的。它与来自相互信任、尊重、宽恕和其他虔诚、善良态度的和平截然相反。能促成和平协定的这些理由没有哪一个是充分的，没有哪一个能建立远非外在的、宁静的、真正的和平。它们根本就没有涉及那些真实的价值和优点——正义、人类的尊严、人类的幸福等等，没有认识到什么是温暖、真实和永久的和平。

这给我们展示了一个更深层的道理：去鉴赏和理解甚至更多地去认识和平的真实的个人维度——既指私人主体间的维度也指他们的社会、政治维度——需要更深入地审查和更多的智力、精神投入。真正的政治和平与全球和平要求个人和政治家不能只停留在事物的表面，而要去发现真正的和平在人类尊严中的根源和基础。最终，和平的真正促成需要诚挚的相互尊重和慈善、对他人施行正义和良善之举及为共同福利服务的真诚愿望、对和平自身的热爱，以及对克服暴力、傲慢、自我中心、怨恨、偏见等——战争和冲突由此发端——的各种根源的严肃努力。

真实的和平与外在的、"冷和平"之间的相互对立在一个关于巨大的盛宴——赎罪日（Yom Kippur）盛宴的犹太笑话——中得到了很好的说明：在盛宴的过程中，人们需要以特殊的方式进行一般性的忏悔、后悔、寻求和平和相互原谅。犹太·亚伯拉罕（Jew Abraham）和艾萨克（Isaac）苦苦争斗了一年之久。这一天，犹太·亚伯拉罕遇到了艾萨克，他以很大的努力向他靠近，经过一番英勇的内心挣扎之后，他对艾萨克说："艾萨克，请看着我，并听我说。今天我们庆祝赎罪日。在这神圣的日子里，我们应该讲和，请求宽恕并宽恕我们彼此曾经对对方做过的错事！""是的，亚伯拉罕，你完全对，"艾萨克犹豫着答道。"多好啊，艾萨克，"犹太·亚伯拉罕道，"你同意我的观点：我只能告诉你，你对我期望的任何东西我也期望于你……"——艾萨克彻底愤怒了，以非难的语气回应道："你又要开始斗了吗?!"

这个玩笑具有非常深刻的哲学意义，它说明了这一事实，即人之间的真正的和平只能来自于对待他人的正确态度，来自于对和平的真正的仁爱和真诚的"赞赏"；否则，仅有冷的、短暂的、偶然的和平能够存在，它很容易转变为和平的许多反面中的一个：冲突、仇恨、怨恨、侮辱和战争。

（3）不充分地建立的和平之无益

这把我们导向第三点：任何不深深扎根于人的尊严之中、不以正义或怜悯的永久价值为基础的和平，也是最不完美的，因为它将是短暂的。如果它仅仅起源于实际的法律和政令，那么这些法律和政令可以在任何时候改变；如果它仅仅被民主的一致同意或赞成所产生，那么这些波动的意见也可以在任何时刻改变；如果它仅仅以实用的考虑为基础，那么这些考虑在新的环境之下可以支配明天的战争而不是和平。如此，和平的任何肤浅的和有限制的内容，建立和平的任何错误的或浅薄的动机，只能产生短暂的和平而不会产生伊曼纽尔·康德所说的作为所有人类社会和政治的理想目标的持久而有根据的和平。[4]实用的动机和相对的标准如法律和公众意愿将改变，因为它们依赖于暂时的因素，在这些因素里，为论证和平而提出来的事情现在将变为反对和平的事情，在以前很有用的事情日后将变为无用的事情了。

正因为这一理由，马基雅维利主义（Macchiavellism）在原则上既不通向永久的、稳定的和平，也不曾克服犯罪、凶杀等等；事实上，马基雅维利（Macchiavelli）所建议的是和平的反面，他捍卫没有任何绝对的限制和没有任何关于善良和邪恶——作为对私人活动和政治活动的考量——的持久标准的政治。叛国罪和非正义可被他证明为正当的，随着正义的失落，和平将成为偶然的事情。被错误地称为权力政治（Realpolitik）的思想、相对主义、自我中心主义和快乐主义都不能建立一个持久的和平世界，尤其是真实的和平文化——只有在人性、正义自身和其他价值与善行的永久标准中认识人类尊严之根基的思考方式能为和平提供这样的基础。

为变化的环境建立和平的外在理由与人类的尊严无关，它仅给相互冲突的解决策略提供非常微弱的基础，并可在任何时刻毁坏所有和平的根基。

3. 真实的社会、政治和平条件与一个更完备的和平概念

现在让我们通过考察和平的条件来处理和平的本质这一问题。什么是人之间、不同文化之间和宗教成员之间实现和平的条件？什么是全球和平的条件？为了回答以上问题，我们首先必须排除一个被错误地断言的条件。许多思想家认为它是和平所需要的。正好相反，这个被错误地声明的条件的反面才是真实的、稳定的和平的一个条件。

（1）承诺真理是和平的条件——对真理的放弃表明了和平的一个条件吗？

许多人认为对绝对真理观的抛弃是宗教之间达到和平的一个条件。关于社会成员之间和不同宗教之间的和平，我们常常面临着一个最不幸的选择：一方面，宗教的爱好和平的成员常常对真理、对他们自己的宗教中关于真理的声明缺乏任何严肃的承诺。由此忽略了这一事实，即宗教得以可

能的唯一根据是它建立于其上的真理。根据真理生活的真诚努力是任何真正的宗教精神和宗教崇拜的一个条件：我们应该崇拜上帝，仅仅因为他是真实地存在的、真正神圣的，我们感谢他，因为他确实是有怜悯之心的。正是他们对宗教真理的坚定承诺，使那些实践信念的人也应该成为和平的信使。他们所有人都能用《圣歌》120 说话："6：我在讨厌和平的人之间居住了太长时间。7：我是拥护和平的；但当我说话时，它们却有利于战争。"[5]

在另一方面，虽然关于真理的真正承诺是具有深厚基础的和平的一个条件，但不能否认的是通常那些很少关心他们所信仰的宗教之真理的人，不想让他人跟着自己改信或信仰他们自己的宗教的人，比那些笃信自己宗教的人更加爱好和平。确实，宗教中人常常使自己陷入血腥的宗教改革和宗教战争。情况常常是（虽然并非总是）宗教上开明的人比那些严肃地接受和狂热地坚持这些真理声明的人能够更加和平地与人相处。但在此我打算坚持的是，20 世纪最残酷的和最具有极权主义色彩的神学——纳粹主义和意大利法西斯主义——都是深深地建立在真理的相对概念上的。[6]

实际上，一些著名的拉比①和无数其他人证实，承认了真理的宗教中人——犹太人、基督徒、穆斯林、印度教教徒和无数的其他人——可以深深地爱好和平和成为和平的英雄。此外，承认真理并不是反对和平，宗教间真正的和平并不妨碍对真理的承认。宗教间和不同宗教成员之间的和平绝不需要相对主义、怀疑主义和自由主义。它应该建立在其唯一永恒而恰当的基础上，即对真理的承认和对他人的必然的尊重（甚至当他认为他或她这样做时是错误的），也包括对他和她的良心的深深尊重。对美国《独立宣言》所说的那些关于人的自明**真理**，关于人类自由和尊严、人起源于上帝创造、无视性别和种族的基本的人类平等真理的坚信，是真正的宽容与和平的唯一坚实支柱。

此外，对真理的承认恰好呼唤对自由的尊重，因为真理特别是宗教真理，需要被自由地得到同意。任何强加于人的宗教都失去了所有价值；当它深深地扎根于真理的自由承认和宗教真理的自由实践时，宗教信仰才有价值。此外，没有什么事情比对真理诚挚的、全身心的、纯粹的追求更珍贵。因此，对真理一般的、名副其实的探求构成了宗教团体和不同宗教的

① 如 Arik Ascherman、Nikolaus of the Flue、Janusz Korczak（Henryk Goldszmit）、St. Francis of Assis、Mother Theresa、Mahatma Ghandi、Pope John Paul II。

成员之间一个深厚的纽带，甚至达到了这样的程度，当他们有分歧时，至少假设他们在自然法的最重要元素与和平存在物的基础上是一致的。真实的和平、"热和平"或真正的和平有别于前面所描述的缺陷，也有别于和平的"冷"形式与动机，它只能发生于下面讨论的先决条件中，而此种条件是和平必不可少的。

（2）承认我们的心灵必须去发现的人类的尊严和善良、正义以及基本人类权利的客观次序。

和平需要个人和社会的相互尊重。它只能源于其他人和每个个体成员的深层肯定与对和平的内在价值的真正渴望。真正的和平尤其需要承认正义的价值和承认各种一般正义与具体领域中的正义。让我们回顾一些通常的、主要的领域和对和平非常重要的正义的情形。

关于他人和自身，存在着的是**判断中的第一正义**而不是错误的判断、偏见、诽谤和暗示。关于其他种族、国家、个人、历史等的错误而无稽的否定判断导致了对和平的干扰或毁坏，这既由于那些有遭受不正义迫害的危险的人将很容易对种族主义的对象或其他偏见使用暴力，也由于那些长期被他人不公正地判断的人受到了侮辱和冒犯，最终以怨恨甚至是战争作出反应。所以，冒犯了关于人的真理的不公正判断的所有形式都深深地反对真实的和平。

正义也存在于人类活动的领域。在这一领域中，正义首先包括行为中表达的对人类尊严的尊重和只能在某人的活动中实现的对所有基本的、预先肯定的人类权利的尊重。和平所依赖的、应该被建立起来的次序总是必须被回溯到人类尊严中的那些高贵品质和先于所有实际的法律和作为所有纯粹的传统、习惯和规则的基础的价值。除了尊重人的尊严、自然律和基本的人类权利，正义也需要尊重所有不违反自然律的实际法律。特别是正义中关于履行合同的义务、某人的诺言等部分对和平最为重要。同样，侵犯他人的财产权或国家严重地违反了正义。

所有那些抢劫他人或以别的方式挪用财产或毁坏其他人的财产，违背合同和诺言等行为是不正义的，这些行为自身和行为结果都在敌视和平。毫无疑问，如果所有交战国家的行为都严格地遵守正义，和平可以立即实现。但几十年或几个世纪以来对其他国家国民权利的破坏不会有利于和平。只要非正义的受害者是无力的，非和平的平静就会占优势。一旦非正义的受害者增长了力量，冲突或战争就会出现。非正义将被非正义所报复。但在这一点上，需要特别强调的是，非正义的行为最经常地导致犯罪和对方的不正义，正如苏格拉底在《克力同篇》（Crito）中卓越地表述的，**非正义的行为绝不会被其他非正义的行为所原谅**。我们将会回到这一观点。

　　和平作为私人和公共生活中最美好的事物之一，与正义密切相关。正如先知以赛亚（Isaiah）所说，"和平将成为正义的果实"[7]。一些伟大哲学家也肯定了他们之间的紧密联系。[8]和平，我们现在清楚地看到，不是任何灵魂或共同体如国家的宁静，而仅仅是一个**有序的**宁静。该次序的一部分正好是正义。但在这一点上，我们需要补充的是，仅凭正义并不足以产生和平。虽然正义是真实和平的必要条件，但出于各种各样的理由，前者不足以担保后者。当奥古斯丁把和平的人际维度也称为"有序的和谐"——一个**有序的协和女神**（ordinate concordia）[9]，心灵的一种统一与结合，也包括人的生活中通过爱、宽恕、同情——特别是在婚姻中和政治中——有时甚至通过妥协建立的纽带和现实时，奥古斯丁暗示了这些理由中的第一个理由。这一看法已经把我们引导至为什么正义不足以建立和平的第二个理由。

　　（3）和平需要承认各种人类的限度，在这些限度之内正义和其他价值可以在现世实现。

　　要求——特别是几个世纪之后——完全恢复正义在原则上所需要的东西（如返还几个世纪以前从被赐予者手中窃取的土地）可能会导致新的严重问题和对生者——他们对自己财产已获得的权利不能被忽视——的非正义。除此之外，我们需要非常普遍地承认关于人类正义的许多进一步的限制：我们无法满足正义的所有条件，因为认知的、政治的、心理的、道德的和物理性质的某些限制和现实使其不可能实现完美的正义；例如，我们不能准确地认识他人的邪恶，因此我们不能用恰当的正义惩罚他们；我们常常不具备实现完美正义所需的所有手段等。

　　知道我们需要在哪儿坚定地坚持实现正义的必要性，知道在哪儿用实现正义的限制为非正义辩护将纯粹是异常出轨的行为，知道在哪儿有这些限制，需要许多的智慧和对正义的敏锐感觉。深入澄清这个问题需要许多更加准确的研究。

　　但是，**在世间充分地**实现绝对正义的尝试只能产生于对我们的限制的充分遗忘，它将导致不能真正地产生具有和平次序的世界而只会危及和平次序的错误的乌托邦神学。永恒和绝对的和平所需要的完美正义是不能在世间完全实现的。这部分是因为人类知识的限制，部分是因为伴随在任何企图——对正义的完美的人类实践——中的偶然事件。一些人抽象地考虑的正义或许包括针对他人的非正义，部分是因为变化的环境（例如收养孩子、个人联系、新的财产权等等）使这句拉丁格言"*Summum ius—summa iniuria*"（至高的正义——极度有害的不道德行为）成为正确的；部分是因为人类的本性太虚弱和有限了，它太不完美以至于无法理解，更别说在世间实现完美的正义。因此，如果有人试图通过力量在世间实现绝对的正义，正如米歇尔·科哈斯（Michael Kohlhaas）在与海因里希·冯·克莱斯特（Heinrich von Kleist）的著名短篇小说同名的作品中尝试的一样，那么他很可能会做更多不正义之事，选择暴力的方式去实践**完美**的正义。[10] 在世间寻求实现完美的正义、和平等愿望的乌托邦神学导致了可怕的非正义（除了许多其他理由），正如许多历史的教训如法国大革命告诉我们的一样。

（4）愿意原谅和宽恕作为和平的条件。[11]

即使我们不一定称和平为至高的善，但似乎暴力或者甚至战争绝不会是正义的[12]，作为糟糕的和平的反面[13]，真正的和平仍然是最美好的事物之一。仅仅依靠正义不可能获得这一高等的善。和平也是一个礼物，一个特定的礼物，来自另一免费的礼物即原谅和宽恕。在许多情形中，没有这两者，和平是不可能的，例如，在许多非洲国家如卢旺达（Rwanda），成千上万的人被居住在同一个国家甚至同一个村庄的其他部落的成员暗杀和屠杀。

由于原谅和其他行为而终止了分裂与不和谐的和平甚至是特别美丽的和平、新一类的和平，它深刻表明我们的人性和我们对高贵礼物与恩赐的依赖。当失去的和平被找回来时，例如，宽恕导致了和平，一个不应得的礼物的获得是由慷慨和爱促成的，而不仅仅是由正义产生的。在这样的情形中，我们从人与人之间的冷漠或彻底的不和谐走向了和平。和平的珍贵礼物在敌对中失去了，一些行为——通过它们客观的邪恶和不正义已经由一个或更多的人施与另一个或另一些人——仅仅通过正义和惩罚不能完全地被恢复，而只能以某种方式使邪恶中立但不能"治愈"它。通过施与他人一个错误的举动，与和平对立的不和谐就产生了。在原谅的行为中，至少单边的和平已被提供和实现。一旦原谅和宽恕被接受，和平就诞生了。

宽恕不仅仅是用美好的情感排除掉负面的情感和态度。宽恕不仅仅解决和协调非正义被强加在两个人之间所造成的客观的不和谐。宽恕治愈了非正义所造成的伤口，导致了和谐与和平。真正的和平不是宽恕的孤立和单方面行为的果实，它也需要作恶者的协作：他后悔和惋惜对他人施与了非正义的或其他错误的行为。只有施与邪恶做法的人要求宽恕的行为、后悔的行为与取消邪恶做法的行为得到了来自于被施与者的原谅，和平才可以重新建立。

通过与前述的不和谐与不协调进行对比，此种和平的一些天赋特征和善意品质表明，它确实具有特别的美。

（5）关于正义的次序和具有正当动机的其他善行——给予恰当的价值回应。

真实和特别稳定的和平也要求：为了和平，我们的所有努力都出于正确的理由，即不仅为了我们自己，而且也为了其他人，为了正义——从宗教的角度说是为了"寻求第一正义和神的王国"。让我们考虑这一点，即每一个真正的价值要求一个**恰当的价值回应**，被赋予内在尊严或价值的每一善行出于自身的理由要求对它的承认。在回报他人的善行中，在正义中，我们需要利用真正的利益。我们需要肯定善举，因为它是值得被肯定的。我们需要给予恰当的价值回应，从而使我们的意志和心灵遵从善。[14]

在这一方面，致力于和平的努力见证了一个基本的人类学事实：动物是由它的天性决定和固定的，服从本能和冲动，人不像动物。因此，在某些意义上，道德尊严的最深的维度和人类生活包含的最高的善行是每一个人必须实现的**道德任务**。我们需要全身心地致力于实现它们。不仅仅是当和平服务于我们时，为了自身的价值，我们也需要寻求和平。只有当和平很好地以对其他人的尊严的互相承认为基础，尊重这种尊严和出于其他人的利益尊重他们的权利时，**真实的和平作为在具有永久基础的人之间很好地建立起来的一种和谐才存在**。这样，我们才获致了真正的和平赖以存在的价值基础，而要集中讨论这个价值基础，我们需要写关于人类尊严和权利的其他文章。

（6）运用黄金规则：理解、同情和爱你的邻居。

把我们置于他人的处境之中，与他们一道领会和感受他们的苦难、希望和忧虑，考察他们合理的要求和他们实际遭受的非正义，在这个意义上，和平需要对我们自己的立场进行特别的超越。[15]这些行为是难以做出的，因此需要特别深刻的正义和敏锐的感觉。为了获得和平，不仅需要从内部理解其他人，而且需要同情甚至普遍地爱每一个具有人的长相的生命。

这包含一切的爱（甚至对敌人的爱），构成了基督教教义的核心。但是，它以某些并非包含一切的方式构成了许多哲学和宗教中至少在所谓的"黄金规则"的形式中发现的一条道德规律。黄金规则不仅在犹太人和基督教的圣书中以非常近似的语言得到表达，而且在《可兰经》、印度教和佛教的书中以及许多哲学著作中都得到了表达。这个态度潜在于康德的绝对道德命令这一有疑问的陈述中，即行动的座右铭应该总是适合于成为一般的规则，适合于美丽的个性形式：我们永远都不该把人当做纯粹的手段，但应该永远把人在其自身上视为目的。

黄金规则不能仅仅被认为是道德规律的具体内容和一般形式原则和道德上善的行为，它也是为了认识清楚我们应该采取什么具体行为这个问题时所实际使用的手段。换言之，黄金规则可以被视为源于我们的问题：你想让他人对你施与你曾经施与他人的行为吗？你想让他们向你自己、你的孩子、你的家庭施与这样的行为吗？就像你曾施与他们的一样。立场的这个变化和从他人的有利角度考察这个世界是超越我们片面的、国家主义的、沙文主义的、种族主义的和其他主观的考虑的一个非常有帮助的手段。如果**我们自己的生命**是危险的，我们会同意堕胎吗？虽然我们拒绝把财产归还别人，我们不会要求他人把财产归还我们吗？当我们被不公正地驱逐出国门后，我们不会提出回到自己国家的权利吗？难道我们不想至少为失去的财产获得补偿，在法律面前被公平对待，当我们在饥荒中饥和渴时得到救济吗？如果我们严格遵从这一规则，普遍和平就能实现。

（7）承认（上帝的）绝对的善是和平的条件。

在此我们需要补充一个重要的真理：没有对上帝的赞誉和爱，对邻人的爱就不可能最终实现。这并不是否认无神论者可以承认人类的尊严和捍卫它，或者否认成为无神论者甚至是不可能的，因为一个人相信上帝存在和他的仁慈与明显存在着可怕的不公正和对人类尊严的侵犯现象之间具有矛盾。[16]但在服从他的良心和捍卫无辜的人类时，他也含蓄地承认绝对的善是人的起源。无论如何，当每一个人被认为是根据上帝的图像和相似物被创造并被上帝所爱时，人类尊严最深层次的来源可以首先被看见。在此可以准确地说，哲学和一神论的宗教都对和平做出了决定性的贡献。[17]但是，通过哲学首先是通过宗教，和平需要一个真正的哲学态度或者一个纯粹的宗教生活，承认为了屠杀无辜的平民而向神所做的任何祈祷不仅不被宗教所需要而且也是对神的亵渎。

（8）绝不对其他人施与本质上恶的行为。

不承认本质恶（intrinsece malum）的存在，和平是**不可能的**。[18]我们绝不应该强奸妇女或者要求他人这么做，绝不拷问，绝不滥杀无辜，绝不应该受到不正义行为的侵犯就"惩罚"或者复仇，例如，因为有一个犯人逃跑而杀死集中营里的十个"无辜的"犯人。我们绝不应该故意地和直接地破坏无辜者的私有财产。例如，故意毁坏其恐怖行为尚未得到证实的恐怖分子家属的财产绝不是正当的。

因为清楚地承认了存在着本质恶的行为，苏格拉底是站立在和平基础上的一个伟大思想家和激烈反对马基雅维利的政治实用主义的哲学家。马基雅维利否认本质恶的行为，由此为出卖、背叛甚至谋杀留下了存在空间：

> 苏格拉底：如果我们发现我们应该做错事，那么我们肯定未考虑这样做的结果——死或者任何其他邪恶的方面，而仅仅是做错事……

> 我们绝不应该自愿地做错事吗？或者我们可能以某些方式而不是以另外的方式做错事吗？做错事既不是善的也不是值得尊敬的，就像我们以前所同意的吗？不管是人赞许与否，我们以往所说的不是最有力吗？不论我们受苦更重或较轻，做错事无论如何不都是坏的、可耻的吗？

> 如果无论如何我们都不该做错事，那么世人所共许的以恶报恶是否正当？

> 克力同：显然不正当。

> 苏格拉底：那么我们对人不可以错还错，以恶报恶，无论所遭受于人者如何。注意，克力同，你承认这话，不要违背本心；我知道只有少数人相信、能信这话。信与不信的人没有共同立场。[19]①

绝不去做本质上恶的事情，不仅是绝对的道德命令，也是和平不可缺少的一个条件：任何政府不管是否在报复，只要做出本质上错误的和邪恶的行为，它就从其他方面危及和平，非常容易导致报复、暴力和非正义。这并不是说，他人的犯罪可以从我们的非正义行为中得到辩护，但本质的非正义行为的产生可以从这里得到说明，即道德感薄弱的人易于报复。最重要的是，和平作为有序的宁静绝不容许做本质上恶的事情。

（9）和平需要彻底放弃对和平的荒谬的绝对化和虚假的和平主义。

真正的——作为非真正的、虚假的或不可靠的反面——和平也需要我们承认，在一个善总是能和应该被实现的意义上，和平是很高的善，但它不是绝对的善。有时人会无限制地沉迷于冲突甚至战争的巧妙手段之中。

---

① 此段文字参照《游叙弗伦 苏格拉底的申辩 克力同》（严群译，商务印书馆，1983）译出，个别字句略有改动。

这把我们带回到了刚开始的评论中。和平既非最高的也非绝对自足的善，这首先可从这一事实看出来，即一些非正义的邪恶是如此巨大，以至于跟**那些犯有此种邪恶的人**没有什么和平是**应该建立的**。[20] 在善良和邪恶之间，存在着永恒的战争，邪恶中不会有和平，这在本质上看是对的。我们必须与邪恶作战，从我们自身也从社会中开始，尤其是当基本的人类权利被违背甚至使用了军队和武器的时候。当犯下违背善和人类权利——对它们的保护被寄望于政府或人类社会——的罪时，甚至可能会要求军队的干预和战争。甘地，非暴力的传道者，当被问及是否他如此严格地、无条件地适用于英国的非暴力抵抗原则也同样适合于纳粹时，他否认了，并指出，面对对人类的此种犯罪，武装的干涉是不可避免的和被提倡的。这样的情形适用于《便西拉智训》（*Ecclesiasticus*）一书中阐述的观点，帕斯卡评论道，存在着和平的时间，存在着战争的时间。[21] 不是最高的善的和平也可以从这一事实——它依赖于某些东西，依赖于对正义、人类的尊严和其他价值的承认，正如我们所看到的——中被推断出来。

二、关于"和平文化"的意义与和平的形而上学的结论性评价

以这些反思为基础，我们现在或许会问，当我们讨论"和平文化"时我们是什么意思？和平文化是：

（1）在以关于真实和平的知识和爱为特征的社会中建立，在关于真实和平的九个条件——我们上面讨论过——的敏锐意识形成的社会里，和平文化占据优势，并且

（2）由所有个体成员或社区中大多数人的坚定的意志去实现和平；

（3）为了恰当的动机（不仅仅是实用的目的，等等）如此行为的意志；

（4）当冲突出现时，以相互尊重与和平的形式解决，用真诚的努力克服它们，甚至冒着财产或生命的危险。

和平文化的所有这些要素清楚地表明，它只能被人的自由意志和心灵所创造。它不是一套冲突解决策略技术运用的结果。它需要个体和社会自由地、全身心地**选择和平的崇高的善和选择和平所依赖的那些善**。

让我们以对和平的简短的形而上学反思作结：和平无疑是每一个人和每一个社会应该极其严肃地奋斗的崇高价值和善。犹太教和基督教信奉者更把这视为真理[22]，即和平，特别是在人与神的和平这一最深刻的宗教维

度上，超越所有俗世的成就，甚至是俗世的所有和平概念。

此外，在与神的和平与神圣和平自身最高的形式中，它是至善的因此也是无限价值的一部分。[23]在其最完美的意义上，和平是希望和追求的一个目标，但在现世不可能成为现实。在世界上，和平无论在哪儿出现，它都是对我们的心灵为之激动和渴望的完美和平，对超越世俗城市中的和平进行的美丽、真实、深深地感动人的现世的反思。

不仅超越的和平，而且未受扰乱的俗世的全球和平似乎是一个我们应该奋斗的理想，在人的知识和能力范围内说，它将不会完美地被现世体现出来，正如经验和历史告诉我们的一样。无论如何，如果它曾存在于未受扰乱的全球和平的形式中，正如康德曾经想到的那种永久和平（*ewiger Frieden*），它必须来源于精神和心灵的深刻转化，绝不会由纯粹的政治措施实现。现实地说，如此彻底的、和平的**信念**（Gesinnung）在有关历史的未来中是不可期望的。

但不可实现的完美的现世和平——那并非不可避免的命运而是邪恶在如此多的自由意志中实际胜利的结果，如果我们未能有志于实现真实的和平和做任何我们可以在自己的生活中实现的事及尽我们所能把永恒观念落实到尘世：把促进和平与和平的文化作为到达我们渴望的全球和平的通路时，它不给予我们任何借口：即使世间没有一个国家体现或将可预见地——更不用说无比地——体现栖息者之间完美的和平或将与其他国家处于完美的和平之中，但有些国家拥有不完美而真实的政治和平，一些国家甚至没有在暗中同它们社会里的流氓作斗争。因此，在这个意义上——所有国家都一样地爱好和平，全球和平已经在世界上的一些地方出现，已不是原则上的乌托邦了（即使它似乎总是保留着个人和社会通过努力无法获得的神秘的天赋特征）。

让我们像同道中人一样一起为全球和平而努力，这在原则上是可能的，让它成为暖的而不仅仅是冷的和平，永久的而非短暂的和平，最为重要的是在真实的而非荒谬的和平中，生命的权利、人的其他基本权利、所有栖息动物的积极权利都受到尊重，和平是遍及全球的"次序的宁静"。

国际哲学研究院；智利庞迪菲亚天主教大学

列支敦士登；智利，圣地亚哥

【注释】

此文载于 2007 年《中国哲学季刊》。这篇论文是为本卷而写的，最初以讲稿的形式于 2002 年 8 月 29 日在希腊罗德斯岛世界和平大会期间投递，标题为"关于真实和平之基础的哲学反思"（Philosophical Reflections on the Foundations of True Peace）。从 2002 年 8 月 29 日到 9 月 4 日由宗教和平组织（RPO，Religious for Peace Organization，由年长的老议员、耶路撒冷副市长 Shimon Shetreet 教授任主席）和国际哲学研究院（International Academy of Philosophy）赞助的第二届和平大会（Second Peace Conference）在罗德斯岛（Rhodos）、耶路撒冷（Jerusalem）和埃拉特－亚喀巴（Eilat-Akaba）的列支敦士登公国（Principality Liechtenstein）举行。

［1］参见 Josef Seifert：《论和平的性质和基础》（On the Nature and Foundations of Peace），见 Prince Nikolause von und zu Liechtenstein、Cheikh Mbacké Gueye 编：《和平和文化对话》（*Peace and Intercultural Dialogue*，Heidelberg：Universitätsverlag，2005），1、23～48页。

［2］参见奥古斯丁：《上帝之城》（*De civitate Dei*），CC XLVII-XLVI。又见托马斯·阿奎那：《神学大全》（*Summa Theological*），Iia IIae，Q. 29，art. 1，RA1。

［3］参见《圣歌》，85. 10；17. 14。

［4］See Immanuel Kant, *Zum ewigen Frieden. Ein Philosophischer Entwurf* （von Immanuel Kant. Bey Friedrich Nicolovius, Königsberg 1795；Neue vermehrte Auflage, ebenda 1796）；see also Josef Seifert, "Frieden und Transzendena," in *Kant und der Frieden in Europa. Ansätze zur geistigen Grundlegung Künftiger Ost-West-Beziehungen*，ed. Arnold Buchholz in *Bericht über eine Tagung der Ostsee-Akademie* （12. −15-Mai 1991）（Baden-Baden：Nomos Verlagsgesellschaft，1992），165−84.

［5］Bruce M. Metzger、Roland E. Murphy 编：《圣经》（New York：Oxford University Press，1989），784 页。

［6］参见 Rocco Buttiglione, *Augusto del Noce. Biografia di un pensiero* （Casale Monserrato：Piemme，1991）；Josef Seifert, "Die Philosophie als Überwindung der Ideologie," in *Al di là occidente e oriente：Europa*, a cura di Danilo Castellano （Napoli/Roma/Benevento/Milano：Edizioni Scientifiche Italiniane，1994），27−50。

［7］Metzger、Murphy 编：《圣经》，32：17，908。

［8］参见布莱斯·帕斯卡：《思想录》（5th ed.，trans. and intro. A. J. Krailsheimer, London：Penguin，1973），299 页。

［9］参见奥古斯丁：《上帝之城》（*De civitate Dei*），CC XLVII-XLVIII，XIX，10～13 页。

［10］参见 Heinrich von Kleist, Michael Kohlhaas, trans. Martin Greenberg （Hoboken：Melville House，2005）。

［11］参见 Mariano Crespo, *Phänomenologie des Verzeihens* （Heidelberg：Universitätsverlag C.，2002）。

［12］参见 Sir Kar Popper, ed. , *Die offene Gesellschaft und ihre Feinde* （Tubingen：J. C. B. Mohr, 1992), vol. 1, 367-372 and vol. 11, 316 ff。

[13] 此种和平见《耶利米书》(Jeremiah)，6：14。他们不关心我们人民的创伤，在没有和平的时候说，"和平，和平"(15)。他们的行为是可耻的，他们的所作所为让人憎恶；但他们不感到羞耻，他们不知道如何脸红。

[14] 参见 Dietrich von Hildebrand 在《伦理学》(*Ethics*, 2nd ed., Chicago：Franciscan Herald Press, 1978, chaps. 17-18) 中关于正当价值回应的论述。

[15] 在 Jordanian Prince Hassan 关于和平的许多演讲中，这一点尤其得到了强调。

[16] 参见 Fyodor M. Dostoevsky 处理 Ivan Karamasov 的无神论的方式。

[17] 参见 Vladimir Sergeyevich Solovyov, *Meaning of Love*, trans. Thomas R. Beyer (Aurora：Lindisfarne Press, 1985); and Dietrich von Hildebrand, *Das Wesen der Liebe*, Gesammelte Werke III (Regensburg：J. Habbel, 1971), Kap. 11, and "A cura di Paola Premoli de Marchi. Testo tedesco a fronte。Introduzione, traduzione, note e apparati di Paola Premoli De Marchi, II pensiero occidentale," in *Essenza dell'amore* (Miland：Bompiani, 2003), and *La esencia del amor* (Pamplona：Eunsa, 1998), and МЕТАФИЗИКА ЛЮБВИ (St. Petersburge：Aletheia Publisher, 1999), and Josef Seifert, Gott als Gottesbeweis, 2. Auflage (Heidelberg：Universitätsverlag C., 2000), and Tarjamat Hamid Lechhab , Allah ka Bourhan Ala Oujoudi Allah. Iaadat Taassis Finimonologi Li Al Bourhan Al Antologi (Afrikya Achark, Adar Al Bayda, Al Maghrib：Bayrouth, Liban, 2001), and "Die natürliche gotteserkenntnis als menschlicher Zugang zu Gott," in Der Eine und Dreifatige Gott als Hoffnung des Menschen zur Jahrtausendwende, ed. Franz Breid (Steyr：Ennsthaler Verlag, 2001), 9-102.

[18] 又见 Josef Seifert 的论述："作为本质上正确的和错误的行为的基础，绝对的道德义务趋向有限的善。结果论神学伦理学的批判：通过道德神学摧毁伦理学?"(*Anthropos*, 1 (1985)：57-94))。

[19] 柏拉图：《克力同篇》(Crito)，49a ff。

[20] 人们在此可能会回忆起《以赛亚书》48：22："22"。上帝说："邪恶的东西没有和平。"

[21] 参见《便西拉智训》(*Ecclesiasticus*)，3：1-22；布莱斯·帕斯卡：《思想录》，552 页。

[22] 参见《以赛亚书》，52。

[23] 参见 Thomas Aquinas, *In Dionysii de Divinis Nominibus*, chap. 11, Lectio 1。

正义中的人类声音

陈勋武（Xunwu Chen） 著

姜 智 译 陈勋武 校

现在大多数关于正义的哲学理论都只致力于建立一个人类社会成员必须遵守的行为规范与标准的系统。很少有人把正义和人道之间的关系问题当做一个直接或单独的主题来讨论。结果，在很大程度上，我们没有真正懂得正义是人类的问题与课题。与此相适应，我们对由人类所发展起来的正义的对象、内容和标准都失去完整准确的理解。不仅如此，我们也不能够对我们追求正义的理由这一规范的证明性问题给出令人信服的答案。

在这篇文章中，我首先回顾一下西方和亚洲哲学家关于正义与人道的一些思想。然后，我将提出一个新的正义概念：正义是根据人类的人权、人类价值以及人类的类关系这三个原则去端正人类事务。我将论述，人的观念是正义规范性的源泉；遵从正义是我们的道德义务，而不仅仅是需要做的合理之事。"当然，人这一词语在这里不仅仅是指人类这一物种类，而且还指一种价值与品质。"[1]最后，我将讨论基于人道的全球正义这一理念的价值与意义。

一

在这里我先亮出我的底牌。我们的正义概念是以我们关于人的概念为中介的。所以乔赛亚·罗伊斯（Josiah Royce）把正义定义为对我们正式的人类关系的忠诚。用他的话说：

> 大体上说，正义意味着对我们人类关系——只要它们是人类关

系——的忠诚。正义本身是忠诚表达自身的纯粹形式。因此，正义是忠诚的一个方面——忠诚生活的形式的、抽象的方面。[2]

根据罗伊斯的观点，我们对人类普遍人性的忠诚使为正义服务成为我们的道德义务；我们也是从这一忠诚出发来理解正义的。

从人的角度来理解正义，约翰·罗尔斯（John Rawls）是另一个例子。表面上看，罗尔斯明确地否定正义的政治概念基于关于人的形而上学观，他把有关规范性的证明问题留给人类社会中不同群体成员的不同的意识形态。但是，实质上，罗尔斯的正义概念仍以西方关于人的观念为中介。罗尔斯的正义概念的内容和其规范证明都是以西方关于人的观念为中介的。

罗尔斯正义概念的第一个原则是，"每一个人都应拥有平等地获得广泛的、与他人的相同的自由相协调的基本自由的权利"[3]。这一原则忠实于西方关于人的概念。正义意味着对西方关于人的观念中所印刻的每个人的权利的忠诚。罗尔斯作如下论断："每个人都有基于正义的，即使是以社会整体福利名义也不能逾越的不可侵犯性。所以，正义认为，不能为了一些人共享的更大利益而让某一个人丧失自由。"[4]再次，根据罗尔斯的观点，正义规定了镌刻在我们所熟悉的西方人的观念中的每个人的不可侵犯性。

此外，根据罗尔斯的观点，在一个多元化的社会中，有不同的合理的意识形态理论；与此相适应，规范地证明某一正义的政治概念要由不同的意识形态理论来进行。但是，对正义的政治概念的规范性证明必须合乎情理。这等于说，正义的政治概念是以合乎情理的人的概念为中介的。所以，我们至少可以说，归根结底，罗尔斯认为，正义的政治概念建立在有一定共识的关于人的概念的基础上，尽管他不倾向于某一个特定的人的概念。

哈贝马斯的正义概念也表明，正义与人是内在地紧密相连的。根据他的观点，正义关注的对象是个人的权利，而团结关注的对象是人与人社会交往的集体组织。通过规定对每个人的人类尊严要有同等尊重，正义强调"每个人的不可侵犯性"。而团结"保护相互认知的，每个人作为共同体成员得以生存的人际间的社会关系"[5]。正义"要求对每个人要有同等尊重和每个人应有同等的权利"，而团结"要求人们对邻居的福祉的关注和同情"；"在现代意义上，正义着眼的是主体不可剥夺的个人自由，团结着眼的是一个共同体里相互联系的，共享同一生活世界的社会成员的福祉"[6]。更重要的是，"两个原则都拥有一个相同的根源：人类的弱点"[7]。总而言之，哈贝马斯的正义概念提出，正义是对人权原则的忠诚。

哈贝马斯一直从普遍人性的角度来讨论关于正义的规范证明问题，尽管他从未引用人或人性这一概念，而是热衷于"公民"这一更加流行的概念。根据哈贝马斯的观点，正义的政治概念反映着这一事实：我们都是道德人和人类共同体中有约束力的相互关系的认识者。正义意味着每一公民作为这样的一个人来行动：

> 要求从他人的角度来看问题，因此，致力于理解自己和所有他人的世界；从这一相互连接的角度中，产生了一个理想的、扩大了我们的范围的角度。[8]

如果说西方哲学家在正义与人的关系上还有矛盾情绪的话，那么中国传统儒家哲学家们则公开把正义与人连在一起。古典儒家和新儒家的哲学家们都把正义和人的关系作为正义问题的一个有机部分，尽管他们通常在讨论正义和人的关系时把它作为仁、义、礼和智的综合关系的一部分来讨论。

孔子认为仁是所有的道德原则标准化的来源。[9]他说："克己复礼为仁。一日克己复礼，天下归仁焉。"[10]这里，仁的实现是复礼的目的和理由。无可否认，在孔子看来，礼和正义是不同的。然而，适用于礼的也同样适用于正义或者义。

与此相应，孔子肯定人类正义是道的一部分。同时，他明确地主张，正义服务于人，我们关于正义的概念是在人道的基础上并由人来建立与实行的。不仅如此，他明确主张人弘道，而非道弘人。人类根据道发展了他们的人道，因此弘扬了道；并不是道本身使人类成为这个宇宙中某一独特、有特权的存在。

根据孔子的观点，正义的内容是以人道的内涵为中介的。这一观点体现在他的两个核心概念：(1)通过正名而获得正义；(2)基于信义的正义政府。正名表示要使社会角色、人类关系和人类制度的基本内容符合自己的名字，例如"君君，臣臣，父父，子子"[11]。

当他被问，如果从政，他的首要任务是什么，孔子回答，"正名"[12]。

他认为，"政者，正也"[13]。在他看来，要端正人类社会中的事务，首先要使那些重要的人类社会关系的内容和现实与其名称的内涵相符合。而端正人类社会关系的关键是将人道作为一个价值和标准树立起来。因此，对孔子而言，正义作为政府的准则，其内容与我们是谁，以及我们应该成为什么样的人紧紧相连。

与此相关，孔子认为，一个合理的政府是一个有信义的政府。与其他儒家大师一样，孔子认为：

> 理想的政府不是一个为了民主地保证个人的生命、自由和对幸福的追求的权利而相互制约和相互平衡的系统，而是一个相互信任和帮助的系统；理想的政府致力于建立一个公平正义为共同道德目的的真正的共同体。[14]

儒家对信义的强调表达一种信念，即正义是政府制度的首要美德，而人道是正义的标准的源泉。信义是人道的一个组成部分。[15]

在正义与人道的关系上，孟子思想与孔子思想一脉相承。孟子明确地将仁道与正义的关系当做社会政治哲学中最重要的话题，并将"仁义"当做一个词语来用。在《孟子》中，他区分了正义和不正义的政府。[16]而正义的政府是人道的政府，即，它尊重人的尊严，关注平民的福利，促进具体的人际关系的成长，例如，父子关系、兄弟姐妹关系、公共关系等。孟子声称："仁者无敌。"[17]

虽然，在强调正义的政府是人道的政府时，孟子直接关注的是，一个正义的政府必须服务于一个具体的、特定的社会人群共同体。但是，孟子对正义和人道政府之间关系的强调包含着深层次的蕴意，即，对一个政府是否是正义的规范化证明是由人道作为一种价值和特定品质为基准的。

在阐述我们的人道感是正义感的关键源泉时，孟子举例如下：

> 一箪食，一豆羹，得之则生，弗得则死。嘑尔而与之，行道之人弗受；蹴尔而与之，乞人不屑也。[18]

在这个例子中，孟子指出，一个人会珍视正义甚于自己的生命。所以，其他人对他/她个人的侵犯——例如，对他/她人格的辱骂和傲慢无礼——对他/她来说都是不正义的，而他/她自然要抵制这种侵犯。更重要的是，他/她标准化的正义感来源于他/她对自身人格尊严的意识。

孟子进一步指出，我们的人道感和正义感都是我们人类情感的有机组成部分。与此相连，我们的正义感孕育于我们的羞耻感中。[19]这里，孟子所讲的羞耻感指当我们生活方式或者行为违背了或者没有达到做人的标准时，我们所发自内心的自我责备。例如，如果我们为了得到一碗饭而屈从于他人的辱骂时，我们就会感觉到羞耻。

孟子还声称，"仁，人之安宅也；义，人之正路也"[20]。在他看来，作为道路，正义建立在房子——仁——的周围。正义以仁为中心。仁是正义的基础和家园，而正义是通往仁的道路或路径。没有仁的正义是无家可归的，而没有正义的仁则是没有未来的。总之，根据孟子的观点，我们对正义的热望不仅来源于我们对人道的意识，而且使我们反思，我们是谁以及作为人我们从何而来。这就是孟子所说的规范化的源泉是人道的原因。

综上所述，正义是人类唯一真正的原则，而唯一真正的正义是人类所理解的、以我们的人道概念为中介的。正义是一个规范性概念，它承载着人道的内容。

二

正义以何种方式承载人道的内容？正义忠于人道的三个核心原则：人权原则、人类价值原则以及人类类关系原则。本质上，正义指根据人道这三个核心原则来端正人类事务。

人权原则规定每个人都有着基本的、神圣不可侵犯的人类权利；人类行为、实践和制度都要承认、尊重、表彰并保护这些权利。人类价值原则指在我们的道德思考中，相比于其他物种的价值，人类价值是第一位的。人类行为、实践和制度都要促进而不能损害这些人类价值。人类类关系原则规定，世界上所有的人类组成一个共同体，并共享共同的类关系；这一类关系赋予所有人道德义务，它要求人们彼此尊重，并视对方为人类共同体中平等的成员。人类行为、实践和制度都必须表彰、维护和促进这些人类类关系，而不能损害它。

克里丝汀·M·科斯伽德（Cristine M. Korsgaard）指出，我们关于人的观念是"所有理性与价值的来源"[21]。的确，我们关于人的观念是我们追求正义的理由之源。我们必须遵从正义的道德义务的最重要的根源是：

"我们必须将我们的人类身份视为一种实践的、规范性的身份。"[22] 同样关键的是，正义的规范和内容都根植于我们的人道价值。在社会制度和实践中对人道的三个原则的忠诚构成了伟大的正义。

相应地，对这三个原则的侵犯就是对人道的侵犯，是最大的非正义。对人道的侵犯意味着：（1）侵犯了人的合理的尊严、权利和自主；（2）侵犯了人道作为人类存在的一种价值。换句话说，侵犯人道指侵犯人道作为包含了三个规则的综合性规则，或者侵犯作为人类成员的个人。

人道是正义规范化的必要源泉。如果一种制度或者实践是反人道的或者将人道边缘化的，那它是非正义的。如果一个人反人道，那他/她是不义的。换句话说，哪里有正义，哪里就有人道；哪里没有人道，哪里就没正义。用逻辑的形式表示：如果正义存在，那么人道就必然存在着；没有人道，就没有正义。即使不是每一个来自人道角度的要求都等同于对正义的要求，一些人道的要求是正义的必要要求。

我们不能设想存在着一个没有人道却有正义的情形。如果有这样的情形的话，那么不仅反人道的正义可以存在，与人无关的正义也可以存在。然而，反人道的正义这一概念是荒谬的。也许我们对"反人道"的具体内涵的理解会有差别。比如说，一些人认为共产主义是反人道的，另一些人认为资本主义是反人道的。尽管如此，在反人道是非正义这一点上，我们不应有不同意见。确实，如果我们声称一些本身是反人道的实践或制度是正义的，这是讲不通的。我们一直而且应当将反人道的东西视为完全非正义的。例如，残暴是非正义的，正因为它是反人道的；压迫和镇压是非正义的，因为它们是反人道的。逻辑地说，反人道的东西对人类是不好的，因此，对我们人类来说，它不可能是理性、公平和正义的，也不会是人类的一种美德。罗伊斯正确地提到，没有对人道的忠诚，正义将"是一个可恶的形式主义"[23]。

谈论与人类无关的正义是没有实质意义的。如果正义与人类无关，那它对于我们人类而言就不是一个问题。如果正义与我们无关，对我们而言，讨论正义就是挠无痒之处，区分无异之处。相反地，如果人类与正义无关，对人类的侵犯就不会构成非正义。但是对人类的侵犯总是构成了最大的非正义。此外，社会正义必须为人类服务，即，社会正义在服务于上帝——如果他存在的话——以及其他种类之前首先要服务于人类。这就是说，人类是正义观念所考虑的核心。

人道作为一种价值能与正义无关吗？这不可能。如果人道作为一种价值与正义无关，我们强调正义要维护人的尊严、正直和权利，以及非正义违反人道就没有任何意义了。但是我们需要正义，正是因为它维护人的尊严、正直和权利。因此，人道作为一种价值与正义无关的观念是自相矛盾的。

此外，作为一种价值的人道是社会正义所要弘扬的中心价值。如果我们不把正义看做上帝的原则的话，那么，我们就需要解释为什么人类追求社会正义。一种解释是，出于自我保护的谨慎理由，我们追求正义。但是这一解释不能否认，由于自我保护的原因，我们当中的一些人有理由实践非正义。例如，我们实施管制和镇压，以保护我们自己的利益以及我们所关心的人的利益。如果有人声称，我们需要正义是因为我们要保护所有人的利益，不是仅仅是我们自己的或我们所关心的人的利益，那么，他需要解释为什么我们需要保护所有人的利益。如果我们声称我们需要正义，是因为它是最合理的原则，那么，我们需要进一步说明为什么合理性具有规范性力量。因此，我们必须看到，正义是社会存在的人道方式，它提升以人道为中心的价值。

因此我们懂得，侵犯人道构成最大的非正义。"反人道罪意味着'坏到了麻木不仁的地步；反映了其邪恶的本质'。"[24]哈贝马斯将"制止反人道的犯罪和侵略战争"归为"正义的普遍道德的否定责任"。的确，并不是每件违背人道的坏事都构成反人道罪。然而，每一件违反人道的坏事意味着很大程度上的非正义。第一，正义要为人类服务，要弘扬人道这一价值。这意味着，侵犯人道即违反了正义的目标。第二，对于任何一个社会的或政治的制度而言，是否为人类服务是判断其价值与适宜性的最重要标准。违背人道即违背了社会和政治制度以及人类行为的最重要的是非标准。

弘扬人道是正义的目的。弘扬人道意味着保证人道是一种价值，促进人类的卓越，维护人类尊严、权利和正直。为什么我们需要正义？因为，当正义是我们所生存的世界的主导时，人道得以弘扬而兴旺；否则，人道就不能繁荣昌盛。换句话说，我们需要正义，是为了让我们在完全意义上作为人类而茁壮成长。只有在正义的气氛中，我们才拥有完整的人性而兴旺发达。

在《理想国》中，柏拉图指出，除非正义成为社会的主导，人类没有希望。[25]换句话说，柏拉图认为，正义为人类提供了希望和美好的未来。第一，正义产生优越的组织、延续并发展我们的实践和生活的社会制度。

我们寻求优越的社会制度是为了使我们的实践和生活卓越，而不是为了制度本身。第二，正义使我们人类优秀。例如，正义使我们理性、有责任心和善良。这里，正义为人性的兴旺提供了必需的环境。

许多哲学家强调，我们不能讨论正义而不强调善。善的缺席使正义的概念变得不可理解。即使是罗尔斯——当人们怀疑他没有将其正义的政治概念与善相联系起来时——也说过："正义和善是一致的，至少是在一个秩序井然的社会环境中是这样……正义理论与共同体的社会价值和善相联系。"[26] 如此推论下去，难道我们关于善的概念不是由我们关于人的概念为中介的吗？难道事物对我们的意义不取决于我们关于自己、关于人的概念吗？看一看我们最珍视的善或价值：幸福、卓越、美德、知识、爱、友谊、真理、共同体、健康、诚实等，它们都很重要，正是因为它们对我们人类的兴旺非常关键。

与如上所说紧紧相联，是否服务于人类是辨别是非的最关键的标准。我们通常以什么是善的观点来定义正义。这样做，我们颠倒了善与正义的因果关系。罗尔斯正确地指出："对的概念要先于善的概念……只有当某物与符合对的原则的生活方式相一致时才是好的。"[27] 那么，什么是对的最重要标准呢？服务于人道。我们区分是非是为了以某种方式组织我们的生活、实践和个人行为，这样我们才能实现人类的卓越。我们做出这一区分以使自己真正作为人而生活，并依照我们与他人的人类关系而实现对他人的义务。

罗蒂（Rorty）这样说：

> 我们唯一需要的合理性概念——至少在道德和社会哲学中——大概如此：根据这一合理性概念，人们不说"你当前的利益命令你同意我们的提议"，而是说"你自己的中心信仰——那些对你自己的道德身份非常关键的信仰——建议你应同意我们的提议"。[28]

罗蒂坚持大卫·休谟所说的：就正义而言，并不是你当前的利益促使你正义，而是你成为一个践行正义的人之后的利益，或者你拥有了这一种道德身份后的利益促使你践行正义。

我们应该回顾一下康德。康德以遵从或者违反责任的绝对命令来定义是非。而责任的绝对命令的两个形式之一是：为人服务！我们必须始终把人看做目的本身，而不是达到其他目的的手段。否则，我们违反了人道。

在康德看来，违反人道意味着违反责任本身，违反责任本身的行为或制度应该受到道德谴责。正如科斯伽德所说，由于这一原因，对于康德，"人道的价值寓于每一个人的选择中"[29]。

在一些情况下，一些正义的行为看起来漠视了人性，但是实际上是服务于人道的。思考一下死刑。处死一个应得到这种惩罚的罪犯并不是违反人性的。欧内斯特·范·丹尼斯·汉格（Ernest Van Den Hagg）说：

> 哲学家，如伊曼努尔·康德以及乔治·威廉·弗里德里希·黑格尔，都声称，死刑，如果是应得的，它远远不是降低罪犯的人格，相反，通过肯定罪犯是有理性的存在，因而应对其行为的负责，死刑确认罪犯的人格、人性。他们认为，死刑，当它是罪有应得时，是维护罪犯的尊严所必需的。[30]

三

汉纳·阿伦特（Hannah Arendt）写道："对人类来说，人是多么大的负担啊！"[31]这里，借用莎士比亚的《奥赛罗》（Othello）的一个短语：人对人类的责任是"神圣的责任"。在我们人类的所有责任中，最重要的是对其他人正义的责任。提供正义，或者说对他人正义，是一项道德义务，而不仅仅是合情合理的事。

正如科斯伽德所论证的，珍惜我们自己的人格要求我们珍惜他人的人格。这一认识，反过来，意味着要对我们自己人的身份以及人性的忠诚，这是我们自己的道德义务。对我们自己人的身份的忠诚施加给我们一个道德义务：对自己和他人正义。"正义意味着人们从应该给予他们应得东西的人那里得到他们应得的。"[32]除非我们对作为人类的我们自己正义，我们不可能忠诚于自己的人格。如果我们对作为人类的我们自己不正义，我们不可能珍重我们自己的人格。如果我们连自己的人格都不珍重的话，我们不可能忠诚于自己的人格。

出于同样原因，除非我们对其他人类成员正义，我们没有忠诚于我们自己的人的身份。如果我们对其他人类成员不正义，我们没有珍重其他人类成员的人格。如果我们不珍重他们的人格，我们就没有珍重我们自己的人格。结果，我们不可能忠诚于我们自己的人格。这里，争论的不是正义是人们之间的社会合作所必需的，相反，重要的是正义是我们忠诚于自己人格的一个有机组成部分。

我在这里要强烈地声称：正义偏袒于人，即，对人作为一个种类和人道作为一种价值的偏袒，是社会正义的一个要素。思考一下罗蒂的如下例子——我们杀死那些带有疾病的乌鸦和其他动物：

> 假设这些乌鸦，或者袋鼠，变成了一个新的变异病毒的携带者，尽管对它们是无害的，对人类却一定是致命的。那么，我怀疑我们将不理会这一"物种歧视"的指控，并会参与这一必要的大屠杀。物种之间的正义将突然变得无关紧要……对我们自己种的忠诚一定是首要的。[33]

这里，罗蒂是正确的。首先，屠杀乌鸦或其他携带威胁人类生存的病毒的动物以维护人类，并没什么不正义。但是，我们可以屠杀那些携带病毒的动物，但不能杀害带有致命疾病的人。第二，与罗蒂一样，我们也可以说，当一群动物的出现——例如，一群狼——的确危害人类共同体的安全时，这一共同体可对其追捕、屠杀或者关起来，这没有什么不正义。对人类共同体的忠诚是首要的。这里，维护人类要优先于对非人类的动物权利的考虑，后者要让步于前者。

以上所说的或许没有否定所谓对所有种类的存在的正义概念，但它肯定明确地撇开这一概念。它认为这一概念对我们的生活没有实际意义与有效价值。从人类的角度来看，正义的首要目的是指引我们如何将彼此当做人看。正义通过使我们以完全意义上的人来行动、思考和感觉，从而提升了我们。从人类的角度看，社会正义的范围以人类为中心，社会正义只关注人类事务。从人类的角度看，对人的偏袒是社会正义的一个有机组成部分，而不是与其不和谐的。

我们珍重社会正义，是由于社会正义对我们人类所承诺的东西，而不是它对其他非人类的物种所承诺的东西。我们珍重社会正义，是由于它将给我们人类带来的东西，而不是它将给其他非人类的物种所带来的东西。与此相适应，任何一个否认人道这一独特价值和道德意义的正义概念都是不合情理的。

简言之，社会正义给人类带来了特权，使其居于其他物种之上。以公平、公正为内涵的正义是人类的原则，而且它只能适用于人类而不能适用于其他非人类的物种。有时，人类会将其同情心延伸至其他非人类物种，我们也对它们的痛苦敏感。但是，如果我们为了保护人类的福利而牺牲其他非人类动物时，这没有什么不正义。

同时，社会正义要求在道德上思考是把所有的人平等看待。尽管社会正义强调人类相较于其他非人类物种的重要性，但是它否定某一群人或一个种族的人比其他群体或者种族的人具有特权。那就是说，正义强调了人的价值，但是没有说一群人或者一个种族的人优越于其他群体或者种族的人。正义要求社会制度和实践都将所有人当人来看，并以一种符合人道观念的方式来平等地对待所有人；正是在这一意义上，正义意味着公平、公正。

同样重要的是，社会正义强调了人道这一价值优先于其他社会价值。如果存在一些与人道价值不相容的"价值"，那么，我们应将这些所谓的价值摒弃。这没有什么不合理、不正当，而且我们也不应被指控为"人本主义"或者"价值歧视"。同样，假设在一些情况中，例如，一些生物医学的实验中使用了人作实验对象时，人的价值与其他一些平时与人的价值相容的社会价值——如，知识——在特定的条件下是不相容的，正义规定人的价值优先于其他社会价值。因此，例如，在一个以人为实验对象的医学实验中，实验对象的权利和尊严不能被认为次于科学知识。简而言之，社会正义强调人的价值，认为它高于其他价值。

现在，我们按照人道的观点来讨论全球正义的概念。今天，全球正义包括不同的方面：分配正义，它要求全球财富、资源和机会在所有人之间的公正分配；矫正正义，它要求改正在全球人类共同体中所犯的错误；第三方面，同样重要的是，依照人道三原则——人权原则、人类价值原则和人类类关系原则——而正确处理全球事务和国际事务。

加书亚·科恩（Joshua Cohen）和查尔斯·沙贝尔（Charles Sabel）认为："全球正义的概念为人权、公正政府的标准和公正分配的规范作了说明。"[34] 像今天大多数作者一样，科恩和沙贝尔认识到，全球正义关注人权以及公正的政府和分配。然而，也像其他作者一样，科恩和沙贝尔的全球正义概念仍然只专注于公正政府和分配。他们没有认识到依据普遍人道，尤其是人道三原则，来正确处理全球事务的全球正义。相应地，就像今天西方和亚洲的其他作者一样，科恩和沙贝尔需要一个正义作为一种正确处理世界范围的人类事务的综合性道德和政治义务的概念。

全球正义是依照人道正确处理全球事务与分配和矫正性的全球正义相交叉，但是，它有自己的中心和重点。分配性全球正义关注的重点是资源、机会、责任、负担以及它们在全球人类共同体中应当如何分配。矫正性全球正义关注的重点是全球人类事务中的错误以及这些错误该如何矫正，应做出什么补偿。依照人权、人类价值和人类类关系三个原则而正确处理全球人类事务的全球正义关注的重点是尊重人的权利和尊严，促进人类价值以及珍重和维护人类类关系。它弘扬人道为人类生活的品质和标准，发展人类一个独一无二、具有内在的道德价值和内在的道德尊严的种类。

依照人权、人类价值和人类类关系三原则去正确处理国际事务的全球正义，包括纠正违反这三原则的错误，提倡并维护符合这三个原则的正确的东西。关键的不同是，矫正正义在一定意义上意味着回到先前（错误产生之前）的状况，而正确处理事务的正义则并不意味着回到先前（错误产生之前）的状况。

以通过建立一套管理和组织国际事务的国际法规和制度来促进全球正义为例。建立这样的国际法规的必要性并不在于仅仅是纠正一些过去和现在的错误，而且也是为了防止将来、可能的错误，并且促进正确的东西——它有待将来存在。换句话说，这里，全球正义作为正确处理国际事务不局限于矫正正义。同样重要的是，错误可能有很多类，例如，经济剥削、政治压迫或者军事侵略。然而，依照人道的原则来正确处理国际事务的全球正义只特别地专注于由政治压迫和军事侵略所造成的违反由国际组织所确定的人道原则的道德和政治错误。

再以迈克尔·沃尔泽（Michael Walzer）关于在何种情形下，置国家主权于不顾的国际干预是合理的观点为例。沃尔泽认为，对国内事务的合理国际干预只发生在以下三种情况之一：（1）给予一国的解放运动以支持；（2）击退一国对另一国的侵略；（3）当政府奴役自己的人民，或者在一国内发生大屠杀或者种族灭绝。普通的观点是，国际干预只能在需要矫正正义的情形下是合理合法的；其前提是一些反人类的罪行或者错误已经产生。[35]

沃尔泽所提的这三种情况的确要求国际社会为了正义而行动。同时，国际社会也应在一些罪行产生之前就采取行动。例如，国际社会应该发展国际性的法规和制度，以防止与这三种情况下同样性质的反人类的罪行发生。这就要求我们突破矫正正义的局限，根据全球正义为以人道原则正确处理人类事务这一概念而行动。

最关键的是，全球正义有其自己特定的关注点：（1）基本的国际制度；（2）全球和平；（3）国家之间以及民族之间的战争。全球和平是依照人类三原则正确处理国际事务的一个必要要素。当国内的、地区的和全球和平存在时，人类可以正常地蓬勃发展。有了全球和平本身并不必然意味着国际事务都被正确地处理。例如，在富有、强权和发达国家的帝国主义支配着贫穷、弱小和不发达的国家的情况下，可能存在着全球和平，但全球正义并不存在。尽管如此，由于不同的理由，全球和平对于以人道原则正确处理人类事务是必需的：第一，全球和平为正确处理国际事务提供了一个正常的环境和条件。第二，全球和平将使人类理性战胜权力和暴力。第三，和平为秩序、和谐与国际事务和关系的平衡提供了条件，这些条件构成了全球正义的沃土。

相应地，全球正义也关注国家之间和民族之间的战争。和平与战争是彼此的对立面。它是善（和平）与恶（战争）的对立。全球正义为我们提供了基础、原则、规范和标准去接受在一定情况下的战争是必要的罪恶，是黎明前的黑暗，但在其他的或者正常的情况下拒绝战争。全球正义关注国家之间的战争是否含有正义的目的，并且是否是公正地实施的。

全球正义关注基本的国际制度，如国际法规和组织。它关心这些国际制度是否根据人权、人类价值和人类类关系三个原则正确地处理了人类事务。它关注这些国际制度是否促进人类作为一个种族的发展和人道作为一种品质的弘扬。

这就使我们想起了康德—哈贝马斯的"世界主义的人权政体"观。这一观点与中国古代的"大同世界"观念有相似之处。康德—哈贝马斯的世界主义的人权政体是一个由人权意识主导的，以维护人权的规则、条律治理的世界。而儒家的大同世界则是一个人类团结一致的大世界。世界主义的人权政体是值得向往的。它也应该建立在人类价值和人类类关系的基础上。它也应该是一个以人类价值和人类类关系为主导观念和规则的政体。

一个普遍的人类共同体并不以一个跨国家的政府或者世界政府为前

提，相反，它应该是由一个知性的、道德的和制度的框架所发展起来的共同体，这一知性的、道德的和制度的框架不仅给我们带来全球和平，而且稳定这一和平。这一框架必须体现依照人权、人类价值和人类类关系原则的正义精神。根据这一框架，国际事务应由国际性法规和组织依照人权、人类价值和人类类关系原则来管理。

这里，实现全球正义、创造一个文明的、全球性人类政体与实现全球和平唇齿相依。为了人类，通过人道并且依照人道而正确处理人类事务的全球正义，意味着全球和平得以实现并稳定地发展。全球和平的实现和稳定为人权、人类价值和人类类关系的发展兴旺提供了必要的条件。

五

我想用孟子的话来结束这篇文章：

> "智之实，知斯（仁义——笔者注）二者弗去是也；礼之实，节文斯二者是也；乐之实，乐斯二者，乐则生矣。"[36]

得克萨斯大学圣安东尼奥分校

得克萨斯，圣安东尼奥

【注释】

[1] Bernard Williams, *Making Sense of Humanities* (Cambridge：Cambridge University Press, 1995), 88.

[2] Josiah Royce, *Philosophy of Loyalty* (Nashville：Vanderbilt University Press, 1995), 68.

[3] John Rawls, *A Theory of Justice* (Cambridge：Harvard University Press, 1971), 60.

[4] Ibid. 3-4.

[5] Jurgen Habermas, *Moral Consciousness and Communicative Action*, trans. Christian Lenhardt and Shierry Weber Micholsen (Cambridge：MIT Press, 2001), 200.

[6] Ibid.

[7] Ibid.

[8] Jurgen Habermas, "Reconciliation through the Public Use of Reason：Remarks

on John Rawls's Political Liberalism," *The Journal of Philosophy* XCII, no. 3 (1995)：117.

［9］《论语》（北京，中华书局，1974），3.3，8. 10。

［10］同上书，12.1。

［11］同上书，12.11。

［12］同上书，13.3。

［13］同上书，12.17。

［14］James T. Bretzke and S. J. Jacques Dupuis, "The Tao of Confucian Virtue Ethics," *International Philosophical Quarterly* 35，no. 1 (1995)：31.

［15］《论语》，17.6。

［16］《孟子》（北京，中华书局，1992），1A1-4。

［17］同上书，1A5。

［18］同上书，6A10。

［19］同上书，2A6，6A6。

［20］同上书，4A10。

［21］Christine M. Korsgaard, *The Source of Normativity* (Cambridge：Cambridge University Press, 1996)，122.

［22］Ibid, 132.

［23］Royce, *Philosophy of Loyalty*, 68.

［24］Richard Vernon, "What Is Crime Against Humanity?" *The Journal of Value Inquiry* 10，no. 3 (2002)：232.

［25］Jon M. Copper and D. S. Hutchinson, eds. , Plato：*The Complete Works* (Cambridge：Hackett Publishing, 1997)，443c7-d15.

［26］Rawls, *A Theory of Justice*，395.

［27］Ibid.

［28］Richard Rorty, "Justice as Larger Loyalty," in *Justice and Democracy*, ed. Ron Bontekoe and Marietta Stepaniants (Honolulu：University of Hawaii Press, 1997)，17.

［29］Korsgaard, *The Source of Normativity*，122.

［30］Ernest Van Den Hagg, "The Ultimate Publishment：A Defense," *Harvard Law Review* 99 (1986)：1669.

［31］Hannah Arendt, "Organized Guilt and Universal Responsibility," in *The Jew as Pariah*, ed. Ron H. Feldman (New York：Grove Press, 1978)，235.

［32］Yuval Livnat, "Benevolence and Justice," *The Journal of Value Inquiry* 37，no. 4 (2003)：507.

［33］Rorty, "Justice as Larger Loyalty," 9-10.

[34] Joshua Cohen and Charles Sabel, "Extra Rempublicam Nulla Justitia?," *Philosophy and Public Affairs* 34, no. 2 (2006): 49.

[35] Michael Walzer, *Just and Unjust War* (New York: Basic, 2000).

[36]《孟子》，4A27。

本体诠释学、民主精神与全球和谐

历经困难走向未来

芭芭拉·恩特洛娃（Barbara Entlová）* 著

郭 昕 译 陈勋武 何丽艳 校

有关人类最显著的事实是，人类有理智或者有约翰·罗尔斯所说的理性与道德能力。康德与众多启蒙时期的思想家坚信理性是人类特有的本性。两千多年以前，中国哲学家孟子也认为理性是人所共有的。与此同时，人类生活中最明显的事实是，我们崇尚武力与暴力。我认为，每当我们拥有暴力手段时，我们习惯于用暴力去实现我们的社会—政治目标。这种不平衡性与矛盾是当今全球化的一个重要组成部分，也是国际事务中的一个显著特征。

在这篇文章中，我首先强调，我们应该摒弃全球化与现代化中的暴力崇尚现象。其次，我认为我们应该恢复这样的意识，即将人道作为核心价值，将全世界范围内人道的实现作为全球化与民主国际化的核心追求。我们应该看到，现代化应该利于创造良好环境，使人道价值和形式发展繁荣。另外，我认为实现全球化和世界范围内民主国际化的方式在于构建文明的社会结构，尤其是发展教育以及国际法规和制度。

一

暴力是新社会的助产婆，这是马克思主义的一个核心理念。在一个特定的历史环境中，这一理念可能有其合理性，然而，即使我们在特定的历史环境中接受了暴力，我们也必须将其视为必要的恶——也就是在特定的

---

* 芭芭拉·恩特洛娃（Barbara Entlová），纽约圣乔治大学医疗系研究员。研究方向：医疗健康，中欧社会政治思想。E-mail：galanin22@aol.com

历史条件下需要的一种罪恶。对暴力的崇拜是一种错误的信仰：道义上是不正当的，政治上是危险的，实践上是有危害的。

1986 年，当瓦茨拉夫·哈维尔还是捷克斯洛伐克一名不同政见者时，他写道：

> "不同政见者"不相信这一信条，即深度的社会变革……因为它被认为是更为根本的……可以堂堂正正牺牲的人类生命被认为是次要的东西。对理论的推崇胜于对生命的尊重。然而正是这些构成了奴役人类的威胁。[1]

哈维尔用这些话抨击我所说的暴力崇拜。

可以肯定，哈维尔不反对深层次的社会变革。事实上，从 1990 年以来，作为一名重要的学者和政治家，哈维尔在欧洲社会改革中发挥了重要作用。他所抨击的是对暴力的崇拜和认为只有暴力斗争才能实现社会根本变革，深层社会变革需要暴力作为推动力的信条。他坚持和捍卫这样一种态度："从对未来的抽象政治视野转向具体的人类和现实捍卫他们利益的有效方式。"[2] 他反对"以'美好未来'名义出现的形形色色的暴力行为，坚信这样的信条，即用暴力捍卫的未来，其实际情况可能会比现在差很多"[3]。

哈维尔的上述主张指出了人类的一个致命缺陷——一个威胁并继续威胁奴役人类的缺陷。也就是，当我们要求深层次社会变革并为之奋斗时，我们忘记了这种变革的真正目的和价值：应为人类服务，不能以人类为代价。人类历史上产生的更严重的错误是他们潜意识地信奉这一错误的信念，即人类生命——也许应包括人的权利、自由甚至尊严——这些与由革命或激进社会运动带来的根本性社会变迁相比起来，与由改革带给一个社会和一种文化的"美好政治未来"比起来，都是次要的而非主要的。

没有看到社会变革、改革或人类暴力斗争仅仅是维护人道的工具，而不是相反，这是人类的一个重大失败。换言之，将社会变革、革命或暴力斗争当做具有自身内在价值的事务，而将人类仅仅看做对于社会变革和革命具有工具性价值的存在，是人类的错误。最终，认为与历史变迁比起来，对幸福和困苦的考量、对人类生命的保护以及对人类尊严的常规认知等都是次要的，而非主要的，这是人类的一大严重错误。不假思考地认为深层次社会变迁和暴力之间存在着必然联系是人类的一个根本性错误。

哈维尔谈到的关于国内社会变革的观点也适用于当今全球化、现代化、国际化的进程。实际上，1994 年 9 月 29 日，作为捷克共和国总统和斯坦福大学法学院拉斯顿奖章获得者，哈维尔在美国斯坦福大学发表演讲时就指出世界范围内人类的各种野蛮、不文明行径，尤其是那些试图将意识形态和政治体制强加于世界的行为，并警告说："如果严重到了不可挽救的地步，人类可能要经历许多卢旺达和切尔诺贝利那样的惨剧才会意识到它的短视将是何等地不可思议以及它不是神。"[4]

在上述的言论中，哈维尔谴责了各种政治、宗教、种族组织和运动的极权主义暴力行径。他的谴责也针对那些在全球化过程中试图扩大民主、推行西方自由价值观或宗教信仰或推动国家自由的压制、独裁行径。哈维尔赞成北约对科索沃的干涉，有条件地支持美国发动的对伊战争。但他认为这两场战争都是必要的恶。同样重要的是，他强调我们不能忘记为人类服务的目的，不应崇尚暴力。

哈维尔极力反对的暴力崇尚，是 20 世纪末和 21 世纪初极不正常的信条，也是当今世界和平与正义的障碍。它以多种形式表现出来。第一种形式是这样一种信条，即考虑到特定效果，为了宣扬宗教信仰或意识形态，暴力能够也应该被适当采用，而忽略了使用暴力给人类带来的代价和人类为之作出的牺牲，这会因为一个特定的社会政治目标和宗教目标的成功实现而变得合理起来。例如，一名圣战者会认为，为了伊斯兰教的发展使用暴力是正当的。为数不少的西方人认为，用坦克、飞机、导弹以及大规模武器在世界范围内推行民主与自由是正当的。崇尚暴力的第二种形式是这样一种顽固信条，即暴力就是解决一些历史遗留问题和国家、民族、文化间争端的有效途径，如南亚纷争、印巴冲突、中东战争等。崇尚暴力的第三种形式明显表现为种族清洗、屠杀、灭绝的野蛮行径，一种疯狂毁灭人类的古老罪恶。

暴力崇尚的第三种形式为国际社会的大多数国家人民所唾弃，而前两种形式则被一层面纱所遮蔽，但这层面纱也必须撕去。从根本上讲，暴力崇尚的第一种形式与早期对法西斯和极权主义的崇拜如出一辙。他们都以强力、武力、拙劣的理由和虚假的正义为荣。暴力崇尚的第二种形式与第一种形式有某些共同的地方，但也有自己独有的特点。它笃信用暴力解决暴力，用武力对抗武力。实际上，在柏拉图看来，暴力崇尚的这两种形式都是对武力原则的推崇，而不是对理性原则的推崇，因而也是推崇非正义的信条。

　　暴力崇尚的前两种形式有着极其错误的内容。也就是说，在这两种形式中，人类整体的价值和人类这一特殊物种没有被放在甚至是第二等重要的地位上，而是事实上被边缘化了。取而代之的是对国界、宗教、意识形态、实际利益、政治蓝图或价值观与思想体系等的考虑。这些都优先于对人类的生存、权利、自由、尊严和团结的关注。为了实现人类未来特定意识形态、政治、宗教设想，对人类自由、尊严和良善的主宰、压迫和镇压被认定为是正当的。人们设想的给人类美好未来带来良好条件的社会变革，也是以牺牲人类为代价而产生的。

　　下面思考一下关于伊拉克战争的争论。美国发动的侵略战争和接下来的一系列战争被说成是正当的，是因为这场战争解放了一直生活在专制统治下的2 500万人民，产生了一个大家以为的伊拉克民主政府，姑且不论人类生命的巨大代价以及其他对人类的破坏。表面上，这种论证是立得住脚的。但是，仔细分析一下，我们可以看出，这个争论还存在严重的缺陷。首先，在这个论证中对民主的考虑优先于对人类生命、尊严和团结的考虑。换句话说，在这个争论中，战争给伊拉克人民的尊严、权利、团结造成的损失完全避而不谈。第二，这个论证理所当然地认为考虑到伊拉克民族多数成员的利益，对伊拉克人民中少数成员人权的侵犯是正当的。然而，正如约翰·罗尔斯一直论证的：

　　　　每个人都享有不容侵犯的、与生俱来的公正待遇，即使为了整个社会的福祉也不能侵犯，基于此种原因，公正不允许为了其他人享有更大的利益而牺牲一部分人的自由。[5]

　　可以肯定的是，存在着正义的战争，但并非所有战争都是正义的。现在笃信战争或武力能解决全球性问题是完全错误的。即使在为了人类和全人类的利益进行国际干涉这种情况下，笃信战争或武力也是错误的。在这种情形下，武力干涉——例如，伊拉克性质的问题，也就是推翻集权体制的问题——可能奏效，但不是正确的解决问题的方式。武力方式既不是许多全球性问题的唯一解决方式，也不是必要的解决方式。在许多情况下，还不是正确的解决方式。国际干预不能等同于国际武装干预。有讽刺意味的是，当我们谈及维护人权时，却轰炸他人居住的房屋，或者将坦克停放在他人门前。如果在某些情况下，我们不得不接受暴力为必要的恶，那么在所有情况下，崇尚暴力就是罪恶之源。

两千多年前，中国哲学家老子就说过：

> 夫佳兵者，不祥之器。物或恶之，故有道者不处。
>
> ……………
>
> 兵者不祥之器，非君子之器。不得已而用之，恬淡为上，胜而不美。而美之者，是乐杀人，夫乐杀人者，则不可以得志于天下矣。[6]

老子不加辨别地反对各种暴力和战争，走向了另一个极端。但是他的话揭示了一个深刻的道理：崇尚暴力的人会以屠戮人类为乐；屠戮人类的人不仅注定功业毁灭，也应该对不公正和破坏宇宙之道负责。

美国哲学家迈克尔·沃尔泽也写道：

> 战争在道义上是有争议的，行动上是困难的。即使我们（西方）在海湾地区、科索沃地区和阿富汗地区发动的战争是正义的，这也不能保证，甚至也不能用于说明，我们下一场战争也是正义的……正义仍需要被捍卫。[7]

沃尔泽并不反对各种情况下的战争，但他提醒我们一般意义上的战争在道德上是有争议的。同样重要的是，他反对不加区分地将战争的胜利和正义的胜利等同起来。这种等同意味着我们忘记通过战争实现政治设想与正义的实现是有区别的。

这里的问题并不仅仅是所有的战争都是必须有正义的目的，而且是只有在战争是造福人类、使人类远离危害的唯一途径时，战争才可以进行。这一问题不仅涉及何种武力是正义的，也涉及何时、何种原因才能使用武力——只有在武力是造福人类、使人类远离危害的唯一途径时，武力才可以被使用。这里的关键问题是在国际政治和全球化进程中，要从人道的角度重树正义感。

二

上述问题会让我们产生这样的问题，在民主全球化、现代化、国际化的过程中，主导价值观和指导思想是什么？在世界其他地方的现代化变迁中我们需要的是什么？当前对暴力的困惑与推崇和我们不能解决世界全球化、现代化、民主与变迁为何物的问题密切相关。换句话说，是因为我们难以解决全球化、民主化和世界其他地区变革中我们的目标等标准问题。

这种困惑的一个标志是，人们认为全球化、现代化、国际化是目的本身，而不是实现更高目标的手段，或者也没有将其作为实现内在价值的工具。

基于上述原因，哈维尔强调：

> 如今解救世界的唯一办法……迅速传播西方的基本价值，即民主、人权、文明社会和自由市场理念……在过去的千年之中，最具活力的文明……已经创造和发展了这些价值，并且已经表明对它们的尊重能最大限度地保证人类的自由、正义与繁荣。[8]

哈维尔有一点是非常正确的，也就是说，民主、人权、文明社会和自由市场理念的全球化构成拯救世界的源泉。它也同样是当今现代化与全球化的一个重要维度。

然而，我们发展民主、人权、文明社会和自由市场不是为了这些观念本身，而是为了创造一个利于人类自身发展和一种生命价值能繁荣的美好世界。换句话说，民主、文明社会、自由市场都是工具或只具有工具价值，它们本身没有内在价值。它们之所以重要，因为它们对促进人类发展是至关重要的工具，是人类，而不是民主、全球化、自由市场或公民社会，才具有内在价值和至高价值。同样，推动民主、自由市场和全球化的方式，应该有利于人类整体和人道价值，而不能给人类造成危害。换句话说，在全球化和民主国际化的进程中，正义仍然需要被捍卫，我们所捍卫的正义是从人道的角度上讲的，是为了人道和通过人道而实现的正义。

相反，对人类的损害将是最大的非正义。因此，崇尚暴力在道义上是错误的，不仅仅是因为它倡导武力和强力原则，也是由于像柏拉图所说的那样，在许多情况下，暴力可能是并且经常是对人类有害的。从推动人类发展的角度看——也就是推进人类尊严、人权、至善与团结——在全球化和民主国际化的过程中还有相对于战争或武力实现社会变革的更好办法。如果我们缺乏一种将人类整体作为核心价值和全球化过程中促进人类价值与整体发展的视野，那么，全球化与国际化会成为危机和霸权的新形式。

以"把民主和自由带给他们"的观点为例。不少西方人强调，如果需要，民主应该被强加于其他国家；从长远来看，这对这些国家是有利的。例如，伊拉克战争就是正义的，这是因为我们将民主与自由带给了2 500万伊拉克人民。然而，在最后的分析中，"把民主和自由带给他们"的观点是严重错误的。姑且不说为了这些口舌之争的论证而带来的人类生命的代价，对人类尊严的侵犯——甚至是践踏——往往产生于所谓的"把民主和自由带给他们"的实践中，这种人类尊严的侵犯是不容于道义的。

为了阐明我的观点，我引用了中国古代哲学家孟子的一段话：

> 一箪食，一豆羹，得之则生，弗得则死。嘑尔而与之，行道之人弗受；蹴尔而与之，乞人不屑也。[9]

在上面的论述中，食和羹都是维持生命所必需的，但如果用损害收受者尊严的方式，那么这种施舍是不能被接受的。另外，即使是乞丐也会有足够的自尊去拒绝这种施舍。

出于同样的道理，民主、自由、公民社会和自由市场都是必需的。但是它们的产生不能以即将拥有他们的所有人的尊严为前提。在复制的民主和自由的民主实践中经常存在的重要问题是，这些实践通常将战争或暴力作为必要的尺度。通过坦克、飞机和导弹来"推进"人权、自由、民主，这是严重的悖论和错误，用哈维尔的惯用语就是"一个致命的、不可改正的缺陷"！越战是完全错误的，是因为它试图将民主与自由用损害他国和人民尊严的方式引入。

这里也有例外，例如第二次世界大战后的日本和德国。在这两个事例中都是外来力量将民主强加于两国之上。事实上，强加给这两国民主是强迫地反应和回应，而非侵略。日本和德国都是第二次世界大战中的侵略者，战后国外势力对它们的占领是第二次世界大战的结果，因为这两个国家都是始作俑者。同样重要的是，强加给两国的民主并没有剥夺两国人民任何应得的东西，而是尊重了他们的应得。这与当今美国发动的伊拉克战争是截然不同的。

当然，存在这样的情况，即罪恶的政府剥夺了本国人民的尊严、人权和生存条件，进行诸如奴役、屠杀、种族灭绝等的罪恶勾当。在这种情况下，国际干预，如果需要，国际武力干预是必要的。1995年10月7日在康涅狄格州康涅狄格斯托斯大学托马斯·都德参议员研究中心举办的"人权与灾难研讨会"上，美国驻联合国大使玛德琳·奥尔布赖特在她的发言中引用了一段这样的社论：

> 存在于国内生活的意识形态影响着国际社会。拒斥这些原则……保证……政府对（人类）……权利的侵犯无助于世界和平。[10]

但即使在下面的情形下，我们也不能忘记国际干预的目的，不能忘记何为目的、何为手段、何为内在善、何为工具善的观点。

在正常情况下，"被外力强加于一国人民的政府永远不会被认为是自主决策的产物或自主决策的未来主体"[11]。我想补充的是，在正常情况下，当外来力量，如外国军队，把一个政府——即使是一种民主形式的政府——强加于一个国家和人民时，这是对人类尊严的侮辱，这种人类尊严是寓于这个国家和人民的民族尊严中的。在极端情况下——例如，2002年的阿富汗——通过外国军队或势力将民主政府强加给这个国家和人民对于拯救这个国家的人民和全世界的人是必要的；在这种情形下，国际社会的干涉要在联合国的授权之下，这种干涉要明确的是为人类服务。

同样，上面的论述当然不是说拒斥社会变革的战争或暴力形式。也不否认在一些情况下——例如，反对侵略——战争是必要的恶。相反，上述论述旨在阐明一个问题：(1) 所有的社会斗争和变革都是为人类服务，而不是为了斗争和变革本身；(2) 社会变革的战争和暴力形式常常会对在许多情况下本应受到尊重的人类尊严和权利的严重侵犯。国际社会对一个国家或宗教事务的干涉应该以促进人道主义为目的，而不应带有一些西方的或自由的或其他政治和意识形态的目的。而且国际社会的干预也不需要以武力的形式出现。

上面的论述使我们怀疑当今的许多战争和冲突。中国儒者孟子在两千多年以前就说过"春秋无义战"[12]。现在的情形也好不到哪里。我们可以将最近的战争、当前的战争和不久的将来潜在的战争划分为五种类型：(1) 侵略进攻性战争，如1990年伊拉克军队侵略科威特；(2) 报复性战争，如伊斯兰教长期对巴勒斯坦护教运动（如哈马）的军事干涉以及黎巴嫩南部的军事冲突，2002年美国进攻阿富汗；(3) 防御性战争，如1990年的海湾战争中的多国联盟；(4) 政治性或道德战争，如印巴在克什米尔地区的冲突，20世纪90年代中期南联盟在科索沃地区与塞尔维亚族的冲突，台湾海峡的潜在战争，俄罗斯车臣战争，美国发动的对伊战争等；(5) 宗教战争，如宗教激进主义运动。第一种战争类型显然与人道相违背。第二、四、五种战争类型在道义上是有争议的。

总之，在呼唤全球化和世界范围根本性变革的时代，再次凸显人类价值的意识、与人类密切相关的正义观，对我们来说是至关重要的。人道意识为我们判断既定原因的行为、办事情的特定方式、已拥有的既定态度的对错、善恶，提供了目的、方向、标准和基础。全球化能够是也应该是国家—人民新生的推动力，就是说，它会为各民族的自我实现以及实现人道提供新的机会，也会带来挑战。全球化不应该是人类奴役与疏离的新形式。

三

现在，我们通过文明的变化与发展探求文明世界的概念。文明世界指的是沃尔泽所说的"文明社会"，沃尔泽指出：

> 文明社会意味着没有胁迫的人际关系空间和一系列关系网络——为家庭、信仰、爱好、意识形态而构建——这些东西充满其中。[13]

世界是没有胁迫的国际人类联合体，其中有国际间、文化间的诸多相关性。

我所设想的文明世界有三个基本特征。第一，它是一个将人类既作为价值又作为归宿的世界。它是一个人道、正义、文明的康德—儒教式世界。在这个世界中，人类不仅拥有对于同类之间的道德义务感，也有儒家所提倡的同情心和利他主义。第二，它是充满理性规则和法律规则的世界。这个世界中有约束国际共同体成员行为的国际法律与规则。第三，它是一个这样的世界，即人类在其中不仅能够共同生存发展，而且人类在其中能将生活变得更美好。它是人们为野蛮感到羞耻的世界，儒家的仁爱、正直、正当和智慧标准将成为主导原则。

当然，这样的世界应该是也将会是民主的世界。它充满了多样性，它的包容性与涵容性是我们需要的品质。但它是多条林荫道能到达终点（实现仁爱）的民主世界：如条条大道通罗马一样。它是仁爱、正当和智慧这样的正义能胜出的世界。它是现代化能够繁荣和时代精神能够彰显的世界。

我们如何才能抵达这样的文明世界？实现文明变迁的方式包括教育和机构改革。正如我们从儒家那里学到的一样，教育是文明社会的基础。教育给任何文明社会的成员树立有关文明社会的重要理念和价值。教育是滋养文化与传统的清泉。为了形成文明社会，我们需要通过教育实现哈维尔所说的世界的"道德重建"。哈维尔指出：

> 存在的一种新经历，宇宙中一种更新的根基，对"高度责任感"的新理解，新发现的与他人和人类共同体的内在关系——这些因素明确指出了我们必须前进的方向。[14]

从基督教中我们可以学习许多东西。耶稣和他的追随者试图通过将基督教传遍世界的使命来改变世界。我们当今所需要的不仅仅是恢复世界的人道教育——人权、尊严、价值，由于科学与技术的学习或具体技能的学习，传统教育已经越来越多地被边缘化或被挤占，我们也同样要完成世界范围内传播人道教育的使命。联合国将把这项任务当做其职能之一。正如耶稣及其信徒为了世界更美好而进行传教和教育一样，我们也应该在世界范围内进行人道教育以形成文明世界。

我们抱怨基地组织及其他恐怖组织成员对落后地区的孩子和人们进行恐怖主义教育。我们可以通过全世界的人道教育击败他们，教育是更好的选择。我们被误导着试图通过动用外力将民主强加于我们想要解放和民主化的人们，给处于独裁和集权政府统治下的落后地区带去民主。我们应通过教育，在他们的脑海中培育民主的理念和解放的价值，在这些地区传播和培育民主的种子和理念，让当地民众改变命运。

1828 年亨利·伯洛格哈姆（Henry Brougham）就说："教育使一个人易于领导，难以驾驭；易于领导，但不可能被奴役。"[15]通过教育启发人民，推进人道观念，也使得对人民的奴役变得越来越困难。在这种情形下，联合国如下的八个千年发展目标之一是震撼人心的，其内容是这样的："保证所有的男童和女童完成全套初级教育课程。"对联合国的千年发展目标，我们还要补充一点：通过世界范围内富有活力的教育运动，推进男性和女性的人道意识的增长，让人道的光芒像清晨的阳光，通过教育的媒介，洒遍世界的角落。

如果说教育是清泉，那么国际机构的根本性变革就是篝火，也到了该点燃的时候了。文明世界的构想不仅迫切需要完善能够处理人们和国家间国际事务和争端的诸多国际律法和规则，而且也需要进行像联合国、世界卫生组织、世界贸易组织等国际组织和机构的根本性变革。这种构想也需要其他国际机构的迅速发展——如世界教育组织——以满足时代发展的需要。

总之，文明世界包括世界法制的民主化，这种法制世界的民主化需要一系列国际机构作为它的框架性、社会性、实用性的根基和工具。联合国和各种机构组织的创生，以及各种机构法律和章程的发展大大推动了国际人类共同体的文明化。为了迎接时代的挑战，现在我们应该在重整这些机构的同时重新组织更多新的机构。

例如，为了让联合国在制止战争与冲突、维护世界和平方面成为更有效率的权威，现在应该重组联合国。为了让联合国在促进世界范围内人道——人权、人类尊严、人类价值、人类团结——和人道意识方面成为更有效率的组织，现在应该重组联合国。为了保证各种机构完成人道使命，现在也应该对他们进行重组了。现在还需要完善能够为人道的实现提供法律保障的国际律法，并将其作为全世界对人类的尊重和发展。目前，国际机构规则的完善在推广人道原则的作用方面是备受关注的，现在急需解决如下问题：

首先，应确立国际法规，明确界定何种形式是违背人道的犯罪，何种形式可能被当做违背人道的犯罪。这些法规要追究违背人道原则的犯罪与行为的法律责任，世界上无论政府还是个人，只要违背人道都要受到严惩，还要弘扬人道行为，制止侵犯人道的行为。

其次，应确立国际法规，明确禁止违背人道原则的暴虐行径，废止承受这些暴虐行径的法律责任。

再次，应确立国际规则、准则和法规要求政府、国家、国际组织遵守涉及人道的国际法规和章程，如果违反了这些国际法规和章程，如联合国宪章对人权的规定，要承担相应的法律责任。

最后，有关世界和平的国际条约也应该公正并尊重人道宗旨——即认真对待人的权利、尊严、良善和相关内容的基本自由。关于这一点，有人可能会说，1919 年的《凡尔赛和约》如果公正些，那么 20 世纪 20 年代末和 30 年代初德国纳粹组织的发展可能不会那么迅猛。

哈维尔在这里指出：

> 法律是唯一一个有部分瑕疵的事物，它起码是挑战邪恶、维持良序生活的外部方式。法律自身永远不可能产生任何美好的东西。它的

作用在于它的服务功能。[16]

我这里关于发展国际法规的观点不是实用主义的，也就是说，我的论证不是从实用主义出发的，法律能够为更多的人们带来最大限度的善。我的论证是康德派的，在强调法律作用的同时也强调人类的主体地位、目的与核心价值；人类必须承担公开界定和认可的社会责任。

四

总之，在这篇文章中，我所关注的是，在全球化、民主国际化和世界现代化的过程中，如果我们重新将人道意识作为核心价值，生活会更美好。与此相关的是，抛弃人类崇尚武力、讲强力和暴力英雄化的致命缺陷，对战争持有异议，这对我们来说是至关重要的。杜绝像恐怖主义这样违背人道宗旨的犯罪，与反对专制主义、极权主义、杜绝全球化和现代化过程中对他国人民的压迫、镇压密不可分。

圣乔治大学

纽约

【注释】

[1] 瓦茨拉夫·哈维尔（Vaclav Havel）：《在真理中生存》（*Living in Truth*，London：Farber and Farber，1987），92 页。

[2] 同上书，93 页。

[3] 同上书，92 页。

[4] 瓦茨拉夫·哈维尔（Vaclav Havel）1994 年 9 月 29 日在美国加利福尼亚斯坦福大学法学院获得拉斯顿奖章时发表的演讲。http://www.drugtext.org/library/article/havelatt.html。

[5] 约翰·罗尔斯（John Rawls）：《正义论》（*A Theory of Justice*，Cambridge：Harvard University Press，1971），3～4 页。

[6] 老子（Laozi）：《道德经》（*Tao Te Ching*），例见陈荣捷（Wing-tsit Chan）的《中国哲学资料书》（*A Source Book in Chinese Philosophy*，Princeton：Princeton University Press，1963），第 31 章，155 页。

[7] 迈克尔·沃尔泽（Michael Walzer）：《有关战争的争论》（*Arguing about War*，

New Haven：Yale University Press，2004），15 页。

［8］瓦茨拉夫·哈维尔（Vaclav Havel）1994 年 9 月 29 日在美国加利福尼亚斯坦福大学法学院获得拉斯顿奖章时发表的演讲。http：//www. drugtext. org/library/article/havelatt. html。

［9］《孟子》（Mencius），例见陈荣捷（Wing-tsit Chan）的《中国哲学资料书》（A Source Book in Chinese Philosophy，Princeton：Princeton University Press，1963），6A10，57～58 页。

［10］1995 年 10 月 7 日在康涅狄格斯托斯大学托马斯·都德参议员研究中心举办的"人权与灾难研讨会"上，美国驻联合国大使玛德琳·奥尔布赖特（Madeleine K. Albright）的发言，见 http：//www. dosfan. lib. uic. edu/erc/democracy/release_statesment/951017. html。

［11］迈克尔·沃尔泽（Michael Walzer）：《有关战争的争论》（Arguing about War，New Haven：Yale University Press，2004），19 页。

［12］《孟子》（Mencius，New York：Penguin Books，1970），刘殿爵（D. C. Lau）翻译，7B2，194 页。

［13］迈克尔·沃尔泽（Michael Walzer）：《"文明社会"概念》，见《全球性文明社会》（"The Concept of ' Civil Society'，" in Toward A Global Civil Society，Oxford：Bergahn，1998），7 页。

［14］哈维尔（Havel）：《在真理中生存》（Living in Truth，London：Farber and Farber，1987），118 页。

［15］H. L. Mencken：《引文新词典》（A New Dictionary of Quotations，New York：Alfred A. Knopf，1942），332 页。

［16］同上书，99 页。

早期墨家著作中的人的能动性和"尚同"理念[1]

钱德梁（Erica Brindley）* 著

李 旸 译

在早期墨家著作中，作者们强烈表达了这样一种观点：个体具有很强的能动性，他可以控制自己生活的大致轮廓和道德方向。然而奇怪的是，早期墨者在提出这种观点的同时，又运用强烈的修辞来论证对权威的无条件遵从——特别是对统治者和上天（Heaven）的遵从。在本篇文章中，我将研究早期墨者的"尚同"（upward conformity）理念，以探明他们是如何看待人的能动性及自主决策力量的性质和构成因素的。具体来说，我将分析早期墨者尚同理念的宗教框架，以及依据这一理念，人的智力将起什么作用，而政治上处于低层及非统治地位的人们又有什么样的特殊能动性。这一分析将有助于人们理解存在于早期墨家学说中的一个明显矛盾：既赞成个人控制，又支持"尚同"理念。

一、天的权威及其补偿性力量

"尚同"作为一种行为理念隐含地贯穿于墨家早期著作之中，并在《尚同上》、《尚同中》、《尚同下》[2]这三篇文章中得到了明确的讨论。"尚同"理念的主要意义在于，它命令所有的人类行动都必须以一种权威——天的权威——为根本出发点，而支持它的政治制度仅仅是第二位的出发点。[3]所以，早期墨家的尚同理念与天在人类王国中具有终极的、唯一的权威这一宗教律令是紧密相联的。赋予"天"的理念色彩，但究竟天是如

* 钱德梁（Erica Brindley），宾夕法尼亚州立大学历史与宗教研究系助理教授。研究方向：中国思想与宗教研究，早期中国思想史。E-mail：brindley@alumni.princeton.edu

何与人相互交感以便使人类个体能够遵从它的意志的呢？而这种交感对于人的能动性和职责来说又意味着什么呢？

在早期墨者看来，天的权威根本不是人类王国的派生物。伴随这一权威的是天所享有的凌驾于个体的公共生活和私人生活之上的力量。一方面，天赋予生命、财富和社会秩序；另一方面，它又降下死亡、贫穷和社会混乱。

> 然则何以知天之欲义而恶不义？曰：天下有义则生，无义则死；有义则富，无义则贫；有义则治，无义则乱。然则天欲其生而恶其死，欲其富而恶其贫，欲其治而恶其乱。此我所以知天欲义而恶不义也。[4]

在这里，天被描述为一个人格化的实体，它有欲望，有强烈的情感（比如憎恶），还有能力评价世上人们的行为并对其做出响应。这些欲望和情感——在《天志》一文中所提到的——具有道德伦理的地位，并且通过生死、贫富、治乱等征兆向人们显现出来。正是通过这些外在的征兆，人类才得以了解"天志"所体现的上天关于"义"（justice）的标准。

在三篇以"尚同"为题的文章中，有两篇阐述了人类在"上同"（conform upwards）时并没有完全以天为终极权威的后果。

> 天下之百姓皆上同于天子，而不上同于天，则菑犹未去也。今若天飘风苦雨溱溱而至者，此天之所以罚百姓之不上同于天者也。[5]

所以，尚同的理念是以天为唯一权威且以其为是非、善恶判断的基础。既然违背这一理念将造成天降自然灾祸来作为惩罚，那么我们完全可以说，天享有对个体的直接的集权统治力量。

这些文段说明了这一事实：天义的权威是无所不包的，也是无可避免的，人类作为个体或整体永远无法逃脱上天根据一个人的行为或整个社会的集体行为所给予的赏罚。然而，尽管天有如此大的权威，它制约人的力量或能力实际上却以不同的方式受到了限制。它无法直接改变世上所发生的事，比如说，它无法在乱世之时创造出有序的治世。我把天的这种力量称为"补偿性力量"。这种力量的根基仅仅是它根据人的行为所做出的正面或负面的（奖励性的或惩罚性的）反应。由于天仅仅只能通过示意人类应当改变什么或坚持什么来间接地宣称它的道德欲求，所以"天志"的实现实际上完全取决于个体在世上所做的决定。在这一意义上，虽然天享有对人类的终极评判和权威，但确保世界良好秩序的根本职责却深深植根于人类王国中。

二、个体对自己生命的决定权

天在人类世界中的溯及既往和反应力的重要性不可小觑，因为它为墨家学说中的个体能动性概念提供了基础，这一概念与天的支配力量相关联。这一点在早期墨家著作《非命》[6]篇中得到了重点强调。"命"在墨家著作的语境中有时被译为 fate（命运）或 destiny（宿命），它代表决定和规定着个体生命的天的律令（或诫命）。[7]早期墨者是在否定的意义上表述"命"这一概念的，他们认为它是同时期的儒家论敌们所追随的一种错误信念。早期墨者是这样解释儒家对"命"的信仰的：人类没有任何力量去否定或抵抗天的这种无所不包的力量。[8]于是他们提出，如果人们缺乏某种能动性去改变或塑造自己的命运，那么还有什么东西能刺激个体们去主导自己的行为呢？

从文本中可以清楚地看到，个人控制力的问题构成了作者在"命"这一概念上的主要关注点。文中说道："先王之刑亦尝有曰：'福不可请，祸不可讳，敬无益、暴无伤者乎？'"[9]这一反问句实际是引导读者回答"不是"，并得出这样一个结论：即便是古代法令的构成也是为了鼓励个体掌控自己的生命，希冀改变自己的生命。所以，在早期墨者看来，"命"这一概念极其不合法，因为它消解了个体在世上的能动意识的必要性。[10]

早期墨者之所以反对"命"这一概念的更为根本的原因在于，它否定了他们的这一宗教信条："天"向个体发出鼓励或警示信号，让他们改善自身并促进世界向更好的方向发展。在这一固有的神圣正义系统下，每一个人都能选择是否按照"天志"来行动。如果选择有道德地行动，那就构成了对天义系统的顺从或遵照，但是，是否作出这一选择是由个体自身决定的。[11]所以，在选择是否遵照天义为依据，早期墨者强调了个体对自身道德宿命的决定力量。

也许有人会问，在一个报偿性的奖惩系统下所做的选择怎么能实际构成一个真正的选择呢？难道一个人不是出于害怕惩罚或想要奖赏而被迫遵照上天的吗？难道这种上天不是创造了一个人们并没有真正的自由选择权的环境吗？[12]然而，如果我们仔细研究早期墨家的观点，我们就会发现，天并没有命令个体必须以某种特定的方式行动。与其说天是一个命令者，倒不如说它是一个报偿者，它根据个体们所决定采取的行动来施与奖励和惩罚。它并没有提前规定个体将如何行动，而是给出关于他们应当如何行动的建议。于是，天让个体们对自己所做的选择负责。[13]

至于说对一个人行动过程的选择是否构成真正的选择权，尽管不遵从"天志"肯定会给一个人的生活带来灾难性的结果，也给社会造成不良状况，但事实却是，世上处处充斥着这种状况，这证明了个体是能够并且也确实反复地选择无视"天志"而行动的。而且，既然个体无论是在肉体上还是精神上都没有被迫遵循于天——既然遵循于天并不是人们维持生存的必要条件，也不在人们所必须采取的行动范围之列，那么个体就确实能够自由选择他们的行动过程。于是，不遵照"天志"就明确成为个体的一个备选项，尽管它不是一个好的或理想的备选项。

三、人之义与天之义：个体能否正确地进行自我决定？

在《尚同》的篇首，早期墨家著作提到了人类社交关系的混乱无效的原始状态，在这一状态下，每个人都标榜自己的义或"道德正直"（也被译为"正义"（justice）），而这种义恰恰又与他人的义大相径庭。结果就造成这样一种情况：不管谁对谁错，人们彼此间互不同意，无人享有凌驾于他人之上的权威。人们各自拥有义的标准的原始状况导致社会混乱接连产生，于是人们很快意识到他们必须遵从于唯一的至高权威以保证人类的社会秩序。[14]难道这些文段不正是表明了，尽管个体在根本上能拥有自己的信条和行动，但就其天性来说，他们自身却不能推导出正确的道德观点吗？如果是这样的话，难道这与本文中所概述的关于个体自主的主张不是自相矛盾吗？

尽管早期墨家著作并没有做过多说明，但是很明显的一点是，特定的个体能够获致正确的道德观（即天之义），这一点不仅是可能的，而且对于尚同观在社会中的正面作用来说也是必要的。我在这里要强调的是，仅仅只有**特定个体**才能获致正确的道德观，因为正如我们在下文将看到的，尽管人类整体也许可以大致明白并且判定出什么是对什么是错、谁是贤人而谁又不是，但作为单独的个体他们却不能依靠自身成功地获致正确的观点。[15]这是因为，达到对天之义——在早期墨家思想中它相当于唯一正确的道德体系——的理解过程是非常复杂的，需要人类的共同努力。[16]确实，上文提到的原初混乱状态表明，如果没有恰当的环境激励——即贤人或道德权威人物——那么很少有人会费精力去获致正确的道德观。所以，问题并不在于个体们没有自身的自主权，因为每个人都能做出自身的决策和判断；而是在于如果没有道德领袖的引导，不是每个人都有意志力或能力去**成功地**获得天之义。

总之，尽管个体们是自主的行动者，可以做出自我决定，但是他们能够成功地领会天的道德正义的程度是因人而异的，并且在某些情况下，又很大程度地依赖于源自外在权威的激发和引导。[17]这表明，尽管在终极意义上（在他们能凭空或者说完全依靠自身来获致正确的观点这一意义上）只有少数个体是道德自律的，但大多数人在一种互助的、近似的意义上也是道德自律的。[18]也就是说，大多数个体必须依赖某种外部权威以完成他们在道德上的自主选择。[19]

四、解译天的法则：智力在自我决定中的角色

除了选择是否遵从"天志"之外，特定个体还有一种更重要的方式来决定他们的生命过程。由于"天"仅仅只能通过它的报偿性活动来引导人们的道德行为，所以个体必须找到某种方法来解释"天"给予的征兆和信号，以便确认"天"的终极意志。他们必须找到某种方法来获得有关天的知识和洞见，以与世上的奖惩系统相一致。所以，在早期墨家思想中，个体并不仅仅只是决定是否遵循天的准则，他们还必须弄清这些准则是什么以及人们如何获得一种理解它们的可靠办法。在早期墨家著作中贯穿着这样一个包含三个步骤的过程：个体首先决定要遵从"天志"，然后找到一个理解天之道德的方法，最后将这些道德知识变为行动以此达到对它的遵从。这一过程证明了早期墨家的这一信念：个体无论是在改变自己还是在改变社会上都是一个彻底自主的行动者。

个体究竟如何得以理解天的意志呢？在早期墨家著作中，作者谈到了正义和道德标准或法则（laws），这二者最终都源于天的权威。正义指的是关于伦理规范的某种更为抽象的体系，人们可以通过对"天志"的探究来

把握它。有一段原文这样说道："天欲义而恶不义。然则率天下之百姓，以从事于义。"[20]所以，天直接决断世上的公义。法则指的是基于正义的道德律令。法可以被比做一种宗教工具，它对于依照"天志"来构建关于人类理想行为的蓝本来说是必要的。有一种类比把法比做工匠在制作器皿时所用的圆规和矩尺。[21]正如具体实物是由圆和方来衡量和创作一样，法给予"天的工匠"依据"天志"来衡量和创作道德行为的度量标准。法就是以这种方式帮助世间的人们连接天之义的。[22]

既然"天"并不会以命令或积极宣告的方式直接表达出它的意志，所以人类就必须把天的报偿性行为——诸如透过自然或历史事件，甚或形诸鬼神——翻译为可理解的、嘱咐性的法则。[23]下面这段引文表明了墨子是如何根据历史对古代文化的检验来解译天的意志的：

> 子墨子言曰："昔三代圣王禹、汤、文、武，此顺天意而得赏者也；昔三代之暴王桀、纣、幽、厉，此反天意而得罚者也。"[24]

通过学习圣王的正面例子和暴王的反面例子，墨子从对历史的研究和评价中解译了道德法则。他将人类世界中的事件和行为同天所给予的系统的、清楚的、正义的响应联系起来。于是，他说道：

> 何以知义之为善政也？曰：天下有义则治，无义则乱，是以知义之为善政也。[25]

在这里，我们可以看到，世间有序的程度可以作为"天志"的验证及衡量尺度，也可作为天之正义的表现。但这种正义只有通过对世间事件的彻底评估才能得到确证。

可以作为"天志"的衡量尺度的不仅仅只有混乱及有序的程度。早期墨者还提出，要通过仔细地研究事件和行为以及它们在世上的功效来达到对语言特别是对命题陈述的验证：

> 子墨子言曰：言必立仪。[26]言而毋仪，……是非利害之辨，不可得而明知也。故言必有三表。何谓三表？
>
> 子墨子言曰：有本之者，有原之者，有用之者。于何本之？上本之于古者圣王之事。于何原之？下原察百姓耳目之实。于何用之？废

以为刑政，观其中国家百姓人民之利。此所谓言有三表也。[27]

这段话列出了个体用以揭示关于"天志"的正确"言论"——或关于"天志"的命题的正误——的工具。历史上的先例、原始知觉以及现世的效果，这三者就是所有命题被判定正确还是错误的衡量尺度。于是，通过将命题与一系列外部事实资料进行参照，破译"天志"的早期墨者就可以评价命题的正确性，以辨别哪些命题是与关于天义的正确言论相符合的。

上述评价人类语言与"天志"的潜在符合度的标准直接来源于墨子的理性和逻辑才能，他利用这一标准来进一步"得而明知""是非利害之辨"[28]。就像为木匠制造圆规和矩尺以提供给他评判方圆之准确性的标准一样，墨子利用自己的知识创造了一个工具或方法论，使人们能够客观地发现天的标准并且遵守它。[29]换句话说，墨子的方法为人们提供了一幅以一贯客观的方式获得关于"天志"的知识的蓝图。他为源于"天志"的人类行为建立了法则或正面规范，以便使那些不具备他这种道德洞见的人们能够从中获益。

诸如墨子关于个体利用历史、世界大事以及人类知觉发明了一种破译和理解天的道德正义系统的方法，其特点在于，在"天志"的报偿性征兆的基础上进行道德性质的逻辑推演。这促使人们利用理性思维过程来决定世上的是非——而不是像儒家那样盲目地遵循传统权威的命令。所以，认知分析和理性推演是早期墨家关于人的能动性的信念背后的关键因素。它们构成了个体决定孰是孰非以及应当如何行动的基础。实际上，它们为个体提供了遵同于上天的手段，而这一手段根源于人类的掌控以及个体的认知推理能力。

五、关于"决定是否遵同者"的矛盾

虽然我们这些当代读者已经看到，在破译天的法则的过程中隐含着一定程度的主观篡改，但早期墨家学者并不会认同这一点。在他们看来，"尚同"这一语词规定了人类是不能创造天之正义的。既然如此，历史和世界大事就应当被翻译为"天志"的摹本，而不是对它们进行阐释或创造。[30]通过解译"天志"所辛苦推敲出的一致性、普遍性的方法，早期墨家学者宣称他们客观地摹写了"天志"。他们似乎相信，在这一过程中是可以避免个体的主观性或干扰性的。[31]

　　如果我们试图使早期墨家的"尚同"观念与我在前面所论证的对于智力作为中介的着重强调（比如墨子自身，他对历史和世界上的现象进行评价以寻求理解道德以及进行道德决策的方法）相一致时，就会产生一个问题。实际上，许多当代的读者都会同意，像墨子这样的人，是一个做出关于道德和"天志"的重要决定的行动者，而不是一个愚昧的遵循者。但是，在遵守上天的同时又进行自我决定，这难道不是一个矛盾吗？

　　关于"决定是否遵同者"的矛盾并不是一个内在于早期墨学逻辑中的真正矛盾，事实上是一个阐释的问题。首先，早期墨家学者支持的仅仅是对"天志"的遵从，而"天志"首先必须通过理智的探究而公之于世。只有通过人类智力的使用，才能解决如下问题：如何理解天志，如何获致一种使其他人也能够按照天的正义来评判事情的方法。这构成了个人控制的典型行为，它要求个体面对一系列的决策：命题的正误，什么是获得道德法则的最佳办法，如何阐释历史、自然、人的知觉等等。所以，"遵同"（conformity）应当被看做一种行为理想，而做出"遵同"的决定以及找到理解"天志"的最佳办法，这些体现着人的能动性的行为对于使人趋向这种理想来说至关重要。[32]

　　其次，就算智力中介仅仅只是解译"天志"而不是阐释"天志"，但他或她仍然参与了对资料的分析、比较以及细致研究——这些都是自主决策和自主思维过程中的典型活动——这一重要过程。所以，即使我们完全同意早期墨家的这一观点：智力中介并没有创造或阐释"天志"，我们仍然要承认，在测定"天志"的过程中，行为者不可避免地输入了自身的某种认知，其途径是：对现世资料进行研究、阅读，并将其译为关于法律和道德行为的资料。所以，在论证个体自主这一概念时，并不需要在关于"天志"的决策行为中暗示某种主观过程。仅仅是个体在不受外力强迫下独立地使用自身的认知能力这一点就足以证明，个体施行了某些个人控制的权衡。

六、谨慎地遵从上位者

　　根据早期墨家"进贤"的精英主义理念，社会应当由那些真正赞同并传扬"天志"的人来统治。在一个理想的、精英主义的社会里，处于政治秩序顶层的领导者并不仅仅是最尊贵或最贤能的人，他们还需要有一种能正确掌握天的神圣意志和正义的智力（或者能直接接触有这种智力的人）。但是，除了上同于天之外，还要上同于政治上级，这一观点是存在问题的。如果上级并没有正确地遵同于天的真正意志，那会怎么样呢？早期墨家学者赞成要上同于政治权威，这难道不是告诉人们放弃自己对政治过程的控制，并放弃他们自身的道德能动性吗？这种"尚同"对于防止腐败及腐化的官员来说起不到什么作用，难道它不是一种很危险的政策吗？我在这里将会论证，尽管在早期墨家思想中，道德权威是由上天转交给某个王国里的最高领导者及其大臣的，但这种权威在某种程度上也源自下层人民。地位低下的人民绝不会完全放弃他们评价及遵守道德的能动性。在决定谁应当成为统治者，谁应当接受他们自愿的、谨慎的遵从时，他们同样也有发言权，尽管很有限。

早期墨家作者认为，人们在支持还是反对其领导者这一点上拥有发言权。根据《墨子》第十三章《尚同下》，领导者必须依靠"得下之情"[33]来维持社会的秩序。但是，"得下之情"到底是什么意思呢？作者在这一点上说得十分模糊，他只提供了下面这些线索：

> 上之为政也，不得下之情，则是不明于民之善非也，若苟不明于民之善非，则是不得善人而赏之，不得暴人而罚之。善人不赏而暴人不罚，为政若此，国众必乱。故赏罚不得下之情，而不可不察者也。[34]

在这里，人们对于自己团体里的成员的道德善恶及行为拥有第一手的知识。而领导者需要依靠"下之情"来"明于民之善非"[35]。如果没有这种知识，则法律的功效（就赏罚来说）将受到阻碍。

这一段论述假定了，"下"，也就是"民"，对于其周围人们的道德善恶能够做出果断的、正确的判断。而且，这段论述还提出，人民的"情"必须成为高层的赏罚决策的信息来源及依据。尽管民众并没有在这些事情上做出最终决策，但他们提供及反馈的道德知识对于这一决策的正确性来说至关重要。让我们来思考一下这个例子："若苟不明于民之善非，则是不得善人而赏之，不得暴人而罚之。"[36]在这一情境下，民众并不是被动的遵从于上面所下达的决策，而是帮助上层判定这些决策是否正义。

在《尚同》篇里有这么一个普遍的主张：为了使赏罚的法律体系有

效，人们必须愿意遵从于它。但是，在这一主张之后，它（也许仅仅在《尚同》的中、下篇里——第十二、十三章）还模糊地暗示了另一个精妙的观点：为了让人们遵从法律体系，必须使他们确信这一体系是正义的。《墨子》第十三章里有一大段话表明的就是后一观点，它描述了下至领导一个家庭，上至领导一个国家时，法律和权威是如何起作用的。只有当那些民众承认领导者的命令及法律体系是正义及正确时，他们才会愿意遵从它们：

> 天子亦为发宪布令于天下之众，曰："若见爱利天下者，必以告；若见恶贼天下者，亦以告。"若见爱利天下以告者，亦犹爱利天下者也，上得则赏之，众闻则誉之；若见恶贼天下不以告者，亦犹恶贼天下者也，上得且罚之，众闻则非之。是以遍天下之人，皆欲得其长上之赏誉，避其毁罚，……天下必治矣。[37]

在这段话里，只有当民众同意天子的判断合理时，法律才能被有效地颁布和实施。民众被赋予了判断天子决策之正确性的权利，只有当他们同意天子的判断时，才能通过他们对法律的遵从来使一个国家的法律具有永久性。

这些主张表明，除了天之外，民众也提供了一种检验其统治者权威之依据的方法。其检验的方法是同意或反对统治者的判断，以及因此愿意或不愿意遵从统治者。尽管民众没有天的那种报偿性力量来惩罚社会中不遵守法律的人，但通过参与"尚同"，他们拥有一种检验统治者权力的有效手段：确保或否定其法律在世上的有效性。由此，"尚同"就成为这样一种理念：下层民众只愿意支持那些恰当地履行了其道德职责的领导者和上级。

《墨子》第十二章中有一段话详细描述了人们为什么不愿意遵从他们的上级，以及当他们这么做时会发生什么事。它指明，愿不愿意遵从上级，这与上级的领导是不是正义的、善的相一致：

> 今王公大人之为刑政则反此。政以为便譬宗於（族）父兄故旧，以为左右。置以为正长。民知上置正长之非正以治民也，是以皆比周隐匿，而莫肯尚同其上。是故上下不同义。若苟上下不同义，赏誉不足以劝善，而刑罚不足以沮暴。[38]

早期墨者认为，人们对其君王缺乏合作性的原因在于，他们发现其上级没有遵从于一个精英的、善的政府所应有的正义原则。因而，"尚同"的关键掌握在统治者的手中：他必须确保自身遵循了天的正义法则。如果没有做到这一点，那他不仅会引起天怒，而且还会招致下层民众的不顺从以及反抗的威胁。[39]

在《尚同》通篇中，作者强调了下层民众对其上级的遵同和服从。但是，他们在反复说明"尚同"这一命令的同时，又巧妙地提醒读者，领导者的权威必须是合法的，他颁布的法律必须是正确的，他们的行为必须是正义的。很显然，作者提醒我们，只有通过有思想、能决策的个体自由地选择接受来自上级的合法命令，或反对明显错误的、不合法的命令，才能达到对上级的正确遵同。谨慎的遵从者并不需要比其上级懂得更多，他们只需要对大致的是非保持足够清醒就行了。否则的话，他们就不能对是否遵从其上级做出选择。

七、结　论

通过分析"尚同"这一概念——它深深植根于一种天人交互作用的宗教信念中，我论证了，这一理念实是完成自我决定货真价实的一部分。虽然个体只有在成为"天志"的工具时才能取得人生的成功，但是，在对"天志"进行隐含地评估以及在以一种高度自觉的、理性的方式来把握关于"天志"的知识时，仍然是个体的力量在起作用。所以，尽管从表面来看，遵同于天以及遵同于社会政治权威的理念在规范的层面上决定着个体的行为，但是，从一个人究竟是如何达到对这些至高权威的遵同来看，个体还是拥有高度抉择自由。

当我分析人与天交互作用的性质时，我阐明了一个人对于"天志"的遵从意味着什么。我论证了，在"天志"于世间的展现与人们对它的感知和理解之间存在着一条鸿沟。正是这一鸿沟使得对个体自主和控制的强烈要求成为可能，这不仅体现在个体对是否遵从"天志"的选择上，还体现在个体对这一意志究竟是什么以及如何将其译为道德行为体系的理解上。所以，理解"天志"的过程构成了个体掌控自己生活的一条主线。作为个体"上同于天"的必要因素，个人的自主性与其遵同行为并不产生冲突，相反，它是"遵同"真义的一部分。

在"尚同"这一较广的规范性框架中所要求的个体自主性似乎具有普遍性。早期墨者主张，那些有能力的个体应当利用他们的智力和理性能力来达到对"天志"的合理理解。而那些不能达到这一智力要求的人，早期墨者认为他们最好是遵循由较明智的领导者所颁布的法律和指令。然而，即便是这种低层次的遵同也不是绝对的，它也允许一些重要的个体自主权衡。这是因为，尽管早期墨者承认，并不是每个人都能依靠自身达到对"天志"的完美理解，但是他们却认为，每个人都能够并且也确实参与了对"天志"的某种隐含性评价。他们提出，即使是那些处于社会层级最底层的人也有同意和支持上层下达的法律和指令的权利。这表明，任何一种"尚同"都包含着能动的自我决定的权衡，并且这种能动性并不局限于那些能够理解和宣扬"天志"的知识分子精英。

所以，早期墨家学说中关于上同于天及其领导者的理想绝没有要求个体放弃自己的个人控制或自我决定。相反，这一理想之目标是必须尽最大的努力去实现个体自主，不管他或她的智力水平及社会政治地位如何。

宾夕法尼亚州立大学

宾夕法尼亚，柏克校园

【注释】

感谢富兰克林·珀金斯教授为本文初稿所作的有益评论。同样也感谢米兰达·布朗教授、迈克尔·皮尤特教授以及威利亚德·彼得森教授在几年前对我刚成形的这些思想所作的阅读及评论。

[1] 在本文中，我遵循 A. C. 葛瑞汉（A. C. Graham）对于早期墨家著作的划分。参见 A. C. Graham, *Divisions in Early Mohism Reflected in the Core Chapters of Mo-tzu* (Singapore：Institute of East Asian Philosophies，1985)。在本书中，葛瑞汉勾勒了一个关于墨家著作分期的大致图解。他论证了为什么《墨子》的核心篇章应该为几名不同的作者所写，尤其是考虑到每个不同的主题下都有上、中、下三个独立的篇章。所以，早期墨家著作包括核心篇章，三篇一组，有十个不同的主题（8～39章），而不包括《墨子》的前七章杂篇（1～7章），也不包括《墨经》及其解释性篇章（40～45章），也不包括后期描写墨翟的记叙文和对话（46～51章）以及有关军事的篇章（52～71章）。关于这些划分的简要总结及对《墨子》的探讨，还可参见 A. C. Graham, *Early Chinese Texts：A Bibliographical Guide*, ed. Michael Loewe (Berkeley：Society for the Study of Early China and the Institute of East Asian Studies，University of California Press，1993)，pp. 336-341。

〔2〕第11～13章。在这些篇章里，"同"这个词是在三种意义上使用的：（1）作动名词，意思是"对上的遵从或赞同"，或作修饰性动词，意思是"遵从于上"；（2）作动词，与"一"相关，意谓"使同一，达成一致"；（3）作为形容词，意谓"相同的"或"相似的"。我数了一下，这些篇章里"同"有36次是作为"对上的遵从"或"遵从于上"的意思，有19次是作为"使同一，达成一致"，有7次是作为形容词。

〔3〕我所说的"权威"，指的是那些能使人们获得关于道德或认识上的真理——或任何既定情况下的正确认识以及我们对于事物存在的认识——的事物。我所说的"能动性"，是指当个体内部的自主过程发生作用时，个体按照自己的意志行动的那种力量。

〔4〕孙诒让：《墨子间诂》，《墨子》第26章（《天志上》），176页，台北，华渠书局，1987。

〔5〕孙诒让：《墨子间诂》，《墨子》第11章（《尚同上》），70页。在第12章中有一段极为相似的论述，不过作者描述了更多灾难，比如"寒热不节，雪霜雨露不时，五谷不孰，六畜不遂，疾菑戾疫"（74页）。《尚同下》只提出要遵从于天，但并没有谈到当人们不遵从时天将降下什么惩罚。

〔6〕《墨子间诂》，《墨子》第35～37章（《非命》上、中、下），239～259页。

〔7〕文中并没有明确论述"命"是与"天"这一概念相联的。很有可能，墨家学者并不想在它们之间建立关联，因为这将与他们对于天在人世间所起作用的"正确"理解相冲突。而且，鉴于周朝时期"天命"与"命"之间的设定性关联，也许墨家学者没有必要再详细说明这一概念，因为他们的目标是以自己的术语来驳斥它。

〔8〕尽管在《论语》中，儒家学者关于天的观点确实很强调"命"或"天命"的力量，但文本并没有显示孔子与其弟子完全否定了个体改变或实现自己生活的能动性。

〔9〕《墨子间诂》，《墨子》第35章（《非命上》），242页。

〔10〕《墨子间诂》，《墨子》第35～37章（《非命》上、中、下），239～259页。

〔11〕事实上，"选择"与"能动性"一样，在早期墨家著作中并没有得到明确的语言表达，也没有概念原型。

〔12〕我是从赫伯特·芬格莱特（Herbert Fingarette）那里借用这些质疑的。参见 Herbert Fingarette, *Confucius—The Secular as Sacred*（New York：Harper Torchbooks, 1972), pp. 21-22。但是，我并不像他在其著作中那样以非常狭义的方式来说明什么才构成一种"真正的"选择权。

〔13〕关于个人负责的观点几乎在早期墨家的同时期被纳入了法律系统。参见 Susan Weld, "The Covenant Texts from Houma and Wenxian," in *New Sources of Early Chinese History：An Introduction to the Reading of Inscriptions and Manuscripts*, ed. Edward Shaughnessy (Berkeley：The Society for the Study of Early China and the Institute of East Asian Studies, University of California Press, 1997), pp. 125-160。根据韦尔德（Weld）的说法，源于晋国（公元420年）的契约文献中强调"与集体责任

不同，契约双方各自负有独立的责任，一方对契约的违背并不影响其他人的义务"（138、148～149页）。这表明，那时的法律已经对个人责任和义务概念非常敏感了，并且试图开辟一个领域，在其中，个体的行为完全由自身负责。

[14]《墨子间诂》，《墨子》第11～13章（《尚同下》），67～68、71～73、82～84页。

[15]《尚同》篇里讲到天下之人集体决定，他们必须遵循一个唯一的最高道德权威，这一事实恰好证明了这一观点。参见《墨子间诂》，《墨子》第13章（《尚同下》），83页。

[16] 对于这一点的解释，参见本文接下来的论述。

[17] 问题产生了，特定个体是如何超越人的平均水平以理解天的正确道德观的呢？不幸的是，早期墨者并没有解释这一问题。作者仅仅在讨论"尚同"时假定，这样的个体是存在的，并且他们揭示了一种达到正确观点的标准方法，以便所有人都能有效地利用这一方法来完成天义。所以，为了使"尚同"这一理念有意义，道德圣贤必须存在，以便领导其他人——那些误入歧途但却拥有自主性的人们——远离他们自己错误的义，走向正确的天义道路。早期墨者认为这样的贤人就是存在，这一自负的观点已隐含在他们的这一论述之中：人们自愿地选择一个贤能的天子及其臣工来领导他们。参见《墨子间诂》，《墨子》第11～13章（《尚同下》），67～68、71～73、82～84页。

[18] 的确，人们会犯错这一事实并不会贬低他们的自主性。相反，这巩固了早期墨者的这一观点：就每个人都能独自做出错误的决定来说，人人都对自己的命运拥有控制权。

[19] 正如我之后将要证明的，这些人在道德上并不是完全服从于外在道德权威的，他们能够在了解一种观点之后识别它是否值得应用。即使是在《尚同》篇里，早期墨者也暗示，人们可以以集体方式识别出正确的观点，从而愿意接受天子及其臣工的权威。比如，在《尚同中》里，天子号召所有民众向他报告他们中间的贤人和恶人。参见《墨子间诂》，《墨子》第12章（《尚同中》），72页。这表明，民众并不会因为一个人的权威地位而承认一种观点在道德上是正确的，他们之所以遵从道德权威是因为他们认为这一权威在道德上是正确的。

[20]《墨子间诂》，《墨子》第26章（《天志上》），175页。

[21] 同上书，179页。

[22] 关键要理解的是，早期墨者认为以下两者之间并不存在冲突：一方面是对"天"及"天志"的宗教信仰，另一方面是获得理性的、客观的知识体系的"科学方法"，这种知识只能通过非宗教崇拜的方式来达到。在他们看来，人们可以依照"天志"来掌控自己的生活，他们不是简单地通过对天以及鬼神的仪式崇拜来做到这一点，而是通过理性思考的复杂过程，包括获得关于是非、善恶、奖惩的知识。因为在早期墨者看来，天的人化了的欲望与其客观的法则是同一个东西，虔诚不仅仅只是表现为宗教仪式行为，还包括对"天志"的理解。的确，尽管我们把包含了人类倾向的东西

称为武断的、非理性的欲望和行动，但天的情感和欲望却是基于完全理性的正义体系之上的，并且是凭借客观的、明晰的法则表达出来的。

[23] 值得注意的是，早期墨者关于人应当如何与鬼神发生关联的论述表明，鬼神拥有一种根据客观道德体系来惩罚恶人、奖励贤人的力量。在唯一一篇论述鬼神的文章里，早期墨者暗示，鬼神属于天的代理者，它们遵循"天志"来行事。他们引用了《诗经·大雅》里的一段话来引证这一点，这段诗文谥封周文王为"帝"（最高的神）的精神代理人，他为"帝"服务并实施他的诫命。参见《墨子间诂》，《墨子》第 31 章（《明鬼下》），215 页。第 200～206 页的文段论证了鬼神的作用在于实施补偿性的"天志"。

[24] 同上书，177 页。

[25]《墨子间诂》，《墨子》第 27 章（《天志中》），180 页。

[26] 在《非命中》里，出现在一段相同论述里的是"法"（标准或法则）这个词，而不是这里所说的"仪"（标准）。对比一下《墨子间诂》中，《墨子》第 36 章（《非命中》，247 页）与《墨子》第 35 章（《非命上》，240 页）中的不同表述。

[27]《墨子间诂》，《墨子》第 35 章（《非命上》），240 页。

[28] 同上。

[29] 参见《墨子间诂》，《墨子》第 26 章（《天志上》），179 页。这里有一个例子是关于早期墨者使用工具这一比喻来表达在评判真理时建立和使用标准的重要性。

[30] 这并不是说，人类没有机会去误解"天志"。早期墨者的著作体现的是一个诸子争鸣、探寻真理的时期发端，他们在表达层面上是反对阐释的，但其实从根本上来说他们是支持的。天的道德是客观的，但如果使用错误的翻译途径，它也可能被误解。按照这个逻辑，我们就能明白，检验语言这一正确的理解方法在墨家破译道德知识时有多么重要了。

[31] 的确，早期墨者坚持认为，存在一种固定的手段，人们可以利用它来评价和理解"天志"。这一手段就在于分析利害，也就是说，在特定情形下，天降下的是惩罚还是奖励。他们认为这一方法是客观的，这一点可以在以下事实中看到：他们从未质疑过什么是利什么是害。这表明，他们认为利害这两个概念是自明的。

[32] 在某种意义上，早期墨者所说的"遵同"也可以被视做一种自由。这是一种摆脱了世间其他决定性力量的自由，它允许人们通过自己的思维过程和努力来达到自我实现。这与康德的自由模式并没有太大的不同，他所说的自由同样鼓励人们最终遵循内在于普遍观念和上帝的理性道德原则。这两种自由模式从根本上说都被"一种抽象的、普遍的、统一的能动模式"所限制。参见 David Heyd, "Moral Subjects, Freedom, and Idiosyncrasy", in *Human Agency：Language，Duty，and Value* (Stanford：Stanford University Press，1988)，pp. 163-164。这两种观点都通过一种关于人类存在的限制性原则来论证自由：对于早期墨者来言，这种原则是个体破译天的法则；而对康德而言，是个体作为理性的道德主体而行动的普遍能力。

[33]《墨子间诂》,《墨子》第 13 章 (《尚同下》),82 页。

[34] 同上书,82~83 页。

[35] 同上。

[36] 同上书,83 页。

[37] 同上书,87 页。

[38]《墨子间诂》,《墨子》第 12 章 (《尚同中》),78~79 页。

[39]《墨子间诂》,《墨子》第 13 章 (《尚同下》),83 页。

图书在版编目（CIP）数据

本体诠释学、民主精神与全球和谐. 第 2 辑/成中英，冯俊主编；中国人民大学国际中国哲学与比较哲学研究中心译. —北京：中国人民大学出版社，2011
（国际中国哲学精译系列）
ISBN 978-7-300-14269-2

Ⅰ.①本… Ⅱ.①成…②冯…③中… Ⅲ.①阐释学 Ⅳ.①B089.2

中国版本图书馆 CIP 数据核字（2011）第 176710 号

国际中国哲学精译系列（第 2 辑）
成中英　冯　俊　主编
本体诠释学、民主精神与全球和谐
中国人民大学国际中国哲学与比较哲学研究中心　译　温海明　校
Bentiquanshixue Minzhujingshen yu Quanqiuhexie

出版发行	中国人民大学出版社	
社　　址	北京中关村大街 31 号	**邮政编码**　100080
电　　话	010 - 62511242（总编室）	010 - 62511398（质管部）
	010 - 82501766（邮购部）	010 - 62514148（门市部）
	010 - 62515195（发行公司）	010 - 62515275（盗版举报）
网　　址	http://www.crup.com.cn	
	http://www.ttrnet.com(人大教研网)	
经　　销	新华书店	
印　　刷	北京联兴盛业印刷股份有限公司	
规　　格	170 mm×240 mm　16 开本	**版　　次**　2011 年 10 月第 1 版
印　　张	30.75 插页 1	**印　　次**　2011 年 10 月第 1 次印刷
字　　数	497 000	**定　　价**　68.00 元